Durchsetzung von Persönlichkeits- und Immaterialgüterrechten bei grenzüberschreitenden Verletzungen in Europa

Europäische Hochschulschriften
Publications Universitaires Européennes
European University Studies

Reihe II
Rechtswissenschaft

Série II Series II
Droit
Law

Bd./Vol. 4076

PETER LANG
Frankfurt am Main · Berlin · Bern · Bruxelles · New York · Oxford · Wien

Carolin Nina Hootz

Durchsetzung von Persönlichkeits- und Immaterialgüterrechten bei grenzüberschreitenden Verletzungen in Europa

Unter besonderer Berücksichtigung des deutsch-britischen Verhältnisses

PETER LANG
Europäischer Verlag der Wissenschaften

Bibliografische Information Der Deutschen Bibliothek
Die Deutsche Bibliothek verzeichnet diese Publikation in der Deutschen Nationalbibliografie; detaillierte bibliografische Daten sind im Internet über <http://dnb.ddb.de> abrufbar.

Zugl.: München, Univ., Diss., 2004

D 19
ISSN 0531-7312
ISBN 3-631-52833-7

www.peterlang.de

Meinen Eltern

Die vorliegende Arbeit wurde dem Fachbereich Rechtswissenschaften der Ludwig-Maximilians- Universität in München im Oktober 2003 vorgelegt. Das Rigorosum fand am 10. Februar 2004 statt.

Literatur und Rechtsprechung sind bis August 2003 berücksichtigt.

Besonderer Dank gilt meinem verehrten Doktorvater, Herrn Prof. Dr. Peter Schlosser, für den großen Freiraum bei der Bearbeitung der Arbeit und die wertvollen Anregungen bei deren Ausarbeitung. Danken möchte ich auch Herrn Prof. Dr. Michael Lehmann für die so zügige Erstellung des Zweitgutachtens.

Ebenso schulde ich meinen Dank der Deutschen Forschungsgemeinschaft für die großzügige finanzielle Unterstützung dieser Arbeit. Weiterhin möchte ich den betreuenden Professoren und den Teilnehmern des Graduiertenkollegs „Europäischer Persönlichkeitsrechtsschutz" der LMU, in deren Rahmen diese Arbeit entstanden ist, für die interessanten Veranstaltungen und anregenden Diskussionen danken. Auch möchte ich mich für die hervorragenden Arbeitsbedingungen und den schönen familiären Rahmen im Institut für Internationales Recht und Rechtsvergleichung der LMU bedanken. Ganz besonderer Dank geht an Friederike, Monia, Ute und Ilona; ohne Euch und die vielen wertvollen Gespräche wäre diese Arbeit in dieser Form nicht entstanden. Die Geduld und Ausdauer von Nico insbesondere bei der technischen Vollendung dieser Arbeit werde ich immer bewundern – vielen Dank! Mein größter Dank gilt meinen Eltern, die mich immer liebevoll bei allem unterstützt haben. Ohne ihre Unterstützung und auch das ausdauernde Korrekturlesen wäre diese Arbeit nicht möglich gewesen. Ihnen ist diese Arbeit gewidmet.

Carolin Hootz München, im August 2004

Inhaltsverzeichnis

Einleitung

Die Durchsetzung von Persönlichkeitsrechten und Immaterialgüterrechten bei grenzüberschreitenden Verletzungen ist trotz des zusammenwachsenden Binnenmarktes auch im Europa des 21. Jahrhunderts nicht einheitlich und damit nicht zufriedenstellend gelöst.

Es existiert kein einheitliches europäisches Zivilverfahrensrecht oder Kollisionsrecht, kein einheitlicher europäischer Instanzenzug und auch kein durchgehend harmonisiertes materielles Recht im Bereich der Persönlichkeits- und Immaterialgüterrechte. Stattdessen haben sich unterschiedliche nationale Sanktionensysteme entwickelt und verfestigt, welche sich in zum Teil widersprechenden Entscheidungen der einzelstaatlichen Gerichte in Europa, aber auch in unterschiedlicher Gesetzgebung und Auslegung des nationalen und internationalen Rechts auswirken.

Im Patentrecht etwa wurde trotz vielfältiger Bemühungen seit den frühen siebziger Jahren[1] noch immer kein einheitliches Gemeinschaftspatent oder ein europäischer Instanzenzug für Patentstreitigkeiten geschaffen[2].

Hier wird das Problem bereits offensichtlich: Einerseits leben wir in einem Europa, in dem mit der Konstituierung eines einheitlichen Binnenmarktes die nationalen Grenzen fallen und eine europaweite Harmonisierung des Rechtsschutzes angestrebt wird. Auch nach außen tritt die Europäische Union nicht mehr nur als einheitlicher Wirtschaftsraum, sondern als Interessenvertretung aller Europäer und daher als wirkliche Gemeinschaft auf.
Demgegenüber bestehen auf praktischer Seite im Bereich der Rechtsdurchsetzung weiter nationale Souveränitätsvorbehalte und die damit verbundenen herkömmlichen einzelstaatlichen Besonderheiten sowie die bereits durch Staatsverträge zwischen souverän bleibenden Vertragsstaaten geschaffenen einheitlichen Standards. Dieser Zustand stellt ein typisches europäisches Paradoxon dar und offenbart das Dilemma zwischen der Souveränität seiner Mitgliedstaaten auch im Rahmen staatsvertraglicher Harmonisierungsbestrebungen und der fortschreitenden europäischen Integration[3].

Klarheit und damit Rechtssicherheit bei der Durchsetzung von Persönlichkeits- und Immaterialgüterrechten auf internationaler Ebene bestehen momentan nicht: Sowohl Internationales Privatrecht als auch anwendbares Sachrecht hängen von der Bestimmung der internationalen Zuständigkeit ab. Dem Kläger bieten sich im Fall grenzüberschreitender Delikte vielfältige Möglichkeiten, eine zweckgerichtete

[1] Zu den Anfängen des Europäischen Patentübereinkommens und dem Übereinkommen über das Europäische Patent für den Gemeinsamen Markt im Folgenden 1. Kapitel: § 2. C. II. 3. und 1. Kapitel: § 2. C. II. 4.
[2] Zu der laufenden Entwicklung im Folgenden 2. Kapitel: § 1. C. I.
[3] Kritisch hierzu Jayme/Kohler IPRAX 1999, 401ff.

Auswahl zwischen den ihm zur Verfügung stehenden Gerichtsständen zu treffen[4]. Stehen ihm folglich eine Vielzahl möglicher Foren zur unbegrenzten freien Wahl, ist kaum noch vorhersehbar, wo und wie der Rechtsstreit entschieden wird. Auf der einen Seite ist es daher für den vermeintlich Verletzten erforderlich, unproblematisch ersehen zu können, an welchem Gerichtsstand er seine Rechte am effektivsten durchsetzen kann. Entsprechend muss auf der anderen Seite auch für den vermeintlichen Verletzer klar sein, wo und wie er sich am besten verteidigen kann.

Um sein Recht auf internationaler Ebene gerichtlich durchzusetzen, muss der Kläger also zunächst das zuständige Gericht bestimmen, welches wiederum das anwendbare Recht nach seinem internationalen Privatrecht ermittelt und anschließend zur Entscheidungsfindung anwendet. Im Anschluss daran wird das Urteil vollstreckt. Der Begriff der Rechtsdurchsetzung wird im Folgenden primär für die gerichtliche Geltendmachung von Ansprüchen und deren Durchsetzung im Prozess gebraucht. Das anschließende Vollstreckungs- und Anerkennungsverfahren wird im Rahmen dieser Arbeit nicht mehr behandelt.
Grundlage der Untersuchung ist damit, in welchem Umfang welches Gericht nach welchem Recht entscheiden kann.

Den Parteien wird unter mehreren eröffneten Gerichtsständen theoretisch freie Wahl gewährt. Dabei ist selbstverständlich, dass sich jede Partei für das Gericht entscheidet, das ihren Interessen am ehesten gerecht wird. Dieses Phänomen des *forum shopping* stellt sich als Hauptkritikpunkt an der momentanen Lage heraus. Die Gerichte und insbesondere der EuGH versuchen demzufolge durch die Einschränkung des sogenannten fliegenden Tatortgerichtsstands auf Tatbestands- und Rechtsfolgenseite eine solche Praxis zu unterbinden. Das uneingeschränkte Ausnutzen der in mehreren Staaten nebeneinander bestehenden internationalen Zuständigkeit verschafft dem Kläger einen Startvorteil, der so mittelbar über den Gerichtsstand auf das Kollisionsrecht und das anwendbare materielle Recht Einfluss nehmen kann.
Aus dieser Situation heraus wird das Bedürfnis nach klaren und eindeutigen Zuständigkeitsregeln und deren zweckentsprechende Auslegung geweckt, welche eine zu weitgehende Konkurrenz vieler internationaler Zuständigkeiten von vornherein ausschließen[5]. Entscheidend ist dabei, dass ein ausgewogenes, die Interessen von Kläger und Beklagten gleichermaßen berücksichtigendes Zuständigkeitssystem gewährleistet werden kann.

---

[4] Dieses durchaus legitime Vorgehen wird unter dem Begriff des „*forum shopping*" erörtert.

[5] Dies setzt jedoch zunächst eine eindeutige räumliche Zuordnung der Verletzungshandlung und damit die Lokalisierung der maßgeblichen unerlaubten Handlung voraus. Erst wenn diese abgegrenzt wurde, kann eine Bestimmung der für die internationale Zuständigkeit sowie für das anwendbare Recht relevanten Anknüpfungsmomente erfolgen. Im letzten Kapitel wird der Versuch unternommen, diese Problematik befriedigend aufzulösen.

Ebenfalls maßgeblich für eine reibungslose und gesicherte Rechtsdurchsetzung erweist sich als zweiter wichtiger Punkt die Bestimmung des anwendbaren Rechts. Allerdings hängen Kollisionsrecht und damit auch das anwendbare Sachrecht in gewisser Weise von der internationalen Zuständigkeit ab, da das den Rechtsstreit materiell entscheidende Recht immer nur von den Kollisionsregeln des Forumstaates berufen wird.
Um den Ausgang eines Rechtsstreits realistisch einschätzen zu können, sollte es für den Rechtsinhaber jedoch von vornherein möglich sein abzusehen, nach welchem Recht sich seine Ansprüche richten. Dies ist im Bereich der Persönlichkeits- und Immaterialgüterrechte nicht einheitlich geregelt.

Letztlich bleibt es den einzelnen Gerichten überlassen, sich einer der vielen Meinungen sowohl hinsichtlich der Internationalen Zuständigkeit als auch des anwendbaren Rechts anzuschließen, was der Vorhersehbarkeit und Rechtssicherheit nicht förderlich ist.

Insgesamt stellt die Rechtsdurchsetzung ein wesentliches Fundament und tragendes Element des angestrebten materiellen Konsenses dar. Eine Einigung auf gleiche oder zumindest ähnliche prozessuale Standards, eine europaweit übereinstimmende Auslegung bestehender Normen oder gar die Schaffung eines einheitlichen internationalen Zivilverfahrensrechts erscheint daher für die Wirkung des materiellen Rechts von herausragender Bedeutung.

Es muss daher nach abstrakt generellen Regelungen gesucht werden, die nicht unbedingt jeden Einzelfall befriedigend zu lösen vermögen, jedoch durch die Klarheit und Vorhersehbarkeit ihrer Anknüpfung und die Möglichkeit, die Streitigkeit in einem Verfahren umfassend zu entscheiden, einen Ausgleich zwischen den Interessen des Verletzten und den Interessen des Verletzers herstellen und damit für prozessuale sowie für materiellrechtliche Gerechtigkeit sorgen können.
Im Rahmen der Zuständigkeitsfrage steht nicht nur der Deliktsgerichtsstand zur Diskussion, der im Rahmen des Persönlichkeitsrechtsschutzes eine herausragende Rolle spielt. Bei den Immaterialgüterrechten tritt außerdem verstärkt der Gerichtsstand der Streitgenossenschaft in den Vordergrund. Auf der Kollisions- und Sachrechtsebene geht es wiederum ausschließlich um Fragen des Deliktsrechts.

Aufgrund dieser zahlreichen Schwerpunkte werden zunächst im ersten Kapitel dieser Arbeit die materiellen Grundlagen sowohl in Deutschland als auch im Vereinigten Königreich insoweit dargestellt, als dies für das weitere Verständnis und die kollisionsrechtliche und zuständigkeitsrechtliche Fragestellung von Bedeutung ist. Im zweiten Kapitel werden die weiteren Ebenen aufgezeigt und der gegenwärtige prozessuale und kollisionsrechtliche Stand des Persönlichkeits- und Immaterialgüterrechtsschutzes auch anhand der unterschiedlichen Entwicklung der Rechtsprechung in

Europa dargelegt. Im dritten Kapitel schließlich soll ein eigener Vorschlag zur befriedigenden Durchsetzung der Schutzrechte gemacht werden, der sich an den unterschiedlichen Lösungsansätzen in Europa orientiert.
Nicht thematisiert wird im Rahmen dieser Arbeit das Anerkennungs- und Vollstreckungsverfahren, da das Hauptaugenmerk gerade auf den vorderen Ebenen der Rechtsdurchsetzung liegt und es daher einer selbständigen Erörterung vorbehalten bleiben soll.

Thematisch ausgespart werden Sachbereiche, die zwar zum Problembereich grenzüberschreitender Verletzungen gehören, aber bei der Durchsetzungsfrage ein zuständigkeits- und kollisionsrechtliches Eigenleben führen. Die Probleme der Rechtsverletzungen über das Internet werden aufgrund der grenzenlosen Vervielfachung der möglichen Tatorte ausgeklammert. Auch die technischen Besonderheiten der Verletzungen mittels des Internet lassen es nahezu unmöglich erscheinen, diese in eine abstrakt generelle Lösung für grenzüberschreitende Fälle mit einzubeziehen. Insofern ist ein Sonderweg[6] einzuschlagen. Ebenfalls nicht berücksichtigt werden Persönlichkeitsrechtsverletzungen im Bereich grenzüberschreitender Datenverarbeitung, ein Thema, das aufgrund seiner öffentlich- rechtlichen Bezüge nicht in den Kontext dieser Arbeit passen würde.

Insgesamt liegt der Schwerpunkt der Arbeit auf den Aspekten des Internationalen Zivilverfahrensrechts. Zum besseren Verständnis der gesamten Problematik und zur Lösung der Frage nach einer umfassenden Rechtsdurchsetzung wird jedoch auch auf das Sach- und Kollisionsrecht eingegangen.
Bei der Suche nach einer Lösung wird das autonome deutsche und englische Prozessrecht, Kollisionsrecht und materielle Recht sowie die Regeln der EuGVO und deren unterschiedliche Auslegung durch die verschiedenen europäischen Gerichte berücksichtigt.

Die Arbeit ist dabei in drei Kapitel gegliedert:
Im ersten Kapitel wird ein Überblick über den Bestand des Sachrechts in England und Deutschland gegeben, um eine Einführung in die Problematik grenzüberschreitender Verletzungen zu erleichtern und die möglichen Haftungskonstellationen speziell bei Persönlichkeits-, Urheberrechts- und Patentrechtsverletzungen aufzuzuzeigen.
Im zweiten Kapitel wird zunächst das autonome deutsche internationale Zivilprozessrecht im Vergleich zum englischen internationalen Zivilprozessrecht näher beleuchtet und anschließend die europäische Regelung in Form der EuGVO den nationalen Regelungen gegenübergestellt. In diesem Rahmen wird insbesondere dem Deliktsgerichtsstand große Aufmerksamkeit geschenkt. Ansonsten richtet sich der Aufbau der Darstellung nach der vorgegebenen Reihenfolge in der jeweiligen Regelung

---

[6] Zu den Problemen des Kollisionsrechts bei Persönlichkeitsverletzungen über das Internet bei Kristin 2000; v Hinden 1999.

beziehungsweise folgt dem Grundsatz von der allgemeinen zur besonderen Regel. Außerdem werden unter dem Gesichtspunkt, eine für Europa einheitliche und befriedigende Lösung zu finden, weitere Rechtsquellen des Internationalen Zivilverfahrensrechts und neue Konzepte vorgestellt.
Noch im zweiten Kapitel schließt sich eine entsprechende Untersuchung der gegenwärtigen Vorgehensweisen auf kollisionsrechtlicher Ebene begonnen mit den Besonderheiten des Deliktsstatuts im deutschen internationalen Privatrecht an. Dem wird wiederum die Rechtslage bei Persönlichkeits- und Immaterialgüterrechtsverletzungen im englischen Kollisionsrecht gegenübergestellt. Auch für das Kollisionsrecht wird ein Überblick über die Harmonisierungsbestrebungen in Europa bereitet.
Im letzten Kapitel orientiert sich die Darstellung an dem Ziel, einen Vorschlag zur Durchsetzung der Persönlichkeits- und Immaterialgüterrechte bei grenzüberschreitenden Verletzungen in Europa zu bereiten und dadurch das zuständige Gericht, dessen Entscheidungskompetenz und das von ihm anzuwendende Recht zu klären. Zunächst werden im Rahmen eines Überblicks die Kernpunkte der zu klärenden Problematik herausgestellt, um sie im Weiteren im Rahmen der einzelnen Gerichtsstände für eine befriedigende Lösung heranzuziehen. Letztlich finden hier sämtliche vorab dargestellten Überlegungen Eingang in ein Konzept, welches einen pragmatischen und sinnvollen Ansatz für die Problematik grenzüberschreitender Verletzungen von sowohl ubiquitären als auch eintragungspflichtigen Rechten bieten soll. Dabei wird der Durchsetzung am Deliktsgerichtsstand auch im dritten Kapitel besondere Beachtung geschenkt.

1. Kapitel: Schutzrechtsverletzungen und materielle Rechtsfolgen

§ 1. Grenzüberschreitende Delikte

A. Begriffsbestimmung

Diese Arbeit will eine Lösung für Fälle grenzüberschreitender Handlungen anbieten, die in geistige Rechtspositionen eingreifen und dadurch Bezüge zu mehreren Staaten haben. Eingriffe in Persönlichkeits- und Immaterialgüterrechte sind allgemein als unerlaubte Handlungen anzusehen und daher für das Prozess-, Kollisions- und Sachrecht in den Bereich des Deliktsrechts[7] einzuordnen[8].

Besonders grenzüberschreitende Fälle erweisen sich im Rahmen der Rechtsdurchsetzung als schwierig. Wenn Bezugspunkte zu mehreren Rechtsordnungen vorliegen, eröffnet die Bestimmung des zuständigen Gerichts und des von ihm anzuwendenden Rechts aufgrund der Vielzahl anknüpfungsrelevanter Kriterien und Bezugpunkte Probleme.

Bei den sogenannten Platzdelikten, bei denen die Verwirklichung des gesamten Delikts von der Handlung über den Erfolg bis zum eingetretenen Schaden innerhalb einer Rechtsordnung stattgefunden hat, macht die Bestimmung des zuständigen Gerichts und des von ihm anzuwendenden Rechts wenig Schwierigkeiten. Es gibt nur Bezugspunkte zu einer Rechtsordnung, weshalb entweder ein Inlandsdelikt oder ein Auslandsdelikt vorliegt.

Anders ist dies bei tatsächlich grenzüberschreitenden Delikten, die in zwei Varianten auftreten können[9]:
Standardbeispiel im Rahmen von Persönlichkeitsrechtsverletzungen ist zunächst der grenzüberschreitende beleidigende Brief, der ein gestrecktes Delikt oder ein Distanzdelikt darstellt. In dieser Variante liegen Berührungspunkte zu nur zwei Rechtsordnungen vor, der des Absende- und der des Empfangsstaats. Handlungsort und Erfolgsort können also in zwei verschiedenen Staaten liegen[10].

---

[7] Für sämtliche Rechte, Kropholler, EuZPR 2002, Art 5 Rz 50; Geimer/Schütze, EuZVR 1997, Art 5 Rz 154; für das Persönlichkeitsrecht, MünchKomm/Kreuzer, X 1998, Art 38 EGBGB Rz 204; Palandt/Heldrich 2003, Art 40 Rz 14; Staudinger/v Hoffmann 2001, Art 40 Rz 53; für das Immaterialgüterrecht vergleiche im Folgenden 2. Kapitel: § 2. A. I. ; Staudinger/v Hoffmann 2001, Art 40 Rz 369ff; Schack, UrhR 2001, Rz 924; Muth 2000, 61ff.

[8] Die Einordnung eines Sachverhaltes als unerlaubte Handlung und damit die Subsumtion unter den im Tatbestand einer Kollisionsnorm enthaltenen Anknüpfungsgegenstand, hier die unerlaubte Handlung, wird im Kollisionsrecht als Qualifikation bezeichnet, während im IZPR allenfalls von der Klärung einer Vor- oder Teilfrage gesprochen wird, Basedow, Qualifikation 1992, 131ff (135, 144ff) ansonsten aber keine spezielle Bezeichnung existiert. Im Ergebnis wird aber auf beiden Ebenen bei der Einordnung eines Sachverhalts als unerlaubte Handlung die selbe Frage beantwortet. Insofern ist Kubis 1999, 91 und Schack, IZVR 2002, Rz. 49 zuzustimmen und vereinfachend immer von Qualifikation zu sprechen.

[9] Vergleiche MünchKomm/Kreuzer, X 1998, Art 38 EGBGB Rz 39.

[10] Der klassisch- ubiquitäre Lösungsansatz betrachtet sowohl für die Frage der internationalen Deliktszuständigkeit als auch im internationalen Deliktsrecht Handlungs- und Erfolgsort als einander

Daneben tritt insbesondere im Bereich internationaler Persönlichkeits- und Immaterialgüterrechtsverletzungen im weltweiten Geschäftsverkehr die Konstellation der Streu- oder *multi-state-* Delikte auf, die Bezugspunkte zu mehr als zwei Rechtsordnungen haben[11]. Dabei handelt es sich um einen Sachverhalt, bei dem sich die Erfolge einer einheitlichen Handlung in verschiedenen Rechtsordnungen verwirklichen. Bei grenzüberschreitenden Publikationen einer ehrverletzenden Veröffentlichung durch die Massenmedien kann sich über den Verbreitungsort als maßgeblichen Erfolgsort[12] gleich eine weltweite internationale Zuständigkeit eröffnen. Angesichts der Vielzahl möglicher Anknüpfungsmomente taucht daher die Frage auf, ob überhaupt[13] und wie die Auswahl der letztlich entscheidenden Kriterien erfolgt. Zuvor ist allerdings zu klären, welches Vorgehen des vermeintlichen Verletzers bereits oder noch eine für die Anknüpfung maßgebliche einheitliche Handlung darstellt. Stattdessen könnte sein Verhalten auch in mehrere eigenständige Platz- oder Distanzdelikte oder in eine unbeachtliche Vorbereitungshandlung aufgeteilt werden. Vor allem bei Handlungen, die in einer global vernetzten Wirtschaft zahlreiche Grenzen zugleich überqueren, sind die Orte, an denen Verletzungshandlungen ihren Anfang nehmen, und Orte, an denen sie enden kaum noch voneinander zu unterscheiden[14]. Letztlich ist das Problem der räumlichen Zuordnung einer unerlaubten Handlung zu lösen.

B. Typische Sachverhalte

Gegenstand der Arbeit sollen die Fälle sein, in denen ein Rechtsträger durch eine unerlaubte Handlung in zwei oder mehreren Rechtsordnungen verletzt wird.

I. Persönlichkeitsrechtsverletzungen

Im Bereich der Persönlichkeitsrechtsverletzungen stellt die *Shevill-* Entscheidung des EuGH[15] einen typischen grenzüberschreitenden Sachverhalt dar. In dem vom englischen *House of Lords* dem EuGH vorgelegten Rechtsstreit klagte unter anderem die britische Staatsbürgerin *Fiona Shevill* wegen Ehrverletzung gegen die in Paris niedergelassene Gesellschaft französischen Rechts *Presse Alliance S.A.*, zu deren Verlagsgruppe auch die französische Zeitung *France- Soir* gehört. Diese Zeitschrift wurde damals hauptsächlich in Frankreich, aber auch mit einem geringen Teil der Auflage in den übrigen europäischen Staaten vertrieben[16]. Die Klägerin hatte als

---

ebenbürtige Anknüpfungskriterien; vergleiche aber zur Entwicklung im deutschen Kollisionsrecht und zu den Problemen der Ubiquitätsregel im Folgenden 2. Kapitel: § 2. A. II. 1.

[11] Riegl 1986, 3 ff; Schwiegel-Klein 1983, 10ff. In dieser Arbeit wird der Begriff des Streudelikts synonym für den Begriff des *multi-state*-Delikts verwendet.

[12] Hierzu im Folgenden 2. Kapitel: § 1. B. II. 2. b.

[13] Hierzu im Folgenden 3. Kapitel: § 1. A.

[14] Geller GRUR Int 2000, 695ff.

[15] EuGH Urteil v 7.3.1995 Rs C 68/93, Slg 1995 I 415 - Fiona Shevill / Presse Alliance SA = ABl EG 1995 C 87, 3-4 = NJW 1995, 1881 = JuS 1995, 928 (mit Anmerkung Hohloch) = IPRAX 1997, 111 (90 mit Anmerkung Kreuzer/Klötgen) = ZEuP 1996, 295 (300 mit Anmerkung Huber) = ZZP Int 1 (1996) 145 (151 mit Anmerkung Rauscher) = GRUR Int 1998, 298.

[16] 237.000 Exemplare in Frankreich gegenüber 230 Exemplaren in England und Wales.

Studentin drei Monate in einer Wechselstube in Frankreich gearbeitet. Am 23.9.1989 war in dieser Zeitschrift ein Artikel veröffentlicht worden, nach dem die Klägerin aufgrund ihrer damaligen Tätigkeit als Teilnehmerin eines Drogenhandelsnetzes Geldwäscheoperationen durchgeführt haben soll und namentlich genannt wurde. Zu diesem Zeitpunkt hatte die Klägerin ihre Tätigkeit in Frankreich beendet und war an ihren Wohnsitz in England zurückgekehrt. *Fiona Shevill* erhob daher vor dem Londoner *High Court* wegen *defamation*[17] Schadensersatzklage.
Die Beklagte ihrerseits rügte die Unzuständigkeit des angerufenen englischen Gerichts nach den Vorschriften des damals einschlägigen EuGVÜ[18]. Sie begründete ihre Rüge damit, dass im Vereinigten Königreich kein schädigendes Ereignis im Sinne des Art. 5 Nr. 3 EuGVÜ eingetreten sei, da die französische Zeitschrift *France-Soir* mit seiner wesentlichen Auflage nur in Frankreich gelesen werde, weshalb nur die französischen Gerichte aufgrund des allgemeinen Gerichtsstands des Art. 2 (1) EuGVÜ am Wohnsitz der Beklagten zuständig seien. Das in der letzten Instanz mit der Sache befasste *House of Lords* legte dem EuGH schließlich sieben Auslegungsfragen zum Begriff „Ort, an dem das schädigende Ereignis eingetreten ist" zur Vorabentscheidung vor[19].
Dieser stimmte grundsätzlich der Zuständigkeit der englischen Gerichte zu und stellte außerdem autonome Kriterien für die Auslegung des Tatortbegriffs auf. Damit hat der EuGH im Rahmen seiner Auslegung des Art. 5 Nr.3 EuGVÜ den aus Handlungs- und Erfolgsort bestehenden Tatort[20] für den Fall der Persönlichkeitsrechtsverletzungen durch Massenmedien, die dieselbe Zeitschrift in verschiedene Länder vertreiben, verbindlich konkretisiert. Des Weiteren hat er zur territorialen Reichweite der gerichtlichen Entscheidungsbefugnis für die einzelnen Tatortgerichtsstände Stellung genommen und damit festgelegt, dass der Geschädigte einer Persönlichkeitsrechtsverletzung durch die Medien an den Gerichten des Erfolgsorts nur den in diesem Forumstaat erlittenen Schaden geltend machen kann, während am Niederlassungsort des Herausgebers der gesamte Schaden in einem Verfahren gefordert werden kann.[21]

Dieser Fall verdeutlicht einige der typischen Schwierigkeiten im Rahmen der Aufstellung praktikabler und gerechter Zuständigkeitsvorschriften. Es galt zu klären, welche Kriterien für die Begründung der Zuständigkeit ausschlaggebend sind und ob

---

[17] Ausführlich zum *tort of defamation* oben 1. Kapitel: § 3. A. II.

[18] Zum Brüsseler EWG-Übereinkommen über die gerichtliche Zuständigkeit und Vollstreckung gerichtlicher Entscheidungen in Zivil- und Handelssachen vom 27. September 1968 idF des 4. Beitrittsübereinkommens vom 29.11.1996, welches für Deutschland am 1.1.1999 in Kraft getreten ist und mittlerweile seit 1.3.2002 in allen EU – Staaten mit Ausnahme Dänemarks durch die EuGVO abgelöst worden ist, hierzu in Folgenden 2. Kapitel: § 1. B. I.

[19] Nach Art. 1 (1) des Luxemburger Protokolls zur Auslegung des EuGVÜ vom 3.6.1971, BGBl 1972 II 846, obliegt dem EuGH die Auslegung des EuGVÜ, der in diesem Zusammenhang jedoch nur Fragen der Zuständigkeit klären kann.

[20] Hierzu im Folgenden unter 2. Kapitel: § 1. B. II. 2.

[21] Aufgrund der Vorabentscheidung des EuGH konnte das House of Lords mit Urteil v 24.7.1996 das Rechtsmittel der Beklagten und daher die Zuständigkeitsrüge zurückweisen, womit der eigentliche materielle Rechtsstreit beginnen konnte, [1996] AC 959 (HL) = [1996] 3 All ER 929, deutsche Übersetzung in GRUR Int 98, 314.

insbesondere an jedem Verbreitungsort ein Gerichtsstand eröffnet ist. Schließlich stand auch zur Frage, ob die Klägerin ihren gesamten Schaden auch in einem einzigen Verfahren hätte geltend machen können.
Die Frage nach dem anwendbaren Recht hat der EuGH, dessen Auslegungsbefugnis auf die im EuGVÜ geregelten Zuständigkeitsfragen beschränkt ist[22], zwar offengelassen. Es bleibt dennoch fraglich, ob die Aussagen der Entscheidung zur Internationalen Zuständigkeit auch entsprechend auf das Internationale Deliktsrecht zu übertragen sind[23] und damit ebenfalls das anwendbare Recht beeinflussen.

II. Immaterialgüterrechtsverletzungen

Im Bereich der Urheberrechtsverletzungen führte folgender Fall[24] erstmals eine Änderung der Rechtsprechung in England im Hinblick auf die Vereinbarkeit des englischen Rechts mit den europäischen Zuständigkeitsvorschriften herbei.
In dem Rechtsstreit ging es um eine angebliche Verletzung des Urheberrechts eines Architekturstudenten an seinem Entwurf, den er im Jahre 1986 für ein Rathaus in den Docklands im Rahmen seiner Diplomarbeit in London angefertigt hatte. Die Beklagten, unter anderem ein bekannter niederländischer Architekt und eine englische Gesellschaft, hätten Zugang zu diesen Zeichnungen gehabt und schon im Jahre 1986 davon Kopien angefertigt. Diese Kopien sollen dann in die eigenen Entwürfe der Beklagten für den Bau der *Kunsthal* in Rotterdam eingearbeitet worden sein. Die Klage wurde bei dem *High Court of Justice* in England eingereicht. In dieser Konstellation, die lediglich Berührungspunkte zu zwei Rechtsordnungen hat, tauchen entscheidende Probleme des Internationalen Immaterialgüterrechts auf. Zur Diskussion stand insbesondere, ob das englische Gericht allein aufgrund der Ansässigkeit nur eines Beklagten im Vereinigten Königreich im Rahmen seiner Entscheidung auch über Urheberrechtsverletzungen im Ausland, hier den Niederlanden, entscheiden konnte. Dies hat das Gericht erstmalig in Anwendung der Normen des EuGVÜ bejaht und damit eine Abkehr von den traditionellen englischen Regeln vollzogen[25]. Dabei wird außerdem deutlich, dass bei der Durchsetzung von Schutzrechten deren territoriale Beschränkung auf den jeweiligen Schutzstaat und damit das traditionelle Prinzip der Territorialität und dessen Auswirkung sowohl auf den Gerichtsstand, die Kognitionsbefugnis des Gerichts als auch das anwendbare Recht zu beachten ist[26].

---

[22] Art 1 (1) des Luxemburger Protokolls zur Auslegung des EuGVÜ v 3.6.1971, zur Auslegung der EUGVO durch den EuGH im Folgenden unter 2. Kapitel: § 1. B. I. 4.
[23] Vergleiche nur Kropholler, IPR 2001, 514f.
[24] High Court of Justice (Lloyd J) Urteil v 7.3.1999, Pearce v Ove Arup Partnership Ltd and others [1997] Ch 293 (1 Instanz) = [1997] 2 WLR 779-792 = [1997] 3 All ER, 31-44; GRUR Int. 1998, 317; besprochen von Kieninger in GRUR Int 1998, 280 (286).
[25] Hierzu auch Court of Appeal Urteil v 21.1.1999 [1999] 1 All ER 769-804 = [2000] 3 WLR 332 = GRUR Int 1999, 787 (mit Anmerkung Zigann, 791); ausführlich hierzu im Folgenden 2. Kapitel: § 1. A. II. 2. a. (3)
[26] Vergleiche im Folgenden 1. Kapitel: § 2. B. I. 3. zum Urheberrecht und 1. Kapitel: § 2. C. I. 2. zum Patentrecht.

Nur wenige Wochen nach der Entscheidung des englischen *High Court* zur *Kunsthal* in Rotterdam untersuchte das Gericht in einem weiteren Fall dieselbe Frage für Verletzungsklagen bezüglich ausländischer Patente[27].
Die Klägerin verklagte als Inhaberin eines deutschen, britischen und spanischen Bündelpatents[28] nach dem Europäischen Patentübereinkommen die englische Gesellschaft und drei weitere zu dieser Gruppe gehörende Unternehmen, welche ihren Sitz in den Niederlanden und Deutschland haben, wegen angeblicher Patentrechtsverletzungen in Deutschland, Großbritannien und Spanien. Im Gegenzug wandten die Beklagten unter anderem die Nichtigkeit des Patents ein. Zunächst musste das Gericht zu seiner internationalen Zuständigkeit Stellung nehmen. Des Weiteren oblag ihm die Feststellung, in welchem Umfang über den vorgebrachten Sachverhalt zu entscheiden war und damit die Frage, ob das englische Gericht auch über die Verletzung der ausländischen Patente entscheiden kann, insbesondere wenn die Nichtigkeit dieser Registerrechte eingewandt wird[29].

In der typischen Fallkonstellation stehen dem Kläger in mehreren Ländern übereinstimmende Schutzrechte zu, also etwa ein europäisches Patent oder ein nach Voraussetzungen und Umfang vergleichbares Urheberrecht. Die Beklagten sind oftmals Tochtergesellschaften mit Sitz in den verschiedenen Mitgliedstaaten, die jeweils dasselbe Produkt vertreiben, was nach Ansicht des Klägers seine Schutzrechte verletzt.

Hauptproblem ist dann die Möglichkeit der einheitlichen Rechtsverfolgung[30]. Dabei sind mehrere Wege zu verfolgen[31]: Am Gerichtsstand der Streitgenossenschaft können mehrere Personen gemeinsam vor dem Gericht verklagt werden, in dessen Bezirk nur einer der Beklagten seinen Wohnsitz hat, und so sämtliche Verletzungshandlungen einheitlich geahndet werden[32]. Außerdem ist daran zu denken, eine einheitliche grenzüberschreitende Handlung zu konstruieren, die sämtliche Verletzungen umfasst und über die das Tatortgericht dann umfassend entscheiden kann[33]. Schließlich bleibt auch die Möglichkeit einer Art objektiven Klagenhäufung am allgemeinen Gerichtsstand[34]. Letztlich geht es auch hier um die Schwierigkeiten bei der räumlichen Zuordnung der fraglichen Handlung.

---

[27] High Court of Justice (Laddie J) Urteil v 26.3.1996, Coin Controls Ltd v Suzo International (UK) Ltd and others [1997] 3 All ER 45; Übersetzung in GRUR Int 98, 314-317, ebenfalls besprochen von Kieninger in GRUR Int. 98, 280 (287).
[28] Zum materiellen Patentrecht und dem Bündelpatent im Folgenden 1. Kapitel: § 2. C. II. 3.
[29] Hierzu im Folgenden 2. Kapitel: § 1. B. II. 4. b. (4)
[30] 2. Kapitel: § 1. B. II. 3.
[31] Im 2. Kapitel wird dabei die aktuelle Handhabung deutscher und englischer Gerichte nach autonomem und nach der EuGVO dargestellt; im 3. Kapitel wird sodann ein eigener Vorschlag zur Rechtsdurchsetzung der unterbreitet.
[32] Im Folgenden 2. Kapitel: § 1. B. II. 3. zur gegenwärtigen Praxis im Rahmen der EuGVO und ein weiterführender Vorschlag im 3. Kapitel: § 3. B.
[33] Zu den notwendigen Bestandteilen und damit den Voraussetzungen der räumlichen Zuordnung einer unerlaubten Handlung im eigenen Vorschlag 3. Kapitel: § 2. A. I.
[34] Hierzu unten 3. Kapitel: § 3. A.

C. Zusammenfassung

Die angeführten Beispiele zeigen, dass für Persönlichkeitsrechtsverletzungen der Deliktsgerichtsstand im Vordergrund steht, während im Bereich der Immaterialgüterrechte das Hauptaugenmerk auf den Gerichtsstand der Streitgenossenschaft oder den ausschließlichen Gerichtsstand betreffend die Eintragung oder Gültigkeit von eintragungspflichtigen Schutzrechten zu richten ist.
Dagegen geht es bei der Problematik des anwendbaren Rechts stets um Fragen des internationalen Deliktsrechts.

§ 2. Schutzrechte – materielle gesetzliche Grundlagen in Deutschland

A. Schutz der Persönlichkeit

Das Recht an seiner Persönlichkeit steht einem Menschen bereits kraft seiner Menschenwürde von Geburt an zu, so dass die Persönlichkeit eines jeden Menschen allein aufgrund seines Personseins zu schützen ist[35]. Dieser Schutz ist unterschiedlich ausgestaltet und abhängig vom zu schützenden Persönlichkeitsgut.
Der zivilrechtliche Persönlichkeitsschutz ist in Deutschland eng an die verfassungsrechtlichen Grundlagen geknüpft. Die Grundrechte entfalten ihre Wirkung auch im Zivilrecht[36], so dass im zivilrechtlichen Persönlichkeitsrechtsschutz außerdem die verschiedenen, miteinander konkurrierenden Grundrechtspositionen zu beachten sind[37]. Erst aus der verfassungsrechtlichen Anerkennung eines Persönlichkeitswertes hat sich der zivilrechtliche Schutz zur Achtung und Entfaltung der Persönlichkeit entwickelt[38].

Im privatrechtlichen Persönlichkeitsrechtsschutz geht es terminologisch betrachtet grundsätzlich allgemein um den Schutz der gesamten Persönlichkeit eines Menschen. Der zivilrechtliche Schutz dieses Lebensgutes wird heute in Deutschland zum einen durch die einzelnen besonderen kodifizierten Persönlichkeitsrechte[39] wie das Namens-

---

[35] Die Anerkennung der Persönlichkeit als zu schützendes Rechtsgut ergibt sich aus Art 1 I, 2 I GG; hierzu auch BVerfG Urteil v 31.1.1989 BVerfGE 79, 256 (268); BVerfG Beschluß v 24.2.1971 BverfGE 30, 174 (194); Baston-Vogt 1997, 31ff.

[36] Zur Problematik der Drittwirkung der Grundrechte und ihrer Ausstrahlungswirkung auf den Privatrechtsverkehr ausführlich Baston-Vogt 1997, 17-29 mit weiteren Nachweisen.

[37] Hager JURA 1995, 566ff.

[38] BGH Urteil v 25.5.1954 BGHZ 13, 334 (338)- Leserbrief; zur Entwicklung des zivilrechtlichen Persönlichkeitsrechtsschutzes sogleich im Folgenden.

[39] Zum Vorrang der gesetzlich geregelten Persönlichkeitsrechte vor dem allgemeinen Persönlichkeitsrecht: BGH Urteil v 18.3.1959 BGHZ 30, 7 (11) - Caterina Valente; ausführlich zum Verhältnis des allgemeinen Persönlichkeitsrechts zu den einfach gesetzlichen persönlichkeitsschützenden Regelungen in Baston-Vogt 1997, 104ff, (111); Helle 1991, 27-42; speziell zum Verhältnis des Urheberpersönlichkeitsrechts zu dem allgemeine Persönlichkeitsrecht: Schricker/Dietz, UrhR 1999, vor §§ 12 ff, Rz 15 ff; Dieselhorst 1995, 101 ff.

recht in § 12 BGB oder das Recht am eigenen Bild in §§ 22 ff. KUG[40], welche einzelne Facetten des Schutzes erfassen, und zum anderen durch die Anerkennung des allgemeinen Persönlichkeitsrechts als absolutes Recht im Sinne des § 823 (1) BGB[41] gewährleistet, das die Persönlichkeit gerade in ihrer Gesamtheit schützen soll. Die Persönlichkeit wird damit durch verschiedene Rechte zivilrechtlich abgesichert, allumfassend wird die Gesamtpersönlichkeit indes durch das allgemeine Persönlichkeitsrecht garantiert.

Dies ist allerdings das Ergebnis einer längst nicht abgeschlossenen Entwicklung[42]. Zunächst stand das deutsche Recht einem allgemeinen zivilrechtlichen Persönlichkeitsrechtsschutz ablehnend gegenüber. Das Privatrecht sollte primär dem Schutz von Vermögensinteressen dienen, während ideelle Interessen strafrechtlich gesichert wurden[43]. Diese Haltung spiegelt sich auch im Bürgerlichen Gesetzbuch wieder, in dem nie ein umfassender Schutz der Gesamtpersönlichkeit statuiert wurde. Der zivilrechtliche Schutz der Persönlichkeit beschränkte sich auf verschiedene, in mehreren Gesetzen verteilte Einzelbestimmungen und damit auf nur einzelne Persönlichkeitsgüter[44].
Mit Inkrafttreten des Grundgesetzes wurde jedoch der Schutz der Menschenwürde und die freie Entfaltung der Persönlichkeit an die Spitze der Verfassung gestellt und durch Art. 1 (3) GG zu unmittelbar anwendbarem Recht erklärt. Aus dieser verfassungsmäßigen Gewährleistung des Rechts eines Menschen auf Achtung seiner Würde und freier Entfaltung seiner Persönlichkeit wird allgemein eine Pflicht des Staates gefolgert, auch im zivilen Rechtsverkehr für den Schutz der Persönlichkeit zu sorgen[45].

Aufgrund dieser Entwicklung erkannte der BGH erstmals 1954 in seinem sogenannten Leserbriefurteil[46] das Bestehen eines von jedermann zu achtenden allgemeinen Persönlichkeitsrechts als sonstiges Recht im Sinne des § 823 (1) BGB an, um so bestehende Schutzlücken zu schließen.
In weiteren Schritten hat das Gericht sodann zu den rechtlichen Folgen einer Verletzung des Persönlichkeitsrechts Stellung genommen. Im sogenannten Herren-

[40] Gesetz betreffend das Urheberrecht an Werken der bildenden Künste und der Fotografie; in Kraft getreten am 9.1.1907 RGBl 1907, 7, ausführlich hierzu Helle 1991, 45ff.
[41] Das allgemeine Persönlichkeitsrecht soll hingegen die Persönlichkeit gerade in ihrer Gesamtheit schützen, hierzu im Folgenden 1. Kapitel: § 2. A. I.
[42] Baston-Vogt 1997, 11-15.
[43] Zur Entwicklung des zivilrechtlichen Persönlichkeitsschutzes Coing JZ 1958, 558ff.
[44] Geschützte Persönlichkeitsgüter waren von je her der Name in § 12 BGB, die Ehre in § 823 (2) BGB in Verbindung mit § 185 ff StGB, das Recht am eigenen Bild nach § 22 ff KUG, die Erfinderehre nach §§ 6, 37, 63 PatG, das Urheberpersönlichkeitsrecht gemäß §§ 11ff, 97ff UrhG und die weibliche Geschlechtsehre nach § 825 BGB aF (bis zur Änderung mit Wirkung vom 1.8.2002, BGBl I 2002, 2674f).
[45] Die generelle Drittwirkung der Grundrechte wird allgemein nicht bestritten, Zweifel bestehen allerdings hinsichtlich der Ausgestaltung ihrer Wirkung, hierzu Baston-Vogt 1997, 17-29.
[46] BGH Urteil v 25.5.1954 BGHZ 13, 334 – Leserbrief.

reiterurteil[47] hat der BGH entgegen §§ 253, 847 BGB a.F. und damit bewusst *contra legem* Geldersatz für immaterielle Schäden gewährt. Diese zivilrechtliche Rechtsprechung des BGH ist vom Bundesverfassungsgericht 1973 in der Soraya-Entscheidung[48] gebilligt und seitdem mehrfach bestätigt worden[49]. Durch solche fortlaufenden Konkretisierungen des Schutzguts stellt es sich nunmehr als einheitliches umfassendes subjektives Recht auf Achtung und Entfaltung der Persönlichkeit dar[50] und konnte sich trotz fehlender Kodifizierung in Deutschland gewohnheitsrechtlich etablieren.
Mitterweile können Persönlichkeitsrechte neben ihrem ideellen Gehalt anerkanntermaßen auch über einen vermögenswerten Bestandteil verfügen[51].

Damit steht fest, dass die Persönlichkeit in Deutschland zivilrechtlich durch eine Reihe besonderer gesetzlich geregelter Persönlichkeitsrechte und ergänzend durch die umfassende Garantie des gewohnheitsrechtlich anerkannten und in der Generalklausel des § 823 (1) BGB als sonstiges Recht verankerten allgemeinen Persönlichkeitsrecht geschützt ist[52]. Beide sind Teil des zivilrechtlichen Persönlichkeitsschutzes aus der gemeinsamen Quelle der Art. 1 (1), 2 (1) GG[53].

I. Das allgemeine Persönlichkeitsrecht

1. Inhalt des allgemeinen Persönlichkeitsrechts

Das allgemeine Persönlichkeitsrecht ist ein umfassendes subjektives Recht auf Achtung und Entfaltung der Persönlichkeit. In verfassungskonformer Auslegung der Generalklauseln genießt es als „sonstiges Recht" nach § 823 (1) BGB den Schutz der absoluten Rechte[54]. Anspruchsgrundlage für den zivilrechtlichen Schutz ist § 823 (1) BGB und gegebenenfalls § 823 (2) in Verbindung mit §§ 185 ff. StGB[55].

---

[47] BGH Urteil v 14.2.1958 BGHZ 26, 349 – Herrenreiter.
[48] BVerG Beschluss v 14.2.1973 BverfGE 34, 269 – Soraya.
[49] BVerfG Urteil v 5.6.1973 BverfGE 35, 202 – Lebach; Schlechtriem JZ 1995, 362f.
[50] Palandt/Thomas 2003, § 823 Rz 176;
[51] BGH Urteil v 1.12.1999 NJW 2000, 2195 – Marlene Dietrich; Palandt/Thomas 2003, § 823 Rz 199. Zu den Voraussetzungen des Schadensersatzanspruchs für die Beeinträchtigung vermögenswerter Interessen im Folgenden, insbesondere Fn 87.
[52] Zum Verhältnis des allgemeinen Persönlichkeitsrechts zu den einfach gesetzlichen persönlichkeitsschützenden Regelungen 39.
[53] Schack GRUR 1985, 352, 353 zum Verhältnis des allgemeinen Persönlichkeitsrechts zum Urheberpersönlichkeitsrechts.
[54] Als absolutes und damit gegenüber jedermann wirkendes Recht im Sinne des § 823 (1) BGB gewährt das allgemeine Persönlichkeitsrecht allerdings keinen einseitigen absoluten Schutz der Opferinteressen. Stattdessen geht es um eine situationsbedingte Abwägung grundsätzlich gleichrangiger Grundrechtspositionen, hierzu auch im unmittelbar Folgenden unter dem Stichwort Rahmenrecht; ausführlich auch Hubmann 1967, 140 ff (147ff).
[55] BGH Urteil v 9.7.1985 BGHZ 95, 212.

Vom Schutz des allgemeinen Persönlichkeitsrechts sind zum einen das statische Recht[56], alleine gelassen zu werden, wie auch das dynamische, aktive Recht[57], sich frei entfalten und handeln zu können, umfasst[58]. Sein Schutzbereich hat im Laufe der Zeit zahlreiche konkretisierende Ausgestaltungen erfahren, da der unkörperliche, nicht lokalisierbare, ideelle Begriff des allgemeinen Persönlichkeitsrechts einer einheitlichen Definition schwer zugänglich ist. Um seinen abstrakten Inhalt zu konkretisieren, wurden einzelne, nicht abschließende Fallgruppen[59] innerhalb des allgemeinen Persönlichkeitsrechts entwickelt. Insofern kann das allgemeine Persönlichkeitsrecht als offenes Quellrecht angesehen werden, aus dem sich für bestimmte Sachgestaltungen subjektive Rechte herleiten lassen[60], die nicht kodifiziert werden müssen. Diese vom Richterrecht geprägte Praxis birgt den Vorteil eines flexiblen Rechtsschutzes. Die Inhalte des Persönlichkeitsschutzes ändern sich mit den Moralvorstellungen der jeweiligen Gesellschaft. Mit dieser Methode können veränderte Wertvorstellungen der Gesellschaft sofort berücksichtigt werden und dem engen Zusammenhang des Persönlichkeitsschutzes mit den jeweiligen kulturellen, ethischen und religiösen Grundhaltungen einer Gesellschaft Rechnung getragen werden.

Sieht man das allgemeine Persönlichkeitsrecht sowohl als zivilrechtliches subjektives Recht und gleichzeitig als Grundrecht an, sind bei der Bestimmung des Schutzbereichs des zivilrechtlichen Persönlichkeitsrechts grundsätzlich beide Aspekte zu beachten. Das BVerfG hat sich im Rahmen der Festlegung des Schutzbereichs von der ursprünglich zum Persönlichkeitsschutz entwickelten Sphärentheorie[61] entfernt, die eine Einteilung in eine Intim-, Privat-, Sozial- und Öffentlichkeitssphäre vornimmt. Danach waren bei Eingriffen in die einzelnen Sphären jeweils gesteigerte Rechtfertigungsanforderungen zu stellen. Mittlerweile hat das Gericht die Maßgeblichkeit einzelner objektiver Sphären zugunsten des Selbstverständnisses des Persönlichkeitsrechtsträgers zurückgestellt[62] und schließlich die Sphärentheorie aufgegeben[63].

---

[56] BGH Urteil v BGHZ 106, 229 (232 ff) - Briefkastenwerbung.

[57] BGH Urteil v 14.2.1958 BGHZ 26, 369 (354 ff) – Herrenreiter.

[58] Begründung zu dem Entwurf eines Gesetzes zur Neuordnung des zivilrechtlichen Persönlichkeits- und Ehrenschutzes von 1959, BT- Drucks III 1237,10; Coester-Waltjen JURA 1992, 209 (212).

[59] Kritisch zur Fallgruppenbildung Baston-Vogt 1997, 177 ff.

[60] BGH Urteil v 2.4.1957 BGHZ 24, 72 (78).

[61] Maßgebend Hubmann 1967, 268ff, der das zivilrechtliche Persönlichkeitsrecht in die Individual-, Privat-, und Geheimsphäre einteilte.

[62] BverfG Beschluss v 3.6.1980 BverfGE 54, 148 (155f) – Eppler, bestätigt durch BVerfG Beschluss v 3.6.1980 BverfGE 54, 208 – Böll/Walden.

[63] BVerfG Urteil v 15.12.1983 BerfGE 65, 1 – Volkszählungsurteil. In dieser Entscheidung hat das BVerfG das Recht auf informationelle Selbstbestimmung als geschütztes Interesse zur inhaltlichen Bestimmung des Schutzbereichs zumindest terminologisch geschaffen.
Ein weiterer Kritikpunkt an der Sphärentheorie ist ihre Inkonsequenz. Selbst die grundsätzlich als absolut geschützt angesehene Intimsphäre, hierzu BVerfG Beschluss v 8.3.1972 BVerfGE 32, 373 (379); Palandt/Thomas 2003 § 823 Rz 178, kann nicht mehr ohne vorherige Abwägung bestimmt werden. Denn ein abwägungsfreier Kernbereich des Persönlichkeitsrechts existiert praktisch nicht mehr, da das BVerfG diese innerste Sphäre selbst bei der Verwertung von Tagebuchaufzeichnungen zugunsten überwiegender Belange des Gemeinwohls nicht als berührt ansah, BVerfG Beschluss v 14.9.1989 BVerfGE 80, 367 (380ff).
Zur Sphärenbildung und der Kritik hieran auch bei Baston-Vogt 1997, 180ff.

Aufgrund dieser Entwicklung kann eine Persönlichkeitsrechtsverletzung in keinem Bereich von vornherein ausscheiden. Auch im intimsten Kernbereich gilt das Prinzip der Güter- und Interessenabwägung[64], da der Schutzbereich gerade offen ist. Die von der Praxis konstruierten Sphären können daher allenfalls als Abwägungshilfen mit den entgegenstehenden Interessen und Grundrechten dienen.

In den gegenwärtigen Schutzbereich des allgemeinen Persönlichkeitsrechts fallen etwa die Achtung der persönlichen Ehre[65], die Selbstbestimmung in eigenen Angelegenheiten[66] und die Kenntnis und Achtung der personalen Identität, etwa bei Abstammungsfragen[67], oder der Schutz vor Lebens- oder Gesichtsbildverfälschungen[68].

Trotz dieser inhaltlichen Bestimmung des Schutzbereichs fällt immer noch eine Besonderheit auf, die auch den Immaterialgüterrechten zu eigen ist, und das Persönlichkeitsrecht so von anderen Rechtsgütern wie Leben, Körper, Gesundheit und Eigentum, unterscheidet: Es fehlt ein nach außen sichtbares greifbares Substrat, mit dem der Wirkungsbereich für jeden ersichtlich wäre. Diese fehlende Offenkundigkeit erschwert gerade die Feststellung einer Verletzung. Es ist nicht von vornherein klar, wann eine Medienberichterstattung noch die Grenzen der Zulässigkeit wahrt oder wann diese schon ehrverletzend wirkt.
Insofern kann das Persönlichkeitsrecht nicht in gleicher Weise wie das Eigentum ein fest umrissenes absolutes Recht sein, bei dem schon die Tatbestandsmäßigkeit der Handlung die Rechtswidrigkeit indiziert. Zwar kann es jedermann entgegengehalten werden und entfaltet somit seine Wirkung nicht nur gegenüber bestimmten Personen. Ob ein konkretes Verhalten nun eine rechtswidrige Verletzung des Persönlichkeitsrechts ist, kann jedoch nur nach einer in jedem Einzelfall durchzuführenden umfassenden Interessen- und Güterabwägung festgestellt werden[69]. Das wertaus-

---

[64] Hierzu sogleich im Folgenden.
[65] BVerfG Beschluss v 3.6.1980 BverfGE 54, 208 (217f) - Böll/Walden; MünchKomm/Rixecker I 2001, § 12 Anh Rz 60; eingehend Baston-Vogt 1997, 411ff mit ausführlichen Nachweisen. Gerade der Ehrenschutz ist bei den einschlägigen Fällen grenzüberschreitender Verletzungen durch die Massenmedien gefordert.
[66] BVerfG Beschluss v 3.6.1980 BverfGE 54, 148 (155) - Eppler; darunter fallen also auch das Recht am geschriebenen und gesprochenen Wort, das vor allem in den Tonbandentscheidungen des BGH Urteil v 20.5.1958, BGHZ 27, 284 (286 ff), und BVerfG Beschluss v 31.1.1973, BVerfGE 34, 238 (246f), beschrieben wird. Als Ausfluss der Persönlichkeit sind sie vom allgemeinen Persönlichkeitsrecht geschützt.
Dieser Schutz kann auch auf das Urheberrecht gestützt werden, soweit die Voraussetzungen eines Werkes vorliegen, BGH Urteil v 31.5.1960 BGHZ 33, 20 (22f) - Figaros Hochzeit; Hubmann 1967, 310; Helle 1991, 234 ff ist hingegen der Ansicht, das Recht am gesprochenen Wort sei als besonderes Persönlichkeitsrecht anzusehen, durch das zivilrechtlicher Schutz nach § 823 (2) BGB in Verbindung mit § 201 StGB gewährt wird. Außerdem sei der in das Zivilrecht transponierte Tatbestand des § 201 StGB als sonstiges Recht auch nach § 823 (1) BGB deliktsrechtlich geschützt. So soll § 201 StGB als Schutzgesetz in seinem Anwendungsbereich das allgemeine Persönlichkeitsrecht verdrängen, jedoch im Rahmen des Verhältnisses von allgemeinem zu besonderen Persönlichkeitsrecht weiterhin verklammert bleiben.
[67] Baston-Vogt 1997, 428-449.
[68] Ausführlich Baston-Vogt 1997, 207 ff; Coester-Waltjen JURA 1992, 209 (212)
[69] BGH Urteil v 2.4.1957 BGHZ 24, 72 (80) = NJW 1957, 1146; zu den Abwägungskriterien Palandt/Tomas 2003, § 823 Rz 184 ff.

füllungsbedürftige allgemeine Persönlichkeitsrecht wird dementsprechend auch als sogenanntes Rahmenrecht bezeichnet, bei dem die Rechtswidrigkeit erst positiv festgestellt werden muss[70].
Im Rahmen dieser Abwägung hat insbesondere der Konflikt des Persönlichkeitsrechts mit den Kommunikationsfreiheiten in Art. 5 GG Bedeutung, der die Verflechtung von Zivilrecht und Verfassungsrecht wieder deutlich macht.

2. Rechtsfolgen der Verletzung des allgemeinen Persönlichkeitsrechts

Stellt sich nach Vornahme einer solchen Abwägung, welche die betroffenen Rechtspositionen zu einem schonenden Ausgleich bringen sollte, eine Verletzung heraus, kann der Betroffene im deutschen Recht verschiedene Sanktionen ergreifen[71]. Deren Reichweite und Voraussetzungen bestimmen sich maßgeblich nach der Gewichtung der entgegenstehenden Interessen im Rahmen der Abwägung[72].

Zunächst wurde bei rechtswidrigen, jedoch nicht notwendig schuldhaften Verletzungen im Wege richterlicher Rechtsfortbildung aufgrund der §§ 823, 1004 BGB ein quasi-negatorischer Persönlichkeitsschutz entwickelt[73]. Bei noch bevorstehenden Eingriffen kann der Betroffene Unterlassung verlangen[74]. Dieser Unterlassungsanspruch kann gegen Tatsachenbehauptungen[75] und gegen Werturteile[76] geltend gemacht werden, solange diese ehrverletzenden Charakter haben.

Hat eine Verletzung bereits stattgefunden, steht dem Betroffenen ein Beseitigungsanspruch[77] zu, der sich im Bereich der Medien auf Berichtigung richtet. Anders als der Unterlassungsanspruch kann der Berichtigungsanspruch nur gegenüber unwahren Tatsachenbehauptungen durchgesetzt werden, da ansonsten Art. 5 GG zu weit eingeschränkt würde[78]. Der ebenfalls verschuldensunabhängige[79] Berichtigungsanspruch lässt sich seinerseits wieder, je nach Beeinträchtigungsstärke, abstufen[80].

---

[70] BGH Urteil v 10.3.1987 NJW 1987, 2667; Larenz/Canaris, SchuldR BT II 2 1994, § 75 I 4b; Schack UFITA 108 (1988) 52 (62)
[71] Überblick bei Palandt/Thomas 2003 § 823 Rz 198 ff.
[72] BVerfG Beschluss v 14.1.1998 BverGE 97, 125 (144ff, 151) – Caroline v Monaco I.
[73] Ständige Rechtsprechung: RG Urteil v 5.1.1905 RGZ 60, 6; BGH Urteil v 25.5.1954 NJW 1954, 1404; BGH Urteil v 22.5.1984 NJW 1984, 1886.
[74] Funkel 2001, 43ff; Groß 1999, Rz 71ff zum Presserecht.
[75] BGH Urteil v 22.6.1982 NJW 1982, 2246; BGH Urteil v 28.6.1994 NJW 1994, 2614 (2616).
[76] BGH Urteil v 25.11.1986 BGHZ 99, 133 (135f); BGH Urteil v 22.6.1982 NJW 1982, 2246.
[77] Palandt/Thomas 2003, Einf v § 823 Rz 26; zum Presserecht Groß 1999, Rz 67ff.
[78] Die Berichtigung von Werturteilen ist nicht mit Art 5 (1) GG zu vereinbaren, BVerfG Beschluss v 14.1.1998 BVerGE 97, 125 (150) – Caroline v Monaco I; BGH Urteil v 6.4.1976 NJW 1976, 1198; BGH Urteil v 4.6.1974 NJW 1974, 1371; BGH Urteil v 17.6.1953 BGHZ 10, 104.
[79] BGH Beschluss v 19.12.1960 BGHZ 34, 99f (102f).
[80] Etwa zunächst eine Berichtigung, dann ein Widerruf oder gleich eine Richtigstellung, BVerfG Beschluss v 14.1.1998 BVerGE 97, 125 (150) – Caroline v Monaco.

Des Weiteren steht dem Betroffenen bei schuldhafter Verletzung Anspruch auf Schadensersatz zu[81]. Materielle Schäden sind gemäß §§ 249 ff. BGB zu ersetzen. Dabei kann auch im Wege der Naturalrestitution gegenüber einem verletzenden Angriff durch die Medien ein Widerruf der beeinträchtigenden Äußerung oder ihre Berichtigung verlangt werden[82]. Besonderheiten ergeben sich lediglich im Rahmen des Ersatzes eines immateriellen Schadens in Geld[83]. Entgegen § 253 BGB[84] gewährt die deutsche Rechtsprechung zur lückenlosen Gewährleistung eines Persönlichkeitsschutzes seit der Herrenreiter-Entscheidung des BGH[85] auch Geldentschädigung für Nichtvermögensschäden[86]. Voraussetzung hierfür ist ein schweres Verschulden oder eine besonders erhebliche Beeinträchtigung[87], bei der weder durch Unterlassung, Gegendarstellung, Widerruf oder auf andere Art Genugtuung erreicht werden kann[88]. Diese Rechtsprechung zur Rechtsfolgenseite von Persönlichkeitsrechtsverletzungen ist vom BVerfG ausdrücklich gebilligt worden[89] und hat sich mittlerweile gewohnheitsmäßig etabliert[90].

---

[81] Hierzu Palandt/Thomas 2003, § 823 Rz 199 ff.

[82] Groß 1999, Rz 59; MünchKomm/Schwerdtner 2001 I, § 12 Rz 293 für das Namensrecht.

[83] Ausführlich Funkel 2001, 115ff; Kritisch zu den Problemen der Kommerzialisierung von Persönlichkeitsgütern, Peifer GRUR 2002, 495ff, der zwar eine Ausweitung der Präventivfunktion des immateriellen Schadensersatzes befürwortet, jedoch vor einer Loslösung des Rechts von der Person warnt, um den Vermögenswert ideeller Interessen anzuerkennen; Peifer ZvglRWiss 96 (1997) 74 ff.

[84] Früher §§ 253, 847 BGB aF.

[85] BGH Urteil v 14.2.1958 BGHZ 26, 349 (insbesondere 354ff) – Herrenreiter; BGH Urteil v 5.3.1963 BGHZ 39, 124 (130ff).

[86] Zunächst wurde der Anspruch auf eine Analogie zu § 847 (1) BGB aF gestützt, BGHZ 26, 349 (356), kritisch hierzu Hubmann 1967, 353ff. Nach massiver Kritik an dieser Herleitung stützte das Gericht den Geldentschädigungsanspruch wegen immaterieller Schäden in der Folge direkt auf § 823 (1) BGB und zog dabei auch Art 2 (1), 1 (1) GG als Legitimation heran, BGH Urteil v 19.9.1961 BGHZ 35, 363 (367ff) – Ginseng. Dabei wurde dem Geldentschädigungsanspruch neben der klassischen Ausgleichs- und Genugtuungsfunktion des Schmerzensgeldes auch ein gewisse Abschreckungsfunktion eingeräumt, aaO 368.
Auch in den jüngeren Entscheidungen des BGH tritt vermehrt der Präventionsgedanke bei der Bemessung des Entschädigungsanspruchs hervor, BGH Urteil v 15.11.1994 BGHZ 128, 1 (15) – Caroline v Monaco I; BGH Urteil v 5.12.1995 NJW 1996, 984 (985) – Caroline v Monaco II; BGH Urteil v 12.12.1995 NJW 1996, 985 (987) – Caroline v Monaco III. Außerdem hat der BGH im Zuge dieser Entscheidung erneut betont, dass der Entschädigungsanspruch ein vom Schmerzensgeldanspruch nach § 847 BGB aF zu unterscheidender Anspruch sei, BGH Urteil v 15.11.1994 BGHZ 128, 1 (15) – Caroline v Monaco I, hierzu auch Peifer GRUR 2002, 495f.

[87] Eine schwere Persönlichkeitsrechtsverletzung ist nur dann als Voraussetzung nicht erforderlich, wenn eine wiederholte und hartnäckige Verletzung (etwa des Rechts am eigenen Bild) aus wirtschaftlichem Interesse vorliegt, BGH Urteil 12.12.1999 NJW 1996, 985 - Carolines Sohn.
Außerdem ist bei schuldhafter Verletzung (hier des Rechts am eigenen Bild) immer, unabhängig von der Schwere des Eingriffs, Schadensersatz zu gewähren, BGH Urteil v 1.12.1999 BGHZ 143, 214 = BGH NJW 2000, 2195 - Marlene Dietrich. Auch bei schuldhafter Verletzung des Persönlichkeitsrechts durch die unerlaubte Verwertung des Namens, der Stimme oder anderer kennzeichnender Persönlichkeitsmerkmale für kommerzielle Zwecke wie etwa Werbung für Produkte kann der Verletzte Schadensersatz fordern, ohne dass die Voraussetzung einer schweren Persönlichkeitsrechtsverletzungen erfüllt sein muss, Palandt/Thomas 2003, § 823 Rz 200a.

[88] BGH Urteil v 26.1.1977 NJW 1971, 698 (699).

[89] BVerfG Beschluss v 14.2.1973 BVerfGE 34, 269 (281f, 285) – Soraya. Danach sei der Geldentschädigungsanspruch ein aus dem Schutzauftrag der Art 2 (1), 1 (1) GG abgeleiteter, verfassungsprivatrechtlicher Anspruch eigener Art, aaO 292.

[90] Schlechtriem JZ 1995, 362f.

Für den Ausgleich einer Persönlichkeitsverletzung in Geld durch Herausverlangen sämtlicher vermögenswerter Vorteile, die dem Verletzer infolge der unzulässigen Verwertung des fremden Persönlichkeitsguts entstanden sind, kann auch auf Bereicherungsrecht zurück gegriffen werden[91]. Bei unberechtigter Nutzung eines fremden Persönlichkeitsrechts können gegebenenfalls auch Ansprüche im Wege der Eingriffskondiktion bestehen, bei denen der Verletzte etwa die fiktive Lizenzgebühr[92] für die unbefugte Veröffentlichung eines Bildes zu Werbezwecken herausverlangen kann[93], sofern bei vertraglicher Einräumung einer Nutzung eine Entschädigung zu zahlen gewesen wäre[94].

Nach den Grundsätzen der angemaßten Eigengeschäftsführung kann der Betroffene vom Anspruchsgegner gemäß §§ 687 (2), 681 S. 2, 667 BGB einen Gewinnherausgabeanspruch geltend machen[95].

Der Gegendarstellungsanspruch[96] ist ein landesrechtliches Rechtsschutzinstrument[97], der in der Praxis das wichtigste presserechtliche Mittel darstellt[98]. Ein Grund hierfür ist sicherlich, dass Voraussetzung eine persönlichkeitsrechtliche Betroffenheit, nicht jedoch eine rechtswidrige oder schuldhafte Verletzung des allgemeinen Persönlichkeitsrechts ist[99] und somit der Gegendarstellungsanspruch die geringsten Anforderungen stellt. Es ist gerade unerheblich, ob der ursprüngliche Bericht richtig oder falsch war, oder ob die Redaktion ein Verschulden trifft. Allerdings beschränkt sich das Gegendarstellungsrecht zum Schutz der Presse- und Rundfunkfreiheit nach Art. 5 (1) GG nur auf Tatsachenmitteilungen, während Meinungsäußerungen und Kritik nicht erfasst sind[100].

---

[91] MünchKomm/Rixecker 2001 I, § 12 Anh Rz 226.

[92] Zu den strittigen Voraussetzungen der Lizenzanalogie, Helle RabelsZ 60 (1996) 448 (464ff).

[93] BGH Urteil v 26.6.1981 BGHZ 81, 75 (81f) - Carrera; grundlegend für das Recht am eigenen Bild, BGH Urteil v 8.5.1956 BGHZ 20, 345 (354f) - Paul Dahlke.
Ansprüche aus Eingriffskondiktion greifen nicht nur bei der Verletzung des Rechts am eigenen Bild als besonderes Persönlichkeitsrecht ein, sondern auch bei der Verletzung des allgemeinen Persönlichkeitsrechts, so Larenz/Canaris, SchuldR BT II 2 1994, § 69 I 2c.

[94] BGH Urteil v 18.12.1986 BGHZ 99, 244 (248) – Chanel Nr 5.

[95] In diesem Sinne auch Funkel 2001, 182ff (190ff); MünchKomm/Rixecker 2001 I, § 12 Anh Rz 227; Mertens JuS 1962, 261 (268). In der Regel wird er entsprechend dem Bereicherungsanspruch die gesparte Lizenzgebühr herausverlangen, er kann jedoch auch den Gewinn einfordern oder seinen Schaden konkret gemäß § 252 BGB berechnen.

[96] Prinz NJW 1995, 817ff bezeichnet die Gegendarstellung als erstes presserechtliches Mittel zum Schutz der Persönlichkeitsrechte vor unwahren Tatsachenbehauptungen.

[97] Als solches ist er nicht dem allgemeinen Zivilrecht, sondern den jeweiligen im wesentlichen übereinstimmenden Landespressegesetzen zu entnehmen, sofern es um Verletzungen durch die Presse geht.

[98] Allgemein zum Recht der Gegendarstellung, MünchKomm/Rixecker 2001 I, § 12 Anh Rz 230ff; Löffler/Ricker 2000, 167ff; Groß 1999, Rz 460ff.

[99] BVerfG Beschluss v 14.1.1998 BVerfGE 97, 125, (145ff) – Caroline v Monaco, zu den Voraussetzungen des Gegendarstellungsanspruchs; Löffler/Ricker 2000, 171f; Groß 1999, Rz 473.

[100] Löffler/Ricker 2000, 177ff.

II. Besondere Persönlichkeitsrechte

Die besonderen Persönlichkeitsrechte[101], die ebenfalls wie das allgemeine Persönlichkeitsrecht ihren Ursprung in Art. 1 (1), 2 (1) GG haben, im Gegensatz zu diesem aber speziell kodifiziert worden sind, enthalten für ihren festgelegten Anwendungsbereich eine abschließende Regelung des Schutzbereichs des Persönlichkeitsrechts[102]. Diejenigen Persönlichkeitsrechte, die in spezielle Ordnungszusammenhänge gegliedert sind, wie das Urheberpersönlichkeitsrecht oder die Erfinderehre, werden in deren vornehmlichen Zusammenhang erörtert[103].

1. Namensrecht

Soweit es die Privatsphäre des Namensträgers betrifft, gewährt § 12 BGB einen persönlichkeitsrechtlichen Schutz des Namens[104].
Der Schutz des § 12 BGB greift sowohl in Fällen der Namensleugnung ein, wenn ein anderer dem Berechtigten den Gebrauch des Namens bestreitet, als auch bei einer Namensanmaßung, wenn ein Dritter den Namen unbefugt gebraucht.
Der Name[105] ist somit vor unbefugtem Gebrauch geschützt, wenn dessen Benutzung die Gefahr einer Identitäts- oder Zuordnungsverwirrung mit sich bringt[106]. Dieser Schutz erstreckt sich auf die Bezeichnung der eigenen Person oder dritter Personen und auf die Fälle, in denen der Namensträger durch den Gebrauch des Namens zu bestimmten Einrichtungen, Gütern oder Erzeugnissen in Beziehung gesetzt werden kann[107].

---

[101] Zur Bestimmung des Begriffs der besonderen Persönlichkeitsrechte, Helle, 1991, 37 ff.

[102] Zum Verhältnis der besonderen Persönlichkeitsrechte zum allgemeinen Persönlichkeitsrecht, MünchKomm/Rixecker 2001 I, § 12 Anh Rz 5; Baston-Vogt 1997, 104 (112), siehe auch oben Fn 39.

[103] Vergleiche im Folgenden 1. Kapitel: § 2. B. II. zum Urheberpersönlichkeitsrecht und 1. Kapitel: § 2. C. I. 4. zum persönlichkeitsrechtlichen Bezug im Patentrecht.

[104] BGH Urteil v 18.3.1959 BGHZ 30, 7 (11) - Caterina Valente; Staudinger/Weick/Habermann, I 1995, § 12 Rz 35ff; soweit es um den Kennzeichnungsschutz im Geschäftsverkehr geht, wird das Namensrecht als Immaterialgut und nicht mehr als reines Persönlichkeitsrecht angesehen, Palandt/Heinrichs 2003 § 12 Rz 2.

[105] § 12 BGB schützt nicht nur den bürgerlichen Namen der natürlichen Person, der aus Familien- und mindestens einem Vornamen besteht (OLG München WRP 1982, 662), sondern auch Berufs- und Künstlernamen, BGH Urteil v 18.3.1959 BGHZ 30, 7 (10ff) - Caterina Valente, und Adelsprädikate als Bestandteil des Familiennamens, Staudinger/Weick/Habermann, I 1995, § 12 Rz 4 ff. Bei entsprechender Verkehrsgeltung kann sich der Schutz auch auf den einzelnen Vornamen erstrecken, OLG München Urteil v 23.7.1959 NJW 1960, 869 - Romy Schneider. Analog angewandt schützt § 12 BGB auch Wappen und Siegel, BGH Urteil v BGHZ 119, 237 (245), und das Wahrzeichen des roten Kreuzes, BGH Urteil v 23.6.1994 BGHZ 126, 287ff. Außerdem umfasst der Schutz des § 12 BGB auch Namen juristischer Personen, MünchKomm/Schwerdtner, I 2001, § 12 Rz 51 ff, und alle anderen namensartigen Kennzeichen, Palandt/Heinrichs 2003, § 12 Rz 10, die unabhängig vom bürgerlichen Namen oder der gesetzlichen Firma geführt werden, etwa den „*domain-name*“, KG Berlin Urteil v 25.3.1997 NJW 1997, 3321.
Soweit es jedoch um den Schutz von Bezeichnungen eines Unternehmens geht, wird das Namensrecht mittlerweile als Immaterialgüterrecht aufgefasst und nicht mehr als reines Persönlichkeitsrecht, MünchKomm/Schwerdtner, I 2001, § 12 Rz 40; Staudinger/Weick/Habermann, I 1995, § 12 Rz 41; zur immaterialgüterrechtlichen Komponente der besonderen Persönlichkeitsrechte auch Helle 1991, 41.

[106] MünchKomm/Schwerdtner, I 2001, § 12 Rz 2, 185; Palandt/Heinrichs 2003, § 12 Rz 20; BGH Urteil v 9.6.1994 BGHZ 126, 208 (215) - Mc Laren; BGH Urteil v 23-9.1992 BGHZ 119, 237 (245).

[107] MünchKomm/Schwerdtner, I 2001, § 12 Rz 184; BGH Urteil v 18.3.1959 BGHZ 30, 7 (9) - Caterina Valente; BGH Urteil v 15.3.1963 NJW 1963, 2267 (2268) – Dortmund grüßt.

Über die Funktion der Identifizierung seines Trägers hinaus gewährt § 12 BGB auch persönlichkeitsrechtlichen Schutz in Form eines absoluten Rechts[108].
Neben den in § 12 BGB geregelten Ansprüchen auf Beseitigung und Unterlassung bewilligt auch § 823 (1) BGB, der das Namensrecht als sonstiges Recht schützt, bei seiner schuldhaften Verletzung einen Schadensersatzanspruch[109]. Bei besonders schwerwiegenden Eingriffen in das Namensrecht kann der Ersatz, wie im Falle der Verletzung des allgemeinen Persönlichkeitsrechts, auch den immateriellen Schaden erfassen[110].

2. Recht am eigenen Bild

Ein weiteres besonderes Persönlichkeitsrecht ist in den §§ 22 ff. KUG. geregelt[111]. Diese schützen Bildnisse einer Person gegen ihre unautorisierte Verbreitung und Zurschaustellung. Zusätzliche Beeinträchtigungen weiterer Persönlichkeitsinteressen, wie etwa die Herstellung des Bildnisses, sind allerdings nicht von §§ 22 ff. KUG erfasst, können jedoch eine eigenständige Verletzung des allgemeinen Persönlichkeitsrechts darstellen[112].

Durch die §§ 22 ff. KUG wird der Schutz der Persönlichkeit formalisiert, da er nur an die fehlende Einwilligung und die Nichterfüllung der Tatbestände des § 23 KUG anknüpft und somit den Persönlichkeitsschutz gerade vorverlagert. Auf eine Beeinträchtigung des Persönlichkeitsrechts im Einzelfall kommt es nicht an[113]. Diese Verstärkung des Persönlichkeitsschutzes gründet in der erheblichen Gefährdung der Verletzungen gerade durch Bildveröffentlichungen.

Verletzungen am Recht des eigenen Bildes ziehen die für Eingriffe in das allgemeine Persönlichkeitsrecht allgemein geltenden Rechtsfolgen nach sich[114]. Zusätzlich räumen die §§ 37, 38 KUG dem Betroffenen wahlweise ein Recht auf Vernichtung oder Übernahme des Bildnisses und der zu seiner Vervielfältigung oder Vorführung bestimmten Vorrichtungen ein[115].

---

[108] BGH Urteil v 26.2.1960 BGHZ 32, 103 (111); BGH Urteil v 18.3.1959 BGHZ 30, 7 (11) - Caterina Valente; OLG Karlsruhe Urteil v 1.9.1972 NJW 1972, 1810 (1811); Hubmann 1967, 276 f; Staudinger/Weik/Habermann 1995 I, § 12 Rz 2; Palandt/Heinrichs 2003, § 12 Rz 2; anderer Ansicht MünchKomm/Schwerdtner, I 2001, § 12 Rz 2.

[109] Staudinger/Weick/Habermann, I 1995, § 12 Rz 249, 327; dieser Schaden kann ähnlich wie bei Immaterialgüterrechten nach Art einer Lizenzgebühr oder dem Verletzergewinn berechnet werden, BGH Urteil v 16.2.1973 BGHZ 60, 206 (208) - Miss Petite; MünchKomm/Schwerdtner 2001 I, § 12 Rz 295ff.

[110] BGH Urteil v 18.3.1959 BGHZ 30, 7 (9); OLG Köln Urteil v 25.11.1966 GRUR 1967, 319 (323).

[111] Zum Recht am Bild als spezielles Persönlichkeitsrecht, Helle 1991, 46 mit weiteren Nachweisen.

[112] BGH Urteil v 25.4.1995 NJW 1995, 1955 (1956) - Videoüberwachung bei der Herstellung eines Bildnisses; BGH Urteil v 16.9.1966 NJW 1966, 2353 (2354) – Vor unserer eigenen Tür.

[113] BGH Urteil v 18.3.1959 BGHZ 30, 7 (12) - Caterina Valente; BGH Urteil v 8.5.1956 BGHZ 55, 345 (351) - Paul Dahlke.

[114] Hierzu oben 1. Kapitel: § 2. A. I. 2. ; Neumann-Klang 1999, 48-69.

[115] Dieser Anspruch darf wiederum nicht die Freiheit der Berichterstattung durch Presse und Rundfunk beeinträchtigen.

Im Zusammenhang mit dem Immaterialgüterrechtsschutz ist ferner das Verhältnis des Rechts am eigenen Bild zum Urheberrecht interessant: Das Bild einer Person kann gleichzeitig die Voraussetzungen für den Urheberrechtsschutz erfüllen. In diesem Fall erstreckt sich das Urheberrecht des Herstellers und das Recht des Abgebildeten am eigenen Bild unabhängig voneinander auf dasselbe Objekt. Dem Dargestellten selbst steht dadurch jedoch nicht gleichzeitig ein Urheberrecht oder Leistungsschutzrecht an seinem Bild zu[116]. Allerdings kann er aufgrund seines Rechts am eigenen Bild die Verwertung des vom Urheber geschaffenen Werkes verhindern[117].

Insgesamt wird in den §§ 22 ff. KUG ein absolutes Recht am eigenen Bild gewährt, das deliktsrechtlich sowohl durch § 823 (2) BGB in Verbindung mit der Strafdrohung des § 33 KUG geschützt ist als auch als sonstiges Recht im Sinne von § 823 (1) BGB anerkannt ist[118].

III. Internationale Ebene

Ansätze zur Harmonisierung des Persönlichkeitsrechtsschutzes auf internationaler Ebene sind bislang nicht ersichtlich. Mit der im Juni 2000 verabschiedeten E-Commerce- Richtlinie[119] der Europäischen Gemeinschaft werden allerdings das Mediendeliktsrecht und damit etwa auch Ansprüche wegen der Verletzung von Ehre und Persönlichkeitsrecht, die sich aufgrund des Inhalts elektronischer Medien ergeben können, Teil einer internationalen Regelung[120]. Die Richtlinie soll im Bereich des sogenannten E-Business eine verstärkte Rechtssicherheit gewährleisten und enthält hierfür neben Informationspflichten für Diensteanbieter Regelungen betreffend kommerzieller Kommunikation und elektronische Verträge sowie Bestimmungen zur Haftungssituation der Provider und der Verantwortlichkeit im Netz. Dies gehört aber zu der nicht innerhalb dieser Arbeit erörterten Problematik der Rechtsverletzung über das Internet.

---

[116] BGH Urteil v 2.7.1974 NJW 1974, 1947 (1948) - Nacktaufnahme; BGH Urteil v 26.6.1979 NJW 1979, 2203 (2205) – Fußballspieler.

[117] Helle 1991, 49.

[118] Hubmann 1967, 297; Helle 1991, 50; Neumann-Klang 1999, 8.

[119] Richtlinie 2000/31/EG v 8.6.2000 über bestimmte Aspekte der Dienste der Informationsgesellschaft, insbesondere des elektronischen Geschäftsverkehrs im Binnenmarkt, ABl EG 2000 L 178/1; umgesetzt in das deutsche Recht durch das Gesetz über rechtliche Rahmenbedingungen für den elektronischen Geschäftsverkehr, das am 21.12.2001 in Kraft trat.

[120] Hierzu Halfmeier ZeuP 2001, 837ff (859ff), der allerdings zu dem Schluss kommt, dass die Richtlinie für das Mediendeliktsrecht ohnehin nur die durch die Grundfreiheiten des EG- Vertrages bestehende Rechtslage bestätigt und für Inhaltsbeschränkungen gegenüber Medien aus dem EG- Ausland eine Rechtfertigung im Sinne der Cassis-Formel und Art 10 (2) EMRK fordert.

B. Verletzung von Urheber- und Leistungsschutzrechten

I. Überblick

1. Inhalt

Das Urheberrecht schützt sowohl die ideellen als auch materiellen Interessen des Urhebers an seinem Gesamtwerk. Dies folgt aus § 11 UrhG, wonach das Urheberrecht den Urheber in seinen geistigen und persönlichen Beziehungen zum Werk und in der Nutzung des Werkes schützen soll. Damit enthält es zwei wesentliche Schutzbereiche, indem es den Urheber im Hinblick auf seine ideellen Interessen an seiner Schöpfung schützt und ihm gleichzeitig die Verwertungsrechte an seinem Werk sichert. Dabei schützt das umfassende Verwertungsrecht in § 15 UrhG die vermögensrechtlichen, materiellen Interessen, während das Urheberpersönlichkeitsrecht für die geistigen, ideellen Interessen sorgt.
Insgesamt ist das Urheberrecht ein Herrschaftsrecht des Schöpfers an seinem persönlichen geistigen Werk, also ein Immaterialgüterrecht[121], von dem das Urheberpersönlichkeitsrecht Teil einer „untrennbaren Einheit" ist[122].
Aus dieser monistischen Auffassung folgt die Unübertragbarkeit des Urheberrechts, die in § 29 S. 2 UrhG festgeschrieben wurde[123]. Stattdessen ist der Urheber darauf beschränkt, durch die Einräumung von Nutzungsrechten anderen die Verwertung des Werkes zu überlassen.
Verwertungs- und Persönlichkeitsrechte sind in Deutschland also untrennbar mit dem Werk verbunden. Das Urheberrecht schützt somit umfassend die Beziehung des Urhebers zu dem von ihm geschaffenen Werk[124]. Durch diesen Werkbezug unterscheidet sich das Urheberrecht vom allgemeinen Persönlichkeitsrecht[125].

---

[121] Schack, UrhR 2001, Rz 19 ff.
[122] Da das Urheberrecht weder ein reines Vermögensrecht noch ein reines Persönlichkeitsrecht ist, wird es heute als Immaterialgüterrecht angesehen. In Deutschland wurde diese Erkenntnis in Form der monistischen Theorie fortgeführt und in das UrhG von 1965 übernommen. Danach besteht das Urheberrecht nicht aus zwei verschiedenen Bestandteilen, die in der Person des Urhebers unter einheitlichem Namen zusammenzufassen sind. Stattdessen soll das Urheberrecht ein einheitliches Recht mit doppelter Funktion sein. Damit sollen auch die Nutzungsrechte einen persönlichkeitsrechtlichen Einschlag haben und umgekehrt sollen aus der Verletzung persönlichkeitsrechtlicher Befugnisse vermögensrechtliche Ansprüche entstehen können, weshalb sich beide Interessengruppen gegenseitig beeinflussen und bedingen. Eine klare Trennung materieller und ideeller Interessen ist im Einzelfall gar nicht möglich. Nachweise bei Ulmer, Immaterialgüterrechte 1975, 114ff (116) mit dem vielzitierten Bild des Baumes; Rehbinder 2002 § 3 VI, VII Rz 27 ff; § 8 II Rz 75 ff; Schricker/Löwenheim, UrhR 1999, § 11 Rz 2; Schricker/Dietz, UrhR 1999 vor §§ 12 ff Rz 11ff; Schack, UrhR 2001, Rz 306 ff; Dieselhorst 1995, 98 ff.
[123] Dies bezieht sich nach § 29 S 1 UrhG nur auf die Lebzeit des Urhebers.
[124] Schack, UrhR 2001, Rz 302.
[125] Dies änderst aber nichts daran, dass das Urheberpersönlichkeitsrecht ein besonderes Persönlichkeitsrecht bleibt. Das Heraustreten des Werkes aus der unmittelbaren Persönlichkeitssphäre führt zu einer Änderung der Schutzrichtung, während der Rechtscharakter der gleiche bleibt. Das Urheberpersönlichkeitsrecht ist ein sachbezogenes Persönlichkeitsrecht, das die Beziehung zwischen Urheber und seinem Werk um des Urheber willens schützt.

Dennoch ist das Urheberrecht, wie das Persönlichkeitsrecht, ein absolutes Recht[126] und wirkt damit gegenüber jedermann, ist jedoch nicht an die Person, sondern an das von ihr geschaffene Werk gebunden.

Das Urheberrecht beinhaltet folglich die kodifizierten Urheberpersönlichkeitsrechte in den §§ 12 – 14 UrhG, die Verwertungsrechte in §§ 15 – 24 UrhG und die sonstigen Rechte wie das Recht auf Zugang zu dem Werksstück oder das Folgerecht in §§ 25 – 27 UrhG[127].
Außerdem werden durch das Urhebergesetz von 1965 in dessen zweiten Teil die sogenannten verwandten Schutzrechte oder auch Leistungsschutzrechte im Gegensatz zum Urheberrecht in den §§ 70 – 87e, 94 und 95 UrhG geschützt[128]. Diese betreffen anders als die vorgenannten Rechte nicht die schöpferische Leistung, die ein Geisteswerk schafft, sondern Leistungen anderer Art, die entweder der Leistung des Urhebers ähnlich sind oder gerade im Zusammenhang mit einem fremden urheberschutzfähigen oder gemeinfreien Werk erbracht werden.

2. Ansprüche bei Urheberrechtsverletzungen

Rechtsschutz erfahren das Urheberrecht oder die anderen nach dem Urhebergesetz von 1965 geschützten Rechte spezialgesetzlich in §§ 97 ff. UrhG. Daneben[129] sind sie jedoch auch als „sonstiges Recht" im Sinne von § 823 (1) BGB vor rechtswidriger Verletzung geschützt[130].
Wie bei Verletzungen des Persönlichkeitsrechts ist der Verletzer bei schuldhafter Verletzung zur Leistung von Schadensersatz verpflichtet[131]. Ergänzend stehen dem Verletzten Ansprüche auf Auskunftserteilung und Rechungslegung zu[132]. Der

---

[126] Rehbinder, UrhR 2002, § 8 I Rz 74; Schack, UrhR 2001, Rz 23.

[127] Letztere haben keine Ausschließlichkeitsnatur, weshalb sie eine extra Gruppe bilden, aber dabei trotzdem Teil des einheitlichen Urheberrechts bleiben.

[128] Näher hierzu Schricker/Schricker, UrhR 1999, Einleitung Rz 27ff; Rehbinder, UrhR 2002, § 58 Rz 393 ff.

[129] § 97 (3) UrhG lässt diese Ergänzung des sondergesetzlichen Schutzes durch den ausdrücklichen Vorbehalt anderer gesetzlicher Vorschriften zu. Somit kommen auch Ansprüche etwa aus Delikts- und Wettbewerbsrecht, Bereicherungsrecht und Geschäftsführung ohne Auftrag in Betracht, näher hierzu Schricker/Wild, UrhR 1999, § 97 Rz 86 ff.

[130] Soweit die Regelung im UrhG reicht, ist diese jedoch vorrangig gegenüber dem Schutz nach § 823 (1) BGB, Schack, UrhR 2001, Rz 674 ff; Schricker/Schricker, UrhR 1999, Einleitung Rz 31. Dieses Verhältnis der Spezialität und Subsidiarität hat jedoch kaum praktische Auswirkungen, da keine Schutzunterschiede bestehen, Schack, UrhR 2001, Rz 710.

[131] Dessen Umfang richtet sich bei Vermögensschäden grundsätzlich nach den §§ 249 ff BGB, wobei hier dem Verletzten eine dreifache Art der Schadensberechnung zur Wahl steht: Der Geschädigte kann seinen Schaden konkret berechnen, er kann stattdessen die übliche Lizenzgebühr verlangen oder aber den Gewinn des Verletzers (§ 97 (1) 2 UrhG) herausverlangen, Rehbinder, UrhR 2002, § 66 Rz 451ff; Schack, UrhR 2001, Rz 688ff; Schricker/Wild, UrhR 1999, § 97 Rz 58ff. Für Immaterielle Schäden kann nach § 97 (2) UrhG Geldentschädigung verlangt werden. Im übrigen gilt das oben zu den Persönlichkeitsrechten Ausgeführte unter 1. Kapitel: § 2. A. I. 2.

[132] Diese sind als Hilfsansprüche zum Schadensersatzanspruch gewohnheitsrechtlich anerkannt BGH Urteil v 13.7.1973, GRUR 1974, 53 (54) – Nebelscheinwerfer; BGH Urteil v 7.12.1979, GRUR 1980, 227 (232) – Monumenta Germaniae Historica. In § 97 (1) 2 UrhG ist nur der Auskunftsanspruch hinsichtlich des

verschuldensunabhängige Beseitigungsanspruch[133] ist ebenso wie der § 1004 (1) BGB nachgebildete Unterlassungsanspruch[134] in § 97 (1) 1UrhG festgelegt.

3. Hoheitsrechtlicher Aspekt des Urheberrechtsschutzes – das Territorialitätsprinzip

Noch immer liegt dem Urheberrecht[135] das Territorialitätsprinzip und damit die Vorstellung zugrunde, dass dem Urheber kraft seiner Schöpfung nur ein Bündel national begrenzter Rechte zusteht, nicht jedoch ein grenzüberschreitendes einheitliches Urheberrecht[136].
Zum Schutz von Werken werden zwar heute nicht mehr territorial beschränkte Privilegien vergeben und so eine Zuteilung der Urheberrechte vorgenommen. Ein Urheberrecht entsteht vielmehr unmittelbar mit der Schöpfung des Werks kraft nationalen Gesetzes. Da für die Entstehung des Urheberrechts also immer noch ein staatlicher Hoheitsakt erforderlich ist, bleibt dessen territoriale Beschränkung weiter bestehen und dominiert das internationale Urheberrecht[137]. Doch gerade mit der Abschaffung des Privilegienwesens und der Hervorhebung des eigentlichen Schöpfungsaktes im Gegensatz zum staatlichen Verleihungsakts setzt die Kritik am Festhalten der Territorialität der Urheberrechte an[138]: Anders als im gewerblichen Rechtsschutz ist eine hoheitliche Mitwirkung des Staates in Form einer Registrierung oder individuellen Verleihung nicht erforderlich[139].

Allerdings werden dem Begriff der Territorialität im internationalen Immaterialgüterrecht häufig verschiedenen Bedeutungen beigemessen[140]:
Zunächst umschreibt das Prinzip grundsätzlich nur die räumlich materielle Beschränkung der Wirkung eines Schutzrechts. Sein Ausgangspunkt liegt damit allein

---

herauszugebenden Gewinns geregelt, über den der Verletzer Rechnung legen muss; hierzu näher Schack, UrhR 2001, Rz 696ff.

[133] RG Urteil v 8.6.1912, RGZ 79, 397- Felseneiland mit Sirenen, als klassischer Fall des Beseitigungsanspruchs; Schack, UrhR 2001, Rz 701f.

[134] Auch dieser Unterlassungsanspruch ist unabhängig vom Verschulden des Verletzers, Schack, UrhR 2001, Rz 704. Ist die Voraussetzung der Wiederholungsgefahr im Falle einer erstmals drohende Rechtsverletzung nicht gegeben, so steht dem Berechtigten auch ein vorbeugender Unterlassungsanspruch zu, den er in der Regel im Rahmen eines einstweiligen Verfügungsverfahrens geltend machen kann.

[135] Dies gilt auch für das sonstige Immaterialgüterrecht, vergleiche zum Patentrecht im Folgenden 1. Kapitel: § 2. C. I. 2.

[136] Schricker/Katzenberger, UrhR 1999, vor §§ 120ff Rz 121. Zur geschichtlichen Entwicklung des Territorialitätsprinzips, das im Privilegienwesen verankert ist, Schack, UrhR 2001, Rz 92 ff (96).

[137] Schack, UrhR 2001, Rz 798; Schricker/Katzenberger, UrhR 1999, vor §§ 120ff Rz 120.

[138] Die Vertreter des sogenannten Universalitätsprinzips lehnen das Territorialitätsprinzip ab und stellen stattdessen darauf ab, dass Immaterialgüterrechte als allgegenwärtige Rechte überall und nirgends belegen sind, weshalb auch von ihrer weltweiten Geltung ausgegangen werden kann, Schack, UrhR 2001, Rz 806 mit weiteren Nachweisen, hierzu Stellungnahme im Folgenden 3. Kapitel: § 2. A. I. 2. b. und 3. Kapitel: § 2. B. II. 1.

[139] Hierzu auch im Folgenden 3. Kapitel: § 2. A. I. 2. b.

[140] Zu den verschiedenen Aspekten Wadlow 1998, Rz 1-18ff.

auf materiellrechtlicher Ebene[141]. Solange ein Immaterialgüterrecht erst aufgrund staatlichen Handelns entsteht, kann es auch nur innerhalb des Staatsgebiets Geltung beanspruchen. Nach dem materiellrechtlichen Territorialitätsprinzip entscheidet jeder Staat selbständig darüber, ob und in welchem Umfang ein subjektives Urheberrecht[142] für sein Staatsgebiet entsteht, wie es ausgestaltet ist und wann der Schutz wieder erlischt[143]. Dieser räumliche Aspekt des Territorialitätsprinzips macht deutlich, dass ein Staat grundsätzlich nur auf seinem Hoheitsgebiet nach Belieben verfahren kann, diese Hoheitsgewalt aber an der Grenze endet. Nur so kann die Souveränität anderer Staaten geachtet werden.
Die territoriale Begrenzung auf den Schutzstaat bewirkt außerdem, dass durch eine inländische Handlung nur inländische Schutzrechte und entsprechend durch ausländische Handlungen nur ausländische Schutzrechte verletzt werden können, da einem inländischen Recht über die Staatsgrenzen hinaus keine Gültigkeit zuerkannt wird. Jeder Staat schützt also nur die von ihm nach Maßgabe seiner Gesetzgebung anerkannten Immaterialgüterrechte, nicht jedoch solche, die im Ausland verliehen worden sind. Danach kann ein ausländisches Urheberrecht in Deutschland grundsätzlich nicht geschützt werden. Dies wird allerdings für das Urheberrecht durch die internationalen Konventionen aufgefangen[144], mit deren Hilfe sich ein gewisser rechtsvereinheitlichender Effekt erreichen lässt und dem Schöpfer ein konventionsweiter Schutz seines Werkes garantiert wird, der durch die Gewährleistung von speziellen Mindestanforderungen auch im räumlichen Anwendungsbereich der Übereinkommen standardisiert wurde. Damit ermöglichen erst die internationalen Konventionen die Sanktionierung einer Verletzung eines Urheberrechts im Ausland und verhindern so eine etwaige fremdenrechtliche Diskriminierung des Territorialitätsprinzips oder mildern diese zumindest ab[145].

Auf kollisionsrechtlicher Ebene wird das Territorialitätsprinzip als Basis für die Herleitung einer Anknüpfungsregel herangezogen[146].

Schließlich wird es aber auch auf der Zuständigkeitsebene angeführt, um eine begrenzte Rechtsprechungsbefugnis der Gerichte nur bezüglich solcher vom Gerichtsstaat geschützter und damit anerkannter Schutzrechte zu begründen[147].

---

[141] Fezer, MarkenR 2001, Einl MarkenG Rz 162; Schack, UrhR 2001, Rz 804 f zum fehlenden kollisionsrechtlichen Gehalt der Territorialitätsprinzips.

[142] Zum Begriff des subjektiven Urheberrechts v Bar UFITA 108 (1988) 27 (29ff); das objektive Urheberrecht umfasst allein die nationalen Urheberrechte.

[143] Ulmer, Immaterialgüterrechte 1975, 9.

[144] Zu der internationalen Ebene sogleich 1. Kapitel: § 2. B. V.

[145] Zu der Pflicht der Inländerbehandlung, den Mindestrechten und der Besonderheit der urheberrechte im Vergleich zu den gewerblichen Schutzrechten sogleich 1. Kapitel: § 2. B. V.

[146] Zum Schutzlandprinzip im 2. Kapitel: § 2. A. IV. 1. für das deutsche Kollisionsrecht und 2. Kapitel: § 2. B. VI. 2. für das englische Kollisionsrecht.

[147] Wadlow 1998, Rz 1-18ff, im Folgenden unter dem Aspekt der Reichweite der Entscheidungsbefugnis, Stellungnahme 3. Kapitel: § 2. C. II.

II. Urheberpersönlichkeitsrecht

Der Persönlichkeitsschutz des Urhebers wird auf zwei Arten gewährleistet. Zum einen schützt das allgemeine Persönlichkeitsrecht den Schöpfer eines Werkes außerhalb seiner künstlerischen Tätigkeit wie jede andere Privatperson. Daneben[148] kommt der Urheber noch in den Genuss eines urheberrechtlichen Persönlichkeitsschutzes durch das sogenannte *Droit Moral*[149], wenn das geschützte ideelle Interesse auf ein konkretes Werk gerichtet ist. Dennoch geht es sowohl bei dem Allgemeinen Persönlichkeitsrecht als auch dem Urheberpersönlichkeitsrecht um dasselbe Rechtsgut der Persönlichkeit. Entsprechend wird auch das Urheberpersönlichkeitsrecht ohne Rücksicht auf territoriale Grenzen geschützt, da gemäß § 121 (6) UrhG eine fremdenrechtliche Schutzversagung ausgeschlossen ist[150]. Das Urheberpersönlichkeitsrecht gehört schon lange zu den Mindestrechten der Revidierten Berner Übereinkunft[151], worauf sich verbandsangehörige Urheber in Fällen von etwaigen Schutzlücken unmittelbar berufen können[152].

Das monistische Urheberrechtsverständnis bewirkt, dass sich der Urheberpersönlichkeitsschutz nach dem Urhebergesetz von 1965 gerade nicht nur in den §§ 12 - 14 UrhG erschöpft[153]. Wie bereits in § 11 UrhG festgelegt, gewährleistet das Urheberrecht insgesamt den Schutz ideeller und persönlicher Interessen am Werk[154]. Dieses weite, nicht fest umrissene Urheberpersönlichkeitsrecht ist immer dann anzuführen, wenn es um den Schutz der ideellen und persönlichen Interessen des Urhebers geht[155].

---

[148] Zum Verhältnis zwischen urheberrechtlichen und allgemeinem Persönlichkeitsschutz, Schack, UrhR 2001, Rz 44f; Schricker/Dietz, UrhR 1999, vor §§ 12 ff Rz 15ff; Rüll 1998, 90-118; Dieselhorst 1995, 101-108.

[149] Zum Begriff des *Droit Moral*, Schricker/Dietz, UrhR 1999, vor §§ 12ff Rz 20; die Begriffe Urheberpersönlichkeitsrecht und *Droit Moral* werden synonym gebraucht. Zur geschichtlichen Entwicklung des Urheberpersönlichkeitsrechts, Kellerhals in GRUR Int 2001, 438 ff.

[150] Schack, UrhR 2001, Rz 814.

[151] Zum Internationalen Urheberrechtsschutz sogleich im Folgenden 1. Kapitel: § 2. B. V.

[152] Art 6 bis RBÜ; Schack, UrhR 2001, Rz 849.

[153] Schricker/Dietz, UrhR 1999 vor §§ 12ff in Rz 7 bezeichnet diese drei Rechte, also das Veröffentlichungsrecht, das Recht auf Anerkennung der Urheberschaft und das Recht auf Schutz gegen Entstellung oder Beeinträchtigung des Werkes als Urheberpersönlichkeitsrechte im engeren Sinne.

[154] Persönliche oder ideelle Interessen werden etwa auch durch weitere Einzelvorschriften geschützt, etwa in § 25 UrhG (Recht auf freien Zugang zum Werk), in § 29 UrhG (Unübertragbarkeit der Urheberrechts), in § 34 UrhG (Erfordernis der Zustimmung des Urhebers zur Übertragung von Nutzungsrechten), in § 39 UrhG (Verbot von Änderungen des Werkes), in § 42 UrhG (Rückrufsrecht wegen gewandelter Überzeugung), in § 62 UrhG (Änderungsverbot bei zulässiger Werknutzung), in § 63 UrhG (Quellenangabe) oder in § 122 ff UrhG (Einschränkungen der Zwangsvollstreckung).

[155] Schricker/Dietz, UrhR 1999 vor §§ 12 ff Rz 8. Die Aufzählung in §§ 12-15 UrhG kann nach dem monistischen Urheberrechtsverständnis ausschließlich sein, da ideelle und vermögensrechtliche Interessen untrennbar miteinander verbunden sind, näher bei Schack, UrhR 2001, Rz 318f.

III. Verwertungsrechte

Die Verwertungsrechte erfüllen zwei Funktionen[156]. Zum einen schützen sie die ideellen Interessen des Urhebers, indem sie es ihm an die Hand geben, über die jeweiligen Nutzer seiner Werke und die Art der Nutzung zu bestimmen. Auf der anderen Seite schaffen sie die entscheidende Basis, aufgrund der der Urheber den wirtschaftlichen Nutzen aus seinem Werk und damit den finanziellen Lohn für seine schöpferische Leistung erzielen kann. Als Ausschließlichkeitsrechte räumen die Verwertungsrechte somit dem Urheber umfassende Werkherrschaft und damit die Kontrollbefugnis über sämtliche Nutzungen seines Werkes ein[157].
Die Aufzählung einzelner Verwertungsrechte in der Generalklausel des § 15 UrhG hat nur beispielhaften Charakter[158] und ist daher für neue technische Entwicklungen offen[159]. Somit erstreckt sich ein solch umfassendes Ausschließlichkeitsrecht des Urhebers automatisch auf neue Verwertungsformen. In §§ 16 – 22 UrhG sind die bedeutendsten heute anerkannten Verwertungsrechte näher definiert und festgeschrieben[160].
Ergänzt werden die Verwertungsrechte durch die gesetzlichen Vergütungsansprüche, die für Nutzungshandlungen, welche aufgrund der Sozialbindung des Urheberrechtes ohne Zustimmung des Urhebers erlaubt sind, einen Anspruch auf angemessene Vergütung sichern[161].

IV. Leistungsschutzrechte

Die im zweiten Teil des Urhebergesetzes geregelten verwandten Schutzrechte[162] stellen eine Besonderheit dar, da sie nicht den Urheber schützen, sondern Leistungen, die mit den Werken des Urhebers im Zusammenhang stehen. Diesen Rechten wird vor allem von Seiten der Urheber heftiger Widerstand entgegengebracht, da sie eine Verkürzung ihres Urheberrechtsschutzes, insbesondere eine Schmälerung ihrer Vergütungen, fürchten. Vergleichbar mit der Werksbezogenheit des Urheber- und Urheberpersönlichkeitsrechts knüpfen die angrenzenden Leistungsschutzrechte ebenfalls an eine bestimmte künstlerische Leistung an[163] und stehen daher nicht, wie das Persönlichkeitsrecht per se, jedem Menschen zu.

---

[156] Schricker/v Unger-Sternberg, UrhR 1999, § 15 Rz 2.
[157] Allerdings gibt es Ausnahmen vom Ausschließlichkeitscharakter, etwa § 20 b (1) UrhG oder § 61 UrhG.
[158] Dies geht bereits aus der Verwendung des Begriffs „insbesondere" hervor.
[159] Schricker/v Ungern-Sternberg, UrhR 1999, § 15 Rz 41.
[160] Zu den einzelnen Verwertungsrechten Schack, UrhR 2001, Rz 378ff, etwa Vervielfältigung, Verbreitung, Ausstellung oder die Verwertung in unkörperlicher Form etwa durch öffentliche Wiedergabe in Form einer Vor- oder Aufführung, eines Vortrags oder einer Sendung etc.
[161] Beispiel hierfür ist etwa die Leerkassettenabgabe in § 54 (1) Nr 2 UrhG. Somit besteht nicht nur die Alternative zwischen der erlaubnisfreien Benutzung auf der einen und den Verwertungsrechten auf der anderen Seite.
[162] §§ 70-87e, 94 und 95 UrhG, hierzu Schack, UrhR 2001, Rz 581ff; Schricker/Schricker, UrhR 1999, Einleitung Rz 27ff.
[163] Etwa das Verbietungsrecht des ausübenden Künstlers an die Entstellung seiner „Darbietung", § 83 (1) UrhG.

V. Internationale sachrechtliche Ebene[164]

Geistiges Eigentum[165] kann nach seinem Bekanntwerden, anders als das Sacheigentum, nicht von seinem Schöpfer festgehalten werden[166]. Hierdurch wird dessen Kontrolle äußerst schwierig. Die Zuordnung eines Geisteswerkes zu seinem Schöpfer ist gerade nicht an Ländergrenzen gebunden, da eine Verbreitung überall und auch unbemerkt möglich ist. Aus diesem Grund spielen internationale Konventionen auf dem Gebiet des Urheberrechts eine wichtige Rolle. In den letzten Jahren fand in diesem Bereich eine verstärkte Internationalisierung statt.

1. Die einzelnen Übereinkommen

Ausgangspunkt war die Revidierte Berner Übereinkunft (RBÜ)[167], die 1886 zum internationalen Schutz des Urheberrechts geschlossen wurde[168].

Mit dem 1952 zustande gekommenen Welturheberrechtsabkommen (WUA)[169] sollten Staaten, die das hohe Schutzniveau der RBÜ nicht erreichen konnten, in das internationale Schutzsystem integriert werden. Der niedrigere Schutzstandard und der Vorrang der RBÜ nach Art. XVII WUA im Verhältnis der RBÜ- Verbandsstaaten erklärt jedoch die hinter der RBÜ untergeordnete Bedeutung des WUA.

Auf dem Gebiet des internationalen Leistungsschutzrechts ist das Rom – Abkommen[170] vom 26.10.1961 das bedeutendste Übereinkommen. Es ergänzt den Schutz der RBÜ um die Rechte der ausübenden Künstler.

Mit Abschluss der Uruguay-Runde des GATT[171] am 15.4.1994 wurde die Welthandelsorganisation (WTO)[172] ins Leben gerufen. Das WTO-Abkommen erweitert das GATT um den Schutz des geistigen Eigentums. Dieser wurde gesondert in dem

---

[164] Ausführliche Darstellung der Staatsverträge bei Rehbinder, UrhR 1998, § 73 Rz 479 ff; Schricker/Katzenberger, UrhG 1999, vor § 120 ff Rz 13 ff; für sämtliche Immaterialgüterrechte Regelin 2000, 9 ff.

[165] Die Bezeichnung der Immaterialgüterrechte als *intellectual property rights* ist mittlerweile allgemein üblich, etwa Cornish, Intellectual Property 1999, Rz 1-01.

[166] Die Belegenheit einer Sache ist eben eine tatsächliche Frage, nicht jedoch eine Rechtsfrage.

[167] Die Berner Übereinkunft zum Schutz von Werken der Literatur und Kunst vom 9.9.1886 wurde seither mehrfach revidiert. Seit der einschneidenden Revidierung vom 13.11.1908 in Berlin hat sich die Bezeichnung RBÜ eingebürgert. Für die Bundesrepublik Deutschland ist sie in der Pariser Fassung (BGBl 1973 II 1071) am 10.10.1974 in Kraft getreten. Zum 1.1.2002 hatte die RBÜ 146 Mitglieder, BGBl- Fundstellennachweis B zum 31.12.2001, 200 ff.

[168] Ausführlich Schack, UrhR 2001, Rz 833ff.

[169] BGBl 1955 II, 102.

[170] Abkommen zum Schutz der ausübenden Künstler, Hersteller von Tonträgern und der Sendeunternehmen, BGBl 1965 II 1245, für die Bundesrepublik Deutschland in Kraft getreten am 21.10.1966, BGBl 1966 II 1473.

[171] General Agreement on Tariffs and Trade, also Allgemeines Zoll- und Handelsabkommen

[172] BGBl 1994 II 1442 (englisch), 1624 (deutsch); das WTO-Abkommen ist zum 1.1.1995 auch mit Wirkung für die Bundesrepublik Deutschland in Kraft getreten.

TRIPs-Abkommen[173] geregelt, welches nunmehr integraler Bestandteil des WTO-Abkommens ist[174]. Somit stehen sich auf der einen Seite die handelspolitisch geprägte WTO mit dem TRIPs und auf der anderen Seite die WIPO[175] mit der RBÜ gegenüber[176]. Aufgrund der Entwicklung der WTO hat die WIPO nun auch ihre Reformbemühungen verstärkt, wobei am 20.12.1996 zwei selbständige Übereinkommen ausgehandelt wurden. Der WIPO Copyright Treaty (WCT)[177] und der WIPO Performances and Phonograms Treaty (WPPT)[178] stehen, anders als die RBÜ, auch der EG als Vertragspartner offen[179].
Allerdings bleiben die materiellrechtlichen Regeln der RBÜ in Art. 1 bis 21 RBÜ Grundlage für das internationale Urheberrecht, da diese nicht von den übrigen Abkommen verdrängt wurden[180].

2. Schutzprinzipien

Hinter diesen Übereinkommen steht das Bestreben nach einem verbesserten Rechtsschutz auf internationaler Ebene. In allen großen Abkommen finden sich daher die gemeinsamen Schutzprinzipien der sogenannten Inländerbehandlung und der konventionseigenen Mindestrechte wieder. Für reine Inlandssachverhalte allerdings gelten die internationalen Verträge nicht[181].

---

[173] Abkommen über handelsbezogene Aspekte der Rechte des geistigen Eigentums (*Trade-Related Aspects of Intellectual Property Rights*), BGBl 1994 II 1730. Das TRIPs beinhaltet im Vergleich zu den vorherigen Übereinkommen einige Besonderheiten, Einzelheiten bei Markfort 2001, 31 ff (43ff), der insbesondere den Teil III des Abkommens über die prozessuale Absicherung der festgelegten Schutzstandards hervorhebt; Regelin 2000, 30ff; allerdings wird in Art 9 (1) 2 TRIPs das Urheberpersönlichkeitsrecht der RBÜ vollständig vom Anwendungsbereich ausgeklammert.
Allerdings meint der deutsche Gesetzgeber, dass sich die Regeln des TRIPs-Abkommens nur an die Bundesrepublik Deutschland als Staat richten würden und damit für die Gerichte und die Parteien im Prozess unbeachtlich seien, BT-Drucks 12/7655, 347.

[174] Durch die Annahme des TRIPs-Übereinkommens durch die Mitglieder der WTO erstreckt sich der durch TRIPs abermals erweiterte Mindeststandard nun auch auf Länder außerhalb der Berner Union, die Mitglieder der WTO sind.

[175] *World Intellectual Property Organization*, die mit Übereinkommen vom 14.7.1967 errichtet wurde und die gemäß Art 4 WIPO die Verwaltungsaufgaben des Verbandes der Mitglieder der RBÜ (Berner Verband, Art 1 RBÜ) erfüllt. Nach Art. 21 (4) b WIPO soll die WIPO den Berner Verband übernehmen, wenn alle Verbandsstaaten der RBÜ auch Mitglied der WIPO geworden sind.

[176] Zur Konkurrenz dieser zwischenstaatlichen Organisationen vergleiche Kloth 2000, 17, der in seiner Arbeit den Schutz des ausübenden Künstlers sowohl nach TRIPs als auch nach WPPT untersucht.

[177] Der WIPO – Urheberrechtsvertrag hat zum 15.4.2003 41 Vertragsstaaten, darunter jedoch nicht Deutschland, das Vereinigten Königreich oder die Europäische Union. deutscher Text unter: http://www.wipo.int/treaties/ip/copyright/index.html.

[178] Den WIPO-Vertrag über Darbietungen und Tonträger haben bis zum 24.1.02 bereits 50 Staaten unterschrieben, darunter auch Deutschland und die EU. Am 20.5.2002 ist der WPPT nach Ablauf der Frist von 3 Monaten Hinterlegung der Ratifikationsurkunden von mindestens 30 Staaten in Kraft getreten. Bis zum 1.3.2003 waren Deutschland, das Vereinigte Königreich und die Europäische Union nicht unter den 41 Mitgliedstaaten.
Deutscher Text unter http://www.wipo.int/treaties/ip/performances/index.html.
Eine Besonderheit ist die ausdrückliche Anerkennung der Künstlerpersönlichkeitsrecht in Art 5 WPPT, was einen großen Fortschritt im Bereich des internationalen Schutzes der ausübenden Künstler darstellt.

[179] Art 17 (3) WCT bzw Art 26 (3) WPPT.

[180] Peinze 2002, 22ff (26).

[181] Schricker/Katzenberger, UrhR 1999, vor §§ 120 ff Rz 119.

Das Prinzip der Inländerbehandlung[182], also der rechtlichen Gleichbehandlung von Ausländern und Inländern nach inländischem materiellen Recht, stellt eine tragende Säule aller multilateralen Abkommen dar. Da sich dieses Prinzip allein mit der formellen Gegenseitigkeit begnügt, enthält es jedoch keine materiellrechtliche Aussage[183].
Jeder Verbandsangehörige kann sich in anderen Vertragsstaaten auch dann unmittelbar auf die garantierten Mindestrechte[184] berufen, wenn das dortige Recht einen geringeren Schutz vorgesehen hat oder gar einzelne Mindestrechte nicht kennt[185].

Diese garantierten Grundsätze bewirken gewisse Besonderheiten des Urheberrechts im Vergleich zu den gewerblichen Schutzrechten. Anders als bei den Registerrechten wurde für das Urheberrecht in den internationalen Konventionen versucht, einen Kompromiss zwischen den Interessen der Vertragsländer derart zu schaffen, dass Urhebern des einen Verbandslandes derselbe Schutz zu gewähren ist wie inländischen Urhebern. Indem alle Vertragsstaaten sich verpflichten, auch bei der Verletzung ausländischer Urheberrechte im Inland Rechtsschutz zu gewähren, wurde die fremdenrechtliche Diskriminierung des Territorialitätsprinzips abgeschwächt[186]. Dies hat jedoch zur Folge, dass theoretisch ein englisches *copyright* in Deutschland verletzt werden könnte, auch wenn deutsches Recht Schutzmaßstab ist. Hier stößt man jedoch auf ein terminologisches Problem, da das Territorialitätsprinzip außerdem davon ausgeht, dass dem Schöpfer gerade nicht in mehreren Ländern ein einheitliches und damit nahezu weltweit gültiges Urheberrecht zusteht, sondern allenfalls ein Bündel nationaler Urheberrechte. Die Verletzung eines englischen *copyright* in Deutschland ist danach begrifflich nicht möglich. Stattdessen wird der ausländische einem inländischen Urheber gleichgestellt[187]. Trotzdem erfahren so Urheberrechte nicht nur im Land ihres Entstehens, vergleichbar mit dem Land der Registrierung bei eintragungspflichtigen Schutzrechten, Rechtsschutz, sondern werden mit ihrer Schöpfung konventionsweit geschützt. Denn für deren weltweite Realisierung ist, anders als bei gewerblichen Schutzrechten, kein weltweit gültiger staatlicher Hoheitsakt in Form einer umfassenden Registrierung erforderlich.

---

182 Etwa Art 5 (1) RBÜ; Art 3 (1) TRIPs.
183 Schack, UrhR 2001, Rz 845.
184 Zu den Mindestrechten der RBÜ gehören etwa das Urheberpersönlichkeitsrecht, Art 6bis, das Übersetzungsrecht, Art 8, das Vervielfältigungsrecht, Art 9, das Aufführungs-, Sende- und Vortragsrecht, Art 11, 11bis, 11ter und das Bearbeitungsrecht, Art 12, 14 RBÜ.
185 Schack, Anknüpfung 1979, Nr 26 sieht darin zumindest einen Ansatz zu internationalem Einheitsrecht. Dennoch sollen die Mindestrechte als materielles Recht, das in fast jedem Land bestehende Nachteile für ausländische Urheber beseitigt, dem Bereich des Fremdenrechts angehören, aaO.
186 Hierzu bereits im Vorangehenden 1. Kapitel: § 2. B. I. 3.
187 Schack, UrhR 2001, Rz 845.

3. Fazit

Eine tatsächliche Vereinheitlichung des materiellen Urheberrechts ist somit durch die internationalen Konventionen noch nicht erfolgt. Auch kann trotz zahlreicher Aktivitäten des europäischen Gesetzgebers zur Harmonisierung des Urheberrechts[188] noch immer nicht von einem angeglichenen europäischen Urheberrecht gesprochen werden oder gar von einem einheitlichen europäischen Urheberrecht anstelle des harmonisierten Rechts ausgegangen werden[189].
Für den erfolgreichen Ausgang eines Rechtsstreits ist damit immer noch die wohlüberlegte Wahl des Forums entscheidend. Erst aufgrund dieser Wahl bestimmt sich, welches materielle Recht nach dem Kollisionsrecht des angerufenen Gerichts zur Anwendung gelangt und damit streitentscheidend ist.

C. Patentrechtsverletzungen

Der gewerbliche Rechtsschutz umfasst Gebiete, die der Förderung und dem Schutz des geistig- gewerblichen Schaffens dienen. Die Ergebnisse dieses Schaffens, also etwa technische Erfindungen, Muster und Modelle, werden zum Schutzgegenstand.
Eine Erfindung ist ein Immaterialgut, das durch die Zuordnung zu seinem Schutzrechtsinhaber als Rechtsobjekt verfügbar gemacht wird. Unter Einhaltung bestimmter Voraussetzungen kann die Erfindung zu einem Immaterialgüterrecht erstarken[190]. So gewährt ein Patent seinem Inhaber das Recht zur ausschließlichen Nutzung der unter seinen Schutz gestellten Erfindung.

---

[188] Richtlinie über den Rechtsschutz von Computerprogrammen vom 14.5.1991, ABl EG L 122, 42), in Deutschland umgesetzt durch das 2 UrhRÄndG v 9.6.1993, BGBl I 910; Richtlinie zum Vermiet- und Verleihrecht sowie zu bestimmten dem Urheberrecht verwandten Schutzrechten im Bereich des geistigen Eigentums v 19.11.1992, ABl EG L 346, 61, in Deutschland umgesetzt durch das 3 UrhRÄndG v 23.6.1995, BGBl I 842; Richtlinie zur Koordinierung bestimmter urheber- und leistungsschutzrechtlicher Vorschriften betreffend Satellitenrundfunk und Kabelweiterverbreitung vom 27.9.1993, ABl EG L 248, 15, in Deutschland umgesetzt durch das 4 UrhRÄndG vom 8.5.1998, BGBl I 902; Richtlinie zur Harmonisierung der Schutzdauer des Urheberrechts und bestimmter verwandter Schutzrechte vom 29.10.1993, ABl EG L 290, 9, in Deutschland umgesetzt durch das 3 UrhRÄndG vom 23.6.1995, BGBl I 842; Richtlinie über den rechtlichen Schutz von Datenbanken vom 11.3.1996, ABl EG L 77, 20, in Deutschland umgesetzt durch Art 7 IuKDG v 22.7.1997, BGBl I 1870, 1877; Vorschlag einer Richtlinie über das Folgerecht des Urhebers des Originals eines Kunstwerks vom 25.4.1996, ABl EG C 178, 16; dazu geänderter Vorschlag vom 12.3.1998 ABl EG C 125, 8; dazu gemeinsamer Standpunkt vom 19.6.2000 ABl EG C 300, 1; Richtlinie über den elektronischen Geschäftsverkehr vom 8.6.2000, ABl EG L 178, 1; Richtlinie zur Harmonisierung bestimmter Aspekte des Urheberrechts und der verwandten Schutzrechte vom 22.5.2001, ABl EG L 167, 10ff. 10.12.1997; deren Umsetzung hätte nach deren Art 13 bis zum 22.12.2002 in das nationale Recht erfolgen sollen; in Deutschland steht das 5. UrhRÄndG zur Umsetzung dieser Harmonisierungsrichtlinie noch bevor; zum aktuellen europäischen Urheberrecht und insbesondere zur neuen Richtlinie zur Harmonierung bestimmter Aspekte des Urheberrechts, Spindler GRUR Int 2002, 105ff; allgemein Schack, UrhR 2001, Rz 133 ff.

[189] Geschichtlicher Überblick und Ausblick zur Harmonisierung des Urheberrechts in Europa, Schippan 1999, 49ff, 132ff; eine vollständige Harmonisierung sei mangels eines umfassenden „Urheberrechtsmandats" auf europäischer Ebene noch nicht möglich, 186 aaO.

[190] Schack, UrhR 2001, Rz 19ff.

In Deutschland kann auf drei Wegen Patentschutz erlangt werden[191]: Zum einen den nationalen Weg über das deutsche Patentgesetz (PatG), dann den europäischen Weg über das Europäische Patentübereinkommen (EPÜ)[192] und schließlich den internationalen Weg nach dem Patent Cooperation Treaty (PCT)[193]. Sämtliche Wege führen aber zu einem oder mehreren nationalen Patenten, da bislang keine Einigung bei der Schaffung eines Gemeinschaftspatents oder gar weltweiten Patents erzielt werden konnte[194].

I. PatG

1. Überblick

Eine schutzfähige Erfindung im Sinne des § 1 PatG liegt vor, wenn eine technische Lehre für ein konkretes technisches Problem vorgeschlagen wird und ein Fachmann dieses mit den in der Anmeldung vorgeschlagenen Mitteln vollständig lösen kann. Des Weiteren muss die Erfindung für eine Patentfähigkeit nach § 1 (1) PatG neu sein[195], auf einer erfinderischen Tätigkeit beruhen[196] und gewerblich anwendbar sein[197].

Das deutsche Patentsystem stellt gemäß § 40 PatG für die Priorität auf den Zeitpunkt der ersten Anmeldung ab. Dabei kann sich der Anmelder mit einer vorläufigen Anmeldung begnügen. Allerdings muss binnen zwölf Monaten die endgültige Patentbeschreibung folgen.
Die Schutzdauer eines Patents kann mit der Zahlung der Jahresgebühren ab dem dritten Jahr jeweils um ein Jahr bis auf höchstens 20 Jahre ab Anmeldetag verlängert werden[198].

2. Hoheitsrechtlicher Aspekt des Patentrechts

Patente werden durch hoheitlichen Akt[199] im Patentanmeldungsverfahren vom Deutschen Patentamt erteilt. Der patentrechtliche Schutz ist also abhängig von dem konstitutiven staatlichen Erteilungsakt[200]. Erst mit Abschluss des Anmeldeverfahrens, also der Veröffentlichung der Erfindung im Patentblatt, treten dann nach § 58 (1) 3 PatG auch die gesetzlichen Wirkungen des Patents ein[201].

---

[191] Entsprechend den drei Elementen des europäischen Patentsystems, Dybdahl 2000, Rz 2ff.
[192] Das Übereinkommen über die Erteilung europäischer Patente vom 5.10.1973 ist am 7.10.1977 in Kraft getreten, BGBl 1976 II, 826.
[193] Der PCT wurde 1970 in Washington gezeichnet und trat ab 1978 für die Mitgliedstaaten in Kraft, BGBl 1976 II, 649 (664ff).
[194] Zu den Harmonisierungsbestrebungen vergleiche im Folgenden unter 1. Kapitel: § 2. C. II. 4. und 2. Kapitel: § 1. C.
[195] Die Erfindung darf nicht dem Stand der Technik entsprechen, vergleiche § 3 PatG.
[196] Vergleiche hierzu § 4 PatG.
[197] § 5 PatG.
[198] §§ 16, 16 a PatG.
[199] In diesem Fall durch Verwaltungsakt.
[200] Insofern kommt es auf den Erteilungsbeschluss nach § 49 PatG an.
[201] Angemeldete, aber noch nicht patentierte Erfindungen genießen einstweiligen Schutz (§ 33 PatG)

Das Patent ist der Paradefall eines Registerrechts[202]. Im Unterschied zum Urheberrecht gewährt das Patentrecht keinen Schutz an Werken, die der Schöpfer gerade nicht bekannt machen will. Der Patentschutz greift erst bei Offenlegung der Erfindung im Verfahren vor dem Deutschen Patentamt.
Daran wird, anders als im Urheberrecht, der hoheitsrechtliche Aspekt des Schutzes deutlich. Aufgrund dieser Abhängigkeit von staatlicher Verleihung sind nationale Patente räumlich auf das Gebiet des Staates beschränkt, der sie verliehen oder anerkannt hat. Ein Patent kann somit nur in diesem Erteilungsstaat verletzt werden[203]. Eine nur im Ausland erfolgte Handlung kann ein inländisches Schutzrecht nicht verletzen[204]. Folglich wirken Benutzungsrechte nur im Schutzland und die Rechtsfolgen einer Schutzrechtsverletzung werden vom Recht des Belegenheitsstaates beherrscht. Im Kern wird daher von einem Bündel selbständiger nationaler Rechte an demselben Immaterialgut ausgegangen[205]. Hier zeigen sich die materiellrechtlichen Wirkungen, die sich aufgrund der Entstehung des Schutzrechts im Rahmen eines solchen nationalen Erteilungsverfahren ergeben und deren Ausgangspunkt das materiellrechtliche Territorialitätsprinzip[206] ist.
Eine Begründung für das Territorialitätsprinzip ist in dem Souveränitätsdenken[207] der Staaten zu suchen. Die Schutzrechtserteilung stellt für den Inlandsmarkt auch eine ordnungspolitische Entscheidung dar. Daher herrscht eine grundsätzliche Abneigung dagegen, dass andere Staaten über Voraussetzungen und Rechtsfolgen einer ihnen fremden Schutzrechtsverletzung entscheiden.
Geht man von einer typischen internationalen Patentrechtsverletzung aus, bei der ein Unternehmen die geschützte Erfindung in verschiedenen Ländern durch Parallelimporte für den dortigen Absatz verletzt, so wird deutlich, dass eine strenge Territorialität die Rechtsdurchsetzung im internationalen Bereich erschwert. Der Rechtsinhaber ist gezwungen, seine Ansprüche wegen grenzüberschreitender Verletzungen auf ein Bündel einzelner nationaler Rechte zu stützen[208]. Es ist ihm

---

[202] Für die Entfaltung seines Schutzes ist die Eintragung in die Patentrolle nach § 30 PatG jedoch nicht maßgebend. Sie hat lediglich rechtsbekundende Wirkung. Entscheidend ist allein der Erteilungsbeschluss nach § 49 PatG.

[203] Eine grenzüberschreitende Verletzung des Patents durch einheitliche Handlung erscheint folglich nicht möglich, da sowohl die Verletzungshandlung als auch der Verletzungserfolg selbst sich in dem gleichen Territorium ereignen müssen. Eine einheitliche Schutzrechtsverletzung, die sich über mehrere Staaten erstreckt, scheidet dadurch begrifflich aus.

[204] Reichsgericht Urteil v 15.10.1892, RGZ 30, 52 (55) - Kongorot II; BGH (Patentsenat) Beschluss v 27.2.1969 BGHZ 51, 378 - Disiloxan

[205] Schack, UrhR 2001, Rz 802.

[206] Zum vielseitigen Begriff des Territorialitätsprinzips im internationalen Immaterialgüterrecht oben 1. Kapitel: § 2. B. I. 3. Das Territorialitätsprinzip beherrscht auch heute noch das internationale Immaterialgüterrecht, Busse/Keukenschrijver, PatG 1999, § 9 Rz 115; hierzu auch im Folgenden 2. Kapitel: § 1. A. I. 2. b. und 2. Kapitel: § 1. A. II. 2. a. (3) (d) im deutschen und englischen Zuständigkeitsrecht und 2. Kapitel: § 2. A. I. 2. b. und 2. Kapitel: § 2. B. VI. das deutsche und englische Kollisionsrecht.

[207] Das Reichsgericht bezeichnete diese nationale Begrenztheit des hoheitlichen Verleihungsaktes auch als „Machtabgrenzung" der Staaten untereinander in RG Urteil v 19.10.1935 RGZ 149, 102 (105). Vergleiche auch Fezer, MarkenR 2001, MarkenG Einl Rz 158; Wadlow 1998, Nr 1-23.

[208] Dies kann Auswirkungen auf mehreren Ebenen haben: Zum einen taucht die Frage nach dem international zuständigen Gericht oder eben den international zuständigen Gerichten auf. Anschließend ist zu entscheiden, wie

jedoch von vornherein verwehrt, sich auf ein einheitliches Patent für den gesamten Bereich zu berufen[209] und damit von einer einheitlichen grenzüberschreitenden Verletzungshandlung auszugehen[210].

3. Ansprüche bei Patentverletzungen

Die Anmeldung eines Patents bewirkt, dass der Anmelder nach Offenlegung von demjenigen, der schuldhaft den Anmeldegegenstand benutzt, eine angemessene Vergütung verlangen kann[211]. Die unmittelbare Wirkung des Patents selbst liegt darin, dass der Patentinhaber einem unberechtigten Dritten die Benutzung[212] des patentierten Schutzrechtsgegenstands verbieten kann[213]. Als mittelbare Wirkung des Patents kann der Inhaber einem unberechtigten Dritten das Anbieten oder Liefern von wesentlichen Elementen der Erfindung entsprechend § 10 PatG verbieten.

Der Rechtsschutz gegen Patentverletzungen ergibt sich teilweise direkt aus den speziellen Regelungen des PatG, ansonsten werden diese durch Haftungsnormen des BGB ergänzt[214]. Bei einer den §§ 9 – 13 PatG zuwiderlaufenden Benutzung der geschützten Erfindung, stehen dem Schutzrechtsinhaber verschiedene Ansprüche zu[215]:

Der Erfinder kann auch bei nicht schuldhafter Verletzung seines Patents den Verletzer gemäß § 139 (1) PatG auf Unterlassung in Anspruch nehmen[216].

---

weit die Entscheidungsbefugnis des für zuständig erachteten Gerichts reicht und schließlich nach welchem Recht zu entscheiden ist. Es ist zu überlegen, ob der Kläger im Falle einer internationalen Schutzrechtsverletzung auf eine Klagenhäufung am allgemeinen Gerichtsstand des Verletzers angewiesen ist, um sämtliche Ansprüche auf einmal umfassend geltend zu machen. Diese Fragen gilt es im Folgenden zu beantworten, 3. Kapitel: § 2. D. II.

[209] Dies soll mit der Schaffung eines europäischen Gemeinschaftspatents anders werden, im Folgenden 1. Kapitel: § 2. C. II. 4.

[210] Vergleiche hierzu aber den Vorschlag für das Urheberrecht im Folgenden 3. Kapitel: § 2. A. I. 2. b.

[211] § 33 PatG.

[212] Eine Benutzung liegt vor, wenn die Ausführungsform des Dritten in den Schutzbereich des Patents fällt, § 14 PatG.

[213] § 9 PatG.

[214] Benkard/Rogge, PatG 1993, § 139 Rz 14.

[215] Umfassend zu den Ansprüchen in Deutschland bei Hess 1987, 118 ff.

[216] Aufgrund dieser spezialgesetzlichen Regelung im Patentgesetz kann der Unterlassungsanspruch nicht auf § 823 BGB gestützt werden. Wegen § 139 (2) 2 PatG verbietet sich der Rückgriff auf die Deliktshaftung des BGB BGH Urteil v 30.11.1976 BGHZ 68, 90 (92f) - Kunststoffhohlprofil; Benkard/Rogge, PatG 1993, § 139 Rz 14; zum Unterlassungsanspruch, Schulte, PatG 2001, § 139 Rz 23 ff.

Bei schuldhaftem[217] Verhalten kann der Verletzte nach § 139 (2) PatG i.V.m. §§ 249 ff. BGB Schadensersatz verlangen. Grundlage der Schadensberechnung sind die § 249 ff. BGB[218].
Des Weiteren stehen dem Verletzten neben den speziellen Schadensersatzregelungen im PatG auch Bereicherungsansprüche im Wege der Eingriffskondiktion zu[219].
Schließlich liegt bei vorsätzlicher Patentverletzung auch ein Fall der unechten GoA vor, die nach §§ 687 (2), 667 BGB den Verletzer zur Herausgabe des erzielten Gewinns verpflichtet[220].

4. Persönlichkeitsrechtlicher Bezug

Neben der gewerblichen Anwendbarkeit und damit der hauptsächlich vermögensrechtlichen Bedeutung gibt es auch eine persönlichkeitsrechtliche Seite des Patentschutzes. Das Recht des Erfinders an seiner Erfindung nach § 6 PatG besteht zum einen aus dem Recht auf das Patent und zum anderen aus dem Erfinderpersönlichkeitsrecht. Dieses ergibt sich allein aus dem Akt des Erfindens und ist als sonstiges Recht im Sinn von § 823 (1) BGB anerkannt[221].
Der Inhalt dieses natürlichen Rechts ergibt sich aus seinem Zweck, also der Anerkennung der Erfinderehre[222], etwa durch die Benennung des Erfinders nach § 37 PatG. Bei unrichtiger Benennung steht dem Erfinder gegenüber dem Anmelder ein Anspruch auf Berichtigung zu[223].
Dem technischen Sonderschutzrecht ist daher mit dem Urheberrecht das Schutzgut der geistigen Schöpfung gemeinsam. Hingegen steht bei jenen[224], anders als im Urheberrecht, die gewerbliche Anwendbarkeit und damit der Vermögensbezug doch im Vordergrund[225].

Als Immaterialgüterrecht ist das Patenrecht ebenso wie das Urheberrecht ein absolutes, gegenüber jedermann wirkendes Recht an Sachen und nicht wie bei den Persönlichkeitsrechten an Personen.

---

[217] Hat der Verletzer nur leicht fahrlässig gehandelt, kann das Gericht nach § 139 (2) 2 PatG eine geringere Entschädigung festsetzen, um unbillige Härten zu vermeiden.
[218] Auch hier kann der Verletzte zwischen drei Berechungsarten auswählen, also dem konkreten Schaden einschließlich des entgangenen Gewinns, dann einer angemessenen Lizenzgebühr und schließlich der Herausgabe des Verletzergewinns, Schulte, PatG 2001, § 139 Rz 60 f.
[219] Also § 812 (1) 1, 2 Alt BGB, Schulte, PatG 2001, § 139 Rz 104 ff. Zum Umfang des Bereicherungsanspruchs, Hess 1987, 145 ff..
[220] Ferner stehen dem Verletzten Beseitigungsansprüche nach § 1004 BGB, Berichtigungs- und Vorlegungsansprüche nach § 809 BGB und Auskunft- und Rechnungslegungsansprüche nach § 140 b PatG oder allgemein nach § 242 BGB zu, Schulte, PatG 2001, § 139 Rz 83ff, 112ff, 124ff.
[221] BGH Urteil v 24.10.1978 GRUR 1979, 145 (148) – Aufwämvorrichtung.
[222] Schulte, PatG 2001, § 6 Rz 12.
[223] Näher bei Benkard/Bruchhausen, PatG 1993, § 6 Rz 16.
[224] Dies ist schon aus der Bezeichnung als „gewerbliche Schutzrechte" ersichtlich.
[225] Nach § 1 (1) PatG ist dies zwingende Voraussetzung für die Erteilung eines Patents an einer Erfindung.

5. Separates Nichtigkeitsverfahren

Im deutschen Recht kann, ähnlich wie nach niederländischem und österreichischem Patentrecht[226], jedoch anders als nach dem Recht der sonstigen EU- Mitgliedstaaten, die Nichtigkeit eines inländischen Patents nur in einem getrennten und damit selbständigen Verfahren mit Wirkung für und gegen jedermann festgestellt werden, da Verletzungs- und Nichtigkeitsklagen von Gerichten unterschiedlicher Rechtszweige entschieden werden[227]. Nach §§ 81 ff. PatG ist vor dem Bundespatentgericht eine separate Nichtigkeitsklage zu erheben[228]. Im Verletzungsverfahren selber hat der Richter von der Existenz des Patents auszugehen[229], so dass dort zu Verteidigungszwecken nicht der Einwand der Nichtigkeit vorgebracht werden kann[230]. Der Verletzungsrichter überprüft nur im Rahmen des sogenannten „Formstein-Einwand" die Frage, ob die Verletzungsform erfinderischen Abstand vom Stand der Technik aufweist[231]
In den sonstigen europäischen Mitgliedstaaten sind hingegen dieselben Gerichte, die für das Verletzungsverfahren zu ständig sind, auch für die Vernichtung des Patents zuständig[232].

---

[226] Vergleiche hierzu Zigann 2002, 142; Hess 1987, 39. Auch in Österreich muss ein Nichtigkeitsantrag in einem getrennten Verfahren vor der Nichtigkeitsabteilung des Patentamts erhoben werden, § 60 (1) c, (3) c österreichisches Patentgesetz. Nach § 156 (1) österreichisches Patentgesetz kann das Verletzungsgericht die Gültigkeit eines Patents grundsätzlich selbständig als Vorfrage beurteilen. Allerdings hat es nach § 156 (3) österreichisches Patentgesetz das Verfahren zu unterbrechen, wenn die Nichtigkeit nicht offenbar zu verneinen ist.

[227] Für Verletzungsklagen in erster Instanz sind die gewerblichen Rechtsschutzkammern bestimmter Landgerichte zuständig, die zweite Instanz findet vor den entsprechenden Oberlandesgerichten statt, während für die Revision der BGH zuständig ist. Als Auswirkung der ZPO– Reform auf das Patentverletzungsverfahren lässt sich eine gesteigerte Verantwortung der Rechtsanwälte feststellen, bereits im ersten Rechtszug alle erheblichen Tatsachen vollständig und richtig vorzutragen, so dass schon in der ersten Instanz im Rahmen der Beweisaufnahme Sachverständigengutachten einzuholen sind. Unvermeidbare Folge hiervon ist, dass sich die erstinstanzliche Verfahrensdauer vor den Landgerichten inklusive der Kosten deutlich erhöhen wird.

[228] Die Revision findet vor dem BGH in Karlsruhe statt.

[229] Busse/Keukenschrijver, PatG 1999, § 139 Rz 184.

[230] Haben die Gerichte Zweifel an der Gültigkeit des Patents, verbleibt ihnen als verfahrensrechtliches Korrektiv gegenüber der Bindung des Verletzungsgerichts an das erteilte Patent nur eine Aussetzung des Verfahren gemäß den Grundsätzen des § 148 ZPO, näheres Stauder GRUR Int 1976, 510 (515). Zum Vorgehen der deutschen Gerichte im Anwendungsbereich der EuGVO oben 2. Kapitel: § 1. B. II. 4. b. (3)

[231] Grundsätzlich kann alles, was nicht zum Stand der Technik gehört, nicht geschützt werden und auch nicht Teil des Schutzumfangs des jeweiligen Patents sein. In der sogenannten „Formstein"-Entscheidung hat der BGH Urteil v 29.4.1986, GRUR 1986, 803 – Formstein, geklärt, inwieweit in einem Verletzungsprozess der Stand der Technik im Vergleich zum Klagepatent berücksichtigt werden darf: Danach sind alle äquivalenten Verletzungsformen, die aus dem Stand der Technik unmittelbar bekannt sind, § 3 (1) PatG, oder die sich für einen Fachmann in naheliegender Weise daraus ergeben, § 4 S 1 PatG oder nicht erfinderisch sind, aus dem Schutzumfang des Patents heraus fallen.

[232] Ausführlich zu dem Problem des Gegenangriffs des potentiellen Verletzers durch den Einwand der Nichtigkeit im Verletzungsverfahren selber im Folgenden 2. Kapitel: § 1. B. II. 4. a.

II. Internationales Recht als Teil des materiellen Rechts[233]

Die strenge Territorialität erschwert dem Patentinhaber die Durchsetzung seines Rechts, weshalb auch hier auf internationaler Ebene Bemühungen zur Vereinheitlichung unternommen werden. Für den Bereich des Patentsrechts sind insbesondere die folgenden Abkommen interessant:

1. Die Pariser Verbandsübereinkunft (PVÜ)[234]

Die PVÜ vom 20.3.1883 gilt als internationales „Grundgesetz" des Patentrechts, das bestimmte Grundprinzipien wie den Inländerbehandlungsgrundsatz[235] festlegt. Für den deliktischen Schutz gewerblicher Schutzrechte spielt die PVÜ daher eine herausragende Rolle[236]. Wie bei der RBÜ für das Urheberrecht[237] genießt im Anwendungsbereich der PVÜ jeder Verbandsangehörige in dem Verbandsstaat, für den er Schutz begehrt, die gleichen Rechte wie dessen Angehörige, wenn er Inhaber eines entsprechenden nationalen Patents ist. Der Patentschutz soll hierbei nicht zwischen In- und Ausländern unterscheiden, sondern unabhängig von der Staatsangehörigkeit und etwaiger nationaler Interessen gewährt werden.
Ebenfalls bedeutsam ist die Prioritätsregelung in Art. 4 PVÜ, nach der derjenige, der in einem Verbandsland ein Gesuch um ein Erfindungspatent hinterlegt, während bestimmter Frist ein Prioritätsrecht genießt. Nimmt der Anmelder die Priorität in Anspruch, so stehen ihm in der Prioritätsfrist eingetretene neuheitsschädliche Tatsachen ausnahmsweise nicht patenthindernd entgegen. Die Bestimmungen der PVÜ beeinflussen und ergänzen somit die Anwendung des nationalen Rechts.

Aufgrund unterschiedlicher Vorstellungen der Verbandsländer ist seit 1967 keine weitere Revision erfolgt, so dass die Fortführung der PVÜ auf anderer Ebene stattgefunden hat: Mit Abschluss der Uruguay-Runde des GATT am 15.4.1994 wurde die WTO und das TRIPs- Abkommen ins Leben gerufen[238].

---

[233] Übersicht über den internationalen gewerblichen Rechtsschutz (auch tabellarisch) bei Holeweg GRUR Int 2001, 141 (143ff); zur Entwicklung des europäischen Patentsrechts, Hess 1987, 23 ff.
[234] Das Deutsche Reich ist der PVÜ am 1.5.1903 beigetreten, für die Bundesrepublik Deutschland ist die Stockholmer Fassung am 19.9.1970 in Kraft getreten, BGBl II 1970, 1073. Auf der Stockholmer Revisionskonferenz ist auch die WIPO geschaffen worden, die die gemeinsame Dachorganisation für die PVÜ und RBÜ ist, vergleiche hierzu oben 1. Kapitel: § 2. B. V.
[235] Art 2, 3 PVÜ.
[236] Staudinger/v Hoffmann 2001, Art 40 Rz 381. Vergleiche zur kollisionsrechtlichen Problematik im Folgenden 2. Kapitel: § 2. A. IV. 3.
[237] Hierzu oben 1. Kapitel: § 2. B. V.
[238] Zur Bedeutung im Urheberrecht oben 1. Kapitel: § 2. B. V.

2. Patent Cooperation Treaty (PCT)[239]

Der PCT ist ein weltweites Abkommen[240], dem mit Stand vom 1.10.2000 110 Länder angehören[241]. Der Vertrag beruht auf dem Grundgedanken einer einheitlichen Patentanmeldung in einer Sprache und bei einem Patentamt, welches das Amt des heimischen Staates ist. Vom Tag der Einreichung der Anmeldung kommt dieser in allen Vertragsstaaten, die der Anmelder bezeichnet, gleichzeitig die Wirkung einer nationalen Patentanmeldung zu, ohne dass der Anmelder schon bei Einreichung der Patentanmeldung eine Übersetzung in die Amtssprachen der verschiedenen Länder vorlegen oder nationale Gebühren zahlen muss[242]. Insofern kann der Zeitrang einer Erfindung, also ihre Priorität, mit einer einzigen Anmeldung in verschiedenen Ländern gewahrt werden, da der internationale Anmeldezeitpunkt für alle Staaten gilt[243]. Der PCT erbringt allerdings keine Harmonisierung der nationalen materiellen Patentrechte. Sein Zweck besteht vielmehr darin, die Recherchen bei internationalen Patentanmeldungen bei nur wenigen großen Patentbehörden der Welt zu zentralisieren[244].

So kann für vom Antragsteller zu bestimmende Vertragsstaaten des PCT ein internationales Patenterteilungsverfahren begonnen werden, was sodann für die ursprünglich vom Anmelder bestimmten Staaten in ein nationales Verfahren mündet, dessen weitere Voraussetzungen etwa in Deutschland im IntPatÜG[245] geregelt sind[246]. Der Anmelder kann etwa auch bei der internationalen Anmeldung bereits angeben, dass später ein europäisches Patent erteilt werden soll[247].

3. Europäisches Patentübereinkommen (EPÜ)[248]

Wesentliches Motiv für die Schaffung des EPÜ war eine Rationalisierung der Arbeit für Recherche und Patentierbarkeitsprüfungen im Rahmen der Patentanmeldung und

---

[239] Der PCT wurde 1970 in Washington gezeichnet und trat ab 1978 für die Mitgliedstaaten in Kraft. Von der Bundesrepublik Deutschland wurde er durch Gesetz vom 21.6.1976 ratifiziert, BGBl 1976 II 649 (664). Gemäß Art 63 (1) ist der PCT mit Ausnahme des Kapitels II laut Bekanntmachung vom 19.12.1977 am 24.1.1978 in Kraft getreten.

[240] Einführend hierzu: Bericht der deutschen Delegation GRUR Int 1971, 101; zu den Grundzügen des PCT-Systems: Dybdahl 2000, Rz 756 ff.

[241] Zum Verhältnis der Patentierungssysteme nach PCT und EPÜ: Dybdahl 2000, Rz 754 ff.

[242] Die Anmeldung muss die Voraussetzungen des PCT erfüllen und bei einem Anmeldeamt, entweder einem nationalen Patentamt oder einer internationalen Organisation eingereicht werden, Dybdahl 2000, Rz 759.

[243] Vergleiche Art 3, 4, 11 (3) PCT.

[244] Dybdahl 2000, Rz 758. Für deutsche Anmelder ist das EPA einzig zuständige Internationale Recherchebehörde.

[245] Art III §§ 4, 5, 6 IntPatÜG, Gesetz über internationale Patentübereinkommen vom 21.6.1976, BGBl II 649 (658).

[246] Dybdahl 2000, Rz 763.

[247] In Form einer Euro-PCT-Anmeldung können PCT und EPÜ auch miteinander kombiniert in Anspruch genommen werden, hierzu ausführlich Dybdahl 2000, Rz 754ff.

[248] BGBl 1976 II 826, Deutschland ist dem Übereinkommen am 7.10.1977 beigetreten.

die Reduzierung der Unterschiede zwischen den nationalen Patentgesetzen[249]. Die Besonderheiten des Europäischen Patents[250] erschöpfen sich jedoch in dem einheitlichen Erteilungsverfahren für die Erfinderpatente in sämtlichen bezeichneten Mitgliedstaaten. Nach der Erteilung des Patents gelten in jedem Staat, für das es Gültigkeit hat, gemäß Art. 2 (2), 64 (1), (3) EPÜ wiederum die nationalen Bestimmungen. Es wird folglich kein einheitliches europäisches Patent geschaffen, sondern ein Bündel unabhängiger nationaler Patente, für die das jeweilige nationale Recht gilt[251].
Im EPÜ finden sich daher keine unmittelbaren Anspruchsgrundlagen des Inhabers eines europäischen Patents gegen die unbefugten Benutzer seiner geschützten Erfindung[252]. Art. 69 EPÜ regelt lediglich den Schutzbereich des Europäischen Patents. Eine genaue Festlegung, welche Handlungen Patentverletzungen darstellen, erfolgt nicht[253]. Da das EPÜ also nur das Erteilungsverfahren im weiteren Sinne vereinheitlichen soll, finden sich im EPÜ auch keine verfahrensrechtlichen Vorschriften, etwa über die Zuständigkeit. Gemäß Art. 64 EPÜ muss daher jeder Prozess um die Verletzung eines EP sowohl in materieller als auch prozessualer Hinsicht nach nationalem Recht geführt werden. Anspruchsvoraussetzungen und Rechtsfolgen von Verletzungen werden in allen Staaten unterschiedlich gehandhabt.
Nach Art. 3 EPÜ kommt dem europäischen Patent, wie dem nationalen Patent, somit eine territoriale Wirkung jeweils nur für die benannten Vertragsstaaten zu.

4. Das Gemeinschaftspatent (GPÜ)

Das bereits 1975 unterzeichnete und im Dezember 1989 neu verhandelte GPÜ[254], ist ein weiteres Ergebnis von Harmonisierungsbestrebungen. Allerdings ist das Übereinkommen bis heute nicht in Kraft getreten. Eine vollständige Ratifizierung durch sämtliche Mitgliedstaaten erscheint weiterhin aussichtslos[255]. Mit diesem Übereinkommen sollte zumindest innerhalb der EU auf völkervertragrechtlicher Ebene ein einheitliches supranationales Schutzrecht für alle Vertragsstaaten geschaffen werden. Dieses Bestreben ist logische Konsequenz der Tatsache, dass innerhalb der EU ein gemeinsamer Markt mit freiem Wirtschaftsverkehr auch von patentgeschützten Waren geschaffen wurde.

---

[249] Viele Mitgliedstaaten haben aus diesem Anlass ihr nationales Recht dem materiellen europäischen Patentrecht anzugleichen. Deutschland regelte dies mit Art IV IntPatÜG. Einzelheiten bei Benkard/Ullmann, PatG 1993, Internationaler Teil Rz 104 f.
[250] Das Europäische Patentübereinkommen (EPÜ) wurde am 5.10.1973 in München abgeschlossen. Damit wurde eine europäische Patentorganisation, ein gemeinsames Recht für die Erteilung von Erfindungspatenten, ein europäisches Patent und ein Europäisches Patentamt erschaffen.
[251] Art 69 EPÜ enthält jedoch eine verbindliche Auslegungsregel für den Schutzbereich der Patente.
[252] Es fehlt gerade an einer dem § 139 PatG entsprechenden Vorschrift.
[253] Hess 1987, 29.
[254] Übereinkommen über das Europäische Patent für den Gemeinsamen Markt (GPÜ) vom 15.12.1975 in der Fassung der Vereinbarung vom 21.12.1989 über Gemeinschaftspatente, ABl EG 1989 L 401, 10 ff; zur Entwicklung eines Gemeinschaftspatents Krieger GRUR 1998, 256 (261 ff).
[255] Glöckner GRUR Int 2001, 446; Schade GRUR 2000, 101.

Das GPÜ regelt anders als das EPÜ die Verletzungstatbestände und die Behandlung der Nichtigkeit. In den Art. 25, 26 GPÜ ist abschließend aufgezählt, welche Handlungen den Tatbestand einer Gemeinschaftspatentverletzung erfüllen. Die Verschuldensvoraussetzungen und die Rechtsfolgen der Verletzungen des Gemeinschaftspatents sind nach wie vor gemäß Art. 34 (1) 2 GPÜ dem nationalen Recht vorbehalten[256].

Die internationale Zuständigkeit wiederum ist vollständig in dem parallel beschlossenen Streitregelungsprotokoll (StrProt) festgelegt[257].

Den letzten Anstoß zur Verwirklichung eines Gemeinschaftspatents gab nun die Kommission mit dem Verordnungsvorschlag für ein Gemeinschaftspatent vom 1. August 2001[258] auf der Grundlage des Art. 308 EG[259], in dem auch eine eigene Gerichtsbarkeit vorgesehen ist[260]. Die weitere Entwicklung bleibt abzuwarten[261].

5. Fazit

Somit gibt es momentan auf internationaler Ebene noch kein vereinheitlichtes europäisches Patentrecht. Der Ausgang eines Rechtsstreits mit internationalen Bezügen ist auch auf der Ebene des Patentrechts von der wohlüberlegten Wahl des Gerichts abhängig, da dieses aufgrund seines IPR das anwendbare materielle Recht bestimmt.

D. Gemeinsamkeiten und Unterschiede

Wie die kurze Darstellung des materiellen Rechts gezeigt hat, bestehen zwischen Persönlichkeitsrechten und Immaterialgüterrechten zahlreiche Unterschiede, aber auch entscheidende Übereinstimmungen, die eine gemeinsame Darstellung rechtfertigen.

Persönlichkeits- und Immaterialgüterrechte sind absolute, gegenüber jedermann wirkende Rechte an Personen beziehungsweise an sonstigen Rechtsgütern.

Allein der Bezug zu sonstigen Rechtsgütern, wie dem Werk im Urheberrecht oder der Erfindung im Patentrecht, unterscheidet das Immaterialgüterrecht vom Persönlichkeitsrechtsschutz. Das Heraustreten eines solchen sonstigen Rechtsguts aus der Persönlichkeitssphäre ändert jedoch lediglich die Schutzrichtung. Geschützt werden in beiden Fällen geistigen Rechtspositionen, die sich mangels einer

---

[256] Allerdings wurde in Art 35 (1) StrProt der Unterlassungsanspruch des Gemeinschaftspatentinhabers gegen Verletzer festgelegt.

[257] ABl EG 1989 L 401, 34; BGBl 1991 II 1358 ff; Erteilung und Nichtigerklärung des Gemeinschaftspatents, dessen Schutzwirkungen und die Folgeentscheidungen sind darin einer zentralen Entscheidungsgewalt unterworfen, hierzu näher im 2. Kapitel: § 1. C. I. 1.

[258] KOM [2000] 412 endg.

[259] Mitteilungen der Kommission GRUR Int 1999, 335 (336 ff); Kober GRUR Int 2001, 493 (496), grundlegend neu soll nur die Sprachen- und Streitregelung werden. Bericht zur Sitzung des Binnenmarktrates zur Weiterverfolgung des Gemeinschaftspatents in Form von Richtlinien, GRUR Int 2001, 573.

[260] Hierzu und zu den neuen Konzepten der Streitregelung für das Gemeinschaftspatent im Folgenden 2. Kapitel: § 1. C. I.

[261] Einen Überblick gibt auch Schade GRUR 2000, 101ff.

offensichtlichen körperlichen Belegenheit einer genauen Lokalisierung entziehen, also immaterielle Güter mit Ausschlusswirkung für Dritte. Somit fehlt in beiden Bereichen ein nach außen sichtbares, greifbares Substrat, das den Wirkungsbereich für jeden ersichtlich macht. Diese Besonderheit unterscheidet sie von anderen Rechtsgütern, wie etwa dem Sacheigentum.

Die Immaterialgüterrechte schützen die Beziehung eines Geisteswerkes zu einer Person und gleichzeitig dessen Nutzung. Damit hat das Immaterialgüterrecht nicht nur eine vermögensrechtliche, sondern auch eine persönlichkeitsrechtliche Seite. Es stellt folglich kein reines Wirtschaftsrecht dar.

Dem Persönlichkeitsrechtsschutz fehlt vordergründig die Vermögensbezogenheit und die wirtschaftliche Bedeutung. Dies ändert sich jedoch, wenn man sich die Entwicklung der Rechtsprechung[262] vergegenwärtigt und dabei den wirtschaftlichen Wert etwa eines Prominentenfotos vor Augen führt[263].

In beiden Bereichen gibt es Überschneidungen, die eine parallele Lösung für die erfolgreiche gerichtliche Verteidigung dieser Rechte wünschenswert erscheinen lassen. Zumindest kann die Betrachtung beider Rechtsgebiete Anstöße zu einer angemessenen Lösung der Durchsetzungsproblematik in einem zusammenwachsenden Europa liefern.

§ 3. Schutzrechtsverletzungen im Vereinigten Königreich

Als Besonderheit des englischen Rechts ist vorweg die Praxis zu nennen, auf oft jahrhundertealtes Fallrecht der oberen Gerichtsinstanzen aufzubauen und nur selten Gesetze zu erlassen. Es gibt daher die zwei großen Bereiche des von der Rechtsprechung entwickelten Fallrechts, also des *case law*[264], und dem Gesetzesrecht, dem sogenannten *statute law*[265]. Innerhalb des Fall- beziehungsweise Richterrechts haben sich wiederum in Form des *Common Law* und der *Equity*[266] zwei weitere

262 Peifer ZvglRWiss 96 (1996), 74 (83ff), der sich dabei auch mit den Problemen der Kommerzialisierung von Persönlichkeitsrechten befasst.

263 Zur Diskussion um die Kommerzialisierung des Persönlichkeitsrechts: BGH Urteil v 1.12.1999 NJW 2000, 2201f - Der blaue Engel; BGH Urteil v 1.12.1999 BGHZ 143, 214 = NJW 2000, 2195 - Marlene Dietrich; BGH Urteil v 12.12.1995 NJW 1996, 985 - Carolines Sohn; BGH Urteil v 5.12.1995 NJW 1996, 984 - Caroline von Monaco II, dabei erhält sie für beide Veröffentlichungen eines unwahren Berichtes jeweils 50.000 DM.
Im Rahmen der ersten „Caroline- Entscheidung" forderte die Klägerin wegen der Veröffentlichung eines erfundenen Berichtes mit Foto 100.000 DM Geldentschädigung, später sogar 400.000 DM, BGH Urteil v 15.11.1994 BGHZ 128, 1ff. Nach der Rückverweisung durch den BGH spricht das OLG Hamburg mit Urteil v 25.7.1996 der Klägerin eine Geldentschädigung in Höhe von 180.000 DM zu, NJW 1996, 2870 (2871).

264 Die Gerichte sind grundsätzlich strikt an Vorentscheidungen (*precedents*) gebunden, sie sollen also im Sinne der „*Stare Decisis doctrine*" an bereits Entschiedenem festhalten, näher bei Blumenwitz 1998, 25 f.

265 Dieses von der Legislative geschaffenen Normen werden gegenüber dem *case law* als zweitrangig betrachtet, da sie dieses nur ergänzen und die im Rahmen des *case law* entwickelten neuen Lösungen in das System integrieren sollen.

266 Das *law of equity* hat sich aus der Billigkeitsrechtsprechung des *Court of Chancery* entwickelt, die neben der Rechtsprechung der *Common Law Courts* stand.

Normkomplexe herausgebildet[267]. Außerdem ist in England ein Grundrechtskatalog, wie es ihn in Deutschland gibt, selbst im nicht kodifizierten Verfassungsrecht unbekannt[268]. Stattdessen herrscht der Grundsatz, dass alles erlaubt ist, solange nicht Belange Dritter berührt sind.

Schließlich verfügt das englische Recht im deliktsrechtlichen Bereich nicht über eine mit dem deutschen § 823 BGB vergleichbare Generalklausel, die von vornherein tatbestandliche Schutzlücken zu schließen vermag. Stattdessen wurden im Rahmen des englischen Deliktsrechts eine Reihe von einzelnen Tatbeständen entwickelt, so dass Rechtsschutz nur aufgrund dieser richterrechtlich oder gesetzlich anerkannten deliktischen Einzeltatbestände gewährt werden kann[269].

A. Persönlichkeitsrechtsschutz

Im englischen Sachrecht gibt es bislang weder ein anerkanntes allgemeines Persönlichkeitsrecht noch werden die Rechtsfiguren, die einzelne Bereiche der Persönlichkeit schützen, etwa spezielle Gesetze, Institute des Richterrechts oder die Selbstkontrolle der Presse, unter dem Oberbegriff „Persönlichkeitsrechte" zusammengefasst[270]. Einen umfassenden Schutz der Persönlichkeit gab es somit seither nicht.

I. Aktuelle Entwicklung

Erst mit der Umsetzung der Europäischen Menschenrechtskonvention (EMRK) durch den Human Rights Act 1998 (HRA)[271] am 2.10.2000 in das englische Recht kann von der Entwicklung eines englischen Persönlichkeitsrechts gesprochen werden[272].

---

[267] Zum Verhältnis von *Common Law* und *Equity* siehe Blumenwitz 1998, 7, 14ff. Der Begriff *Common Law* wird allerdings heute für das gesamte englische Recht gebraucht, um sich vom *Civil Law* der kontinentaleuropäischen Staaten abzusetzen, hierzu v Bernstorff 2000, 3 ff.

[268] Vor In-Kraft-Treten des Human Rights Act 1998 (hierzu sogleich im Folgenden) fehlte in England ein mit Deutschland vergleichbarer verfassungsrechtlicher Einfluss völlig. Vergleiche auch Beater 1996, 81ff, der den Einfluss des Verfassungsrechts auf das deutsche, englische und US-amerikanische Zivilrecht untersucht.

[269] Traditionelle *common law torts: trespass, negligence, nuisance, defamation, passing off, injurious falsehood* etc.; Tatbestände aus dem Bereich der *equity: breach of confidence* (zu dem Streit der Einordnung als *tort* des *common law* oder als Institut der *equity* siehe im Folgenden Fn 327; *breach of copyright* als Beispiel aus dem kodifizierten Recht ebenso wie die neue gesetzliche Spezialregelung des Protection from Harassment Act 1997.

[270] Singh, Privacy 1999, 169 ff; v Bernstorff 2000, 107; Ohly RabelsZ 65 (2001) 39 (40); deutlich auch Beater 1996, 27 ff; Markesinis spricht daher auch von „Our Patchy Law of Privacy-Time to do Something about it" in 53 (1990) MLR 802- 809.

[271] Text abrufbar über die Seite von Her Majesty's Stationery Office unter: <www.hmso.gov.uk>. Entscheidende Vorschrift für den Persönlichkeitsschutz ist s 6 (1) HRA in Verbindung mit s 6 (3) HRA und s 12 HRA, wonach die englischen Gerichte die EMRK, die Entscheidungen des EGMR und die Regeln der freiwilligen Selbstkontrolle der Presse beachten müssen.

[272] Umgesetzt wird unter anderem das Recht nach Art 8 EMRK auf Achtung des Privat- und Familienlebens, welcher den Einzelnen vor staatlichen Übergriffen schützt. Interessant ist nun, ob die englischen Gerichte durch den Human Rights Act verpflichtet sind, den Einzelnen aufgrund von Art 8 EMRK vor Eingriffen in seine Privatsphäre durch andere Privatpersonen zu schützen. Diese Frage der Wirkung von Grundrechten auf das Privatrecht ist neu im englischen Recht. Zurückhaltend Buxton 116 (2000) LQR 48 (55f); Angel [1998] Tolley's CL 169ff. Die wohl überwiegende Meinung befürwortet mittlerweile eine mittelbare Drittwirkung der

Bereits im Jahr 1996 trat der Defamation Act 1996[273] in Kraft, der als Gesetz zur Verbesserung des Rechts des Ehrenschutzes bezeichnet wird, letztlich aber nicht den Weg zu einer umfassenden gesetzlichen Regelung des Ehrenschutzes und eines *„right to privacy"* weist. Auch der Protection from Harassment Act 1997 wurde im Zuge der Diskussion um einen verstärkten Schutz der Privatsphäre hervorgebracht und enthält als zentrale Bestimmung ein generalklauselartiges Verbot der Belästigung anderer Personen[274]. Seine Wirksamkeit gegenüber aufdringlichen Pressefotografen und Journalisten muss sich jedoch noch zeigen.

Anhand der nach Inkrafttreten des HRA am 2.10.2000 entschiedenen Verfahren muss nun die Ausformung des Schutzes der Persönlichkeit weiter verfolgt werden[275].

In der Rechtssache des Ehepaars *Michael Douglas* und *Catherine Zeta-Jones* gegen das Boulevardblatt *Hello!*[276] haben die Richter ein grundsätzliches Recht auf Achtung der Privatsphäre aus dem *law of confidence* abgeleitet, indem sie die deliktsrechtliche Anspruchsgrundlage des *breach of confidence* um den Tatbestand des Persönlichkeitsschutzes erweiterten[277].

Konventionsrechte: Phillipson/Fenwick 63 (2000) MLR 660 (667f) sprechen von einem *„horizontal effect"* des Art 8; Markesinis (1999) 115 LQR 47 (84); Hunt [1998] PL 423 (442); Baker 1998, 29; der *Court of Appeal* in der Entscheidung Douglas v Hello! Ltd [2001] 2 WLR 992 (1020ff) Nr 104 ff (1025ff) Nr 128ff hat dies bestätigt: Im Grunde war das Gericht vor die Entscheidung gestellt, dem HRA eine Wirkung zuzuerkennen, nach der Art 8 als konkreter Anspruch im Rechtsstreit anzusehen ist. Das Gericht hat sich jedoch für die Variante entschieden, die den Geheimnisschutz auch auf solche Situationen ausdehnt, in denen der Eindringling keine Vertrauensbeziehungen mit dem Kläger hat, Baloch [2001] NLJ 50.

[273] Text abrufbar unter <www.hmso.gov.uk>.

[274] Kristin 2001, 79.

[275] Zu den Reformüberlegungen bis zum Inkrafttreten des HRA: Ohly RabelsZ 65 (2001) 39 (60ff.); Robertson/Nicol 2002, 238f; zum Einfluss des HRA auf den Persönlichkeitsrechtsschutz in England Pinto [2002] EIPR 209 (213ff); Merkin/Black, I 2002, Rz 16.44.1ff; Ryan [2001] EIPR 521ff; Phillipson/Fenwick [2000] MLR 660ff; Buxton (2000) 116 LQR 48ff; vergleiche im Folgenden unter 1. Kapitel: § 3. A. III. 3.

[276] Douglas, Zeta-Jones and others v Hello! Ltd and others, Court of Appeal v. 21.12.2000, [2001] 2 WLR 992 = [2001] QB 967ff. Das Ehepaar *Michael Douglas* und *Catherine Zeta-Jones* hatten die Rechte an ihren Hochzeitsfotos exklusiv nur an das Boulevardblatt *OK* verkauft. Allerdings hatten sie sich die letzte Kontrolle über die Berichterstattung und Veröffentlichung ausbedungen. Sämtlichen Hochzeitsgästen war es zudem untersagt worden, Fotoapparate mitzubringen und Aufnahmen zu machen. Trotzdem ist es der mit *OK* konkurrierenden Zeitschrift *Hello!* gelungen, an Fotos eines amerikanischen Paparazzo zu gelangen, die sie drei Tage vor *OK* publizieren wollte. Dagegen ist das Ehepaar *Douglas/Zeta-Jones* zunächst in erster Instanz erfolgreich mit einer einstweiligen Verfügung vorgegangen. Erst der *Court of Appeal* hat die Entscheidung im einstweiligen Verfahren wieder aufgehoben. Trotzdem konnten die Eheleute die Entscheidung als Erfolg ansehen, da ihr Antrag nur aus rein formellen Gründen, mangels Vorliegen der prozessualen Voraussetzungen für die Anordnung einer solchen Verfügung, gescheitert ist. Dem Grunde nach haben die Richter erstmals ein Persönlichkeitsrecht anerkannt (Nr 126, Lord Justice Sedley; Nr 166, Lord Justice Keene). Kurze Besprechung des Falls bei Theusinger ZRP 2001, 529 (530).

[277] Douglas v Hello! Ltd. [2001] 2 WLR 992 (1021ff) Nr 105, 110-127 (Lord Justice Sedley), (1035) Nr 166 (Lord Justice Keene). In der neuen Entscheidung haben die Richter das Erfordernis der Vertrauensbeziehung gänzlich aufgegeben, Nr 126 (Lord Justice Sedley), Nr 166 (Lord Justice Keene); vergleiche auch im Folgenden 1. Kapitel: § 3. A. III. 3. a.

Trotz dieser für die Eheleute letztlich erfolgreichen Entscheidung[278] bleiben jedoch viele Fragen noch offen[279]. Insbesondere ist unklar, ob ein *right to privacy* geschaffen wurde oder ob nicht langfristig ein *tort of infringement of privacy* entwickelt wird. Fraglich bleibt auch der Schutzbereich des Persönlichkeitsrechts und damit die Grenze der Persönlichkeitssphäre. Interessant wird auch die Höhe der Schadensersatzsummen bei entsprechenden Rechtsverletzungen sein, da diese aufgrund der Präventionswirkung auf das Verhalten der Presse Einfluss nehmen können.

In einem weiteren Urteil hat der *High Court* in London die Rechtsprechung zum Fall des Ehepaars *Douglas* bestätigt[280] und dem britischen Model *Naomi Campbell* wegen Verletzung ihrer Privatsphäre und des Datenschutzrechts eine Schadensersatzsumme[281] in Höhe von 3.500 Pfund zugesprochen[282]. Der Richter zieht zur Begründung des Anspruchs wegen *breach of confidence* die Ausführungen von *Lord Justice Keene* im Fall des Ehepaars *Douglas* zum Verhältnis der beiden Konzepte der Privatsphäre und

---

[278] Vergleiche hierzu Fn 276.

[279] Interessant aus deutscher Sicht ist, inwieweit sich die englischen Richter am deutschen Persönlichkeitsrechtsschutz orientieren werden, hierzu Markesinis [1999] 115 LQR, 47 (72ff); Clerk/Lindsell/Alexander 2000, Rz 27-04.

[280] Mittlerweile hat der *Court of Appeal* am 14.10.2002 diese Entscheidung wieder aufgehoben und der Beklagten ein Recht zur Veröffentlichung der Bilder zugestanden, da *Miss Campbell* zuvor die Medien benutzte, um öffentlich Unwahrheiten zu verbreiten. Die zum Persönlichkeitsschutz gemachten Ausführungen bleiben jedoch bestehen, [2003] QB 633 = [2003] 1 All ER 224.

[281] Diese Summe setzt sich zusammen aus: *„damages“* oder *„compensation“*, also einem kompensatorischen Ersatz des materiellen Schadens, der die Geschädigte so stellen soll, als ob das schädigende Verhalten nicht geschehen wäre, für den *breach of confidence*– Anspruch und wegen s 13 Data Protection Act 1988 in Höhe von 2.500 Pfund in Nr 125 ff. Außerdem wurde der Klägerin eine Art „erhöhter“ Schadensersatz („aggravated damages) in Nr. 138 ff. in Höhe von 1000 Pfund zugesprochen, der die Geschädigte für geistige Belastungen oder die Verletzung ihrer Gefühle, also immaterielle Schäden in den Fällen entschädigt, in denen der Schädiger durch sein Fehlverhalten diese Beeinträchtigungen beim Geschädigten verursacht hat, was auch durch der unerlaubten Handlung erst nachfolgendes Verhalten möglich ist. Hierdurch soll der Verhaltenssteuerungsfunktion Rechnung getragen werden.
Außerdem muss die Beklagte Mirror Group Newspapers die Prozesskosten in Höhe von 200.000 Pfund tragen.

[282] Campbell v Mirror Group Newspapers (MGN), High Court of Justice, Queens Bench Division, v 27.3.2002, [2002] EMLR 617.
Die Zeitung *„Mirror“* hatte im vergangenen Jahr zwei Artikel herausgebracht, in denen über die Drogensucht des Models berichtet wurde. Im ersten Artikel (Nr 10 ff) wurde auf der Titelseite und weiteren Seiten berichtet, dass Naomi Campbell Treffen der *„Narcotics Anonymous“* besuche und dazu zwei Fotos von Miss Campbell abgedruckt, von denen eines das Model beim Verlassen einer Selbsthilfe-Therapiesitzung zeigen sollte. In einem weiteren Artikel (Nr 33 ff), den die Zeitung trotz einer mittlerweile erfolgten Abmahnung der Anwälte der Klägerin veröffentlichte, in denen weitere Details der Therapie enthüllt und ein Foto veröffentlicht wurden, auf dem wieder das Model inmitten unkenntlich gemachter Gesichter, möglicherweise bei einer Therapiesitzung, zu sehen war. Zunächst hatte das Blatt noch von einem mutigen Versuch der Klägerin geredet, ihre Alkohol- und Drogenkrankheit zu bekämpfen. Im Laufe des Verfahrens stellte sich heraus, dass die Klägerin tatsächlich drogensüchtig gewesen ist und diese Treffen besucht hat. In einem dritten Artikel, welcher als Hauptgrundlage für die Gewährung des verschärften Schadensersatzes (*„aggravated damages“*) herangezogen wurde, hatte die Zeitschrift ihren Ton weiter verschärft und Miss Campbell unter anderem als „Schokoladen-Soldat“ betitelt (Nr 147ff). Der Richter beurteilte diese Berichterstattung als in hohem Maße entwürdigend und insbesondere die Bezeichnung als „Schokoladensoldat“ als rassistisch und verletzend, Nr 157 ff, weshalb er neben den Verletzungen der Privatsphäre und des Datenschutzgesetzes auf den zusätzlichen Schadensersatz (*„aggravated damages“*) erkannte.

der Vertrauensbeziehung heran und stimmt mit diesen überein[283]. Auch in dieser Entscheidung hat das Gericht wiederum die Voraussetzungen des *breach of confidence*- Anspruch modifiziert, um die Privatsphäre der Klägerin zu schützen[284]. Trotzdem erscheint nach weiteren Entscheidungen[285] die Entwicklung eines selbständigen *tort of infringement of privacy* jedoch sehr fraglich. Allerdings ist nun anerkannt, dass Prominente und andere Personen zu schützen sind, wenn deren Privatsphäre oder das Datenschutzgesetz verletzt werden.

Der Einfluss des HRA auf die sonstigen Persönlichkeitsrechte ist jedoch gering.

Doch auch vor dieser Entwicklung war der Einzelne gegenüber Persönlichkeitsrechtsverletzungen nicht völlig schutzlos gestellt. Ihm stehen diverse Anspruchsgrundlagen zur Verfügung, die allerdings auf das gesamte Zivilrecht verteilt sind[286].

II. Der Schutz der Ehre

Soweit es um Ehrverletzungen geht, steht dem Betroffenen ein unmittelbarer Schutz der Persönlichkeit in Gestalt des *tort of defamation*[287] und damit ein richterrechtlich anerkannter Rechtsbehelf zu.

Um eine Ehrverletzung in diesem Sinne zu begehen, muss der Beklagte Behauptungen aufstellen, die geeignet sind, das Opfer in den Augen der Öffentlichkeit herabzusetzen. Dabei verlangt der Tatbestand der Ehrverletzung im englischen Recht das Vorliegen von drei Voraussetzungen[288]. Der Kläger muss als Objekt der strittigen Äußerung erkannt werden. Diese Aussage muss veröffentlicht, also mindestens einem Dritten gegenüber bekannt gemacht worden sein[289]. Schließlich muss die Äußerung ehrverletzend sein, also aus der Perspektive eines Durchschnittsbetrachters beleidigenden Charakter haben[290].

Im Rahmen des *tort of defamation* unterscheidet das englische Recht zwischen herabsetzenden Äußerungen mündlicher Art, bei denen die sogenannte Regel über *slander*[291] eingreift, und schriftlichen oder in anderer Weise dauerhaft fixierten Ehrverletzungen, die den Regeln über *libel* angehören.

---

[283] Campbell v MGN [2002] EMLR 617 Nr 37 ff.

[284] Der Vertreter der Klägerin hatte sich gerade nicht auf die Verletzung der Persönlichkeit berufen (Campbell v MGN [2002] EMLR 617 Nr 5), sondern die Klage auf *breach of confidence* und, anders als die vorangegangene Entscheidung, auf s 13 Data Protection Act 1988 gestützt.

[285] Hierzu im Folgenden 1. Kapitel: § 3. A. III. 3.

[286] Einführend Zweigert/Kötz 1996, 704 ff; zu nennen sind hier das Richter – und Gesetzesrecht, aber etwa auch die verschiedenen Kodices der Presseselbstkontrolle, hierzu bei Ohly RabelsZ 65 (2001) 39 (55ff)

[287] Grundlegend bei Clerk/Lindsell/Mullholland 2000, Rz 22-01 ff; Brazier/Murphy 1999, 435 ff (Chapter 22); Beater 1996, 8 ff.

[288] Markesinis/Deakin 1999, 606 ff; wann eine Äußerung im Sinne des *tort of defamation* als ehrverletzend anzusehen ist, richtet sich nach den Einschätzungen der *jury* die wiederum vom Richter angeleitet wird, Markesinis/Deakin 1999, 611 und sogleich im Folgenden.

[289] Markesinis/Deakin 1999, 616ff; der Tatbestand der *defamation* liegt also nicht vor, wenn die Beleidigung nur gegenüber dem Betroffenen unter vier Augen stattgefunden hat; Gatley 1998, Rz 6.1.

[290] Zweigert/Kötz 1996, 705; über die Frage des ehrverletzenden Charakters der Äußerung entscheidet im Ergebnis die *jury*: Markesinis/Deakin 1999, 611.

[291] Zweigert/Kötz 1996, 705; Beater 1996, 8 ff.

Die praktische Folge der Differenzierung der Deliktstatbestände in *libel* und *slander* innerhalb des Sammelbegriffs *defamation* ist im wesentlichen darin zu sehen, dass nur für *libel*-Klagen auf den Nachweis eines Vermögensschadens verzichtet werden kann[292]. Der Schaden ist damit kein Tatbestandsmerkmal, weshalb die Klagen wegen *libel „actionable per se“* sind[293]. Diese schriftlich fixierten Angriffe auf die Ehre stellen einen selbständigen Klagegrund dar, bei dem allein die Schwere der Ehrverletzung über die Höhe der zu leistenden Entschädigung entscheidet. Somit wird in Rahmen der *libel*- Klage auch Ersatz für immaterielle Schäden gewährt[294]. Für Klagen wegen slander, die eben nicht *„actionable per se“* sind, ist der Ersatz immaterieller Schäden und damit auch die Beeinträchtigung des persönlichen Rufs von vornherein ausgeschlossen[295].

Vor herabwürdigenden Tatsachenbehauptungen wird folglich in England ein starker Schutz gewährt, da bloße Anspielungen ausreichen, um etwa den Tatbestand des *libel* zu erfüllen. Außerdem haftet sowohl bei *slander*- als auch bei *libel*- Klagen der Verletzer, auch wenn ihn bezüglich des ehrverletzenden Charakters der Äußerung kein Verschulden trifft[296]. Da die Unwahrheit der geäußerten Tatsachen kein Tatbestandsmerkmal des *tort of defamation* ist, besteht bis zum Gegenbeweis des Verletzers die Vermutung, dass die Äußerung gerade nicht der Wahrheit entspricht[297]. Dennoch steht dem Beklagten hierdurch eine wirksame Verteidigungsmöglichkeit zur Verfügung, mit der er die Haftung abwenden kann[298].

---

[292] Carter-Ruck 1997, 82; zu den speziellen Voraussetzungen einer *slander*-Klage im Gegensatz zur *libel*- Klage bei Clerk/Lindsell/Mullholland 2000, Rz 22-51; unter welchen Umständen auch bei der *slander*- Klage auf den Nachweis eines Schadens verzichtet werden kann und *slander* somit *„actionable per se“* ist: Zweigert/Kötz 1996, 705.

[293] Näher hierzu Funkel 2001, 219ff. Hat der Kläger jedoch tatsächlich keinerlei Einbußen erlitten oder kann er solche nicht nachweisen, so ist ihm also dennoch ein Schadensersatz zu gewähren, wenn auch nur in symbolischer geringer Höhe von circa fünf Pfund, Funkel 2001, 202.

[294] Carter-Ruck 1997, 193ff; Beater 1996, 22 schildert eine interessante historische Begründung, warum durch hohe Schadensersatzsummen und auch die nicht nachweisbare immaterielle Schmach entschädigt wird: die libel-Klage soll das in früheren Zeiten übliche „Degenduell“ bei erlittenen Beleidigungen abgelöst haben.

[295] Funkel 2001, 216, in diesen Fällen muss der Kläger sogenannten *„special damage“* nachweisen, bei dem es sich ausschließlich um materielle Schäden jeglicher Art handelt.

[296] Zweigert/Kötz 1996, 706 f. Allerdings stehen dem Beklagten auch verschiedene Verteidigungsmöglichkeiten (Einreden) zu, durch die er eine Haftung abwenden kann, etwa durch den sog. Wahrheitsbeweis (plea of justification), oder Privilegierung durch die Wahrnehmung berechtigter Interessen. Nachweise bei: Beater, 14 ff; Clerk/Lindsell/Mullholland 2000, Rz 22-76 ff; Brazier/Murphy 1999, 457 ff.

[297] Diesen Gegenbeweis muss der Beklagte mittels der Einrede der *justification* führen, Clerk/Lindsell/Mullholland 2000, Rz 22-78 ff; zu den Besonderheiten im einstweiligen Rechtsschutz, wo bereits die beeidete Erklärung des Einwands der Wahrheit für ein Einhalten des Gerichts ausreicht, im unmittelbar Folgenden.

[298] Dem Beklagten stehen verschiedene Verteidigungsmöglichkeiten (Einreden) zu, durch die er eine Haftung abwenden kann, etwa der angesprochene Wahrheitsbeweis (*plea of justification*), oder die Privilegierung durch die Wahrnehmung berechtigter Interessen, Nachweise bei Beater 1996, 14 ff; Clerk/Lindsell/Mullholland 2000, Rz 22-76 ff; Brazier/Murphy 1999, 457 ff.

Das *tort of defamation* billigt dem Kläger hinsichtlich der Rechtsfolgen in erster Linie einen Schadensersatzanspruch zu[299]. Erwähnenswert ist, dass im Rahmen der *defamation*- Prozesse die Höhe des Schadensersatzes noch von einer Jury festgelegt wird[300]. Diese hat oftmals erfolgreichen Klägern eine unverhältnismäßig hohe Summe zugesprochen, was dazu führte, dass der Gerichtsstand Vereinigtes Königreich bei Fällen mit grenzüberschreitendem Bezug große Attraktivität genoss[301]. Das Problem zu hoher Schadensersatzansprüche durch die *jury* wurde durch s. 8 (2) Court and Legal Service Act 1990 entschärft, wonach der *Court of Appeal* nicht nur das Recht hat, eine neue Verhandlung anzuordnen, sondern auch eine eigenständige Betragskorrektur vornehmen kann[302], so dass sich die von der *jury* zugesprochenen Summen mittlerweile in einem vernünftigeren Rahmen halten[303].

Einen Recht zur Gegendarstellung[304] im kontinentaleuropäischen Sinn kennt der *tort of defamation* ebenso wenig wie einen Anspruch auf Berichtigung.

Einstweilige Verfügungen[305] werden nur erlassen, wenn die umstrittene Äußerung eine eindeutige Ehrverletzung darstellt und keine Anzeichen für deren Wahrheit erkennbar sind oder diese zum Zeitpunkt der Veröffentlichung noch nicht festgestellt werden kann[306]. Hier wirkt der zu erlangende Rechtsschutz in der Regel erst repressiv nach einer erfolgten Persönlichkeitsrechtsverletzung. Für das Ideal der freien Rede gilt

---

299 Gatley 1998, Rz 9.1ff; Zweigert/Kötz 1996, 709. Im Bereich der *libel*-Haftung ist sowohl der materielle wie der immaterielle Schaden zu ersetzen, vergleiche das unmittelbar Vorhergehende. Der materielle Schaden wird durch sogenannte *compensatory damages* und der immaterielle Schaden durch sogenannte *aggravated damages* ausgeglichen. Daneben hat das Gericht die Möglichkeit, Strafschadensersatz zuzusprechen, der ausdrücklich pönalen Charakter hat, die sogenannten *exemplary* oder *punitive damages*. Letztere werden jedoch in England nur noch unter bestimmten engen Voraussetzungen gewährt, Rookes v Barnard [1964] 1 All ER 367 (HL); Einzelheiten bei Witzleb 2002, 312- 365; Carter-Ruck 1997, 193ff (Chapter 17).

300 Zweigert/Kötz 1996, 708; Markesinis/Deakin 1999, 637 ff zur Entwicklung dieser Geschworenenrechtsprechung.

301 So noch Robertson/Nicol in der Vorauflage, 1990, 30; vergleiche auch die Darstellung bei Siebrecht 1996, 279ff; Robertson/Nicol 2002, 8f auch zu deren fortschreitenden Zurückdrängung; in letzter Zeit ist von Rechtsprechung und Gesetzgebung versucht worden, dem weiten Ermessensspielraum der *jury* bei der Bemessung der Höhe des Schadensersatzes Grenzen zu setzen, John v MGN [1996] 2 All ER 35 ff.

302 Funkel 2001, 230; Clerk/Lindsell/Mullholland 2000, Rz 22-203.

303 Robertson/Nicol 2002, 143.

304 Zweigert/Kötz 1996, 709; Redmond-Cooper (1984) 134 NLJ 870 f.

305 Bei den "*interlocutory injunctions*" handelt es sich um eine Art einstweiliges Verfügungsverfahren, bei dem eine Entscheidung in rechtlicher und tatsächlicher Hinsicht nur auf vorläufiger Grundlage getroffen wird. Entscheidend ist letztlich eine Interessenabwägung, die sich an den Folgen eines Obsiegens oder Unterliegens der jeweiligen Parteien orientiert, American Cynamid v. Ethicon [1975] AC 396; Cornish 1999, Rz 2-31 ff; ausführlich im Folgenden 2. Kapitel: § 3. A. II.

Bemerkenswert ist, dass Voraussetzung für die Gewährung einer einstweiligen Verfügung nicht das Anhängigsein einer Klage zur Hauptsache ist. Gerade bei den im Weiteren noch zu besprechenden *passing-off*-Verfahren strengen die Parteien oftmals kein Hauptsachverfahren mehr an, da dort eine Entscheidung getroffen wird, die sich wirtschaftlich gesehen nicht mehr rückgängig machen lässt, weil bereits vollendete Tatsachen geschaffen wurden.

306 Beater 1996, 21 ff; Clerk/Lindsell/Mullholland 2000, Rz 22-231 und Clerk/Lindsell/Burrows 2000, Rz 30-22; Markesinis/Deakin 1999, 782 ff.

damit der Grundsatz des *„publish and be damned"*[307]. So wird eine zukünftige Veröffentlichung dann nicht untersagt, wenn sich die Beklagten mit dem Einwand der Wahrheit verteidigen und dies durch beeidete Erklärung bekräftigen. Sowie der Beklagte ankündigt, sich durch ein Verteidigungsvorbringen rechtfertigen zu wollen, erlassen die Gerichte daher eine einstweilige Verfügung nur, wenn der Kläger wiederum die Unerheblichkeit der Einwendung beweisen kann oder die Erfolglosigkeit der Verteidigung feststeht[308]. Da das Gericht anhand einer solchen Interessenabwägung entscheidet, welche ihrerseits wiederum von sämtlichen Einzelumständen abhängt und diese aufgrund der unterschiedlichen Interpretationsmöglichkeiten von Äußerungen nur schwer vorhersehbar sind, werden gerade im Bereich der *defamation* Fälle einstweilige (Unterlassungs-) Verfügungen nur äußerst selten ausgesprochen[309]. Da in Verfahren wegen Ehrverletzungen keine Prozesskostenhilfe gewährt wird und die Prozesse regelmäßig langwierig und kostspielig sind, wird in der Literatur zu Recht kritisiert, dass nur wohlhabenden Personen der Rechtsschutz gegenüber Ehrverletzungen offen steht[310].

III. Der Schutz der Privatsphäre (*right to privacy*)

Problematisch wird der Schutz erst außerhalb des eigentlichen Ehrenschutzes, wenn es nicht nur darum geht, den einzelnen vor unwahren oder ehrenrührigen Äußerungen zu schützen, sondern, wenn es um den Schutz vor verletzenden Wahrheiten[311] geht, was in Deutschland mit Persönlichkeitsrecht und in England verallgemeinernd mit *„right to privacy"* umschrieben wird. Als eigenständige Delikte waren bislang weder die Verletzung der Privatsphäre[312] eines anderen noch die unbefugte Verbreitung von Bildern oder privaten Angelegenheiten anerkannt[313].

Dies lässt nach deutschem Verständnis eine Zweiteilung des allgemeinen Persönlichkeitsrechtsschutzes in England evident werden. Während der Schutz im Bereich der Ehre unmittelbar durch den *tort of defamation* gewährleistet ist, muss versucht werden, für die sonstigen Persönlichkeitsrechtsverletzungen den lückenhaften Schutz indirekt

---

[307] Witzleb 2002, 268.

[308] Bonnard v Perryman [1891] 2 Ch 269.

[309] Schering v Falkman [1981] 2 All ER 321 (330); Bonnard v Perryman [1891] 2 Ch 269 (284); Gatley 1998, 224; Markesinis/Deakin 1999, 784; hieran ist auch der große Stellenwert der Meinungs- und Pressefreiheit in England abzulesen. Hauptgrund für die Zurückhaltung liegt darin, dass eine solche vorläufige Unterlassungsverfügung die Wirkung einer Vorzensur entfalten kann. Zudem würde in dem einstweiligen Verfahren nur der Richter entscheiden und der Fall somit der *jury* entzogen werden, was vermieden werden soll. Vergleiche auch im Folgenden 2. Kapitel: § 3. A. II.

[310] Brazier/Murphy 1999, 436f; Beater 1996, 14.

[311] Darunter gehören Fälle, in denen private Angelegenheiten ohne zwingenden Grund öffentlich gemacht werden, vgl. BVerfG Urteil v 5.6.1973, BVerfGE 35, 202 ff - Lebach. In diesem Urteil hatte das BVerfG die Ausstrahlung eines Dokumentarspiels über einen früheren Mordfall im Fernsehen untersagt, in dem der Täter kurz vor seiner Entlassung aus dem Gefängnis im Bild gezeigt und namentlich genannt werden sollte. Aber auch umgekehrt fällt die Nennung des Opfers eines Verbrechens in der Presse unter diesen Schutz.

[312] Clerk/Lindsell/Dugdale 2000, Rz 1-34.

[313] Zweigert/Kötz 1996, 715.

durch Rückgriff auf vorhandene Rechtsinstitute zu kompensieren[314]. Ein Grund für diese Trennung ist, dass die Pressefreiheit im anglo-amerikanischen Recht traditionell eine sehr viel größere Rolle spielt als in Kontinentaleuropa, weshalb die Meinungs- und Pressefreiheit grundsätzlich Vorrang genießt vor dem Recht des Einzelnen, eine ihm drohende Verletzung durch Veröffentlichung abzuwehren[315]. Diese vermag auch zu erklären, warum der *tort of defamation* alte Wurzeln hat, welche bis in das 17. Jahrhundert zurückreichen, während *privacy* als rechtliche Kategorie nur ansatzweise und erst in jüngerer Zeit diskutiert wird.

1. Trespass to land / nuisance

Die Ansprüche wegen *trespass to land* und *nuisance*[316] schützen nicht die Persönlichkeit als solche. Der Schutz der räumlichen Privatsphäre ist hingegen nur Nebenwirkung des Abwehranspruchs des berechtigten Grundbesitzers gegenüber ungerechtfertigten Eingriffen in den Besitz seines Grundstücks. Grundsätzlich haben diese Ansprüche jedoch eine andere Schutzrichtung und verfolgen gerade nicht den unmittelbaren Zweck, die räumliche Privatsphäre zu schützen.

Der *trespass to land*- Anspruch[317] kann beispielsweise Fotografen vom Betreten eines Grundstückes abhalten und so das Anfertigen von Nahaufnahmen verhindern. Dies wird dem Kläger umso leichter gemacht, weil er für das Vorliegen eines solchen Delikts keinen tatsächlich eingetretenen Schaden nachweisen muss[318]. Fotografien von außerhalb des Grundstücks, etwa mittels Teleobjektiven, können jedoch nicht unterbunden werden. Auch der Luftraum über dem Grundstück unterliegt nicht dem selben Schutz wie das Grundstück. Werden beim Überfliegen eines Grundstücks

[314] Ein gutes Beispiel für das Vorgehen der englischen Gerichte und die Möglichkeiten, aber auch die Schwächen des englischen Rechts, ist der Fall Kaye v. Robertson [1991] F.S.R. 62. In diesem Fall einer schweren Persönlichkeitsrechtsverletzung musste sich der Kläger auf 4 verschiedene Anspruchsgrundlagen berufen, um schließlich nur mit einer zum Teilerfolg zu gelangen. Der Schauspieler Gordon Kaye lag nach einem Unfall mit schweren Kopfverletzungen im Krankenhaus und war daher nicht in der Lage, Interviews zu geben. Trotzdem drangen Journalisten in sein Krankenzimmer ein und führten ein angebliches Interview mit dem Schauspieler und fertigten dabei Blitzlichtaufnahmen, woran sich der Kläger allerdings nicht mehr erinnern konnte. Er stützte seinen Antrag, dem Verleger im Wege der einstweiligen Verfügung die Veröffentlichung der Bilder und des Interviews zu untersagen, auf *libel* (Verleumdung durch den Eindruck er habe für diese Veröffentlichung Geld angenommen), *injourious falsehood* (indem der Beklagte wider besseren Wissens ein unautorisiertes Interview veröffentliche, entginge dem Kläger ein entsprechendes Entgelt bei ordnungsgemäßem Vorgehen), *trespass to the person* (weil er durch die ungenehmigten Blitzlichtaufnahmen an seinem Körper verletzt wurde in Form der Verlangsamung des Genesungsprozesses) und passing off (Rufschädigung des Klägers durch Gebrauch seines Namens in einem unautorisierten Interview). Der *Court of Appeal* nahm jedoch nur die Voraussetzungen von *injurious falsehood* als gegeben an und erließ daher eine inhaltlich begrenzte einstweilige Verfügung, in der dem Beklagten lediglich untersagt wurde, die umstrittenen Bilder und das Interview so herauszubringen, dass der Eindruck entsteht, der Kläger habe dem Interview und den Aufnahmen zugestimmt. Eine Veröffentlichung an sich wurde in der zweiten Instanz nicht mehr verboten, weitere Nachweise bei Zweigert/Kötz 1996, 712 f; kritisch hierzu Markesinis/Deakin 1999, 656ff.

[315] Herth 1989, 101.

[316] Zu diesen *torts* speziell im Zusammenhang mit dem Persönlichkeitsschutz bei Markesinis/Deakin 1999, 650f.

[317] Clerk/Lindsell/Buckley 2000, Rz 18-01ff.

[318] Stoke-on-Trent Council v W& J Wass Ltd.[1988] 1 WLR 1406 (1411).

Bilder von diesem aufgenommen, so kann dies nicht mittels des *trespass to land*-Anspruchs verhindert werden [319].

Der *nuisance*- Anspruch hingegen setzt kein Eindringen auf fremden Boden voraus, sondern nur eine Störung der Nutzung von Grund und Boden[320]. Daher kann hierdurch Abhilfe gegenüber ständigen Telefonanrufen[321] oder Belästigungen aus der Luft, etwa durch einen länger kreisenden Hubschrauber, geschaffen werden. Allerdings ist in der Regel der Nachweis eines vorhersehbaren tatsächlichen Schadens erforderlich[322].

2. *Injurious falsehood*

Persönlichkeitsrechtsschutz kann auch über den wirtschaftsrechtlichen Delikts-tatbestand *injurious falsehood*[323] gewährt werden, wenn etwa bei einem erfundenen Interview oder unbefugt verbreiteten Bildern des Berechtigten diesem eigene Verwertungsmöglichkeiten abgeschnitten werden[324]. Der Anspruch zeigt offensichtliche Ähnlichkeiten zu dem *tort of defamation*, wenngleich die Schutzrichtungen sich unterscheiden. *Defamation* schützt den guten Ruf des Klägers, während *injurious falsehood* dessen wirtschaftliche Interessen sichert[325]. Voraussetzung ist damit, dass der Beklagte falsche Angaben über den Verletzten macht und dabei mit sogenannter „*malice*", also in bewusster Schädigungsabsicht handelt. Bei diesem Anspruch obliegt es dem Kläger, die Unwahrheit der Behauptung und den Eintritt eines konkreten Schadens zu beweisen. Trotz der Zugehörigkeit des Anspruchs zum Wirtschaftsrecht ist er jedoch nicht auf diesen Bereich beschränkt[326].

3. *Breach of confidence*

Des Weiteren kann der Betroffene Geheimnisschutz[327] begehren, der in Form des *breach of confidence*- Anspruchs gegenüber Persönlichkeitsrechtsverletzungen bislang als wirksamste Waffe angesehen wird[328]. Im Laufe der Zeit haben sich drei

---

319 Clerk/Lindsell/Buckley 2000, Rz 18-03 ff mit weiteren Nachweisen; Brazier/Murphy 1999, 76; Markesinis/Deakin 1999, 414.

320 Ausführlich bei Clerk/Lindsell/Buckley 2000, Rz 19-01ff.

321 Khorasandjian v Bush [1993], 3 All ER 669; also Handlungen, die darauf angelegt sind, den Betroffenen zu belästigen, vgl. Clerk/Lindsell/Buckley Rz 19-17.

322 Clerk/Lindsell/Buckley 2000, Rz 19-24f; v Bernstorff 2000, 106.

323 Zu *injurious falsehood*, Carter-Ruck 1997, 86 ff; Cornish, Intellectual Property 1999, Rz 16-48 ff; Clerk/Lindsell/Carty 2000, Rz 23-01 ff.

324 Kaye v Robertson [1991] F.S.R. 62 (67), hierzu auch oben Fn 314.

325 Clerk/Lindsell/Carty 2000, Rz 23-03; Brazier/Murphy 1999, 141f.

326 Clerk/Lindsell/Carty 2000, Rz 23-08.

327 Das *law of confidence* wurde wohl nicht im Rahmen des *common law* entwickelt, sondern wird vielmehr dem Bereich der *equity* zugerechnet, Clerk/Lindsell/Alexander 2000, Rz 27-01 und dort Fn 2; Cornish, Intellectual Property 1999, Rz 8-06. Grundlegend zum Geheimnisschutz Brazier/Murphy 1999, 164 ff; Cornish, Intellectual Property 1999, Rz 8-01 ff.

328 Clerk/Lindsell/Alexander 2000, Rz 27-03; v Bar, Deliktsrecht II 1999, Rz 98f; Beater 1996, 25; Wacks 1995, 48f.

Voraussetzungen für eine Haftung nach der *breach of confidence*- Regel herausgebildet: Die Information muss geheim sein, aus den Umständen ihrer Mitteilung muss sich eine Vertraulichkeitspflicht[329] ergeben und die Weitergabe dieser anvertrauten Information muss unbefugt gewesen sein[330].

a. Douglas v. Hello! Ltd (I)[331]

Problematisch für die Gewährleistung eines ausreichenden Persönlichkeitsschutzes ist insbesondere das Vorliegen eines Vertrauensverhältnisses. Ursprünglich umfasste der Geheimnisschutz nur die Vertraulichkeit im Zwei- Personen- Verhältnis. Danach durften solche Informationen nicht veröffentlicht werden, von denen beide Parteien annehmen mussten, dass sie vertraulich waren. Während also ein direkter Geheimnisempfänger in der Regel zur Geheimhaltung verpflichtet war, war die Konstruktion einer Haftung für Dritte schwierig. Wer Informationen von einem Geheimnisempfänger erhielt und somit zum Dritten wurde, haftete bislang nur, wenn er von der Geheimhaltungspflicht wusste[332]. Die Rechtsprechung hat nun im Weiteren die Anforderungen an die Vertrauensbeziehung laufend modifiziert.
Eine weitere Entwicklung ist insbesondere anhand der Klage des Ehepaars *Douglas* festzustellen: In seiner Entscheidung hat der *Court of Appeal* das Erfordernis einer Vertrauensbeziehung ausdrücklich aufgegeben und stattdessen den Schutz der Privatsphäre und damit der Persönlichkeit in diesen Tatbestand aufgenommen[333]. Danach soll das künstliche Konstruieren eines Vertrauensverhältnisses nicht mehr erforderlich sein, wenn stattdessen ein Recht auf Achtung der Privatsphäre als fundamentales Prinzip der menschlichen Persönlichkeit anerkannt wird[334].

b. A (*appellant*) v. B & C (*respondents*)[335]

Auch in der „Fußballer"- Entscheidung hat der *Court of Appeal* generelle Ausführungen zum Rechtsschutz Prominenter gemacht. Das Gericht entschied, dass zwar

---

329 Es muss also eine besondere Vertrauenssituation zwischen den Parteien bestehen, aufgrund derer eine Verpflichtung zu besonderer Zurückhaltung im Hinblick auf die Weitergabe von Informationen besteht.

330 Diese Grundsätze wurden in der Entscheidung Coco v AN Clark (Engineers) Ltd [1969] RPC 41 (47) entwickelt. Hierzu Clerk/Lindsell/Alexander 2000, Rz 27-02; Markesinis/Deakin 1999, 653.

331 Douglas and others v Hello! Ltd [2001] 2 WLR 992 (CA), Entscheidung v 21.12.2000 im einstweiligen Rechtsschutz.

332 Cornish, Intellectual Property 1999, Rz 8-20ff, 32 ff; ob ein solches Vertrauensverhältnis etwa bei Fotoreportern, die aus der Distanz Aufnahmen machten vorlag, war äußerst fraglich, Clerk/Lindsell/Alexander 2000, Rz 27-20f, Fn 7.

333 Douglas v Hello! Ltd [2001] 2 WLR 992 (1025) Nr 126, Lord Justice Sedley, (1035f) Nr 166 Lord Justice Keene (CA).

334 Douglas v Hello! Ltd [2001] 2 WLR 992 (1021ff) Nr 110-127, Lord Justice Sedley (CA).

335 Entscheidung des CA v 11.3.2002, A v B plc [2002] EMLR 371 = [2002] 2 All ER 545, wo ein Fußballspieler vergeblich versucht hat, die Veröffentlichung von Einzelheiten seiner außerehelichen Affären zu verhindern. Durch den Gebrauch der Buchstaben bei der Parteibezeichnung, soll die Identität des Fußballspielers geschützt werden. B steht für eine nationale Zeitung und C ist eine der Frauen, mit denen der verheiratete A eine Affäre hatte.

auch Prominenten ein Schutz ihrer Privatsphäre unter gewissen Umständen zusteht[336]. Wenn diese die Öffentlichkeit suchen, haben sie jedoch weniger Anlass, sich gegen eine permanente Aufmerksamkeit der Medien zu wenden. In seiner Entscheidung gelangt das Gericht zu dem Schluss, dass für Situationen, in denen ein Schutz der Privatsphäre gerechtfertigt ist, eine Klage nach den Regeln des *breach of confidence* angemessenen Rechtsschutz schafft[337]. Durch die Ausdehnung des durch *breach of confidence* gewährten Schutzes und die Übertragung der aus den Art. 8 und 10 HRA 1988 fließenden Rechte in diesen *tort* hat das Gericht versucht, weitere Bestrebungen zur Schaffung eines neuen *tort*, der speziell die Privatsphäre schützen soll, zu unterbinden[338].

Die Diskussion um eine Abschaffung des Erfordernisses der Vertrauensbeziehung wurde erst gar nicht aufgenommen. Stattdessen wird ihr Vorliegen dann angenommen, wenn die zur Vertraulichkeit verpflichtete Partei wissen muss oder hätte wissen müssen, dass die andere Person in dieser Situation vernünftigerweise mit dem Schutz ihrer Privatsphäre rechnen darf. Damit legt das Gericht dieses Erfordernis grundsätzlich großzügig aus[339].

c. Campbell v. Mirror Group Newspapers (MGN)[340]

Auch in der Entscheidung *Campbell* v. *MGN* hat das Gericht das Erfordernis einer Vertrauensbeziehung scheinbar wieder beibehalten[341].

Doch ergibt sich aus der Begründung, dass allein die Weitergabe dieser äußerst intimen und vertraulichen Informationen an Dritte, hier die Reporter der Zeitung, auch zwischen der Klägerin und diesem Dritten automatisch das erforderliche Vertrauensverhältnis schafft. Somit begründet das Eindringen in die Privatsphäre der Klägerin selbst die vorausgesetzte vertrauliche Beziehung. Es muss vor allem nicht nachgewiesen werden, dass diese beklagten Dritten mit der Veröffentlichung der Informationen unredlich gehandelt haben. Eine Vertrauensbeziehung zu einem Dritten entsteht auch dann, wenn dieser tatsächlich geglaubt hat, mit der Veröffentlichung seinen Informationspflichten gegenüber der Öffentlichkeit nachzukommen, also dazu berechtigt zu sein, und sich deshalb einer Geheimhaltungspflicht nicht bewusst war. Zumindest formell bleibt das Tatbestandsmerkmal der Vertrauensbeziehung bestehen, wenngleich seine Anforderungen großzügig modifiziert wurden.

Noch nicht geklärt wurde bislang, ob der Schutz nach den Grundsätzen des *breach of confidence* zusätzlich an eine vierte Voraussetzung in Form des Nachweises eines

---

[336] Clerk/Lindsell/Alexander, supplement 2002, Rz 27-03.
[337] A v B plc [2002] EMLR 371 Nr 11 vi.
[338] A v B plc [2002] EMLR 371 Nr 4; Clerk/Lindsell/Alexander, supplement 2002, Rz 27-03.
[339] A v B plc [2002] EMLR 371 Nr 11 ix.
[340] Entscheidung v 27.3.2002, Campbell v MGN [2002] EMLR 617, 1. Instanz.
[341] Campbell v MGN [2002] EMLR 617 Nr 39.

messbaren Schadens des Klägers geknüpft ist[342]. Zumindest im Rahmen von einstweiligen Unterlassungsverfügungen muss der Kläger den Eintritt eines zu erwartenden zukünftigen Nachteils aufzeigen[343].
Mit dieser Frage hat sich der *High Court* in Sachen *Campbell* v. *MGN*[344] beschäftigt: In seiner Entscheidung hat das Gericht ausdrücklich den Nachweis eines tatsächlich erlittenen Schadens der Klägerin als Tatbestandsmerkmal des *breach of confidence*-Anspruchs gefordert[345]. Einen solchen Nachteil hat der Richter dann im Folgenden darin gesehen, dass aufgrund der Veröffentlichung weitere Teilnahmen an Therapiesitzungen in England für Miss Campbell erschwert wurden, sie in erhebliche seelische Bedrängnis gebracht wurde und ihre Gefühle verletzt worden sind[346].

Auch Prominenten wird in dieser Entscheidung ein Recht auf eine gewisse Privatsphäre eingeräumt, welche vom Gericht zu schützen ist[347]. Letztlich hat der Richter in seiner Entscheidung *Miss Campbell* Ersatz für erlittenen immateriellen Schaden zugesprochen und sie somit auf der Grundlage von *breach of confidence* im Zusammenspiel mit s. 13 Data Protection Act 1998 auch vor verletzenden Wahrheiten geschützt[348].

Ein weiteres Novum dieser Entscheidung ist darin zu sehen, dass das Gericht den Schadensersatzanspruch neben *breach of confidence* auch auf eine Verletzung des Data Protection Acts 1998 gestützt und in dessen s. 13 damit quasi eine neue Anspruchsgrundlage für Verletzungen der Privatsphäre geschaffen hat[349]. Ob damit klargestellt ist, dass Prominente und andere Personen nun grundsätzlich vor der Veröffentlichung privater Einzelheiten mittels des Data Protection Act 1998 und der Regeln des *breach of confidence* geschützt werden, bleibt abzuwarten. Das Gericht bestätigt letztlich die Entscheidung des *Court of Appeal* in Sachen *Douglas* v. *Hello!*[350] und bekräftigt dessen eingeschlagene Richtung hin zur Anerkennung eines Anspruchs auf Privatsphäre.

Diese Entscheidung wurde auf die Berufung der *MGN* hin allerdings wieder vom *Court of Appeal* aufgehoben[351]. Die Veröffentlichung der Bilder sei doch gerecht-

---

342 Gegen eine solche Voraussetzung spricht, dass es bereits dem Kläger zum Schaden gereicht, wenn vertrauliche Informationen an Dritte gelangen: Attorney-General v Guardian Newspapers Ltd (No2) [1988] 3 WLR 776 (782), Lord Justice Kieth.
343 Clerk/Lindsell/Alexander Rz 27-02.
344 Campbell v MGN [2002] EMLR 617, hierzu auch in diesem Kapitel unter 1. Kapitel: § 3. A. I.
345 Campbell v MGN [2002] EMLR 617 Nr 40.
346 Campbell v MGN [2002] EMLR 617 Nr 40, 136.
347 Campbell v MGN [2002] EMLR 617 Nr 66, 70.
348 Zu der Problematik der Gewährung immateriellen Schadensersatzes im Rahmen des *breach of confidence*-Anspruchs, Witzleb 2002, 377 und im Folgenden 1. Kapitel: § 3. A. III. 7.
349 Campbell v MGN [2002] EMLR 617 Nr 71ff (125); zu dieser Möglichkeit bereits früher Angel [1998] Tolley's CL 169 (172).
350 Douglas and others v Hello! Ltd [2001] 2 WLR 992 (CA).
351 Urteil vom 14.10.2002 [2003] QB 633 = [2003] 1 All ER 224 (CA).

fertigt, da die Klägerin sich ihrerseits der Medien bediente, um öffentlich zu behaupten, dass sie nie Drogen genommen habe, was sich jedoch im Nachhinein als Lüge entpuppt hatte. Daher dürften die Medien diese Lüge auf dieselbe Art und Weise aufdecken und den Sachverhalt richtig stellen[352].

An den zum Schutz der Privatsphäre aufgestellten Grundsätzen ändert dieses Berufungsurteil jedoch nichts.

d. Douglas v. Hello! Ltd (II)[353]

Auch in dieser jüngsten Entscheidung folgt das Gericht nicht den vielversprechenden Ansätzen des vorangegangenen einstweiligen Verfügungsverfahrens in gleicher Angelegenheit[354]. Den Klägern wird zwar Schutz nach den Regeln des *breach of confidence* gewährt[355]. Diese Möglichkeit hält das Gericht für ausreichend, weshalb es letztlich keinen Bedarf für die Schaffung eines neuen *tort* zum Schutz der Privatsphäre und der Entwicklung eines neuen *law of privacy* sieht[356].

Außerdem werden den Klägern wegen komplizierter Kausalitätsprobleme keine zusätzlichen Ansprüche aufgrund der Verletzung des Data Protection Act 1998 gewährt[357]. Eine generelle Ablehnung dieser Anspruchsgrundlage zum Schutz der Privatsphäre lässt sich dem jedoch nicht entnehmen.

e. Fazit

Es zeigt sich die Tendenz in der Rechtsprechung, Persönlichkeitsinteressen bis zu einem gewissen Ausmaß allein nach den Grundsätzen des *breach of confidence* zu schützen, wobei diese Regel keinesfalls mit einem „*tort of invasion of privacy*“ gleichgesetzt werden darf[358]. Die Gerichte leiten ein grundsätzliches Recht auf Schutz der Privatsphäre aus dem *law of confidence* ab und modifizieren hierfür die Anforderungen an die Regeln des *breach of confidence*. Dabei ist eine sehr vorsichtige Haltung der Gerichte auszumachen, die der Entwicklung eines eigenständigen *law of privacy* skeptisch gegenüberstehen und die Grundsätze des *law of confidence* auch für etwaige Persönlichkeitsinteressen als ausreichend erachten[359].

---

[352] Hierzu Bericht im The Guardian v 15.10.2002, Clare Dyer.

[353] Douglas, Zeta-Jones, Northern & Shell PLC v Hello! Ltd, Hola, SA, and others [2003] EWHC 786 (Ch), Entscheidung vom 11.4.2003 im Hauptsacheverfahren, unter www.courtservice.gov.uk im Internet verfügbar.

[354] Douglas and others v Hello! Ltd [2001] 2 WLR 992 (CA), Entscheidung v 21.12.2000, hierzu oben 1. Kapitel: § 3. A. I.

[355] Vergleiche die Ausführungen in Douglas v Hello! Ltd and others [2003] EWHC 786 (Ch) Nr 228.

[356] Mr Justice Lindsay unter Nr 229: „*That a strong case can be made, by way of the Convention and the Human Rights Act coupled with decisions of the ECHR, that in some respects we do now have a law of privacy is apparent from the judgment of Sedley LJ in Douglas supra. I am invited to hold that there is an existing law of privacy under which the 1st and 2nd Claimants are entitled to relief. I decline that invitation for five reasons.*"…

[357] Douglas v Hello! Ltd and others [2003] EWHC 786 (Ch) Nr 230ff (239).

[358] Brazier/Murphy 1999, 165; so auch die dargestellte Rechtsprechung.

[359] Vergleiche insbesondere die Aussage von Mr Justice Lindsay in Douglas v Hello! Ltd [2003] EWHC 786 (Ch) Nr 229ff.

4. *Passing-off*

Für den Bereich des Namensschutzes gibt es im englischen Recht mit wenigen Ausnahmen im Adoptionsrecht keine gesetzliche Regelung[360]. Ebenso werden keine Ansprüche bei dessen Verletzung gewährt. Allerdings übernimmt die sogenannte *passing-off-* Klage[361], die einen fairen Wettbewerb garantieren soll, teilweise die Funktionen, die § 12 BGB im deutschen Recht erfüllt[362]. Der Anspruchsteller muss jedoch in einem weit verstandenen Sinn wirtschaftlich tätig sein[363]. Der Tatbestand des *passing-off* ist somit bei der Annahme oder Nutzung eines Namens im Vereinigten Königreich, mit dem seither eine bestimmte andere Person bezeichnet wurde, gegenüber dieser Person erfüllt, wenn eine Verwechslungsgefahr in der Öffentlichkeit hervorgerufen wird und dadurch dem Kläger ein Schaden entsteht, der auch in Form einer allgemeinen Rufschädigung[364] auftreten kann.

5. Schutz durch *copyright*

Ein selbständiges Recht am Bild ist ebenfalls nicht geschützt[365]. Allerdings schützt das *copyright* außerhalb der deliktischen Rechtsbehelfe (nur) den privaten Besteller von Fotografien gegen deren Veröffentlichung[366].

6. Freiwillige Selbstkontrolle

Neben diese Rechtsbehelfe treten gerade im englischen Medienrecht gewisse Selbstregulierungsmechanismen[367], da im liberalen England traditionell das Prinzip

---

[360] Ein subjektives Namensrecht ist gerade nicht anerkannt, Earl Cowley v Countess Cowley [1901] AC 450 (459).

[361] Grundsätzlich zu *passing off* bei Clerk/Lindsell/Carty 2000, Rz 26-01 ff; Cornish, Intellectual Property 1999, Rz 16-01 ff; Brazier/Murphy 1999, 126 ff; im Zusammenhang mit Persönlichkeitsschutz Markesinis/Deakin 1999, 646 (651).

[362] Grundsätzlich dient die *passing-off-* Klage dem Kennzeichenschutz, weshalb auch das britische Markenrecht aus diesem Institut entwickelt worden ist.

[363] Dies war gerade bei dem Schauspieler Gordon Kaye, während er im Krankenhaus lag, nicht der Fall, Kaye v Robertson [1991] FSR 62 (69), hierzu oben in der Fn 314.

[364] Annabel's (Berkeley Square) Ltd v Schock G (Trading as Annabel's Escort Agency) [1972] RPC 838

[365] Dieser Begriff ist im englischen Recht nicht gebräuchlich, umfassend zum Recht am eigenen Bild aus rechtsvergleichender Sicht: Neumann-Klang 1999, 151 ff (154). Diese Rechtsschutzlücke ist ebenfalls wieder durch Rückgriff auf andere Institute zu schließen.

[366] Copyright Designs and Patents Act 1988, s 85 (1); die amtliche Kurzüberschrift dieser Vorschrift lautet bemerkenswerter weise: *right to privacy*, hierzu Clerk/Lindsell/Alexander 2000, Rz 25-39; Cornish, Intellectual Property 1999, Rz 11-85. Siehe auch im Folgenden 1. Kapitel: § 3. B. I. Abgesehen von den in s 85 (2) Copyright, Designs and Patents Act 1988 aufgeführten Fällen, bedeutet jede ungenehmigte Veröffentlichung der Bilder eine Verletzung dieses Rechts und eröffnet dadurch dem Auftraggeber eine zivilrechtliche Klage wegen „*breach of statutory duty*", s 103 (1) CDPA 1988; dieses Delikt ermöglicht die zivilrechtliche Sanktionierung von Gesetzesverletzungen, Clerk/Lindsell/Jones 2000, Rz 11-04; zum Schutz des Rechts am eigenen Bild durch das Urheberrecht ausführlich Neumann-Klang 1999, 179ff.

[367] Darstellung bei Ohly RabelsZ 65 (2001) 39 (55ff); Robertson/Nicol 2002, 675 ff.

der freiwilligen Selbstkontrolle von herausragender Bedeutung ist. 1991 wurde mit der „*Press Complaints Commission*" (PCC)[368] eine außergerichtliche Streitschlichtungsinstanz geschaffen, die basierend auf einem von ihr aufgestellten *Code of Practice* die Beschwerden über die Presse entscheidet. Allerdings ist der Erfolg dieser Verhaltenskodizes angesichts der in England vorherrschenden Berichterstattung in der Boulevardpresse und damit verbundener Skandale äußerst fraglich[369].

7. Ansprüche

Trotz dieser zahlreichen Möglichkeiten, Persönlichkeitsschutz auch außerhalb des speziellen Ehrenschutzes zu erlangen, zeigt sich, dass ein umfassender Schutz, wie ihn das deutsche Recht gewährt, gerade nicht existiert.

Ein Gegendarstellungsrecht ist dem englischen Recht unbekannt[370]. Allerdings ist in dem von der PCC aufgestellten Code of Practice unter Klausel 2 ein „*right to reply*" vorgesehen, das außergerichtlich vor diesem Kontrollorgan der Presse geltend gemacht werden kann. Davon abgesehen sieht s. 2 Defamation Act 1996 die Möglichkeit einer freiwilligen Veröffentlichung einer Berichtigung vor, durch die der Beklagte einer Verurteilung wegen *defamation* entgehen kann[371].

Postmortalen Persönlichkeitsschutz kennt das englische Recht auch im Fall grober Ehrverletzungen nicht[372].

Primäre und grundsätzliche Rechtsfolge dieser sämtlichen deliktischen Anspruchsgrundlagen liegt in der Pflicht des widerrechtlich Handelnden zum Schadensersatz[373]. Allerdings sind die auf Verletzung der Persönlichkeit zurückzuführenden immateriellen Schäden nur sehr eingeschränkt ersatzfähig[374]. Grundsätzlich setzen sämtliche Tatbestande außerhalb von *libel* im Rahmen einer Klage wegen *defamation* voraus, dass der Eintritt eines materiellen Schadens konkret nachgewiesen wird. Ein immaterieller Schaden allein bewirkt keine Schadensersatzverpflichtung. Ob jedoch ein immaterieller Schaden ersetzt wird, wenn zugleich ein Vermögensschaden entstanden ist, ist abhängig vom jeweiligen Tatbestand[375]. Unklar ist insbesondere,

---

[368] unter <www.pcc.org.uk>; hierzu auch Gounalakis, 2000, 42; Rübenach 2000, 206ff.

[369] Calcutt Review von 1993, auch bei Ohly Rabelsz 65 (2001) 39 (63); Wacks 1995, 7; Gounalakis/Glowalla AfP 1997, 870 (874f); Robertson/Nicol 2002 706 ff.

[370] Zum Konflikt des *Right to reply* mit der Pressefreiheit Wacks 1995, 34ff.

[371] S 3 Defamation Act 1996.

[372] Clerk/Lindsell/Mullholland 2000, Rz 22-01, dort Fn 1; v Bar, Deliktsrecht II 1999, Rz 116.

[373] Also sogenannte *damages*, Markesinis/Deakin 1999, 722 ff, 782; zu weiteren Rechtsfolgen (*remedies*) ausführlich bei Funkel 2001, 96 ff, Markesinis/Deakin 1999, 782 ff; Wacks 1995, 144 ff.

[374] Dies ist nur im Rahmen einer Klage wegen *defamation* möglich, wenn hierbei der Tatbestand des *libel* erfüllt ist und die Klage damit „*actionable per se*" ist, hierzu oben 1. Kapitel: § 3. A. II.

[375] Einzelheiten bei Witzleb 2002, 366ff zu *malicious falsehood*, 369ff zu *breach of confidence*, 381ff zu *tresspass* und *nuisance*, 383ff zu *passing off*.

inwiefern Schäden ersatzfähig sind, die gerade im Rahmen des *breach of confidence* durch unberechtigte Enthüllung persönlicher Informationen entstehen. Solche Schadensersatzansprüche wegen der Verletzung von Gefühlen[376] waren seither nicht vom Schutzzweck umfasst[377].
Jedenfalls hatte das Gericht in der ersten Entscheidung zu *Campbell* v. *MGN* im Rahmen des *breach of confidence*-Anspruchs und s. 13 Data Protection Act 1998 der Klägerin unter anderem sogenannte *aggravated damages* in Höhe von £ 1000 zugestanden, weil der Artikel sie als Person in den Schmutz gezogen hatte[378]. Daneben wurden *Miss Campbell* in erster Instanz auch Ersatz für erlittenen Gefühlsschaden in Höhe von £ 2500 gewährt[379]. Hieraus geht jedoch nicht klar hervor, ob sich der Ersatz dieser immateriellen Schäden auch allein aus einer Verletzung des *breach of confidence*- Anspruchs ergibt, oder nur im Zusammenspiel mit dem Schadensersatzanspruch aus s. 13 Data Protection Act 1998 ergibt[380].

Die strengen Anforderungen an das Gewähren einstweiligen Rechtsschutzes bei Klagen wegen *defamation*[381] werden auch auf die anderen Anspruchsgrundlagen erstreckt[382], so dass auch bei diesen erst nach erfolgter Verletzung Ersatz materieller Schäden geboten wird.

B. *Intellectual property rights*

Der Begriff *intellectual property rights* wird mittlerweile im Vereinigten Königreich entsprechend der deutschen Bedeutung des Begriffs „Immaterialgüterrecht" gebraucht. Grundsätzlich existiert in Großbritannien kein allgemeingültiger Oberbegriff für das Urheber-, Patent-, oder Markenrecht und ähnliche Rechte, doch hat sich der Begriff *intellectual property rights* inzwischen weitgehend durchgesetzt[383]. Damit soll gerade der Unterschied zu den *industrial property rights*, also den gewerblichen

---

376 *Damages for mental distress.*

377 Ausführlich Witzleb 2002, 376ff unter Hinweis auf das englische Schrifttum, das den Ersatz von Gefühlsschäden im Rahmen des *breach of confidence*- Anspruchs durchaus befürwortet, auch wenn er keinen Vermögensschaden nachweisen kann. Zu dem Problem des Vermögensschadens bei einer Rufschädigung auch Jaffey YBCML 2001/2, 21 (25) zu der Entscheidung Douglas v Hello! Ltd [2001] 2 WLR 992.

378 Campbell v MGN [2002] EMLR 617, Nr 164, *„that article (...) trashed her as a person in a highly offensive and hurtful manner."*

379 Campbell v MGN [2002] EMLR 617, Nr 125ff.

380 Campbell v MGN [2002] EMLR 617, Nr 165: *"The total sum for both damages for breach of confidentiality and for the compensation under section 13 of the Data Protection Act 1998 is £ 3500."*

381 Siehe oben 1. Kapitel: § 3. A. II.

382 Wobei noch nicht von einem gefestigten Grundsatz ausgegangen werden kann. Eine sogenannte *interlocutory injunction* ergeht nur, wenn aufgrund des konkreten Sachverhaltes eine abweichende Entscheidung ausgeschlossen werden kann. Dies bedeutet aber auch, dass das Gericht einen solchen Antrag bereits dann ablehnen wird, wenn sich der Beklagte nur auf einen offensichtlich nicht aussichtlosen Verteidigungseinwand berufen kann, Brazier/Murphy 1999, 487; Wacks 1995, 156 ff zur *interlocutory injunction* bei *breach of confidence*.

383 Vergleiche auch den Titel des UN Organs „World Intellectual Property Organization" (WIPO) oder des Übereinkommens über „Trade-Related Intellectual Property Rights" (TRIPs).

Schutzrechten betont werden, die das Urheberrecht nicht mit einschließen und daher fast ausschließlich wirtschaftliche Interessen geistiger Schöpfungen, nicht jedoch auch deren ideellen Werte umfassen. Geschützt werden diese Rechte, ähnlich wie die verschiedenen Aspekte der Persönlichkeit, durch eine Mischung aus Regeln des *common law* und *equity*, aber auch zunehmend durch Gesetzesrecht[384].

I. *Copyright* [385]

1. Überblick

a. Inhalt

Die Grundlage des britischen Urheberrechts ist der Copyright, Design and Patents Act 1988 (CDPA 1988)[386].

Der Begriff *copyright* umfasst, anders als das deutsche Urheberrecht, den gesamten Bereich zum Schutz der Urheber, ausübenden Künstler und Herstellern von Film- und Tonaufnahmen und Sendeunternehmern[387] und damit auch technisch-organisatorisch-unternehmerische Leistungen. In s. 1 (1) CDPA 1988 werden alle durch *copyright* geschützten Werke und Leistungen als *works* definiert[388]. Im Einzelnen sind nach dem CDPA 1988 unter anderem Werke im Bereich Literatur, Drama, Musik und Kunst, sowie Tonaufnahmen, Filme und Rundfunksendungen urheberrechtlich geschützt [389].

---

384 Obwohl zum größten Teil nun Gesetze den Schutz von Patenten und Urheberrechten regeln, zeigen die Rechtsbehelfe gegenüber Verletzungen aber durchaus deliktsrechtliche Aspekte, Clerk/Lindsell/Dugdale 2000, Rz 1-40; etwa PSM International plc v Specialized Fastener Products (Southern) Ltd [1993] FSR 113 (116), Patents County Ct: *„infringement of copyright* is *and always has been treated as a tortious invasion of a property right"*.

Daneben schützt das wirtschaftsrechtliche *tort passing-off* den Inhaber eines Immaterialgüterrechts davor, dass ein Gewerbetreibender auf unlautere Weise Vorteile aus dem guten Ruf zieht, den sich ein anderer aufgebaut hat. Die Mehrzahl der unter *passing off* verhandelten Fälle betrifft Bereiche, die in Deutschland dem Wettbewerbs-, Marken-, Geschmacksmuster- oder Gebrauchsmusterrecht unter dem Gesichtspunkt der Verletzung des *goodwill* zuzuordnen wären, also den Anwendungsbereich der §§ 1, 3 UWG, §§ 1, 3, 14 MarkenG, §§ 1, 5, 14a GeschMG bzw §§ 1, 24 GebrMG.

Der *tort breach of confidence* schützt in diesem Zusammenhang hingegen Handelsgeheimnisse.

385 Zu den Grundzügen des Urheberrechts im Vereinigten Königreich: Cornish, Intellectual Property, 1999 Rz 9-01 ff; kurze Einführung auch bei Clerk/Lindsell/Alexander 2000, Rz 25-01 ff.

386 Der Copyright, Designs and Patents Act 1988 (C48) ist am 1. August 1989 in Kraft getreten. Durch die Umsetzung etwa der EU- Richtlinie zum Vermiet- und Verleihrecht und zur Harmonisierung der Schutzdauer mittels Regierungsverordnungen (*statutory instruments*: Die Copyright and Related Rights Regulations 1996 SI 1996 No 2967 zur Umsetzung der Vermiet- und Verleihrichtlinie, der Satellitenrichtlinie sowie der übrigen Bestimmungen der Schutzdauerrichtlinie und die Duration of Copyright and Rights in Performances Regulation SI 1995 No 3297, für die Schutzdauerrichtlinie) wurden nochmals Änderungen des Gesetzes vorgenommen; Cornish, Intellectual Property, 1999 Rz 9-17 ff zur Entwicklung. Allerdings wurden diese Harmonisierungsrichtlinien bislang nur in Teilstücken in englisches Recht umgesetzt.

387 Sterling, *creator's right and author's right* 1998, 77 auch zu den verschiedenen Interpretationsmöglichkeiten des Begriff *copyright*; er schlägt die einheitlichen Begriffe *„creator's right"* und *„related rights"* für alle Schutzsysteme vor, 80 aaO.

388 Damit unterscheidet das *copyright* schon beim Werkbegriff nicht zwischen der Schöpfung eines geistigen Guts und dessen Mitteilung an die Öffentlichkeit, hierzu Ellins 1997, 255f.

389 Diese Aufführung ist nicht vollständig, vergleiche hierzu s 1 (1) CDPA 1988 mit abschließender Aufzählung. Mittlerweise umfasst der Begriff „Werke der Literatur" auch Computerprogramme, s 3 (1) (b) CDPA 1988,

Das Gesetz trennt hier also nicht mehr streng zwischen den klassischen Rechten des Urhebers wie den Rechten an Werken der Literatur auf der einen Seite und den Rechten an verwandten Leistungen, wie der Herstellung von Filmen oder der Bereitstellung von Kabelsendungen auf der anderen Seite[390]. Der Schutz erstreckt sich damit auch auf Produzenten-Arbeitgeber, die zwar ein originäres Urheberrecht erwerben, jedoch nicht selbst Urheber sind[391] und damit auf technisch-organisatorisch-unternehmerische Leistungen. Der Schutz beschränkt sich daher nicht mehr auf reine Werkschöpfungen. Dies lässt sich auch anhand der gebräuchlichen Terminologie *copyright* im Gegensatz zu den Begriffen *author's right* in Abgrenzung zu *related rights* absehen[392].
Neben diesen Werken gewährt das Gesetz auch ausübenden Künstlern[393] und ihren Rechtsnachfolgern Schutz für Darbietungen in den s. 180 ff. CDPA 1988[394].

b. Entstehung des Werkes

Das Urheberrecht entsteht automatisch mit der Schöpfung des Werkes, so dass eine Registrierung oder sonstige Kennzeichnung nicht erforderlich ist[395]. Grundsätzlich muss das Werk gewisse Merkmale einer minimalen Gestaltungshöhe, *„originality"*, aufweisen, so dass in der Regel individuelle Werke vorliegen müssen, die direkt von ihrem Schöpfer stammen und ihn ein Mindestmaß an Fertigkeit, Mühe und Verstand gekostet haben[396].

---

womit geklärt ist, dass diese nicht dem Patentrechtsschutz, sondern dem Urheberrechtsschutz unterliegen. Ausführlich zu den geschützten Werkarten, Bently/Sherman 2001, 51-77.

390 Bently/Sherman 2001, 51f.

391 Siehe hierzu im Folgenden 1. Kapitel: § 3. B. I. 1. c.

392 Letztere Ausdrücke sind im kontinentaleuropäischen Rechtskreis üblich, Sterling, *creator's right and author's right* 1998, 77.

393 Anders als im deutschen Recht werden Tonträgerhersteller und Sendeunternehmer selbst Inhaber des Urheberrechts und nicht lediglich Inhaber sogenannter verwandter Schutzrechte, also *„related* oder *neighbouring rights"*, hierzu im Folgenden 1. Kapitel: § 3. B. I. 1. c.

394 Hierzu im Folgenden unter 1. Kapitel: § 3. B. I. 4. So kann bei der ungenehmigten Aufnahme eines Livekonzerts neben dem Urheberrecht des Komponisten auch das Recht der Musiker an ihrer Aufführung verletzt sein. Allerdings sind die Rechte der ausübenden Künstler, die nach deutschen Urheberrechtsverständnis als verwandte Schutzrechte oder Leistungsschutzrechte bezeichnet werden ähnlich wie im deutschen Urhebergesetz, nach dem Part I über das *copyright*, separat in Part II unter *Rights in Performances*, geregelt, Dietz, Droit d'Auteur und Copyright 1998, 83 (86) bezeichnet es als durchaus ausbaufähigen Beginn eines Kapitels über verwandte Schutzrechte. Jedoch spricht Cornish, Intellectual Property, 1999 Rz 9-17 von einem „quasi *–copyright*" des ausübenden Künstler im CDPA 1988, während er wiederum unter Rz 10-02 den Rechten der ausübenden Künstlern eine Zughörigkeit zum Copyright im engeren Sinne abspricht.

395 Cornish, Intellectual Property, 1999 Rz 10-33; der Copyright-Vermerk (©) findet jedoch weiter Verwendung, um Urheberrechtsschutz auch in den Ländern zu gewährleisten, die nicht Mitglied der Berner Übereinkunft sind und daher eine Kennzeichnungspflicht für geschützte Werke vorsehen.

396 Den sogenannten *„test of orginality"* mit den Merkmalen "*skill, labour and judgment*" hat Lord Devlin in der Entscheidung Ladbroke (Football) Ltd v William Hill (Football) Ltd [1964] 1 WLR 273 (HL) aufgestellt.

c. Frage der Urheberschaft – Urheber und Inhaber des Urheberrechts

Der Begriff *author* gilt nicht nur für die Schöpfer der klassischen Werke des Urheberrechts, sondern vielmehr auch für die nach der deutschen Terminologie Leistungsschutzberechtigten[397]. Die Frage der Urheberschaft ist in s. 9 CDPA 1988 geregelt. Danach ist *author* im Sinne des Gesetzes[398] sowohl der Schöpfer des klassischen Werkes als auch der Herausgeber der Drucksatzanordnung, die Person, die eine Rundfunksendung ausstrahlt, oder die nötigen Vorbereitungen für die Film- oder Tonaufnahmen[399] und damit die Erstellung dieser Werke trifft[400]. Nach englischem Verständnis fallen unter den Terminus „Urheber[401]" also auch juristische Personen wie Tonträgerhersteller, Sendeunternehmen im Rundfunk-, Fernseh-, und Kabelprogrammbereich sowie Verleger[402].

Davon zu unterscheiden ist die Inhaberschaft des Urheberrechts[403]. Ein Auseinanderfallen von Urheber als eigentlichem Schöpfer und Inhaber des Urheberrechts ist im Vereinigten Königreich aufgrund der dort herrschenden Vorstellung des *copyright*-Systems möglich[404]. Zwar wird grundsätzlich nach s. 11 (1) CDPA 1988 allein der

[397] Hierzu Schack, UrhR 2001, Rz 597ff. In Deutschland, wie in den kontinentaleuropäischen Rechtsordnungen generell, wird nur der tatsächliche Schöpfer eines Werkes und damit eine natürliche Person als Urheber angesehen und wird dadurch auch zum Inhaber des Urheberrechts am Werk.

[398] Clerk/Lindsell/Alexander 2000, Rz 25-14.

[399] Obwohl den Filmregisseuren nach s 77, 80, 84 CDPA 1988 ein Urheberpersönlichkeitsrecht eingeräumt wird, wurde in der Regel nur der Filmproduzent als Inhaber des Urheberrechts angesehen, Durie GRUR Int 1990, 832. Dies hat sich jedoch für Filme, die nach dem 1.7.1994 entstanden sind, geändert. Im Zuge der Richtlinie zur Harmonisierung der Schutzdauer (ABl EG L 290, 9ff) und deren Art 2 (1), in dem von der Schutzfrist von Urheberrechten von maßgeblich beteiligten Regisseuren die Rede ist, muss nun der Hauptregisseur zumindest als Miturheber anerkannt werden. Nach s 9 (2), 10 (1) CDPA besteht nun die vermittelnde Möglichkeit, dass Hauptregisseur und Filmhersteller Miturheber sein können, ausführlich hierzu Probst 1999, 127 ff (131).
In Deutschland hingegen wird an erster Stelle der Filmregisseur als Urheber des Filmwerkes angesehen, daneben allenfalls die schöpferisch Mitwirkenden der Filmproduktion, wie etwa der Kameramann und der Cutter, Schack, UrhR 2001, Rz 298; Schricker/Katzenberger, UrhG 1999 vor §§ 88ff Rz 61. Der Filmhersteller ist auf den vertraglichen Erwerb der von ihm benötigten Nutzungsrechte angewiesen, da das Urheberrecht in Deutschland als Einheit, also Verwertungs- und Urheberpersönlichkeitsrechte, bei den natürlichen Personen belassen wird, die das Werk erschaffen; Näheres zum Filmhersteller bei Schricker/Katzenberger, UrhG 199 vor §§ 88 ff Rz 31ff.

[400] Allerdings werden diese Personen, die die nötigen finanziellen Vorkehrungen zu Herstellung oder Bereitstellung von geschützten Werken im Sinne des CDPA 1988 treffen und nicht ein Geisteswerk im klassischen Sinne schaffen, nach s 9 CDPA 1988 als „Urheber" verwandter Schutzgegenstände bezeichnet, Cornish in FS Schricker 1995, 643 (648).

[401] Der englische Begriff „*author*" ist damit nicht gleichbedeutend mit seiner direkten deutschen Übersetzung „Urheber", ausführlich Ellins 1997, 127ff.

[402] S 9 (2) (a) und (d) in Verbindung mit s 154 (1) (c) CDPA 1988.

[403] Hierzu Clerk/Lindsell/Alexander 2000, Rz 25-15.

[404] Die Rechtfertigung des Monopolrechts an Geisteswerken beruht grundsätzlich auf vier Argumenten (dem philosophischen, dem wirtschaftlichen, dem kulturellen und dem sozialen). Die unterschiedliche Gewichtung dieser Argumente hat zu zwei verschiedenen Urheberrechtssystemen in Europa geführt, dem anglo-amerikanischen *Copyright*-System und dem kontinentaleuropäischen *Droit d'Auteur*-System; hierzu Rehbinder, UrhR 2002, § 7 II Rz 72; ausführlich Ellins, *Copyright Law*, Urheberrecht und ihre Harmonisierung in der Europäischen Gemeinschaft, 1997. Ein Merkmal des englischen *copyright law* ist, dass die Fragen der

Schöpfer eines Werkes auch der erste Inhaber des Urheberrechts. Doch macht s. 11 (2) CDPA 1988 hiervon eine Ausnahme, wonach der Schöpfer dann nicht Inhaber des Urheberrechts wird, wenn er das Werk im Rahmen eines Arbeitsverhältnisses erschaffen hat[405]. So ist der Arbeitgeber erster Inhaber des Urheberrechts, nicht jedoch der angestellte Urheber und eigentliche Schöpfer[406]. Indem das Urheberrecht den Produzenten und Arbeitgebern direkt zugewiesen wird, vermeidet das englische Recht den sonst auftretenden Interessenkonflikt zwischen dem Schöpfer als Rechtsinhaber auf der einen und den Werknutzern auf der anderen Seite beziehungsweise wickelt ihn gänzlich auf vertragsrechtlicher Ebene ab, da die Parteien auch gegenteilige Vereinbarungen treffen können[407].
Dem Träger des *copyright* stehen im englischen Urheberrecht ausschließliche Verwertungsrechte[408] und Urheberpersönlichkeitsrechte, die sogenannten *moral rights*[409], zur Verfügung. Den ausübenden Künstlern werden entsprechende Leistungsschutzrechte garantiert[410].

d. Schutz ideeller und materieller Interessen

Im CDPA 1988 werden also sowohl ideelle als auch (primär) materielle Interessen des Schöpfers an seinem Gesamtwerk geschützt. Allerdings stellt die Regelung im CDPA 1988 eine extreme Form des Dualismus dar und hebt sich dadurch stark vom deutschen monistischen Verständnis des Urheberrechts ab[411]. Nach englischem Verständnis sind die Befugnisse des Urheberpersönlichkeitsrechts keine Bestandteile des *copyright*, obwohl sie im Teil I über das *copyright* des CDPA 1988 geregelt sind[412]. Stattdessen werden das Werk und seine Reproduzierbarkeit in den Vordergrund gestellt, während das schöpferisch kreative, das nach kontinental-

---

Urheberschaft und der ersten Inhaberschaft des Urheberrechts voneinander unabhängig sind, ausführlich bei Ellins 1997, 128ff.

405 In Deutschland wird der Arbeitgeber nur dann Träger des Schutzrechts, wenn der Angestellte nach seinen ins einzelne gehenden Weisungen gearbeitet hat und daher nur als Gehilfe zu betrachten ist. Sowie der Angestellte selbständig tätig ist, werden jedoch in der Regel im Rahmen des Arbeitsvertrag dem Arbeitgeber die Nutzungsrechte eingeräumt (KG Urteil v 29.11.1974, GRUR 1976, 264f - Gesicherte Spuren); das Urheberrecht als solches verbleibt beim Angestellten. Grundlage dieser rechtlichen Konstruktion ist das Schöpferprinzip im Gegensatz zum englischen Investitionsschutzprinzips, nach dem ohne weiteres auch juristische Personen und originäre *copyright*- Inhaber werden können. Im deutschen Recht wird den Investitions- und Amortisationsinteressen des Produzenten dadurch Rechnung getragen, dass diesem statt eines *copyright* verwandte Schutzrechte eingeräumt werden.

406 Dies ist wiederum in der US-amerikanischen Lehre vom Auftragswerk („*work made for hire*") anders, s 302 US-Copyright Act, wonach der Arbeitgeber Urheber und Inhaber des Urheberrechts zugleich ist.

407 Dietz, Droit d'Auteur und Copyright 1998, 94 legt allerdings auch die Inkonsequenz der Vermengung von Investitionsschutzprinzipien und dem Urheberschutzprinzip dar. Der britische Weg führt etwa zu dem bizarren Ergebnis, dass die Schutzdauer des Urheberrechts anhand der Lebensdauer des eigentlichen Urhebers und nicht des „unternehmerischen" Urhebers bemessen wird.

408 S 16 ff CDPA 1988.

409 S 77 ff CDPA 1988; hierzu im Folgenden 1. Kapitel: § 3. B. I. 3. .

410 Das Recht der Darbietungen ist nicht dem Urheberrecht angegliedert, sondern in einem separaten Teil des Gesetztes, dessen Part II geregelt, s 180 ff CPDA 1988.

411 Cornish GRUR Int 1990, 500; zum deutschen Verständnis oben 1. Kapitel: § 2. B. II.

412 Cornish GRUR Int 1990, 500.

europäischer Sicht zur Bestimmung des Urheberrechts herangezogen wird, zurückbleibt[413]. Das englische Urheberrechtsmodell betont besonders die wirtschaftliche Vergütung[414] und begründet den Schutz literarischen und künstlerischen Eigentums allein mit den Belangen der Allgemeinheit[415]. Daher ist die Annahme, dass dem Urheber zu gleichen Teilen sowohl ideelle als auch materielle Befugnisse zustehen, mit dem britischen Urheberrechtsverständnis kaum zu vereinbaren[416]. Das Urheberpersönlichkeitsrecht bildet damit im Vereinigten Königreich keine untrennbare Einheit mit dem *copyright.* Die sogenannten *moral rights* werden als vom *copyright* verschiedene Rechte angesehen, die nach s. 103 (1) CDPA 1988 eine Klagemöglichkeit wegen Verletzung einer gesetzlich auferlegten Verpflichtung, also gerade nicht wegen einer Urheberrechtsverletzung, eröffnen[417]. Damit stehen die Befugnisse des Urheberpersönlichkeitsrechts nicht grundsätzlich automatisch „dem Urheber" im Sinne des Gesetzes zu. So wurden in bestimmten Fällen auch Filmregisseuren Urheberpersönlichkeitsrechte zugestanden, noch bevor diese als (Mit-)Urheber im Sinne des Gesetzes anerkannt worden sind[418].

Ein weiteres Merkmal der Abkoppelung der persönlichkeitsrechtlichen von den vermögensrechtlichen Befugnissen zeigt sich in der nach anglo-amerikanischem Recht möglichen Übertragbarkeit des *copyright* und damit in dem Grundsatz der freien Veräußerbarkeit des *copyrights*[419]. Das englische Urheberrechtsverständnis, das die mit dem *copyright* verbundenen Verwertungsrechte grundsätzlich von den Urheberpersönlichkeitsrechten trennt und jeweils eigenen Regelungen unterwirft, eröffnet daher die Möglichkeit der uneingeschränkten Übertragbarkeit des gesamten *copyright*[420]. Grundlegend anders ist die Lage in Deutschland mit der dort herrschenden monistischen Auffassung des Urheberrechts[421], nach der das Urheberrecht insgesamt inklusive seines persönlichkeitsrechtlichen Gehalts grundsätzlich gemäß §§ 28 (1), 29 (1) 2 UrhG nicht unter Lebenden übertragen werden kann. Stattdessen kann der Urheber in Deutschland nur eingeschränkt unter Abspaltung einzelner Nutzungsrechte über sein Recht verfügen[422].

---

[413] Zu den gegensätzlichen Prinzipien, dem Schöpferprinzip in Deutschland und dem englischen Investitionsschutzprinzip bereits im unmittelbar vorangegangenen Fn 405.

[414] Das *copyright* wird vom anglo-amerikanischen Gesetzgeber in erster Linie als verkehrsfähiges Gut oder eben „*property right*" angesehen. Das *copyright*- System beruht auf dem Gedanken einer staatlichen Belohung und Förderung geistiger Arbeit, was gerade dem Träger des wirtschaftlichen Risikos zukommen soll. Aus der historischen Entwicklung des copyright law wird deutlich, dass die von den Verlegern und damit den Mittlern der Schöpfer der Geisteswerke erbrachten materiellen Investitionen zur Veröffentlichung der Werke höher angesehen waren, als die eigentliche geistige Investition des Schöpfers selber, ausführlich Ellins 1997, 112ff.

[415] Ginsburg GRUR Int 1991, 593.

[416] Cornish GRUR Int 1990, 500.

[417] Zu den *moral rights* im Folgenden 1. Kapitel: § 3. B. I. 3.

[418] Cornish GRUR Int 1990, 500; zu dem heutigen Status des Hauptfilmregisseurs bereits oben Fn 399.

[419] Hierzu Cornish in FS Schricker 1995, 643 (651ff).

[420] S 90 (1) CDPA 1988; zu den Voraussetzungen Cornish in FS Schricker 1995, 643 (653ff).

[421] 1. Kapitel: § 2. B. II.

[422] Um nochmals das Bild Ulmers vom Urheberrecht als Baum aufzugreifen (Ulmer, Immaterialgüterrechte 1975, 116 und in Fn 122), kann der Urheber nur durch Einräumung von Nutzungsrechten Lizenznehmern gestatten, die Früchte des Baumes zu ernten.

Neben der Übertragung seines Rechts kann auch der Urheber im Vereinigten Königreich auch entsprechend s. 90 ff CDPA 1988 Lizenzen vergeben und einem anderen so Nutzungsrechte einräumen[423].

e. Urheberrechtsverletzungen und daraus folgende Ansprüche

Der englische Gesetzgeber hat das *copyright* als negatives Ausschlussrecht ausgestaltet, in dem er in s. 16 (1) CDPA 1988 mit dem Begriff *exclusive right* ein Recht etabliert, das andere Personen von der Werknutzung ausschließt[424]. Der Inhaber des *copyright* kann nach s. 16 (1) in Verbindung mit s. 2 (1) CDPA 1988 Dritten bestimmte Nutzungen seines Werkes untersagen. Wird daher ein Werk ohne Zustimmung des *copyright*- Inhabers genutzt, liegt eine Verletzung seines Rechts vor.
Das Gesetz unterscheidet in s. 16 (3) b CDPA 1988 zwischen unmittelbaren und mittelbaren Verletzungen des *copyright*[425]. Wenn ein ausschließliches Nutzungsrecht des *copyright*- Inhabers verletzt wird, hat eine unmittelbare Verletzung, sogenannte „*primary infringement*", stattgefunden[426]. Eine mittelbare Verletzung, also sogenannte „*secondary infringement*"[427], liegt bei unerlaubtem Handel mit Vervielfältigungsstücken eines Werkes vor, die wiederum unter Missachtung des *copyright*- Schutzes hergestellt worden sind oder bei dem Herstellen, Einführen und Bereitstellen von Gegenständen, die zur Herstellung unrechtmäßiger Vervielfältigungsstücke benutzt werden.
Bei mittelbaren Verletzungen muss der unberechtigte Werknutzer mit Unrechtsbewusstsein, also vorsätzlich oder fahrlässig handeln[428], während bei unmittelbaren Verletzungshandlungen keine solchen subjektiven Anforderungen gestellt werden[429].

Allerdings ermöglicht das Gesetz auch gewisse Einwendungen des vermeintlichen Verletzers, welche die Befugnisse des *copyright*- Inhabers beschränken und damit eine Verletzung ausschließen können[430]. Durch diese Beschränkungen sollen die berechtigten Interessen der Allgemeinheit an der Nutzung des Werkes geschützt werden[431].

---

[423] Zu den Voraussetzungen: Cornish in FS Schricker 1995, 643 (653ff); Probst 1999, 94 ff, dort auch zur Abgrenzung der ausschließlichen Lizenz von der Übertragung.
[424] Cornish in FS Schricker 1995, 643 (650); die Kehrseite dieses negativen Verbotsrechts bilden die entsprechenden positiven Nutzungsrechte, die sich aus der Herrschaft des Urhebers über sein Werk ergeben.
[425] Bently/Sherman 2001, 155ff.
[426] Clerk/Lindsell/Alexander 2000, Rz 25-21ff; Cornish, Intellectual Property, 1999 Rz 11-23ff.
[427] S 22-26 CDPA 1988; Bently/Sherman 2001, 185ff.
[428] Vergleiche s 22-26 CDPA 1988 jeweils am Ende; Bently/Sherman 2001, 187f; Durie GRUR Int 1990, 832 (835).
[429] Hier kann folglich von einer „*strict liability*" gesprochen werden.
[430] Bently/Sherman 2001, 192ff.
[431] Ausführliche Regelungen in den s 28 - 76 und s 171 (3) CDPA 1988, näher zu den Grundsatz des „*fair dealing*" und den sonstigen Ausnahmen bei Clerk/Lindsell/Alexander 2000, Rz 25-26; Cornish, Intellectual Property, 1999 Rz 11-38 ff; Durie GRUR Int 1990 832 (834f).

Aufgrund der mittelbaren und unmittelbaren *copyright*- Verletzungen stehen dem Betroffenen Schadensersatz[432]- und Unterlassungsansprüche[433] sowie die Möglichkeit strafrechtlicher Sanktionen zu[434].
Neben der Verpflichtung des Schädigers, die gerade keinen strafenden Charakter haben soll, zur Leistung von Schadensersatz für Verletzungen, welche die vermögensrechtliche Seite des Werkes betreffen, kann das Gericht auch sogenannte *additional damages* gewähren[435]. Hierdurch wird dem Gericht gemäß s. 97 (2) CDPA 1988 ermöglicht, eine Art immateriellen Schadensersatz zuzusprechen, der von der Verwerflichkeit der *copyright*- Verletzung und dem Vorteil abhängt, der dem Beklagten erwachsen ist, und der die psychologischen Effekte und die Verletzungen der Gefühle und des Rufs des Geschädigten berücksichtigt[436].
Erwähnenswert ist außerdem, dass das Gesetz in s. 100 CDPA 1988 dem *copyright*-Inhaber ein gewisses Selbsthilferecht eröffnet. Danach kann dieser urheberrechtsverletzende Vervielfältigungsstücke ohne gerichtliche Anordnung beschlagnahmen und diese behalten, was allerdings nur bei nicht ortsfesten Geschäftslokalen, also etwa sogenannten fliegenden Händlern in Marktbuden, möglich ist und dadurch dem Kampf gegen Piratenwaren dienen soll[437].

f. Schutzfristen

Dauer und Ausgestaltung der Schutzfristen ist aufgrund der Umsetzung der entsprechenden EU-Richtlinie zur Harmonisierung der Schutzdauer des Urheberrechts[438] sowohl in Deutschland als auch dem Vereinigten Königreich in beiden Ländern gleich, so dass die Schutzdauer im englischen Urheberrecht nach s. 12 - 15 CPDA 1988 nun auch auf 70 Jahre nach dem Tod des Urhebers verlängert worden ist.

---

[432] Der Geschädigte kann grundsätzlich seinen Schaden oder die Herausgabe des Verletzergewinns verlangen. Befand sich der Verletzte in geschäftlicher Konkurrenz zu dem Schädiger, so kann er seinen entgangenen Gewinn verlangen. Hat der Beklagte allerdings das Werk mittels Lizenzen verwertet, erhält der Rechtsinhaber Lizenzgebühren, die unter normalen Umständen angefallen wären. Hat der Beklagte das Werk jedoch nicht geschäftlich genutzt, wird es dem Gericht überlassen, nach seinem Ermessen dem Geschädigten eine angemessene Lizenzgebühr oder einen einmaligen Pauschalbetrag zuzuerkennen. Zu weiteren Einzelheiten Merkin/Black, I 2002, Rz 9.1ff; Clerk/Lindsell/Alexander 2000, Rz 25-30f; Cornish, Intellectual Property, 1999 Rz 2-39 ff, 11-59 ff.

[433] Vorrangiger Rechtsbehelf bei *copyright*- Verletzungen sind sogenannte *interlocutory injunctions*, die einstweiligen (Unterlassungs-) Verfügungen im deutschen Recht ähneln. Diese sichern eine Angelegenheit oder regeln sie vorläufig, um einen bestehenden Zustand zu erhalten, näher hierzu Merkin/Black, I 2002, Rz 9.9ff; Clerk/Lindsell/Alexander 2000, Rz 25-29; Cornish, Intellectual Property, 1999 Rz 2-31ff.

[434] S 107 CDPA 1988; Clerk/Lindsell/Alexander 2000, Rz 25-33; Durie GRUR Int 1990, 832 (836).

[435] Durie GRUR Int 1990, 823 (835).

[436] Merkin/Black, I 2002, Rz 9.6; Cornish, Intellectual Property, 1999 Rz 11-61; diesen *additional damages* kann allerdings ein strafrechtliches Element innewohnen, Cala Homes v Alfred McAlpine Homes [1995] FSR 818 (820).

[437] Hierzu bei Clerk/Lindsell/Alexander 2000, Rz 25-29.

[438] Richtlinie zur Harmonisierung der Schutzdauer des Urheberrechts und bestimmter verwandter Schutzrechte vom 29.10.1993, ABl EG L 290, 9.

2. Verwertungsrechte[439]

Die Verwertungsrechte werden im CDPA 1988 in s. 16 (1) CDPA 1988 generalklauselartig für alle Werkarten zusammengefasst[440]. Zu diesen ausschließlichen Verwertungsrechten gehören unter anderem das Recht, das Werk zu vervielfältigen, Vervielfältigungsstücke an die Öffentlichkeit herauszugeben, das Werk in der Öffentlichkeit aufzuführen, zu zeigen oder zu spielen, im Fernsehen zu senden oder in ein Kabelprogramm einzuspeisen sowie das Recht zur Bearbeitung eines Werkes und zur Vervielfältigung, Verbreitung, Vorführung und Sendung einer Bearbeitung. In den folgenden s. 17 – 21 CDPA 1988 werden Inhalt und Umfang der einzelnen Verwertungsrechte festgelegt[441].

3. Moral rights[442]

Schutzgegenstand der *moral rights* ist die Werkintegrität und die geistige Verbindung des Werkschöpfers zu seinem geschützten Werk[443].
Mit dem CDPA 1988 wurden vier Urheberpersönlichkeitsrechte geschaffen, die unter dem Begriff der *moral rights* im vierten Kapitel des Part I über das *copyright* in den s. 77 ff CDPA 1988 festgelegt sind[444]: Das Recht auf Anerkennung der Urheberschaft[445], das Recht, Entstellungen und Beeinträchtigungen eines Werkes zu verbieten[446], das Recht gegen falsche Zuschreibung der Urheberschaft[447] und schließlich das Recht auf Schutz des Privatlebens[448].

---

[439] Cornish, Intellectual Property, 1999 Rz 11-23 ff.
[440] Cornish, Intellectual Property, 1999 Rz 11-21 ff.
[441] Mit der Regierungsverordnung „Copyright and Related Rights Regulations 1996", (abgekürzt Copyright Regulations 1996) welche unter anderem die Vorgaben der EU-Richtlinie zum Vermiet- und Verleihrecht umsetzen soll, wurden ab 1.12.1996 weitere Nutzungsbefugnisse im englischem Recht vorgesehen: etwa wurde durch reg 10 (1) Copyright Regulations 1996 der s 16 (1) CDPA 1988 erweitert und s 18 A CDPA 1988 und damit das Vermiet- und Verleihrecht neu eingeführt. Durch reg. 16 Copyright Regulations 1996 wird ein neues Verwertungsrecht verankert. Das *„publication right"* schützt zuvor unveröffentlichte Werke, deren *copyright*-Schutz abgelaufen ist aber zum ersten mal veröffentlicht, öffentlich wiedergegeben, aufgeführt, gesendet, oder mittels Kopien verliehen oder vermietet werden.
[442] Der Begriff der *moral rights* steht dem deutschen Begriff der „Urheberpersönlichkeitsrechte" gleich. Weiterführend: Clerk/Lindsell/Alexander 2000, Rz 25-34 ff; Cornish, Intellectual Property, 1999 Rz 11-63 ff; Ginsburg GRUR Int 1991, 593 ff; Cornish GRUR Int 1990, 500ff; Durie GRUR Int 1990, 832 (837).
[443] Cornish, Intellectual Property, 1999 Rz 11-65; Eisenreich GRUR Int 1988, 36ff zum Schutz der *„moral rights"* vor dem CDPA 1988.
[444] Damit werden sie systematisch scheinbar dem Copyright zugeordnet. Nach dem englischem Urheberrechtsverständnis und seiner strengen dualistischen Sichtweise sind die *moral rights* vom *copyright* zu unterscheiden, da beide Rechte eigenen Regelungen unterliegen. Das Gesetz kann etwa zwei verschiedene Personen zum Inhaber des Copyright-Werkes und zum Inhaber der *moral rights* an diesem Werk bestimmen, was nach dem deutschen monistischen Verständnis nicht möglich ist. Hierzu bereits oben 1. Kapitel: § 2. B. II.
[445] *Paternity right*, s 77 – 79 CDPA 1988, Clerk/Lindsell/Alexander 2000, Rz 25-35f.
[446] *Right of integrity*, s 80 - 83 CDPA 1988, Clerk/Lindsell/Alexander 2000, Rz 25-37.
[447] *Right of non- attribution*, s 84 CDPA 1988, Clerk/Lindsell/Alexander 2000, Rz 25-38
[448] *Right to privacy*, s 85 CDPA 1988, dieses Recht wird jedoch in allen anderen *Common Law*-Staaten nicht allgemein als *moral right* anerkannt, Whale on Copyright 1997, 57; Dworkin [1994] AIPJ 5 (20).
Sonstige nach deutschem Verständnis zentralen urheberpersönlichkeitsrechtlichen Aspekte, wie das Rückruf- (§ 42 UrhG) oder Veröffentlichungsrecht (§ 12 UrhG), schützt der CDPA 1988 nicht als

Das Recht auf Anerkennung der Urheberschaft ist das elementarste *moral right* und gewährt den in s. 77 (1) CDPA 1988 genannten Personen das Recht, als Urheber klar und angemessen genannt zu werden[449]. Dieses Recht erstreckt sich jedoch nur auf urheberrechtlich geschützte Werke, für die also ein *copyright* besteht[450]. In s. 79 CDPA 1988 erfährt dieses Anerkennungsrecht sogleich durch das Aufzählen diverser Fälle, in denen keine Verpflichtung zur Namensnennung des Werkschöpfenden besteht, eine beachtliche Einschränkung[451].
Anders als das Recht auf Schutz gegen Beeinträchtigung muss dieses Recht auf Namensnennung von der berechtigten Person ausdrücklich geltend gemacht werden[452].

Mithilfe des Rechts auf Schutz gegen Beeinträchtigungen können die in s. 80 (1) CDPA 1988 genannten Urheber sich einer beeinträchtigenden Behandlung ihrer Werke widersetzen, falls an diesen wiederum ein *copyright*- Schutz[453] besteht. Hiermit hat der britische Gesetzgeber weitgehend die Bestimmung des Art. 6 bis RBÜ übernommen, wenngleich die Erfordernisse in s. 80 (2) a CDPA 1988 enger gefasst wurden[454]. Eine beeinträchtigende Handlung liegt danach nur vor, wenn begründet werden kann, dass eine Hinzufügung, Streichung, Änderung oder Bearbeitung vorliegt[455] und dies eine Entstellung oder Verstümmelung des Werkes bewirkt oder anderweitig die Ehre oder den Ruf des Urhebers herabsetzt[456]. Die Ausnahmen und Beschränkungen des Rechts auf Schutz gegen Beeinträchtigungen sind in s. 81, 82 CDPA 1988 geregelt.

Nach s. 84 (1) CDPA 1988 hat eine Person, der ein Film oder ein literarisches, dramatisches Musik- oder Kunstwerk fälschlicherweise durch ausdrückliche oder

---

Urheberpersönlichkeitsrechte. Allerdings gewährt das britische Recht einen Schutz über die Verwertungsrechte, da das Veröffentlichungsrecht als Nutzungsrecht in s 16 (1) b in Verbindung mit s 18 CDPA 1988 geschützt ist. Dies ist wiederum Beleg dafür, dass das britische Recht in erster Linie Verwertungsinteressen schützt, vergleiche hierzu auch Jahn 1994, 150. Ein Rückrufsrecht jedoch ist dem englischem Urheberrecht fremd, da dort vertragliche Regelungen maßgeblich sind, Eisenreich GRUR Int 1988, 36 (38). Dies verdeutlicht, dass die Beziehung des Urhebers zu seinem Werk nicht so umfassend geschützt ist, wie in Deutschland.

[449] Hierzu Bently/Sherman 2001, 236ff.

[450] Diese Voraussetzung ergibt sich aus der Formulierung in s 77 (1) CDPA 1988: *„the author of a copyright literary, dramatic, musical or artistic work and the director of a copyright film"*.

[451] Clerk/Lindsell/Alexander 2000, Rz 25-36; ausführlich bei Cornish GRUR Int 1990, 500 (501 f).

[452] Hierzu enthält s 78 CDPA 1988 detaillierte Bestimmungen. Die Geltendmachung soll eine Art Vorwarnung an die *copyright*- Verwerter sein und so vermeiden, dass Urheber und Filmregisseure unangemessene Vorteile aus diesem mit dem CDPA 1988 neu eingeführten Recht ziehen. Fraglich ist jedoch, ob die Bindung dieser urheberrechtlichen Befugnisse an die Einhaltung derartiger Formvorschriften nicht Art 5 (2) RBÜ widerspricht, weshalb vielfach auch die Abschaffung dieser Anforderungen an eine spezielle Geltendmachung gefordert wird, Cornish, Intellectual Property, 1999 Rz 11- 70.

[453] Bently/Sherman 2001, 244ff; Jahn 1994, 119-127.

[454] Cornish, Intellectual Property, 1999 Rz 11-75

[455] S 80 (2) a CDPA 1988. Art 6 bis RBÜ erfasst hingegen jede Entstellung, Verstümmelung, sonstige Änderung oder sonstige Beeinträchtigungen des Werkes.

[456] S 80 (2) b CDPA 1988. Zum Verhältnis dieses Schutzes gegenüber dem *defamation* -Schutz nach allgemeinen Recht bei Cornish GRUR Int 1990, 500 (502).

versteckte Behauptung zugeschrieben wird, das Recht, dagegen vorzugehen[457]. Anders als bei den zuvor angesprochenen Rechten müssen die einer Person fälschlicherweise zugeschriebenen Werke jedoch nicht selbst durch ein *copyright* geschützt sein[458].

Im Rahmen des Rechts auf Schutz der Privatsphäre kann jeder, der die Herstellung einer Fotografie oder eines Films zu privaten oder häuslichen Zwecken in Auftrag gibt, verbieten, dass diese öffentlich vertrieben, vorgeführt, gesendet oder in ein Kabelprogramm eingespeist werden[459]. Damit schützt diese *right to privacy* nicht, wie die sonstigen *moral rights*, die Beziehung des Werkschöpfers zu dem von ihm geschaffenen Werk, sondern vielmehr das Persönlichkeitsrecht des Auftraggebers eines Werkes[460].

Eine Verletzung der *moral rights* wird durch Zustimmung nach s. 87 (1) CDPA 1988 oder vertraglichen Verzicht des Rechtsinhabers auf die Geltendmachung seiner Rechte gemäß s. 87 (2), (3) CDPA 1988 ausgeschlossen. Diese Abdingbarkeit der *moral rights* stellt eine Besonderheit des englischen *copyright*- Systems dar[461].
Eine weitere Eigenheit der *moral rights* besteht darin, dass sie unabhängig und getrennt vom *copyright* übertragen werden können, allerdings nie durch Rechtsgeschäft unter Lebenden[462].

Die Schutzdauer der *moral rights* ist unterschiedlich ausgestaltet. Nach s. 86 (2) CDPA 1988 besteht das Recht gegen falsche Zuschreibung nur zwanzig Jahre, während nach dessen Absatz 1 die übrigen *moral rights* solange bestehen wie das *copyright* an dem geschützten Werk.

Eine Verletzung der *moral rights* kann nach s. 103 (1) CDPA 1988 als Verletzung einer gesetzlich auferlegten Pflicht gerichtlich geltend gemacht werden[463]. Indem sie nicht allgemein als Urheberrechtsverletzung, also *infringement of copyright* bezeichnet, sondern mittels des *tort breach of statutory duty* als Gesetzesverletzung

---

[457] Damit bildet das „*false attribution right*“ die Kehrseite zum Recht auf Anerkennung der Urheberschaft. Da diese Befugnis nicht die Beziehung eines Urhebers zu einem von ihm geschaffenen Werk betrifft, gewährt das deutsche Recht vergleichbaren Schutz über das allgemeine Persönlichkeitsrecht BGH Urteil v 8.6.1989, BGHZ 107, 384 (390ff) - Emil Nolde.

[458] Bently/Sherman 2001, 242.

[459] S 85 (1) CDPA 1988. Ein selbständiges Recht am eigenen Bild ist im Vereinigten Königreich nicht anerkannt, hierzu Merkin/Black, I 2002, Rz 16.44ff und oben 1. Kapitel: § 3. A. III. 5.

[460] Damit wird zwar kein allgemeiner Anspruch gegen Verletzungen der Privatsphäre gewährt, aber nach Cornish, Intellectual Property, 1999 Rz 11-85 zumindest Teilaspekte eines „*right to privacy*“ erfasst.

[461] Hieran wird die Skepsis gegenüber einem gleichwertigen ideellen Recht des „Urhebers“ neben den materiellen Interessen deutlich. Die Verzichtsmöglichkeit stellt unter diesem Blickwinkel nur einen Kompromiss dar, der die Schaffung eines gewissen Persönlichkeitsschutzes im *copyright law* erleichterte. Kritisch zum Schutz der Urheberpersönlichkeitsrechte im Rechtssystem des *common law* Ginsburg GRUR Int 1991, 593 (603 ff).

[462] In s 95 CDPA sind die Übertragungstatbestände geregelt. Im deutschen Recht sind die Urheberpersönlichkeitsrechte nach der monistischen Auffassung nur zusammen mit dem Urheberrecht vererblich, hierzu oben 1. Kapitel: § 2. B. II.

[463] Bently/Sherman 2001, 233.

verfolgt wird, zeigt sich wiederum die Besonderheit des *copyright-* Systems. Dem Rechtsinhaber steht es offen, auf Unterlassung oder Schadensersatz zu klagen[464] und damit die allgemeinen Rechtsfolgen[465] herbeizuführen[466].

4. *Rights in Performances*[467]

Der CDPA 1988 trennt den Schutz der Rechte an künstlerischen Darbietungen in Part II des Gesetzes von dem eigentlichen *copyright-* Schutz in Part I.
Wie in Deutschland werden auch in England die ausübenden Künstler nicht als Schöpfer eines Geisteswerkes angesehen[468]. Ihre Leistung soll der eines Urhebers nur ähnlich sein oder nur im Zusammenhang mit einem fremden Werk erbracht werden, so dass sich deren Schutz auf den Gedanken der Werkmittlung gründet. In Deutschland werden jedoch die Rechte der ausübenden Künstler und ihrer Veranstalter systematisch in die Leistungsschutzrechte eingegliedert und so von dem im deutschen Urheberrecht vorherrschenden Schöpfungsprinzip abgegrenzt. Diese kontinental-europäische Aufteilung im Urheberrechtsschutz auf der einen und dem Schutz sämtlicher verwandten Rechte auf der anderen Seite entspricht jedoch nicht dem englischen Konzept. Das Vereinigte Königreich fasst im CDPA 1988 nahezu diesen gesamten Bereich unter den Überbegriff *copyright* zusammen und klammert lediglich die Rechte ausübender Künstler und der Personen mit Aufnahmerechten an künstlerischen Darbietungen davon aus[469].

Der Schutz ausübender Künstler wird durch drei Typen von Rechten verwirklicht, die sogenannten *non-property rights*, die *property rights* und das *right of remuneration*[470].

---

[464] Laddie/Prescott/Vitoria 2000, Rz 13.43.
[465] 1. Kapitel: § 3. B. I. 1. e.
[466] Nach s 103 (2) CDPA 1988 kann das Gericht überdies im Fall einer Verletzung des Rechts auf Schutz gegen Beeinträchtigungen jede weitere Bearbeitung, Verwertung und Veröffentlichung des Werkes untersagen, solange nicht dem Werk eine angemessene Ablehnungserklärung, „*disclaimer*" hinzugefügt worden ist.
[467] Geregelt in Part II unter s 180 – 212 CDPA 1988 und schedules 2, 2A. Ausführungen zu der Entwicklung der Rechtsordnung im Vereinigten Königreich, Beining 2000, 51 ff.
[468] Bently/Sherman 2001, 294ff; Ellins 1997, 118ff; zum deutschen Recht Schack, UrhR 2001, Rz 591.
[469] Bently/Sherman 2001, 294ff; Cornish, Intellectual Property, 1999 Rz 10-02; Ellins 1997, 126 gelangt zu dem Schluss, dass die Ausgrenzung der ausübenden Künstler vom *copyright-* Schutz auf das Fehlen einer starken Lobby zurückzuführen ist.
[470] Bently/Sherman 2001, 295 ff. Zu den *non-property-rights* gehört das Recht des Künstlers, über die Aufnahme, also „*recording*" im Sinne von s 180 (2) CDPA 1988, seiner Livedarbietung, „*performance*" im Sinne von s 180 (2) CDPA 1988, zu entscheiden, oder die Herstellung von Aufzeichnungen oder Rundfunksendungen von Ausführungen zu verbieten. Letzteres ist als sogenanntes „*bootlegging*" bekannt. Diese zivilrechtlichen Ansprüche umfassen nach s 188 CDPA 1988 auch die mittelbare Verletzung durch die Benutzung, den Import oder Handel mit den so hergestellten Aufnahmen. Diese Rechte sind gemäß s 192 A CDPA 1988 außer von Todes wegen nicht übertragbar.
Die *property rights* der ausübenden Künstler wurden mit der Umsetzung der Vermiet- und Verleihrichtlinie in den s 191 A, 182 A-C CDPA 1988 geregelt und gewähren etwa Schutz vor nicht autorisierten Vervielfältigungen von Aufnahmen einer Darbietung, der Verbreitung solcher Vervielfältigungen in der Öffentlichkeit und hinsichtlich von Vermiet- und Verleihrechte bezüglich solcher Aufnahmen. Zuvor standen jedoch den ausübenden Künstlern keine eigenständigen Rechte mit wirtschaftlichem Wert zu, Beining 2000, 54. Diese Rechte entsprechen den Rechten des *copyright-* Inhabers für die erneute Aufnahme und Verwertung von

Der ausübende Künstler wird immer selbst Inhaber seines Rechts. Ausnahmen für angestellte Künstler, wie etwa beim *copyright*, gibt es nicht.

Auch für den gesamten Bereich des Schutzes ausübender Künstler wurden in s. 189 CDPA 1988 und dessen *schedule* 2 Ausnahmevorschriften für den Bereich des *fair dealing* geschaffen und damit deren Rechte ebenfalls zugunsten der Allgemeinheit beschränkt. Nach s. 182 (2) CDPA 1988 stellen außerdem die Herstellung von Aufnahmen für den privaten und häuslichen Gebrauch keine Verletzung der Rechte ausübender Künstler dar.
Nach s. 185 ff CDPA 1988 wird ausübenden Künstlern und den Plattenfirmen, die mit Künstlern exklusive Plattenverträge geschlossen haben, ein zivilrechtliches Klagerecht eingeräumt.
Ansonsten stehen ausübenden Künstlern, wie *copyright*- Inhabern, entsprechende zivil- und strafrechtliche[471] Rechtsbehelfe zur Verfügung[472]. Die zivilrechtlichen Ansprüche sind gemäß s. 194 ff CDPA 1988 als Verletzung einer gesetzlichen Pflicht einklagbar[473].

Die Schutzdauer der Rechte ausübender Künstler beträgt nach s. 191 CDPA 1988 nur fünfzig Jahre von dem Ende des Jahres an, in dem die Aufführung stattgefunden hat oder die Aufnahme veröffentlicht worden ist.
Ausübenden Künstlern stehen bislang noch keine *moral rights* zu[474].

5. Internationale Ebene[475]

Auch im Vereinigten Königreich erfolgte eine Internationalisierung des Urheberrechtsschutzes, die das moderne englische Urheberrecht beeinflusst hat[476].

Aufnahmen qualifizierter Darbietungen. Eine Besonderheit dieser Rechte, ist deren Übertragbarkeit nach s 191 B CDPA 1988. Dies entspricht § 78 S 1 UrhG im deutschen Recht, nach dem ausübende Künstler ihre Verwertungsrechte an Dritte abtreten können.
Ebenfalls im Zuge der Umsetzung der Vermiet- und Verleihrichtlinie wurde das *right of remuneration*, also spezielle Vergütungsrechte der ausübenden Künstler in s 182 D und s 191 G CDPA 1988 eingeführt. Diese Rechte können gemäß s 191 G (2) CDPA 1988 grundsätzlich nur an eine Verwertungsgesellschaft übertragen werden.

[471] S 198 ff CDPA 1988. Wer weiß oder Grund zur Annahme hat, dass die betreffenden Rechte des ausübenden Künstler verletzt werden, macht sich wie beim *copyright* eines strafrechtlichen Vergehens schuldig, s 182 (3), 183, 184 (1), 186 (2), 187 (1), 188 (1) CDPA 1988.

[472] Bently/Sherman 2001, 299.

[473] Der *tort breach of statutory duty* ermöglicht auch hier eine zivilrechtliche Sanktionierung von Gesetzesverletzungen, durch welche Unterlassungsverfügungen, Schadensersatz und die Herausgabe des Verletzergewinns erreicht werden können.

[474] Allerdings wird gerade geprüft, wie das Recht des Vereinigten Königreichs zu ändern ist, um den Anforderungen von Art 5 WPPT (der auch für ausübende Künstler Persönlichkeitsrechte vorsieht) nachzukommen.

[475] Bently/Sherman 2001, 4ff; Goldstein 2001, 13-59; Cornish, Intellectual Property, 1999 Rz 9-21 ff; zu den internationalen Verträgen bereits im deutschen Urheberrecht oben 1. Kapitel: § 2. B. V.

[476] Etwa durch die Verpflichtung zur Umsetzung sekundären Gemeinschaftsrechts, ausführliche Darstellung bezüglich ausübender Künstler bei Beining 2000, 157ff.

Die Revidierte Berner Übereinkunft (RBÜ) ist für das Vereinigte Königreich in der revidierten Pariser Fassung[477] am 2. Januar 1990 in Kraft getreten[478].
Auf dem Gebiet des internationalen Leistungsschutzrechts hat das Vereinigte Königreich am 18.5.1964 das Rom – Abkommen ratifiziert[479].
Es ist am 15.4.1994 Mitglied der WTO[480] und damit auch Vertragspartei des darin integrierten TRIPs-Abkommens[481] vom 15.4.1994 geworden.
Allerdings ist das Vereinigte Königreich weder bis zum 15.4.2003 Mitgliedstaat des von der WIPO entwickelten Urheberrechtsvertrags (WCT[482]) noch bis zum 1.3.2003 Mitgliedstaat des Vertrags über Darbietungen und Tonträger (WPPT[483]) geworden[484].
Im Vereinigten Königreich müssen völkerrechtliche Verträge noch mittels eines Ausführungsgesetzes in das inländische Recht überführt werden, da sich aus dem Vertrag selbst keine Rechte ableiten lassen[485]. So kann sich im Bereich des Urheberrechts etwa ein Rechtsinhaber jeweils nur auf die Normen des CDPA 1988 berufen, nicht jedoch direkt auf die Normen des einschlägigen Staatsvertrags.

II. Das englische Patentrecht

Aktuelle[486] gesetzliche Grundlage des englischen Patentrechts ist der Patents Act 1977[487] und ergänzend der CDPA 1988[488]. Der Patents Act 1977 ist ein Produkt europäischer Rechtsangleichung, der auch im Hinblick auf den Beitritt des Vereinigten Königreichs zum EPÜ konzipiert wurde[489].

---

[477] BGBl 1973 II 1071

[478] BGBl- Fundstellennachweis B zum 31.12.2002, 203. Mit der Schaffung des CDPA 1988 hatte das Vereinigte Königreich endlich die Möglichkeit der Ratifizierung der Pariser Fassung der Berner Übereinkunft und des 1952 zustande gekommenen Welturheberrechtsabkommens (WUA oder UCC für „Universal Copyright Convention") geschaffen.

[479] Nachweise zu den Mitgliedstaaten unter http://www.wipo.org/treaties/index.html

[480] BGBl 1994 II 1442 (englisch), 1624 (deutsch).

[481] Hierzu oben 1. Kapitel: § 2. B. V. 1. und Fn 173.

[482] Bereits oben unter Fn 177.

[483] Vergleiche oben Fn 178.

[484] Jedoch hat das Vereinigte Königreich den WCT vom 20.12.1996 und den WPPT vom 20.12.1996 unterzeichnet. Auch hier können die Mitgliedstaaten unter http://www.wipo.org/treaties/index.html geprüft werden. Zum Stand der Verträge bereits oben 1. Kapitel: § 2. B. V. 1..

[485] Völkerrechtliche Verträge werden im Vereinigten Königreich gerade nicht als *„self-executing"* angesehen, Goldstein 2001, 14ff mit weiteren Nachweisen.

[486] Zur historischen Entwicklung des englischen Patentrechts bei Bently/Sherman 2001, 310-313; Terrell 2000, Rz 1.05ff; Sievers 1998, 5-17; Hess 1987, 61ff.

[487] Patents Act 1977 (c 37) vom 29.7.1977, abgedruckt und kommentiert etwa in CIPA Guide to the Patents Acts 2001, Rz 0.01ff.

[488] Ausführlich zum gesetzlichen Rahmen des englischen Patentschutzes, Bently/Sherman 2001, 315ff (317); Terrell 2000, Rz 1.32.

[489] Bently/Sherman 2001, 317; CIPA Guide to the Patents Acts 2001, Rz 0.04; Terrell 2000, Rz 1.28.

1. Patentfähigkeit

Der Patents Act 1977 enthält anders als die zeitlich vorangegangenen Gesetze keine Definition der patentierbaren Erfindung mehr, sondern schließt stattdessen in einer Negativdefinition mehrere Gegenstände vom Patentschutz aus, s. 1 (2), 1 (3) Patents Act 1977[490]. Eine Erfindung ist in England dann patentfähig[491], wenn sie nicht durch das Gesetz ausgeschlossen ist[492], sie neu ist[493], eine erfinderische Tätigkeit vorliegt[494] und sie schließlich gewerblich anwendbar ist[495]. Dies und die Anlehnung an das EPÜ verdeutlichen, dass sich der Patents Act 1977 nur noch wenig vom deutschen Patentgesetz unterscheidet.

2. Verfahren zur Patenterteilung

Auch in England stehen dem Erfinder drei Möglichkeiten offen, ein Patent[496] zu bekommen: Zum einen kann er einen Antrag auf dem nationalen Weg beim *Patent Office* beziehungsweise dessen Präsident, dem *Comptroller of Patents*[497]*, Designs and Trade Marks* in London stellen, ebenfalls den europäischen Weg über das Europäische Patentamt in München beschreiten oder die internationale Anmeldung nach dem PCT bei der WIPO in Genf betreiben[498].

Die Anmeldung begründet den Anspruch auf Erteilung des Patents, legt den Prioritätszeitpunkt fest und bestimmt den Anmeldetag: Grundsätzlich genießt der Erstanmelder mit dem Tag der Anmeldung Vorrang gegenüber zeitlich späteren Anmeldungen[499]. Für die Priorität stellt das Patentsystem des Vereinigten Königreichs auf den Zeitpunkt der Anmeldung ab, es sei denn die Anmeldung im Vereinigten Königreich basiert auf einer zeitlich früheren im In- oder Ausland gemachten Anmeldung[500]. Wenn diese frühere Anmeldung nicht mehr als zwölf Monate vor der späteren vorgenommen worden ist, so gilt der Anmeldetag der ersteren als Prioritätszeitpunkt.
Nach dem Patents Act 1977 haben britische Patente eine Schutzdauer von zwanzig Jahren, die ab der Einreichung des Antrags läuft[501].

---

[490] Terrell 2000, Rz 2.09.
[491] Ausführlich Bently/Sherman 2001, 362ff.
[492] S 1 (2), 1 (3) Patents Act 1977.
[493] S 2 Patents Act 1977.
[494] S 3 Patents Act 1977.
[495] S 4 Patents Act 1977.
[496] Aufgrund dieser drei unterschiedlichen Wege, können allerdings nur zwei Arten von Patenten für das Vereinigte Königreich beantragt werden, ein rein nationales und ein europäisches Patent für das Vereinigte Königreich, hierzu bereits oben 1. Kapitel: § 2. C. II.
[497] Zu den weiteren Kompetenzen des *comptrollers* Bently/Sherman 2001, 996.
[498] Bently/Sherman 2001, 309f; Terrell 2000 Rz 3.01; vergleiche hierzu die entsprechenden Möglichkeiten im deutschen Patentrecht mit näheren Erläuterungen zu EPÜ und PCT oben 1. Kapitel: § 2. C. I. 1. und 1. Kapitel: § 2. C. II.
[499] S 5 (1) Patents Act 1977, vergleiche auch Bently/Sherman 2001, 351f.
[500] S 5 (2) Patents Act 1977.
[501] S 25 Patents Act 1977, was § 16 (1) PatG entspricht.

Die gesetzlichen Wirkungen des Patents treten erst ein, wenn der *Comptroller* nach Abschluss der Hauptuntersuchung das Patent erteilt, soweit die Voraussetzungen von s. 17-19 Patents Act 1977 erfüllt sind, und die Tatsache der Erteilung im Amtsblatt des Patentamts, *Official Journal of the Patent Office*, veröffentlicht hat[502].
Auch im englischen Patentrecht ist der Schutz abhängig von einem konstitutiven staatlichen Erteilungsakt[503], so dass dem Patentrecht auch im Vereinigten Königreich ein hoheitsrechtlicher Aspekt zukommt[504].

3. Patentverletzungen[505]

a. Patentansprüche

Die Bestimmung des Schutzbereichs eines Patents bedeutet Auslegung eines Patentanspruchs aus der Sicht des von der Patentschrift angesprochenen Fachmanns[506]. Diese auch von Art. 69 EPÜ vorgegebene Anleitung wird von den verschiedenen Staaten und insbesondere von Deutschland und England unterschiedlich interpretiert. Die englischen Gerichte halten an einer wörtlichen Auslegung fest, während die deutsche Rechtsprechung eine teleologische Interpretation vornimmt. Diese ermittelt den Wortsinn des Patentanspruchs und meint damit nicht ein rein philologisches Verständnis des Wortlauts, sondern die Auslegung der einzelnen Merkmale im technischen Kontext des Anspruchs vor dem Hintergrund des gesamten Inhalts der Patentschrift und des allgemeinen Fachwissens des einschlägigen Fachgebiets am Prioritätstag[507].
Ein Unterschied in der Art und dem Ergebnis der Auslegung des Schutzbereichs durch deutsche oder englische Gerichte zeigt sich insbesondere in der vom BGH entwickelten Äquivalenzlehre zur genaueren Bemessung des Schutzbereichs. Da der reine Wortlaut nicht immer die objektive Tragweite einer Erfindung voll erfassen kann, besteht die Gefahr, dass Wege zur Umgehung des Patentschutzes gesucht werden, indem man vom Wortlaut der Patentansprüche abweicht, ohne die Vorteile der Erfindung aufzugeben. Um dies zu verhindern, wird versucht, den Schutzbereich eines Patents auch über seinen Wortlaut hinaus zu erstrecken, um dem Erfinder eine angemessene Belohnung für seinen Beitrag zur Fortentwicklung der Technik zu erhalten[508]. Daher hat der BGH den Schutzumfang unter bestimmten Voraussetzungen auf äquivalente Ausführungsformen ausgedehnt, die die Erfindung durch ein gleichwirkendes Mittel ersetzt, das ein Fachmann als gleichwirkend erkennen konnte[509].

---

[502] S 25 (1) Patents Act 1977; Einzelheiten bei Bently/Sherman 2001, 353ff (355).
[503] Zur Eintragung der Patente Bently/Sherman 2001, 345, vergleiche auch s 32, 33 Patents Act 1977.
[504] Vergleiche hierzu in Deutschland oben 1. Kapitel: § 2. C. I. 2. Zur territorialen Begrenzung des Schutzes auf das Gebiet des Verleihungsstaates vergleiche im Folgenden 2. Kapitel: § 2. B. VI.
[505] Einzelheiten bei Bently/Sherman 2001, 486ff.
[506] S 125 Patents Act 1977; Art 69 EPÜ.
[507] Sievers 1998, 141f.
[508] Busse/Keukenschrijver, PatG 1999, § 14 Rz 89.
[509] Benkard/Ullmann, PatG 1993, § 14 Rz 120; die in Deutschland momentan herrschende Äquivalenzrechtsprechung, die gleichwohl versucht die Grenzen des Schutzbereichts für Dritte berechenbar zu

Dieser Äquivalenzlehre stehen die englischen Gerichte ablehnend gegenüber, da sie eine wörtliche Auslegung des Schutzbereichs bevorzugen. Nur in Ausnahmefällen wird eine geringfügige Abwandlung der Ausführungsform in den Schutzbereich einbezogen[510].
Die jeweils entgegengesetzten Betrachtungsweisen englischer und deutscher Gerichte führten dazu, dass im Rahmen des EPÜ beide extremen Positionen abgelehnt werden und stattdessen ein Mittelweg angestrebt wird[511], was zu einer gewissen Annäherung beider Systeme geführt hat[512]. Dennoch zeigen insbesondere parallele Verfahren vor englischen und deutschen Gerichte, dass weiterhin der Schutzumfang der Patentansprüche unterschiedlich interpretiert wird[513].

b. Aus der Verletzung resultierende Ansprüche

Eine Klage wegen Patentverletzung kann auf Unterlassung[514], auf die Herausgabe der das Patent verletzenden Produkte[515] und auf Schadensersatz gerichtet sein. Verlangt der Schutzrechtsinhaber Schadensersatz, so steht es ihm offen, entweder Feststellung des Schadens[516] oder Rechnungslegung über den vom Beklagten erzielten Gewinn und dessen Herausgabe[517] zu verlangen. Die Herausgabe des erzielten Gewinns wird nach s. 61 (2) Patents Act 1977 jedoch nur alternativ zum Schadensersatz gewährt und wird dem Bereicherungsrecht zugeordnet[518].
Der Anspruch auf Schadensersatz beruht auf s. 61 (1) c Patents Act 1977 und ist an die gleichen Voraussetzungen geknüpft wie die sonstigen Ersatzansprüche aus unerlaubter Handlung[519]. Er gehört zu den am häufigsten geltend gemachten Ansprüchen[520].
Für die Bemessung des Schadensersatzes existiert keine strikte Regel. Stattdessen haben sich unterschiedliche Fallgruppen herausgebildet, die sich an der jeweiligen Verwertungsweise des Patentinhabers orientieren:

---

halten und damit der Rechtssicherheit zu genügen, wird in der Entscheidung des BGH v 3.10.1989 in GRUR 1989, 903 (904) – Baterriekastenschnur, verdeutlicht. Vergleiche auch Sievers 1998, 143ff.

[510] Einzelheiten bei Sievers 1998, 145.

[511] Sievers 1998, 148ff.

[512] Deutsche Gerichte tendieren nun zunehmend dahin, dem Wortlaut der Patentansprüche eine größere Bedeutung zuzumessen, BGH Urteil v 19.11.1991 in GRUR 1992, 305 – Helium Einspeisung. Auf der anderen Seite erkennt auch die englische Rechtsprechung an, dass die Patentschrift grundsätzlich nicht nur wörtlich, sonder auch zweckgerichtet auszulegen ist, Catnic Components v Hill and Smith [1982] RPC 183 (HL).

[513] Hierzu ist nur auf die „Epilady-Entscheidungen" zu verweisen: Bericht in GRUR Int 1993, 407 mit weiteren Nachweisen; OLG Düsseldorf Urteil v 21.11.1991 GRUR Int 1993, 242 – Epilady VIII; Entscheidung des Patents Court v 16.5.1989 (Imrpover Corporation v Remington Consumer Products Ltd) in GRUR Int 1993, 245-Epilady IX; vergleiche auch die Ausführungen von Sievers 1998, 135ff.

[514] *Injunction*, hierzu Sievers 1998, 184f; Hess 1987, 63ff.

[515] *Delivery-up of infringing articles*. Der Kläger kann außerdem die Vernichtung von Piraterieprodukten verlangen, *order for destruction*, zur Aushändigung und Vernichtung, Sievers 1998, 185ff.

[516] *Inquiry as to damages*

[517] *Account of profits*, Sievers 1998, 188.

[518] Bently/Sherman 2001, 1028f; Hess 1987, 77ff.

[519] Die Patentverletzung wird als unerlaubte Handlung, *tort*, angesehen, Lord Wilberforce in General Tire and Rubber Co v Firestone Tyre and Rubber Co Ltd [1976] RPC 197 (212), ausführlich Hess 1987, 69.

[520] Bently/Sherman 2001, 1023.

Hat der Patentinhaber eine Lizenz an seinem Recht vergeben, so steht ihm ein Anspruch auf die entgangene Lizenzgebühr zu[521]. Er kann jedoch die übliche Lizenzgebühr nur verlangen, wenn er die üblichen Umstände nachweisen kann. Vergibt der Patentinhaber keine Lizenzen, so steht es im Ermessen des Gerichts, Lizenzgebühren festzulegen[522]. In der Praxis erweist sich die Schadensberechnung als sehr schwierig. Wenn der Patentinhaber alleiniger Hersteller des patentierten Produkts oder des Verfahrens ist, vermutet das Gericht zunächst, dass der Umsatz des Beklagten deckungsgleich mit dem vom Kläger erlittenen Verlust ist[523].
Wenn dem Patentinhaber durch die Handlung des Beklagten kein Wettbewerbsnachteil erwachsen ist, er also sein Patent nicht verwertet oder sich ein konkreter Schaden nicht berechnen lässt, dann wird ihm dennoch ein Schadensersatzanspruch in Höhe einer angemessenen Lizenz zugestanden[524].

Ansprüche aus Patentverletzungen setzen grundsätzlich kein Verschulden des Verletzers voraus. Bei Schadensersatz- und Gewinnherausgabeansprüchen haftet der Beklagte jedoch nur bei schuldhaftem Handeln[525]. Der Beklagte kann sich durch den Nachweis, dass er zum Zeitpunkt der Patentverletzung nichts von dem streitigen Patent wusste oder wissen musste, wiederum entlasten.

4. Widerruf und Nichtigkeit

Im Vereinigten Königreich sind die Fragen der materiellrechtlichen Patentverletzung und der Nichtigkeit des Patents derart untrennbar miteinander verknüpft, dass sie als Einheit behandelt werden[526]. So steht es den englischen Gerichten frei, im Rahmen eines Verletzungsverfahrens mit Wirkung nur zwischen den Parteien auch über die Nichtigkeit eines Patents zu entscheiden oder im Fall einer Widerklage dessen Widerruf anzuordnen[527]. Ein separates Nichtigkeitsverfahren vor einem speziellen Gericht, wie in Deutschland, kennen die englischen Gerichte hingegen nicht.

---

[521] Hierzu Sievers 1998, 186ff; Hess 1987, 71ff.
[522] General Tire and Rubber Co v Firestone Tyre and Rubber Co Ltd [1976] RPC 197 (213).
[523] General Tire and Rubber Co v Firestone Tyre and Rubber Co Ltd [1976] RPC 197 (212). Zu den praktischen Problemen dieser Vermutung Hess 1987, 72f.
[524] Hess 1987, 75f. Es ist daher zu untersuchen, welche Lizenzgebühr der Beklagte bei ordnungsgemäßem Vorgehen hätte entrichten müssen.
[525] S 62 (1) Patents Act 1977.
[526] Grabinski GRUR Int 2001, 199 (208).
[527] Zu den Auswirkungen dieses Verständnisses auf die Auslegung der Zuständigkeitsregeln, insbesondere Art 22 Nr 4 EuGVO, im Folgenden 2. Kapitel: § 1. B. II. 4. b. (4)

5. Internationale Ebene[528]

Bereits das Patentgesetz von 1883 ermöglichte im Vereinigten Königreich Patentanmeldungen von Staatsangehörigen der Verbandsländer der PVÜ[529]. Heute finden sich die entsprechenden Vorschriften in s. 5, 90 Patents Act 1977. Mitglied der PVÜ ist das Vereinigte Königreich seit dem 7.7.1884[530]. Vertragsstaat des PCT wurde das Vereinigte Königreich zum 24.1.1978[531]. Seit 26.4.1970 ist das Vereinigte Königreich Mitglied der WIPO[532]. Das EPÜ ist im Vereinigten Königreich zum 7.10.1977 rechtswirksam geworden[533].

§ 4. Vergleich des materiellrechtlichen Schutzes im deutschen und englischen Recht

Trotz zahlreicher Harmonisierungstendenzen auf europäischer Ebene konnte bislang auf keinem der zuvor besprochenen Gebiete ein einheitlicher Rechtsschutzstandard geschaffen werden. Die größten Differenzen ergeben sich im Bereich des Persönlichkeitsschutzes.

A. Persönlichkeitsrechtsschutz

Bei der Frage, ob es ein allgemeines Persönlichkeitsrecht oder daneben eine Vielzahl von Persönlichkeitsrechten gibt, wird im anglo-amerikanischen Rechtskreis, wenn dies überhaupt diskutiert wird, allenfalls ein *right to privacy* erwähnt[534]. Dabei wird jedoch nicht auf verschiedene Rechtsgüter Bezug genommen, sondern vielmehr von verschiedenen verletzenden Handlungsweisen ausgegangen, wie etwa dem Eindringen auf einem Grundstück als *tort of trespass to land.*
In Deutschland wird der zivilrechtliche Schutz durch Rückgriff auf die Generalklausel des § 823 (1) BGB gewährleistet, wo unmittelbar geschützte Rechtsgüter aufgeführt sind, der aber als Generalnorm auch offen für neue zu schützende Rechte ist. Nach dieser Definition der geschützten Güter wird erst in einem weiteren Schritt festgestellt, welche Handlungen das Rechtsgut verletzt haben und welche Rechtsfolgen daran zu knüpfen sind. Indem im Vereinigten Königreich gerade umgekehrt nicht auf das spezielle Rechtsgut der Persönlichkeit[535], sondern nur auf einzelne Handlungsweisen eingegangen wird, muss auf deliktsrechtliche Einzeltatbestände, die sogenannten *torts*

[528] Zu den einzelnen Übereinkommen ausführlich oben 1. Kapitel: § 2. C. II.
[529] S 103 Patents, Design and Trade Mark Act 1883.
[530] Vergleiche die Übersicht in GRUR Int 2002, 422 (424).
[531] Vergleiche die Übersicht in GRUR Int 2002, 422 (430).
[532] Übersicht in GRUR Int 2002, 420 (422).
[533] Übersicht in GRUR Int 2002, 420 (430).
[534] V Bar, Deliktsrecht II 1999, Rz 81.
[535] Anders ist dies nur im Bereich der Ehrverletzungen, wo ein unmittelbarer Schutz der Persönlichkeit durch das *tort of defamation* gewährleistet ist.

zurückgegriffen werden, die in keinem direkten Zusammenhang mit dem Persönlichkeitsrechtsschutz stehen und nur zufällig für vergleichbare Handlungen Schutz gewähren. Hierdurch wird deutlich, dass beide Rechtskreise noch in ihrem eigenen systematischen Denkzusammenhang verhaftet sind, so dass nach wie vor unterschiedliche dogmatische Figuren dieselben einschlägigen Lebenssachverhalte auf verschiedene Weise ordnen und lösen. Diese Diskrepanzen sollten nur dann eine Rolle spielen, wenn dadurch für den Schutz der Persönlichkeit ein unterschiedlicher Schutzstandard in Europa geschaffen wird.

Doch auch nach Umsetzung der EMRK durch den HRA 1998 erscheint der Schutz der Persönlichkeit zu Gunsten der Pressefreiheit im Vereinigten Königreich im Vergleich zu Deutschland immer noch stark im Hintergrund zu stehen. In beiden Rechtsordnungen werden die beteiligten Interessen unterschiedlich gewichtet. Sowohl im englischen Recht als auch im deutschen Recht werden zur Feststellung einer Verletzung Abwägungen der widerstreitenden Interessen vorgenommen. Trotz des strengen Rechts der Ehrverletzungen im Vereinigten Königreich überwiegt dort die Meinungs- und Pressefreiheit gegenüber dem Individualschutz[536], während in Deutschland diese Abwägung eher gleichwertig ausfällt. Im Vereinigten Königreich liegt der Ausgangspunkt hierfür zunächst oberflächlich betrachtet bei Präzedenzfällen, während er in Deutschland bei einer Norm liegt. Doch entwickelt sich auch in Deutschland der Schutz der Persönlichkeit bei genauerer Betrachtung durch die Herausbildung von (nicht abschließenden) Fallgruppen[537].

Abschließend betrachtet bietet das englische Recht einen sehr starken Schutz vor unrichtigen Zeugnissen, während es vor verletzenden Wahrheiten immer noch nur unzureichend schützt[538]. Der Einzelne erfährt noch nicht einmal innerhalb seines räumlichen Privatbereichs umfassenden Schutz[539], da er darauf angewiesen ist, dass bestehende Rechtsgrundlagen, von denen keine im direkten Zusammenhang mit dem Recht auf Privatleben steht, ihm möglicherweise Schutz gewähren. Der Persönlichkeitsschutz im englischen Recht ist also tatbestandlich wesentlich enger als im deutschen Recht. Damit wirkt sich negativ für den Geschädigten aus, dass in England die Persönlichkeitsgüter nur reflexartig geschützt werden und gerade Gefühlsschäden

---

[536] Beater 1996, 23, die Meinungs- und Pressefreiheit wird als eines der höchsten Güter der Demokratie im Vereinigten Königreich angesehen. Die Beschränkungen durch das Recht des Schutzes der persönlichen Ehre werden durch Privilegierungen der Presse und die zurückhaltende Gewährung einstweiliger Verfügungen vor Veröffentlichungen wieder entschärft

[537] In diesem Kapitel oben 1. Kapitel: § 2. A. I. 1. Damit ist der traditionelle Unterschied zwischen dem einzelfallbezogenen Ansatz des anglo-amerikanischen Rechtskreises und dem sich vom theoretischen Ansatz her an gesetzlichen rechtlichen vorgaben orientierende *Civil Law* nur methodischer Natur. Von der Praxis aus betrachtet sind die Unterschiede zwischen den beiden Systemen jedoch gering.

[538] Dennoch ist die aktuelle Rechtsprechung zu beachten, die fortlaufend den Tatbestand des *breach of confidence* modifiziert, zusätzlich das Datenschutzgesetz heranzieht oder gar über ein neues *law of privacy* oder einen eigenständigen *tort* nachdenkt um einen ausreichenden Schutz der Persönlichkeit zu gewährleisten, hierzu oben 1. Kapitel: § 3. A. III. 3.

[539] Soviel zu dem Ausspruch „*my home is my castle*"!

(noch)[540] nicht vom Schutzzweck dieser außerhalb des Ehrenschutzes einschlägigen Tatbestände erfasst sind. Effektiver Persönlichkeitsrechtsschutz ist somit, abgesehen vom Schutz der Ehre im Rahmen von *defamation*, nur schwer zu erlangen[541].

Allerdings kommt der Kläger im englischen Ehrenschutzprozess in den Genuss einer *jury*, die zumeist den Umfang des Schadensersatzanspruchs großzügig bemisst[542]. Dafür werden Verletzte in England durch die hohen Kosten einer solchen Ehrenschutzklage oftmals von der Geltendmachung ihrer Rechte abgehalten[543].
Da nach englischem Recht Schadensersatz stets in Geld zu leisten ist und dem angloamerikanischen Rechtskreis damit ein Zwang zur Naturalrestitution fremd ist, kennt es keine Verurteilung zur Richtigstellung oder zum Widerruf[544].
Des Weiteren existiert im englischen Recht kein Gegendarstellungsanspruch nach deutschem Verständnis, da ein Anspruch auf Veröffentlichung einer Gegendarstellung nach englischem Verständnis gegen die Pressefreiheit verstoßen würde[545].

Insgesamt weicht der Rechtsschutz daher in England im Bereich des Persönlichkeitsschutzes stark vom deutschen System ab[546]. Folglich ist wiederum die Frage nach dem zuständigen Gericht, dem Umfang seiner Kognitionsbefugnis und des anzuwendenden Rechts bei grenzüberschreitenden Sachverhalten entscheidend für den Ausgang des Rechtsstreits.

B. Immaterialgüterrechtsschutz

Im Bereich des Immaterialgüterrechtsschutzes hingegen haben die internationalen Konventionen zu einer verstärkten Angleichung der Schutzstandards in Deutschland und dem Vereinigten Königreich geführt[547]. Dennoch bewirken auch in diesem Rechtsbereich die unterschiedlichen Traditionen der Rechtskreise gewisse Ungleichheiten.

---

540 Zu einer möglichen Entwicklung, Witzleb 2002, 377.
541 Beater 1996, 79, geht für den Bereich des Presseschutz so weit, den Persönlichkeitsrechtsschutz in England als „schlicht inkonsequent und widersprüchlich" zu bezeichnen.
542 Das Entschädigungsniveau in beiden Länden hat sich noch lange nicht angeglichen, hierzu oben 1. Kapitel: § 3. A. II.
543 Bereits oben 1. Kapitel: § 3. A. II.
544 Beater 1996, 21 Fn 63.
545 Vergleich oben 1. Kapitel: § 3. A. II. zu den außergerichtlichen Möglichkeiten eines *„right to reply"*.
546 Allerdings bleibt die Entwicklung in der Rechtsprechung zur Etablierung eines eigenen *right to privacy* abzuwarten, Singh, Privacy 1999, 169 ff; oben 1. Kapitel: § 3. A. I.
547 Hierzu vergleiche oben zum Urheberrecht 1. Kapitel: § 2. B. V. und zum Patentrecht 1. Kapitel: § 2. C. II.

I. Urheberrecht

Im Bereich des Urheberrechtsschutzes bestehen zwischen den verglichenen Ländern grundsätzliche Systemunterschiede[548], die sich aber aufgrund der fortschreitenden internationalen Harmonisierung des Urheberrechts auf Rechtsschutzebene nicht mehr im vollen Umfang auswirken.

Ein Vergleich insbesondere der Regelungen des Urheberpersönlichkeitsschutzes in Deutschland und dem Vereinigten Königreich macht zwar deutlich, dass nach englischem Verständnis das Werk und nicht dessen Schöpfer im Vordergrund steht und somit die Beziehung des Schöpfers zu seinem Werk weniger umfassend geschützt ist als in Deutschland. Eine Begründung hierfür liegt in der Rechtsentwicklung im Vereinigten Königreich, die im Bereich des *copyright* vor allem von den Interessen der Erstverwerter, also der Verleger, beeinflusst war und damit deren Verwertungsinteressen vor die Interessen des Schöpfers gestellt hat[549].

Beide Urheberrechtssysteme, das kontinentaleuropäische *Droit d'Auteur* und das anglo-amerikanische *Producer- Copyright*, verfolgen jedoch das gleiche Ziel: Beiden geht es um den Schutz von Werken der Literatur und Kunst, wie ihn die Berner Übereinkunft festlegt, auch wenn sie für dessen Erreichung unterschiedliche Methoden entwickelt haben.
Der Unterschied zwischen den kontinentaleuropäischen Ländern, die den Rechtsschutz aufteilen in Urheberrechtsschutz auf der einen und Schutz der verwandten Rechte auf der anderen Seite, und den vom *common law* geprägten Ländern, die diese Rechte nahezu vollständig unter den *copyright*- Schutz stellen und lediglich die Rechte der ausübenden Künstler ausklammern, ist jedoch nahezu ausschließlich begrifflicher Natur. Im Ergebnis entsprechen sich grundsätzlich die Schutzstandards beider Systeme[550].
Aus einer solchen uneinheitlichen Zuordnung können sich jedoch aus den jeweiligen Konventionen unterschiedliche internationale Verpflichtungen ergeben[551]. Denn je nachdem, ob ein Ansatz eine bestimmte Leistung nicht als ein schöpferisches Geisteswerk ansieht und daher statt Urheberrechtsschutz den Schutz verwandter Rechte gewährt, sind hierfür nicht die Mindeststandards der RBÜ, sondern allenfalls die des Rom- Abkommens für die Leistungsschutzrechte maßgebend. Dies gilt dann innerhalb eines Staates sogleich für die Behandlung von Leistungen, die aus einem anderen Land stammen, welches diese Leistungen hingegen unter den Urheberrechtsschutz fasst und somit die Mindestschutzstandards der RBÜ anwenden würde. Folglich ist eine

---

548 *Droit d'Auteur* auf der einen, *Producer-Copyright* auf der anderen Seite; die dualistische Sichtweise gegenüber dem monistischen Verständnis; die Einteilung in Urheberrechte im klassischen Sinn und verwandte Schutzrechte gegenüber der Einordnung unter ein weit gefasstes *copyright* oder unter die *rights in performances*.
549 Hierzu auch Jahn 1994, 156 f.
550 Goldstein 2001, 11, 274.
551 Goldstein 2001, 11.

unterschiedliche Behandlung derselben Leistungen, je nachdem in welchem Rechtssystem sie geprüft werden, vorprogrammiert.
Auch bezüglich der Anerkennung und Realisierung des Urheberpersönlichkeitsrechts, der rechtlichen Stellung von angestellten Urhebern und vereinzelten Rechtsschutzkriterien verbleiben noch Differenzen.
Mit der Einführung der *moral rights* in den CDPA 1988 kann jedoch eine gewisse Annäherung des *Copyright- Producer-* Systems an das kontinentaleuropäische Urheberrechtsverständnis verzeichnet werden[552].

Insgesamt kann, trotz eines gewissen Entgegenkommens der unterschiedlichen Urheberrechtssysteme, den Harmonisierungsbestrebungen des europäischen Gesetzgebers[553] und den Zusammenschlüssen in internationalen Verbänden, noch nicht von einem vereinheitlichen europäischen Urheberrecht gesprochen werden.

Die Entscheidung für ein bestimmtes Forum zur Durchsetzung seiner Rechte und damit indirekt für das anwendbare Recht, das sich gerade nach dem IPR des Forumstaates bestimmt, ist somit auch für den Inhaber eines Urheberrechts immer noch streitentscheidend[554].

II. Patentrecht

Die grundsätzlichen Kernpunkte des materiellen Patentrechts in Deutschland und dem Vereinigten Königreich sind ausgehend von den internationalen Abkommen[555] und dem EPÜ harmonisiert worden. Durch die Umsetzung vor allem des europäischen Patentrechts in das materielle Recht beider Länder wurden bestehende Systemunterschiede beseitigt, so dass im Bereich des Patentrechts die geringsten nationalen Unterschiede zu verzeichnen sind. Dennoch existieren immer noch einzelstaatliche Besonderheiten, insbesondere bei der Auslegung des Schutzbereichs[556], die auf die Entscheidungen der Gerichte Einfluss nehmen können.

---

[552] Nach Ellins 1997, 375 darf dies jedoch nicht darüber hinwegtäuschen, dass im Zuge der praktischen Ausgestaltung wesentlicher Einzelaspekte immer noch die grundlegenden Betrachtungen völlig verschieden sind.
[553] Spindler GRUR Int 2002, 105 (120).
[554] Goldstein 2001, 90.
[555] Hierzu oben unter 1. Kapitel: § 2. C. II. und 1. Kapitel: § 3. B. II. 5.
[556] Vergleiche oben 1. Kapitel: § 3. B. II. 3. a.

2. Kapitel: Gegenwärtiger prozessualer und kollisionsrechtlicher Stand des Persönlichkeits- und Immaterialgüterrechtsschutzes

In diesem Kapitel soll gezeigt werden, wie Gerichte in Deutschland und dem Vereinigten Königreich mit der Frage umgehen, ob ein Richter eine Entscheidung fällen darf, die ausländische Schutzrechte einschließt. Dies wird sowohl unter dem Gesichtspunkt des autonomen Rechts als auch des Gemeinschaftsrechts untersucht. Sodann ist darzustellen, inwieweit das Gericht über den Sachverhalt entscheiden darf, und schließlich, nach welchem Recht es seine Entscheidung trifft.
Hierfür ist zunächst das generelle Vorgehen im Rahmen der Bestimmung der internationalen Zuständigkeit zu klären.

§ 1. Grundlagen der internationalen Zuständigkeit

Grundsätzlich bestimmen die einzelnen Staaten selbst nach ihrem autonomen nationalen Prozessrecht über die internationale Zuständigkeit ihrer Gerichte[557]. In Europa wurde seither das internationale Zuständigkeitsrecht als staatsvertragliches Einheitsrecht und nun seit 1.3.2002 größtenteils in Form Europäischen Gemeinschaftsrechts geregelt[558]. Schließlich gibt es auch Ansätze zu einer weltweiten Regelung der Zuständigkeit und Vollstreckung[559].

A. Autonomes Recht

I. Deutsche Rechtsordnung

1. Allgemeiner Gerichtsstand §§ 12, 13 ZPO

a. Grundsatz

Die deutsche Rechtsordnung kennt nur vereinzelt Vorschriften über die internationale Zuständigkeit[560] und behilft sich daher mit dem Grundsatz der Bifunktionalität[561] der örtlichen Zuständigkeitsnormen. Danach werden die Regeln der örtlichen Zuständigkeit auf die internationale Ebene übertragen, indem die örtliche Zuständigkeit die internationale Zuständigkeit indiziert[562]. Im deutschen Zivilprozessrecht ist daher die internationale Zuständigkeit grundsätzlich den Vorschriften über die örtliche Zuständigkeit zu entnehmen.

---

557 Vergleiche hierzu im Folgenden unter 2. Kapitel: § 1. A. zum englischen und deutschen autonomen Zuständigkeitsrecht.
558 Im Folgenden unter 2. Kapitel: § 1. B.
559 Hierzu im Folgenden 2. Kapitel: § 1. C. II.
560 Etwa §§ 606 a (1), 640 a (2), 661 (3) ZPO.
561 Zur teilweisen Durchbrechung dieses Grundsatzes, Schack IZVR, 2002 Rz 237.
562 Allgemeine Meinung, Urteil v 18.4.1985 BGHZ 94, 156 (157f); BGH Urteil v 2.7.1991 BGHZ 115, 90 (91).

Auf die autonomen Vorschriften der ZPO ist jedoch nur dann zurückzugreifen, wenn die mit ihrem In Kraft Treten in Deutschland unmittelbar geltende EuGVO[563] als sekundäres Gemeinschaftsrecht nicht anwendbar ist[564].

Nach §§ 12, 13 ZPO sind daher die deutschen Gerichte für Klagen gegenüber natürlichen Personen international zuständig, wenn deren Wohnsitz oder gewöhnlicher Aufenthalt im Inland liegt[565]. Für juristische Personen entspricht dem Wohnsitz als allgemeinen Gerichtsstand nach § 17 ZPO deren Sitz[566].

b. Spezielle Zuständigkeitskonzentrationen

Die Zuständigkeit erfährt in bestimmten Fällen durch Spezialregelungen gewisse Veränderungen, indem für manche Gebiete räumlich erweiterte Bezirke geschaffen worden sind:
Nach § 143 PatG findet für in- und ausländische Patentstreitigkeiten eine Zuständigkeitskonzentration auf die Patentstreitkammern der durch Landesverordnung näher bestimmten Landgerichte statt[567]. Diese sind ausschließlich zuständig. Erstinstanzlich und zweitinstanzlich sind die Patentstreitkammern beziehungsweise -senate der OLG jeweils mit drei Berufsrichtern besetzt, die grundsätzlich über keine technische Ausbildung verfügen. Dem muss im Prozess durch entsprechende Aufbereitung der technischen Fragen Rechnung getragen werden.

---

[563] Seit dem 1.3.2002 gilt in allen EU-Staaten mit Ausnahme Dänemarks die EuGVO, Verordnung (EG) Nr 44/2001 vom 22.12.2000 über die gerichtliche Zuständigkeit und die Anerkennung und Vollstreckung von Entscheidung in Zivil- und Handelssachen (EuGVO), ABl EG 2001 L 12, 1ff. Zuvor galt das EuGVÜ als selbständiger völkerrechtlicher Vertrag, der gerade kein primäres oder sekundäres Gemeinschaftsrecht darstellte; Übereinkommen über die gerichtliche Zuständigkeit und die Vollstreckung gerichtlicher Entscheidungen in Zivil- und Handelssachen (EuGVÜ) vom 27.9.1968, BGBl 1973 II, 60, und das Protokoll betreffend die Auslegung dieses Übereinkommens vom 3.6.1971, BGBl II 1972, 846; für die Bundesrepublik Deutschland am 1.9.1975, BGBl II 1975, 1138 in Kraft getreten. Durch den EU- Beitritt von Finnland, Österreich und Schweden wurde das vierte Beitrittsübereinkommen vom 29.11.1996 erforderlich, BGBl II 1998, 1411, welches in Deutschland am 1.1.1999, in Kraft trat, BGBl II 1999, 419. Im Vereinigten Königreich ist dies Fassung des EuGVÜ erst zum 1.1.2001 in Kraft getreten, BGBl II 2001, 40 und damit im Verhältnis zur Bundesrepublik Deutschland erst seitdem anwendbar. Mittlerweile ist das EuGVÜ nur noch im Verhältnis der Mitgliedstaaten zu Dänemark anzuwenden. Ausführlich zur EuGVO im Folgenden 2. Kapitel: § 1. B.

[564] Kropholler, EuZPR 2002 Einl Rz 19.

[565] Der Wohnsitz wird für In- und Ausländer stets de lege fori bestimmt, also §§ 7 ff BGB, BGH Urteil v 6.12.1975 WM 1975, 915. Nach § 16 ZPO ist hilfsweise auf den schlichten Aufenthalt zurückzugreifen, wenn sich ein Wohnsitz weder im Inland noch im Ausland feststellen lässt. Diese Art gesetzlicher Notzuständigkeit vergleicht Schack, IZVR 2002, Rz 246 mit der im englischen autonomen Recht bestehenden „*tag jurisdicition*", hierzu im Folgenden Fn 694.

[566] Nach § 17 (1) 1 ZPO ist dies grundsätzlich der satzungsmäßige Sitz. Liegt ein solcher nicht vor, so ist auf den Verwaltungssitz nach § 17 (1) 2 ZPO zurückzugreifen, Schack, IZVR 2002, Rz 251; Grabinski GRUR Int 2001, 199 (202). In diesem Zusammenhang spielt das kollisionsrechtliche Problem um Sitz- oder Gründungstheorie, welches auch im Rahmen der Parteifähigkeit eine Rolle spielt und die Frage ob die Sitztheorie mit der in Art 43 in Verbindung mit Art 48 EG garantierten Niederlassungsfreiheit vereinbar ist, keine Rolle, vergleiche EUGH Urteil v 9.3.1999 Rs C – 212/97, Slg 1999 I 1484 - Centros Ltd v Erhvers- og Selskabsstyrelsen; weiterführend Behrens IPRAX 2000, 384ff; Forsthoff, BB 2002, 318-321.

[567] Benkhard/Rogge, PatG 1993, § 143 Rz 6.

Eine ähnliche Konzentrationsermächtigung findet sich auch in § 105 UrhG für Urheberrechtsstreitigkeiten wieder, von der die Länder in den meisten Fällen auch Gebrauch gemacht haben[568].

Für Persönlichkeitsrechtsverletzungen ist eine solche Möglichkeit zur Verschiebung der Grenzen der örtlichen Zuständigkeit auf bestimmte Amts- oder Landgerichte nicht vorgesehen.

c. Reichweite der Entscheidungsbefugnis

Am allgemeinen Gerichtsstand der §§ 12, 13 ZPO verfügen die deutschen Gerichte über eine umfassende Kognitionsbefugnis, so dass sie auch über im Ausland begangenen Verletzungen entscheiden können[569].

Für Urheberrechts- und Patentstreitigkeiten bestehen diesbezüglich keine Besonderheiten am allgemeinen Gerichtsstand[570]. Im autonomen deutschen Prozessrecht bestehen keine territorialen Vorbehalte mehr, welche deutsche Gerichte am allgemeinen Gerichtsstand daran hindern würden, für die Verletzung ausländischer Schutzrechte Schadensersatzansprüche oder Unterlassungsgebote auszusprechen[571].

Für die nach §§ 12, 13 ZPO international zuständigen Gerichte spielt das Territorialitätsprinzip auf Zuständigkeitsebene keine Rolle. Es ist daher selbstverständlich, dass wegen der Verletzung sämtlicher ausländischen Immaterialgüterrechte vor deutschen

---

[568] Nachweise bei Schricker/Wild, UrhR 1999, § 105 Rz 3. Die Spezialzuweisung erfasst jedoch nicht Streitigkeiten wegen der Verletzung des Rechts am eigenen Bild nach §§ 22 ff KUG, LG Mannheim Beschluss v 21.12.1984 GRUR 1985, 291f. Das besondere Persönlichkeitsrecht unterfällt trotz seiner Erwähnung in § 141 Nr 5 UrhG den allgemeinen Regeln; zum Recht am eigenen Bild oben 1. Kapitel: § 2. A. II. 2.

[569] Insbesondere im Immaterialgüterrecht war lange Zeit umstritten, wie weit die Entscheidungsbefugnis deutscher Gerichte reicht, Bornkamm, Grenzüberschreitende Unterlassungsklagen 2000, 127 (131); Stauder GRUR Int 1997, 859; Stauder GRUR Int 1976, 465 (474). Bereits 1930 hat das RG Urteil v 8.7.1930 RGZ 129, 385 (388) - Norsk Vacuum Oil / Eagle Oil entschieden, es gebe keinen Grund mehr dafür, dass ein Anspruch wegen Verletzung eines ausländischen Warenzeichens im Ausland in Deutschland nicht einklagbar sei. Dieser Entscheidung hat sich der BGH 1956 im Hinblick auf die Verletzung einer portugiesischen Marke angeschlossen, BGH Urteil v 2.10.1956 BGHZ 22, 1 (13) - Flava Erdgold, wo er den prozessualen Aspekt der Territorialität aufgegeben hat; Schack, IZVR 2002, Rz 509; Kieninger GRUR Int 1998, 280 (290); Heldrich, Internationale Zuständigkeit 1969, 199; Riezler 1949, 86.

[570] Schack, IZVR 2002, Rz 509. Die in vorangegangener Fußnote dargestellte Rechtsprechung des RG und des BGH bezüglich der Verletzungen ausländischer Warenzeichen ist erst recht auf das Urheberrecht zu übertragen, da dieses bereits ohne staatlichen Registrierakt entsteht, Schricker/Katzenberger, UrhR 1999, vor §§ 120 ff Rz 112. Für Patentstreitigkeit wird allenfalls bezüglich Unterlassungsgeboten Zurückhaltung geübt, Benkhard /Bruchhausen, PatG 1993, § 9 Rz 13; Busse/Keukenschrijver, PatG 1999, § 143 Rz 19; vergleiche aber LG Düsseldorf Urteil v 1.2.1994- 4 O 193/87- Kettenbandförderer III, in dem das Gericht dennoch auf Grundlage des EuGVÜ ein grenzüberschreitendes Unterlassungsverbot erlassen hat; hierzu Zigann 2002, 54f. Grundsätzlich kann vor deutschen Gerichten über ausländische Patentverletzungen am allgemeinen Gerichtsstand entschieden werden, LG Düsseldorf v 27.10.1966 GRUR Int 1968, 101 (102) - Frauenthermometer.

[571] Bornkamm, Grenzüberschreitende Unterlassungsklagen, 2000, 127 (130f) mit weiteren Nachweisen.

Gerichten geklagt werden kann, sobald deren internationale Zuständigkeit[572] am allgemeinen Gerichtsstand eröffnet ist[573].

2. Besonderer Gerichtsstand der unerlaubten Handlung, § 32 ZPO

§ 32 ZPO ermöglicht es dem Kläger, seine Ansprüche an einem besonderen, streitgegenstandsbezogenen Gerichtsstand geltend zu machen.
Der Tatortgerichtsstand ist für Klagen aus unerlaubter Handlung eröffnet.
Eine solche unerlaubte Handlung kann sowohl an dem Ort, an dem der Schädiger gehandelt hat, als auch an dem Ort, an dem der schädigende Erfolg eingetreten und damit das geschützte Rechtsgut verletzt worden ist, begangen werden[574]. An beiden Orten kann sich nach Wahl des Klägers die internationale Zuständigkeit ergeben, da die unerlaubte Handlung als überall begangen gilt, wo sich ein wesentlicher Teil des Tatbestandes ereignet hat[575]. Der Ort des bloßen Schadeneintritts ist in Deutschland sowohl für die örtliche als auch für die internationale Zuständigkeit unbeachtlich[576].

a. Qualifikation der unerlaubten Handlung

Um herauszufinden, ob eine Persönlichkeitsrechtsverletzung vorliegt, muss der vorgetragene Sachverhalt als Eingriff in das Persönlichkeitsrecht beurteilt und dadurch als Persönlichkeitsrechtsverletzung qualifiziert werden können[577]. Im deutschen autonomen Recht liefert die *lex fori* die Orientierungshilfen, nach denen eine Verletzungshandlung zu qualifizieren ist[578]. Deutsches materielles Zivilrecht ist damit

---

[572] Peinze 2002, 52ff sieht hierin kein Problem der internationalen Zuständigkeit oder der entsprechenden Entscheidungsbefugnis der Gerichte, sondern fasst dies unter den Begriff der Justitiabilität. Riezler 1949, 86, 230 spricht hingegen von sachlicher internationaler Unzuständigkeit, die gerade nicht aus der nur territorialen Geltung gewisser Schutzrechte gefolgert werden dürfe, hierzu auch Geimer, IZPR 2001, Rz 994ff.
Letztlich steht die autonome Entscheidung eines Staates in Frage, ob und in welchem Umfang dieser seine grundsätzlich bestehende Jurisdiktionshoheit in grenzüberschreitenden Fällen ausüben will, Nagel/Gottwald 2002, § 3 Rz 202, und damit die Bestimmung der internationalen Zuständigkeit zumindest bei Verletzungsprozessen, so auch Geimer, IZPR 2001, Rz 1007. Solange es jedoch nur um die Möglichkeit der Geltendmachung von Schutzrechtsverletzungen am allgemeinen Gerichtsstand geht, wirkt sich die unterschiedliche Terminologie nicht auf das eigentliche Problem aus.

[573] Schack, IZVR 2002, Rz 509; v Meibom/Pitz MittDPatAnw 1996, 181 (182); Tetzner GRUR 1976, 669.

[574] BGH Urteil v 20.12.1963 BGHZ 40, 391 (394).

[575] Diese Wahlmöglichkeit zwischen Handlungs- und Erfolgsort soll dem Kläger die Rechtverfolgung erleichtern und gründet auf der Gleichwertigkeit aller Tatbestandsmerkmale, RG Urteil v 18.10.1909 RGZ 72, 41 (43). Dieses sogenannte Ubiquitätsprinzip ist nicht nur im Rahmen der Auslegung des § 32 ZPO, sondern auch bei der Ermittlung des anwendbaren materiellen Rechts anzuwenden.

[576] Herrschende Meinung, BGH Urteil v 14.5.1969 BGHZ 52, 108 (111); BGH Urteil v 3.5.1977 NJW 1977, 1590 – Profil; BGH Urteil v 24.9.1986 BGHZ 98, 263 (275); Schack, IZVR 2002, Rz 304; Staudinger/v Hoffmann 2001, Art 40 Rz 24; Stein/Jonas/Schumann, ZPO I 1993, § 32 Rz 7a; nur dann, wenn der Schadenseintritt selbst zum Tatbestand der Rechtsverletzung gehört, ist der Ort des Schadeneintritts Verletzungs- und damit Begehungsort, BGH Urteil v 20.12.1963 BGHZ 40, 395.

[577] Zum Verwendung des Begriffs im internationalen Zivilverfahrensrechts bereits oben 1. Kapitel: § 1. A.

[578] BGH Urteil v 2.10.1997 BGHZ 136, 380 (389) - Spielbankaffaire; Nagel/Gottwald 2002, § 3 Rz 255; Zöller/Vollkommer 2002, § 32 Rz 4; Staudinger/v Hoffmann 2001, Art 40 Rz 412; MünchKomm/Patzina, I

maßgebend, ob der geltend gemachte Anspruch ein Anspruch aus unerlaubter Handlung ist. Deutsches Prozessrecht legt außerdem fest, ob die internationale Zuständigkeit deutscher Gerichte eröffnet ist, so dass diese nicht von ausländischem Recht abhängig ist. Der Begriff der unerlaubten Handlung in § 32 ZPO ist denn auch weiter zu verstehen als in § 823 BGB selbst[579] und umfasst damit insbesondere Fälle der Gefährdungshaftung[580].

Das Vorliegen einer unerlaubten Handlung hat zweifache Bedeutung und ist sowohl für Zuständigkeit als auch Begründetheit der Klage maßgeblich[581]: Zum einen ist es Tatbestandsmerkmal von § 32 ZPO und damit Voraussetzung für die Eröffnung des Gerichtsstandes. Gleichzeitig ist es Voraussetzung dafür, dass der im Prozess geltend gemachte Anspruch auch materiellrechtlich besteht. Für die Entscheidungszuständigkeit müssen diese sogenannten doppelrelevanten Tatsachen grundsätzlich nicht bewiesen werden[582]. Für deren Annahme genügt nach deutschem Recht der schlüssige Vortrag der die Zuständigkeit begründenden Tatsachen[583]. Beweis über die Zuständigkeitstatsachen ist zu diesem Zeitpunkt nur dann zu erbringen, wenn der Beklagte die Behauptungen rechtzeitig bestritten hat und die Tatsachen für die Begründetheitsprüfung nicht erheblich und damit aber auch nicht doppelrelevant sind[584]. Die Verknüpfung von Prozessrecht und materiellem Recht macht es hingegen nicht erforderlich, im Rahmen der Zulässigkeitsprüfung endgültig über die stattgefundene Handlung zu entscheiden. Hierdurch würde nur in diesem frühen Stadium eine Vorentscheidung über den geltend gemachten Anspruch getroffen, so dass ein Prozess am Tatort nur dann geführt werden kann, wenn sich dort tatsächlich eine unerlaubte Handlung zugetragen hat. Es ist jedoch gerade nicht zwingend, dass zulässige Klagen stets auch begründet sind[585]. Nur so kann die Zulässigkeitsprüfung entlastet werden[586]. Diese Schlüssigkeitsprüfung im deutschen Recht kann jedenfalls dann mit der englischen Prüfung bezüglich des *„reasonable prospect on the merits"* und der dortigen starken Verknüpfung von Zuständigkeit und materiellem Recht verglichen werden[587], wenn an sie hohe Anforderungen gestellt werden[588].

2000, § 32 Rz 2; Stein/Jonas/Schumann, ZPO I 1993, § 32 Rz 18; anderer Ansicht Schack, IZVR 2002, Rz 299, der lege causae qualifiziert.

579 Zöller/Vollkommer 2002, § 32 Rz 4.

580 BGH Urteil v 8.1.1981 BGHZ 80, 1 (3); Zöller/Vollkommer 2002, § 32 Rz 7.

581 Zum Problem der „doppelrelevanten Tatsachen" im Rahmen der internationalen Zuständigkeit, Schumann in FS Nagel 1987, 402 (414ff).

582 BGH Urteil v 25.11.1993 BGHZ 124, 237 (240f); Schack, IZVR 2002, Rz 387.

583 BGH Urteil v 25.11.1993 BGHZ 124, 237 (240f); BGH Urteil v 24.9.1986 BGHZ 98, 263 (273f).

584 Schumann in FS Nagel 1987, 402 (416).

585 RG Urteil v 8.3.1892 RGZ 29, 371 (372); Stein/Jonas/Schumann, ZPO I 1993, § 32 Rz 16. Insbesondere können die Annahmen zur Zuständigkeit etwa in einem Zwischenurteil für das Endurteil in der Form geleugnet werden, dass die Klage doch nicht schlüssig ist und daher mangels Schlüssigkeit sachlich abgewiesen werden kann, näher Zöller/Greger 2003, § 280 Rz 7f.

586 Schack, IZVR 2002, Rz 387.

587 Im Folgenden unter 2. Kapitel: § 1. A. II. 2. b. (2) .

588 Eine umfassende Schlüssigkeitsprüfung verlangt das OLG Stuttgart Urteil v 8.12.1953 NJW 1954, 515f; enger auch Geimer, IZPR 2001, Rz 1827; Trunk IPRAX 1998, 448 (450); Mansel IPRAX 1989, 84 (86);

b. Lokalisierung des Tatorts

In Deutschland ist ebenso wie im Vereinigten Königreich der Tatort entscheidend für die Bestimmung des zuständigen Gerichts sowie maßgebliches Anknüpfungsmoment für die Frage nach dem anwendbaren Recht.
Unter Tatort im Sinne des § 32 ZPO ist sowohl der Handlungs- als auch der Erfolgsort zu verstehen[589]. Bei Fällen mit Auslandsbezug ist allein entscheidend, dass sich ein Tatort im Inland befindet[590].
Bei Distanz- oder gar Streudelikten haben sich allerdings Tatbestandsmerkmale der unerlaubten Handlung an verschiedenen Orten verwirklicht, weshalb als Tatort auch zahlreiche Handlungs- und Erfolgsorte in Betracht kommen. Wo der Tatort im Einzelnen zu lokalisieren ist, wird nicht überall auf der Welt für dieselbe Handlung gleich beantwortet. Die Bestimmung des Tatorts ist insbesondere dann problematisch, wenn Anfang und Ende der unerlaubten Handlung nicht eindeutig zu ersehen sind, weil eine Vorbereitungshandlung[591] von der eigentlichen Ausführung abzugrenzen ist. Ebenso ist die genaue Trennung des Orts der Rechtsgutsverletzung vom reinen Schadensort als Abschluss der Verletzungshandlung nicht immer offensichtlich. Die Feststellung, ob die unerlaubte Handlung durch den schädigenden Erfolg erst vollendet wird, oder ob dieser schon einen unbeachtlichen Folgeschaden darstellt und damit als reiner Schadensort unbeachtlich bleibt, gestaltet sich als schwierig.

Da zur Begründung der internationalen Zuständigkeit in Deutschland die Verwirklichung nur eines Tatbestandsmerkmals im Inland ausreicht, ist für derartige Abgrenzungen der Tatbestand der unerlaubten Handlung entscheidend[592]. Handlungs- und Erfolgsort grenzen folglich die Verletzungshandlung vom Beginn bis zu ihrem Ende genau ein.

Die Loslösung von stehenden Begriffen eines Sachrechts ist nach überwiegender Ansicht in Deutschland für die Lokalisierung des Tatorts problematisch, da nur diese festlegen, wo die Handlung tatbestandsmäßig und damit zuständigkeitsrelevant ist.

Neumann-Duesenberg NJW 1955, 696. Anders allerdings die herrschende Meinung, die auf der Ebene der Zuständigkeitsprüfung die einseitige Behauptung doppelrelevanter Tatsachen durch den Kläger grundsätzlich genügen lässt, sofern sich daraus ergibt, dass der Tatort im Gerichtsstaat liegt, BGH Urteil v 25.11.1993 BGHZ 124, 237 (241).
Außerdem gilt es zu beachten, dass trotz positiver Schlüssigkeitsprüfung im Rahmen der Zuständigkeit ein Erfolg der Klage insgesamt nicht garantiert ist.

589 So bereits das RG v 18.10.1909 RGZ 72, 42; BGH v 20.12.1963, BGHZ 40, 391; Schack, IZVR 2002, Rz 293; Stein/Jonas/Schumann, ZPO I 1993, § 32 Rz 29. Zu der Frage, ob es bei Persönlichkeits- oder Immaterialgüterrechtsverletzungen einen vom Handlungsort verschiedenen Erfolgsort gibt, vergleiche im Folgenden 3. Kapitel: § 2. A. I. 2.

590 Stein/Jonas/Schumann, ZPO I 1993, § 32 Rz 4.

591 Bloße Vorbereitungshandlung begründen keinen Tatort im Sinne des § 32 ZPO, RG Urteil v 21.3.1885 RGZ 13, 424 (425); BGH Urteil v 4.5.1956 in MDR 1957, 31 (33).

592 BGH Urteil v 25.11.1993, BGHZ 124, 245 = BGH NJW 1994, 1413 (1414); Stein/Jonas/Schumann, ZPO I 1993, § 32 Rz 29; Benkard/Rogge, PatG 1993, § 139 Rz 98 zu Patentrechtsverletzungen.

Letztlich geht es um die Frage, nach welchem Recht der Tatort bestimmt werden soll. So ergibt sich zwangsläufig eine vom normativen Verständnis einer nationalen Rechtsordnung geprägte Abgrenzung zwischen Handlungs- und Erfolgsort.

In Deutschland bestimmt der BGH den Tatort daher nach dem in der Sache anwendbaren Recht[593]. Im Einzelnen wird dabei der Tatort wie folgt konkretisiert:

Bei Persönlichkeitsrechtsverletzungen durch Massenmedien wird der Handlungsort am Erscheinungsort des Druckwerks vermutet[594], während der Erfolgsort in dessen Verbreitungsgebiet lokalisiert wird und damit dort, wo sein Inhalt dritten Personen bestimmungsgemäß zur Kenntnis gebracht wird, weil der Herausgeber die Verbreitung in dem Gebiet beabsichtigt hat oder zumindest mit ihr rechnen musste[595].

Liegt bei Patentrechtsverletzungen die Verletzung im Verkauf schutzrechtswidrig hergestellter Waren, so befindet sich ein Tatort im Sinne des § 32 ZPO sowohl dort, wo die Verletzungshandlung der Herstellung stattgefunden hat, als auch dort, wo die Ware in den Verkehr gebracht wird[596]. Allerdings können Patente und Urheberrechte nach der in Deutschland vorherrschenden Meinung nur durch Benutzungshandlungen im Schutzland verletzt werden[597], woraus grundsätzlich für Immaterialgüterrechte gefolgert wird, dass nur im jeweiligen Schutzland zuständigkeitsbegründende Tatorte gelegen sein können[598]. Die internationale Zuständigkeit nach § 32 ZPO wird also dann verneint, wenn die entscheidende Verletzung im Ausland stattgefunden hat[599].

---

[593] BGH Urteil v 24.9.1986 BGHZ 98, 263 (274) zu Art 5 Nr 3 EuGVÜ, allerdings hat hier eine Rechtswahl zugunsten deutschen Rechts stattgefunden, so dass eine Lokalisierung des Verletzungsortes für die Bestimmung der *lex causae* auf kollisionsrechtlicher Ebene nicht erfolgen musste und ein Zirkelschluss vermieden werden konnte. Zustimmend Schack, IZVR 2002, Rz 299; Schack MMR 2000, 135 (137).

[594] Dies soll letztlich der Konkretisierung des Handlungsortes durch den EuGH im Rahmen der EuGVO entsprechen, der auf den Ort der Niederlassung des Herausgebers der streitigen Veröffentlichung abstellt, EuGH Urteil v 7.3.1995 Rs 68/93, Slg 1995 I 415 (460), Shevill / Presse Alliance, so v Hein 1999, 321f. Ausführlich zum kollisionsrechtlichen Begriff des Erscheinungsorts als Handlungsort im Folgenden 2. Kapitel: § 2. A. III. 1.

[595] BGH Urteil v 3.5.1977, BGH NJW 1977, 1590 - profil; BGH Urteil v 19.12.1995, BGHZ 131, 355 = NJW 1996, 1128; OLG Hamburg Urteil v 8.12.1994, NJW-RR 1995, 790 (792); ebenso bereits RG Urteil v 10.1.1936, JW 1936, 1291 (1292); OLG München Urteil v 17.9.1986, OLGZ 1987, 216 (218), zu Art 5 Nr 3 EuGVÜ.
Damit stellt die Verbreitung von Druckerzeugnissen, deren Inhalt unerlaubt in das Persönlichkeitsrecht des Verletzten eingreift, noch einen Teil der Verletzungshandlung selbst dar und verwirklicht somit den Tatbestand der unerlaubte Handlung als eines seiner Teilstücke.

[596] Benkard/Rogge, PatG 1993, § 139 Rz 98 auch mit weiteren Beispielen zu Patentsrechtsverletzungen; Urheberrechtsverletzungen können überall dort auftreten, wo ein Nichtberechtigter eine Handlung vornimmt, wie Herstellen, Inverkehrbringen, Feilhalten, Kennzeichnen, Vervielfältigen, Aufführen, Vorführen, Senden etc; Zöller/Vollkommer 2002, § 32 Rz 17 mit weiteren Nachweisen.

[597] Zur Wirkung des materiellrechtlichen Territorialitätsprinzip auch auf die Ebene der internationalen Zuständigkeit oben 1. Kapitel: § 2. B. I. 3. und 1. Kapitel: § 2. C. I. 2.

[598] OLG Düsseldorf Urteil v 22.7.1999 IPRAX 2001, 336 (337f) – Schussfadengreifer, zu Art 5 Nr 3 EuGVÜ; Kropholler EuZPR, 2002, Art 5 Rz 66 Fn 131; Grabinski GRUR Int 2001, 199 (204); Busse/Keukenschrijver, PatG 1999, § 143 Rz 13.

[599] OLG München Urteil v 15.2.1990 NJW 1990, 3097 = ZUM 1990, 255 - Foxy Lady. Die Verbreitung des Plakats in Deutschland hat unproblematisch einen inländischen Gerichtsstand begründet, während das deutsche Gericht sich gegenüber der Vervielfältigung und Ausstellung dieses Plakats in der Schweiz für international

Dies verdeutlicht, dass sich deutsche Gerichte bei der Bestimmung des Tatorts auch auf Zuständigkeitsebene am Territorialitätsprinzip orientieren, wenn es um die Verletzung von Immaterialgüterrechten geht. Wird ein deutsches Schutzrecht verletzt, entscheidet automatisch deutsches Recht als *lex loci protectionis* und damit in der Sache anwendbares Recht, wo die Handlung stattgefunden hat[600]. Dadurch wird dem Territorialitätsprinzip neben kollisionsrechtlicher auch prozessuale und sachrechtliche Bedeutung gegeben[601].

Obwohl das Reichsgerichts 1930[602] klargestellt hat, dass das Territorialitätsprinzip keine Auswirkungen auf die Zuständigkeit einer Klage (am allgemeinen Gerichtsstand) entfaltet, sondern nur die materielle Begrenzung des Rechts festlegt und dadurch grundsätzlich Ansprüche wegen der Verletzung eines ausländischen Schutzrechts vor deutschen Gerichten verfolgt werden können[603], wird für den Deliktsgerichtsstand wieder durch die Hintertür, im Wege der Begrenzung der Verletzungshandlung, dem Territorialitätsprinzip Einfluss auf die internationale Zuständigkeit eingeräumt. Die eigentliche Konsequenz der Rechtsprechung zu §§ 12, 13 ZPO, die in der Aufgabe des prozessualen Aspekts der Terriorialität liegt und nach der der Kläger eine Entscheidung auch über alle anderen verletzten parallelen Schutzrechte erlangen kann, wird für den Deliktsgerichtsstand wieder eingeschränkt.

Nicht ausreichend sollen in jedem Fall Vorbereitungshandlungen oder die bloße Warendurchfuhr sein, wenn darüber hinaus keine weitere Verletzungshandlung stattgefunden hat[604]. Allerdings kann der Transit einer Ware durch das Inland eine internationale Zuständigkeit nach § 32 ZPO begründen, wenn anzunehmen ist, dass diese Lieferung „mit den Lieferungen in das Ausland derart verbunden sind, dass sämtliche Lieferungen als Teile einer einheitlichen Verbreitungshandlung angesehen werden könnten"[605]. Dann bleibt jedoch fraglich, wie weit der Begriff der einheitlichen unerlaubten Handlung ausgedehnt werden kann:

Nach dem BGH kann in der Durchfuhr durch das Inland ein in diesem Gebiet begangener Teil einer einheitlichen unerlaubten Verbreitungshandlung gesehen werden, wenn der weitere Vertrieb ins Ausland zumindest dort nach deutschem Sachrecht[606] eine Schutzrechtsverletzung darstellt[607].

---

unzuständig hielt. Hier werden Herstellung und Vertrieb des Plakats mangels Darlegung eines engen Zusammenhangs nicht als einheitliche Handlung angesehen.

[600] Aufgrund des Territorialitätsprinzips kann die Verletzung daher nur im Schutzland erfolgt sein, hierzu Otte IPRAX 2001, 315 (317) Fn 25; zur Wirkung des Territorialitätsprinzips auf kollisionsrechtlicher Ebene, das in die Etablierung des Schutzlandprinzips mündet, im Folgenden 2. Kapitel: § 2. A. I.

[601] In diesem Sinne auch Bornkamm, Grenzüberschreitende Unterlassungsklagen 2000, 127 (130) Fn 10.

[602] RG Urteil v 8.7.1930 RGZ 129, 385 (388) - Eagle Oil / Norsk Vacuum Oil, hierzu bereits oben 2. Kapitel: § 1. A. I. 1. c..

[603] So auch noch mal betont in LG Düsseldorf Teilurteil v 25.8.1998 GRUR Int 1999, 455 (456) - Schussfadengreifer; Benkard/Bruchhausen, PatG 1993, § 9 Rz 13.

[604] BGH Urteil v 24.7.1957 GRUR 1958, 189 (197) – Zeiß, mit Anmerkung Hefermehl (197) = BGH JZ 1958, 241 mit Anmerkung Steindorf (243); Stein/Jonas/Schumann, ZPO I 1993, § 32 Rz 30.

[605] BGH Urteil v 24.7.1957 GRUR 1958, 189 (197) – Zeiß.

[606] So muss hierfür eigentlich von einer umfassenden Geltung deutschen Rechts als einheitlicher Beurteilungsgrundlage ausgegangen werden.

Grundsätzlich werden jedoch Klageansprüche, die sich auf das Ausland beziehen, jeweils nach dem Recht des Landes beurteilt, für dessen Gebiet sie geltend gemacht werden. Daher müssen jeweils so viele Ansprüche erörtert werden, wie sie der Zahl der Länder entsprechen, in denen gehandelt wurde. Durch Heranziehen der *lex loci protectionis* werden entsprechend unterschiedliche Rechtsgrundlagen geschaffen, so dass die Gerichte diese unterschiedlichen Ansprüche nicht unter dem Gesichtspunkt einer einheitlichen unerlaubten Handlung zusammenfassen. Eine einheitliche Handlung kann daher nur angenommen werden, wenn eine einheitliche Beurteilungsgrundlage maßgebend ist[608]. Mit Hilfe des Territorialitätsprinzips schränkt der BGH diese einheitliche Beurteilungsgrundlage so ein, dass im Rahmen der unerlaubten Handlung kaum noch Teilakte konstruierbar sind, die als eigenständige Handlungen angesehen werden können[609].

Letztlich muss sich nach deutscher Rechtsprechung zumindest ein Teilakt der Verletzungshandlung im Bezirk des angerufenen Gerichts ereignet haben[610]. Am Deliktsgerichtsstand des § 32 ZPO kann in Deutschland grundsätzlich nicht über Verletzungshandlungen an Immaterialgüterrechten im Ausland entschieden werden[611]. Der Kläger kann nur dann vor dem Gericht des Tatorts Ansprüche geltend machen, soweit diese sich nicht ausschließlich auf eine Rechtsverletzung im Ausland beziehen.

c. Reichweite der Entscheidungsbefugnis im deutschen Recht

Nach der bislang in Deutschland herrschenden Meinung kann in dem Fall, in dem eine einheitliche Handlung an mehreren Orten verletzend wirkt, an jedem dieser Orte der gesamte Schaden geltend gemacht werden[612]. Eine kompetenzrechtliche

---

[607] BGH Urteil v 15.1.1957 LM Nr 22 zu § 24 WZG = GRUR 1957, 352 (353) - Pertussin II zu Warenzeichen. Hieraus hat der BGH im Zeiß-Urteil v 24.7.1957 GRUR 1958, 189 (197) gefolgert, dass die Verletzungshandlung bereits im Exportstaat beginne und erst im Importstaat, in welchem das Warenzeichen bestehe, ende. Die Durchfuhr durch Deutschland sei damit ein in diesem Gebiet begangener Teil einer unerlaubte Handlung und so geeignet einen inländischen Gerichtsstand zu begründen (abgewiesen wurde die Klage aus dem anderen Grund, dass es an der örtlichen Zuständigkeit fehlt, da der Transport nicht den Bezirk des angerufenen Gerichts berührt hatte); zweifelnd Stein/Jonas/Schumann, ZPO I 1993, § 32 Rz 30 Fn 103, Rz 32.

[608] Womit die Verknüpfung der Frage nach dem Gerichtsstand und der Frage nach dem anzuwendenden Recht deutlich wird.

[609] Eine Ausnahme wird gerade im Zeiß- Urteil des BGH v 24.7.1957 GRUR 1958, 189 (197) gemacht, so dass bereits ein Teilakt der Verletzungshandlung im Inland einen Gerichtsstand begründen kann.

[610] MünchKomm/Patzina, ZPO I 2000, § 32 Rz 20.

[611] Nach dem BGH Urteil v 24.7.1957 GRUR 1958, 189 – Zeiß, ist dies wohl dann möglich, wenn die Durchfuhr durch das Gebiet der Bundesrepublik Deutschland als selbständiger Teilakt der Verletzungshandlung erfolgt ist, deren Vertrieb im Ausland eine Verstoß gegen dortige Schutzrechte und damit nach deutschem Recht eine unerlaubte Handlung darstellen würde.

[612] Schack, IZVR 2002, Rz 306; Zöller/Geimer 2002, Anh I Art 5 Rz 31, der aber zugleich in Rz 32 auf die Ausnahme des EuGH bei Ehrverletzungen durch einen in mehreren Staaten verbreiteten Presseartikel hinweist; Geimer, IZPR 2001, Rz 867; Geimer/Schütze, EuZVR 1997, Art 5 Rz 183; Kreuzer/Klötgen IPRAX 1997, 93ff; Stein/Jonas/Schumann, ZPO I 1993, § 32 Rz 32; Schack UFITA 108 (1988) 51 (67ff); Geimer/Schütze, Urteilsanerkennung I 1 1987, 631f; Stauder GRUR Int 1986, 556ff, Anmerkung zu Cour d'Appel de Paris v 19.3.1984- Caroline von Monaco, 555; Reinmüller IPRAX 1985, 233f, Anmerkung zu Cour d'appel Paris v 19.3.1984 – Caroline v Monaco.

Aufsplitterung des Schadens wurde damit seither nicht vorgenommen[613]. Der EuGH hat mittlerweile in der *Shevill*- Entscheidung[614] zum Problem der Eingrenzung von Handlungs- und Erfolgsort bei Persönlichkeitsrechtsverletzungen Stellung genommen. Dabei hat er die Kognitionsbefugnis der Gerichte am Erfolgsort für Persönlichkeitsrechtsverletzungen auf den in diesem jeweiligen Staat entstandenen Schaden begrenzt, während die Gerichte am Niederlassungs- und damit Handlungsort für die Entscheidung über den Ersatz sämtlicher durch die Ehrverletzung entstandener Schäden zuständig sein sollen.
Fraglich ist nun zum einen, wie deutsche Gerichte in Zukunft auf dieses Urteil reagieren und zum anderen, ob sich diese Entscheidung auch auf Urheberrechte und den gewerblichen Rechtsschutz übertragen lässt[615].

Grundsätzlich erscheint eine solche Begrenzung für Immaterialgüterrechte auf Rechtsfolgenebene in Deutschland im Rahmen des Deliktsgerichtsstands nicht notwendig zu sein, da mit Hilfe des Territorialitätsprinzips der Begriff der unerlaubten Handlung auf das jeweilige Schutzland beschränkt wird[616] und somit Handlungs- und Erfolgsort auf internationaler Ebene nicht auseinanderfallen können.

Auswirkungen könnte der Ansatz des EuGH jedoch im Bereich der Persönlichkeitsrechtsverletzungen haben. Für diese wird nicht von einer territorialen Beschränkung oder Bindung an ein Schutzland ausgegangen, so dass sich einheitliche grenzüberschreitende Verletzungen ohne weiteres ereignen können. Persönlichkeitsschädigende Wirkungen durch Massenmedien, die in unterschiedlichen Ländern verbreitet werden, treten wegen der ubiquitären Verletzlichkeit der Person[617] auch in sämtlichen Verbreitungsstaaten ein[618]. Dennoch begrenzt der EuGH die Kognitionsbefugnis für Persönlichkeitsrechtsverletzungen und nimmt so eine Beschränkung der

---

[613] In der zu § 32 ZPO ergangenen Rechtsprechung ist diese Frage bislang nie explizit erörtert worden. Lediglich das Reichsgericht hat 1909 ein vergleichbares Problem entschieden, RG Urteil v 18.10.1909, RGZ 72, 41 ff: Hiernach soll die Zuständigkeit des Gerichts, in dessen Bezirk sich eine oder einige der Einzelhandlungen abgespielt haben, die zusammengesetzt mit anderen Einzelhandlungen in anderen Gerichtsbezirken eine einheitliche unerlaubte Handlung ergeben, nicht nur in dem Umfang begründet sein, in welchem Ansprüche gerade nur aus der Einzelhandlung abgeleitet werden. Die einheitliche Handlung soll nicht in Einzelhandlungen aufgesplittert werden. Begründet wurde dies mit Schwierigkeiten bei der Schadensfestsetzung hinsichtlich der einzelnen Bezirke.
Auf der Ebene des Kollisionsrechts sind in Deutschland allerdings Urteile ergangen, bei denen sich zumindest eine Problematisierung dieses Punktes angeboten hätte. Ohne jedoch die zuständigkeitsrechtlichen Fragen zu erörtern, ging auch der BGH von einer Gesamtzuständigkeit aus und beurteilte sowohl die Schäden in Frankreich als auch in Deutschland, wohin die streitgegenständlichen Druckerzeugnisse jeweils vertrieben wurden. Allerdings befand sich in Deutschland auch gleichzeitig der Herausgabeort, so dass offenbar von einer Gesamtzuständigkeit zumindest am Handlungsort ausgegangen wurde, OLG Hamburg Urteil v 8.12.1994, NJW RR 1995, 790ff; und die Revision vor dem BGH Urteil v 19.12.1995, NJW 1996, 1128f.
[614] EuGH Urteil v 7.3.1995 Rs C-68/93, Slg 1995 I 415 - Shevill / Presse Alliance.
[615] Diese Frage ist momentan wohl noch nicht geklärt, Kropholler, EuZPR 2002, Art 5 Rz 76.
[616] Zum Einfluss des Territorialitätsprinzip bei der Lokalisierung von Handlungs- und Erfolgsort oben 2. Kapitel: § 1. A. I. 2. b.
[617] Hierzu im 3. Kapitel: § 2. A. I. 2. a.
[618] OLG-Hamburg Urteil v 8.12.1994, NJW-RR 1995, 790 (792).

anknüpfungsrelevanten Tatorte auf Rechtsfolgenseite vor, um *forum shopping* einzudämmen[619], lediglich sachnahe Gerichte zu einer Entscheidung zu berufen und damit dem Ubiquitätsprinzip nur eingeschränkt Geltung zu verschaffen[620].
Eine eindeutige Stellungnahme eines nach § 32 ZPO international zuständigen deutschen Gerichts, aus der eine Beschränkung der Entscheidungsbefugnis der Gerichte des Erfolgsort auf den nur in diesem Gebiet entstandenen Schaden hervorgeht, ist bislang nicht ersichtlich.

Für Immaterialgüterrechte erlangt der Gedanke der *Shevill-* Entscheidung jedoch Bedeutung, wenn es um die Verletzung mehrerer paralleler Schutzrechte geht.
Es erscheint naheliegend, in einem der Schutzstaaten, in dem nicht zugleich der Wohnsitz des Beklagten liegt, wegen der Verletzung aller betroffenen parallelen Schutzrechte zu klagen, anstatt dort nur wegen der Verletzung des in diesem Staat geschützten Rechts vorzugehen. Nur in letzterem Fall würde der Kläger eine Zersplitterung der Zuständigkeiten in Kauf nehmen müssen.
Diese Möglichkeit unterbindet die Rechtsprechung auch unter Berufung auf die Entscheidung des EuGH zu Persönlichkeitsrechtsverletzungen. Sie bedient sich der ratio der *Shevill-* Entscheidung, um eine einschränkende Auslegung des Gerichtsstandes der unerlaubten Handlung zu rechtfertigen[621]. Der Gedanke der Sachnähe des zuständigen Gerichts soll auch in diesen Konstellationen ein Auseinanderfallen von Handlungs- und Erfolgsort verhindern. Insbesondere dürfe der Erfolgsort nicht so weit ausgelegt werde, dass darunter der Ort des Eintritts über die Grenzen weisender mittelbarer und unmittelbarer Schäden zu verstehen ist und sich dadurch außerhalb des Schutzlandes lokalisieren lasse[622].
Danach kann in Deutschland auch bei der Verletzung mehrerer paralleler Schutzrechte nur gegen die Verletzung des im Inland geschützten Rechts durch eine inländische unerlaubte Handlung am Deliktsgerichtsstand vorgegangen werden[623].

---

[619] Hohloch JuS 1995, 928 (929).

[620] Zu alternativen Methoden der Beschränkung des freien Wahlrechts des Klägers im Folgenden 3. Kapitel: § 2. B. und 3. Kapitel: § 2. C.

[621] LG Düsseldorf Teilurteil v 25.8.1998, GRUR Int 1999, 455 (456) und OLG Düsseldorf Urteil v 22.7.1999, IPRAX 2001, 336 (337f) - Schussfadengreifer, allerdings zu Art 5 Nr 3 EuGVÜ; für Patentrechtsverletzungen fragliche Fallgruppen bei Grabinski, GRUR Int 2001 199 (205).
Allerdings wird diese Einschränkung, unter ausdrücklicher Berufung auf Shevill, letztlich auf das Territorialitätsprinzip gestützt, was für die Shevill- Entscheidung selber nicht maßgebend war. Das Territorialitätsprinzip bewirkt jedoch nur die materielle Begrenzung des Rechts. Einer internationalen Zuständigkeit deutscher Gericht am allgemeinen Gerichtsstand steht es grundsätzlich nicht entgegen, vergleiche hierzu oben 2. Kapitel: § 1. A. I. 1. c. . Im Ergebnis lässt sich das Gericht daher von Billigkeitserwägungen leiten, kritisch hierzu Peinze 2002, 78.

[622] LG Düsseldorf Teilurteil v 25.8.1998, GRUR Int 1999, 455 (458); anderer Ansicht Otte mit kritischer Anmerkung zu OLG Düsseldorf, Urteil v 22.7.1999, IPRAX 2001, 315 (318f), der zum einen einen zuständigkeitsbegründenden Erfolgsort auch dort lokalisieren will, wo die Verletzungshandlung selbst nicht stattgefunden hat und zum anderen dem reinen, vom Ort der Rechtsgutsverletzung zu trennenden, und nach dem EuGH unbeachtlichen Schadensort für Patentrechtverletzungen eigenen Wert zukommen lassen will.

[623] Diese Begrenzung der Entscheidungsbefugnis entspricht bereits der Rechtslage im deutschen und europäischen Markenrecht, Art 93 (5), 94 (2) GemMarkVO (Verordnung EG Nr 40/94), ebenso Art 17 (2)

Die Kognitionsbefugnis des Tatortgerichts wird zumindest bei Immaterialgüterrechtsverletzungen auf inländische Handlungen und Schäden begrenzt.

d. Sonstiges
(1) Negative Feststellungsklage

Der Deliktsgerichtsstand steht nach autonomem deutschen Prozessrecht allerdings auch dem vermeintlichen Verletzer offen, indem er am Tatort seiner Wahl eine negative Feststellungsklage erheben kann[624]. Dies gilt für die Feststellung der Nichtverletzung sowohl eines Persönlichkeits- als auch eines Immaterialgüterrechts[625]. In Deutschland tritt grundsätzlich im Verhältnis zwischen negativer Feststellungsklage und späterer, in einem anderen Staat erhobenen, auf dasselbe Rechtsverhältnis gestützten Leistungsklage keine Rechtshängigkeitssperre ein, da das Rechtsschutzziel der Leistungsklage weiter gefasst ist als das der negativen Feststellungsklage[626]. Allerdings entfällt nach autonomem deutschen Recht außerhalb des Anwendungsbereichs der EuGVO das Feststellungsinteresse, sobald positive Feststellungs- oder Leistungsklage erhoben wird[627], wodurch der negativen Feststellungsklage der prozessuale Boden entzogen wird. Dennoch erweist sich die negative

---

StrProt, hierzu Kubis 1999, 236ff. Sie hat den Zweck, den Erfolgsort in diesem Bereich als Kompetenzanknüpfung praktisch zu eliminieren, Geimer/Schütze, EuZVR 1997, Art 5 Rz 197.

[624] LG Düsseldorf Urteil v 17.2.1998. Entscheidung der 4 Zivilkammer 1998, 66-73 – ULG Bahnenmaterial; OLG Köln Urteil v 7.4.1978 WRP 1978, 917ff; Schack, IZVR 2002, Rz 295; Zöller/Vollkommer 2002, § 32 Rz 14. Problematisch ist dies im englischen autonomen Recht, Wadlow 1998, Rz 8-38 ff. Zumeist wird den Klägern einer negativen Feststellungsklage nach autonomem Recht das Rechtsschutzbedürfnis abgesprochen, Dicey/Morris, I 2000, Rz 13-033ff.

Auf europäischer Ebene wird diese Konstellation im Patentverletzungsverfahren hauptsächlich unter dem Stichwort des „italienischen oder belgischen Torpedos“ und dem Problem der Rechtshängigkeit diskutiert. Dahinter steht die Prozesstaktik des vermeintlichen Verletzers, vor einem Gericht, das nach seinen Einschätzungen eine verhältnismäßig lange Verfahrensdauer erwarten lässt, Klage auf Feststellung der Nichtverletzung zu erheben. So kann (allerdings nur im Anwendungsbereich der EuGVO) nach Art 27 EuGVO eine zukünftige Unterlassungs- oder Schadensersatzklage des Patentinhabers vor Gerichten anderer Staaten blockiert werden, hierzu im Folgenden 2. Kapitel: § 1. B. III. 1. Speziell zur negativen Feststellungsklage am Gerichtsstand des Art 5 Nr 3 EuGVO 2. Kapitel: § 1. B. II. 2. d. (3)

[625] Schack, IZVR 2002, Rz 295; so noch Schlosser, EuGVÜ 1996, Art 5 Rz 15f, mittlerweile aber anderer Ansicht, Schlosser, EU-ZPR 2003, Art 5 Rz 15.

[626] Zöller/Greger 2002, § 256 Rz 16. Umgekehrt scheitert die nach der Leistungsklage erhobene negative Feststellungsklage über denselben Anspruch an der anderweitigen Rechtshängigkeit gemäß § 261 (3) Nr 1 ZPO, da der Streitgegenstand der Leistungsklage auch den der späteren negativen Feststellungsklage umfasst, BGH Urteil v 20.1.1989, NJW 1989, 2064.

Im Anwendungsbereich der EuGVO greift hingegen die Rechtshängigkeitssperre des Art 27 EuGVO ein und hindert eine spätere Leistungsklage, da sich beide Klagen gleichwertig gegenüber stehen, EuGH Urteil v 6.12.1994 Rs 406/92, Slg 1994 I 5439 - The Tatry / Maciej Rataj. Dies führt geradewegs zum Problem des „italienischen Torpedos“, mit dessen Hilfe ein verwarnter Patentverletzer versucht, eine ihm drohende Patentverletzungsklage im Ausland abzuwenden oder zumindest zu „blockieren“, hierzu im Folgenden 2. Kapitel: § 1. B. III. 1.

[627] BGH Urteil v 28.6.1973 NJW 1973, 1500; BGH Urteil v 3.5.1983 NJW 1984, 1556; BGH Urteil v 7.7.1994 NJW 1994, 3107 (3108); BGH Urteil v 25.3.1999 NJW 1999, 1544 (1546); Zöller/Vollkommer 2002, § 256 Rz 7d; Schulte, PatG 2001, § 139 Rz 137 zum Patentrecht; Thomas/Putzo/Reichold 2003, § 256 Rz 19; anderer Ansicht MünchKomm/Lüke, ZPO I 2000, § 256 Rz 62, der den Beklagten wegen der Teilrechtshängigkeit zu einer Leistungswiderklage zwingen will.

Feststellungsklage zumindest als taktisches Mittel für den vermeintlichen Schädiger, in die Offensive zu gehen und die Gegenseite zur Klageerhebung zu veranlassen[628].

(2) Vorfragen

Grundsätzlich kann am Gerichtsstand des § 32 ZPO in Deutschland im Rahmen eines Verletzungsprozesses auch über vertragliche Vorfragen entschieden werden, was durch die Neufassung des § 17 (1) 1 GVG bekräftigt ist[629].

Noch nicht geklärt wurde, ob neben Schadensersatzansprüchen auch andere Rechtsbehelfe am Gerichtsstand der unerlaubten Handlung nach § 32 ZPO geltend gemacht werden können:

(3) Vorbeugende Unterlassungsklagen und Widerrufsansprüche

Der Gerichtsstand der unerlaubten Handlung nach § 32 ZPO ist auch für Widerrufsansprüche und vorbeugende Unterlassungsklagen international eröffnet[630]. Der Tatort ist hierfür dort zu lokalisieren, wo die unerlaubte Handlung ernsthaft droht[631].

(4) Ungerechtfertigte Bereicherung

Ansprüche aus ungerechtfertigter Bereicherung können hingegen im deutschen autonomen Recht nicht am Tatortgerichtsstand geltend gemacht werden, wenn sie die Rückabwicklung eines Vertrages zum Gegenstand haben[632]. Insofern liegt der Leistungskondiktion ein anderer Gegenstand zugrunde als dem Schadensersatzanspruch. Die Funktion der Leistungskondiktion besteht gerade darin, eine gescheiterte Schuldbeziehung abzuwickeln. Ein enger Zusammenhang zur unerlaubten Handlung ergibt sich hierbei nicht.

---

[628] Im Bereich des Patentrechts wird der vermeintliche Verletzer oft nur abgemahnt. Erweist sich diese Abmahnung als rechtwidrig oder war das angeblich verletzte Patent tatsächlich nicht verletzt oder nicht bestandskräftig und ist deshalb separat widerrufen worden, kann beim Abmahnenden Regreß genommen werden. Die Behauptung, dass eine Patentverletzung vorliege verbunden mit dem Verlangen, die vermeintlich patentverletzende Handlung einzustellen, kann in der Regel einen Eingriff in den eingerichteten und ausgeübten Gewerbebetrieb nach § 823 (1) BGB darstellen und bedarf daher der Klärung.

[629] Kubis 1999, 217f; § 17 (2) 1 GVG begründet jedoch keine internationale Zuständigkeit kraft Sachzusammenhangs, BGH Urteil v 28.2.1996 BGHZ 132, 105 (113ff).

[630] Nagel/Gottwald 2002, § 3 Rz 256; Baumbach/Lauterbach/Hartmann 2003, § 32 Rz 22; MünchKomm/Patzina, I 2000, § 32 Rz 37; KG Urteil v 25.3.1997 NJW 1997, 3321. Für die EuGVO wurde diese Frage mit der Ergänzung des Art 5 Nr 3 durch die Worte „oder einzutreten droht" in eben diesem Sinne nun endgültig beantwortet.

[631] Schack, IZVR 2002, Rz 292; Zöller/Vollkommer 2002, § 32 Rz 16.

[632] Zöller/Hartmann 2002, § 32 Rz 12; MünchKomm/Patzina, I 2000, § 32 Rz 17; Stein/Jonas/Schumann, ZPO I 1993, § 32 Rz 24.

Anders ist dies wohl bei der Eingriffskondiktion, soweit sie auf Ersatz eines Vermögensschadens gerichtet ist[633]. Maßgeblich ist der Eingriffsort, der im Einklang mit dem Tatort steht und somit einen Gleichlauf mit der Anknüpfung deliktischer Ansprüche gewährleisten soll. Dies macht deutlich, dass nach autonomem deutschem Recht die *lex fori* und damit die Anschauungen deutschen Sachrechts darüber entscheiden, ob der Anspruch deliktisch qualifiziert werden kann[634].

(5) Geschäftsführung ohne Auftrag

Grundsätzlich ist für die Geschäftsführung ohne Auftrag kein besonderer Gerichtsstand eröffnet. Daher wird ebenfalls nach den Anschauungen des deutschen Sachrechts differenziert: Am Deliktsgerichtsstand können nur Klagen in Fällen von Geschäftsanmaßung angestrengt werden, die als deliktische Handlungen zu qualifizieren sind[635]. Ansonsten steht allein der allgemeine Gerichtsstand zur Verfügung.

Durch die unberechtigte Auswertung von Persönlichkeits- und Immaterialgüterrechten[636] wird ein Anspruch aus Geschäftsführung ohne Auftrag dann denkbar, wenn der Gewinn des Verletzers abgeschöpft und damit gegen die bewusst unberechtigte Vornahme eines fremden Geschäfts als Eigengeschäft vorgegangen werden soll[637]. Dem Betroffenen soll dabei eine vertragsartige Lizenzgebühr zustehen[638]. Dies entspricht im deutschen Sachrecht der Geschäftsanmaßung nach § 687 (2) BGB, welche als unerlaubte Handlung qualifiziert wird und dadurch eine besondere Sanktion für den deliktischen Eingriff in einen fremden Rechtskreis darstellt[639].

(6) Gegendarstellung

Nach herrschender Meinung ist der Deliktsgerichtsstand des § 32 ZPO für Ansprüche auf Gegendarstellung nach den Landespressegesetzen nicht eröffnet. Stattdessen ist auf

---

[633] Zöller/Hartmann 2002, § 32 Rz 12; Staudinger/v Hoffmann/Thorn 2001, Art 38 Rz 44; MünchKomm/Patzina, I 2000, § 32 Rz 17; kritisch hierzu Kubis 1999, 108f, nach dem eine Einbeziehung der Ansprüche aus Eingriffskondiktion unter den Deliktsgerichtsstand nicht erfolgen kann, da Ansprüche in Frage stehen, bei denen es allenfalls um den Ausgleich ungerechtfertigter Vermögensvorteile geht, nicht jedoch um Ansprüche, die auf Ersatz des Vermögensschadens im eigentlichen Sinne gerichtet sind. Anderer Ansicht auch Kropholler, EuZPR 2002, Art 5 Rz 67.

[634] Hierzu oben unter 2 a; Nagel/Gottwald 2002, § 3 Rz 255.

[635] Staudinger/v Hoffmann/Thorn 2001, Art 39 Rz 68, 2.

[636] § 97 (1) 2 UrhG normiert speziell für Urheberrechtsverletzungen einen solchen Anspruch, der deutlich macht, dass der Anspruch auf Gewinnherausgabe an die Stelle des Schadensersatzanspruchs tritt. Bei der Verletzung von Patentrechten sieht § 139 (2) 1 PatG wiederum allein einen Anspruch auf Ersatz des Schadens vor.

[637] Mertens JuS 1962, 261 (268).

[638] Palandt/Sprau 2003, § 687 Rz 7.

[639] Staudinger/v Hoffmann/Thorn, 2001, Art. 39 Rz 2. Nur die vermeintliche beziehungsweise irrtümliche Eigengeschäftsführung nach § 687 (1) BGB und die angemaßte Geschäftsführung gemäß § 687 (2) BGB werden deliktisch qualifiziert. Alle anderen Fälle der Geschäftsführung ohne Auftrag werden auf kollisionsrechtlicher Ebene vom Statut der GoA erfasst, was auf der Ebene der internationalen Zuständigkeit einen Rückgriff auf den Deliktsgerichtsstand verbietet und nur die Möglichkeit des allgemeinen Gerichtsstand eröffnet.

den allgemeinen Gerichtsstand abzustellen[640]. Mangels ihrer deliktischer Natur können Gegendarstellungsansprüche in Deutschland gegen eine im Inland verbreitete, aber im Ausland erscheinende Zeitschrift nicht durchgesetzt werden[641].

Eine einheitliche Entscheidung über sämtliche möglichen Anspruchsgrundlagen ist somit nur am allgemeinen Gerichtsstand möglich, oder dann, wenn sich der Beklagte am Tatortgerichtsstand rügelos auf die Klage nach § 39 (1) ZPO einlässt.

3. Einzelfragen

a. Einwand der Nichtigkeit

Als weitere Verteidigungsmöglichkeit steht dem vermeintlichen Verletzer der Einwand der Nichtigkeit des als verletzt gerügten Rechts offen.
Dieses Vorgehen spielt jedoch nur für Immaterialgüterrechtsverletzungen eine Rolle, da die Frage nach dem „Ob" des Bestehens eines Persönlichkeitsrechts nicht angezweifelt wird. Jedem Menschen wird aufgrund seines Menschseins ein solches Recht zuerkannt[642]. In diesem Zusammenhang wird nur die unterschiedliche Ausprägung des Schutzes oder die Verletzung als solche angegriffen.
Im Immaterialgüterrecht hingegen ist der Einwand der Nichtigkeit ein gängiges Verteidigungsmittel, aber auch eine Taktik, die es dem Beklagten ermöglicht, die Wahl des Gerichtsstands zu beeinflussen oder das Verfahren in die Länge zu ziehen und so zu seinen Gunsten zu beeinflussen.

---

[640] BayObLG Urteil v 10.7.1958 in NJW 1958, 1825; OLG Frankfurt Urteil v 27.10.1959 in NJW 1960, 2059; Palandt/Thomas 2003, Einf v § 823 Rz 36 ff; Zöller/Vollkommer 2002, § 32 Rz 12; Thomas/Putzo/Putzo 2003, § 32 Rz 3; Staudinger/v Hoffmann 2001, Art 40 Rz 77; MünchKomm/Patzina, I 2000, § 32 Rz 16; Löffler/Ricker 2000, Kap 28 Rz 5f; Stein/Jonas/ Schumann, ZPO I 1993, § 32 Rz 24; ausführliche Argumentation bei Kubis, 1999, 114ff, der insbesondere auf die Schwierigkeit der Rechtsdurchsetzung im Ausland hinweist;
anderer Ansicht sind Geimer/Schütze, EuZVR 1997, Art 5 Rz 171; Stadler JZ 1994, 642ff, die zumindest auf Zuständigkeitsebene aufgrund der deliktsähnlichen Qualifikation den Gegendarstellungsanspruchs wie eine Deliktsobligation behandeln will. Kritikpunkt ist, dass die herrschende Meinung den Schutz des Einzelnen gegen die zumeist übermächtigen Presseunternehmen verkürzt, da grundsätzlich nur an deren Sitz ein Gerichtsstand gegeben ist, wo gleichzeitig über das anwendbare Recht zu entscheiden ist. Dies würde insbesondere in den Fällen eines Medienunternehmens mit Sitz im Vereinigten Königreich zu Problemen führen, da dort ein gerichtliches Verfahren zur Durchsetzung von Gegendarstellungsansprüchen nicht bekannt ist. Dort kann stattdessen nur außergerichtlich vor einem Kontrollorgan der Presse, der *Press Complaints Commission*, ein *right to reply* geltend gemacht werden, siehe hierzu auch oben 1. Kapitel: § 3. A. II. und 1. Kapitel: § 3. A. III. 7. Diese Rügen sind außerdem nur auf freiwilliger Basis zu veröffentlichen. Ein weiteres Argument für die Anwendbarkeit von § 32 ZPO auf Gegendarstellungsansprüche wird darin gesehen, dass diese das Vorfeld einer Persönlichkeitsrechtsverletzung betreffen und damit zumindest deliktsähnlich sind.

[641] Staudinger/v Hoffmann 2001, Art 40 Rz 77.

[642] V Bar in FS Waseda 1988, 575 (592); hierzu auch im Folgenden 3. Kapitel: § 2. A. I. 2. a.

(1) Im Verletzungsverfahren

Allerdings ist in Deutschland aufgrund der Besonderheiten des selbständigen Nichtigkeitsverfahrens nach §§ 81 ff. PatG[643] und der Bindung der ordentlichen Gerichte an den Erteilungsakt des Patents durch das Patentamt der Einwand der Nichtigkeit des Patents auch nur mit *inter partes*- Wirkung im Verletzungsprozess nicht möglich[644]. Ebenso wenig kann sich der Beklagte im Wege einer Nichtigkeitswiderklage mit *erga omnes*- Wirkung gegen die Ansprüche des Klägers zur Wehr setzen. Der Verletzungsrichter ist an den Erteilungsakt gebunden und hat das erteilte Patent grundsätzlich so hinzunehmen, wie es erteilt worden ist[645].

Im Urheberrecht wird jedoch der Schutz ohne staatlichen Registrierungsakt vermittelt, weshalb auch die Frage des Bestandes im Verletzungsverfahren mitentschieden werden kann[646]. Die Frage der Gültigkeit eines ausländischen Urheberrechts kann daher Verfahrensgegenstand vor deutschen Gerichten und insbesondere im Verletzungsverfahren sein[647].

(2) Durch ein separates Nichtigkeitsverfahren

Im Verletzungsverfahren kann der Einwand der Nichtigkeit des Streitpatents jedoch dann berücksichtigt werden, wenn eine separat eingereichte Nichtigkeitsklage nachgewiesen werden kann[648]. Der Ausspruch der Nichtigkeit kann in Deutschland allerdings nur mit Wirkung *erga omnes* erfolgen, so dass im Verletzungsprozess noch nicht *inter partes* hierüber entschieden werden kann. Stattdessen ist im Verletzungsprozess über eine Aussetzung der Verletzungsklage nachzudenken. Kommt das Verletzungsgericht nach Prüfung der Erfolgsaussichten der Nichtigkeitsklage zu dem Schluss, dass für diese hinreichende Erfolgsaussicht besteht[649], so wird es nach § 148

---

[643] Hierzu oben 1. Kapitel: § 2. C. I. 5.

[644] Benkard/Bruchhausen, PatG 1993, § 9 Rz 59.

[645] LG Düsseldorf Urteil v 21.12.1993 GRUR 1994, 509 (511) - Rollstuhlfahrrad; Busse/Keukenschrijver, PatG 1999, § 139 Rz 184.

[646] Bornkamm, Grenzüberschreitende Unterlassungsklagen 2000, 127 (137).

[647] Schack, IZVR 2002, Rz 509 mit dem Verweis auf die ohnehin bestehende Vorfragenkompetenz des Verletzungsgerichts zur Überprüfung, ob das behauptete ausländische Schutzrecht besteht.

[648] Benkard/Bruchhausen, PatG 1993, § 9 Rz 59. Die Klage ist eine Gestaltungsklage, die von jedem Dritten im Interesse der Allgemeinheit und daher ohne Nachweis eines Rechtsschutzinteresses erhoben werden kann. Das Gericht kann darauf das Patent für nichtig erklären, zum Teil nichtig erklären oder die Klage abweisen. Die Wirkung der Nichtigerklärung tritt *ex tunc* ein.

[649] Das Gericht hat im Verletzungsprozess eine Prognose zu stellen. Wird die separat erhobene Nichtigkeitsklage voraussichtlich keine Aussicht auf Erfolg haben, so wird das Verletzungsverfahren fortgesetzt, andernfalls erfolgt die Aussetzung, Bornkamm, Grenzüberschreitende Unterlassungsklagen 2000, 127 (139) Fn 44. In der Regel wird der Verletzungsprozess nur ausgesetzt, wenn der voraussichtliche Erfolg glaubhaft gemacht ist und damit das Klagepatent voraussichtlich keinen Bestand haben wird, BGH Urteil v 8.10.1957 GRUR 58, 75 (76). In der Revisionsinstanz kommt eine Aussetzung dagegen schon dann in Betracht, wenn der Rechtsbehelf einige „Aussicht auf Erfolg" hat beziehungsweise eine Nichtigerklärung „nicht auszuschließen ist", BGH Beschluss v 11.11.1986, GRUR 87, 284 (285) - Transportfahrzeuge; BGH Beschluss v 15.10.1981, BGHZ 81, 397 ff - Verbauvorrichtung.

ZPO den Verletzungsprozess aussetzen[650]. Andernfalls wird das Gericht vom Rechtsbestand des Schutzrechts ausgehen. Diese Plausibilitätsprüfung nehmen deutsche Gerichte auch bei gegen ausländische Patente vorgebrachten Nichtigkeitseinwänden vor, ehe sie ein Verfahren aussetzen[651].
Die Bestandskraft des Patents ist in Deutschland direkt mit einer Nichtigkeitsklage vor dem Bundespatentgericht[652] anzugreifen[653]. Das Verfahren wird im PatG geregelt und durch die Vorschriften der ZPO ergänzt[654].

Vegleichbare Sondervorschriften, welche die Bestandsfrage eines Urheberrechts regeln, exisitieren hingegen im deutschen Recht nicht, so dass allein die allgemeinen Zuständigkeitsregeln der §§ 12 ff. ZPO eingreifen. Anders als im Vereinigten Königreich wird das Urheberrecht in Deutschland nicht ortsbezogen betrachtet und damit unbeweglichem Vermögen gleichgestellt[655], so dass der dingliche Gerichtsstand des § 24 ZPO eine inländische Zuständigkeit für die Beurteilung eines ausländischen Urheberrechts nicht verhindert[656].

b. Ausländische Rechtshängigkeit

Ausländische Rechtshängigkeit ist gemäß § 261 (3) Nr. 1 ZPO grundsätzlich dann zu beachten, wenn die Entscheidung voraussichtlich anzuerkennen ist[657]. Soweit eine Anerkennungsprognose nicht unzweifelhaft erstellt werden kann, kommt entsprechend § 148 ZPO eine Aussetzung in Betracht[658].

---

650 Benkard/Rogge, PatG 1993, § 139 Rz 107; Grabinski GRUR Int 2001, 199 (208); Stauder IPRAX 1998, 317 (321); Krieger GRUR Int 1997, 421 f; ausführlich hierzu auch v Maltzahn GRUR 1985, 163 ff; Stauder GRUR Int 1976, 514f; bereits Horn GRUR 1969, 169 (170f).

651 LG Düsseldorf Urteil v 1.2.1994 – 4 O 193/187, 4 Zivilkammer 1998/1, 1-8 – Kettenbandförderer III; LG Düsseldorf Urteil v 16.1.1996 – 4O 5/95, 4. Zivilkammer 1996, 1-8 – Reinigungsmittel für Kunststoffverarbeitungsmaschinen; allerdings ergingen beide unveröffentlichten Entscheidungen im Anwendungsbereich des EuGVÜ.

652 In erster Instanz entscheidet der Nichtigkeitssenat des Bundespatentgerichts in München nach §§ 65 (1), 66 (1) Nr 2 PatG und in zweiter Instanz der BGH gemäß § 110 (1) PatG.

653 Auch für das europäische Patent wird die Nichtigkeit in Deutschland durch das Bundespatentgericht erklärt, unabhängig davon, ob es vom deutschen Patent- und Markenamt oder dem europäischen Patentamt erteilt worden ist, näher hierzu Dybdahl 2000, Rz 813.

654 Das Gericht ist zwar grundsätzlich an die Anträge der Parteien gebunden Anders als in sonstigen zivilporzessualen Verfahren erforscht es jedoch den Sachverhalt von Amts wegen und ist daher nicht an das Vorbringen und an die Beweisanträge der Parteien gebunden.

655 Hierzu im Folgenden 2. Kapitel: § 1. A. II. 2. a. (3)

656 Zigann 2002, 46.

657 MünchKomm/Lüke, I 2000, § 261 Rz 74f.

658 Nur bei einer positiven Anerkennungsprognose bedeutet die anderweitige Rechtshängigkeit im Ausland ein Prozesshindernis, BGH Urteil v 24.10.2000 IPRAX 2001, 457 (458) – British Columbia, mit Anmerkung Schütze IPRAX 2001, 441-443; BGH Urteil v 10.10.1985 NJW 1986, 2195 (2196); Thomas/Putzo/Reichold 2003, § 261 Rz 15.

c. Wahl

Fallen allgemeiner Gerichtsstand, sonst eröffnete Gerichtsstände oder im Rahmen des Deliktsgerichtsstands Handlungs- und Erfolgsorte auseinander, so steht es gemäß § 35 ZPO zur Wahl des Geschädigten, an welchem dieser Gerichtsstände er seine Ansprüche verfolgen will.

d. Exorbitanter Gerichtsstand

Auch in Deutschland existiert ein exorbitanter Gerichtsstand[659], der in Art. 3 (2) EuGVO für den Anwendungsbereich der Verordnung ausgeschlossen wurde. Der besondere Gerichtsstand des Vermögens nach § 23 ZPO zeigt dabei durchaus Parallelen zur *in rem jurisdiction* des *common law*[660]. Für Persönlichkeitsrechts- und Immaterialgüterrechtsverletzungen spielt dieser Gerichtsstand allerdings keine Rolle.

e. Keine internationale Streitgenossenzuständigkeit

Ein Gerichtsstand der Streitgenossenschaft entsprechend Art. 6 Nr. 1 EuGVO wurde nicht in die ZPO aufgenommen[661]. Daher muss, anders als im Anwendungsbereich der Verordnung, für jeden einzelnen Streitgenossen selbständig geprüft werden, ob ein Gerichtsstand nach §§ 12 ff. ZPO eröffnet ist. Nur wenn dies der Fall ist, kann nach § 36 (1) Nr. 3 ZPO die örtliche Zuständigkeit bei einem dieser Gerichte konzentriert werden[662].

---

[659] Pfeiffer 1995, 523ff.

[660] Nagel/Gottwald 2002, § 3 Rz 233. Ansonsten ist dem *common law* ein Vermögensgerichtsstand unbekannt. Dort verhilft die ebenfalls in Art 3 (2) EuGVO als exorbitante Zuständigkeit gebranntmarkte *tag jurisdiction* oder *transient rule* (vergleiche hierzu im Folgenden Fn 694) zu einer englischen internationalen Zuständigkeit in allen Fällen praktischen Bedürfnisses, Geimer, IZPR 2001, Rz 1395.

[661] Ausnahmen hinsichtlich einer internationalen Zuständigkeit aufgrund Streitgenossenschaft finden sich etwa in §§ 35 a, 603 (2), 605 a ZPO, 440 (2) HGB.

[662] BGH Beschluss v 17.9.1980, NJW 1980, 2646; MünchKomm/Patzina, I 2000, § 36 Rz 49.

II. Englische Rechtsordnung[663]

Im Vereinigten Königreich existiert kein dem deutschen autonomen Recht vergleichbarer Grundsatz der Doppelfunktionalität. Stattdessen haben sich nach Übernahme der Regeln des EuGVÜ in das Rechtssystem des Vereinigten Königreichs[664] und mit In Kraft Treten der EuGVO[665] in der EU drei verschiedene Ansätze zur Bestimmung der internationalen Zuständigkeit herausgebildet, die allein von den jeweiligen Auslandsberührungen abhängen[666] und für die Bestimmung der internationalen Zuständigkeit der Gerichte des Vereinigten Königreichs fünf Normengruppen in Anspruch nehmen[667]:

---

[663] Wales ist seit dem Jahre 1282 unter englischer Herrschaft, weshalb seit 1301 jeder britische Thronfolger den Titel *Prince of Wales* führt. Die Union des Fürstentums mit dem Königreich wurde Mitte des 16. Jahrhunderts gesetzlich geregelt. Die englische Rechtsordnung schließt folglich auch Wales mit ein.
Obwohl im Jahre 1707 das Königreich England und das Königreich Schottland durch den *Acts of Union* zu dem neuen Königreich Großbritannien vereinigt wurden, haben die verschiedenen Rechtssysteme beider Länder ihre Gültigkeit behalten.
Nordirland wurde erst nach einer Volksabstimmung im Jahre 1922 durch einen Vertrag zwischen der britischen Regierung und den Vertretern Irlands von der heutigen Republik Irland getrennt und dem Vereinigten Königreich angegliedert. Durch den *Government of Ireland Act 1920* wurde Nordirland innerhalb des Vereinigten Königreichs eine eigenständige politische Einheit mit eigener Verfassung, eigenem Parlament und eigener Lokalverwaltung geschaffen.
Somit bestehen innerhalb des Vereinigten Königreichs grundsätzlich drei unterschiedliche Rechtsordnungen. Insbesondere in Fragen der nationalen Zuständigkeit stellt das Vereinigte Königreich keinen Staat mit einheitlicher Rechtsordnung dar, sondern teilt sich in die einzelnen Staaten England/Wales, Nordirland und Schottland auf, was in s 50 CJJA 1982 definiert wurde.

[664] Das EuGVÜ ist erst am 1.1.1987 für das Vereinigte Königreich in Kraft getreten. Zu seiner Umsetzung wurde es nicht wie in Deutschland unmittelbar in Kraft gesetzt, sondern hat seine Wirkung erst mit der Inkorporierung in den *Civil Jurisdiction and Judgment Act 1982* (CJJA 1982) entfalten können.
Gleiches gilt für das LGVÜ, das durch die Anordnung in se 1 (1) CJJA 1991 mit schedule 3 CJJA 1982 in das Recht des Vereinigten Königreich inkorporiert wurde, siehe auch im Folgenden 2. Kapitel: § 1. B. I. 1. und 2. Kapitel: § 1. B. I. 2.

[665] Mit Wirkung zum 1.3.2002 wurde das EuGVÜ und seine entsprechenden Umsetzungsgesetze in allen Mitgliedstaaten mit Ausnahme Dänemarks durch die EuGVO ersetzt, vergleich hierzu im Folgenden 2. Kapitel: § 1. B. I.

[666] Dicey/Morris, I 2000, Rz 11-038.

[667] Da die englische Gesetzessystematik nicht selbsterklärend ist, folgt ein kurzer Überblick ohne Anspruch auf Vollständigkeit über die maßgeblichen Gesetze:
Grundlegend ist der *Civil Jurisdiction and Judgment Act 1982* (CJJA 1982), dessen grundsätzliches Ziel die Transformierung des EuGVÜ war, welches in seinem schedule 1 inkorporiert ist. Des Weiteren wurden die traditionellen englischen und schottischen autonomen Zuständigkeitsregeln im Anwendungsbereich des Gesetzes weitgehend dem EuGVÜ angepasst, schedule 4 und schedule 8 CJJA 1982.
Durch den *Civil Jurisdiction and Judgment Act 1991* (CJJA 1991) wurde unter anderem nach s 1 (1) das LGVÜ in schedule 3 CJJA 1982 inkorporiert.
Durch Regierungsverordnung (Statutory Instrument 2938 und 2939), *Civil Jurisdiction and Judgment Order 2001*, wurde der CJJA 1982 unter anderem schrittweise für das In Kraft Treten der EuGVO geändert.
Daneben bestanden schon vor der Einführung des EuGVÜ in das Vereinigten Königreich geschriebene Verfahrensvorschriften, hierzu Bunge 1995, 25. Diese *Rules of the Supreme Court* (RSI) stellten die Prozessordnung für *High Court* und den *Court of Appeal* dar und sind durch die *Civil Procedure Rules 1998* (SI 3132 L17) (CPR) schrittweise zunächst zum 26.04.1999 ersetzt worden. RSC order 11, welche die noch im Folgenden relevante Auslandszustellung regelte, ist erst durch das Einfügen eines schedule II in Part 6 der CPR durch die *Civil Procedure (Amendment) Rules 2000* (CPR 2000, SI 2000 No 221) zum 2.5.2000 ersetzt worden.
Mit Inkrafttreten der EuGVO werden nochmals durch *Civil Procedure (Amendment No.5) Rules 2001* (CPR

Seit 1.3.2002 hat die EuGVO das EuGVÜ ersetzt und regelt nunmehr die internationale Zuständigkeit der Gerichte des Vereinigten Königreichs im Verhältnis zu den EU- Mitgliedstaaten mit Ausnahme Dänemarks, wenn der Beklagte etwa seinen Wohnsitz[668] in einem der Mitgliedstaaten hat, sich eine ausschließliche Zuständigkeit aufgrund des Art. 22 EuGVO ergibt, oder die Prozessparteien eine Gerichtsstandsvereinbarung nach Art. 23 EuGVO zugunsten eines Gerichts des Vereinigten Königreichs getroffen haben.
Im Verhältnis des Vereinigten Königreichs zu Dänemark ist nach wie vor das EuGVÜ in der Fassung des 4. Beitrittübereinkommens vom 29.11.1996 maßgebend, da die EuGVO für Dänemark nicht gilt[669].
Im Verhältnis zu den Nichtmitgliedstaaten der EU, welche jedoch Vertragsstaaten des LGVÜ sind, also Island, Norwegen, Schweiz und Polen, regelt das LGVÜ die Fragen der internationalen Zuständigkeit, der Anerkennung und der Vollstreckung.
Der Anwendung dieser drei Normgruppen geht als gemeinsame Voraussetzung grundsätzlich[670] der Wohnsitz des Beklagten in einem Vertragsstaat der Übereinkommen oder in einem Mitgliedstaat der EU voraus.

An vierter Stelle sind die Normen in Part II s. 16 CJJA 1982[671] in Verbindung mit schedule 4 CJJA 1982[672] zu nennen, die zu einer zweiten Fallkonstellation[673] führen: Diese Regeln sind nach s. 16 CJJA 1982 einschlägig, wenn zumindest der sachliche Anwendungsbereich der Verordnung nach Art. 1 EuGVO eröffnet ist, der Beklagte seinen Wohnsitz innerhalb des Vereinigten Königreichs hat oder dort eine ausschließliche Zuständigkeit nach Art. 22 EuGVO gegeben ist[674].

2001, SI 2001 No 4015) für diese Arbeit aber nicht relevante Änderungen an den CPR vorgenommen, die wie die Verordnung im Jahr 2002 in Kraft getreten sind.
Die CPR sind unter anderem abgedruckt bei Blackstone's 2002, 1271 ff, wo sich auch entsprechende Kommentierungen finden.

[668] Der englische Ausdruck *domicile* entspricht in seiner traditionellen *common law*- Bedeutung nicht dem Wohnsitzbegriff der EuGVÜ- Gründerstaaten, Dicey/Morris, I 2000, Rz 6-001 ff; Rz 11-062. Im Rahmen der Inkorporierung des EuGVÜ in das englische Recht wurde jedoch das *domicile* außerhalb des *common law* durch Civil Jurisdiction and Judgments Order 2001, schedule 1, para 9 festgelegt, welche ihrerseits s 41 des CJJA 1982 wieder in Kraft setzt. Danach orientiert sich die Definition des *domicile* an dem Wohnsitzverständnis der übrigen Vertragsstaaten, Briggs 2002, 60; Dicey /Morris, I 2000, rule 23, Rz 11R-059. Der Kern des Begriffs des Wohnsitzes, der in der Verbindung einer Person mit einer kleinen lokalen Einheit des Staatsgebietes zu sehen ist, ist somit in allen Mitgliedstaaten gleich, Schlosser-Bericht in Bülow/Böckstiegel, I 2001, 601 (129) Nr 71. Insofern kann der englische Ausdruck mit dem deutschen Pendant des Wohnsitzes ersetzt werden.
Im Rahmen des *common law* wird die ursprüngliche Auslegung des *domicile* jedoch weitergeführt, welche im Rahmen des englischen Kollisionsrechts relevant wird, Briggs 2002, 22ff. Dort ist dann der Begriff *domicile* direkt zu verwenden.

[669] Hierzu im Folgenden 2. Kapitel: § 1. B. I. 5.

[670] Zur Eröffnung des Anwendungsbereichs am Beispiel der EuGVO im Folgenden 2. Kapitel: § 1. B. I. 5.

[671] Geändert durch CJJO 2001 schedule 2 article 4.

[672] Ebenfalls geändert durch CJJO 2001 schedule 2 article 4.

[673] Nach der Definition in s 50 CJJA 1982 zu *part of the United Kingdom* stellt das Vereinigte Königreich auch in Fragen der nationalen Zuständigkeit keinen einheitlichen Staat dar, sondern teilt sich in die Staaten England und Wales, Schottland oder Nordirland auf.

[674] Briggs/Rees, Civil Jurisdiction 2002, Rz 2.223 ff; Collins 1983, 127.

In diesem Fall löst schedule 4 CJJA 1982 den interlokalen Konflikt auf, der entsteht, wenn die EuGVO, das EuGVÜ oder LGVÜ lediglich die Zuständigkeit eines Gerichts des Vereinigten Königreichs bestimmen, nicht aber die Gerichte des entsprechenden Teilstaates festlegen[675].
Darüber hinaus regelt schedule 4 CJJA 1982 die Fälle, in denen ausschließlich Berührungspunkte mit dem Vereinigten Königreich auftreten und daher nur das interlokal zuständige Gericht des Teilstaates bestimmt werden muss[676].
Diese Normen wurden mit der Einführung des EuGVÜ in das Vereinigte Königreich geschaffen und übernehmen nahezu wörtlich dessen Regelungen. So wurde eine Anpassung an das einheitliche europäische Zivilprozessrecht bewirkt und gleichzeitig eine tiefgehende Änderung des bisherigen englischen Zuständigkeitsrechts für Fallkonstellationen mit interlokalen beziehungsweise ausschließlich internen Problemen vorgenommen.

Schließlich kommen nach wie vor die traditionellen Regeln zur Anwendung, wenn der Beklagte seinen Wohnsitz außerhalb eines Mitgliedstaates der EU oder Vertragsstaates des EuGVÜ oder LGVÜ hat und außerdem keine ausschließlichen Zuständigkeiten nach Art. 22, 23 EuGVO vorliegen.
Kurz zusammengefasst darf die Zuständigkeitsfrage also weder durch die EuGVO, das EuGVÜ oder LGVÜ noch den CJJA 1982[677] beantwortet werden[678].

Da das EuGVÜ und damit auch die später folgenden LGVÜ und EuGVO den kontinentalen Rechtstraditionen entsprechend konzipiert worden sind[679], war das Zusammentreffen mit den traditionellen Regeln des *Common Law*- Systems und die damit verbundene Eingliederung in ein europäisches Zivilprozessrecht mit tiefgehenden Änderungen des englischen Zuständigkeitsrechts verbunden. Diese Situation sorgt bis heute für Probleme, da die Zweigleisigkeit von autonomem internationalen Zuständigkeitsrecht und dem vereinheitlichten europäischen Zivilprozessrecht zwingend Spannungen hervorruft[680], etwa inwieweit nationale traditionelle Rechtsinstitute Einlass in die vereinheitlichten Zuständigkeitsvorschriften

---

[675] Collins 1983, 128.

[676] S 16 (1) a CJJA 1982 bestimmt ausdrücklich "*wether or not the regulation has effect in relation to the proceedings*", weshalb ein internationaler Bezug praktisch hinfällig wird Briggs/Rees, Civil Jurisdiction 2002, Rz 2.224; Kaye, Civil Jurisdiction 1987, 42 f.

[677] Insbesondere sind nicht automatisch in rein internen Fällen die traditionellen Regeln als das „ursprünglich autonome Recht" anzuwenden, da nach Part II s 16 (1) (a) CJJA 1982 innerhalb des sachlichen Anwendungsbereichs der Verordnung schedule 4 CJJA 1982 die Zuständigkeit festlegt, wenn der Beklagte seinen Wohnsitz innerhalb des Vereinigten Königreichs hat. Falls damit nicht gleichzeitig die örtliche Zuständigkeit des Gerichts im Vereinigten Königreich feststeht, bestimmt sich diese für England, Wales und Nordirland nach den *County Court Rules*, für Schottland nach den *Sheriff Court Jurisdiction Rules*.

[678] Es kann also ein Fall des Art 4 EuGVO vorliegen, oder aber bereits deren sachlicher Anwendungsbereich nicht eröffnet sein, Briggs/Rees, Civil Jurisdiction 2002, Rz 4.01.

[679] Schlosser Bericht in Bülow/Böckstiegel, I 2001, 601 (107) Nr 16.

[680] Zum Problem der Mehrspurigkeit des internationalen Zivilverfahrensrecht in Europa am Beispiel des Vereinigten Königreichs bei Niegisch 1993.

finden oder zumindest bei deren Auslegung durch den englischen Richter berücksichtigt werden oder ob diese gänzlich abgeschafft wurden.
Für ein besseres Verständnis der englischen Rechtsprechung zu grenzüberschreitenden Sachverhalten ist daher der Blick auf die traditionellen Regeln und deren aktuelle Entwicklung hilfreich.

1. Die Zuständigkeit nach den traditionellen Regeln

Liegt ein internationaler Sachverhalt vor, bei dem jedoch weder der Wohnsitz des Beklagten in einem Mitgliedstaat der EuGVO liegt, noch sich eine ausschließliche Zuständigkeit nach Art. 22, 23 EuGVO ergibt, so ist nach Art. 4 (1) EuGVO autonomes internationales Zivilverfahrensrecht anzuwenden. Diese traditionellen Regeln sind auch dann zuständigkeitsbestimmend, wenn ein internationaler Sachverhalt vorliegt, aber die EuGVO, das EuGVÜ oder LGVÜ von vornherein nicht anwendbar sind.
Danach sind die englischen Gerichte aufgrund autonomen Rechts in drei Fällen international zuständig[681]: Entweder hält sich der Beklagte in England und damit innerhalb der sogenannten *jurisdiction*[682] auf, oder er lässt sich auf die bei dem englischen Gericht anhängige Klage ein, oder die Klage fällt in den Anwendungsbereich der CPR Part 6, wonach das Gericht nach seinem Ermessen eine Zustellung in das Ausland vornehmen kann, wenn sich der Beklagte nicht in England aufhält und sich damit außerhalb des Jurisdiktionsbereichs[683] des englischen Gerichts befindet.
Dabei eröffnen die traditionellen englischen Regeln prinzipiell ein System mit zwei Ebenen[684]. Zum einen wird festgelegt, wie der Kläger die Zuständigkeit eines Gerichts bestimmen kann. Zum anderen gibt es Regeln, die es dem Beklagten ermöglichen, dieses Vorgehen des Klägers und damit die Zuständigkeit des Gerichts in Frage zu stellen. Damit haben grundsätzlich beide Parteien die Möglichkeit, sich über die Zuständigkeit des Gerichts zu erklären.

a. Allgemeiner Gerichtsstand- *service within the jurisdiction-*

Die Zuständigkeit für eine obligatorische Klage gegen eine Person, *claim in personam*[685], hängt nach den traditionellen englischen Regeln allein von der

---

[681] Cheshire/North`s 1999, 286; Jaffey, Conflict 1997, 94 ff.
[682] Zum mehrdeutigen Begriff *jurisdiction* bei Briggs 2002, 48ff; Bunge 1995, 22. Hier wird der Begriff nur in der Bedeutung der grundsätzlichen „Zuständigkeit" englischer Gerichte verwandt, einen Sachverhalt zu verhandeln und darüber zu entscheiden.
[683] Dies erfordert *service out of the jurisdiction*, hierzu im unmittelbar Folgenden 2. Kapitel: § 1. A. II. 1. b.
[684] Hier wird auch vom sogenannten englischen *adversary system* gesprochen, hierzu Hartwieg 1988, 72ff (75).
[685] Diese beziehen sich auf Klagen gegen Personen, eine gewisse Handlung vorzunehmen oder zu unterlassen; hierzu Chesire/North´s 1999, 285 ff; Blackstone`s 2002, Rz 16.1; Dicey/Morris, I 2000, Rz 11-002 ff; Nygh in McLachlan/Nygh 1996, 21 ff.
Daneben gibt es die sogenannten dinglichen *claims in rem* vor dem *Admiralty Court* gegenüber etwa einem Schiff als „res".

Möglichkeit der persönlichen Zustellung der Klageschrift, der sogenannten *claim form*[686], an den Beklagten ab. Da die ordnungsgemäße Zustellung dieser den Prozess einleitenden Prozessladung mit der Klageschrift einzige Voraussetzung für die Begründung der Zuständigkeit des Gerichts ist, kann jedermann vor englischen Gerichten Gehör finden. Allein der Kläger bewirkt zunächst durch Anrufung des Gerichts die örtliche und internationale Zuständigkeit des Gerichts in den Fällen, in denen der Beklagte zum Zeitpunkt der Zustellung in England anwesend ist.

Im Gegenzug obliegt es nun dem Beklagten darzulegen, dass das angerufene Gericht nicht entscheiden sollte[687]:

Nach erfolgter Zustellung steht es dem Beklagten offen, gemäß CPR 1998 Part 11 die Einstellung des Rechtsstreit zu beantragen, wenn das Gericht in seinem Fall nicht entscheiden darf und daher eine Zustellung hätte ablehnen müssen[688]. Stellt er keinen entsprechenden Antrag, in diesem Fall eine *application* und nicht *defence*, so wird von seiner rügelosen Einlassung ausgegangen[689].

Wenn der Beklagte zwar nicht die Zuständigkeit also solche angreifen kann, aber trotzdem ein weiteres Vorgehen dieses Gerichtes vermeiden will, kann er nach CPR Part 11 eine Aussetzung des Verfahrens beantragen und damit das Gericht bitten, von einer weiteren Ausübung seiner Zuständigkeit abzusehen. Diese Form der *application to stay proceedings* stellt die grundsätzliche Zuständigkeit des Gerichts nicht in Frage, sondern erbittet lediglich eine Aussetzung aus anderen Gründen[690]. Das Gericht kann auf Vorbringen des in diesem Fall beweispflichtigen Beklagten das Verfahren im

---

686 Früher war nach RSC order 5 r 6, order 5 r 1 die Bezeichnung *writ of summons* oder *originating summons* gebräuchlich, welche jedoch nach der Reform durch die CPR Part 6 geändert worden ist, Dicey/Morris, I 2000, Rz 11-003; Blackstone's 2002, Rz 100.1; zu den einzelnen Arten der Klageerhebung Bunge 1995, 79 ff, 85ff.

687 Auf rein nationaler Ebene kann der Beklagte grundsätzlich (also bei sogenannten *monetary claims*) durch Erheben einer *defence* eine automatische Zuweisung an seinen Wohnsitzgerichtsstand (*defendant's home court*) veranlassen, CPR r 26.2, Einzelheiten hierzu bei Blackstone's 2002, Rz 26.1 ff.

688 Briggs/Rees, Civil Jurisdiction 2002, Rz 5.23 ff; Briggs 2002, 92f.

689 Briggs 2002, 92f.

690 In diesem Prüfungsschritt wird die sogenannte *forum non conveniens*- Regel angewandt, die dem Gericht einen Ermessensspielraum eröffnet, innerhalb dessen es das Verfahren unter bestimmten Voraussetzungen aussetzen kann (*stay the action*), obwohl es nach den anzuwendenden Zuständigkeitsregeln international zuständig ist. Ein *stay* bedeutet eine nur vorübergehende Aussetzung des Verfahrens, so dass es weiter anhängig bleibt und vom Gericht fortgesetzt werden kann, wenn entsprechende Gründe dafür vorliegen, ROFA Sport Management AG and another v DHL International (UK) LTd and another [1989] 2 All ER 743 (747ff) (CA). Ein solcher Grund kann etwa darin liegen, dass das alternative Gericht wider Erwarten seine internationale Zuständigkeit ablehnt, ROFA Sport Management AG and another v DHL International (UK) LTd and another [1989] 2 All ER 743 (749) (CA). Hierzu auch im Folgenden 2. Kapitel: § 1. A. II. 2. a. (1) (c)
Hiervon zu unterscheiden ist die Abweisung der Klage (*to set aside service*; *to strike out* oder *to dismiss the action*; *to declare the court has no jurisdiction*), mit der das Gericht ausdrücklich seine Unzuständigkeit erklärt und die bereits bei der Überprüfung der Zuständigkeit nach den anzuwendenden Regeln erfolgt, hierzu Briggs 2002, 93 und im Folgenden zu den einzelnen Voraussetzungen 2. Kapitel: § 1. A. II. 1. b. (1) .

Rahmen der *forum (non) conveniens*- Regeln mittels Ausübung seines sogar gesetzlich garantierten Ermessens aussetzen, obwohl die Zustellung ordnungsgemäß erfolgt ist und dem Kläger dieser Gerichtsstand grundsätzlich offen steht[691].
Sobald es dem Beklagten gelungen ist, das Gericht von einer Aussetzung zu überzeugen, indem er dargelegt hat, dass es ein anderes, zuständiges Forum gibt, das deutlich besser geeignet, also *clearly more appropriate* ist, verlagert sich wiederum die Beweislast auf den Kläger.
Um eine Aussetzung zu verhindern, muss dieser in einem weiteren Schritt darlegen, dass es die Gerechtigkeit erfordert, den Prozess gerade in England stattfinden zu lassen[692], worauf das Gericht in eine allgemeine Interessenabwägung eintritt.

Im Rahmen der traditionellen Regeln kommt es also zunächst auf den schlichten Aufenthalt des Beklagten im Zeitpunkt der Klagezustellung an[693], während sein Wohnsitz oder die Staatsangehörigkeit keine Rolle spielen[694]. Indem sie die verschiedenen Möglichkeiten ordnungsgemäßer Zustellung festlegen, bestimmen allein die Vorschriften der CPR zunächst die Grenzen der Zuständigkeit bei Klagen gegen eine Person[695].
Ein Gerichtsstand wird außerdem am zustellenden Gericht begründet, wenn sich der abwesende Beklagte freiwillig auf die Klage einlässt[696]. In beiden Fällen steht dem Gericht grundsätzlich kein Ermessen zu, eine Zustellung abzulehnen[697].

---

691 Briggs/Rees, Civil Jurisdiction 2002, Rz 4.10f.
692 Diese Prüfungsschritte und ihre Voraussetzungen wurden so in der Entscheidung des House of Lords, Spiliada Maritime Corporation v Cansulex Ltd [1987] 1 AC 460 (477f), behandelt und letztendlich dabei neu formuliert.
693 CPR r 6.4. An dieser einmal begründeten Zuständigkeit englischer Gerichte ändert auch eine spätere Ausreise des Beklagten nichts, Razelos v Razelos (No 2) [1970] 1 All ER 386.
694 Diese auch als *tag jurisdiction* bezeichnete Zuständigkeitsregel wird im Anwendungsbereich der EuGVO als exorbitanter Gerichtsstand des Vereinigten Königreich ausdrücklich ausgeschlossen, Art 3 (2) EuGVO in Verbindung mit Anhang I letzter Spiegelstrich a, da bereits der berühmte kurze Aufenthalt auf einem englischen Flughafen zur Begründung der internationalen Zuständigkeit englischer Gerichte ausreichen kann, Schlosser-Bericht in Bülow/Böckstiegel, I 2001, 601 (137) Nr 86. Dennoch ist diese exorbitante Regel im Rahmen der traditionellen Regeln weiterhin anwendbar, HRH Maharanee Seetharedi Gaekwar of Baroda v Wildenstein [1972] 2 QB 283 (CA), wo die Zustellung während eines kurzen Aufenthaltes bei dem Pferderennen in Ascot erfolgte; wieder bestätigt wurde diese Praxis in Adams v Cape Industries plc [1990] Ch. 433, 518 (CA). Dennoch soll dem englischen Gericht ein Ermessen eingeräumt sein, in besonders krassen Fällen ein weiteres Vorgehen nach erfolgter Zustellung nur aufgrund des schlichten Aufenthaltes abzulehnen, Dicey/Morris, I 2000, Rz 11-082; Jaffey, Conflict 1997, 97. Nach der alten Auflage von Briggs/Rees, Civil Jursidiction 1997, Rz 4.03, Fn 1 ist dies jedoch nur in absoluten Ausnahmefällen möglich.
695 CPR Part 6.
696 Dicey/Morris, I 2000, Rz 11-107 ff; Cheshire/North's 1999, 295 ff.
Diese Ausnahme zur Regel des allgemeinen Gerichtsstands nur am Ort der *personal presence* kann durch Gerichtsstandsvereinbarung oder aber kraft rügeloser Einlassung eingreifen, r 6.15, 6.19 CPR; hält sich der Beklagte nicht in England auf, so kann er einen Vertreter in England zum Empfang der *claim form* beauftragen, CPR r 6.4. Das bloße Bestreiten der Zuständigkeit des Gerichts nach vorheriger Anerkennung (*acknowledgment*) der Zustellung begründet keine Einlassung *(submission)*, CPR part 11; Briggs 2002, 92; bestreitet er hingegen den Erfolg der Klage, wird vermutet, dass er sich auf die Klage einlässt, Boyle v Sacker (1888) 39 ChD 249 (CA).
697 Historische Begründung bei Dicey/Morris, I 2000, Rz 11-082. Das Gericht hat eine Zustellung vorzunehmen, sobald die Voraussetzungen vorliegen. Der Kläger benötigt hierfür gerade nicht die vom Ermessen des Gerichts abhängige Ermächtigung wie bei einer Zustellung ins Ausland, hierzu im Folgenden 2. Kapitel: § 1. A. II. 1. b.

b. Besonderer Gerichtsstand- *service out of the jurisdiction-*

Englische Gerichte sind nach den traditionellen Regeln auch dann international zuständig, wenn der Beklagte nicht in England anwesend ist, aber eine Zustellung außerhalb des Jurisdiktionsbereichs nach den in CPR Part 6 aufgeführten Regeln[698] trotzdem möglich ist.
Im Fall der deliktischen Zuständigkeit ist nach r. 6.20 (8) CPR die ausdrückliche Ermächtigung des Gerichts für eine Auslandszustellung erforderlich[699]. Anders als bei der Zustellung englischer Gerichte aufgrund der körperlichen Anwesenheit des Beklagten in England oder dessen Einlassung auf die Klage und damit für Fälle des allgemeinen Gerichtsstands steht es am besonderen Gerichtsstand im freien Ermessen des Gerichts, ob es eine *claim form* in das Ausland zustellen lässt und damit für die Verhandlung des Falles zuständig wird[700].

(1) Allgemeine Grundsätze der Zustellung in das Ausland[701]

Daher obliegt es in diesem Fall dem Kläger, das Gericht zu überzeugen, dass gemäß r. 6.21 (2A) CPR das zuständige Forum in England liegt[702] und aus diesem Grund eine Ermessensentscheidung für die Zustellung der *claim form* in das Ausland gerechtfertigt ist und dass eine solche Klage nach r. 6.21(1) (b) CPR vernünftige Aussicht auf Erfolg hat[703]. Insbesondere muss der Kläger darlegen, dass ein Zuständigkeitsgrund nach r. 6.20 CPR vorliegt.
Es müssen also drei Voraussetzungen erfüllt sein, damit das Gericht seine Zustimmung zu einer Zustellung in das Ausland gibt und damit internationale Zuständigkeit über einen abwesenden Beklagten annimmt.

Zunächst entscheidet das Gericht allein aufgrund des Klägervorbringens, also der *claim form* und der diesbezüglichen schriftlichen Beweise, über eine Zustimmung zur

---

Allerdings besteht nach erfolgter Zustellung für den Beklagten die Möglichkeit, das Gericht davon zu überzeugen, dass ein anderes Gericht das *natural forum* sei und damit jegliches weiteres Vorgehen auszusetzen, Briggs 2002, 93; Dicey/Morris, I 2000, Rz 11-122; oben und im Folgenden 2. Kapitel: § 1. A. II. 2. a. (1).

698 R 6.17 ff CPR, *special provisions about service out of the jurisdiction.*

699 *"Service of a claim form out of the jurisdiction with the permission of the court"*
Eine solche Zustimmung des Gerichts zur Zustellung in das Ausland ist allerdings in zwei Fällen nicht erforderlich, welche in r 6.19 CPR aufgeführt sind. Danach muss sich die Zuständigkeit englischer Gericht bereits aus dem CJJA 1982 oder aus einem anderen, spezielleren Gesetz ergeben, näher hierzu bei Cheshire/North's 1999, 322f.

700 Zur Ausübung des Ermessens (*discretion*) englischer Gerichte bei der Entscheidung, ob sie das *forum conveniens* sind im Folgenden 2. Kapitel: § 1. A. II. 2. a. (1) (a)

701 Generell hierzu Briggs/Rees, Civil Jurisdiction 2002, Rz 4.28.

702 Es geht darum, ob sich das *forum conveniens* gerade in England befindet, Dicey/Morris, I 2000, Rz 11-124. Als alternativer Begriff wird allgemein auch „*natural forum*" verwendet, um damit das mittels der Kriterien der in Spiliada Maritime Corp v Cansulex Ltd [1987] AC 460 gefundene *more appropriate forum* zu bezeichnen, Dicey/Morris, I 2000, Rz 12-005.

703 Es geht um *reasonable prospects of success on its merits.* Zu beiden Aspekten, Seaconsar Far East Ltd v Bank Markazi Jomhouri Islami Iran [1994] 1 AC 438 (454ff) (HL).

Zustellung in das Ausland, ohne dass dem Beklagten hiervon eine Möglichkeit zur Kenntnisnahme eingeräumt wird.
Konnte der Kläger das Gericht zu einer Zustellung veranlassen[704], so steht es wiederum dem Beklagten offen, die Zuständigkeit des Gerichts als solche anzugreifen, weil etwa gerade kein Zuständigkeitsgrund nach r. 6.20 CPR vorlag und damit die Vorschriften für eine Zustellung in das Ausland nicht eingehalten wurden oder das Gericht dem Beklagten gegenüber seine Gerichtsbarkeit nicht hätte ausüben dürfen[705]. So kann der Beklagte die Aufhebung der Zustimmung zu der Zustellung der Klage in das Ausland und damit die Einstellung des gesamten Verfahrens bewirken[706].

(2) Deliktsgerichtsstand nach r. 6.20 (8) CPR

Vor der Gesetzesänderung im Jahre 1987 von order 11 RSC, die mittlerweile schrittweise durch die CPR ersetzt worden sind, war ein englischer Deliktsgerichtsstand nur dann auf internationaler Ebene eröffnet, wenn Ansprüche aus einem in England begangenen Delikt verfolgt wurden[707]. Im Fall grenzüberschreitender Handlungen sollte allein der Ort maßgeblich sein, an dem der Klagegrund im Wesentlichen entstanden war[708]. Dies macht deutlich, dass schon damals versucht wurde, die Zuständigkeit auf nur einen besonders sachnahen Deliktsgerichtsstand zu beschränken. Der Ort des bloßen Schadeneintritts wird nicht ausdrücklich erwähnt.

Mit den folgenden Änderungen sollte offensichtlich das autonome englische Prozessrecht der Rechtsprechung des EuGH zu Art. 5 Nr. 3 EuGVO angepasst werden[709]:

Nach r. 6.20 (8) CPR ist die Zuständigkeit am Tatortgerichtsstand eröffnet, wenn ein Schaden entweder im Inland entstanden ist oder auf einer im Inland begangenen Handlung beruht[710]. Damit steht dem Kläger zumindest auf Zuständigkeitsebene[711] ein

---

[704] Zu den Grundsätzen der Ermessensausübung in diesen Fällen vergleiche, Spiliada Maritime Corp v Cansulex Ltd [1987] AC 460 (481) und im Folgenden 2. Kapitel: § 1. A. II. 2. a. (1) (a).
[705] Briggs/Rees, Civil Jurisdiction 2002, Rz 5.01 ff.
[706] R 11 CPR: *Disputing the jurisdiction of the court*; Briggs/Rees, Civil Jurisdiction 2002, Rz 5.23 ff; Briggs, 2002, 100.
[707] Order 11 r 1 [1] h RSC aF: *tort committed within the jurisdiction*; Dicey/Morris, I 2000, Rz 11-184; Dutson [1997] JBL 495 (499);.Dutson [1997] ICQL 918 (919).
[708] *„Where in substance the cause of action arose"*, Distillers Co Ltd v Thompson [1971] AC 458 (PC). Dies sollte etwa bei einer *defamation*- Klage der Ort sein, an dem die ehrverletzende Äußerung bekannt wurde, nicht jedoch dort, wo sie abgesendet oder ausgesprochen worden ist, Bata v Bata [1948] WN 366 (CA).
[709] Dicey/Morris, I 2000, Rz 11-186; Cheshire/North's 1999, 306.
[710] *„A claim is made in tort where- (a) the damage was sustained within the jurisdicion; or (b) the damage sustained resulted from an act committed within the jurisdiction"*.
[711] Auf kollisionsrechtlicher Ebene hat sich das englische Recht gegen ein solches Wahlrecht und für die Lösung ausschließlich nach dem Recht des Verletzungsortes entschieden, s 11 (2) (a), (b) Private International Law Act 1995; hierzu auch im Folgenden 2. Kapitel: § 2. B. II..

Wahlrecht zwischen dem Ort des unmittelbaren Schadeneintritts und dem Handlungsort zu[712].

(a) Ort des Schadeneintritts als Erfolgsort – r. 6. 20 (8) (a) CPR

Anders als schedule 4 s. 2 Art. 5 (3) und schedule 1 s. 2 Art. 5 (3) CJJA 1982[713], die EuGVO[714] und auch das deutsche autonome Prozessrecht[715] knüpft das traditionelle englische Recht ausdrücklich an den Schadensort, also an den Ort, *„where the damage was sustained*" an. Zur Umschreibung des Erfolgsortes wird daher ausschließlich auf den Begriff *damage* zurückgegriffen[716]. Ein Erfolgsort, der nur auf den Eintritt eines schädigenden Ereignisses im Gerichtsstaat abstellt und an dem nach deutscher Begrifflichkeit die Rechtsgutverletzung eintrat[717], scheint jedoch zunächst nicht gemeint zu sein.
Neben dem Handlungsort scheint es zumindest nach der verwendeten Terminologie nur auf den Schadensort anzukommen. Dies lässt zunächst vermuten, dass das englische Recht keine Unterscheidung zwischen der Rechtsgutsverletzung und dem Schadenseintritt trifft[718].

Bekräftigt wird diese Annahme auch durch die Verfahrenspraxis der englischen Gerichte: Im Rahmen der Zuständigkeitsprüfung nehmen sie nach freiem Ermessen unter anderem eine allgemeine Schwerpunktbetrachtung vor, um das *natural forum* herauszufinden und dabei auszuschließen, dass nicht ein anderes Gericht das *more appropriate forum* sei[719]. Dabei ist letztendlich nur maßgebend, zu welchem Land die unerlaubte Handlung und die Parteien die stärkste und grundlegendste Verbindung haben[720]. Wo tatsächlich das schädigende Ereignis eingetreten ist, spielt nur noch eine untergeordnete Rolle. Daher erfolgt in der weiteren Prüfung dann tatsächlich keine

---

712 Da die englischen Gerichte nach den traditionellen Regeln über Verletzungen eines ausländischen Immaterialgüterrechts in England oder eines englischen Immaterialgüterrechts im Ausland in England nicht entscheiden, stellt sich für diese Rechte von vornherein nicht die Frage nach dem Handlungs- oder Erfolgsort, hierzu im Folgenden 2. Kapitel: § 1. A. II. 2. a. (3) . Erst in jüngerer Zeit hat sich die Rechtsprechung geändert und bejaht nun zumindest innerhalb des Anwendungsbereichs der EuGVO die internationale Zuständigkeit für ausländische Immaterialgüterrechtsverletzungen.

713 Dort kommt es auf den Ort an, *„where the harmful event occurred*".

714 Nach Art 5 Nr 3 EuGVO ist der Ort entscheidend, „an dem das schädigende Ereignis stattgefunden hat".

715 Nach § 32 ZPO kommt es auf den Ort an, „in dessen Bezirk die unerlaubte Handlung begangen ist".

716 Grundsätzlich ist im englischen Recht zu unterscheiden zwischen dem ersatzfähigen Schaden, also *damage* im Singular, und was der Verantwortliche dem Geschädigten im Haftungsfall als Schadensersatz, also *damages* im Plural, leisten muss, näher Markesinis/Deakin 1999, 722ff.

717 Hier steht die Abgrenzung zwischen kompetenzrechtlich irrelevantem Schadensort und forumseröffnendem Erfolgsort in Frage.

718 Dieser Meinung ist auch Kristin 2001, 117 Fn 641.

719 Diese Prüfung nach den *forum (non) conveniens*- Kriterien wird im Folgende näher ausgeführt, 2. Kapitel: § 1. A. II. 2. a. (1) (a)

720 *„Most real and substantial connection"*, so *Lord Justice Hurst* in der zweiten Instanz zu Berezovsky v Michaels [1999] ILPr 358.

Differenzierung zwischen dem Ort des Eintritts der Rechtsgutverletzung und dem Schadensort. Es findet eine vollständige Vermischung der Begriffe statt[721], die von der Rechtsprechung hingenommen wird.
Selbst der EuGH hat nie ausdrücklich zwischen Schaden und schadenverursachendem Ereignis im Sinne des Handlungserfolges differenziert[722]. Die Kommission folgt dieser Praxis, indem sie in diesem Zusammenhang nur noch undifferenziert von *damage* spricht[723].
Doch legt die Rechtsprechung des EuGH nahe, dass mit der Wendung „Ort an dem das schädigende Ereignis eintritt" sowohl Handlungsort als auch Erfolgsort im Sinne der deutschen Rechtsgutsverletzung und gerade nicht der Ort eines weiteren Schadeneintritts gemeint sind[724]. Dieser Ort würde einen dem Gericht unerwünschten Klägergerichtsstand schaffen, da üblicherweise der Schaden am Wohnsitz oder gewöhnlichen Aufenthalt des Klägers einzutreten pflegt[725]. Der Ort, an dem der Kläger einen mittelbaren Vermögensschaden in der Folge eines in einem anderen Vertragsstaat entstandenen und dort von ihm erfahrenen Erstschadens erlitten zu haben behauptet, wurde daher vom EuGH für unbeachtlich befunden[726]. Es spricht daher alles dafür, dass der EuGH im Rahmen des Erfolgsortbegriffs letztlich doch auf das schädigende Ereignis im Sinne des Handlungserfolges und damit auf die der deutschen Terminologie entsprechende Rechtsgutverletzung abstellt[727], obwohl die verwendete Terminologie anderes vermuten lässt.

---

[721] In diesem Sinne auch Generalanwalt *Léger* in seinem Schlussantrag zu Shevill / Presse Alliance [1995] I ECR, 440 Nr 36.
[722] Im Urteil des EuGH v 30.11.1976 Rs 21/76, Slg 1976, 1735 – Bier / Mines de Potasse d'Alsace spricht er bei der vertragsautonomen Interpretation der Formulierung „Ort, an dem das schädigende Ereignis stattgefunden hat" sowohl von dem Ort, an dem der Schaden eingetreten ist, als auch von dem Ort des ursächlichen Geschehens.
[723] Rauscher ZZP Int 1 (1996), 151 (161).
[724] Schack, IZVR 2002, Rz 295; Art 5 Rz 43; Kropholler, EuZPR 2002; MünchKomm/Gottwald, ZPO III 2001, Art 5 Rz 72; Geimer/Schütze, EuZVR 1997, Art 5 Rz 190ff.
[725] Geimer, IZPR 2001, Rz 1503; Coester-Waltjen in FS Schütze 1999, 175 (178).
[726] EuGH Urteil v 11.1.1990 Rs 220/88, Slg 1990 I 49 – Dumez et Tracoba / Hessische Landesbank; EuGH Urteil v 19.9.1995 Rs C-346/93, Slg 1995, 2719 Rz 15 - Antonio Marinari / Lloyds Bank = JZ 1995, 1107ff mit Anmerkung Geimer (1108); besprochen auch von Hohloch IPRAX 1997, 312ff.
[727] Staudinger/v Hoffmann 2001, Vorbem zu Art 40 Rz 94.

Doch auch im englischen traditionellen Recht werden inzwischen sogenannte Folgeschäden oder mittelbare[728] Schäden nicht mehr von der deliktischen Zuständigkeit erfasst[729].

Die Problematik der eindeutigen Bestimmung des zuständigkeitsbegründenden Erfolgsortes ist im englischen traditionellen Recht auch mit dem schwer lokalisierbaren Persönlichkeitsrecht verknüpft[730]. Gerade dessen Eigenschaft verursacht Schwierigkeiten bei der Unterscheidung zwischen dem Erfolgsort, als Ort des Eintritts eines schädigenden Ereignisses im Sinne des Handlungserfolges und damit der reinen Rechtsgutsverletzung, und dem Schadensort, da bei ihnen die Verletzung selbst schon meist *per se* mit dem besonderen Schadenstyp des immateriellen Schadens gleich gesetzt wird.

Die Wahl der englischen Terminologie erscheint insbesondere deshalb erstaunlich, da dem englischen Recht grundsätzlich eine Unterscheidung zwischen dem Verletzungserfolg und dem hierdurch verursachten Schaden geläufig ist. Bei genauerer Betrachtung kann der Terminus *damage* nicht einfach mit dem deutschen Begriff des (unmittelbaren) Schadens gleichgesetzt werden, da gerade für Klagen, die *actionable*

---

[728] Die im deutschen IZPR üblichen Begriffe „unmittelbarer" und „mittelbarer Schaden" entsprechen jedoch nicht der deutschen Terminologie des Schadensrechts zum unmittelbaren und mittelbaren Schaden. Dort werden unter mittelbaren Schäden die durch das schädigende Ereignis verursachten sonstigen Einbußen wie entgangener Gewinn oder Nutzungsausfälle verstanden. Davon sind die unmittelbaren Schäden abzugrenzen, welche die nachteiligen Veränderungen, die am verletzten Rechtgut oder Recht entstanden sind und daher die Kosten für die Herstellung des verletzten Gutes, wie Wiederbeschaffungskosten, Reparaturkosten, oder Heil- und Pflegekosten umfassen.

Im Zuständigkeitsrecht ist jedoch der Ort, an dem nach Vollendung der unerlaubten Handlung auch bei dem unmittelbar Geschädigten ein weiterer Schaden eintritt, kompetenzrechtlich irrelevant. Somit wird ein Erstschaden von einem in dessen Folge entstandenen Vermögensschaden abgegrenzt. Insofern erscheint es konsequenter, ausschließlich den Begriff „Folgeschaden" zu verwenden, um eine Konfusion mit der Terminologie des Schadensersatzrechts zu vermeiden. Dieser Terminus indiziert eine räumliche Trennung vom Ort, an dem die Verletzungshandlung vollendet wurde und damit auch der Erstschaden auftritt, anders Hohloch IPRAX 1997, 312 (313).

In England wird auch bei dieser Abgrenzung grundsätzlich nur der Begriff *„damage"* verwandt und die Frage an der Bedeutung von *„sustained"* festgemacht: *„where the damage occurrs"* oder *„where it may later ramify"*, Briggs/Rees, Civil Jurisdiction 2002, Rz 4.40; oder es wird ebenfalls von *„direct damage"* gesprochen, Briggs 2002, 103.

[729] So deutlicher in der vorigen Instanz zu Metall und Rohstoff AG v Donaldson Lufkin & Jenrette Inc [1988] 3 All ER (QB) 116 (122; 128); Briggs 2002, 103.

Briggs/Rees, Civil Jurisdiction 2002, Rz 4.40 zweifeln jedoch, ob eine solche konventionskonforme Auslegung auch für die traditionellen Regeln Geltung haben muss. Dennoch erkennen sie die Vorteile einer Harmonisierung mit den Fällen innerhalb des Vereinigten Königreichs nach schedule 4 CJJA 1982 als Argument gegen die weitere Beachtlichkeit bloßer mittelbarer Schäden an, aaO unter Fn 435; unentschieden auch Cheshire/North's 1999, 307.

Generell kritisch zur Unbeachtlichkeit sogenannter Folgeschäden, Otte IPRAX 2001, 315 (318).

[730] Das Problem der Vereinbarkeit der englischen Praxis mit dem europäischen Vorgehen zeigt Carter [1992] 63 BYBIL, 519 (520ff) im Zusammenhang mit der *Shevill*- Entscheidung auf. Dort ging es auch darum, ob ein europäisches Gericht bei der Auslegung von Art 5 Nr 3 EuGVÜ eine aus dem englischen traditionellen Recht stammende deliktische Schadensvermutung heranziehen kann, wenn das Vorliegen eines schädigenden Ereignisses gerade zuständigkeitsbegründendes Tatbestandsmerkmal der europäischen Norm ist.

per se[731] sind, *damage* sehr wohl auch den Ort der Rechtsgutverletzung beschreibt[732]: Im Bereich der *defamation*-Fälle muss der Betroffene gegenüber einer schriftlichen Beleidigung, sogenanntem *libel,* nur den Eintritt eines *harmful events* beweisen, womit die Ehrverletzung als vollendet angesehen wird[733]. Der Schadenseintritt, also der *damage to reputation*, wird sodann unwiderleglich vermutet[734]. Überträgt man diese Prüfung auf die Zuständigkeitsebene, so kann der sogenannte zuständigkeitsbegründende Schadensort dort vermutet werden, wo Dritte von der angeblichen ehrverletzenden Äußerung Kenntnis erlangt haben[735]. Verletzungserfolg und hierdurch verursachter Schaden werden dabei allerdings mittels der Schadensvermutung verknüpft. Solange es nur um immaterielle Schäden geht, wirkt sich die fehlende dogmatische Unterscheidung zwischen Rechtsgutsverletzung und Schaden nicht aus[736]. Wenn es um die Wiedergutmachung immaterieller Schäden geht, kann also die Verletzung selbst als unmittelbarer Schaden bezeichnet werden und damit auch dem englischen Begriff damage entsprechen[737].

Im Wesentlichen hängt die Problematik der inhaltlichen Klärung des Terminus *damage* im englischen Recht folglich mit der Unterscheidung zwischen *torts* zusammen, welche *actionable per se* sind, und solchen, die den Nachweis eines tatsächlichen materiellen Schadens auf Tatbestandsebene verlangen. Bei ersteren stellt die Verletzung des Rechts einen *damage* dar, während sich ansonsten die Bedeutung des Begriffs *damage* inhaltlich verschiebt. Bei *torts*, die einen Schadensnachweis erfordern, steht der Terminus *damage* für die Summe der Verletzung des Rechtsguts in Verbindung mit den daraus folgenden ökonomischen Verlusten.

Möglicherweise hat diese Problematik den englischen Gesetzgeber veranlasst, die Formulierung von order 11 RSC„*where the damage was sustained*“, in r. 6.20 (8)

---

[731] *Actionable per se* sind Klagen, bei denen ein materieller Schaden nicht nachgewiesen werden muss, zum Begriff vergleiche auch oben 1. Kapitel: § 3. A. II.

[732] *Damage* soll bei dieser Art Klagen gerade den Eingriff in ein gesetzlich geschütztes Rechtsgut umschreiben, Markesinis/Deakin 1999, 723; v Bar, Deliktsrecht II 1999, Rz 8 und Rz 10 mit Fn 60 am Ende und Rz 30.

[733] Womit *libel* ein *tort* ist, welches klagbar *per se* ist, oben 1. Kapitel: § 3. A. II.

[734] Sitzungsbericht in der Vorlagefrage Shevill / Presse Alliance Case C-68/93 [1995] 1 ECR, 4, question 3, question 6; Ratcliffe v Evans [1892] 2 QB 524 (529).

[735] Clerk/Lindsell/Mullholland 2000, Rz 22-61; Generalanwalt Darmon in seinem Schlussantrag zu Shevill / Presse Alliance Case C-68/93 [1995] 1 ECR, 417 (424), Nr 37; diese Form der Kommunikation der angeblich verletzenden Äußerung muss allerdings als *significant* eingestuft werden können, Metall und Rohstoff AG v Donaldson Lufkin and Jenrette Inc [1990] 1 QB 391 ff; kritisch zu dieser Schadensvermutung, Briggs (1996) 67 BYBIL 586 (587).

[736] Wobei sich echte Vermögensschäden konkret an einem bestimmten Ort ausmachen lassen, die jedoch als Folgeschäden zuständigkeitsrechtlich irrelevant sein können.
Schon die Verletzung eines Persönlichkeitsgutes kann bei bestimmter Intensität einen ersatzpflichtigen Nichtvermögensschaden zur Folge haben. Dies entspricht auch dem englischen Recht, das in solchen Fällen sogenannten *general damage* gewährt, also einen Schaden, dessen Vorhandensein von Rechts wegen vermutet wird. Darunter sind Schäden zu fassen, denen man keinen exakten finanziellen Wert zuordnen kann, also insbesondere auch zum Ausgleich von Schmerz und Leid geschuldetes Geld und die Beträge, die zum Ausgleich für die Begehung von *torts* gewährt werden, die *actionable per se* sind, Markesinis/Deakin 1999, 724ff.

[737] V Bar, Deliktsrecht II 1999, Rz 7.

CPR weiterzuführen und nicht dem Wortlaut der entsprechenden Vorschrift im CJJA 1982, *„where the harmful event ocurred*" anzupassen. Eine volle Angleichung an Art. 5 Nr. 3 EuGVO hat zumindest sprachlich noch nicht stattgefunden.

Dies offenbart auf der einen Seite eine gewisse Inkonsequenz in der Begrifflichkeit[738]. Indem der Eintritt eines Schadens vermutet wird, kann ein zuständigkeitsbegründender „Schadensort" nicht am Ort des nicht nachzuweisenden Schadens angenommen werden, sondern nur an dem Ort, an dem die eigentliche Rechtsgutverletzung stattgefunden hat[739].
Andererseits vermeidet das traditionelle englische Recht eine künstliche Differenzierung in Rechtsgutsverletzung, Erstschaden, materiellen und immateriellen Schaden, welche sich im Bereich schriftlicher Ehrverletzungen auch nicht auswirken kann. Letztlich bleibt nur der Schadensschwerpunkt als ausschlaggebender Anknüpfungspunkt für die Begründung der Zuständigkeit.
Dennoch erscheint der ausschließliche Gebrauch des Terminus *„damage*" in diesem Zusammenhang ungenau, da unter Schadensort grundsätzlich sowohl der Ort des Eintritts des Erstschadens als auch der des Folgeschadens verstanden werden kann, der Ort der eigentlichen Rechtsgutsverletzung zunächst jedoch unberücksichtigt bleibt[740].
Insgesamt ist eine genauere Differenzierung der Begrifflichkeit und damit auch eine saubere dogmatische Unterscheidung zwischen Rechtsgutsverletzung und Schaden sowohl im englischen und deutschen Recht als auch auf europäischer Ebene sehr wünschenswert[741]. Haftungsbegründende Interessenverletzung und schadensausfüllender Verlust und dessen Bewertung müssen auseinandergehalten werden. Es können sich durchaus Fälle ereignen, in denen eine Eigentumsverletzung keinen Schaden verursacht und daher auch keine Haftung auslösen soll[742]. Dies lässt sich auch auf Persönlichkeitsrechtsverletzungen übertragen, so dass es bei nur geringfügigen Verletzungen der Persönlichkeit nicht zu einem anzuerkennenden Persönlichkeitsschaden kommen kann.

Es kann also festgehalten werden, dass das englische Recht im Rahmen der Zuständigkeit bezüglich des Erfolgsortes letztlich sowohl auf den Ort, an dem die Rechtsgutverletzung eintritt, als auch auf den Ort des Eintritts des Erstschadens abstellt und sich damit an der Rechtsprechung des EuGH orientiert und entsprechend der deutschen Praxis verfährt[743], dies jedoch terminologisch nicht sauber trennt und daher oftmals einer weiten Auslegung zugänglich macht.

---

738 Kritisch hierzu Rauscher ZZP Int 1 (1996) 151 (160f); generell zum Begriff *damage*, für den es bislang im englischen Recht an einer inhaltlichen Klärung mangele v Bar, Deliktsrecht II 1999, Rz 8.
739 Auch Cheshire/North's 1999, 307 sieht hier einen Widerspruch.
740 Dies verwundert besonders, da im englischen Recht Begriffe wie *injury* oder *breach of duty* bekannt sind und auch in diesem Sinne benutzt werden.
741 Das Fehlen einer tauglichen Differenzierung bemängelt Otte IPRAX 2001, 315 (318).
742 Etwa das Zuparken einer Garage, solange der Eigentümer dadurch nicht beeinträchtigt ist.
743 Der Begriff "*damage*" sollte daher im Sinne von unmittelbarer Schädigung und nicht von Schaden verstanden werden.

(b) Handlungsort – r. 6. 20 (8) (b) CPR

Der Tatortgerichtsstand ist auch dann eröffnet, wenn der Schaden auf einer im Inland begangenen Handlung beruht[744]. Bezüglich dieses Handlungsortes bestehen keine Besonderheiten[745]. Noch nicht geklärt ist allerdings, ob entsprechend der Auslegung des Schadensorts[746] und im Lichte von Art. 5 Nr. 3 EuGVO nur diejenige Handlung zuständigkeitsbegründend wirkt, die direkt und unmittelbar den Schaden im Inland verursacht hat[747]. Dies würde die Abgrenzung gegenüber bloßen Vorbereitungshandlungen erleichtern.

Wesentliche Voraussetzung für die Begründung eines Deliktsgerichtsstandes sind somit Handlungsort und unmittelbarer Schadeneintrittsort, wenn dort zugleich die unerlaubte Handlung vollendet worden ist, oder eine Kombination von beiden.

(c) Der Deliktsgerichtsstand speziell bei Grenzüberschreitungen

Für die Konstellation verschiedener möglicher zuständigkeitsbegründender Handlungs- oder Schadensorte weisen zahlreiche einschlägige Quellen[748] nur auf das Urteil *Metall und Rohstoff/ Donaldson*[749] hin, in dem erstmalig eine Konstellation zur Entscheidung stand, bei der sich eine unerlaubte Handlung sowohl zum Teil in den USA und zum Teil in England abspielte und der dadurch verursachte Schaden in England auftrat. Im Zuge seiner Entscheidung stellte das Gericht dann die vielzitierten und bislang einzig maßgeblichen Grundsätze auf:

Liegen zum einen mehrere zuständigkeitsbegründende Schadensorte vor, so reicht für die Begründung der Zuständigkeit englischer Gerichte der Eintritt eines gewissen beachtlicher Schadens[750] im Inland aus. Bei der anschließenden Entscheidung wird der Gesamtschaden jedoch nicht in einzelne selbständige Teile aufgespalten, so dass das Gericht etwa nur über den im Forumstaat eingetretenen Schaden entscheiden dürfte[751].

---

[744] "*Act committed within the jurisdiction*", r 6.20 (8) (b) CPR.

[745] Zu den Besonderheiten beim Vorliegen mehrerer zuständigkeitsbegründender Handlungsorte im Fall grenzüberschreitender Handlungen, vergleiche die folgende Darstellung 2. Kapitel: § 1. A. II. 1. b. (2) (c) .

[746] Auch in England werden Folgeschäden oder mittelbare Schäden nicht mehr als zuständigkeitsbegründend angesehen, oben 2. Kapitel: § 1. A. II. 1. b. (2) (a)

[747] Briggs/Rees, Civil Jurisdiction 2002, Rz 4.41.

[748] Briggs 2002, 103f; Briggs/Rees, Civil Jurisdiction 2002, Rz 4.40; Blackstone's 2002, Rz 16.45; Dicey/Morris, I 2000, Rz 11-188; Cheshire/North's 1999, 307.

[749] Metall und Rohstoff AG v Donaldson Lufkin and Jenrette Inc [1990] 1 QB 391ff: Die Klägerin, eine schweizerische Firma, ging in England gegen US-amerikanische Beklagte wegen Schadensersatz vor. Die Verleitung zum Vertragsbruch und damit das schädigende Verhalten hatte in New York, USA, stattgefunden, die eigentlichen Vertragsbrüche selbst dann in England, wo auch der Großteil des Schadens auftrat.

[750] „*Some significant damage*"; nach Briggs/Rees, Civil Jursidiction 2002, Rz 4.40, gilt dies sogar dann, wenn der größere Teil des Schadens außerhalb Englands liegt.

[751] Im Bereich der Ehrverletzungen entspricht dies der *single publication rule* des US-amerikanischen Zuständigkeitsrechts, Nachweise bei v Hinden 1999, 155.

Hat sich also in England *some significant damage* ereignet, so wird dem Gericht bislang volle Kognitionsbefugnis über den gesamten Schaden verliehen[752].

---

[752] Rauscher ZZP Int 1 (1996) 151 (158); Peinze 2002, 266 Fn 257; allerdings sind in England bezüglich dieses Problems bislang noch keine eindeutigen Entscheidungen ergangen, da es an entsprechenden Fällen mangelte, so auch Generalanwalt Darmon in seinem Schlussantrag in Shevill / Presse Alliance Case C-68/93 [1995] ECR 1, 417 Nr 37.

Anderer Ansicht erscheinen für Klagen wegen *libel* durch in mehreren Staaten verbreitete Artikel jedoch folgende Gerichte zu sein:

In Eyre v Nationwide [1967] NZLR 851 (854f) hat der *Supreme Court* in Wellington auf Antrag des Beklagten seine Zuständigkeit infolge einer Zustellung außerhalb Neuseelands abgelehnt, da der Kläger in Wirklichkeit hauptsächlich einen in Australien erlittenen Schaden aufgrund einer in beiden Ländern verbreiteten ehrverletzenden Zeitschrift vor neuseeländischen Gerichten geltend machen wollte. Jegliche Rufschädigung, die er andernorts aufgrund einer Verbreitung in einem anderen Land erlitten hat, soll danach eine Angelegenheit der Gerichte des jeweiligen Verbreitungslandes sein. In Neuseeland war jedoch nur eine geringe Verbreitung erfolgt, so dass das Gericht dort keine *„question of substance“* verorten konnte und deshalb seine Zuständigkeit insgesamt ablehnte.

In Diamond v Sutton (1866) LR 1 Ex 130 hat das Gericht ebenfalls seine Zuständigkeit wegen einer zu geringen Verbreitung ehrverletzender Artikel in England einer in Jersey erscheinenden Zeitschrift abgelehnt. Hier hatte das Gericht jedoch unmissverständlich angedeutet, dass es seine Zuständigkeit dann ausüben würde, wenn der Kläger beweisen könne, dass *„a cause of action“* innerhalb seines Jurisdiktionsbereichs entstanden sei und er sich nur auf diese beschränken würde und nicht auf *„matters occurring elsewhere“*, aaO 132f. Damit unterscheidet das Gericht in einem solchen Fall zwischen mehreren verschiedenen *acts*, je nachdem, in welchem Land die Zeitschrift verbreitet wurde. Dies macht jedoch die konträre Haltung des Gerichts zur Aussage in *Metall und Rohstoff v Donaldson* deutlich, wo ausdrücklich davon ausgegangen wird, dass ein *tort* aus mehreren *acts* bestehen kann, die sich wiederum in unterschiedlichen Jurisdiktionsbereichen abgespielt haben können. Insgesamt ist auch in der Entscheidung *Diamond v Sutton* zunächst der mangelnde Bezug zum englischen Forum ausschlaggebend, nicht jedoch eine generelle Beschränkung der Kognitionsbefugnis der Gerichte.

Auch in Berezovsky v Michaels [2000] 1 WLR 1004 (1013) wird einer globalen Ansicht eine Abfuhr erteilt, wobei allerdings nicht die Kognitionsbefugnis als solche zur Debatte stand, da der Antrag des Klägers von vornherein auf den in England erlittenen Schaden beschränkt war.

Zwei einflussreiche russische Geschäftsleute (im März 2003 ist *Mr Berezovsky* auf Antrag der russischen Behörden wegen Bertrugsverdachts tatsächlich vorübergehend festgenommen worden) verklagten Journalisten des US-amerikanischen Nachrichtenmagazins *„Forbes“* wegen *libel* in England. Dort wurde jedoch nur ein geringer Teil der Gesamtauflage verbreitet. Insgesamt waren in England 1.915 Exemplare im Umlauf, in Russland 13 und in den USA und Canada 785.710. In erster Instanz wurde das Verfahren nach *forum (non) conveniens-* Kriterien ausgesetzt, da der Richter Russland für das geeignetere Forum hielt. Die in der zweiten Instanz erfolgte Aufhebung dieser Entscheidung wurde nun durch das *House of Lords* trotz zwei Gegenstimmen bestätigt.

Im Rahmen der Begründung seiner von der Mehrheit in dieser Entscheidung abweichenden Meinung stellt *Lord Hoffmann* unter anderem fest, dass eine solche vordergründige Beschränkung auf den nur in England erlittenen Schaden nur von Rechtsanwälten ernst genommen werden könnte, aaO 1023f. Denn ein englisches Urteil, welches eine Rufschädigung als solche auch nur in England feststellt, kann trotzdem, zumindest bei einer Person wie dem Kläger, weltweit als Bestätigung der Schädigung herangezogen werden, unabhängig von einer tatsächlich auf England beschränkten Schadensersatzsumme. Gerade im Rahmen von Rufschädigungen kommt es dem Opfer oftmals nicht auf eine materielle Entschädigung, sondern auf eine weltweite Sanierung seines Rufes und damit eine quasi immaterielle grenzenlose Wiedergutmachung an. Eine derart beschränkte Geltendmachung auf den nur in England erlittenen Schaden hatte ihren Grund laut *Lord Hoffmann* allein darin, dass sich der Kläger allein vor englischen Gerichten generellen Erfolg seiner Klage versprach, diesen aber für eine weltweite Wiedergutmachung nutzen konnte. Der Kläger sei gerade nicht nur am Ersatz des materiellen Schadens interessiert gewesen. Aufgrund der globalen Wirkung einer Entscheidung des englischen Gerichts hält *Lord Hoffmann* die Diskussion um die Einheitlichkeit der unerlaubten Handlung und der daraus folgenden unbeschränkten Kognitionsbefugnis für rein akademisch. Da dieser Form des *forum shopping* durch eine Begrenzung der Kognitionsbefugnis kein Einhalt geboten werden kann, befürwortet *Lord Hoffmann*, anders als die Mehrheit seiner Kollegen, die Ablehnung der internationalen Zuständigkeit gemäß der *forum non conveniens-* Regel, aaO 1025. Kritik an der Entscheidung übt auch Briggs (2000) 71 BYBIL 440 (441f).

Im Bereich der Immaterialgüterrechte ist diese Problematik bislang nicht aufgetreten, da aufgrund von noch im Folgenden zu erörternden Besonderheiten des *common law*, der sogenannten *double actionability rule* und der *moçambique- rule*, ein englisches Gericht mangels Justitiabilität nicht über die Verletzung eines ausländischen Immaterialgüterrechts entscheiden konnte[753].

Zum anderen kann der Kläger jedoch auch den Handlungsort zur Begründung der Zuständigkeit wählen, wenn der Schaden auf einer im Inland begangenen Handlung beruht. Entsprechend zu den Erfordernissen an den Schadensort muss nicht die gesamte unerlaubte Handlung ausschließlich im Inland erfolgt sein. Ausreichend ist, wenn der Schaden durch eine grundlegende und wirkungsvolle Handlung[754] im Inland verursacht wurde, unabhängig davon, ob weitere grundlegende Handlungen des *tort*[755] im Ausland stattgefunden haben[756] und damit die Verletzung aus mehreren Akten besteht.

Dies steht im Gegensatz zur Praxis auf kollisionsrechtlicher Ebene[757], wo insbesondere im Bereich der Ehrverletzungen in England eine Mosaikbeurteilung im Sinne der *multiple publication rule* des Zuständigkeitsrechts angewandt wird[758]. Danach wird in jeder einzelnen Veröffentlichung eine neue, materiellrechtliche selbständige unerlaubte Handlung gesehen[759], was eine einheitliche Beurteilung von Streudelikten unmöglich macht[760].

Insgesamt kann ein englisches Gericht auch dann eine Auslandszustellung veranlassen und dadurch international zuständig werden, wenn die unerlaubte Handlung nicht nur hauptsächlich in England stattgefunden hat. Wurde das Delikt allerdings *in substance*

Ein entsprechend dieser Entscheidung begrenztes Verständnis der unerlaubten Handlung bei grenzüberschreitenden Ehrverletzungen wurde auch auf Zuständigkeitsebene noch nicht in die einschlägige Literatur übernommen, die sich nach wie vor auf das Urteil *Metall und Rohstoff v Donaldson* beruft.

[753] Im Folgenden 2. Kapitel: § 1. A. II. 2. a. (3) und 2. Kapitel: § 1. A. II. 2. b. (1) . Insbesondere die teilweisen Abschaffung der *double actionability rule* durch Gesetz und die Aufweichung der *moçambique rule* durch die Rechtsprechung schaffen eine völlig neue Ausgangslage.

[754] *„Substantial and efficacious acts"*

[755] *„Where a tort consisted of acts done in more than one jurisdiction"*, Metall und Rohstoff AG v Donaldson Lufkin and Jenrette Inc [1990] 1 QB 391 (392). Damit geht das Gericht offensichtlich davon aus, dass ein *tort* aus mehreren Handlungen bestehen kann, die nur im Zusammenspiel das *tort* als solches ausmachen. Hier kann aufgrund der Formulierung fast von Teilhandlungen gesprochen werden, die jeweils in unterschiedlichen Jurisdiktionsbereichen auftreten können, so auch Briggs (2000) 71 BYBIL 400 (442); Cheshire/North's 1999, 307.

[756] Metall und Rohstoff AG v Donaldson Lufkin and Jenrette Inc [1990] 1 QB 391 (437).

[757] Briggs (2000) 71 BYBIL 440 (441); Schwiegel-Klein 1983, 57ff; im Folgenden 2. Kapitel: § 2. B. V.

[758] Briggs 2002, 180; Kadner-Graziano 2002, 313; Wagner RabelsZ 62 (1998) 243 (264); Ginsburg (1997) 15 Cardozo Arts & Ent LJ 153 (166ff).

[759] Dieser Grundsatz wurde erstmals aufgestellt in Duke of Brunswick v Harmer (1849) 14 QB 185.

[760] Briggs/Rees, Civil Jursidiction 2002, Rz 4.40 Fn 440 gibt zu, dass in einem solchen Fall strittig ist, ob in England wohl dann über die gesamte (grenzüberschreitende) Ehrverletzung entschieden werden kann und damit auch über außerhalb Englands eingetretenen Schaden, wenn zwar die Veröffentlichung außerhalb Englands stattgefunden hat und daher eine Schadensvermutung zugunsten von *libel* nicht erfolgen kann, aber trotzdem ein gewisser beachtlicher Schaden in England nachgewiesen wird.

im Ausland begangen, so müssen weitere Kriterien erfüllt sein, bevor das englische Gericht seine Entscheidungsbefugnis ausüben kann[761].

Folglich wird schon mit der Entscheidung, ob ein gewisser beachtlicher Schaden im Inland eingetreten ist oder auf einer entsprechenden Handlung im Inland beruht, eine Beschränkung der deliktischen Zuständigkeit vorgenommen. Die Eingrenzung dieser deliktischen Zuständigkeit erfolgt somit zunächst nicht entsprechend der Praxis des EuGH auf Rechtsfolgenseite durch die Beschränkung der Kognitionsbefugnis[762]. Stattdessen nehmen die englischen Gerichte eine Zuständigkeitskonzentration und damit das Unterbinden eines ausufernden Deliktsgerichtsstand bereits auf Tatbestandsebene vor.

2. Einzelheiten der traditionellen Regeln

Neben diesen allgemeinen Grundsätzen existieren im autonomen englischen Prozessrecht einige Besonderheiten, welche starken Einfluss auf die internationale Zuständigkeit dortiger Gerichte haben. Diese typischen traditionellen Eigenheiten haben weiter auch großen Einfluss auf die Rechtsprechung im Anwendungsbereich der EuGVO, weshalb ihre Darstellung für das Verständnis englischer Entscheidungen grundlegend ist.

a. Versagung der internationalen Zuständigkeit

Englische Gerichte können die Ausübung ihrer gesetzlich begründeten Zuständigkeit oder auch die fremder Gerichte nach eigenem Ermessen schlichtweg ablehnen.

(1) *Forum (non) conveniens*

(a) Überblick

Aus der vorangegangenen Darstellung wurde der Unterschied zwischen den Fällen der *forum non conveniens*- Doktrin und denen der *forum conveniens*- Regel deutlich:
Die *forum non conveniens*- Doktrin findet nur Anwendung, wenn sich die Zuständigkeit zwingend aus den anzuwendenden Regeln ergibt und daher dem Gericht bezüglich der Zustellung kein Ermessen zusteht, also etwa bei *actions in personam*, wenn der Beklagte in England anwesend ist. Nur hier hat die Doktrin zur Folge, dass eine an sich zwingend bestehende internationale Zuständigkeit aufgrund einer Ermessensentscheidung des Gerichts nicht in Anspruch genommen wird. Die Beweislast dafür, dass das englische Gericht nicht *conveniens* ist, obliegt in diesem Fall allein dem Beklagten.

---

[761] Zu den Kriterien der *double actionability rule* und deren Entwicklung bis zum heutigen Stand vergleiche im Folgenden 2. Kapitel: § 1. A. II. 2. b. (1).
[762] Hierzu noch im Folgenden 2. Kapitel: § 1. B. II. 2. c.

Anders ist dies in den Fällen, in denen die Zuständigkeit von vornherein nur aufgrund einer Ermessensentscheidung des Gerichts begründet werden kann. Dies trifft auf Konstellationen zu, in denen der Beklagte sich außerhalb Englands aufhält und ihm die Klageschrift erst nach CPR part 6 in das Ausland zugestellt werden muss, nachdem das Gericht eine diesbezügliche Ermessensentscheidung vorgenommen hat. Hierbei wird die Ermessensentscheidung im Rahmen der *forum conveniens*-Prüfung vor der Zustellung getroffen[763]. Die Beweislast trägt allein der Kläger, der in diesem Verfahrensschritt das Gericht von seiner Zuständigkeit überzeugen muss.

Beide Regeln richten sich jedoch nach denselben Grundsätzen und verfolgen ein einheitliches Ziel[764]. In beiden Fallgruppen geht es darum, dass der Rechtsstreit an dem Gericht stattfindet, welches für die Interessen der Parteien und für die Gerechtigkeit am ehesten geeignet ist, also das *most appropriate forum* zu finden. Die Regeln werden lediglich spiegelbildlich angewandt[765], was eine gemeinsame Darstellung rechtfertigt.

Die Grundsätze der *forum (non) conveniens*- Prüfung wurden in der *Spiliada*-Entscheidung [766] vom *House of Lords* aufgestellt[767]. In diesem Fall ging es um eine Auslandszustellung und damit um eine *forum conveniens*- Prüfung. Trotzdem hat das Gericht dabei allgemein die *forum (non) conveniens*- Regel behandelt und sie umfassend neu formuliert[768].

Nach den gegenwärtig geltenden Prinzipien muss also der Beklagte, der eine Aussetzung des englischen Verfahrens anstrebt, in einem ersten Schritt beweisen, dass ein anderes internationales Gericht ein besser geeignetes Forum für das fragliche Verfahren bietet[769]. Damit aber diese zwingende Zuständigkeit im Ergebnis nicht zu einer Ermessenszuständigkeit degradiert wird, muss der Beklagte hierfür positiv darlegen[770], dass es ein anderes, zuständiges Forum gebe, welches deutlich geeigneter sei als das englische und damit „*clearly or distinctly more appropriate*“ und daher das *natural forum*[771] sei, mit dem die Klage die *most real and substantial connection* habe[772]. Die Möglichkeit der Rechtsverfolgung muss dort aber garantiert sein.

---

[763] Cheshire/North's 1999, 313.
[764] Cheshire/North's 1999, 335; 313-321.
[765] Briggs/Rees, Civil Jursidiction 2002, Rz 4.54.
[766] Spiliada Maritime Corporation v Cansulex Ltd [1987] 1 AC 460 (HL).
[767] Zu den Ursprügen der *forum non conveniens*- Doktrin im schottischen Recht und deren Entwicklung im englischen Recht,Dicey/Morris, I 2000, Rz 12-007f; Niegisch 1993, 66ff.
[768] In Kurzform wird der Spiliada-Test an folgender Stelle wiedergegeben, Spiliada Maritime Corporation v Cansulex Ltd [1987] 1 AC 460 (476) (HL); ausführlich hierzu Cheshire/North's 1999, 313-321.
[769] Ausführlich hierzu Briggs/Rees, Civil Jurisdiction 2002, Rz 4.11 ff.
[770] Es werden also hohe Anforderungen gestellt, so dass nicht genügt, wenn der Beklagte nur darlegt, dass das *natural forum* nicht in England liege, Spiliada Maritime Corporation v Cansulex Ltd [1987] 1 AC 460 (477) (HL).
[771] Zum Begriff des *natural forums*, Dicey/Morris, I 2000, Rz 12-005.
[772] Spiliada Maritime Corporation v Cansulex Ltd [1987] 1 AC 460 (477f) (HL).

Damit wird die engste Verbindung von Klage beziehungsweise Sachverhalt und Forum gesucht und sowohl *convenience*- Faktoren[773] als auch kollisionsrechtliche Anknüpfungsfaktoren wie Tatort und anwendbares Recht einbezogen[774].

Gelingt ein solcher Nachweis, so tritt der Test in die zweite Stufe ein und die Beweislast wird verlagert. Nun muss der Kläger die besonderen Umstände beweisen, nach denen die Gerechtigkeit es erfordert, doch von einer Aussetzung abzusehen, insbesondere die legitimen Vorteile[775] für den Kläger aus einem Verfahren gerade in England. Dabei hat das Gericht sämtliche Umstände des Einzelfalls zu berücksichtigen und so eine allgemeine Interessenabwägung vorzunehmen[776]. Im diesem Rahmen werden die aus Gründen der Gerechtigkeit sprechenden Faktoren mit denen des ersten Prüfungsschrittes abgewogen und damit die *convenience* – und kollisionsrechtlichen Anknüpfungsfaktoren, wie etwa die Natur des Rechtsstreits, die rechtlichen und praktischen Probleme, die Umstände, wie Ortskenntnis, Verfügbarkeit der Zeugen und Beweise und die entstandenen Kosten, Tatort und anwendbares Recht, in die erwähnte Interessenabwägung miteinbezogen[777].

Ob nun die Gerichte in der Praxis diese Zweiteilung zwischen der Suche nach dem *natural forum* und der anschließenden Interessenabwägung aufrechterhalten oder alle abwägungserheblichen Faktoren in einem einzigen Abwägungsprozess gegenüberstellen, kann dahinstehen, da im Ergebnis alle Gerichte die gleichen Gruppen von Faktoren berücksichtigen und diese entsprechend den Prinzipien der *Spiliada*-Entscheidung gegeneinander gegenüberstellen[778].
Insgesamt obliegt es grundsätzlich dem Kläger, diejenigen Argumente vorzubringen, die ein Verfahren aus Gründen der Gerechtigkeit in England begründen[779].

---

[773] Dieser steht für die Unannehmlichkeiten und den Aufwand, welches sich aus der Abwicklung des Verfahrens an den jeweiligen Gerichtsständen ergeben, etwa Zeit- und Kostenaufwand, Sprache der Zeugen und des Beweismaterials.

[774] Näher bei Spiliada Maritime Corporation v Cansulex Ltd [1987] 1 AC 460 (478) (HL).

[775] Persönliche oder rechtliche Vorteile sind etwa: im Einzelfall höhere Schadensersatzsummen in England, Spiliada Maritime Corporation v Cansulex Ltd [1987] 1 AC 460 (483) (HL), höhere Gewährung von Zinsen, The Adhiguna Meranti [1988] 1 Lloyd's Rep 384 (394) (Hong Kong CA), längere Verjährungsfristen (nur bedingt, wenn es von Seiten des Klägers nicht unvernünftig war, nur in England zu klagen, Spiliada Maritime Corporation v Cansulex Ltd [1987] 1 AC 460 (483f) (HL)), zum Teil ein günstigeres Ergebnis in England aufgrund von Regeln des materiellen Rechts, Britannia Steamship Insurance Association Ltd and Others v Ausonia Assicurazioni SpA [1984] 2 Lloyd's Rep 98 (100f) (CA) oder ansonsten größere zeitliche Verzögerungen bei einem Verfahren vor dem ausländischen Gericht, The Vishva Ajay [1989] 2 Lloyd's Rep 558 (560, die Gefahr eines unfairen Verfahrens im Ausland aus politischen oder ideologischen Gründen, The Abidin Daver [1984] 1 AC 398 (411) (HL); Muduroglu Ltd v TC Ziraat Bankasi [1986] 3 All ER 682 (698f) etc.
Allerdings reichen diese Vorteile jeweils für sich genommen nicht für die Verhinderung einer Aussetzung aus, da das Gericht nach einer umfassenden Abwägung sämtlicher Faktoren davon überzeigt sein muss, dass es nur an dem zuständigen *natural forum* Gerechtigkeit gibt, Niegisch 1993, 88f.

[776] Spiliada Maritime Corporation v Cansulex Ltd [1987] 1 AC 460 (478) (HL).

[777] *Lord Wilberforce* in Amin Rasheed Corporation v Kuwait Insurance [1984] AC 50 (72) (HL), dem sich *Lord Goff of Chieveley* in Spiliada Maritime Corporation v Cansulex Ltd [1987] 1 AC 460 (480) (HL) angeschlossen hat.

[778] Hierzu, The Po [1991] 2 Lloyd's Rep 206 (213) (CA).

[779] Cheshire/North's 1999, 314.

Dies trifft auch auf die Fälle zu, in denen das Gericht sein Ermessen nach CPR part 6 bezüglich einer Zustellung in das Ausland ausübt. Das Gesetz enthält nur die Voraussetzung, wann die Zustellung in das Ausland erlaubt werden kann. Der Kläger muss jedoch weiterhin umfassend darlegen, dass gerade sein Fall im Rahmen dieser Ermessensausübung für eine solche Auslandszustellung geeignet ist. Dieses in der *Spiliada-* Entscheidung[780] aufgestellte Erfordernis wurde in CPR r. 6.21 (2A) aufgenommen, wo nun ausdrücklich statuiert ist, dass *„the court will not give permission unless satisfied that England and Wales is the proper place in which to bring the claim"*. Die Formulierung dieser Anforderung an eine Auslandszustellung im CPR ändert jedoch nichts an der bisherigen Rechtsprechung, sondern soll diese lediglich bestätigen[781].
Es geht also sowohl bei den Fällen der Ermessensentscheidung als auch bei solchen der Aussetzungsentscheidung um die Interessen der Parteien und deren gerechten Ausgleich. In beiden Fällen findet eine *forum- (non)- conveniens-* Prüfung statt.

Trotz der neuen Formulierung der Doktrin in der Entscheidung *Spiliada*[782], werden den Gerichten allerdings nur wenig Anhaltspunkte über die Gewichtung der Faktoren im einzelnen Fall geboten, und damit die Frage, welche Entscheidung nun am gerechtesten ist, nicht vorhersehbar gelöst[783].
Dies ist insbesondere an der uneinheitlichen Rechtsprechung zu erkennen:
Grundsätzlich wird die internationale Zuständigkeit englischer Gerichte ausgeübt, wenn das *tort* in England begangen worden ist, womit der Ermessenspielraum in einem solchen Fall stark reduziert ist[784]. Dies hat das *House of Lords* in *Berezovsky v. Michaels*[785] bestätigt, so dass ein in England begangenes Delikt ein starkes Argument gegen die Anwendung der *forum (non) conveniens-* Regel ist.
Allerdings darf die Verbreitung des Anteils einer europaweiten Gesamtauflage von ehrverletzenden Exemplaren in England und damit das Begehen von *libel* nicht nur geringfügig[786] sein, weil der Maßstab des *signifcant damage* gilt[787]. In der Entscheidung *Kroch v. Rossell*[788] wurde zwar von einem *tort* innerhalb Englands ausgegangen. Da der Kläger aber keinen zu verlierenden Ruf in England oder eine sonstige Beziehung zu dem Land vorgetragen hatte und die Auflage in England im

---

[780] Spiliada Maritime Corporation v Cansulex Ltd [1987] 1 AC 460ff (HL).
[781] Briggs/Rees, Civil Jurisdiction 2002, Rz 4.54.
[782] Spiliada Maritime Corporation v Cansulex Ltd [1987] 1 AC 460ff (HL).
[783] Niegisch 1993, 90 f.
[784] *„If the substance of an alleged tort is committed within a certain jurisdiction, it is not easy to imagine what other facts could displace the conclusionthat the courts of that jurisdiction are the natural forum"*, The Albaforth [1984] 2 Lloyd's Rep 96, *Goff LJ*, der später zu *Lord Goff of Chieveley* wurde.
[785] Berezovsky v Michaels [2000] 1 WLR 1004 (HL).
[786] Es gilt zu bedenken, dass es auf die Auflagenanzahl in einem bestimmten Land nicht unbedingt ankommen muss, denn selbst kleine Stückzahlen eines Presseartikels können im Nachbarstaat zu schweren Beeinträchtigungen von Persönlichkeitsrechten führen, wenn sie von den entscheidenden Personen gelesen werden.
[787] Kroch v Rossell et Compagnie Société des personnes à Responsibilité Limitée [1937] All ER 725 (CA).
[788] Kroch v Rossell et Compagnie Société des personnes à Responsibilité Limitée [1937] All ER 725 (CA).

Vergleich zu den anderen Ländern als zu geringfügig angesehen wurde, fehlte es an einer "*question of substance in this country*"[789]. Somit wurden auch die weiteren Verbreitungen im Ausland in die Untersuchung miteinbezogen. Im Rahmen dieser Gesamtbetrachtung wurde die englische internationale Zuständigkeit zugunsten der französischen Gerichte abgelehnt.

In ähnlichen Fällen ist jedoch mittlerweile anders entschieden worden[790]. Dabei ging es ebenfalls um die Verbreitung eines ehrverletzenden Presseartikels in mehreren Staaten, gegen welche die Betroffenen vor englischen Gerichten vorgehen wollten, obwohl dort nur eine marginale Verbreitung stattgefunden hatte. Der Knackpunkt dieser Entscheidungen liegt jedoch in der von vorneherein getroffenen Beschränkung der Klage auf den in England entstandenen Schaden. Diese führte offensichtlich dazu, dass sich die Gerichte auf die *Shevill*- Entscheidung[791] des EuGH berufen haben, um möglicherweise vordergründig eine Kongruenz der europäischen Rechtsprechung mit den traditionellen Regeln im Rahmen von Ehrverletzungen durch die Medien zu erzielen. Mit Berufung auf den EuGH spalten die Richter die unerlaubte Handlung auch auf Zuständigkeitsebene in einzelne *torts* auf und stellen gerade keine Gesamtbetrachtung mehr an[792]. Diese restriktive Auslegung des EuGH, der im Rahmen von Ehrverletzungen durch Medien auf Rechtsfolgenebene generell die Kognitionsbefugnis am Verbreitungs- und damit Erfolgsort auf den nur im Inland eingetretenen Schaden beschränkt, kann jedoch nicht mit der *forum (non) conveniens*- Doktrin verglichen werden[793]. In beiden Fällen spielt zwar der Faktor der Sachnähe eine entscheidende Rolle. Doch wird im Rahmen der *forum (non) conveniens*-Prüfung diese Sachnähe im Rahmen einer Ermessensentscheidung im Einzelfall geprüft, während der EuGH umgekehrt von vornherein eine abstrakte und generelle Auslegung der Zuständigkeitsvorschriften vornimmt und dadurch zu Beginn die Entscheidung über die Zuständigkeit vorhersehbar macht.

Es macht also keinen Sinn, die Kriterien des EuGH mit den *forum (non) conveniens*- Aspekte zu vermischen und Faktoren wie die Verbreitung und die Beschränkung des Schadens ausschlaggebend zu gewichten, wenn vorrangiges Ziel des Klägers nur darin liegt, mithilfe der englischen Entscheidung seinen Ruf umfassend und grenzüberschreitend zu sanieren[794]. Eine Beschränkung der englischen Entscheidungsbefugnis war daher gar nicht möglich[795].

Ein weiterer Nachteil dieser Praxis besteht darin, dass jeder Ausländer, der auch nur eine geringe Verbreitung in England veranlasst, dort verklagt werden kann[796].

Es bleibt auch abzuwarten, ob die englischen Gerichte ebenso entscheiden, wenn der

---

[789] Kroch v Rossell et Compagnie Société des personnes à Responsibilité Limitée [1937] All ER 725 (728) (CA).
[790] Schapira v Ahronson [1999] EMLR 753; Berezovsky v Michaels [2000] 1 WLR 1004 (HL).
[791] EuGH Urteil v 7.3.1995, Rs C-68/93, Slg 1995 I, 415 Shevill / Presse Alliance SA.
[792] Schapira v Ahronson [1999] EMLR 753 (748f); Berezovsky v Michaels [2000] 1 WLR 1004 (1012).
[793] Huber ZEuP 1996, 295 (310f).
[794] Lord Hoffmann in Berezovsky v Michaels [2000] 1 WLR 1004 (1024) (HL).
[795] Vgl hierzu auch unter Fn. 752
[796] Kritisch, Gill [1999] Tolley's Communication Law, 16 (18).

Kläger bei grenzüberschreitenden Ehrverletzungen durch Medien das Verfahren nicht von vornherein auf den in England entstandenen Schaden beschränkt. Schon der Verlauf des Falls *Berezovsky v. Michaels*[797], bei dem in erster Instanz das Verfahren zugunsten eines russischen Gerichts ausgesetzt wurde und die Aufhebung dieses Urteils durch das *House of Lords* nur mit einem Stimmenverhältnis von drei zu zwei Richtern bestätigt wurde, macht die Unsicherheit der Lage deutlich.
Allerdings wird als Tendenz deutlich, dass auch im traditionellen englischen Recht die Rechtsprechung des EuGH Einfluss zumindest auf die Gewichtung der Faktoren nimmt.
Dabei werden jedoch die Kriterien der europäischen Rechtsprechung mit den Anforderungen des traditionellen Rechts vermischt, was eine weitere Erschwernis der Vorhersehbarkeit mit sich bringt. Der weite und von vornherein nicht durchschaubare Ermessensspielraum des Gerichts im Rahmen des traditionellen Rechts erschwert dem Verletzten die Einschätzung, an welchem Forum nun seine Klage überhaupt zur Entscheidung angenommen wird[798]. Die Kombination der Kriterien und Beschränkungen auf Tatbestands- und Rechtsfolgenebene mutet fast willkürlich an und trägt nicht zum Aufbau von Transparenz des Rechtssystems und damit Vertrauen der Bürger in dieses bei.

(b) Bewertung

Im Rahmen dieser nur kurzen Auseinandersetzung mit den Prinzipien der *forum (non) conveniens*- Doktrin zeigen sich deren Vor- und Nachteile deutlich.

Auf der einen Seite kann durchaus ein Bedürfnis nach einem Mittel zur Eingrenzung überschießender Zuständigkeiten festgestellt werden[799]. Insbesondere erfordern exorbitante Zuständigkeitsgründe wie die auch nur vorübergehende körperliche Anwesenheit des Beklagten im Zeitpunkt der Klagezustellung in England, die sogenannte *tag jurisdiction*, eine sinnvolle Einschränkung.
Zudem kann mit Hilfe der *forum (non)conveniens*- Lehre im Einzelfall durchaus eine größere Sach- und Beweisnähe des entscheidenden Gerichts gewährleistet werden, da gerade Faktoren wie die Herkunft und Sprache der Zeugen oder die Belegenheit des Beweismaterials berücksichtigt werden.
Oft bedarf es nach erster Betrachtung in Konstellationen, in denen der Kläger sich bewusst für einen bestimmten Gerichtsstand entscheidet und dadurch im Wege des *forum shopping,* sei es durch Ausnutzen oder gar Erschleichen, eine Zuständigkeit auswählt, einer Missbrauchskontrolle. Es ist gerade zu beachten, dass ein Geschädigter

[797] Berezovsky v Michaels [2000] 1 WLR 1004 (HL).
[798] Kritisch, Gill [1999] Tolley's Communication Law, 16 (18).
[799] *Lord Goff of Chieveley* hält die Prinzipien des *forum (non) conveniens* gar für *„one of the most civilised of legal principles"*, Airbus Industrie GIE v Patel [1999] 1 AC 119 (141). Dem schließen sich Briggs/Rees, Civil Jurisdiction 2002, Rz 4.17 mit dem Kommentar an: *„Further comment would be impertinent"*.

von einer im Ansatz sehr weit gefassten internationalen Zuständigkeit auch profitieren kann und daher bereit sein sollte, einen gewissen Preis der Rechtsunsicherheit im Sinne einer gerade nicht normierten Missbrauchskontrolle durch das angerufene Gericht zu zahlen. Dies ist insbesondere dann zu bedenken, wenn der Kläger in Erwartung verlockender Schadensersatzbeträge missbräuchlich einen sachfernen Gerichtsstand wählt. Eine mögliche Klageabweisung sollte dann hingenommen werden. Für mehr Rechtssicherheit könnten in jedem Fall etwa der allgemeine Gerichtsstand des Beklagten oder sonstige sachnähere Tatorte ausgewählt werden.
Wenn die Europäer weiter an einer erfolgsversprechenden Fortsetzung der Verhandlungen der Haager Konferenz über ein weltweites Zuständigkeits- und Vollstreckungsübereinkommen[800] interessiert sein sollten, spricht schließlich für eine gewisse Akzeptanz der *forum (non) conveniens*- Doktrin, dass insbesondere die amerikanische Seite auf eine Öffnung für mehr Einzelfallgerechtigkeit drängt.

Andererseits ist das Bedürfnis nach einer solchen weiten *forum (non) conveniens*-Lehre angesichts der auftretenden Rechtsunsicherheiten kaum zu rechtfertigen[801].
Durch diese Beschränkung der Zuständigkeit auf Rechtsfolgenebene wird ein nahezu willkürliches Korrektiv geschaffen, nachdem die eigentliche Zuständigkeit schon feststand. Statt solcher einzelfallbezogenen Ermessenserwägungen der jeweiligen Gerichte, die zwar möglicherweise sensibler und flexibler sein können, deren Anwendung dafür aber Zeit und Kosten in Anspruch nimmt, erscheinen von vornherein abstrakt generelle, eingrenzende Regeln vorteilhafter[802]. Durch zweckgerichtete Auslegung können diese für jede Seite vorhersehbar nur einzelne Gerichte für zuständig erklären.
Insbesondere besteht zumeist kein Bedürfnis für eine nachträgliche Missbrauchskontrolle. Oftmals vorgebrachte Gründe, wie die Abwehr von *forum shopping*[803], die Gewährleistung von größerer Sach- und Beweisnähe, die Achtung fremder Souveränität und die Einschränkung exorbitanter Zuständigkeitsregeln rechtfertigen keine nachträglichen, nicht überprüfbaren und vor allem nicht vorhersehbaren Interessenabwägungen, wie im Rahmen der *forum (non) conveniens*- Doktrin.
Im Rahmen des *forum shopping* macht der Kläger nur von seinem bestehenden Recht[804] Gebrauch, zwischen gleichberechtigt konkurrierenden Gerichtsständen

[800] Hierzu im Folgenden 2. Kapitel: § 1. C. II.
[801] Kropholler, EuZPR 2002, vor Art 2 Rz 20; Schack, IZVR 2002, Rz 502; v Hoffmann, IPR 2002, § 3 Rz 68; Geimer, IZPR 2001, Rz 1073 ff; Linke 2001, Rz 119; Kubis 1999, 142; Niegisch 1993, 90ff;
[802] Slater (1988) 104 LQR 554.
[803] Der Kläger nutzt systematisch die ihm vorliegenden Wahlmöglichkeiten zwischen parallel bestehenden internationalen Zuständigkeiten aus, um etwa über das dort zur Anwendung gelangende Kollisionsrecht zu einem günstigeren Sachrecht zu gelangen, oder wegen prozessualer Erwägungen, Fragen der Vollstreckbarkeit etc., und damit im Hinblick auf bestimmte rechtliche und tatsächliche Vorteile.
[804] Es existiert gerade kein allgemeiner Grundsatz des Inhalts, dass *forum shopping* verboten sei. Im deutschen autonomen Zivilprozessrecht wird mit § 35 ZPO ausdrücklich bestätigt, dass dem Kläger ein Ausnutzen der Wahlmöglichkeit zwischen mehreren Gerichtsständen zugebilligt wird. Ein Anwalt ist sogar verpflichtet, unter mehreren möglichen Gerichtsständen den für seinen Mandanten günstigsten herauszufinden.

auszuwählen, so dass eine nachträgliche Missbrauchskontrolle kaum haltbar ist. Anders ist dies nur, wenn der Kläger nicht nur gegebene Zuständigkeiten ausnutzt, sondern den Eintritt der Zuständigkeitsvoraussetzung selbst arglistig herbeiführt und sich dadurch den Gerichtsstand erschleicht. In dieser vom *forum shopping* zu unterscheidenden Konstellation erscheint eine restriktive Auslegung der Zuständigkeitsnormen und damit eine Missbrauchskontrolle vor Begründung der eigentlichen Zuständigkeit die sinnvollste Reaktion[805]. Lässt sich hingegen doch ein Bedürfnis ausmachen, gegen Missbrauch der grundsätzlichen legitimen Wahlmöglichkeit vorzugehen[806], so ist ein anderer Weg einzuschlagen, als ihn die englischen Gerichte gehen. Exzessives *forum shopping* sollte durch die Rechtsordnung selbst, nicht jedoch durch gerichtliche Entscheidungen im Einzelfall kontrolliert werden. Um beispielsweise zu verhindern, dass ein Beklagter an einem beziehungsarmen Gerichtsstand verklagt wird, der nur dem Kläger zum Vorteil gereicht, sollte auf Zuständigkeitsebene, etwa durch zweckentsprechende Auslegung der bestehenden Vorschriften reagiert werden[807]. Nachträgliche Einzelfallabwägungen durch die Gerichte führen, wie am Beispiel der englischen Praxis zu sehen, zu erheblichen Rechtsunsicherheiten.

Die *forum (non) conveniens*- Regel dient außerdem nicht dazu, auf fremde souveräne Staaten Rücksicht zu nehmen. Gerichte maßen sich nicht gegenüber anderen Staaten eine Zuständigkeit an, wenn ihre Zuständigkeitsregeln zu einem inländischen Gerichtsstand führen. Stattdessen geht es bei Abwägung der maßgeblichen *forum (non) conveniens*- Faktoren allein darum, den jeweiligen Parteiinteressen Rechnung zu tragen[808]. Staatsinteressen und damit die Souveränität fremder Staaten werden somit nicht berührt.

Allein die Begrenzung des hausgemachten Problems einer zu weitgehenden Zuständigkeit im Fall der auch nur vorübergehenden körperlichen Anwesenheit des Beklagten in England und damit eine Beschränkung exorbitanter Gerichtsstände kann diese Methode der Versagung internationaler Zuständigkeit nicht rechtfertigen. Dieses Problem ist vielmehr von der anderen Seite her zu lösen. Statt in einem zweiten Schritt die Folgen ungenügender Zuständigkeitsregeln zu korrigieren, sollte von vornherein auf die Eröffnung eines solchen Gerichtsstandes verzichtet werden[809].

Auch die Berufung auf eine größere Sach- und Beweisnähe vermag letztlich die Anwendung der *forum (non) conveniens*- Lehre nicht zu stützen. Es erscheint schon zweifelhaft, ob bereits bei der Prüfung der internationalen Zuständigkeit die Frage

---

805 Schack, IZVR 2002, Rz 491.

806 Hier soll nur an die spektakulären Prozesse erinnert sein, die von Europäern in den USA geführt werden, um dort materiell- und prozessrechtlichen Vorteile auszunutzen, wie in den Fällen des Zugunglücks in Kaprun in Österreich, des Zugunglücks von Eschede, des Anschlags in der Diskothek La Belle, wo Angehörige weitere Prozesse in den USA anstreben und die Androhung des schweizerischen ehemaligen Botschafterpaares Borer gegenüber dem schweizerischen Verlag einer Boulevardzeitung, in den USA gegen deren Veröffentlichungen vorzugehen. Dies erinnert eher an reines Profitdenken als an Rechtsfindung und Gerechtigkeit.

807 Hierzu im Folgenden 3. Kapitel: § 2.

808 Slater (1988) 104 LQR 554 (562).

809 In diesem Sinne wurde in Art 3 (2) EuGVO auf die nationalen exorbitanten Zuständigkeiten im Verhältnis der Mitgliedstaaten untereinander verzichtet.

nach den Beweismitteln auftauchen sollte, da diese zu diesem Zeitpunkt oft noch gar nicht absehbar sind. Zudem würde dann der Gerichtsstand davon abhängen, inwieweit der Beklagte das Vorbringen des Klägers bestreitet[810].
Ein weiteres Problem dieser englischen Praxis, unerwünschte überschießende Zuständigkeiten zu vermeiden, liegt darin, dass die Abweisung einer Klage wegen *forum (non) conveniens-* Kriterien nahezu Rechtsverweigerung bedeuten kann. Da es auf internationaler Ebene an der Möglichkeit einer bindenden Verweisung fehlt, kann es unter Umständen zu negativen Kompetenzkonflikten führen, falls mehrere Staaten dieser Praxis folgen[811]. Dies würde wiederum die Annahme einer Notzuständigkeit erforderlich machen.

Eine Zuständigkeitssperre wie die *forum (non) conveniens-* Doktrin mit ihrem grenzenlosen Ermessensspielraum ist daher abzulehnen.

(c) Die *forum (non) conveniens-* Doktrin und das EuGVO

Angesichts der Skepsis der kontinentaleuropäischen Rechtsordnungen gegenüber der *forum (non) conveniens-* Lehre taucht die Frage nach der Vereinbarkeit mit der europäischen Zuständigkeitsordnung auf[812].
Grundsätzlich darf ein nach den Regeln der EuGVO international zuständiges Gericht nicht sein Tätigwerden deshalb ablehnen, weil aufgrund der *forum (non) conveniens-* Regel ein anderes Gericht das *natural forum* sein soll, was vom Vereinigten Königreich und Irland im Rahmen der Beitrittsverhandlungen zum EuGVÜ auch akzeptiert worden ist[813].
Allerdings wird in sec. 49 CJJA 1982 den englischen Gerichten eine Berufung auf die *forum (non) conveniens-* Lehre dann gestattet, „*where to do so is not inconsistent with the 1986 Convention or, as the case may be, the Lugano Convention*". Diese Formulierung lässt Raum für unterschiedliche Auslegungen, welche zur Einteilung in verschiedene nicht unumstrittene Fallgruppen geführt haben[814]:
Unstreitig ist nur, dass zum einen bei Fällen, in denen der Beklagte keinen Wohnsitz in einem Mitgliedstaat der EU hat und das alternative Forum ebenfalls in einem Dritt- und damit Nicht- Mitgliedstaat liegt und außerdem keine der ausschließlichen Zuständigkeiten in Art. 13, 22, 23, 24 EuGVO einschlägig sind, die Kriterien der *forum (non) conveniens-* Lehre gemäß Art. 4 (1) EuGVO als Bestandteil des nationalen Rechts anwendbar sind. Mangels Anwendbarkeit steht die EuGVO den Regeln des *common law* dann nicht entgegen und ein Konflikt kann nicht entstehen.

---

[810] Geimer, IZPR 2002, Rz 1077.
[811] Kropholler, EuZPR 2002, vor Art 2 Rz 20.
[812] Ausführlich zur EuGVO im Folgenden 2. Kapitel: § 1. B.
[813] Schlosser-Bericht in Bülow/Böckstiegel, I 2001, 601 (133) Nr 78.
[814] Zum Einfluss der EuGVO auf die *forum (non) conveniens-* Lehre und die Bildung von Fallgruppen bei Dicey/Morris, I 2000, Rz 12-013ff.

Gleiches soll auch für Fälle gelten, in denen die EuGVO die Zuständigkeit eines Gerichts des Vereinigten Königreichs bestimmt und dann etwa ein englisches Gericht zugunsten eines nordirischen, walisischen oder schottischen Gerichts aufgrund der Kriterien der *forum (non) conveniens*- Doktrin aussetzt. Auch in diesen internen Fällen soll ein Konflikt mit der europäischen Zuständigkeitsordnung nicht möglich sein[815].
Klar ist auch der dritte Fall, in dem sowohl der Beklagte seinen Wohnsitz in einem Mitgliedstaat hat als auch das alternative Forum in einem solchen liegt und damit der Sachverhalt eindeutig im Anwendungsbereich der EuGVO liegt. Hier ist nach unstreitiger Ansicht für die Ausübung weiterer Ermessensgrundsätze kein Raum[816].

Umstritten sind jedoch die gemischten Fälle, in denen entweder nur der Wohnsitz des Beklagten oder nur das alternative Forum in einem Mitgliedstaat liegt:
Die englische Praxis sieht kein Problem darin, in Konstellationen, in denen der Beklagte zwar keinen Wohnsitz in einem Mitgliedstaat hat, aber das alternative Forum dort liegt, unter Berufung auf Art. 4 (1) EuGVO eine Aussetzung zu gewähren[817]. Hierbei ergibt sich jedoch ein Problem, das mit der englischen Aussetzungspraxis zusammenhängt. Eine Aussetzung, die nach den Grundsätzen der *forum (non) conveniens*- Doktrin gewährt wird, ist nur vorübergehender Natur und kommt damit nicht einer endgültigen Klageabweisung gleich, so dass das Gericht das Verfahren weiter fortsetzen kann, wenn hierfür gute Gründe vorliegen[818]. Das Verfahren bleibt damit an englischen Gerichten weiter rechtshängig. Um nun zu vermeiden, dass die alternativen mitgliedstaatlichen Gerichte sich nach Art. 27, 28 EuGVO wegen entgegenstehender Rechtshängigkeit für nicht zuständig erklären, hat der *Court of Appeal* vorgeschlagen, in einem solchen Fall statt der beantragten Aussetzung eine volle Abweisung des Rechtsstreits zu veranlassen[819]. Dieser Vorschlag offenbart eine gewisse Inkonsequenz im Umgang mit den Zuständigkeitsregeln und macht die Vorgehensweise der Gerichte noch unüberschaubarer. Auch würde die Gefahr eines negativen Kompetenzkonfliktes entstehen. Sollten die von englischen Gerichten auserkorenen alternativen Foren eine andere Meinung bezüglich ihrer Zuständigkeit vertreten, so würde der Ansatz des *Court of Appeal* im Ergebnis den Justiz-

---

[815] Dicey/Morris, I 2000, Rz 12-014.

[816] Schlosser-Bericht in Bülow/Böckstiegel, I 2001, 601 (133) Nr 78; Dicey/Morris,I 2000, Rz 12-015; Kropholler, EuZPR 2002, vor Art 2 Rz 20; Cheshire/North's 1999, 263ff; Kohler in FS Matscher 1993, 251 (253).
Die Zuständigkeitsgründe der Verordnung sind zwingend und sichern dem Kläger seinen Justizgewährungsanspruch. Die Ausübung von Ermessensgrundsätzen bei der Anwendung des EuGVO würde dem Anliegen der Verordnung, Rechtssicherheit in die europäische Zuständigkeitsordnung zu bringen, zuwider laufen. Sowie der Beklagte seinen Wohnsitz in einem Mitgliedstaat hat, entfällt auch das mögliche Argument der Einschränkung der *tag jurisdiction*, da insoweit nach Art 3 (1) EuGVO dieser exorbitante Gerichtsstand ohnehin ausgeschlossen ist.

[817] Diese Variante findet sich in der Entscheidung Haji-Ioannou v Frangos [1999] 2 Lloyd's Rep 337 wieder; Dicey/Morris, I 2000, Rz 12-016.

[818] ROFA Sport Management AG and Another v DHL International (UK) Ltd and Another [1982] 2 All ER 743 (747ff) (CA).

[819] Haji-Ioannou v Frangos [1999] 2 Lloyd's Rep 337 (348); zur weiteren Diskussuion dieses Ansatzes bei Briggs/Rees, Civil Jurisdiction 2002, Rz 2.195.

gewährungsanspruch des Klägers verletzen und einer Rechtsverweigerung durch die Gerichte gleichkommen. Insofern erscheint das Zulassen dieser nationalen Sonderregel im Anwendungsbereich der Verordnung äußerst fraglich.

Auch in dem weiteren Sachverhalt, in dem der Beklagte seinen Wohnsitz und damit seinen allgemeinen Gerichtsstand in einem Mitgliedstaat hat, sich aber das alternative Forum nur in einem Drittstaat befindet, sieht die englische Praxis die Anwendung der *forum (non) conveniens*- Lehre noch mit der EuGVO vereinbar an[820]. Allerdings wird diese Konstellation auch in der englischen Literatur kontrovers diskutiert[821]. Der Vorlagebeschluss des *House of Lords*[822] in dem hier diskutierten klassischen Fall an den EuGH wurde jedoch durch Vergleich der Parteien gegenstandslos. Mittlerweile hat der *Court of Appeal* dem EuGH allerdings wieder Fragen zur Vereinbarkeit der *forum (non) conveniens*- Lehre mit der EuGVO vorgelegt, so dass eine klärende Entscheidung des EuGH noch zu erwarten ist[823].
Es erscheint jedoch sehr fraglich, ob im Rahmen dieser Konstellation innerhalb der Verordnung eine Lücke existiert, welche die Anwendung der *forum (non) conveniens*- Lehre rechtfertigen würde. Durch eine Aussetzung würden auch in diesem Fall andere Mitgliedstaaten und damit die EuGVO tangiert, da deren mögliche internationale Zuständigkeit aufgrund der anderweitigen Rechtshängigkeit bei dem englischen Gericht verhindert würde. Auch hierbei könnte natürlich wieder der Vorschlag des *Court of Appeal* angeführt werden, in diesem Ausnahmefall statt einer Aussetzung den Rechtsstreit voll abzuweisen, was jedoch zu dem schon diskutierten Problem führt. Insgesamt mutet es daher sehr bedenklich an, wenn die englische Rechtsprechung bei dieser Konstellation die *forum (non) conveniens*- Lehre für vereinbar mit der EuGVO hält und so in Kauf nimmt, dass dem Justizgewährungsanspruch[824] des Klägers nicht Rechnung getragen werden kann, sondern stattdessen quasi Rechtsverweigerung betrieben wird[825]. Die englische Rechtsprechung sollte sich darüber im Klaren sein, dass sie nicht die Wertungen der Verordnung durch die Wertungen eines Richters im Einzelfall ersetzen darf.

---

[820] In re Harrods (Buenos Aires) Ltd [1991] 4 All ER 334 (CA); dieses Urteil wird von Niegisch, 1993, 35-46, 258ff umfassend besprochen und kritisiert.

[821] Briggs/Rees, Civil Jurisdiction 2002, Rz 2.210ff; Blackstone's, 2002, Rz 16.61; Darstellung bei Dicey/Morris, I 2000, Rz 12-018; kritisch Cheshire/North's 1999, 264f; Collins (1990) 106 LQR 535.

[822] Der Vorlagebeschluss des *House of Lords* vom 13.7.1992, „Minutes of Proceedings" ist abgedruckt in IPRAX 1992, 373 = Vorlage HL v 13.7.1992 (In re Harrods), 1992 ABl EG C 219, 4.

[823] Court of Appeal v 19.6.2002 – Owusu / Jackson et al, Vorlagefragen abgedruckt in IPRAX 2003 VII.

[824] Die EuGVO beinhaltet keine ungeschriebene Anwendungsvoraussetzungen, dass Bezüge zu mehreren Mitgliedstaaten bestehen müssen, weshalb auch in einer Fallkonstellation, in der lediglich der Beklagte seinen Wohnsitz in einem Mitgliedstaat hat, deren allgemeiner Anwendungsbereich eröffnet ist, Nachweise bei Geimer/Schütze, EuZVR 1997, Einleitung Rz 122. Aus dieser Eröffnung der Zuständigkeit durch die EuGVO ergibt sich dann ein Justizgewährungsanspruch der Parteien.

[825] Ablehnend auch Geimer/Schütze, EuZVR 1997, Art 2 Rz 43f; Kohler in FS Matscher 1993, 251 (253; 261)

Bemerkenswert ist schließlich eine letzte Fallkonstellation, in der Gesichtspunkte der EuGVO im Wege einer Analogie dazu benutzt werden könnten, neue Faktoren für die Ermessensentscheidung zu gewinnen und damit die englischen Gerichte zugunsten eines nicht mitgliedstaatlichen Gerichts für *forum (non) conveniens* zu erklären[826]. Hier hat der Beklagte seinen Wohnsitz in einem Mitgliedstaat, während mit Art. 22, 23, 27 EuGVO vergleichbare Gründe in einem quasi reflexiven Effekt auf ein alternatives Forum in einem Drittstaat verweisen[827]. Somit würde die ausschließliche Zuständigkeit eines Drittstaatengerichts oder die dortige Rechtshängigkeit spiegelbildlich zur Verordnung anerkannt.

(2) Antisuit Injunctions

Ein weiteres Mittel englischer Gerichte, nur unter Ausübung ihres Ermessens praktisch die Zuständigkeit fremder Gerichte zu versagen, findet sich in dem anglo-amerikanischen Rechtsinstitut der *antisuit injunctions*[828].

Die *antisuit injunctions* werden als Abwehrmaßnahme gegen ausländische Prozesse eingesetzt und untersagen dem Beklagten[829] dieses Verfahrens in einer gerichtlichen Ermessensentscheidung schlichtweg die Einleitung oder die Fortführung des ausländischen Verfahrens[830].

Voraussetzung für den Erlass einer solchen Verfügung ist zum einen, dass das englische Gericht für die strittige Entscheidung zuständig ist[831].

Zum anderen muss gerade ein materiellrechtlicher Unterlassungsanspruch vorliegen. Jedoch sind sämtliche Normen, die Voraussetzungen zum Erlass von *injunctions* festlegen, äußerst allgemein gehalten und nicht auf den speziellen Fall der *antisuit injunctions* zugeschnitten. Dabei wird nur bestimmt, dass die Gewährung einer Verfügung in das Ermessen des Gerichts gestellt ist und sich an den Umständen des Einzelfalls orientieren muss.

In der Rechtsprechung haben sich hierzu mittlerweile bestimmte Fallgruppen entwickelt, so dass bei missbräuchlichem *forum shopping*, Unzumutbarkeit eines ausländischen Verfahrens oder Verletzung von Parteivereinbarungen *antisuit*

---

[826] Dicey/Morris, I 2000, Rz 12-019 mit weiteren Nachweisen.

[827] Briggs/Rees, Civil Jurisdiction 2002, Rz 2.218ff; ähnlich auch bei Niegisch 1993, 233ff.

[828] Briggs/Rees, Civil Jurisdiction 2002, Rz 5.34ff; Blackstone's, 2002, Rz 16.62; einführend auch Briggs, 2002, 107ff; grundlegend hierzu bei Dicey/Morris, 1 2000, R 12-057ff; Maack 1999, 34ff; Cheshire/North's 1999, 359ff.

[829] Adressat der gerichtlichen Verfügung ist nur der Beklagte, nicht jedoch das ausländischen Gericht, da dies einen völkerrechtswidrigen Eingriff in dessen Souveränität darstellen würde, näher, Briggs/Rees, Civil Jurisdiction 2002, Rz 5.34f.

[830] Zur Durchsetzung der *antisuit injunction* im Falle der Missachtung durch den Adressaten bei; Briggs/Rees, Civil Jurisidiction 2002, Rz 5.38ff; Maack 1999, 55ff.

[831] Es muss die sogenannte *„in personam jurisdiction“* über den Beklagten innehaben und damit entweder eine Zustellung nach den traditionellen Regeln an den Verfügungsgegner im Rahmen der *personal jurisdiction* erfolgreich vornehmen können, oder aufgrund der Regeln der EuGVO zuständig sein, Briggs/Rees, Civil Jurisdiction 2002, Rz 5.34; Dicey/Morris, I 2000, Rz 12-058.

injunctions ergehen können[832]. Für den Erlass einer solchen gerichtlichen Verfügung werden allerdings an die Ermessensausübung strengere Anforderungen gestellt, als im Rahmen der *forum (non) conveniens*- Lehre[833]. Dadurch soll vermieden werden, dass englische Gerichte stets ihre Auffassung von der internationalen Zuständigkeit gegenüber ausländischen Gerichten durchsetzen können und damit den *Comitas*-Grundsätzen zuwiderhandeln[834].

Ein solches Rechtsinstitut ist dem deutschen Recht hingegen unbekannt[835]. Zur Abwehr etwa von *forum shopping* im Ausland und damit vor unerwünschten Zuständigkeiten reagieren deutsche Gerichte stattdessen erst auf Ebene der Urteils-anerkennung[836]. Die deutsche Rechtsprechung sieht in der Praxis der englischen Gerichte gar eine Verletzung der Hoheitsrechte der Bundesrepublik Deutschland und erkennt grundsätzlich eine Klage auf Unterlassung der Prozessführung nicht an[837].

Ein gewichtiger Einwand gegenüber dem Rechtsinstitut der *antisuit injunctions* kann sicher darin gesehen werden, dass sich das Gericht durch eine solche Maßnahme mittelbar in ein fremdes Verfahren einmischt, um seine eigene Vorstellungen von der Zuständigkeit und damit auch indirekt von der Beurteilung des zugrundeliegenden Sachverhalt auf materiellrechtlicher Ebene durchzusetzen. Dadurch zeigen die englischen Gerichte, dass sie auch aktiv versuchen, ihrer Einschätzung eines Falles zum Erfolg zu verhelfen[838]. Insbesondere im Anwendungsbereich der EuGVO wird jedoch das fehlende Vertrauen in und damit der mangelnde Respekt vor ausländischen Entscheidungen deutlich.

---

832 Ausführlich zu diesen Voraussetzungen bei Maack, 1999, 38 ff; Cheshire/North´s 1999, 269ff.

833 Es reicht also nicht aus, dass das englische Gericht sich schlicht für das *natural forum* hält und aus diesem Grund anderen Gerichten die Zuständigkeit absprechen kann, Soc Nat Ind Aérospatiale v Lee Kui Jak [1987] AC 871. Stattdessen muss das ausländische Verfahren zumindest *vexatious and oppressive*, also schikanös und missbräuchlich sein, näher bei Briggs/Rees, Civil Jurisdiction 2002, Rz 5.38; Schack, IZVR 2002, Rz 770; Dicey/Morris, I 2000, Rz 12-059ff; 12-063 ff.

834 Dicey/Morris, I 2000, Rz 12-062.

835 Schack, IZVR 2002, Rz 773; MünchKomm/Gottwald, ZPO III 2001, Art 21 Rz 13; Pfeiffer 1995, 778 ; Schack RabelsZ (58) 1994, 40 (56);

Allenfalls kann ein materiellrechtlicher Unterlassungsanspruch dahingehend bestehen, dass Parteien sich verpflichten, nicht im Ausland zu klagen oder in einem außergerichtlichen Vergleich ein materiellrechtliches Versprechen abgeben, eine im Ausland anhängige Klage zurückzunehmen. Ansonsten könnte in Deutschland nur mittels § 826 BGB gegen eine Klageerhebung im Ausland vorgegangen werden. Dies wurde jedoch nur in einem Fall vom RG vertreten, RG Urteil v 3.3.1938 RGZ 157, 136 (140).

Auch in den anderen kontinentaleuropäischen Rechtsordnungen ist das Rechtsinstitut der *antisuit injunctions* unbekannt, Briggs 2002, 108.

836 Die Versagung der Anerkennung ist allerdings im Rahmen der EuGVO nicht mehr möglich, da eine Überprüfung der Anerkennungszuständigkeit nach Art. 35 (3) EuGVO ausgeschlossen ist.

837 Beschluss des OLG Düsseldorf v 10.1.1996- 3 VA 11/95, abgedruckt in IPRAX 1997, 260 mit zustimmender Anmerkung Hau, 245 (247f); in England findet sich die Entscheidung unter: Re the Enforcement of an English antisuit injunction [1997] ILPr 320.

838 Dabei legen diese Staaten allerdings ein passives Souveränitätsdenken an den Tag, indem sie ausländische Justizakte schlichtweg ignorieren, Schlosser, Justizkonflikt 1985, 1.

Die Gewährung von *antisuit injunctions* im Anwendungsbereich der EuGVO erscheint somit äußerst fraglich[839].

Die überwiegende Anzahl der Stimmen in der Literatur lehnt eine solche Ermessensentscheidung im Rahmen der Verordnung ab[840], da gerade innerhalb der EU kein Raum für die selbständige Ermessensentscheidung eines Gerichts über die internationale Zuständigkeit sei. Durch die in der Verordnung festgelegte Verpflichtung der Mitgliedstaaten, eine jeweils früher begründete Rechtshängigkeit anzuerkennen, wird gerade ausgeschlossen, dass Gerichte Verbote erlassen, Verfahren in der EU und genauso in Nichtmitgliedstaaten der Verordnung anzustrengen[841]. Solche Maßnahmen können außerdem einen Verstoß gegen Art. 27 EuGVO darstellen, der dem Kläger gerade freie Auswahl eines Gerichts zubilligt und diesem zuerst angerufenen Gericht selbst die Entscheidung über seine internationale Zuständigkeit überlässt[842]. Schließlich gelten im Rahmen der EuGVO sämtliche für zuständig befundenen Gerichte als gleichwertig. Daher lässt der gegenseitige Respekt der Mitgliedstaaten untereinander keinen Raum mehr dafür, dass das Gericht eines Mitgliedstaates mithilfe grenzüberschreitender Prozessführungsverbote seine eigene Sichtweise, wo ein Verfahren am Besten stattzufinden habe, gegenüber anderen Mitgliedstaaten durchsetzt[843].
Aufgrund dieser abgeschlossenen Systematik der Verordnung fehlt einem Antrag auf Erlass einer *antisuit injunction* jegliches Rechtsschutzbedürfnis. In ihrem Anwendungsbereich sind *antisuit injunctions* daher ausgeschlossen[844].

---

839 Ausführlich zur Vereinbarkeit der *anti suit injunctions* mit dem europäischen Zivilrechtsverkehr bei Maack, 1999.

840 Briggs 2002, 89, 111; Chesire/North's 1999, 268f, allerdings differenzierend; Geimer/Schütze, EuZVR 1997, Art 21 Rz 46; Mansel EuZW 1996, 335 (337); Pfeiffer 1995, 778ff; Briggs [1994] LMCLQ 158 (159); Bell (1994) 110 LQR 204 (206); Jayme/Kohler IPRAX 1994, 405 (412); zusammenfassend Maack 1999, 204f, nach der *anti suit injunctions* insbesondere in Deutschland aufgrund eines Verstoßes gegen den deutschen *ordre public* nicht anzuerkennen sind. Jedoch sollen Entscheidungen, die trotz einer solchen Verfügung innerhalb der EU ergangen sind, in England anerkannt werden, da Art 34 Nr 1 EuGVO verordnungskonform auszulegen ist.
Für die Zulässigkeit von *anti suit injunctions* in Ausnahmefällen Dicey/Morris, I 2000, Rz 12-066 und auch vielfach die englische Rechtsprechung. Der *Court of Appeal* hat etwa in den Entscheidungen Fort Dodge Animal Health Ltd v Akzo Nobel NV [1998] ILPr 732 (CA) und in Boston Scientific Corporation v Cordis im Zusammenhang mit einer möglichen ausschließlichen internationalen Zuständigkeit der englischen Gerichte nach damals Art 16 Nr 4 EuGVÜ angedeutet, dass *anti suit injunctions* zur Klärung von Fragen der internationalen Zuständigkeit in Fällen gewerblicher Schutzrechte ein geeignetes Mittel wären, sobald die Gültigkeit eines im Vereinigten Königreich registrierten Schutzrechts zunächst inzident geprüft werden müsse. So wurde Art 16 Nr 4 EuGVÜ als quasi Rechtsgrundlage herangezogen, CA v 27.10.1997 zitiert in [1998] EIPR N 10-12; Nachweise auch bei Karet [1998] EIPR 76 (79ff). Eine klärende Entscheidung des EuGH hierzu steht noch aus, da sich sämtliche vorgelegten Verfahren aufgrund eines Vergleichs der Parteien erledigt haben, IPRAX 1999, 60.

841 Schlosser, Justizkonflikt 1985, 37.

842 Schack, IZVR 2002, Rz 773.

843 In diesem Sinne auch Briggs 2002, 89.

844 Kropholler, EuZPR 2002, Art 27 Rz 20; Briggs/Rees, Civil Jurisdiction 2002, Rz 5.36; Cheshire/North's 1999, 268f; Geimer/Schütze, EuZVR 1997, Art 21 Rz 46; Schlosser, Justizkonflikt 1985, 37.

Um eine Verletzung des in der EuGVO garantierten Justizgewährungsanspruchs[845] des Klägers und auch der Souveränität der Mitgliedstaaten zu verhindern, ist nach Art. 34 Nr. 1 EuGVO derartigen Maßnahmen die Anerkennung zu versagen[846].

Dies sieht aber die englische Rechtsprechung zumeist anders[847]. Erst kürzlich hat das *House of Lords* nun entschieden, dass gegen den Kläger eines Verfahrens vor einem ausländischem Gericht, in diesem Fall sogar eines EU- Mitgliedstaates, unter gewissen Voraussetzungen eine *antisuit injunction* ausgesprochen werden kann, wenn dieses ausländische Gericht die Klage wegen Unzuständigkeit hätte abweisen müssen[848]. Das Gericht hat in dieser Entscheidung ausdrücklich eine solche Verfügung im Anwendungsbereich der EuGVO unter den Voraussetzungen, dass im Vereinigten Königreich schon ein Verfahren in dieser Sache anhängig ist, und im Ausland keine ausschließliche Zuständigkeit besteht, für zulässig befunden[849]. Allerdings wurde diese Verfügung zurückgestellt, da das Gericht das Problem zur endgültigen Klärung zunächst dem EuGH vorgelegt hat[850]. Dessen Entscheidung bleibt abzuwarten.

(3) Moçambique Rule[851]

Ein Grund, warum englische Gerichte bislang ihre internationale Zuständigkeit für Klagen wegen der Verletzung ausländischer Immaterialgüterrechte verneint haben, lag an einer Besonderheit des englischen Verfahrensrechts[852]: Auch mit Hilfe der sogenannten *moçambique rule* gelang es der englischen Rechtsprechung bis vor kurzem, die internationale Zuständigkeit in bestimmten Fällen zu versagen[853].

---

[845] Geimer/Schütze, EuZVR 1997, Art 2 Rz 28ff.

[846] Kropholler, EuZPR 2002, Art 27 Rz 20; ausführlich bei Maack 1999, 134 ff (204).

[847] Siehe unter Fn 840; Briggs 2002, 107, Fn 338 mit Hinweis auf die fehlende Einsicht des deutschen Gerichts in der Entscheidung des OLG Düsseldorf vom 10.1.1996, abgedruckt in IPRAX 1997, 260.

[848] Turner v Grovit [2001] UKHL 65 = [2002] 1 WLR 107 (HL). Allerdings ist hier anzumerken, dass das englische Gericht davon ausging, dass das Verfahren im Sinne von Art 27 EuGVO zuerst in England anhängig war, während das Gericht des anderen Mitgliedstaates von jeweils unterschiedlichen Parteien ausging und daher eine Anwendung von Art 27 EuGVO überhaupt nicht in Erwägung zog. In dieser Konstellation hält auch Cheshire/North's 1999, 271 zur 2. Instanz des Rechtsstreits, die Gewährung einer *antisuit injunction* für unvereinbar mit den Grundsätzen der Verordnung.

[849] Turner v Grovit [2001] UKHL 65, Nr 29; die weitere Vereinbarkeit mit dem damals noch einschlägigen EuGVÜ wird unter Nr 30ff diskutiert. Kritisch gegenüber dieser Entscheidung ist Briggs (1999) 70 BYBIL 332ff.

[850] Dort ist die Sache seit 29.4.2002 unter Rs C-159/02 anhängig, ABl EG C-169/18. Die Vorlagefrage von *Lord Hobhouse of Woodborough* ist im Urteil Turner v Grovit [2001] UKHL 65 unter Nr 21 wiedergegeben. Hierzu auch de Lind van Wijngaarden-Maack IPRAX 2003, 153ff.

[851] Ausführlich hierzu Cheshire/North's 1999, 375 ff; Dicey/Morris, I 2000, Rz 23-034 ff; Briggs/Rees, Civil Jurisdiction 2002, Rz 4.06ff; zur Entwicklung Arnold [1990] EIPR 254f.

[852] Tyburn Productions Ltd v Conan Doyle [1990] 1 All ER 909 (912ff) (ChD); Mölnlycke AB v Procter & Gamble Ltd [1992] 4 All ER 47 (52) (CA); weitere Nachweise auch bei Wadlow 1998, Rz 6-08ff, 6-48ff.

[853] Hier wird auch von "*subject matter limitation*", also einer Art wesenseigener Unzuständigkeit aufgrund der Eigenart des Streitgegenstandes gesprochen, Cheshire/North's 1999, 375 ff (386); Fawcett/Torremans 1998, 279ff (283).

Die *moçambique rule* bereitet dem Inhaber eines Urheber- oder Patentrechts bei Verletzungsklagen ein weiteres Hindernis, wenn er wegen Verletzungshandlungen im Ausland seine Rechte am allgemeinen Gerichtstand in England wahrnehmen will.

(a) Inhalt

Die *Moçambique rule* basiert auf einer Entscheidung des *House of Lords*[854] und legt grundsätzlich fest, dass eine Besitzstörungsklage, die ein im Ausland belegenes Grundstück und damit eine unbewegliche Sache betrifft[855], nicht vor englische Gerichte gebracht werden kann. Seit dieser Entscheidung haben sich englische Gerichte nicht mehr mit ausländischen Sachverhalten befasst[856], die ihrer Natur nach ortsgebunden sind[857].
Diese grundsätzlich nur für unbewegliche Sachen geltende Regel ist später zunächst auf Patente und dann auf alle Immateriealgüterrechte erstreckt worden, da diese dem Inhaber ein Monopol vermitteln sollen, das ebenfalls wie Immobilien streng territorial begrenzt sei[858]. Klagen in Bezug auf ein Schutzrecht sollen einen ebenso eindeutigen lokalen Charakter haben wie Klagen wegen der Verletzung von unbeweglichen Sachen. Daraus wurde gefolgert, dass auch Klagen wegen Schutzrechtsverletzungen, also Urheberrechts-, Warenzeichen-, sowie Patentrechtsverletzungen, nur in dem Staat angestrengt werden können, dessen jeweiliges Schutzrecht als verletzt gerügt wird[859]. Damit waren seither Klagen wegen der Verletzung ausländischer Immaterialgüterrechte vor englischen Gerichten unzulässig[860].
Bei der Entwicklung dieser Regel haben die Richter die immer noch aktuelle Frage vor Augen gehabt, ob die Souveränität eines anderen Staates verletzt wird, wenn ein englisches Gericht über ein im Ausland begangenes Delikt entscheidet.

(b) Abschaffung

In ihrem ursprünglichen Anwendungsbereich ist die *moçambique rule* mittlerweile durch den CJJA 1982[861] abgeschafft worden, so dass englische Gerichte in seinem

---

[854] British South Africa Co v Companhia de Moçambique [1893] AC 602 (HL).
[855] "*an action for tresspass to lands abroad*".
[856] Zu der aktuellen Lage vergleiche im Folgenden 2. Kapitel: § 1. A. II. 2. a. (3) (b)
[857] In dem Ausgangsfall zur *moçambique rule*, [1893] AC 602 (HL), wird genau unterschieden zwischen Klagen mit Bezug zu einem bestimmten Ort, also *local actions*, und Klagen, die keinen solchen Bezug aufweisen, den *transitory actions*; nur die letzteren sind in England justiziabel, hierzu auch Dicey/Morris, II 2000, Rz 23-035f.
[858] Potter v The Broken Hill Proprietary Co Ltd [1906] 3 CLR 479 (HC) (Australia); Tyburn Productions Ltd v Conan Doyle [1990] 1 All ER 909 (ChD); hierzu eingehend Fawcett/Torremans 1998, 283ff; Wadlow 1998, Rz 6-48ff.
[859] Tyburn Productions Ltd v Conan Doyle [1990] 1 All ER 909 (914ff) (ChD).
[860] Zu der aktuellen Lage vergleiche im Folgenden unter 2. Kapitel: § 1. A. II. 2. a. (3) (b)
[861] S 30 (1) CJJA 1982 lautet: „*The jurisdiction of any court in England and Wales or Northern Ireland to entertain proceedings for trespass to, or any other tort affecting, immovable property shall extend to cases in which the property in question is situated outside that part of the United Kingdom unless the proceedings are principally concerned with a question of the title to, or the right to possession, of that property*".

Anwendungsbereich zunächst nur für Eigentums- und Besitzstörungsklagen im Ausland nicht mehr ihre internationale Zuständigkeit verweigern können[862]. Nur wenn der Hauptgegenstand der Klage der Besitz oder das Eigentum an einem im Ausland belegenen Grundstück ist, wird die englische internationale Zuständigkeit noch ausgeschlossen[863]. Englische Gerichte sind somit für deliktische Klagen nach dem Gesetz nun immer dann zuständig, wenn sich die unerlaubte Handlung auf ein Grundstück im Ausland bezieht.
Hintergrund dieser Gesetzesänderung war die Transformation des EuGVÜ und LGVÜ durch den CJJA 1982 in das englische Recht. Beide Übereinkommen sehen in Art. 16 Nr. 1 a EuGVÜ/LGVÜ[864] eine Regelung für die ausschließliche internationale Zuständigkeit bei Klagen wegen dinglicher Rechte an unbeweglichen Sachen vor. Aus dem Rückschluss, dass das Übereinkommen eine abschließende Regelung nur in dieser Konstellation trifft, bleibt in dessen Anwendungsbereich kein Raum für eine weitere Einschränkung im Sinne der *moçambique rule*. Denn diese verweist auch für rein deliktische Klagen, bei denen gerade nicht Hauptgegenstand das Eigentum oder der Besitz ist, auf die Zuständigkeit des Belegenheitsstaates. Klagen, die nicht unter Art. 16 Nr. 1 a EuGVÜ/LGVÜ fallen und etwa auch auf einer Besitzstörung gründen, können in allen Mitgliedstaaten verhandelt werden, wenn sich die Zuständigkeit aus anderen Vorschriften des Übereinkommens ergibt.

Allerdings wird der Gesetzestext von den englischen Gerichten traditionell derart eng ausgelegt, dass sie für den Bereich der Immaterialgüterrechte weiterhin an der *moçambique rule* festhalten[865]. Die Gesetzesänderung und damit die Schaffung von s. 30 (1) CJJA 1982 allein soll noch nicht zur Folge haben, dass die *moçambique rule* auch in ihrer Anwendung auf Immaterialgüterrechte abgeschafft wird. Damit wird die frühere Analogie, die zwischen Immaterialgüterrechten und unbeweglichen körperlichen Gegenständen für die Anwendung der *moçambique rule* gezogen wurde, bei der Abschaffung der traditionellen Regel nicht mehr aufrecht erhalten. Diese Auffassungen spiegeln die starke Wirkung des Territorialitätsprinzips in England wider, welches sich so bereits auf der Zuständigkeitsebene durchsetzt.

---

862 Ihren Anfang fand diese Entwicklung 1978 in der Entscheidung Hesperides Hotels Ltd v Aegean Turkish Holidays Lzd and another [1978] 2 All ER 1168 (1183a), wo sich das Gericht aufgrund der Entwicklung eines europäischen Gerichtsstandsübereinkommens dafür ausgesprochen hat, die Abschaffung der *moçambique rule* dem Parlament zu überlassen.

863 Dicey/Morris, II 2000, Rz 23-038; Briggs 2002, 49.

864 Nun auch Art 22 Nr 1 EuGVO.

865 Tyburn Productions Ltd v Conan Doyle [1995] All ER 909 (ChD); Pearce v Ove Arup Partnership Ltd and others [1997] FSR 641 (ChD) = [1997] 3 All ER 31 (ChD) = GRUR Int 1998, 317–322 - Bauzeichnungen, mit der deutschen Übersetzung; Coins Control Ltd v Suzo International (UK) Ltd and others [1997] 3 All ER 45 (ChD) = GRUR Int 1998, 314 - Münzausgabevorrichtungen, ebenfalls mit deutscher Übersetzung. Ebenso wurde die Zuständigkeit für Verletzungsklagen bezüglich ausländischer Immaterialgüterrechte *obiter* in folgenden Entscheidungen aufgrund der *moçambique rule* abgelehnt: Plastus Kreativ AB v Minnesota Mining and Manufacturing Co [1995] RPC 438 (447) (ChD); Mölnlycke AB v Procter & Gamble [1992] 4 All ER 47 (52 g-h) (CA).

(c) Die *moçambique rule* und das EuGVÜ, LGVÜ beziehungsweise die EUGVO

Erst 1997 untersuchte ein englisches Gericht zum ersten Mal, ob diese Rechtsprechung und damit die *moçambique rule* mit dem damals einschlägigem EuGVÜ[866] zu vereinbaren war[867]. Hierbei gelangte das Gericht zu dem Ergebnis, dass Klagen wegen Verletzung von Urheberrechten im EU- Ausland vor englischen Gerichten tatsächlich erhoben werden können, da die traditionelle englische Regel durch das EuGVÜ verdrängt werde[868].

Auch für eintragungspflichtige gewerbliche Schutzrechte wurde in einer unmittelbar darauffolgenden Entscheidung[869] entsprechend festgelegt, dass die *moçambique rule* einem Verfahren wegen der Verletzung eines ausländischen Registerrechts nicht mehr entgegensteht. Allerdings bediente sich hier das englische Gericht eines Kunstgriffs, um dennoch die englische internationale Zuständigkeit zu versagen:
Das Gericht legte Art. 16 Nr. 4 EuGVÜ, jetzt Art. 22 Nr. 4 EuGVO, so weit aus, dass es in den meisten Fällen zum selben Ergebnis gelangt, wie nach traditionellem *common law*[870]. Danach sollen die Gerichte des Eintragungsstaates auch dann ausschließlich zuständig sein, wenn die Nichtigkeit des eintragungspflichtigen Schutzrechts im Verletzungsverfahren nur eingewendet wird. Sobald also die Frage der Nichtigkeit zum inzidenten Gegenstand des Verfahrens gemacht wird, soll allein die ausschließliche Zuständigkeit der Gerichte im Eintragungsstaat für das gesamte

---

866 Ausführlich zu europäischen Zuständigkeitsordnung sogleich im Folgenden 2. Kapitel: § 1. B.

867 Pearce v Ove Arup Partnership Ltd and others [1997] FSR 641 (ChD) = [1997] 3 All ER 31 (ChD) = GRUR Int 1998, 317–322 - Bauzeichnungen, mit der deutschen Übersetzung.

868 Da EuGVÜ, LGVÜ und EuGVO nicht das Ziel haben, die Verfahrensregeln der Mitgliedstaaten zu vereinheitlichen, sondern die Zulässigkeitsvoraussetzungen gerade dem nationalen Recht zu entnehmen sind, EuGH Urteil v 15.5.1990 Rs C 365/88, Slg 1990 I, 1845 /1865 f - Kongress Agentur Hagen GmbH /Zeehaghe BV, ist deren Verdrängung grundsätzlich nur dann möglich, wenn es sich bei der *moçambique rule* um eine Zuständigkeitsregel handelt. Nur diese werden von den Übereinkommen beziehungsweise der Verordnung abschließend behandelt. Allgemein wird jedoch die *moçambique rule* als *rule of jurisdiction* verstanden, Nachweise bei Peinze 2002, 228ff, 292, so dass EuGVÜ, LGVÜ und EuGVO in jedem Fall Vorrang genießen würden.
Jedoch auch dann, wenn die *moçambique rule* als eine Regelung der Justiziabilität, also *rule of justicability*, verstanden wird, gelangt man über den Umweg der Effektivität zum selben Ergebnis, so auch in Pearce v Ove Arup Partnership Ltd and others [1999] 1 All ER 769 (792 d-e) (CA). Das Gericht stellte in der ersten Instanz bereits fest, dass eine nationale Vorschrift dann nicht angewendet werden darf, wenn sie die Wirksamkeit des EuGVÜ beeinträchtigt, Pearce v Ove Arup Partnership Ltd and others [1997] 3 All ER 31 (38 c) (ChD). Ansonsten würde der territoriale Ansatz der *moçambique rule* dazu führen, dass ein von dem Übereinkommen zur Verfügung gestellter Gerichtsstand ausgeschlossen werden kann. Um somit die Effektivität der europäischen Zuständigkeitsordnung zu gewährleisten, muss die *moçambique rule* auch dann zurücktreten, wenn sie als *rule of justicability* und damit allenfalls als Regel der Zulässigkeit angesehen wird. In der zweiten Instanz ging der *Court of Appeal* sogar soweit, bereits den Beitritt zum europäischen Zuständigkeitssystem und damit das EuGVÜ selber als Manifestation des völkerrechtlichen Einverständnisses der Mitgliedstaaten zu werten, Entscheidungen der Gerichte anderer Mitgliedstaaten über die Verletzung geistigen Eigentums zuzulassen, Pearce v Ove Arup Partnership Ltd [2000] 3 WLR 332 (357) (CA).

869 Coin Controls Ltd v Suzo International (UK) Ltd and others [1997] 3 All ER 35 (ChD).

870 Näher auch bei Bornkamm, Grenzüberschreitende Medien 2000, 127 (138); Bragiel [1999] IPQ 135 (153f).

Verfahren eröffnet sein. Damit wird das englische Gericht nach Art. 19 EuGVÜ beziehungsweise. Art. 25 EuGVO verpflichtet, die Klage abzugeben und somit seine internationale Zuständigkeit zu versagen. Es liegt dann am Beklagten, mit einem lediglich im Verfahren geäußerten Zweifel an der Rechtsbeständigkeit des Schutzrechts die Folgen der *moçambique rule* herbeizuführen.

Grundsätzlich wird die *moçambique rule* im Bereich der europäischen Zuständigkeitsordnung auch für eintragungspflichtige Schutzrechte verdrängt. In der Praxis sieht es jedoch so aus, dass die englischen Gerichte weiter ihre internationale Zuständigkeit wie unter Geltung der traditionellen Regel versagen können, sobald der Beklagte die Rechtsbeständigkeit des Schutzrechts in Frage stellt.

Außerhalb des Anwendungsbereichs der EuGVO scheint die *moçambique rule* mit ihrer Erstreckung auf Immaterialgüterrechte allerdings voll anwendbar zu sein, so dass englische Gerichte ihre internationale Zuständigkeit für ausländische Immaterialgüterrechtsverletzungen versagen können[871].

(d) Fazit

Mittlerweile können Klagen wegen der Verletzung eines Urheberrechts auch dann vor englischen Gerichten erhoben werden, wenn die Verletzungshandlung nicht im Vereinigten Königreich sondern im EU- Ausland stattgefunden hat. Allerdings ist hierfür erforderlich, dass der Beklagte seinen allgemeinen Gerichtsstand in England hat[872].
Dasselbe gilt grundsätzlich auch für eintragungspflichtige Schutzrechte. Jedoch zeigt hier die Praxis der englischen Gerichte bei der Auslegung von Art. 22 Nr. 4 EuGVO, dass der in England eröffnete Gerichtsstand sofort wieder versagt wird, sobald der Beklagte nur die Nichtigkeit des Schutzrechts einwendet.

Damit bestehen im Vereinigten Königreich immer noch territoriale Vorbehalte, über Verletzungen von eintragungspflichtigen Schutzrechten in einem ausländischen Schutzland Europas zu entscheiden[873]. Dies gibt jedoch mehrfachen Anlass zur Kritik[874]:
Zum einen mag schon die Erstreckung der *moçambique rule* auf Immaterialgüterrechte als Missverständnis erscheinen[875]. Die zwischen Land und geistigem Eigentum gezogene Analogie mag noch mit der früheren Auffassung erklärt werden, nach der Immaterialgüterrechte als Privilegien verstanden wurden, die ebenso wie Grundstücke

---

[871] Ausführlich bei Kieninger GRUR Int 1998, 280 (289); ähnlich differenzierend Cheshire/North's 1999, 385f; Arnold [1990] EIPR, 254 (263); Bragiel [1999] IPQ 135 (139ff).
[872] Vergleiche oben 2. Kapitel: § 1. A. II. 2. a. (3) (c)
[873] Dies gilt erst recht für Verletzungen außerhalb des Anwendungsbereichs der EuGVO.
[874] Ausführlich hierzu Fawcett/Torremans 1998 286ff.
[875] Jooris [1996] EIPR 127 (143f) zum *copyright*; Cheshire/North's 1999, 386.

auf das souveräne Gebiet des Verleihungsstaates begrenzt waren. Dieser Ansatz ist jedoch nach der Abschaffung des Privilegienwesen kaum noch haltbar. Moderne Immaterialgüterrechte werden mittlerweile vom Gesetz als persönliche Rechte zum kommerziellen Gebrauch geschützt und stellen gerade nicht mehr nur vom Staat verliehenen Rechte dar[876]. In diesem Zusammenhang erscheint die Klassifizierung von Immaterialgüterrechten als *immovables* äußerst fraglich[877].

Spätestens seit Erlass von s. 30 (1) CJJA 1982 jedoch erscheint die Beibehaltung der Regel für Immaterialgüterrechte absolut unzeitgemäß[878].
Die enge Auslegung von s. 30 (1) CJJA 1982 und damit die Abschaffung der *moçambique rule* nur in ihrem ursprünglichen Anwendungsbereich für Besitzstörungsklagen wegen im Ausland belegener unbeweglicher Sachen ist kaum nachvollziehbar. Da die Anwendbarkeit der *moçambique rule* und damit die Versagung der internationalen Zuständigkeit für Verletzungshandlungen im Ausland gerade auf einer Analogie von geistigem Eigentum und Land beruht, sollte bei der Auslegung eines Gesetzes, dass diese Regel abschafft, die bisherige jahrelange Praxis beachtet und somit auch die analoge Anwendung der *moçambique rule* auf Immaterialgüterrechte beendet werden[879].

Schließlich ist das Festhalten am Ergebnis der traditionellen Regel im Anwendungsbereich der EuGVO für eintragungspflichtige Schutzrechte durch die extrem weite Auslegung von Art. 22 Nr. 4 EuGVO abzulehnen. Diese Lösung macht es nahezu unmöglich, einen vorhersehbaren und klaren Gerichtsstand zu schaffen, da es so in das Belieben des Beklagten gestellt wird, durch einen möglicherweise nur unbegründeten Einwand im Verletzungsverfahren die Zuständigkeit der Gerichte des Eintragungsstaates herbeizuführen. Das zuständige Gericht hängt letztlich von der Willkür des Beklagten ab, wie er seine Verteidigung gestaltet.
Indem die englischen Gerichte Verletzungsklage und Nichtigkeitsklage als Einheit ansehen, haben sie außerdem die grundsätzlich geforderte enge Interpretation von Art. 22 Nr. 4 EuGVO missachtet, der gerade nicht für Verletzungsklagen Anwendung finden soll[880].

Insgesamt liegen der ganzen Debatte um die Unterscheidung zwischen *local* und *transitory actions* im Rahmen der *moçambique rule* letztlich pragmatische Erwägungen zugrunde, die unter anderem das öffentliche Interesse wahren sollen[881].

---

[876] Schack, UrhR 2001, Rz 798 ff; Fawcett/Torremans 1998, 287.
[877] Kieninger GRUR Int 1998, 280 (289).
[878] Zigann 2002, 42ff; Fawcett/Torremans 1998, 289; Kieninger GRUR Int 1998, 280 (289); Floyd/Purvis [1995] EIPR 110 (112).
[879] Fawcett/Torremans 1998, 289.
[880] Geimer/Schütze, EuZVR 1997, Art 16 Rz 5, 224 mit weiteren Nachweisen.
[881] Darunter sind sowohl politische, gesellschaftliche sowie handfeste wirtschaftliche Eigeninteressen des Staates zu fassen, ausführlich bei Wadlow 1998, Rz 6-114ff; Fawcett/Torremans, 1998, 290ff.

In der Entscheidung über ein ausländisches Schutzrecht wird ein Eingriff in die politischen und wirtschaftlichen Interessen des Schutzstaates gesehen. Aus Respekt vor der fremden Hoheitsmacht soll die Verletzung eines Immaterialgüterrechts nur in dem Staat geahndet werden können, in dem es geschützt ist[882]. Indem verhindert wird, dass sich englische Gerichte mit einer Sache befassen, die der Hoheitsmacht eines anderen Staates unterliegt, sollen Konflikte mit den öffentlichen Interessen eines fremden Staates vermieden werden. Damit wird das Wohl der Allgemeinheit vor die Entscheidung des Einzelnen gestellt, in England seine Rechte geltend zu machen.
Dabei wird außerdem verkannt, dass das ursprünglich als Monopol zum Wohle der Allgemeinheit geschützte Recht auch in anderen Staaten geschützt werden kann, ohne deren Souveränität zu verletzen, da es nicht um die Schaffung von solchen Rechten oder deren Änderung, sondern um die Anwendung vorhandener Regeln auf einzelne Fälle geht[883].
Diese Praxis hat letztlich nur zur Folge, dass englische Gerichte einer Entscheidung über fremde Rechte aus dem Weg gehen können und so kein ausländisches Recht anwenden müssen, da mit der Zuweisung von Rechtsstreitigkeiten an die Gerichte des Belegenheitsortes der Sache automatisch das an diesem Ort geltende Recht anwendbar wird. Dadurch erlangt *die moçambique rule* auch kollisionsrechtliche Bedeutung.

Das Vorgehen der englischen Rechtsprechung stellt folglich mehr ein Heimwärtsstreben an die eigenen Gerichte als die Achtung der Souveränität anderer Staaten dar. Ansatzpunkt der *moçambique rule* war es, auf der Ebene der Zuständigkeit die Anwendung ausländischen Rechts abzublocken. Dieser Gedanke bewirkt noch heutes, dass die englische Rechtsprechung stark im Territorialitätsdenken verfangen ist[884].

b. Materiellrechtlicher Einfluss auf die Zuständigkeit

Eine weitere typische englische Besonderheit stellt der Einfluss des materiellen Rechts auf die Zulässigkeit und damit auch die internationale Zuständigkeit einer Klage dar.

Zum einen spielt die *lex fori* im englischen Recht eine herausragende Rolle[885]. Nach autonomem englischen Prozessrecht unterfällt der gesamte dem Verfahrensrecht angehörende Bereich der *lex fori*[886]. Die rein materiellrechtlichen Fragen sind nach der *lex causae* zu beurteilen[887]. Bei der Einteilung in verfahrens- oder materiellrechtliche

[882] Plastus Kreativ AB v Minnesota Mining and Manufacturing Co [1995] RPC 438 (447) (ChD).
[883] Fawcett/Torremans 1998, 287.
[884] Eine weitere Öffnung der englischen Rechtsprechung auch außerhalb des Anwendungsbereichs der EuGVO für Klagen wegen der Verletzung ausländischer Immaterialgüterrechte würde von vielen begrüßt werden, Dicey/Morris, II 2000, Rz 35-031; Cheshire/North's 1999, 387; Fawcett/Torremans 1998, 292; Wadlow 1998, Rz 6-162, der eine solche Tendenz begrüßt, aber eher verhalten reagiert; Kieninger GRUR Int 1998, 280 (289).
[885] Vergleiche Briggs 2002, 33ff; Mistelis 1999, 160f.
[886] Briggs 2002, 33; Dicey/Morris, I 2000, Rz 7R-001.
[887] Huber v Steiner (1835) 2 Bing NC 202 (210). Zur Unterscheidung von *substance* und *procedure* bei Dicey/Morris, I 2000, Rz 7R-001ff und 8-001ff.

Fragen ist das englische Recht jedoch traditionell zugunsten der ersteren sehr großzügig[888].
Zum anderen bestehen weitere Besonderheiten, durch die dem materiellen englischen Recht auch bei Zulässigkeitsfragen eine tragende Rolle zukommt und welche gerade im Anwendungsbereich der EuGVO zu Auslegungsschwierigkeiten führen:

(1) *Double Actionability Rule*[889]

(a) Inhalt

Bis zur Kodifizierung weiter Teile des englischen Internationalen Privatrechts 1995 durch den PIL Act 1995[890] bereitete die *double actionability rule* als herkömmliche Regel des *common law* für den Inhaber von Persönlichkeits- und Immaterialgüterrechten[891] lange Zeit ein weiteres Hindernis, seine Rechte in England geltend zu machen, wenn die Verletzungshandlung im Ausland stattfand.
Obwohl die *double actionability rule* eine Regel des internationalen Deliktsrechts ist[892], hat sie gleichwohl Auswirkung auf die internationale Zuständigkeit englischer Gerichte und insbesondere auf die Zulässigkeit der Klage am Tatortgerichtsstand[893]. Eine Zustellung außerhalb des englischen Jurisdiktionsbereichs für den Fall, dass die unerlaubte Handlung nicht im Wesentlichen in England stattgefunden hatte, wurde nur vorgenommen, wenn die Anforderungen der *double actionability rule* erfüllt waren[894]. Auf der Grundlage dieser traditionellen Regel kann eine Haftung in England abgelehnt und damit eine Klage abgewiesen werden, wenn diese nicht sowohl nach der *lex causae* als auch nach der englischen *lex fori* erfolgreich ist[895]. Damit wurde die

---

[888] Etwa werden Fragen wie die Bemessung des Schadens oder die Verteilung der Beweislast anders als im deutschen Recht dem Prozessrecht zugeordnet und daher nach der *lex fori* entschieden. Diese prozessrechtliche Qualifikation, die zur Anwendung der *lex fori* führt, wurde bereits von Nussbaum 1932, 43, als „verdecktes Heimwertsstreben" bezeichnet.
[889] Cheshire/North's, 1999, 609 ff; Morris (McClean) 2000, 358ff; Bragiel [1999] IPQ 135 (144ff); zur Entwickung der Regel bei Peinze 2002, 217ff; Hohloch, Deliktsstatut 1984, 202ff.
[890] Einführend Carter (1996) 112 LQR 190 (192ff)
[891] Speziell bei Immaterialgüterrechten, Kieninger GRUR Int 1998, 280 (285f); Jooris [1996] EIPR 127 (144).
[892] Briggs 2002, 181; Peinze, 2002, S. 228; Dicey/Morris, II 2000, Rz 35-120ff, 35-124; Bragiel [1999] IPQ 135f; Cheshire/North's 1999, 610; Kieninger GRUR Int 1998, 280 (284); Hohloch, Deliktsstatut 1984, 202ff.
[893] Briggs (1997) 113 LQR 364 (365); Jooris [1996] EIPR 127 (144).
Historisch kann die *double actionability rule* auch als eine Zuständigkeitsregel angesehen werden, da der erste Teil der Regel dazu dienen sollte, die Zuständigkeit zur Entscheidung über Klagen aufgrund ausländischer unerlaubter Handlungen zu begründen, indem aufgrund einer legalen Fiktion das zugrundeliegende Geschehen in England vermutet wurde, dies diskutiert auch der *Court of Appeal* in Pearce v Ove Arup Ltd [2000] 3 WLR 332 (366f) (CA). Letztlich hat auch die *double actionability rule*, ähnlich wie die *moçambique rule*, die Funktion, zu verhindern, dass sich englische Gerichte mit einer Sache befassen, die unter die Souveränität eines anderen Staates fällt. Dadurch wird ihr ein hybrider Charakter zu eigen, der nur schwer eine eindeutige Zuordnung als Zuständigkeits- oder Kollisionsregel erlaubt.
Den starken Einfluss des materiellen Rechts auf die internationale Zuständigkeit fasst auch Zigann im Bericht zum Urteil Pearce v Ove Arup Ltd des CA vom 21.1.1999 zusammen in GRUR Int 1999, 787 (792).
[894] Metall & Rohstoff AG v Donaldson Lufkin & Jenrette Inc [1989] 3 WLR (CA) 563 (582ff, 590 E-H); Cheshire/North's 1999, 307; Bragiel [1999] IPQ 135 (145); Cornish GRUR Int 1996, 285 (287f).
[895] Phillips v Eyre [1870] LR 6 QB 1 (28f) (Exchequer Chamber). In diesem Fall wurde die Grundregel des englischen internationalen Haftungsrechts aufgestellt. Die Entscheidung wurde bestätigt in England durch The

Haftung an die doppelte Voraussetzung geknüpft, dass die Handlung erstens, wenn sie in England begangen worden wäre, dort zu einer Haftung geführt hätte, und sie zweitens nach der *lex loci delicti* nicht gerechtfertigt ist. Die *double actionability rule* stellt die Grundlage dar, einen Deliktsanspruch allein nach englischem materiellen Recht zu beurteilen und die *lex loci delicti* nur dann zu beachten, wenn diese das Verhalten des Täters nicht sanktioniert[896].
Von dieser Regel wurden im Laufe der Zeit auch Ausnahmen zugelassen, falls die geltend gemachte unerlaubte Handlung etwa ausschließliche Bezüge zu nur einem Recht hatte. Somit war nicht immer die kumulative Beurteilung nach *lex fori* und *lex loci delicti* erforderlich, sondern es konnte auch allein die *lex fori*[897] oder allein die *lex loci delicti*[898] zur Anwendung gelangen.

(b) Abschaffung

Mit der Kodifizierung des Internationalen Privatrechts von England, Wales, Schottland und Nordirland in Teil III des PIL Act 1995[899] hat der britische Gesetzgeber die sogar in ihrem Heimatland viel kritisierte[900] *double actionability rule* weitgehend abgeschafft[901]. In s. 10 (a), 11 PIL Act 1995 ist nun grundsätzlich die Geltung des Tatortrechts vorgesehen, so dass die zusätzliche Hürde der heimatlichen *lex fori* wegfällt[902].
Allerdings wurden auf Drängen der Presse[903] ausdrücklich bestimmte Verletzungen von Persönlichkeitsrechten ausgenommen, so dass die *double actionability rule* nach wie vor Anwendung auf Klagen wegen Ehrverletzungen findet[904].
Auch wenn diese traditionelle Regel der Zulässigkeit von Klagen zumindest wegen der Verletzung ausländischer Immaterialgüterrechte in England nicht länger entgegen steht[905], lohnt dennoch eine weitergehende Auseinandersetzung zum besseren

---

Mary Moxham [1876] 1 PD 107(115) (CA); Carr v Francis Times & Co [1902] AC 176 (182) (HL); Walpole v Canadian Northern Ry [1932] AC 113 (119) (PC).

896 In ihrer Wirkung war die *double actionability rule* vergleichbar mit dem in Deutschland inzwischen abgeschafften Art 38 EGBGB, der bei Klagen gegen Deutsche das Ergebnis der Anwendung ausländisches Rechts entsprechend der englischen Regel einer Kontrolle durch die deutsche *lex fori* unterzog.

897 Boys v Chaplin [1971] AC 356 (HL) wo das Gericht immateriellen Schadensersatz ausschließlich auf Grundlage der *lex fori* als dem gemeinsamen Heimatrecht der beiden Beteiligten gewährte.

898 Red Sea Insurance Co Ltd v Bouygues SA [1994] 3 All ER 749 (PC).

899 Der PIL Act 1995 ist seit dem 1.5.1996 in Kraft, SI 1996 Nr 995. Ausschnitt in der Vorauflage Staudinger/ v Hoffmann 1998, Art 38 EGBGB, Rz 48 ff abgedruckt.

900 Morris (McClean), 2000, 359 mit weiteren Nachweisen; Tugendhat (1997) 113 LQR 360 (363); Jooris [1996] EIPR 127 (144); Kaye, PIL 1991, 68.

901 Dicey/Morris, II 2000, Rz 35R-001ff.

902 Dicey/Morris, II 2000, Rz 35-013.

903 Chesire/North's, 1999, S. 656; Carter (1996) 112 LQR 190 (194).

904 S 9 (3), 13 PIL Act 1995 Part III. Alle *torts* mit Ausnahme des *tort of defamation* und *malicious falsehood* fallen unter das neue Gesetz, weshalb nur für *breach of confidence*, *breach of copyright*, *tresspass* etc. die *double actionability rule* nicht mehr anzuwenden ist. Nach s 14 (1) PIL Act 1995 findet die traditionelle Regel außerdem noch Anwendung auf alle vor In Kraft Treten des Gesetzes begangenen unerlaubten Handlungen.

905 Coins Controls Ltd v Suzo International (UK) Ltd [1997] 3 All ER 45 (52d). Hier erfolgt anders als bei s 30 (1) CJJA 1982 keine ähnlich enge Interpretation. In diesem Sinne auch Fawcett/Torremans 1998, 298.

Verständnis der immer noch vorherrschenden englischen Vorbehalte bei derartigen Konstellationen[906].

(c) Fazit

Fraglich bleibt, ob ein Festhalten an der *double actionability rule* bei Ehrverletzungen und damit an dem Hindernis für die internationale Zuständigkeit englischer Gerichte zumindest im Anwendungsbereich der EuGVO nicht problematisch ist. Das Ziel der Verordnung, eine Vereinheitlichung der Zuständigkeitsordnungen, wird durch das Beibehalten der traditionellen Regel auch nur in diesem Bereich kaum erreicht.
Obwohl es sich bei der *double actionability rule* um eine Kollisionsregel handelt, scheint doch der EuGVO weiterhin die Effektivität genommen, wenn in England eine Verfolgung von bestimmten Ehrverletzungen verhindert werden kann. Es besteht immer noch die Gefahr, dass vor englischen Gerichten Ansprüche nicht durchsetzbar sind, die zwar im englischen Recht selbst nicht existieren, jedoch in der EU ansonsten problemlos geltend gemacht werden könnten. Ein weiteres Festhalten an der Kumulierung von *lex fori* und Deliktsstatut als Voraussetzung für die Zuständigkeit der Klage erschwert insbesondere die Verfolgung von Persönlichkeitsrechtsverletzungen in England: Ungeklärt ist noch, ob Verletzungen der Privatsphäre durch die Presse, also *invasion of privacy*, unter die Ausnahmeregelung der s. 13 PIL Act 1995 fallen oder doch nach ausländischem Tatortrecht beurteilt werden können[907], obwohl in England die Anerkennung eines solchen Rechts noch nicht eindeutig geklärt ist[908]. Problematisch sind auch Fälle von Ehrverletzungen, die in England nicht zu einer zivilrechtlichen Haftung führen, aber nach dem Recht an anderen europäischen Verbreitungsorten verfolgbar wären[909].
Anhand dieser Entwicklung wird offensichtlich, dass immer noch Grundsätze wie die *comity of nations*, das Territorialitätsprinzip sowie politische und wirtschaftliche Interessen des Staates die Rechtsprechung englischer Gerichte beeinflussen[910].

---

906 Cornish GRUR Int 1998, 285 (287).

907 In der Literatur wird wohl die Ansicht vertreten, dass die Beeinträchtigungen der Privatsphäre nicht mehr nach der *double actionability rule* beurteilt werden, Dicey/Morris, II 2000, Rz 35-123.

908 Vergleiche hierzu Fn 930 und 1. Kapitel: § 3. A. I.

909 Tugendhat (1997) 113 LQR 360 (363) mit Nachweisen. Ebenfalls fraglich ist das Vorgehen bei der Verbreitung wahrer aber ehrenrühriger Tatsachen, welche in England keine zivilrechtliche Haftung auslösen würde, Morse (1996) 45 ICQL 888 (892).

910 Tugendhat (1997) 113 LQR 360 (363) etwa hält die *double actionability rule* ohnehin für eine Regel des *ordre public*, eine *indiscriminate rule of public policy*, während Cornish GRUR Int 1996, 285 (288) darin bezüglich der Immaterialgüterrechte den Ausdruck deren Territorialität sieht, was wiederum auf die wirtschaftlichen und sozialen Interessen des Staates zurückzuführen ist. Gerade diese politischen Gründe hätten sich auch nach der teilweisen Abschaffung der *double actionability rule* nicht geändert, aaO 288.
Der Einfluss der englischen Presse auf das Gesetzgebungsverfahren belegt auch die politische Aktualität bei Persönlichkeitsrechtsverletzungen in England. Dabei tritt die Befürchtung offen zu Tage, dass die Freiheit der englischen Presse bei Anwendung eines ausländischen Tatortrechts durch diese möglicherweise strengeren ausländischen Regeln beschnitten werden könnte.

(2) *A serious issue on the merits* oder *reasonable prospect of success*

Auch in einem weiteren Punkt nimmt das materielle Recht Einfluss auf die Zuständigkeitsentscheidung englischer Gerichte:

Im Rahmen des autonomen englischen Prozessrechts werden für den besonderen Gerichtsstand der unerlaubten Handlung die Erfolgsaussichten einer Klage bereits im Zustellungsverfahren geprüft[911]. Schon in diesem frühen Verfahrensabschnitt findet eine umfassende summarische Prüfung statt, für die der Kläger durch Affidavit glaubhaft machen muss, dass die Klage eine ernsthafte Streitfrage aufwirft[912]. Damit entscheidet sich schon auf dieser Ebene, ob und wie eine Verletzung stattgefunden hat. Es geht dabei weniger um Tatsachenfragen, als um eine umfassende rechtliche Würdigung der Erfolgsaussichten des Falles
Kommt das Gericht zu dem Ergebnis, dass der Klage eine triftige Grundlage fehlt und sie daher kaum Erfolgschancen in England hat, wird eine Zustellung erst gar nicht veranlasst. Diese Anforderungen sind mittlerweile in r. 6. 21 (1) (b) CPR manifestiert worden, wonach der Kläger unter anderem nachweisen muss, dass er davon überzeugt ist, seine Klage habe vernünftige Erfolgschancen, also *reasonable prospect of success*[913].

Im Anwendungsbereich der EuGVO hingegen hängt nach CPR r. 6.19 (1) (a), (b) die Zustellung an den Beklagten zur Begründung des Deliktsgerichtsstandes nicht mehr von einer Erlaubnis des englischen Gerichts ab, weshalb eine solche Prüfung nicht mehr erfolgen dürfte. Trotzdem wird nach wie vor vom Kläger verlangt, schon zur Begründung der internationalen Zuständigkeit darzulegen, dass ein wirklicher und ernsthafter Rechtsstreit vorliegt[914]. Diese Anforderung wird teilweise so weit verstanden, dass wiederum erst nach einer materiellrechtlichen Prüfung der Erfolgsaussichten des Anliegens die Zuständigkeit englischer Gerichte begründet sei und daher auch hier ein Art *good arguable case* im Sinne der früheren traditionellen Vorschriften[915] vorliegen müsse[916]. Danach würden auch im Anwendungsbereich der

---

[911] Briggs/Rees, Civil Jurisdiction 2002, Rz 4.28, 4.57; Cheshire/North's 1999, 312f.

[912] *"The claimant raises a serious issue to be tried on the merits"*, Seaconsar Far East Ltd v Bank Markazi Jomhouri Islami Iran [1994] 1 AC 438.

[913] Früher musste der Kläger sogar vorbringen, dass seine Klage *good arguable case on the merits* hatte und damit nach hoher Wahrscheinlichkeit Erfolg in der Sache versprach, Metall- und Rohstoff AG v Donaldson Lufkin & Jenerette Inc [1989] 3 All ER 14, (23) (CA); RSC order 11 r 4 (1), (2). Mit der Entscheidung Seaconsar Far East Ltd v Bank Markazi Jomhouri Islami Iran [1994] 1 AC 438 wurde dieser Anspruch an die Nachweispflicht des Klägers jedoch bewusst entspannt und nun gefordert, dass der Kläger „nur" noch einen *serious issue to be tried on the merits* vorzuweisen hat Cheshire/North's 1999, 312; kritisch hierzu Briggs, 2002, 106f. Der wiederum andere Wortlaut im neuen CPR r 6.21 (1) (b) soll diese Auslegung jedoch nicht nochmals verändern, Briggs/Rees, Civil Jurisdiction 2002, Rz 4.57.

[914] Tesam Distribution Ltd v Schuh Mode Team GmbH [1990] ILPr 149 (158, 161) (CA).

[915] RSC order 11 r 1 (1), mittlerweile ersetzt durch r 6.20 CPR.

EuGVO Teile der Begründetheit in die Zulässigkeitsprüfung vorgezogen. Eine solche Praxis wird unter Berufung auf den EuGH für unbedenklich befunden, der die Anforderungen an die Zulässigkeit dem jeweiligen nationalen Verfahrensrecht überlassen hat, solange sie nicht die Wirksamkeit der EuGVO beeinträchtigen[917]. Der EuGH trennt zu diesem Zweck die Frage der Zuständigkeit von den anderen Zulässigkeitsvoraussetzungen ab, die er unter soeben geschilderten Voraussetzungen dem nationalen Recht des Gerichtsstaates überlässt[918].

Fraglich ist aber, ob diesem Vorgehen nicht doch mit Hinblick auf Effektivität und Ziel der EuGVO Bedenken entgegenstehen. Der Einfluss des materiellen Rechts auf die Zuständigkeit beschränkt von vornherein den Kreis möglicher zuständigkeitsbegründender unerlaubter Handlungen auf solche, die nur nach dem anwendbaren Sachrecht[919] eine Deliktshaftung auslösen. Damit würde wiederum die Zulässigkeit von Wertungen des jeweilig anwendbaren nationalen Deliktsrechts abhängen, so dass eine Klage an bestimmten Tatorten schwieriger oder auch leichter anzubringen ist.
Diese Praxis läuft darauf hinaus, dass schon im Rahmen der Zuständigkeit nach materiellem Recht eine unerlaubten Handlung darzulegen ist. Auf einen nur schlüssigen Vortrag zuständigkeitsbegründender Tatsachen kommt es hingegen nicht an.
Schließlich hat der EuGH festgestellt, dass die Bestimmung des zuständigen Gerichts gerade nicht vom anwendbaren Haftungssystem abhängen dürfe[920], so dass erst recht nicht die *lex fori* des Gerichtsstaates ausschlaggebend sein darf, was lange Jahre der englischen Praxis entsprach[921].
Diese am materiellen Recht orientierte englische Prüfung kann nur dann mit der deutschen Schlüssigkeitsprüfung verglichen werden, wenn an diese hohe Anforderungen gestellt werden[922].

---

[916] Canada Trust Co v Stolzenberg (No 2) [1998] 1 WLR 547 (CA) unter Berufung auf Tesam Distribution Ltd v Schuh Mode Team GmbH [1990] ILPr 149 (CA); Dicey/Morris, I 2000, Rz 11-225.

[917] Dicey/Morris, I 2000, Rz 11-225 unter Hinweis auf den EuGH Urteil v 7.3.1995 Rs C-68/93, Slg 1995 I 415 - Fiona Shevill / Presse Alliance SA.

[918] EuGH Urteil v 15.5.1990 Rs 365/88, Slg 1990, 1845, Rz 17, 20 - Kongress Agentur Hagen / Zeehaghe, wonach ein Gericht dann nicht nationale Verfahrensregeln anwenden darf, wenn diese einen Zuständigkeitsregelung der Verordnung (in diesem Fall handelte es sich um Art 6 Nr 2 EuGVÜ) unterlaufen würden; näher hierzu Kropholler, EuZPR 2002, Art 6 Rz 33.

[919] Bis vor kurzem spielte in England zumeist die *lex fori* die entscheidende Rolle. Mit der Kodifizierung des Kollisionsrecht im PIL Act 1995 hat sich dies zugunsten der *lex causae* geändert, vergleiche hierzu im Folgenden 2. Kapitel: § 1. A. II. 2. b. (3).

[920] EuGH Urteil v 19.9.1995 Rs C-346/93, Slg 1995, 2719 Rz 19 – Antonio Marinari / Lloyds Bank.

[921] Vergleiche hierzu im Folgenden 2. Kapitel: § 1. A. II. 2. b. (3).

[922] Hierzu bereits oben 2. Kapitel: § 1. A. I. 2. a.

(3) *Claims made in tort*[923]

Die Zuständigkeit englischer Gerichte am Tatortgerichtsstand ist nach den traditionellen Regeln nur dann eröffnet, wenn es um Klagen wegen unerlaubter Handlung, also *claims made in tort* geht[924]. Bevor das Gericht über eine mögliche Auslandszustellung entscheidet, muss der Kläger bis zu einem gewissen Grad an Wahrscheinlichkeit im Rahmen der umfassenden summarischen Prüfung dargelegt haben[925], dass es in der Klage tatsächlich um ein *tort* geht[926].

Bis zur Änderung von ord. 11 r. 1 (1) (f) RSC in r. 6. 20 (8) CPR, der noch verlangte, dass die Klage sich auf ein bestimmtes Delikt gründen müsse[927], wurde im Zustellungsverfahren nach den Regeln des englischen Kollisionsrechts geprüft, ob überhaupt ein *tort* und damit tatsächlich eine unerlaubte Handlung vorlag[928]. Hatte sich das behauptete *tort* im Wesentlichen in England ereignet, so war nach den Kollisionsregeln des *common law* immer englisches Sachrecht ausschlaggebend für die Entscheidung[929]. Somit hatte auch hier englisches Sachrecht starken Einfluss auf die internationale Zuständigkeit[930]. Dem Tatbestandsmerkmal *tort* der Zuständigkeitsnorm wurde eine vom anwendbaren materiellen Recht abhängige Bedeutung zu eigen,

---

[923] Dies entspricht auf kollisionsrechtlicher Ebene der Suche nach dem Anknüpfungsgegenstand der unerlaubte Handlung, weshalb auch auf Zuständigkeitsebene von Qualifikation der fraglichen Handlung gesprochen werden sollte, hierzu oben 1. Kapitel: § 1. A.

[924] R 6.20 (8) CPR.

[925] Zu den Anforderungen an die Überprüfung der Erfolgsaussichten der Klage bereits im Zustellungsverfahren vergleiche oben 2. Kapitel: § 1. A. II. 2. b. (2).

[926] Briggs/Rees, Civil Jurisdiction 2002, Rz 4.39. Dieselbe Problematik taucht auch auf kollisionsrechtlicher Ebene auf, wenn der Kläger belegen muss, dass „*issues relating to tort*" nach s 9 (1) PIL Act 1995 vorliegen, Morris (McClean) 2000, 87. Wurde bereits auf Zuständigkeitsebene der fragliche Sachverhalt als deliktisch eingeordnet, so wird dies grundsätzlich auch für das Kollisionsrecht übernommen, Cheshire/North's 1999, 620; ebenso umgekehrt, Fawcett/Torremans 1998, 614.
Mit der Schaffung von s 9 (2) PIL Act 1995 soll außerdem erreicht werden, dass für die kollisionsrechtliche Qualifikation das materielle englische Recht nicht *per se* ausschlaggebend ist und dass die *double actionability rule* und damit der materielle Maßstab der *lex fori* nicht wieder durch die Hintertür eingeführt werden, Cheshire/North's 1999, 618ff auch mit den weiteren Kriterien für die Qualifizierung.

[927] "*the claim is founded on a tort*".

[928] Metall & Rohstoff AG v Donaldson Lufkin & Jenrette Inc [1989] 3 WLR 563 (582ff); Briggs, 2002, 103. Nach Kropholler, IPR 2001, 47f führt eine solche Verlagerung des Kollisionsrechts auf die Zuständigkeitsebene zur Anwendung des jeweiligen materiellen Rechts und damit zur *lex fori in foro proprio*.

[929] Briggs/Rees, Civil Jurisdiction 2002, Rz 4.39. Hat sich die unerlaubte Handlung im Wesentlichen im Ausland zugetragen, so bestimmte die *double actionability rule*, dass sowohl nach Begehungsortrecht als auch nach englischem Heimatrecht ein verfolgbares *tort* vorliegen musste, vergleiche hierzu unter 2. Kapitel: § 1. A. II. 2. b. (1). Mit der Abschaffung der *double actionability rule* durch den PIL Act 1995 fällt nun, ausgenommen bei *defamation*-Klagen, dieses doppelte Prüfungserfordernis weg. Stattdessen wird nun das mögliche Vorliegen eines *torts* von dem in der Sache anwendbaren Recht und damit der *lex loci delicti* abhängig gemacht, s 11 (1) PIL Act 1995.

[930] Zu den Problemen, wenn etwa ein englisches Gericht mit einer ausländischen unerlaubten Handlung konfrontiert wird, die in England als solche nicht bekannt ist, Cheshire/North's 1999, 609 mit der neueren Entwicklung. Kritisch hierzu auch Morris (McClean) 2000, 87 mit Verweis auf 358ff. Speziell wenn dem englischen Recht eine allgemeine Haftung wegen der Beeinträchtigung der Privatsphäre nicht bekannt ist, darf eine Qualifikation *lege fori* gerade nicht zu einer Zurückweisung der Klage führen. Daher wird vorgeschlagen, für diesen Fall nach der Funktion der Regelung des ausländischen Rechts zu fragen und diese dann mit Tatbeständen oder Rechtsfiguren des inländischen Rechts zu vergleichen, was auf die Formulierung von s 9(2) PIL Act 1995 gestützt wird, Dicey/Morris, II 2000, Rz 35-023; Morse [1996] ICLQ 888 (894).

anstatt prozessual selbständig zu sein[931]. Indem englische Gerichte bislang selbstverständlich von einem Gleichlauf zwischen internationaler Zuständigkeit und dem in der Sache anwendbaren Recht ausgegangen sind, haben sie eine Tendenz zum „Heimwärtsstreben“[932] an den eigenen Gerichtsstand offenbart.

In der neuen Formulierung der r. 6.20 (8) CPR entfällt der unbestimmte Artikel, so dass der Kläger (nur) *claims made in tort* darlegen muss. Es ist nicht klar, ob dieser neue Wortlaut etwas an den bisherigen Anforderungen und damit am Einfluss des materiellen Rechts ändert[933]. Zum Teil wird vertreten, dass das Gericht nicht schon im Rahmen der Zuständigkeitsprüfung eine rechtliche Würdigung des Klägervortrages am Maßstab des anwendbaren Rechts unternehmen sollte[934]. Die neue Formulierung könnte stattdessen bewirken, dass der Kläger nur noch ein Geschehen vorzutragen hat, welches als deliktisch charakterisiert werden kann. Eine umfassende Prüfung im Vorfeld könnte dann unterbleiben. Allerdings würde auch hier das in der Sache anwendbare Recht die Qualifikation[935] beeinflussen.
Diese geringeren Anforderungen an die Darlegungspflichten des Klägers würden der deutschen Schlüssigkeitsprüfung im Rahmen der zuständigkeitsrechtlichen Qualifikation eines Sachverhalts als unerlaubte Handlung entsprechen[936].

3. Fazit

Das EuGVÜ hat bei seiner Übernahme im Jahre 1987 in das Rechtssystem des Vereinigten Königreichs zu tiefgreifenden Änderungen des englischen Zuständigkeitsrechts geführt.
Mittlerweile sind bis zu fünf Normengruppen bei der Bestimmung der internationalen Zuständigkeit englischer Gerichte anzuwenden[937]. Dieses Nebeneinander zahlreicher Regeln erschwert dem Rechtsanwender das Ermitteln der einschlägigen Vorschriften. Allerdings kann für die Anhäufung der Rechtsnormen des LGVÜ von 1988 und der EuGVO neben dem EuGVÜ von 1996 dem Vereinigten Königreich kein Vorwurf gemacht werden. Doch wurde durch die Transformierung des EuGVÜ in den CJJA

---

[931] Deutlich auch in Dicey/Morris, I 2000, Rz 11-187.
Da das anwendbare Recht im Vereinigten Königreich nicht von Amts wegen ermittelt wird, Dicey/Morris, I 2000, Rz 9-003, 9-025, sondern von den Gerichten nur beachtet wird, wenn die Parteien entsprechend vortragen, besteht durch das Festhalten an der *lex causae*- Charakterisierung in Fällen, in denen sich die unerlaubte Handlung im wesentlichen im Ausland abgespielt hat, außerdem die Gefahr, dass oftmals die kollisionsrechtliche Dimension übersehen wird. Die Zuständigkeitsvorschriften werden dann schlicht nach der materiellen *lex fori* ausgelegt, Kubis ZEuP 2001, 737 (746), der am Beispiel des Art 5 Nr 1 EuGVÜ für eine eigenständige autonome Auslegung im Rahmen des Internationalen Zivilprozessrechts eintritt.
[932] Diesen Begriff prägte Nussbaum 1932, 43.
[933] Ausführlich hierzu Briggs/Rees, Civil Jurisdiction 2002, Rz 4.39; Briggs 2002, 103.
[934] Briggs 2002, 103.
[935] In England hat sich kein einheitlicher Begriff für die Qualifikation durchgesetzt. Es wird etwa von *characterization* oder *classification* gesprochen, hierzu Mistelis 1999, 26f.
[936] Vergleiche oben 2. Kapitel: § 1. A. I. 2. a.
[937] Vergleiche oben 2. Kapitel: § 1. A. II.

1982 und die teilweise Geltung von Gesetzesrecht oder Regeln des *common law* die Übersicht weiter erschwert.

Auch für die Fortentwicklung des autonomen Verfahrensrechts in schedule 4 CJJA 1982 hat das europäische Zuständigkeitsrecht als Vorbild gedient und damit jenes maßgeblich beeinflusst.
Im Gegenzug jedoch hatte der Beitritt des Vereinigten Königreichs zum EuGVÜ auf dieses nur geringe Auswirkungen, etwa auf die Zuständigkeitsbereiche Versicherungssachen und Seestreitigkeiten. Eine grundlegende Änderung der Systematik ist nicht erfolgt. Insbesondere haben die vorgestellten traditionellen Besonderheiten des englischen Rechts keinen Einlass in die europäische Zuständigkeitsordnung gefunden. Stattdessen mussten die zu den kontinentaleuropäischen Rechtsordnungen bestehenden Konflikte mit entsprechenden Anpassungen im Rechtssystem des Vereinigten Königreichs ausgeglichen werden[938].
Hat der zukünftige Beklagte seinen Wohnsitz in einem Mitgliedstaat, so darf eine Zustellung in England aufgrund seiner vorübergehenden Anwesenheit im Anwendungsbereich der EuGVO nicht mehr erfolgen[939].

Dennoch neigen die englischen Gerichte weiter dazu, althergebrachte Rechtsinstitute anzuwenden. Obwohl also die traditionellen Regeln zumindest im Anwendungsbereich der EuGVO weitgehend abgeschafft worden sind, prägt dennoch oftmals der Rechtsgedanke, dem sie entspringen, insbesondere das internationale Immaterialgüterrecht und das Recht der Ehrverletzungen in England[940]. Die Methodik, nach der englische Gerichte versuchen, überschießende Zuständigkeiten im traditionellen Recht zu begrenzen und wie sie ähnlich auch auf sonstige Neuerungen reagieren, wird nach wie vor auch im Anwendungsbereich der EuGVO beibehalten. Insbesondere wird immer noch das Rechtsinstitut des *forum (non) conveniens* als Lösung zahlreicher zuständigkeitsrechtlicher Probleme angesehen[941]. Oftmals wird als Ausweg aus dem Dilemma der unterschiedliche Handhabung europäischer Gerichte bei der Auslegung der Zuständigkeitsregeln und inbesondere der Abweichungen der englischen Gerichte von einer relativ einheitlichen Linie nur eine allgemeinverbindliche Aussage des EuGH gesehen[942].

Insgesamt stellt sich das englische Zuständigkeitsrecht als nicht allzu opferfreundlich dar. Nicht nur die vielen verschiedenen Zuständigkeitsregeln, sondern auch die stark

---

[938] Vergleiche hierzu nur 2. Kapitel: § 1. A. II. 2. a. (1) (c) und 2. Kapitel: § 1. A. II. 2. a. (3) (c)
[939] So allerdings die traditionellen Regeln 2. Kapitel: § 1. A. II. 1. a.
[940] Hier sei nur an das Beibehalten der *double actionability rule* für Ehrverletzungen und den starken Einfluss des Territorialitätsprinzip und des Grundsatzes der *comity of nations* bei Immaterialgüterrechten erinnert, welcher auch die (großzügige) Auslegung des Art 22 Nr 4 EuGVO beeinflussen wird, hierzu im Folgenden 2. Kapitel: § 1. B. II. 4. b. (4) .
[941] Peinze 2002, 298ff (313f); Fawcett/Torremans 1999, 293ff; Cheshire/North's 1999, 387; Briggs (1997) 113 LQR 364 (365ff).
[942] Karet [1998] IPQ 317 (329).

zweckgebundene Auslegung dieser Vorschriften unter dem Einfluss sowohl des nationalen prozessualen als auch materiellen Rechts erschweren dem Rechtssuchenden den Überblick, worunter gerade die Rechtssicherheit leidet[943]. Insbesondere das Beibehalten der *double actionability rule* bedeutet im Rahmen von Ehrverletzungen eine einseitige Privilegierung des Beklagten. Der Verletzte muss immer dann, wenn sich der Wohnsitz des Beklagten oder auch der Tatort in England befindet, stets nach zwei Rechten eine Verletzung seiner Persönlichkeit nachweisen.
Schließlich drängt sich nach der Gegenüberstellung sämtlicher Ansätze die Frage auf, ob die englische Verknüpfung der Internationalen Zuständigkeit mit dem anwendbaren Recht im Rahmen eines zusammengewachsenen Europas und dem daraus resultierenden einheitlichen europäischen Prozessraum nicht als hinderlich anzusehen ist. Gerade hier sollte kein Raum mehr für einen nationalen Sonderweg sein.

III. Rechtsvergleichende Zusammenfassung des Vorgehens englischer und deutscher Gerichte im Rahmen des autonomen Rechts bei Fragen der internationalen Zuständigkeit

1. Einzelne Gerichtsstände

Das traditionelle englische Recht beinhaltet eine Reihe von abweichenden Gerichtsstandskonzeptionen, die dem deutschen autonomen Recht unbekannt sind, wie etwa den allgemeinen Gerichtsstand der Anwesenheit im Gerichtsstaat im Rahmen des sogenannten *service within the jurisdiction*, oder den besonderen Gerichtsstand, der im Rahmen des *service out of jurisidiction* durch die Zustellung in das Ausland begründet werden kann[944].
Der allgemeine Gerichtsstand nach traditionellem englischen Recht orientiert sich allein am schlichten Aufenthalt des Beklagten in England und hängt von den verschiedenen Möglichkeiten ordnungsgemäßer Zustellung ab, weshalb er auf europäischer Ebene als exorbitanter Gerichtsstand ausdrücklich ausgeschlossen wurde[945].

Bei einer Zustellung in das Ausland für den Fall, dass ein Schaden entweder im Inland entstanden ist oder auf einer im Inland begangenen Handlung beruht[946] und es daher um den besonderen Gerichtsstand der unerlaubten Handlung geht, hat sich das englische traditionelle Recht vergleichbar dem deutschen autonomen Zuständigkeitsrecht entwickelt. Maßgeblich sind in beiden Ländern Handlungs- oder Erfolgsort im

[943] Kritisch auch Morris (McClean) 2000, 358ff.
[944] Hierzu oben 2. Kapitel: § 1. A. II. 1.
[945] Vergleiche Art 3 (2) EuGVO in Verbindung mit Anhang I, letzter Spiegelstrich a. Insbesondere ist hier die bloße vorübergehende Anwesenheit in England bemängelt worden, aufgrund deren englische Gerichte ihre Zuständigkeit ausüben, zur sogenannten *tag* oder *transient jurisdiction* bereits oben unter Fn 694.
[946] R 6.20 (8) CPR.

Gerichtsstaat und damit für die englischen Gerichte eine ausreichende sachliche Beziehung zu England, die das formale Zuständigkeitskriterium der Zustellung ins Ausland rechtfertigen kann[947].

2. Reichweite der Entscheidungsbefugnis

Sowie in England ein gewisser beachtlicher Schaden eingetreten und ein Gerichtsstand im Inland begründet ist, wird die Kognitionsbefugnis des englischen Gerichts nicht auf den im Inland entstandenen Schaden beschränkt, sondern umfasst den gesamten eingetretenen Schaden[948]. Aufgrund der Besonderheiten der traditionellen Regeln für Immaterialgüterrechte war vor englischen Gerichten lange Zeit die Verletzung eines Schutzrechts im Ausland nicht einklagbar. Dieser Aspekt wird in England unter dem Gesichtspunkt der Versagung der internationalen Zuständigkeit diskutiert[949]. Erst das EuGVÜ und nun die EuGVO zwingen englische Gerichte zu einer Entscheidung über die Verletzung ausländischer Schutzrechte[950].

Die deutschen Gerichte verfügen am allgemeinen Gerichtsstand ohne Einschränkungen über eine umfassende Kognitionsbefugnis[951]. Im Bereich der Immaterialgüterrechte ist jedoch ihre Entscheidungsbefugnis über im Ausland begangene Verletzungen am inländischen Gerichtsstand der unerlaubten Handlung ausgeschlossen. Unter Berufung auf das materiellrechtliche Territorialitätsprinzip wird die Kognitionsbefugnis deutscher Gerichte auf Verletzungen im Schutzland beschränkt. Ansonsten wurden am besonderen Deliktsgerichtsstand bislang nach deutschem autonomem Recht für den Fall, dass eine einheitliche Handlung ein Recht an mehreren Orten zugleich verletzt, keine kompetenzrechtliche Aufsplitterung des Schadens vorgenommen. Eine klare Aussage eines deutschen Gerichts zu den Auswirkungen der *Shevill*- Entscheidung des EuGH[952] auf Persönlichkeitsrechtsverletzungen ist bislang nicht erfolgt.

---

[947] Trotz der einseitigen Bezeichnung des Erfolgsorts als Ort, „*where the damage was sustained*", sind auch im englischen Recht sowohl der Ort der Rechtsgutsverletzung als auch des Eintritts des Erstschadens maßgeblich. Zur Problematik der verwendeten Terminologie, oben 2. Kapitel: § 1. A. II. 1. b. (2) (a)

[948] Dies entspricht im Bereich der Ehrverletzungen der *single publication rule* des US-amerikanischen Zuständigkeitsrechts, näher hierzu oben auch mit Hinweis auf abweichende Entscheidungen 2. Kapitel: § 1. A. II. 1. b. (2) (c)

[949] Im Folgenden 2. Kapitel: § 1. A. III. 3.

[950] Vergleiche auch sogleich im Folgenden zu den speziellen Versagungsgründen und dem materiellrechtlichen Einfluss der Zuständigkeit. Zur Zurückdrängung der *moçambique rule* und der *double actionability rule* bereits oben 2. Kapitel: § 1. A. II. 2. a. (3) und 2. Kapitel: § 1. A. II. 2. b. (1)

[951] 2. Kapitel: § 1. A. I. 1. c.

[952] EuGH Urteil v 7.3.1995 - Rs C-68/93, Slg 1995 I 415 – Shevill / Presse Alliance.

3. Versagung der internationalen Zuständigkeit - diesbezüglicher materiellrechtlicher Einfluss

Ebenfalls fremd sind dem deutschen internationalen Prozessrecht als kontinentaleuropäisch geprägtem Recht die speziellen Versagungsgründe einer eigentlich wirksam begründeten Zuständigkeit und der starke materiellrechtliche Einfluss auf das Recht der Zuständigkeit nach den traditionellen englischen Regeln.

Unter Berufung auf die *moçambique rule* haben englische Gerichte lange Zeit Entscheidungen über ausländische Schutzrechte in England abgelehnt, da sie hierin einen Eingriff in die ausländische Souveränität und damit in die wirtschaftlichen und politischen Interessen des betroffenen Staates gesehen haben. Vollständig abgeschafft wurde die Regel allerdings nur im Anwendungsbereich der EuGVO, so dass außerhalb hiervon englische Gerichte weiterhin ihre internationale Zuständigkeit für die Verletzung ausländischer Immaterialgüterrechte versagen können.
In Deutschland hingegen wurde die Diskussion um den Zusammenhang zwischen der Territorialität der Immaterialgüterrechte und der Entscheidungskompetenz der Gerichte früh beendet[953]. Zumindest am allgemeinen Gerichtsstand verfügten die deutschen Gerichte schon bald über eine umfassende Kognitionsbefugnis und konnten so die Verletzung ausländischer Schutzrechte beurteilen. Allerdings strahlt das Territorialitätsprinzip sogleich am Tatortgerichtsstand wieder auf die Entscheidungsbefugnis aus, obwohl diesem grundsätzlich jegliche prozessuale Bedeutung abgesprochen wird. Die deutschen Gerichte begrenzen daher unter Berufung auf das materiellrechtliche Territorialitätsprinzip bei Immaterialgüterrechten am Deliktsgerichtsstand die unerlaubte Handlung auf den jeweiligen Schutzstaat und bilden selbständige Einzelhandlungen. Für den Deliktsgerichtsstand gelangen deutsche Richter somit zum gleichen Ergebnis wie ihre englischen Kollegen, für welche die Territorialität der Immaterialgüterrechte stets schon aufgrund einer etablierten Regel zur Versagung der internationalen Zuständigkeit führte[954].

Eine weitere Besonderheit des englischen Rechts stößt in den kontinentaleuropäischen Ländern auf große Skepsis und Ablehnung: Nach der *forum (non) conveniens*- Lehre steht die Wahrnehmung einer an sich gegebenen internationalen Zuständigkeit unter dem Vorbehalt, dass eine ausreichende Inlandsbeziehung vorliegt[955]. Aufgrund ihrer umfangreichen Ermessensprüfung können englische Richter zu weit gefasste Zuständigkeiten korrigieren oder unerwünschte Fälle von *forum shopping* ver-

---

[953] Vergleiche oben 2. Kapitel: § 1. A. I. 1. c. . In Deutschland wird dieses Problem unter dem Gesichtspunkt der Entscheidungsbefugnis der Gerichte behandelt, hierzu im Vorangegangenen.
[954] Erst die Inkorporierung des EuGVÜ in das englische Zuständigkeitsrecht hat die *moçambique rule* außerhalb des Anwendungsbereichs der traditionellen englischen Regeln verdrängt, hierzu oben 2. Kapitel: § 1. A. II. 2. a. (3) (b)
[955] Ausführlich oben 2. Kapitel: § 1. A. II. 2. a. (1)

hindern[956]. Allerdings wird diese möglicherweise im Einzelfall flexiblere und dadurch gerechtere Regelung im Anwendungsbereich der EuGVO durch deren rechtssichere, von vornherein abstrakt generell eingrenzende Regeln verdrängt. Diese Lehre ist mit den Regeln der Europäischen Zuständigkeitsordnung nicht zu vereinbaren[957].

Auch einen vergleichbar starken materiellrechtlichen Einfluss auf die internationale Zuständigkeit etwa in Form der *double actionability rule* gibt es in Deutschland seit der Abschaffung des Art. 38 EGBGB aF. nicht mehr[958]. Für den Bereich der Ehrverletzungen gilt die *common law*- Regel des Internationalen Deliktsrechts auch nach deren Abschaffung durch das In Kraft Treten des PIL Act 1995 fort[959], so dass in diesem Bereich weiter ein doppelter Maßstab anzulegen ist[960]: Danach muss eine im Ausland begangene Verletzungshandlung sowohl nach dem am Tatort geltenden als auch nach englischem Recht einklagbar sein. Die Vereinbarkeit dieser Regel mit den Prinzipien der Europäischen Zuständigkeitsordnung erscheint insbesondere im Anwendungsbereich der EuGVO sehr problematisch[961].

4. Haltung der Gerichte

Im traditionellen Bereich ist eine grundlegend unterschiedliche Herangehensweise englischer und deutscher Richter an einen Sachverhalt immer noch deutlich: Das deutsche autonome Zuständigkeitsrecht drückt Wertungen aus, die generell-typisch für die starre Anknüpfung durch den Gesetzgeber begründet werden. Das englische Recht hingegen verwendet die Wertungen als Begründung für eine flexible Anknüpfung der Zuständigkeit, die der Richter im Einzelfall erst konkretisiert, wobei die gesetzlich fixierten Merkmale allenfalls Indizwirkung zeigen. Diese grundsätzlichen Unterschiede des kontinentaleuropäischen Rechtssystems gegenüber dem des *common law* nivellieren sich jedoch wieder im Anwendungsbereich der EuGVO. Dennoch werden auch im Rahmen der Auslegung der europäischen Zuständigkeitsregeln immer noch die traditionellen Rechtsgedanken prägend sein.

Aus deutschem Blickwinkel erscheint die englische Rechtsprechung zunächst sehr national orientiert und mit stärker ausgeprägtem Respekt vor fremder Hoheitsmacht als etwa in Deutschland[962], was die Beschränkung der Entscheidungsbefugnis auf lediglich inländische Sachverhalte erklärt. Auf der anderen Seite stellt sie oft die eigene Kompetenz vor die möglicherweise konkurrierende internationale

---

[956] Zu den Vor- und Nachteilen der *forum (non) conveniens*-Lehre oben 2. Kapitel: § 1. A. II. 2. a. (1) (b)
[957] Detailliert im 2. Kapitel: § 1. A. II. 2. a. (1) (c)
[958] Vergleiche die Ausführungen oben 2. Kapitel: § 1. A. II. 2. b. (1)
[959] Vergleiche oben 2. Kapitel: § 1. A. II. 2. b. (1) (b)
[960] Für die den Bereich der Immaterialgüterrechte ist jedoch mit In Kraft Treten des PIL Act 1995 die zusätzliche Hürde der heimatlichen *lex fori* zur Begründung der internationalen Zuständigkeit weggefallen.
[961] Vergleiche oben 2. Kapitel: § 1. A. II. 2. b. (1) (c)
[962] Hier ist nur auf das Rechtsinstitut der *moçambique rule* zu verweisen.

Zuständigkeit ausländischer Gerichte[963]. Allerdings nehmen englische Richter oft Kenntnis von vergleichbaren ausländischen Entscheidungen und setzen sich mit diesen innerhalb ihrer eigenen Entscheidung ausführlich auseinander[964].
Dies ist schon eher mit einer einheitlichen europäischen Zuständigkeitsordnung zu vereinbaren, die von den nationalen Gerichten getragen und fortentwickelt werden soll.

B. Die Brüssel I Verordnung des Rates – EuGVO[965]

I. Überblick

Die autonomen nationalen Zuständigkeitsvorschriften werden jedoch in dem Anwendungsbereich der Brüssel I Verordnung des Rates (EuGVO) von deren Regeln verdrängt[966].
Die EuGVO wurde am 22.12.2000 als Maßnahme der justitiellen Zusammenarbeit in Zivilsachen erlassen, womit die bisherige Rechtsform[967] des Übereinkommens gewechselt worden ist[968]: Die EU hat mit dieser Rechtsverordnung das EuGVÜ in neuer Form und Fassung revidiert. Nunmehr gilt seit dem 1.3.2002 in allen EU-Staaten mit Ausnahme Dänemarks[969] die EuGVO[970]. Dadurch soll die justizielle Infrastruktur für den europäischen Binnenmarkt geschaffen werden, mit der bis 2004 ein europäischer Justizraum verwirklicht werden soll[971].

---

[963] Vergleiche diesbezüglich etwa das Vorgehen englischer Gerichte, durch die Ausübung ihres Ermessen mittels *anti suit injunctions* einem ausländischen Verfahren die Wirkung zu nehmen, 2. Kapitel: § 1. A. II. 2. a. (2)

[964] Vergleiche etwa Fort Dodge Animal Health Ltd v Akzo Nobel NV [1998] FSR 222-247 (CA) hierzu im Folgenden unter Fn 1148; Improver Corporation et al v Remington Consumer Products Ltd et al [1990] FSR 181, deutsche Übersetzung in GRUR Int 1993, 245 (247) – Epilady IX.

[965] Verordnung (EG) Nr 44/2001 vom 22.12.2000 über die gerichtliche Zuständigkeit und die Anerkennung und Vollstreckung von Entscheidung in Zivil- und Handelssachen (EuGVO), ABl EG 2001 L 12, 1.

[966] Die Verordnung gilt als Akt des Gemeinschaftsrechts verbindlich und unmittelbar in allen Mitgliedstaaten. Dabei verdrängt die Verordnung sämtliches, also älteres und jüngeres nationales Prozessrecht, grundlegend EuGH Urteil v 15.7.1964 Rs 6/64, Slg 1964, 1251 (1279) – Costa / ENEL; Nagel/Gottwald 2002, § 3 Rz 11. Allerdings werden durch die Verordnung nicht die Verfahrensregeln vereinheitlicht, da insoweit die nationalen Verfahrensvorschriften des entscheidenden Gerichts zur Anwendung gelangen, falls diese nicht die praktische Wirksamkeit der Verordnung nicht beeinträchtigen, EuGH Urteil vom 7.3.1995, Rs C-68/93, Slg 1995 I 415, unter Nr 36 – Shevill / Presse Alliance.

[967] Das EuGVÜ wird als völkerrechtlicher Vertrag eingeordnet, so Piltz NJW 2002, 789 (790); Schack, IZVR 2002, Rz 78; MünchKomm/Gottwald, ZPO III 2001, vor Art 1 Rz 23; Kropholler, EuZPR 2002, Einl Rz 12; Geimer/Schütze, EuZVR 1997, Einl Rz 14; anderer Ansicht Schlosser NJW 1975, 2132 (2133). Jedoch genießt nach beiden Ansichten das EuGVÜ Vorrang vor früheren und späteren nationalen Vorschriften, hierzu auch Niegisch 1993, 125.

[968] Zur Entwicklung der EuGVO aus dem EuGVÜ Piltz NJW 2002, 789ff; Jayme/Kohler IPRAX 2002, 461 (464f); Heß NJW 2000, 23ff; Kropholler, EuZPR 2002, Einl Rz 6 ff; Schack, IZVR 2002, Rz 73ff, 106a ff.

[969] Hierzu im Folgenden 2. Kapitel: § 1. B. I. 5..

[970] Vergleiche hierzu die Übergangsvorschriften in Art 66 ff EuGVO.

[971] Heß IPRAX 2001, 389 (390).

1. EuGVÜ[972]

Seit 1968 hat das EuGVÜ für grenzüberschreitende Prozesse in der Europäischen Gemeinschaft einheitliche Zuständigkeits- und Rechtshängigkeitsvorschriften bereitgehalten und die gegenseitige Anerkennung von Vollstreckungstiteln gewährleistet[973]. Grund für die Schaffung eines solchen Übereinkommens war das Ziel der Europäischen Gemeinschaft, durch die Gewährleistung ausreichenden Rechtsschutzes einen einheitlichen europäischen Binnenmarkt zu schaffen.
Das EuGVÜ enthält erstmals als Doppelabkommen[974] eine umfassende Regelung der direkten internationalen Zuständigkeit und regelt zugleich die Anerkennung und Vollstreckung.
Das Übereinkommen wurde auf Grundlage des in Art. 220 EWGV, jetzt Art. 293 EG, enthaltenen Auftrags zwischen den damaligen Mitgliedstaaten der Europäischen Gemeinschaft geschlossen und ist zwischen diesen am 1.2.1973 in Kraft getreten. Als selbständiger völkerrechtlicher Vertrag[975] ist das EuGVÜ nicht Bestandteil des Gemeinschaftsrechts, weshalb es bei jedem Beitritt neuer Vertragsstaaten jeweils wieder neu vereinbart und ausgehandelt werden muss[976]. Durch die Schaffung der EuGVO entfällt nun das Erfordernis einer Ratifikation jeder Neufassung durch die Vertragsstaaten und deren damit verbundene schleppende Umsetzung, die außerdem oft die Geltung unterschiedlicher Versionen des EuGVÜ nebeneinander zur Folge hatte. Andererseits wird die Gemeinschaft nun nicht mehr gezwungen, die Verordnung bei jedem Beitritt eines neuen Mitgliedstaates zu überarbeiten und neu zu fassen und somit flexibel zu reagieren. Fraglich ist daher, ob durch die Umformung des Übereinkommens in eine Gemeinschaftsverordnung die Dynamik des Gesetzeswerkes beibehalten werden kann, welche sich zwangsläufig durch die erforderlichen Anpassungen bei jedem Beitritt eines neuen Vertragsstaates ergab.

---

[972] Das Übereinkommen über die gerichtliche Zuständigkeit und die Vollstreckung gerichtlicher Entscheidungen in Zivil- und Handelssachen (EuGVÜ) vom 27.9.1968, BGBl 1973 II 60, und das Protokoll betreffend die Auslegung dieses Übereinkommens vom 3.6.1971, BGBl 1972 II 846, ist für die Bundesrepublik Deutschland am 1.9.1975, BGBl II 1138, in Kraft getreten. Durch den EU- Beitritt von Finnland, Österreich und Schweden wurde das vierte Beitrittsübereinkommen vom 29.11.1996 erforderlich, BGBl 1998 II, 1411, welches in Deutschland am 1.1.1999 in Kraft trat, BGBl 1999 II 419. Im Vereinigten Königreich ist dies Fassung des EuGVÜ erst zum 1.1.2001 in Kraft getreten, BGBl 2001 II 40, und damit im Verhältnis zur Bundesrepublik Deutschland erst seitdem anwendbar. Mittlerweile ist das EuGVÜ nur noch im Verhältnis der Mitgliedstaaten zu Dänemark anzuwenden, hierzu im Folgenden.
Eine fünfte Neufassung des EuGVÜ wurde wegen des In Kraft Tretens der EuGVO nicht mehr vorgenommen.

[973] Nagel/Gottwald 2002, § 3 Rz 7 spricht insoweit bereits von einem „Europäischen Zivilprozessrecht". V Hoffmann, IPR 2002, § 3 Rz 182 bezeichnet das EuGVÜ als „tragendes Fundament des internationalen Verfahrensrechts im Binnenmarkt".

[974] *„Convention double"*.

[975] Zur Umstrittenen Rechtsform des EuGVÜ vergleiche bereits unter Fn 967.

[976] Bislang wurde das EuGVÜ aus Anlass des Beitritts neuer Staaten viermal geändert. Aus Anlass des EU-Beitritts von Finnland, Österreich und Schweden erging das noch aktuelle vierte Beitrittsübereinkommen vom 29.11.1996, BGBl 1998 II 1411, welches in Deutschland am 1.1.1999 in Kraft trat, BGBl 1999 II 419.

Im Übrigen wurden jedoch Systematik und Inhalte des EuGVÜ bei der Schaffung der EuGVO beibehalten, so dass bezüglich der Anwendungsgrundsätze und Auslegungsregeln auf die Ausführungen zur Verordnung verwiesen werden kann.

2. LGVÜ[977]

Eine territoriale Erweiterung hat das EuGVÜ durch das LGVÜ erfahren, das den europäischen Justizraum auf die EFTA- Staaten[978] erweitert hat. Diesen war der Beitritt zum EuGVÜ durch Art. 220 EGV, 63 EuGVÜ verwehrt, weshalb 1988 die Parallelkonvention ebenfalls in Form eines völkerrechtlichen Vertrages zwischen den 12 EuGVÜ- Staaten und den sechs EFTA- Staaten[979] geschaffen worden ist.

Inhaltlich entsprechen sich EuGVÜ und LGVÜ weitgehend[980], woraus sich auch die Bezeichnung als Parallelübereinkommen erklärt. Insofern kann auch hier für die Auslegung des Übereinkommens auf die Ausführungen zur EuGVO verwiesen werden.

Der einzige maßgebliche Unterschied zum EuGVÜ besteht in der fehlenden supranationalen Auslegungskompetenz des EuGH für das Übereinkommen[981]. Da die EFTA- Staaten keine Mitgliedstaaten der EU sind, steht dem EuGH auch keine Vorabentscheidungsbefugnis zu. Ohne eine echte Bindung haben sich jedoch die EFTA-Staaten im Auslegungsprotokoll Nr. 2[982] verpflichtet, die Rechtsprechung anderer Vertragsstaaten zu berücksichtigen, um dadurch eine abweichende Auslegung in den Vertragsstaaten zu vermeiden und eine einheitliche Auslegung von LGVÜ einerseits und EuGVÜ beziehungsweise EuGVO andererseits zu bewirken. Allerdings können weder die Gerichte der LGVÜ- Staaten dem EuGH eine Frage zur Vorabentscheidung vorlegen, noch können die EU- Staaten dem EuGH Auslegungsfragen zum LGVÜ stellen[983].

Das LGVÜ spielt insbesondere im Rahmen der Osterweiterung der EU eine Rolle, da es schrittweise den Beitritt neuer Staaten zum europäischen Justizraum durch

---

977 Das (Parallel-) Übereinkommen über die gerichtliche Zuständigkeit und die Vollstreckung gerichtlicher Entscheidungen in Zivil- und Handelssachen (LGVÜ), ABl EG 1988 L 319, 9, wurde am 16.9.1988 abgeschlossen. Für Deutschland ist es am 1.3.1995 in Kraft getreten, BGBl 1995 II 221, für das Vereinigten Königreich am 1.5. 1992, BGBl 1995 II 221.

978 Damals noch Island, Finnland, Norwegen, Schweden, Österreich und die Schweiz; jetzt zählen nur noch die Schweiz, Island und Norwegen zu den EFTA-Staaten, da Finnland, Schweden und Österreich zum 1.5.1995 Mitglieder der Europäischen Union geworden sind.

979 Liechtenstein ist 1991 neues EFTA-Mitglied geworden, hat aber bislang das LGVÜ nicht ratifiziert.

980 Zu den Unterschieden des LGVÜ gegenüber dem EuGVÜ und der EuGVO bei Kropholler, EuZPR 2002, Einl Rz 60ff. Zum Verhältnis des EuGVÜ zum LGVÜ, Schoibl ÖJZ 2000, 481 (485).

981 Für das EuGVÜ wurde diese im Auslgegungsprotokoll vom 3.6.1971, BGBl 1975 II, 1138, geschaffen, für die EuGVO ergibt sie sich aus Art 68 (1) in Verbindung mit Art 234 EG, hierzu ausführlich im Folgenden 2. Kapitel: § 1. B. I. 6.

982 Protokoll Nr 2 über die einheitliche Auslegung des Übereinkommens v 16.9.1988, BGBl 1994 II, 2697.

983 Kropholler, EuZPR 2002, Einl Rz 60.

vorherige Ratifikation des LGVÜ erleichtert[984]. Art. 62 LGVÜ öffnet hierfür das Übereinkommen auch gegenüber Staaten, die weder der EFTA noch der EU angehören, was als ersten Staat Polen zum 1.2.2000 dem LGVÜ beitreten ließ[985].

Für deutsche Gerichte ist das LGVÜ momentan nur noch bedeutsam im Verhältnis zu Island, Norwegen, Polen und der Schweiz.

3. Rechtsgrundlage[986]

Der Amsterdamer Vertrag[987] hat durch Einfügung eines neuen Titel IV, Art. 61 –69 EG[988], der Europäischen Gemeinschaft die Kompetenz zur Vereinheitlichung des internationalen Zivilprozessrechts übertragen, so dass statt der bisherigen Rechtsform eines Übereinkommens die einer EG- Verordnung gewählt werden konnte[989]. Hierfür wurde der Bereich der justiziellen Zusammenarbeit aus der dritten Säule der intergouvermentalen Zusammenarbeit gelöst und dem Bereich der Gemeinschaftskompetenzen zugeordnet. So konnte die EuGVO auf Grundlage von Art. 61 c, 65 EG erlassen werden[990].

4. Auslegung

Um dem Ziel der Vereinheitlichung des Prozessrechts der Mitgliedstaaten gerecht zu werden, ist die einheitliche Interpretation der Verordnung erforderlich. Diesen Vereinheitlichungseffekt schafft für das EuGVÜ und die EuGVO der EuGH als supranationales Gericht[991].
Da die Verordnung sekundäres Gemeinschaftsrecht darstellt, unterliegt sie gemäß Art. 234 EG der direkten Auslegungskompetenz des EuGH im Wege des Vorabentscheidungsverfahrens auf Ersuchen eines nationalen Gerichts[992]. Es bedarf folglich keines eigenen Auslegungsprotokolls, wie im Rahmen des EuGVÜ[993], um dem EuGH Kontrollbefugnis über die einheitliche Anwendung der Normen des Einheitrechts

---

[984] Hierzu bereits Trunk 1991, 139f.
[985] Der Beitritt Ungarns ist in Vorbereitung.
[986] Zur stufenweisen Integration der Kompetenznormen des Art 220 EWGV, Art K 2 Nr 6 Maastrichtvertrag und nun Art 65 Amsterdamer Vertrag bei Heß NJW 2000, 23ff.
[987] EG-Vertrag in der Fassung von Amsterdam v 2.10.1997, in Kraft getreten am 1.5.1999.
[988] Die Zitierweise entspricht der Fassung des EG Vertrages durch den Amsterdamer Vertrag, BGBl 1998 II 387.
[989] Kropholler, EuZPR 2002, Einl Rz 15; Heß JZ 2001, 573; derselbe in IPRAX 2001, 389 (390; 393f); Jayme/Kohler IPRAX 2001, 501 (504). Zur Europäisierung des internationalen Zivilprozessrechts bei Heß, NJW 2000, 123ff, nach dem auf mittelbare Sicht durch Art 65 EG die Kodifikation eines europäischen Internationalen Privat- und Prozessrechts ermöglicht sein soll.
[990] Kritisch zur Tragfähigkeit dieser Rechtsgrundlage Jayme/Kohler IPRAX 2000, 454 (458); Schack, IZVR 2002, Rz 106b.
[991] Zum LGVÜ vergleiche oben unter 2. Kapitel: § 1. B. I. 2..
[992] Zum abstrakten, unabhängig von jedem Einzelfall möglichen Auslegungsverfahren nach Art 68 (3) EG bei Kropholler, EuZPR 2002, Einl Rz 31.
[993] Protokoll betreffend die Auslegung des Übereinkommens durch den Gerichtshof vom 3.6.1971, BGBl 1972 II, 846, idF des 4. Beitrittübereinkommens v 29.11.1996, BGBl 1998 II, 1412.

einzuräumen. Die Vorlagebefugnis der Mitgliedstaaten hat sich jedoch durch Art. 68, 234 EG verändert. Nach Art. 68 (1) EG ist die Befugnis zur Vorlage nun, anders als bisher nach Art. 2 des Auslegungsprotokolls zum EuGVÜ, konkret[994] auf die letztinstanzlichen Gerichte der Mitgliedstaaten beschränkt[995].

Ansonsten wird die EuGVO nach der gleichen Methode ausgelegt wie das EuGVÜ. Insofern können die zur Auslegung des EuGVÜ ergangenen EuGH- Entscheidungen und die die Übereinkommen erläuternden Sachverständigen- Berichte[996] herangezogen werden. Die Methoden der Auslegung sind ebenfalls am Ziel intergrationsfreundlicher und dynamischer Lösungen orientiert[997].

Dem obersten Gebot der einheitlichen Anwendung der Verordnung in allen Mitgliedstaaten wird durch eine gemeinschaftsrechtlich autonome Auslegung Rechnung getragen. Nur bei einer vom einzelstaatlichen Recht unabhängigen Beurteilung können diese Leitprinzipien sichergestellt werden[998]. Der EuGH bemühte sich daher durch seine Rechtsprechung zum EuGVÜ um eine autonome Interpretation der Zuständigkeitsmerkmale, was auch unter Geltung der EuGVO beizubehalten sein wird[999]. Durch die autonome Auslegung kann der Rechtsschutz der in der Gemeinschaft niedergelassenen Personen verstärkt werden, da nur so für den Kläger von vornherein unzweifelhaft erkennbar ist, an welches Gericht er sich wenden kann und entsprechend für den Beklagten, vor welchem Gericht er sich bei vernünftiger Betrachtung verteidigen muss[1000]. Dies ist nur möglich, wenn sämtliche in der EuGVO verwendeten Begriffe im gesamten Anwendungsbereich denselben Inhalt haben.

---

[994] Zur „konkreten Theorie" im Gemeinschaftsrecht, nach der nicht nur auf die „abstrakt" letztinstanzlichen Gerichte, wie in Deutschland den BGH oder das BAG abgestellt wird, sondern tatsächlich jedes Gericht in Frage kommt, welches den konkreten Rechtsstreit so abschließt, dass seine Entscheidung nicht mehr mit Rechtsmitteln angegriffen werden kann, Kropholler, EuZPR 2002, Einl Rz 34.

[995] Kropholler, EuZPR 2002, Einl Rz 34. Allerdings bedeutet die Regelung des Art 68 (1) EG, nach der nur noch letztinstanzliche Gerichte zu Vorlage an den EuGH vorlagebefugt sind, eine Verschlechterung gegenüber den Regeln des EuGVÜ, Basedow ZEuP 2001, 437ff; Heß NJW 2000, 29f.

[996] Schlosser-Bericht in Bülow/Böckstiegel, I 2001, 601 (99ff) oder ABl EG 1979 C 59, 71ff; Jenard-Bericht in Bülow/Böckstiegel, I 2001, 601 (1ff) oder ABl EG 1979 C 59, 1ff.

[997] Hierzu Schack, IZVR 2002, Rz 90 ff. Insbesondere kommt der historischen Auslegung durch die Berichte von Jenard zum EuGVÜ 1968, EG ABl 1979, C 59, 1ff = Jenard-Bericht in Bülow/Böckstiegel, I 2001, 601 (1ff) und Schlosser zum EuGVÜ 1978, EG ABl 1979, C 59 S 71 ff = Schlosser-Bericht in Bülow/Böckstiegel, I 2001, 601 (99ff) eine besondere Rolle zu, da sie von der Rechtsprechung quasi als Kommentare zu dem Übereinkommen genutzt werden. Im Vereinigten Königreich verlangt sec 3 (3) CJJA 1982 sogar ausdrücklich, dass diese Berichte bei Entscheidungen zu Rate gezogen werden. Die Berichte sind ebenfalls abgedruckt in Bülow/Böckstiegel, I 2001, 601.

[998] Kropholler, EuZPR 2002 Einl Rz 41.

[999] EuGH Urteil v 14.10.1976 Rs 29/76, Slg 1976, 1541 – LTU / Eurocontrol; EuGH Urteil v 27.9.1988 Rs 189/87, Slg 1988, 5565 - Kafelis / Schröder.

[1000] EuGH Urteil v 13.7.1993 Rs 125/92, Slg 1993 I 4075 – Mulox / Geels unter Nr 11; EuGH Urteil v 9.1.1997 Rs 383/95, Slg 1997 I 57 unter Nr 13 - Rutten / Cross Medical; EuGH Urteil v 20.3.1997 Rs 295/95, Slg 1997 I 1683 unter Nr 13 - Farell / Long.

Bei einem Rückgriff auf die *lex fori* oder auf die *lex causae* hingegen würde die Auslegung davon abhängen, in welchem Staat Klage erhoben wird, solange das Kollisionsrecht in der EU noch keine Vereinheitlichung erfahren hat[1001].

Doch finden auch bei der vertragsautonomen Interpretation die autonomen Zuständigkeitsregeln der Mitgliedstaaten Berücksichtigung, da eine rechtsvergleichende Betrachtung der verschiedenen Rechtsordnungen die erste Basis für eine Auslegung des europäischen Rechts aus sich selbst heraus schafft[1002].

5. Anwendungsbereich

Die EuGVO gilt, anders als das EuGVÜ, als sekundäres Gemeinschaftsrecht gemäß Art. 249 (2) EG unmittelbar in allen Mitgliedstaaten[1003].
Räumlich findet die Verordnung in sämtlichen Mitgliedstaaten grundsätzlich gleichermaßen Anwendung. Allerdings bestehen gerade für Titel IV des EG- Vertrages, der die justizielle Zusammenarbeit in Zivilsachen regelt und somit die Rechtsgrundlage der EuGVO enthält, nach Art. 69 EG für Dänemark, Irland und das Vereinigte Königreich Sonderregeln: Der gesamte Titel IV und damit auch Art. 65 EG gelten nicht für das Vereinigte Königreich, Irland und Dänemark, da diese Länder hierzu einen Vorbehalt erklärt haben[1004]. Allerdings haben sich das Vereinigte Königreich und Irland trotzdem den bisher ergangenen Verordnungen im Einzelfall angeschlossen[1005], während für Dänemark die EuGVO keine Geltung erlangt[1006]. Dänemark könnte nur durch den Abschluss eines weiteren Staatsvertrages gemäß Art. 293 EG in die justizielle Kooperation einbezogen werden und sich damit nachträglich an das harmonisierte Verfahrensrecht anpassen, was wiederum zu Umsetzungsproblemen und damit zu unübersichtlichen Konventionskonflikten führen würde.
Somit musste der Begriff „Mitgliedstaat“ abweichend definiert werden, der nach Art. 1 (3) EuGVO alle Mitgliedstaaten der EU mit Ausnahme Dänemarks erfasst. Im Verhältnis zu Dänemark bleibt das EuGVÜ in der jeweils zuletzt ratifizierten Fassung anwendbar[1007].

[1001] Schack, IZVR 2002, Rz 91f.
[1002] Kropholler, EuZPR 2002 Rz 48f; Schack, IZVR 2002, Rz 94.
[1003] Somit sind keine Umsetzungsakte nationaler Gesetzgebungsorgane erforderlich. Die Verordnung erstreckt sich außerdem automatisch auf neue Mitgliedstaaten.
[1004] Siehe hierzu für das Vereinigte Königreich und Irland in Protokoll Nr 4 und für Dänemark (1997) in Protokoll Nr 5 der Protokolle zum Vertrag über die Europäische Union und zu den Verträgen zur Gründung der Europäischen Gemeinschaft (BGBl 1998 II 466).
[1005] Vergleiche hierzu Erwägungsgrund (20) der EuGVO. Diese Möglichkeit zur Beteiligung an einzelnen Politiken des IV Teils ergibt sich aus Art 3 des Protokolls Nr 4 zum Amsterdamer Vertrag.
[1006] Erwägungsgrund (21) der EuGVO, vergleiche auch Art 1,2 Protokoll Nr 5 zum Amsterdamer Vertrag.
[1007] Erwägungsgrund (22) der EuGVO.

a. Räumlich- persönlicher Anwendungsbereich

(1) Grundsatz

Grundsätzlich setzen die Zuständigkeitsregeln der EuGVO voraus, dass der Beklagte seinen Wohnsitz in einem Mitgliedstaat hat[1008]. Nach Art. 2 (1) EuGVO ist die Staatsangehörigkeit des Beklagten gerade nicht ausschlaggebend.
Die strenge Anknüpfung an den Wohnsitz wird jedoch je nach Zuständigkeitsregel modifiziert. Für den Gerichtsstand der Vereinbarung über die Zuständigkeit nach Art. 23 EuGVO ist es ausreichend, dass irgendeine Partei ihren Wohnsitz in einem Mitgliedstaat hat[1009]. Schließlich spielt der Wohnsitz für die Begründung der ausschließlichen Zuständigkeiten nach Art. 22 EuGVO überhaupt keine Rolle mehr. Der hinreichend räumliche Bezug zum Gebiet der EU ergibt sich damit bei Personen in der Regel durch den Wohnsitz, bei Immobilien durch den Belegenheitsort.

(2) Drittstaatenproblematik

Gemäß Art. 4 (1) EuGVO findet die Verordnung, mit Ausnahme der Art. 22, 23 EuGVO, gegenüber Beklagten, die ihren Wohnsitz nicht in einem EU- Mitgliedstaat haben, keine Anwendung. Insofern wenden die angerufenen Gerichte ihr autonomes internationales Zuständigkeitsrecht an[1010]. Auf den Klägerwohnsitz kommt es jedoch nicht an.
Strittig war jedoch bislang die Frage, ob allein der Sitz beziehungsweise der Wohnsitz des Beklagten in einem EU- Mitgliedstaat für die Anwendung der europäischen Zuständigkeitsregeln ausreicht, so dass bei Klägern aus Drittstaaten für die Bestimmung der internationalen Zuständigkeit nur die Verordnung, nicht jedoch autonomes internationales Zivilverfahrensrecht anzuwenden ist, oder ob stattdessen eine teleologische Reduktion des Anwendungsbereichs der Verordnung vorzunehmen ist, nach der Bezüge zu mindestens zwei Mitgliedstaaten der EU bestehen müssen[1011].
Eine Auslandsberührung ist jedoch gerade keine Anwendungsvoraussetzung für die Verordnung[1012]. Zwar ist ein gewisses internationales Moment bei einer Verordnung über die internationale Zuständigkeit zwangsnotwendig enthalten, was für das EuGVÜ aus dessen Präambel folgte und für die EuGVO aus dem dritten Erwägungsgrund im Zusammenhang mit Art. 65 EG, welcher zumindest grenzüberschreitende Bezüge voraussetzt. Rein nationale Sachverhalte können daher nicht erfasst sein.
Nach neuerer Rechtsprechung des EuGH[1013] scheint allerdings der Streit, ob ein

---

[1008] So in Art 2, 3 (1), 4 (1) EuGVO.
[1009] Schack, IZVR 2002, Rz 463;
[1010] Unter Einschluss der in Anhang I zur EuGVO (ex Art. 3 (2) EuGVÜ) aufgeführten exorbitanten nationalen Gerichtsstände.
[1011] Schack, IZVR 2002, Rz 240; Kubis 1999, 22.
[1012] Kropholler, EuZPR 2002, vor Art 2 Rz 6.
[1013] EuGH Urteil v 13.7.2000 Rs C-412/98, Slg 2000 I 5925 – Group Josi Reinsurance Company SA / Universal General Insurance Company.

Gemeinschaftsbezug immanente Anwendungsvoraussetzung für die Zuständigkeitsregeln der Verordnung ist, geklärt zu sein[1014]:
Der Gerichtshof spricht sich gegen eine solche Einschränkung des Anwendungsbereichs aus. Stattdessen soll es für die Anwendbarkeit des Art. 2 EuGVÜ[1015] genügen, dass nur der Beklagte seinen Wohnsitz in einem Mitgliedstaat hat und ansonsten Bezug zu nur einem Drittstaat besteht[1016].
Eine generelle Beschränkung der Anwendbarkeit der Zuständigkeitsnormen der Verordnung auf nur solche Fälle, in denen Berührungspunkte zu mindestens zwei Mitgliedstaaten bestehen, ist daher nicht vorzunehmen[1017].

b. Sachlicher Anwendungsbereich

Der sachliche Anwendungsbereich wird durch Art. 1 (1) 1 EuGVO bestimmt, wonach die Verordnung nur auf Zivil- und Handelssachen anzuwenden ist. Dieser Begriff ist vertragsautonom auszulegen[1018], weshalb Einschränkungen aufgrund nationaler Besonderheiten nicht beachtet werden dürfen[1019]. Auch die Ausnahmen in Art. 1 (2) EuGVO, die bestimmte Rechtsgebiete vom Anwendungsbereich der Verordnung ausnehmen, sind vertragsautonom zu qualifizieren[1020].

[1014] Kropholler, EuZPR 2002, vor Art 2 Rz 8; v Hoffmann, IPR 2002, § 3 Rz 211f; anderer Ansicht diesbezüglich ist Schack, IZVR 2002, Rz 240, Fn 4, der darauf verweist, dass trotz des eindeutigen Wortlauts des Tenors das Urteil des EuGH (Group Josi) nicht herangezogen werden könnte, da in dem Fall bereits Bezugspunkte zu zwei Mitgliedstaaten bestanden:
Im Ausgangsverfahren verklagte die kanadische Klägerin die in Belgien ansässige Beklagte vor französischen Gerichten. In erster Instanz wandte die Beklagte erfolglos die Unzuständigkeit französischer Gerichte ein. In der Berufungsinstanz hielt die Beklagte der Klägerin Art 2, 5 Nr 1 EuGVÜ entgegen, was zur Vorlage an den EuGH führte, der die Anwendbarkeit der Zuständigkeitsregeln des EuGVÜ in diesem Fall bejahte.
Vorsichtiger als Schack (aaO) weisen auch Jayme/Kohler IPRAX 2000, 454 (459) auf diese besondere Konstellation hin, aufgrund deren der EuGH durch Umformulierung der Vorlagefrage diese Problematik nicht geklärt habe, und wollen das Urteil daher weder als Argument für die eine noch die andere Ansicht gelten lassen.
Doch ist hier der von Schack (aaO) eingewandte maßgebliche Bezug zu Frankreich als zweitem Mitgliedstaat zweifelhaft. Die Klägerin gelangte nur über einen französischen Makler zu der Beklagten, welcher die Zuständigkeit französischer Gerichte begründete. Dieser nur schwache Umweg über Frankreich spielte in der Begründung des EuGH jedoch keine Rolle, der sich allein auf die Tatsache des Sitzes der Beklagten in Belgien und der Klägerin in Kanada konzentrierte.
Der EuGH trifft also in seiner Entscheidung eine deutliche Aussage dahingehend, dass die Zuständigkeitsvorschriften der (mittlerweile) EuGVO immer dann Anwendung finden, wenn der Beklagte seinen Sitz in einem Mitgliedstaat hat, unabhängig davon, ob der Kläger seinen Sitz beziehungsweise Wohnsitz in einem Drittstaat hat.

[1015] Diese Rechtsprechung zu Art 2 EuGVÜ ist auch für die Auslegung des „neuen" Art 2 EuGVO maßgeblich, v Hoffmann, IPR 2002, § 3 Rz 213.

[1016] EuGH Urteil v 13.7.2000 Rs C-412/98, Slg 2000 I 5925, Nr 33ff – Group Josi Reinsurance Company SA / Universal General Insurance Company.

[1017] Nagel/Gottwald 2002, § 3 Rz 26; Kropholler, EuZPR, 2002, vor Art 2 Rz 8; Staudinger IPRAX 2000, 483f; Koch NVersZ 2001, 60 (61); Piltz NJW 2002, 789 (790); so schon früher: Geimer/Schütze, EuZVR 1997, Art 2 Rz 73ff; Coester-Waltjen in FS Nakamura 1996, 89 (106ff).

[1018] EuGH Urteil v 14.10.1976 Rs 29/76, Slg 1976, 1541 - LTU/ Eurocontrol; EuGH Urteil v 21.4.1993 Rs C-172/91, Slg 1993 I 1963 - Sonntag / Waidmann.

[1019] So ist etwa die deutsche Unterscheidung von Zivil- und Verwaltungsrechtsweg in §§ 13 GVG, 40 VwGO nicht übertragbar.

[1020] EuGH Urteil v 22.2.1979 Rs 133/78, Slg 1979, 733 Nr 3 - Gourdain / Nadler.

Für Konstellationen, in denen über Ansprüche aufgrund von Persönlichkeits-[1021] oder Immaterialgüterrechtsverletzungen[1022] gestritten wird, bestehen keine Zweifel am Vorliegen einer Zivil- und Handelssache im Sinne des Art. 1 (1) 1 EuGVO.

c. Zeitlicher Anwendungsbereich

Die EuGVO ist am 1.3.2002 in Kraft getreten. Art. 66 (1) EuGVO bestimmt, dass die Verordnung auf alle Klagen anzuwenden ist, die nach deren In Kraft Treten erhoben werden.
Durch die neue Verordnungsform werden daher die Probleme der intertemporalen Anwendung verschiedener Fassungen, wie sie im Anwendungsbereich des EuGVÜ bestehen[1023], vermieden.

6. Besonderheiten

Mit der Schaffung eines einheitlichen europäischen Zuständigkeitsrechts wurden einige nationale Besonderheiten hinfällig, gegenüber denen der Verordnung und deren Auslegung durch den EuGH in ihrem Anwendungsbereich ein Anwendungsvorrang zukommt[1024].

a. Anwendungsvorrang vor nationalen Regelungen

Der EuGH schloss aus der Zielsetzung des EuGVÜ, die innergemeinschaftliche Gerichtszuständigkeit zu regeln, auf dessen Anwendungsvorrang[1025]. Außerdem darf auch die Anwendung von nationalen Kollisionsregeln die Wirksamkeit des europäischen Zuständigkeitsrechts nicht beeinträchtigen[1026].

[1021] Dies gilt auch dann, wenn die Ausstrahlung einer persönlichkeitsrechtsverletzenden Sendung durch öffentlich- rechtliche Sendeanstalten vorgenommen wird, welche in Deutschland etwa als Ausübung einer Tätigkeit der öffentlichen Verwaltung und damit nicht als „Zivil- und Handelssache" angesehen wird, Palandt/Thomas 2003, § 839 Rz 97. Nach dem EuGH, Urteil v 21.4.1993 Rs 172/91, Slg 1993, 1963 - Sonntag / Waidmann, ist nunmehr nur noch entscheidend, dass die Aufgaben der handelnden Hoheitsträger im gleichen Maße auch von Privaten wahrgenommen werden können. Damit sind auch Persönlichkeitsrechtsverletzungen durch die Ausstrahlung von Sendungen öffentlich- rechtlicher Sendeanstalten „Zivil- und Handelssachen" im Sinne der Verordnung, wenn hierzu auch private Unternehmen in der Lage wären.

[1022] Streitigkeiten über Schutzrechtsverletzungen im Immaterialgüterrecht sind spätestens seit dem Urteil des EuGH v 15.11.1983 Rs 288/82, Slg 1983, 3663 – Duijnsteen / Goderbauer, unter den sachlichen Anwendungsbereich zu fassen; so bereits für Klagen des gewerblichen Rechtsschutzes und Urheberrechts, Kropholler EuZPR, 2002, Art 22 Rz 50; Geimer/Schütze, EuZVR 1997, Art 16 Rz 226, 228; Jenard Bericht ABl EG 1979 C 59, 36; Stauder GRUR Int 1976, 465 (466); Geimer/Schütze, EuZVR 1997, Art 16 Rz 226, 228.

[1023] Die Übergangsvorschriften finden sich in Art 54 EuGVÜ und den jeweiligen Beitrittsübereinkommen.

[1024] Noch 1986 spricht Geimer NJW 1986, 2991 vom Nebeneinander und Miteinander von europäischem und nationalen Zivilprozessrecht.
Die Verordnung strahlt ebenso auf nationales Zivilverfahrensrecht aus und beeinflusst dessen Anwendung und Auslegung, Zöller/Geimer 2002, Anh I Art 1 EuGVO Rz 47.

[1025] Und damit den sogenannten *effet utile*, EuGH Urteil v 13.11.1979 Rs 25/79, Slg 1979, 3423 - Sanicentral GmbH / René Collin.

[1026] EuGH Urteil v 7.3.1995 Rs C-68/93, Slg 1995 I, 415 – 466 (416) – Shevill / Presse Alliance SA.

Im Anwendungsbereich des EuGVÜ musste sich die deutsche Rechtsprechung von der langen Tradition der Subsidiarität der Feststellungsklage gegenüber der Leistungsklage trennen[1027]. Nach dem EuGH sind Feststellungsklage und Leistungsklage grundsätzlich gleichrangig[1028]

Im Vereinigten Königreich waren mehrere Grundprinzipien des *common law* in Frage zu stellen: Die *moçambique rule*, die *double actionability rule* und die *forum (non) conveniens*- Lehre finden im Rahmen der europäischen Zuständigkeitsordnung keine Anwendung[1029]. Auch der Ausspruch von *anti suit injunctions* durch englische Gerichte im Anwendungsbereich der Verordnung ist äußerst fraglich[1030].

Klagen wegen der Verletzung ausländischer Schutzrechte des geistigen Eigentums sind nun auch vor englischen Gerichten zulässig, soweit ein Gerichtsstand nach EuGVÜ, LGVÜ oder der EuGVO besteht.

Da die EuGVO dem System der direkten Zuständigkeit folgt, wonach jedes Gericht der EU in ihrem Anwendungsbereich bei der Prüfung seiner Zuständigkeit nur von dem vorgegebenen Zuständigkeitskatalog auszugehen hat, während die *lex fori* keine Beachtung finden darf[1031], steht dem Gericht insofern kein Ermessen zu, wie im Rahmen der *forum (non) conveniens* Prüfung eine gegebene Zuständigkeit aus Gründen der Zweckmäßigkeit nicht auszuüben. Das Gericht hat sich an die vorgegebenen Zuständigkeitsregeln zu halten und kann keine Verweisung an ein sachnäheres Gericht vornehmen[1032].

b. Ausschluss exorbitanter Gerichtsstände

Neben der Erleichterung der Rechtsverfolgung innerhalb der Mitgliedstaaten ist nach wie vor Ziel der Verordnung, exorbitante Gerichtsstände auszuschließen. Es soll vermieden werden, dass sich der Beklagte an einem Forum verteidigen muss, zu dem weder er noch die Streitigkeit ausreichend Bezug haben. Daher geht die Verordnung vom Beklagtenwohnsitz als allgemeinen Gerichtsstand aus und ergänzt diesen mit Vorschriften über ausschließliche und besondere Zuständigkeiten. Ansonsten bleibt nach Art. 3 (2) EuGVO in Verbindung mit Anhang I bestimmten nationalen Zuständigkeitsvorschriften die Anwendung verwehrt. In Deutschland etwa ist die internationale Zuständigkeit ausgeschlossen, die nur aus der bloßen Existenz von Vermögen in Deutschland hergeleitet wird[1033], oder das gerichtliche Verfahren nur an Eigentum, Besitz und Verfügungsmacht speziell an diesem Vermögen anknüpft[1034]. Im

---

[1027] Hierzu oben 2. Kapitel: § 1. A. I. 2. d. (1)

[1028] EuGH Urteil v 8.12.1987 Rs 144/86, Slg 1987, 4861 Nr 14 ff - Gubisch Maschinenfabrik/ Palumbo; EuGH Urteil v 6.12.1994 Rs 406/1992, Slg 1994 I, 5439 unter Nr 38ff – Tatry / Maciej Rataj.

[1029] Hierzu ausführlich oben 2. Kapitel: § 1. A. II. 2. a. (1) und 2. Kapitel: § 1. A. II. 2. a. (3) , sowie 2. Kapitel: § 1. A. II. 2. b. (1)

[1030] Hierzu oben 2. Kapitel: § 1. A. II. 2. a. (2)

[1031] MünchKomm/Gottwald, ZPO III 2001, vor Art 1 Rz 2.

[1032] Schack, IZVR 2002, Rz 502.

[1033] § 23 S 1 1. Alt ZPO.

[1034] § 23 S 1 2. Alt ZPO.

Vereinigten Königreich und Irland ist die sogenannte *transient rule* oder *tag jurisdiction* ausgeschlossen, nach der eine zuständigkeitsbegründende Ladung auch nur bei einem kurzfristigen Aufenthalt des Beklagten im Inland erfolgen kann[1035].

c. Wesentliche Änderungen gegenüber dem EuGVÜ / LGVÜ[1036]

In Folge der veränderten Rechtsgrundlage wurden einige formelle Anpassungen erforderlich:
Anstelle der Präambel tritt eine der Formvorschrift des Art. 253 EG genügende Begründung, während die Schlussbestimmungen und die Protokolle zum EuGVÜ entfallen. Das 1971 geschlossene Auslegungsprotokoll wird obsolet, da die Verordnung als sekundäres Gemeinschaftsrecht ohne weiteres der Rechtsprechungskompetenz des EuGH nach Art. 234 ff. EG unterfällt.
Die Nummerierung der Artikel insgesamt hat sich verschoben.

Eine inhaltliche Überarbeitung war insbesondere erforderlich aufgrund der Lücke in der Gerichtsstandsregel bezüglich des *e-commerce*[1037] sowie wegen der steigenden Bedeutung der Streitigkeiten zwischen Arbeitnehmern und Arbeitgebern. Der Gerichtsstand der Verbraucher bedurfte einer Konkretisierung der örtlichen Zuständigkeit, da ein solcher nicht in allen Verfahrensordnungen ämtlichen Mitgliedstaaten bekannt war.

Die neue Verordnung ist nicht nur auf technische Korrekturen des EuGVÜ bedingt durch die veränderte Rechtsgrundlage beschränkt, sondern trifft auch für einige Begriffe des EuGVÜ, für deren Auslegung seither auf nationales Recht zurückgegriffen wurde, eine autonome Festlegung:
Nach Art. 5 Nr. 1 b EuGVO ist nicht mehr auf die Regeln des Internationalen Privatrechts des angerufenen Gerichts zur Bestimmung des Erfüllungsorts zurückzugreifen, da dieser für Kaufverträge über bewegliche Sachen und Dienstleistungen nunmehr prozessrechtlich autonom bestimmt wird[1038].
Durch Art. 30 EuGVO wird eine Lücke im EuGVÜ geschlossen und damit die seither fehlende Definition des Begriffs der Anhängigkeit festgelegt. Danach ist nun für die Bestimmung des Zeitpunkts der Rechtshängigkeit nicht mehr auf die nationalen Rechtsordnungen der jeweils entscheidenden Gerichte abzustellen[1039].
Der neue Art. 60 EuGVO enthält anders als seine Vorgängerregelung Art. 53 (1) 2 EuGVÜ eine einheitliche Begriffsbestimmung, wo sich der Sitz juristischer Personen

---

[1035] Vergleiche oben Fn 694.
[1036] Näher auch bei Kropholler, EuZPR 2002, Einl Rz 17, 59 ff.
[1037] Jetzt Art 15 (1) c 2 Alt EuGVO.
[1038] Nagel/Gottwald 2002, § 3 Rz 42ff; Zöller/Geimer 2002, Anh I Art 5 EuGVO Rz 3.
[1039] Zöller/Geimer 2002, Anh I Art 30 Rz 1.

befindet, so dass nicht mehr das internationale Privatrecht am Sitz des angerufenen Gerichts zu dessen Bestimmung heranzuziehen ist. Dadurch werden Unterschiede der Auslegung zwischen den Anhängern der Sitz- oder Gründungstheorie vermieden.

II. Einzelne Gerichtsstände

Im Bereich der Persönlichkeitsrechts- oder Immaterialgüterrechtsverletzungen spielen vor allem der allgemeine Gerichtsstand gemäß Art. 2 (1) EuGVO und der besondere Gerichtsstand der unerlaubten Handlung gemäß Art. 5 Nr. 3 EuGVO eine Rolle.
Bei Immaterialgüterrechtsverletzungen bietet sich außerdem der besondere Gerichtsstand der Beklagtenmehrheit nach Art. 6 Nr. 1 EuGVO an, da gerade Fälle, in denen ein Verletzer ein Schutzrecht europaweit verletzt, eher selten sind. Stattdessen handeln oftmals europaweit tätige Unternehmen zumeist durch eigene Tochterunternehmen in den jeweiligen Mitgliedstaaten, weshalb sich in dieser Konstellation Art. 6 Nr. 1 EuGVO günstig erweist, um diese mehreren vermeintlichen Verletzer zusammen an einem Gerichtsstand zu verklagen.
Speziell für Registerrechte ist der ausschließliche Gerichtsstand des Art. 22 Nr. 4 EuGVO bei Fragen betreffend deren Gültigkeit zu beachten.

1. Allgemeiner Gerichtsstand

Wie im deutschen autonomen Zivilverfahrensrecht ist nach der EuGVO der allgemeine Gerichtsstand gemäß Art. 2 (1) EuGVO am Wohnsitz des Beklagten eröffnet. Für den Wohnsitz natürlicher Personen ist nach Art. 59 EuGVO das materielle Recht des Staates maßgebend, in dem sich der behauptete Wohnsitz befinden soll, wodurch eine Sachnormverweisung auf das nationale Recht der Mitgliedstaaten vorgenommen wird.
Neu ist, dass der Wohnsitz juristischer Personen nicht mehr gemäß Art. 53 (1) 2 EuGVÜ den Vorschriften des nationalen Kollisionsrechts zu entnehmen ist, sondern in Art. 60 EuGVO nunmehr autonom bestimmt wurde. In dieser Norm wurden alternative Anknüpfungsmomente geschaffen, unter denen der Kläger bei Bedarf die Wahl hat[1040].
Art. 2 (1) EuGVO regelt allerdings nur die internationale Zuständigkeit, so dass für die örtliche und sachliche Zuständigkeit auf die nationalen Verfahrensregeln des angerufenen Gerichts zurückzugreifen ist[1041].

Die Bedeutung des Beklagtenwohnsitzes liegt unter anderem darin, dass er, abgesehen von Art. 22 Nr. 4 EuGVO, sämtliche nationalen auf das Territorialitätsprinzip gestützten ausschließlichen Zuständigkeiten überwindet.

[1040] Schack, IZVR 2002, Rz 253.
[1041] Hier sind etwa spezielle innerstaatliche Zuständigkeitskonzentrationen zu beachten, vergleich unter 2. Kapitel: § 1. A. I. 1. b. und Stauder GRUR Int 1976, 465 (469).

Ohne Ausnahme können Klagen, welche die Verletzung eines Urheberrechts oder Patentrechts im In- oder Ausland zum Gegenstand haben, im Anwendungsbereich der EuGVO am Wohnsitz des Beklagten geltend gemacht werden[1042].
Den nach Art. 2 (1) EuGVO international zuständigen Gerichten kommt somit volle Kognitionsbefugnis über den gesamten Rechtsstreit zu, so dass ihre Zuständigkeit nicht auf die Schäden beschränkt ist, die im jeweiligen Gerichtsstaat verursacht worden sind[1043]. Aufgrund dieser Allzuständigkeit der Gerichte des Wohnsitzstaates kann dort über den Ersatz sämtlicher durch die Verletzung entstandenen Schäden entschieden werden[1044].

Zusammenfassend kann am allgemeinen Gerichtsstand des Wohnsitzes des Verletzers daher auch in Konstellationen entschieden werden, in denen eine Handlung des Beklagten Schutzrechte parallel in unterschiedlichen Mitgliedstaaten verletzt oder der Beklagte mehrere Verletzungshandlungen in verschiedenen Mitgliedstaaten unternommen hat. Probleme bereiten hingegen Fälle, in denen Nichtigkeitsklage im Registerstaat erhoben wurde, der jedoch nicht mit Staat der Verletzungsklage übereinstimmt[1045]. Ebenso ist die Zuständigkeit fraglich, wenn negative Feststellungsklage bezüglich der Nichtverletzung in einem anderen Mitgliedstaat erhoben wird als in dem Klage wegen Verletzung des betreffenden Rechts erhoben wurde[1046]. Sind mehrere Parteien aus unterschiedlichen Mitgliedstaaten an der Verletzung vergleichbarer Schutzrechte in verschiedenen Staaten beteiligt, so ist eine gemeinsame Verhandlung an einem einheitlichen Gerichtsstand ebenfalls an bestimmte Voraussetzungen gebunden, die jedoch nicht in allen Mitgliedstaaten in derselben Weise ausgelegt werden[1047].

2. Deliktgerichtsstand nach Art. 5 Nr. 3 EuGVO

Neben Art. 2 EuGVO kann sich das Opfer einer Persönlichkeitsrechtsverletzung oder der Inhaber eines Immaterialgüterrechts auf den besonderen Gerichtsstand der unerlaubten Handlung nach Art. 5 Nr. 3 EuGVO stützen und Klage vor dem Gericht des Ortes erheben, an dem das schädigende Ereignis eingetreten ist[1048]. Obwohl Art. 5 Nr. 3 EuGVO anders als § 32 ZPO nicht auf den Ort abstellt, an dem die unerlaubte Handlung begangen worden ist, kann der Betroffene trotzdem wie im deutschen autonomen Recht nach seiner Wahl vor dem Gericht des Ortes, an dem die Verletzung

---

[1042] LG Düsseldorf Urteil v 1.2.1994, 4 O 193/87, Entscheidung der 4. ZK, 1998/1 – MCC Nederland / Rexnord Kette- Kettenbandförderer III; Grabinski GRUR Int 2001, 199 (202); Busse/Keukenschrijver, PatG 1999, § 143 Rz 10. 19; Stauder/v Rospatt GRUR Int 1997, 859 (861); v Meibom/Pitz MittDPatAnw 1996, 181 (182); Benkard/Bruchhausen, PatG 1993, § 9 Rz 13; Stauder GRUR Int 1976, 465 (469).
[1043] LG Düsseldorf Teilurteil v 25.8.1998 in GRUR Int 1999, 455 (456); OLG Düsseldorf Urteil v 22.7.1999 in IPRAX 2001 336 (337), beides „Schussfadengreifer"; Schack, IZVR 2002, Rz 306 a.
[1044] Geimer/Schütze, EuZVR 1997, Art 2 Rz 105 ff.
[1045] Hierzu im Folgenden 2. Kapitel: § 1. B. II. 4. zu Art 22 Nr 4 EuGVO.
[1046] Hierzu im Folgenden 2. Kapitel: § 1. B. III. 1. zu Art 27 EuGVO.
[1047] Hierzu unten 2. Kapitel: § 1. B. II. 3. zu Art 6 Nr 1 EuGVO.
[1048] Kropholler, EuZPR 2002, Art 5 Rz 66; Geimer/Schütze, EuZVR 1997, Art 5 Rz 154.

eingetreten ist, oder vor dem Gericht des Ortes des dem Schaden zugrundeliegenden ursächlichen Geschehens klagen[1049]. Wie im deutschen autonomen Zuständigkeitsrecht[1050] ist im Anwendungsbereich der Verordnung der Ort des bloßen Schadeneintritts in Abgrenzung zum Erfolgsort als dem Ort der primären Rechtgutverletzung trotz der anders lautenden Formulierung des Art. 5 Nr. 3 EuGVO zuständigkeitsrechtlich unbeachtlich[1051].

Die Vorschrift betont in erster Linie die Sachnähe des Gerichts und stellt nicht vorrangig einen Klägergerichtsstand aus Sympathie mit dem Opfer dar[1052]. Daher soll der Kläger nach seiner Wahl an einem möglichst sachnahen Gericht seine Verletzung geltend machen können. Andererseits steht es im Ausgleich hierzu auch dem vermeintlichen Schädiger offen, selbst durch die Erhebung einer negativen Feststellungsklage die Wahl des ihm angenehmen Tatorts zu treffen und so seinen Interessen an einem Gerichtsstand, der besonders enge Beziehungen zu der Rechtsstreitigkeit aufweist, gerecht zu werden[1053].

a. Qualifikation der unerlaubten Handlung

Der EuGH hat Klagen aus unerlaubter Handlung autonom definiert als solche, mit denen eine Schadenshaftung des Beklagten geltend gemacht wird und die nicht an einen Vertrag im Sinne des Art. 5 Nr. 1 EuGVO anknüpfen[1054].
Ein Rückgriff auf die *lex fori*, wie im deutschen autonomen Recht[1055], oder auf das anwendbare materielle Recht würde dem Ziel der Verordnung und damit der Vereinheitlichung des europäischen Zivilprozessrechts widersprechen[1056].
Ansprüche wegen Persönlichkeits- oder Immaterialgüterrechtsverletzungen können daher am Gerichtsstand der unerlaubten Handlung geltend gemacht werden, vorausgesetzt, dass der Kläger keinen vertraglichen Anspruch, aber trotzdem Wiedergutmachung für einen erlittenen Schaden geltend macht[1057].

[1049] EuGH Urteil v 30.11.1976 Rs 21/76, Slg 1976, 1735 – Bier / Mines de Potasse d'Alsace.
[1050] Hierzu oben unter 2. Kapitel: § 1. A. I. 2.
[1051] EuGH Urteil v 19.9.1995 Rs 364/93, Slg 1995, I 2719 – Antonio Marinari / Lloyds Bank; Kropholler, EuZPR 2002, Art 5 Rz 77; Zöller/Geimer 2002, Anh I Art 5 EuGVO Rz 26; Schack, IZVR 2002, Rz 304.
[1052] EuGH Urteil v 19.9.1995 Rs 346/93, Slg 1995, 2719 Rz 10 – Antonio Marinari / Lloyds Bank; EuGH v 11.1.1990 Rs 220/88, Slg 1990, 49 Rz 17 – Dumez France / Hessische Landesbank.
[1053] Hierzu näher unten 2. Kapitel: § 1. B. II. 2. d.
[1054] EuGH Urteil v 27.9.1988 Rs 189/87, Slg 1988, 5565 Rz 17 – Kalfelis / Bankhaus Schröder, Münchmeyer, Hengst & Co.
[1055] Hierzu oben unter 2. Kapitel: § 1. A. I. 2. a.
[1056] Kropholler, EuZPR 2002, Art 5 Rz 65.
[1057] Kropholler, EuZPR 2002, Art 5 Rz 66; Nagel/Gottwald 2002, § 3 Rz 65, 66; Geimer/Schütze, EuZVR 1997, Art 5 Rz 154. Gleiches gilt auch für die damit verbundenen Nebenansprüche, also vor allem Ansprüche auf Rechnungslegung und Auskunftserteilung, Kropholler EuZPR, 2002, Art 5 Rz 66; Grabinski GRUR Int 2001, 199 (103).

Um über die konkrete Eröffnung des Anwendungsbereichs von Art. 5 Nr. 3 EuGVO zu entscheiden, ist daher keine materiellrechtliche Prüfung des vorgetragenen Sachverhalts erforderlich.

b. Lokalisierung des Tatorts

Bei der Auslegung der Formulierung betreffend die Zuständigkeit der Gerichte des „Ortes, an dem das schädigende Ereignis eingetreten ist" in Art. 5 Nr. 3 EuGVO stellen sich ähnliche Fragen wie bei der Anwendung der Tatortregel des Internationalen Deliktsrechts. Die Hauptschwierigkeit liegt in der Ermittlung des Tatorts. Der EuGH hat für das europäische Zivilverfahrensrecht ebenfalls die wahlweise Deliktszuständigkeit am Handlungs- oder Erfolgsort übernommen[1058]. Für die Begründung eines Gerichtsstandes im Inland ist daher entscheidend, dass dort ein Tatort liegt[1059]. Der Tatort ist daher im Anwendungsbereich der Verordnung ein autonomer, prozessualer Begriff[1060].

Schwierigkeiten bei der Lokalisierung des Tatorts ergeben sich erst, wenn die an einem Ort gesetzte Ursache an vielen Orten zugleich wirkt, sich also die Tatbestandsmerkmale der unerlaubten Handlung an verschiedenen Orten verwirklichen und daher Handlungs- und Erfolgsorte auseinanderfallen. Insbesondere im europäischen Zivilprozessrecht ergibt sich bei solchen Distanz- und Streudelikten das Problem, dass nach den verschiedenen nationalen Rechtsordnungen eine einheitliche Festlegung, wo im einzelnen für dieselbe Handlung der Tatort lokalisiert werden kann, nicht möglich ist. Abgrenzungen etwa, wo die Tathandlung beginnt und endet, ob die unerlaubte Handlung durch den schädigenden Erfolg vollendet wurde oder ob ein Folgeschaden eintrat und damit ein zuständigkeitsrechtlich irrelevanter Schadensort vorliegt, erfordern grundsätzlich die Orientierung an einer Rechtsordnung. Trotz der autonomen Bestimmung des Tatorts soll für dessen Lokalisierung im Inland außerdem der Tatbestand der Rechtsverletzung maßgeblich sein. Mangels eines einheitlichen europäischen Deliktsrechts wird daher das in der Sache jeweils anwendbare materielle Recht herangezogen, um darüber zu entscheiden, ob überhaupt eine zuständigkeitsrelevante Handlung stattgefunden hat[1061]. Nach der Verordnung selbst

---

1058 Das Urteil des EuGH v 30.11.1976 Rs 21/76, Slg 1976, 1735 – Bier / Mines de Potasse d'Alsace wurde später durch das weitere Urteil v 7.3.1995 Rs 68/93, Slg 1995, 415 – Shevill v Presse Alliance SA und durch das Urteil v 27.10.1998 Rs 51/97, Slg 1998 I 6511, Nr 27f – Réunion européenne/ Spliethoff's Bevrachtingskantoor, bestätigt.

1059 Diesen Inlandsbezug hat das Gericht bei der Zuständigkeitsprüfung von Amts wegen zu untersuchen und daher auch gegebenenfalls Beweis zu erheben, wenn sich der Beklagte nicht auf das Verfahren einlässt (Art 26 EuGVO) oder die Unzuständigkeit ausdrücklich rügt (Art 24 EuGVO).

1060 Schack, IZVR 2002, Rz 299; Kropholler, EuZPR 2002, Art 5 Rz 72; Staudinger/v Hoffmann 2001, Vorbem zu Art 40 Rz 94.

1061 Unvermeidbar halten einen Rückgriff auf die *lex causae* aus praktischen Gründen, Schack, IZVR 2002, Rz 299; Geimer, IZPR 2001, Rz 1512; Geimer/Schütze, EuZVR 1997, Art 5 Rz 196; Kaye 1987, 567; anderer Ansicht Kubis 1999, 127ff.

bestimmt sich nur, ob diese Handlung im Inland erfolgt ist und somit dort einen zuständigkeitsbegründenden Tatort geschaffen hat[1062].

Allerdings soll durch die Verordnung auf dem Weg zum einheitlichen Binnenmarkt ein europäischer Justizraum verwirklicht werden und dadurch der Binnenmarktprozess als neuer Verfahrenstyp zwischen nationalem und internationalem Zivilverfahrensrecht entstehen. Diesen Zielen widerspricht es, wenn sich der Tatort erst lokalisieren ließe, indem die Tathandlung mit Hilfe des in der Sache anwendbaren Rechts beurteilt wird, dadurch abhängig vom angerufenen Gericht ist und somit nicht im gesamten Anwendungsbereich der Verordnung gleich entschieden wird. Es erscheint daher notwendig, dass eine Loslösung von den Grundsätzen nationalen Sachrechts erfolgt, um letztlich zu verhindern, dass die Bestimmung des zuständigen Gerichts vom anwendbaren Haftungssystem abhängt[1063]. Im Interesse einer sicheren und vorhersehbaren Lokalisierung des Forums sollte die Auslegung von Art. 5 Nr. 3 EuGVO von materiellrechtlichen Erwägungen unberührt bleiben[1064]. Der Rechtsbegriff des Tatorts ist gerade autonom und ohne Rückgriff auf die Sachnormen des Deliktsstatuts auszulegen, was jedoch nicht bedeutet, dass Parallelwertungen des Kollisionsrechts vollkommen außer Betracht bleiben müssen[1065].
Hieraus mag sich erklären, dass der EuGH zumindest bei Ehrverletzungen durch die Presse[1066] konkrete Vorgaben macht, an welchen Orten im Gerichtsstand der unerlaubten Handlung geklagt werden kann, und damit selbst, unabhängig von nationalem Recht, die Lokalisierung des Tatorts für eine bestimmte Konstellation vornimmt[1067]. Dadurch wirkt der Gerichtshof dem Einfluss der *lex causae* bei der Lokalisierung des Tatorts entgegen:

Für Persönlichkeitsrechtsverletzungen durch Presseerzeugnisse wird der Handlungsort am Ort der Niederlassung des Herausgebers der streitigen Veröffentlichung vermutet[1068], während ein Erfolgsort in jedem Mitgliedstaat liegt, in dem die Veröffentlichung verbreitet wird und das Ansehen des Betroffenen nach dessen Behauptung beeinträchtigt worden ist[1069]. Ein Rückgriff auf das in der Sache anwendbare nationale Recht zur Bestimmung der Tathandlung ist folglich nicht mehr erforderlich.

[1062] Kubis 1999, 128.
[1063] So auch der EuGH im Urteil v 19.9.1995 Rs C- 364/93, Slg 1995, 2719 Rz 18, 19 – Antonio Marinari/ Lloyds Bank.
[1064] EuGH Urteil v 19.9.1995 Rs C- 364/93, Slg 1995, 2719 Rz 19 – Marinari/ Lloyds Bank.
[1065] Staudinger/v Hoffmann 2001, Vorbem zu Art 40 Rz 94.
[1066] EuGH Urteil v 7.3.1995 Rs C-68/93, Slg 1995 I 415 – Shevill / Presse Alliance SA.
[1067] Dieses Vorgehen lässt sich auch auf andere Fallgruppen übertragen: Beispiele bei Nagel/Gottwald 2002, § 3 Rz 65ff; Staudinger/ v Hoffmann 2001, Vorbem zu Art 40 Rz 99ff.
[1068] Nach v Hein 1999, 321 f entspricht diese Konkretisierung des Handlungsortes der Praxis des BGH, der vom Erscheinungsort des Druckwerks ausgeht, oben unter 2. Kapitel: § 1. A. I. 2. b.
[1069] EuGH Urteil v 7.3.1995 Rs C-68/93, Slg 1995 I 415 (460) – Shevill / Presse Alliance SA. Zur zugleich erfolgten Einschränkung des Wahlrechts zwischen diesen Orten durch den EuGH im Folgenden unter 2. Kapitel: § 1. B. II. 2. c.

Speziell für Patentrechts- und Urheberrechtsverletzungen hat der EuGH jedoch bislang noch keine konkrete Tatortbestimmung ausgesprochen. Doch auch in diesen Konstellationen kann als Handlungsort etwa der Standort der Fabrik, wo die verletzenden Produkte hergestellt werden, herangezogen werden[1070]. Der Erfolgsort ist bei der Verletzung von Urheberrechten und gewerblichen Schutzrechten aufgrund der europaweiten Geltung des Territorialitätsprinzips nur im jeweiligen Schutzland zu lokalisieren, da diese nur durch sich dort ereignende Handlungen verletzt werden können[1071].

Die für die Lokalisierung des Tatorts auch auf Zuständigkeitsebene maßgebliche Verletzungshandlung wird allerdings immer noch mangels eines einheitlichen europäischen Urheber- oder Patentrechts unter Rückgriff auf die *lex causae* und damit nach der im europäischen Immaterialgüterrecht vorherrschenden *lex loci protectionis* bestimmt. Dieses Recht des Schutzlandes beurteilt in Folge des Territorialitätsprinzips nur Verletzungen eines inländischen Schutzrechts und begrenzt damit zwangsläufig den Tatbestand der Verletzungshandlung auf das entsprechende Staatsgebiet. Somit bewirkt der materiellrechtliche Grundsatz der Territorialität letztlich, dass auch für Zuständigkeitszwecke[1072] sowohl der Handlungs- als auch der Erfolgsort einer Immaterialgüterrechtsverletzung nur im Schutzland liegen können[1073].

Auch im Anwendungsbereich der Verordnung erfolgt für die Begründung der internationalen Zuständigkeit eine Orientierung am Territorialitätsprinzip.

Anders als nach der Rechtsprechung des BGH in Deutschland[1074] soll es jedoch nach Ansicht eines Autors im Anwendungsbereich von Art. 5 Nr. 3 EuGVO auf Teilakte der Benutzungshandlung, die sich im Export- oder Transitstaat ereignet haben, regelmäßig nicht ankommen, da diesen Staaten die Sachnähe zum streitigen Sachverhalt fehlt[1075]. Die Anknüpfung an den Tatortgerichtsstand des Art. 5 Nr. 3 EuGVO rechtfertigt sich jedoch gerade aus dem Bezug des Schädigers und des Opfers zum Tatort und damit der Sachnähe dieses Gerichts[1076]. Mangels einer (Teil-) Handlung im Inland kann dort kein Gerichtsstand nach Art. 5 Nr. 3 EuGVO begründet werden. Eine

---

[1070] Bei europaweit verzweigten Firmengruppen wird oftmals der Sitz der Konzernzentrale als Handlungsort angesehen, wenn deren Töchter im Rahmen eines einheitlichen Geschäftsplans unter Vorgaben und Überwachung des Mutterkonzerns schutzrechtsverletzende Produkte vertreiben, hierzu unter 2. Kapitel: § 1. B. II. 3.

[1071] OLG Düsseldorf Urteil v 22.7.1999 IPRAX 2001, 336 (337f) - Schussfadengreifer; Schack, IZVR 2002, Rz 306a; Stauder GRUR Int 1976, 465 (474).

[1072] Grundsätzlich wird dem Territorialitätsprinzip nur eine materielle Begrenzungswirkung zugestanden, nach der das Schutzrecht nur im jeweiligen Schutzstaat bestehen kann, vergleiche etwa LG Düsseldorf Teilurteil v 25.8.1998 GRUR Int 1999, 455 (456).

[1073] LG Düsseldorf Teilurteil v 25.8.1998 GRUR Int 1999, 455 (457); Grabinski GRUR Int 2001, 199 (204); Bettinger/Thum GRUR Int 1999, 659 (663); Schricker/Katzenberger, UrhR 1999, vor §§ 120 ff Rz 130; Kieninger GRUR Int 1998, 280 (282); Brinkhof GRUR Int 1997, 489 (491); v Meibom/Pitz MittDPatAnw 1996, 181 (182); Stauder GRUR Int 1976, 465 (474); anderer Ansicht Nagel/Gottwald 2002, § 3 Rz 66 mit Verweis auf Pansch EuLF 2000, 353 (354ff); Kubis, 1999, 202; 231.

[1074] BGH Urteil v 24.7.1957 GRUR 1958, 189 (197) - Zeiß; hierzu oben unter 2. Kapitel: § 1. A. I. 2. b. und Fn 607.

[1075] Grabinski GRUR Int 2001, 199 (204).

[1076] Staudinger/ v Hoffmann, 2001, Vorbem zu Art 40 Rz 92.

Entscheidung am Tatortgerichtsstand über außerhalb des Gerichtsstaats erfolgte Verletzungen von Immaterialgüterrechten ist nicht möglich, da davon auszugehen ist, dass im Ausland eine neue selbständige Handlung beginnt, die keinen Tatort im Inland begründen kann. Daraus folgt, dass eine internationale Deliktszuständigkeit für Immaterialgüterrechtsverletzungen nur in dem Mitgliedstaat angenommen werden kann, in dem die Verletzungshandlung beginnt und vollendet wird[1077].
Nach dieser Praxis wird die Verletzung von Urheberrechten und gewerblichen Schutzrechten zu einem Platzdelikt[1078]. Mangels grenzüberschreitender einheitlicher Handlung kann ein Distanzdelikt, bei dem Handlungs- und Erfolgsort jeweils in verschiedenen Staaten liegen, nicht auftreten[1079]. Für die Annahme der internationalen Zuständigkeit nach Art. 5 Nr. 3 EuGVO in einem solchen Sachverhalt müssen daher Schutzstaat und Gerichtsstaat identisch sein.

c. Reichweite der Entscheidungsbefugnis im europäischen Zivilprozessrecht

Die sich aus der autonomen Bestimmung des Tatorts ergebende freie Wahlmöglichkeit des Klägers zwischen der Zuständigkeit am Handlungs- und Erfolgsort hat der Gerichtshof in einer viel diskutierten Entscheidung[1080], in der es um eine Ehrverletzung durch einen in mehreren Staaten veröffentlichten Presseartikel ging, sogleich wieder eingeschränkt[1081]:

Danach soll die Entscheidungsbefugnis der Gerichte am Erfolgsort auf den in diesem jeweiligen Staat entstandenen Schaden begrenzt sein, während die Gerichte am Handlungsort über den Ersatz sämtlicher durch die Verletzungshandlung entstandenen Schäden urteilen können[1082].

Noch nicht geklärt ist allerdings, ob im Anwendungsbereich der Verordnung die Entscheidungsbefugnis sämtlicher Erfolgsortgerichte auf den Ersatz der Schäden begrenzt werden sollte, die in dem Staat des angerufenen Gerichts verursacht worden

---

[1077] Neuhaus MittDPatAnw 1996, 257 (264):
[1078] Kritisch hierzu Pansch EuLF 2000, 353 (354ff); Kubis, 1999, 202; 231.
[1079] Insofern fallen Handlungs- und Erfolgsort im Schutzland zusammen. Entscheidend ist damit der handlungs- und erfolgsortbeinhaltende Verletzungsort, hierzu im Folgenden 2. Kapitel: § 2. A. IV. 1.
[1080] EuGH Urteil v 7.3.1995 Rs C-68/93, Slg 1995 I 415 – Shevill / Presse Alliance SA; Kreuzer/Klötgen IPRAX 1997, 90 ff; Leslie SLT [1997] 133; Huber ZEuP 1996, 300; Rauscher ZZP Int 1 (1996) 151; Briggs (1996) 67 BYBIL 586; Hohloch JuS 1995, 928.
[1081] Kritiker sprechen hier eher von einer faktischen Beseitigung des Bestimmungsrechts des Klägers bei Auseinanderfallen von Handlungs- und Erfolgsort, etwa Staudinger/v Hoffmann 2001, Vorbem zu Art 40 Rz 94.
[1082] EuGH Urteil v 7.3.1995 Rs C-68/93, Slg 1995 I 415 Nr 30 – Shevill / Presse Alliance SA. Kritisch gegenüber der Entscheidung des EuGH: Schack, IZVR 2002, Rz 306; Staudinger/v Hoffmann, 2001, Vorbem zu Art 40 Rz 94; Coester-Waltjen in FS Schütze 1999, 175ff; Kubis 1999, 126 ff, 134ff; Kreuzer/Klötgen IPRAX 1997, 90; Rauscher ZZP Int 1996, 145.

sind[1083] und ob die Entscheidung damit auch für die Verletzung von Urheberrechten und gewerblichen Schutzrechten Relevanz hat:

Eine solche Begrenzung der Entscheidungsbefugnis der Gerichte des Verbreitungsstaates findet sich in Art. 93 (5), 94 (2) GemMarkVO wieder und entspricht daher der Rechtslage im europäischen Markenrecht.

Eine Einschränkung der territorialen Reichweite der Entscheidungsbefugnis am Gerichtsstand des Art. 5 Nr. 3 EuGVO kann das Urheber- und Patentrecht aufgrund des Fehlens von Einheitsrecht allenfalls dann betreffen, wenn es um die Verletzung paralleler nationaler Schutzrechte geht. Diese Verletzung müsste dann als einheitliche Handlung angesehen werden können[1084], so dass Handlungs- und Erfolgsort in unterschiedlichen Staaten lokalisiert werden könnten[1085]. Insbesondere in Konstellationen, in denen wegen der Verletzung inhaltsgleicher mitgliedstaatlicher Schutzrechte durch identische Ausführungsformen am Tatortgerichtsstand geklagt werden soll, erscheint es für den Kläger interessant, zumindest für Zuständigkeitszwecke eine einheitliche Handlung in Form eines Streudelikts anzunehmen[1086]. Dadurch wäre der Kläger nicht mehr gezwungen, mehrere Verfahren gleichzeitig zu führen, um einzelne Verletzungen an den Erfolgsorten verschiedener Länder in separaten Prozessen zu verfolgen, wenn er nicht am Wohnsitz des vermeintlichen Schädigers gegen diesen vorgehen oder auf den Ersatz des in anderen Staaten eingetretenen Schadens verzichten will.
Dennoch wird diese Möglichkeit von den Gerichten unter Heranziehung der *Shevill*-Entscheidung des EuGH abgelehnt, da sich der Gerichtsstand nach Art. 5 Nr. 3 EuGVO, anders als der allgemeine Wohnsitzgerichtsstand, nicht für grenzüberschreitende Klagen eigne[1087]. Entsprechend den in der *Shevill*- Entscheidung aufge-

---

[1083] Nach Schlosser, EU-ZPR 2003, Art 5 Rz 20, soll dies auch für Unterlassungs- und Beseitigungsklagen sowie für Anträge auf entsprechende einstweilige Verfügungen zu beachten sein.
[1084] In der *Shevill*-Entscheidung ging es um die Verletzung des (ubiquitären) Persönlichkeitsrechts der Klägerin in verschiedenen Staaten gleichzeitig, so dass eine Konstruktion über parallele Schutzrechte nicht nötig war.
[1085] Eine weitere Möglichkeit, bei der der Handlungsort nicht notwendig an das Schutzland und damit den Erfolgsort gebunden ist und dadurch zumindest ein Distanzdelikt ermöglicht, wurde unter Berufung auf die zuständigkeitsrechtliche Wirkung des Territorialitätsprinzip abgelehnt, vergleiche unter 2. Kapitel: § 1. B. II. 2. b.
[1086] Kubis 1999, 232; für die Konstellation der Verletzung von Parallelschutzrechten durch identische Verletzungsformen Stauder GRUR Int 1976, 465 (477), der aber ansonsten der Beschränkung der Entscheidungszuständigkeit des Tatortgerichts auf das Gebiet des Gerichtsstaates zustimmt aaO 473f; entsprechend für das Urheberrecht Peinze 2002, 78ff.
Die niederländischen Gerichte haben bis vor kurzem den Inhaber paralleler nationaler Schutzrechte dadurch geschützt, dass sie auch im Gerichtsstand der unerlaubten Handlung grenzüberschreitende Unterlassungsverfügungen ausgesprochen haben und so den Rückgriff auf die unterschiedlichen nationalen Rechtsbehelfe entbehrlich machte, hierzu Pansch EuLF 2000, 353 (356) Fn 31 mit weiteren Nachweisen.
[1087] OLG Düsseldorf Urteil v 22.7.1999 IPRAX 2001, 336 (338) – Schussfadengreifer; LG Düsseldorf Urteil v 25.3.1999 GRUR Int 1999, 775 (777) – Impfstoff II; LG Düsseldorf Teilurteil v 25.8.1998 GRUR Int 1999, 455 (457) – Schussfadengreifer.
Die Rechtsprechung des EuGH wird auch von einem Teil des Schrifttums auf die Frage der internationalen Zuständigkeit bei Urheberrechtsverletzungen und Verletzungen gewerblicher Schutzrechte übertragen: Grabinski

stellten Grundsätzen wird der Gerichtsstand der unerlaubten Handlung eng ausgelegt, so dass Handlungs- und Erfolgsort bei Immaterialgüterrechtsverletzungen nie außerhalb des Schutzlandes liegen können[1088]. Unter Betonung der besonders engen Beziehung zwischen einer Streitigkeit und dem zur Entscheidung berufenen Gericht, wegen der Handlungs- und Erfolgsort gleichermaßen für die Beweiserhebung und Prozessgestaltung eine Rolle spielen[1089], wird gefolgert, dass die Gerichte des Schutzstaates nur über dort erfolgte Verletzungen eines in diesem Staat bestehenden nationalen Schutzrechtes entscheiden dürfen[1090]. Auf diese Weise wird die grundsätzliche Befugnis inländischer Gerichte, über ausländische Schutzrechte am allgemeinen Gerichtsstand entscheiden zu können, korrigiert und die Entscheidungsbefugnis des Tatortgerichts ausnahmsweise eingeschränkt, sobald die Zuständigkeit nur am Deliktsgerichtsstand eröffnet ist.

Die Grundsätze der *Shevill*- Entscheidung werden dabei neben dem Territorialitätsprinzip[1091] angeführt, um auch in Konstellationen der Verletzung inhaltsgleicher nationaler Schutzrechte durch identische Ausführungsformen die Abwehrmöglichkeit des Schutzrechtsinhabers gegen Verletzungshandlungen im Ausland vor inländischen Gerichten am Gerichtsstand des Art. 5 Nr. 3 EuGVO zu versagen[1092].

Als sachnah und damit im Sinne des Urteils des EuGH werden die Gerichte am Handlungs- und Erfolgsort nur dann angesehen, wenn das streitige Immaterialgüterrecht gerade in diesem Staat geschützt ist. Zum einen erfährt der Tatbestand der Verletzungshandlung eine sehr enge Auslegung, so dass aufgrund der unterschiedlichen Anspruchsgrundlagen auch die identische Ausführungsform keine einheitliche grenzüberschreitende Handlung begründen kann[1093]. Zum anderen darf ein Gericht, in dessen Gebiet der Erfolg einer unerlaubten Handlung eingetreten ist, nur

---

GRUR Int 2001, 199 (205); Stauder GRUR Int 1998, 317 (321),der allerdings in GRUR Int 1976, 465 (477) eine Ausnahme bezüglich der Verletzung von Parallelschutzrechten durch identische Verletzungsformen machte; Bachmann IPRAX 1998, 179 (187) für Schadensersatzersatzansprüche im Internet; Brinkhof GRUR Int 1997 489 (191); v Meibom/Pitz MittDPatAnw 1996, 181 (182); Bertrams GRUR Int 1995, 193 (201) für Patentverletzungen; Adams [1995] EIPR 497 (498).

[1088] LG Düsseldorf Teilurteil v 25.8.1998 GRUR Int 1999, 455 (457) - Schussfadengreifer.

[1089] EuGH Urteil v 30.11.1976 Rs 21/76, Slg 1976, 1735 - Bier /Mines de Potasse d'Alsace; EuGH Urteil v 19.9.1995 Rs 364/93, Slg 1995 I 2719 - Marinari/ Llyods Bank; EuGH Urteil v 7.3.1995 Rs C-68/93, Slg 1995 I 415 – Shevill / Presse Alliance SA.

[1090] LG Düsseldorf Teilurteil v 25.8.1998 GRUR Int 1999, 455 (457) – Schussfadengreifer.

[1091] Der Grundsatz der Territorialität als solcher kann noch nicht die Ablehnung der Entscheidungsbefugnis über die Verletzung eines ausländischen Schutzrechts begründen, da er grundsätzlich nur die materielle Begrenzung des Rechts betrifft. So können am Wohnsitzgerichtsstand des Art 2 EuGVO Ansprüche wegen der Verletzung eines ausländischen Rechts verfolgt werden, hierzu oben unter 2. Kapitel: § 1. B. II. 1. Anders ist dies jedoch am Tatortgerichtsstand des Art 5 Nr 3 EuGVO, wo bereits bei der Lokalisierung des Tatorts dem Territorialitätsprinzip zuständigkeitsrechtliche Bedeutung eingeräumt wird, vergleiche unter 2. Kapitel: § 1. B. II. 2. b. Kritisch gegenüber der weiteren Heranziehung des Grundsatzes der Territorialität zur Einschränkung der Kognitionsbefugnis der Gerichte im Falle der parallelen Verletzung inhaltgleicher nationaler Schutzrechte, Otte IPRAX 2001, 315 (316f).

[1092] Dutson (1998) 47 ICLQ 659 (677f); zur Übertragbarkeit des *Shevill*-Urteils auf Klagen in England wegen ausländischer Urheberrechtsverletzungen Mecklermedia Corporation v DC Congress GmbH [1998] 1 All ER 148 (157a), wo aber offengelassen wurde, ob die vom EuGH vorgenommene Beschränkung auch für parallele Verletzungen von Immaterialgüterrechten gilt.

[1093] Vergleiche hierzu auch unter 2. Kapitel: § 1. A. I. 2. c.

über gerade die in diesem Territorium entstandenen Schäden entscheiden[1094]. Beide Aussagen deuten daher in die gleiche Richtung.
Das Gericht am Erfolgsort kann ohnehin nur über den ausschließlich dort aufgetretenen Schaden entscheiden, wenn die unerlaubte Handlung, entsprechend den Auswirkung des Territorialitätsprinzips, in diesem Staat ihren Ausgang und ihre Vollendung fand. Eine dessen ungeachtete Ausdehnung des Handlungsbegriffs und damit die Schaffung weiterer Erfolgsorte in verschiedenen Schutzstaaten wird unter Heranziehung der Gesichtspunkte der Sachnähe und damit des örtlich am besten geeigneten Gerichts verhindert. Im Anwendungsbereich der Verordnung werden also für Zuständigkeitszwecke auch bei der Verletzung paralleler Schutzrechte in verschiedenen Mitgliedstaaten durch identische Ausführungsformen für jeden Schutzstaat einzelne selbständige Tatbestände konstruiert, so dass am Tatortgerichtsstand nach Art. 5 Nr. 3 EuGVO die Kognitionsbefugnis von vornherein auf inländische Handlungen und Schäden begrenzt ist[1095]. Mangels grenzüberschreitender einheitlicher Handlung kann auch in dieser Konstellation nicht von einem Streudelikt ausgegangen werden.

Dieser Gedanke ist nochmals im Rahmen der Verletzung der Persönlichkeit aufzugreifen. Zwar hat hier der EuGH eindeutig auf Zuständigkeitsebene eine Beschränkung der Entscheidungsbefugnis der Gerichte am Erfolgsort über die in diesem Staat entstandenen Schäden vorgenommen[1096]. Anders als das noch im Territorialitätsprinzip verhaftete internationale Immaterialgüterrecht können jedoch im Bereich der Persönlichkeitsrechtsverletzungen einheitliche Handlungen grenzüberschreitend wirken und damit in Form von Streudelikten auftreten. Erst in einer solchen Situtation kann die Beschränkung der Entscheidungsbefugnis des EuGH eigenständige Wirkung zeigen.

d. Sonstiges

(1) Vorbeugende Unterlassungsklagen

War es noch für Art. 5 Nr. 3 EuGVÜ zweifelhaft[1097], ob der Gerichtsstand auch für vorbeugende Unterlassungsklagen eröffnet ist, wird nun in Art. 5 Nr. 3 EuGVO ausdrücklich klargestellt, dass die Klage auch dort angestrengt werden kann, wo das „schädigende Ereignis einzutreten droht".

[1094] EuGH Urteil v 7.3.1995 Rs C-68/93, Slg 1995I 415 – Shevill / Presse Alliance SA.
[1095] Hierfür wird der Gedanken der *Shevill*- Entscheidung herangezogen, was jedoch offensichtlich vom Territorialitätsprinzip beeinflusst ist. Vergleiche hierzu auch unter 2. Kapitel: § 1. A. I. 2. c.
[1096] EuGH Urteil v 7.3.1995 Rs C-68/93, Slg 1995 I 415 – Shevill / Presse Alliance SA.
[1097] Doch bereits für das EuGVÜ wurde die Möglichkeit der Erhebung vorbeugender Unterlassungsklage am Tatortgerichtsstand überwiegend bejaht, so etwa bei Schlosser-Bericht in Bülow/Böckstiegel, I 2001, 601 (155) Nr 134; Schack, IZVR 2002, Rz 292; MünchKomm/Gottwald, ZPO III 2001, Art 5 Rz 40; Kubis 1999, 112f; Geimer/Schütze, EuZVR 1997, Art 5 Rz 169.

(2) Weitere Auslegung des Begriffs der unerlaubten Handlung

Im Gerichtsstand des Tatorts können dagegen keine Ansprüche aus ungerechtfertigter Bereicherung geltend gemacht werden, sofern sie die Rückabwicklung eines Vertrages bezwecken, da diese am Vertragsgerichtsstand anzubringen sind. Aufgrund der autonomen Auslegung des Begriffs der unerlaubten Handlung durch den EuGH kann daher ein allgemeiner Bereicherungsanspruch nicht in den Anwendungsbereich des Art. 5 Nr. 3 EuGVO fallen, der gerade als Pendant zu Art. 5 Nr. 1 EuGVO einen Gerichtsstand für außervertragliche Rechtsverletzungen schaffen soll[1098].
Der Gerichtsstand der unerlaubten Handlung soll auch dann verwehrt sein, wenn sich der Bereicherungsanspruch aus einem Eingriff in Rechtsgüter des Verletzten ergibt[1099]. Art. 5 Nr. 3 EuGVO setzt eine Handlung voraus, die einer unerlaubten Handlung zumindest gleichgestellt ist. Jeder Bereicherungsanspruch bezweckt jedoch den Ausgleich von Vermögensverschiebungen, die derjenige herauszugeben hat, der sie rechtsgrundlos erlangt hat. Es geht also auch bei Eingriffen in die Rechtsgüter des Verletzten nicht um den Ersatz seines Vermögensschadens, sondern nur um die Rückgängigmachung der Entreicherung[1100]. Im Rahmen des Tatortgerichtsstands sollte aber keine Erweiterung auf Ausgleichsansprüche vorgenommen werden, die nicht auf den Ersatz eines Vermögensschadens gerichtet sind[1101].

Aus den gleichen Gründen ist ein Kläger wegen Ansprüchen aus Geschäftsführung ohne Auftrag an den allgemeinen Gerichtsstand des vermeintlichen Geschäftsherrn nach Art. 2 EuGVO zu verweisen[1102].

Insbesondere darf im Fall der Anspruchkonkurrenz keine Ausdehnung der Entscheidungsbefugnis des nach Art. 5 Nr. 3 EuGVO zuständigen Gerichts auf andere, nicht deliktische Anspruchsgrundlagen erfolgen[1103].

Bezüglich der internationalen Zuständigkeit für die vor allem im Persönlichkeitsrechtsschutz eine erhebliche praktische Rolle spielenden Gegendarstellungsansprüche hat der EuGH noch keine Stellung genommen[1104]. Nach herrschender Ansicht in

---

[1098] Schack, IZVR 2002, Rz 290; Kropholler, EuZPR 2002, Art 5 Rz 67; Zöller/Geimer 2002, Anh I Art 5 Rz 22; Geimer/Schütze, EuZVR 1997, Art 5 Rz 165.
[1099] OGH Urteil v 30.8.2000 ZfRV 2000, 70 Nr 23 (Leitsätze), so auch Schlosser, EU-ZPR 2003, Art 5 Rz 16.
[1100] OGH Urteil v 30.8.2000 ZfRV 2000, 70 Nr 23 (Leitsätze).
[1101] Kropholler, EuZPR 2002, Art 5 Rz 67.
[1102] Schack, IZVR 2002, Rz 290.
[1103] EuGH Urteil v 27.9.1988 Rs 189/87, Slg 1988, 5565 Rz 19 – Kalfelis / Schröder; EuGH Urteil v 27.10.1998 Rs 51/97, Slg 1989, I 6511 Nr 49 - Réunion européenne / Spliethoff's Bevrachtingskantoor; Nagel/Gottwald 2002, § 3 Rz 63; Kropholler, EuZPR 2002, Art 5 Rz 70.
[1104] Geimer/Schütze, EuZVR 1997, Art 5 Rz 171 und Stadler JZ 1994, 642ff sind etwa der Ansicht, dass diese aufgrund der zumindest auf Zuständigkeitsebene erfolgenden deliktsähnlichen Qualifikation in den Anwendungsbereich des Art 5 Nr 3 fallen.

Deutschland kann die Rechtsnatur des Gegendarstellungsanspruchs auch im Anwendungsbereich der Verordnung nur die allgemeine Zuständigkeit am Wohnsitz des Beklagten begründen[1105]. Dieser Ansicht ist Folge zu leisten: Mit dem Gegendarstellungsanspruch wird gerade keine außervertragliche Schadenshaftung geltend gemacht, so dass auch bei großzügiger Interpretation des Begriffs der unerlaubten Handlung kein deliktsähnlicher Anspruch angenommen werden kann. Denn für den Anspruch auf Gegendarstellung kommt es aufgrund dessen formellen Charakters auf einen rechtswidrigen Eingriff oder den Eintritt eines Schadens gerade nicht an[1106]. Ausschlaggebend sollte jedoch sein, dass die Zuständigkeit am Tatortgerichtsstand dem Inhaber eines Gegendarstellungsrechts oftmals nicht zur schnellen und effektiven Durchsetzung seines Rechts verhelfen kann. Es ist nicht gesichert, ob eine in einem Land ausgesprochene Verpflichtung zum Abdruck einer Gegendarstellung in einem anderen Land auch im Anwendungsbereich der Verordnung der Anerkennungskontrolle des *ordre public* nach Art. 34 Nr. 1 EuGVO standhält[1107]. In Anbetracht der Probleme bei der Rechtsdurchsetzung und bei der Qualifizierung des Gegendarstellungsanspruchs erscheint daher der allgemeine Gerichtsstand am Wohnsitz des Schädigers nach Art. 2 EuGVO für die Gewährung schnellen und effektiven Rechtsschutzes am geeignetsten zu sein.

(3) Negative Feststellungsklage

Auch der vermeintliche Schädiger kann grundsätzlich den Deliktsgerichtsstand des Art. 5 Nr. 3 EuGVO nutzen und am Tatort seiner Wahl negative Feststellungsklage erheben[1108].

Im Anwendungsbereich der Verordnung steht, anders als im deutschen autonomen Zivilprozessrecht, die negative Feststellungsklage der Leistungsklage umgekehrten Rubrums gleich[1109]. Daher entfällt das Feststellungsinteresse einer anhängigen negativen Feststellungsklage nicht mit Erhebung einer positiven Feststellungs- oder

[1105] Staudinger/v Hoffmann 2001, Art 40 Rz 77; Löffler/Ricker 2000, Kap 28 Rz 5f; vergleiche auch oben Fn 640.
[1106] Löffler/Ricker 2000, Kap 25 Rz 10, Kap 29 Rz 1.
[1107] Zu den Schwierigkeiten bei der Rechtsdurchsetzung Kubis 1999, 117f.
[1108] Schack, IZVR 2002, Rz 295; Grabinski GRUR Int 2001, 199 (203); Staudinger/v Hoffmann 2001, Vorbem zu Art 40 Rz 92; Geimer/Schütze, EuZVR 1997 Art 5 Rz 180; so noch Schlosser, EuGVÜ 1996, Art 5 Rz 15, mittlerweile anderer Ansicht Schlosser, EU-ZPR 2003, Art 5 Rz 15.
[1109] Kropholler, EuZPR 2002, Art 27 Rz 7f mit weiteren Ausführungen. Der EuGH legt den Begriff „derselbe Anspruch“ in Art 27 EuGVO vertragsautonom so aus, dass etwa die Frage des Nichtbestehens oder Bestehens einer Haftung, wie im Verhältnis einer negativen Feststellungs- und Schadensersatzklage, die Rechtshängigkeitssperre bewirken kann, EuGH Urteil v 6.12.1994 Rs 406/92, Slg 1994 I 5439 – Tatry / Maciej Rataj.
Im Patentverletzungsverfahren betreffen etwa Unterlassungs- und Schadensersatzklage und die Klage auf Feststellung der Nichtverletzung den gleichen Streitgegenstand, wenn dasselbe Patent und dieselben angegriffenen Ausführungsformen betroffen sind, LG Düsseldorf Beschluss v 27.2.1998 GRUR Int 1998, 804 – Impfstoff I; LG Düsseldorf Urteil v 27.1.1998 GRUR Int 1998, 803 – Kondensatorspeicherzellen.

Leistungsklage, da diese gerade keinen Vorrang genießen[1110]. Eine solche Rechtsschutzform zielt folglich auf Klagepriorität und somit auf die Rechtshängigkeitsregel des Art. 27 EuGVO ab[1111].

Allerdings wird von einigen europäischen Gerichten die internationale Zuständigkeit am Tatort für negative Feststellungsklagen versagt, wenn dort das Nichtbestehen einer Immaterialgüterrechtsverletzung festgestellt werden soll[1112].

Der Grund einer solchen Skepsis[1113] vor derartigen Klagemöglichkeiten des vermeintlichen Verletzers ist in der Problematik des sogenannten „italienischen oder belgischen Torpedos" zu suchen[1114].

Hierunter werden Konstellationen verstanden, in denen ein vermeintlicher Verletzer aus prozesstaktischen Gründen eine negative Feststellungsklage auf Nichtverletzung eines Schutzrechts vor einem Gericht anstrengt, das nach seiner Einschätzung eine verhältnismäßig lange Verfahrensdauer erwarten lässt[1115]. So kann zunächst die eigentliche zukünftige Schadensersatz- oder Unterlassungsklage des Rechtsinhabers vor Gerichten anderer Mitgliedstaaten blockiert werden, da das später angerufene Gericht gemäß Art. 27 EuGVO das Verfahren aussetzen oder sich für unzuständig erklären muss[1116]. Die negative Feststellungsklage wird dadurch zum Instrument, das nach Art. 27 EuGVO durch ein anhängiges Verfahren weitere parallele Verfahren in anderen Mitgliedstaaten sperrt. Der EuGH hat mit seiner vertragautonomen Auslegung

---

[1110] EuGH Urteil v 8.12.1987 Rs 144/86, Slg 1987, 4861 – Gubisch Maschinenfabrik/ Palumbo; Nach BGH Urteil v 11.12.1996 BGHZ 134, 201 darf gerade im Anwendungsbereich der Verordnung ein Rückgriff auf die deutsche innerstaatliche prozessuale Regel des Vorrangs der Leistungsklage nicht erfolgen.

[1111] Kein gleicher Streitgegenstand und daher nicht derselbe Anspruch im Sinne des Art 27 EuGVO liegen vor, wenn es um die Verletzung beziehungsweise Nichtverletzung verschiedener nationaler Patente oder nationaler Teile eines europäischen Patents geht. Auch wenn diese Anteile aus einer einheitlichen Anmeldung resultieren, stellen sie unterschiedliche (wenngleich auch parallele) Rechte mit einem territorial begrenzten Schutzbereich dar, Kropholler, EuZPR 2002, Art 27 Rz 11; Grabinski GRUR Int 2001, 199 (210). Näher hierzu im Folgenden2. Kapitel: § 1. B. III.

[1112] Tribunale di Bologna Urteil v 16.9.1998 GRUR Int 2000, 1021 mit Anmerkung Stauder (1022) – Verpackungsmaschine; Gerechtshof's – Gravenhage Urteil v 22.1.1998, [1998] EIPR N-61-62; NJ 1999 Nr 163 – Evans Medical Ltd / Chiron Corporation and Chiron BV.

Auch der schwedische oberste Gerichtshof (Entscheidung v 14.6.2000 GRUR Int 2001, 178) hat entschieden, dass schwedische Gerichte nicht für eine Klage zuständig seien, mit der festgestellt werden soll, dass eine in Schweden vorgenommene Handlung keine Verletzung eines schwedischen Patents bewirke. Eine Zuständigkeit am Tatortgerichtsstand soll unter anderem nicht begründet sein, da die negative Feststellungsklage nicht auf den erfolgten Eintritt des Schadens zu stützen sei. Außerdem biete die negative Feststellungsklage keine Möglichkeit, eine etwaige Schadensersatzpflichtigkeit und damit Haftung des Klägers gegenüber dem Beklagten zu prüfen. In diesem Fall hatte der Beklagte seinen Sitz in einem anderen Vertragsstaat des LGVÜ, hierzu Lundstedt GRUR Int 2001, 103ff.

[1113] Pitz GRUR Int 2001, 32 zur Reaktion einiger mitgliedstaatlicher Gerichte. Franzosi MittDPAtAnw 1998, 300 (301) nennt die Rechtshängigkeitssperre (damals Art 21 EuGVÜ) schlicht die Achillesferse der Zuständigkeitsordnung. *Mr Justice Laddie* bemerkt in seiner Entscheidung v 14.1.1999, Sepracor Inc v Hoechst Marion Roussel Ltd [1999] FSR 746 (752) nach einer sehr guten Darstellung der komplexen Interessen: „*a less sensible system could not have been dreamt up by Kafka*".

[1114] Zum „belgischen oder italienischen Torpedo" Pitz GRUR Int 2001, 32; Grabinski GRUR Int 2001, 199 (209f); Tilmann/v Falck GRUR Int 2000, 579 (583f); v Meibom/Pitz GRUR Int 1998, 765 (769f); Franzosi MittDPatAnw 1998, 300; Franzosi [1997] EIPR 382.

[1115] Dies ist etwa in Belgien oder Italien der Fall, v Meibom/Pitz GRUR Int 1998, 765 (769).

[1116] Ein weiteres Problem stellt bei einer langen Verfahrensdauer die regelmäßig begrenzte Schutzdauer des Patents dar.

des Art. 27 EuGVO jedoch ausdrücklich entschieden, dass beiden Klagearten der gleiche Rang zukommt und somit prozessuale Chancengleichheit zwischen vermeintlichem Verletzer und Verletzten besteht und deshalb die Problematik hingenommen.
Bemerkenswert ist daher insbesondere das Vorgehen eines italienischen Gerichts im Anwendungsbereich der EuGVO, nach dem eine negative Feststellungsklage auf Nichtbestehen einer Patentrechtsverletzung den Gerichtsstand des Tatorts nach Art. 5 Nr. 3 EuGVO nicht begründen kann, da keine rechtswidrige, zum Schadensersatz verpflichtende Handlung geltend gemacht würde[1117]. Mit dieser einschränkenden Auslegung des Begriffs „desselben Anspruchs" in Art. 27 EuGVO versucht das Gericht, die negative Wirkung eines solchen „Torpedos" und damit die Gefahr einer missbräuchlichen Herbeiführung der Sperrwirkung durch Art. 27 EuGVO für spätere Schadensersatzklagen des Verletzten zu vereiteln.
Es bleibt jedoch fraglich, ob diese oft kritisierte Prozesstaktik durch eine derartige Auslegung am Tatortgerichtsstand zu verhindern ist und so noch von der Rechtsprechung des EuGH getragen wird[1118].

3. Gerichtsstand der Streitgenossenschaft

Anders als im deutschen autonomen Zivilprozessrecht[1119], bei dem der Kläger auf einen besonderen Gerichtsstand angewiesen ist, wenn er mehrere Personen als Streitgenossen zusammen verklagen will, eröffnet die EuGVO mit Art. 6 Nr. 1 dem Kläger die klägerfreundliche[1120] Möglichkeit, mehrere Beklagte gemeinsam vor dem Gericht zu verklagen, in dessen Bezirk auch nur einer der Beklagten seinen Wohnsitz hat[1121].
Insbesondere bei grenzüberschreitenden Verletzungen von Immaterialgüterrechten sind Fälle, in denen nur ein Verletzer Schutzrechte europaweit verletzt, kaum denkbar, da zumeist international tätige Unternehmen durch ihre Tochtergesellschaften Geschäfte führen und in den einzelnen Mitgliedstaaten von diesen repräsentiert werden. Dies könnte bedeuten, dass der Kläger sämtliche Klagen gegen verschiedene Verletzer in verschiedenen Mitgliedstaaten gesammelt vor dem ihm günstigsten Wohnsitzgerichtsstand nur eines der Verletzer erheben kann. Dadurch scheint jedoch

---

[1117] Tribunale di Bologna Urteil v 16.9.1998 GRUR Int 2000, 1021 mit Anmerkung Stauder (1022) – Verpackungsmaschine.
[1118] Insbesondere da Kernpunkt beider Streitigkeiten die Frage der Verletzung des Patents bleibt, damit beide Klagen den gleichen Gegenstand beinhalten und so nach dem EuGH Urteil v 6.12.1994 Rs 406/92, Slg 1994 I 5439, 5472 ff – Tatry / Maciej Rataj, „denselben Anspruch" umfassen müssten. Zweifelnd auch Stauder in der Anmerkung zu Tribunale di Bologna Urteil v 16.9.1998 GRUR Int 2000, 1022.
[1119] Im englischen Zivilprozessrecht findet sich hingegen eine entsprechende Regel in r 6.20 (3) CPR.
[1120] So Bornkamm, Grenzüberschreitende Unterlassungsklagen 2000, 127 (133).
[1121] Nach wohl überwiegender Ansicht kann Art 6 Nr 1 EuGVO auch auf nicht im Gebiet der Verordnung ansässige Beklagte zumindest analog angewendet werden, wenn nur einer der Beklagten seinen (Wohn-) Sitz innerhalb eines der Mitgliedstaaten hat, Kropholler, EuZPR 2002, Art 6 Rz 7 aE; Schack, IZVR 2002, Rz 360; Nagel/Gottwald 2002, § 3 Rz 90; MünchKomm/Gottwald 2001, Art 6 Rz 3; Grabinski GRUR Int 2001, 199 (206); Geimer/Schütze, EuZVR 1997, Art 6 Rz 7.

dem *forum shopping* Tür und Tor geöffnet zu sein[1122]. Vor allem die niederländischen Gerichte haben sich in den vergangenen Jahren einen Namen gemacht, aufgrund von Art. 6 Nr. 1 EuGVO ihre internationale Zuständigkeit anzunehmen, obwohl sich weder Tatort noch Beklagtenwohnsitz in den Niederlanden befinden[1123].

Trotz des Wortlautes des Art. 6 Nr. 1 EuGVO, der keine besonderen Anforderungen stellte, war bislang unumstritten, dass eine schrankenlose Möglichkeit der gemeinsamen Prozessführung nicht eröffnet sein sollte. Stattdessen war man sich einig, dass gewisse besondere Voraussetzungen des Sachzusammenhangs vorliegen müssen, die eine Streitgenossenzuständigkeit rechtfertigen[1124]. Unklar war seither jedoch, wie eng diese Konnexität zwischen den Verfahren beschaffen sein musste. Auch der EuGH hat diese Frage nie eindeutig beantwortet, sondern nur in Anlehnung an Art. 22 (3) EuGVÜ, jetzt Art. 28 (3) EuGVO, einen Zusammenhang dann angenommen, „wenn eine gemeinsame Verhandlung und Entscheidung geboten erscheint, um zu vermeiden, dass in getrennten Verfahren widersprechende Entscheidungen ergehen könnten"[1125]. Schon immer konnte von einer Streitgenossenzuständigkeit ausgegangen werden, wenn mehrere Verletzer wegen der Verletzung eines Schutzrechts in einem Staat in Anspruch genommen werden[1126]. Schwierigkeiten ergeben sich jedoch insbesondere, wenn vergleichbare Schutzrechte in verschiedenen Staaten verletzt werden und daraus ein Zusammenhang zwischen den Klagen gegenüber verschiedenen Beklagten hergeleitet werden soll.

Mittlerweile wurde in Art. 6 Nr. 1 EuGVO ausdrücklich das hierzu vom EuGH aufgestellte Konnexitätserfordernis statuiert. Allerdings ergibt sich auch aus dem expliziten Erfordernis, dass ansonsten bei der Durchführung getrennter Verfahren einander widersprechende Entscheidungen drohen, ebenfalls kein präziser Maßstab. Hiermit ist lediglich die bislang geltende Rechtslage in den Normtext übernommen worden[1127]. Daher muss bis zu der noch ausstehenden endgültigen Klärung durch den

---

1122 Tilmann/v Falck GRUR Int 2000, 579ff; Bornkamm, Grenzüberschreitende Unterlassungsklagen 2000, 127 (135); O'Sullivan [1996] EIPR 654 (656).

1123 So haben die niederländischen Gerichte am Gerichtsstand der Streitgenossenschaft großzügig grenzüberschreitende Verletzungsverfügungen ausgesprochen, Nachweise bei Tilmann/v Falck GRUR 2000, 579 (581f); v Meibom/Pitz GRUR Int 1998, 765ff; Brinkhof GRUR Int 1997, 489 (491f); de Wit MittDPatAnw 1996, 225 (227).

1124 Jenard-Bericht in Bülow/Böckstiegel, I 2001, 601 (38f). Dies schafft allerdings noch keinen Gerichtsstand des Sachzusammenhangs, Kropholler, EuZPR 2002, Art 6 Rz 6.

1125 EuGH Urteil v 27.9.1988 Rs 189/87, Slg 1988, 5565 (5584) – Kalfelis /Schröder. In dieser Entscheidung hat der EuGH nochmals bekräftigt, dass die Art des Zusammenhangs vertragsautonom zu bestimmen ist. Daher dürfen die mitgliedstaatlichen Gerichte keinesfalls auf die Regeln zurückgreifen, die sie zu ihrem eigenen Zuständigkeitsrecht entwickelt haben. Trotzdem sollen sich im deutschen autonomen Zivilverfahrensrecht die Gerichte an den ihnen bekannten Voraussetzungen der einfachen Streitgenossenschaft oreintieren können, da die vertragsautonome Vorgabe nie näher konkretisiert wurde, Kropholler, EuZPR 2002, Art 6 Rz 10.

1126 In Pearce v Ove Arup Partnership Ltd [1997] 2 WLR 779 (ChD); [1999] FSR 525 (CA) stützen die Gerichte in beiden Instanzen ihre Zuständigkeit auf Art 6 Nr 1 EuGVÜ; Bornkamm, Grenzüberschreitende Unterlassungsklagen 2000, 127 (134).

1127 Schack, IZVR 2002, Rz 359 sieht einen hinreichend engen Zusammenhang dann als gegeben, wenn die Entscheidung über den einen Anspruch von der über den anderen abhängt oder wenn beide Ansprüche von der Entscheidung über eine gemeinsame Vorlagefrage abhängen. Diese Abhängigkeit soll nach dem anwendbaren Recht zu ermitteln sein.

EuGH die unterschiedliche Auslegung durch die mitgliedstaatlichen Gerichte beachtet werden:

a. Identität des Schutzrechts

Vor allem in Patentstreitigkeiten taucht nach wie vor das Problem auf, ob der erforderliche Sachzusammenhang zwischen den Verletzungen mehrerer nationaler Patente deshalb besteht, weil diese Schutzrechte in einem einheitlichen Anmeldeverfahren des EPÜ erteil worden sind und damit ein einheitliches Bündelpatent darstellen oder weil es sich um inhaltsgleiche Parallelpatente handelt, die allerdings in jedem Schutzland einzeln zu beantragen sind. In beiden Fällen können inhaltsgleiche Patente vorliegen, die jedoch nach ihrer Erteilung, unabhängig von ihrer Beantragung als Bündelpatent oder als einzelnes nationales Patent, ein eigenes rechtliches Schicksal in den jeweiligen Schutzstaaten erfahren und als einzelne nationale Patente behandelt werden.
Unabhängig von dieser Differenzierung wird es in keinem Fall als ausreichend für die Begründung der Streitgenossenzuständigkeit angesehen, wenn allein eine faktische Identität der Parallelschutzrechte besteht[1128]. Stattdessen wird noch ein darüber hinausgehender Zusammenhang zwischen den Beklagten gefordert[1129].

Aufgrund fehlender Vereinheitlichung des Urheberrechts in Europa können auch in diesem Bereich keine identischens Schutzrechte in verschiedenen Staaten verletzt

[1128] Zunächst haben die Gerichte in den Niederlanden in Fällen der Verletzung eines europäischen Patents durch Vertragshändler verschiedener Mitgliedstaaten einen ausreichenden Zusammenhang mit dem Argument angenommen, dass der Schutzumfang europäischer Patente einheitlich zu bestimmen sei, Pres Rechtsbank Den Haag Urteil v 22.12.1994 – Cordis / Cadsand Medica; Urteil v 26.1.1995 – CR Bard / TD Medical, beide besprochen von de Witt MittDPAtAnw 1996, 225 (227). Diese Rechtsprechung hat aber mit dem Gerechtshof Den Haag Urteil v 23.4.1998, 97/1296 - Expandable Grafts Partnership / Boston Scientific, englische Übersetzung in [1999] FSR 352 = [1998] EIPR Nr 134; deutscher Hinweis in GRUR Int 1998, 737; wiedergegeben von Meier-Beck GRUR Int 1999, 379f; v Meibom/Pitz GRUR Int 1998, 765 (768) und im Folgenden 2. Kapitel: § 1. B. II. 3. c. eine Kehrtwendung erfahren.

[1129] Neuhaus MittDPatAnw 1996, 257 (267); v Meibom/Pitz MittDPAtAnw 1996, 181 (184); Stauder GRUR Int 1976, 465 (476). Auch die englische Rechtsprechung lässt eine Tendenz zur restriktiven Auslegung des Art 6 Nr 1 EuGVO erkennen. Bei der Verletzung eines für mehrere Staaten erteilten europäischen Patents hat der *Court of Appeal* entschieden, dass bei der Inanspruchnahme verschiedener Beklagter wegen gleicher Verletzungen identischer Schutzrechte gerade keine Gefahr einander widersprechender Urteile bestehe, da ein Urteil über die Verletzung in einem Schutzstaat auf dem jeweiligen nationalen Recht beruhe, das nur in diesem Territorium Wirkung zeige, Fort Dodge Animal Health Ltd v Akzo Nobel NV [1998] ILPr 732 (741) Nr 22 (CA); siehe auch Bragiel [1999] IPQ 135 (150f); Karet [1998] EIPR 76 (79); Karet [1998] IPQ 317 (324); Dutson [1998] ICLQ 659ff. Hieraus könnte abzuleiten sein, dass englische Gerichte ein Zusammenhang im Sinne des Art 6 Nr 1 EuGVO verneinen, wenn keine völlige Identität des Schutzrechts vorliegt, wie beim Europäischen Bündelpatent oder parallelen inhaltsgleichen nationalen Patenten und nur im Fall einer Klage wegen Verletzung einer Gemeinschaftsmarke oder eines (nicht existierenden) Gemeinschaftspatents eine Streitgenossenzuständigkeit eröffnen, so Bornkamm, Grenzüberschreitende Unterlassungsklagen 2000, 127 (134).
Im Anschluss an Fort Dodge (aaO) und Boston Scientific Ltd v Cordis Corporation v 18.11.1997, unveröffentlicht (CA), hat der CA mit Beschluss v 17.12.1997 dem EuGH unter anderem die Frage nach dem erforderlichen Zusammenhang unter Nr 5 vorgelegt, Nachweise bei Karet [1998] IPQ 317 (327). Aufgrund der vorzeitigen Beendigung des Verfahrens durch die Parteien, konnte der EuGH zu diesem Problem jedoch nicht Stellung beziehen.

werden[1130]. Hingegen ist entsprechend dem Patentrecht von der Möglichkeit inhaltsgleicher Urheberrechte und damit bezüglich ihres Anspruchs gleicher Rechte in mehreren Mitgliedstaaten auszugehen. Allerdings muss dann auch hier ein über die Parallelität hinausgehender Zusammenhang zwischen den Verfahren gefordert werden.

Es herrscht also weitgehend Einigkeit darüber, dass bei der Verletzung paralleler inhaltsgleicher Schutzrechte dem Kläger die Möglichkeit zur Konzentration der Verfolgung seiner Rechte am Gerichtsstand des Art. 6 Nr. 1 EuGVO eröffnet sein soll, wenn die verschiedenen Beklagten in einem bestimmten Zusammenhang stehen. An diese Konnexität werden im Einzelnen unterschiedliche Anforderungen gestellt:

b. Identität der Verletzungsform

Über die faktische Identität des Schutzrechts hinaus wird für die Annahme eines Gerichtsstands nach Art. 6 Nr. 1 EuGVO zusätzlich Identität der Verletzungshandlung gefordert[1131]. Dieses Kriterium der gleichen Verletzungsform ist insbesondere dann erfüllt, wenn von allen Beteiligten das gleiche Produkt hergestellt oder vertrieben wird, da nur dann die Resultate des einen Prozesses auf den anderen übertragbar wären.
Bis zu der Entscheidung des *Gerechtshof* Den Haag vom 23.4.1998[1132] war es für die Begründung der Streitgenossenzuständigkeit in den Niederlanden ausreichend, dass mehrere Beklagte jeweils die nationalen Patente ihres Sitzstaates verletzt haben, welche aus dem Bündel eines Europäischen Patents und damit aus einer einheitlichen Anmeldung und Erteilung stammen und außerdem die Verletzung durch das jeweils selbe Produkt erfolgt ist[1133]. Seitdem hat sich jedoch die Tendenz herausgebildet, nach der die alleinige Identität von Schutzrecht und Verletzungshandlung gerade wegen der rechtlichen Selbständigkeit von Nichtgemeinschaftsrechten nicht ausreicht, den Gerichtsstand der Streitgenossenschaft zu begründen:

c. Weiterer Zusammenhang zwischen den Beklagten

Mittlerweile wird neben der Identität des Schutzrechts und der Verletzungsform noch ein weiterer Zusammenhang zwischen den Beklagten gefordert, um die rechtliche Selbständigkeit auch von europäischen Bündelpatenten auszugleichen und die Abkehr

---

[1130] Zum Stand der Rechtsvereinheitlichung etwa Schack, UrhR 2001, Rz 133ff; Schippan, 1999, 49ff.
[1131] Bornkamm, Grenzüberschreitende Unterlassungsklagen 2000, 127 (135); Stauder IPRAX 1998, 317 (321); Brinkhof GRUR Int 1997, 489 (492); v Meibom/Pitz MittDPatAnw 1996, 181 (184).
[1132] Gerechtshof Den Haag Urteil v 23.4.1998, 97/1296 - Expandable Grafts Partnership / Boston Scientific, englische Übersetzung in [1999] FSR 352 = [1998] EIPR Nr 134; deutscher Hinweis in GRUR Int 1998, 737; wiedergegeben von v Meibom/Pitz GRUR Int 1998, 765 (768), hierzu im Folgenden unter 2. Kapitel: § 1. B. II. 3. c.
[1133] Entwicklung der niederländischen Rechtsprechung bei Tilmann/v Falck GRUR Int 2000, 579 (582); Nachweise auch bei Bertrams GRUR Int 1995, 193 (194ff).

vom Grundsatz des *actor sequitor forum rei* zu begründen[1134]. Es soll für jeden Beklagten erkennbar bleiben, vor welchem Gericht er verklagt werden kann, was grundsätzlich auf den Gerichtsstand zutrifft, mit dem die Forderung die engste Verbindung hat[1135]. Daher soll es erforderlich sein, dass die Beklagtenmehrheit nur aus wirtschaftlich miteinander verbundenen natürlichen oder juristischen Personen besteht, die dasselbe Produkt aufgrund eines gemeinsamen und einheitlichen Geschäftsplans vertreiben. Eine solche wirtschaftliche Verbundenheit ist insbesondere dann anzunehmen, wenn verschiedene zu einem Konzern gehörende Unternehmen identische Produkte auf verschiedenen nationalen Märkten vertreiben und dadurch kollektiv zusammenwirken[1136]. Die Zugehörigkeit zum selben Unternehmensverbund erfordert dann eine gesellschaftsrechtliche Verbindung[1137].

Um dem *forum shopping* der Schutzrechtsinhaber insbesondere an die seither großzügigen niederländischen Gerichte[1138] verstärkt entgegenzuwirken, soll der Gerichtsstand des Art. 6 Nr. 1 EuGVO außerdem nur noch am Sitz der verantwortlichen Hauptniederlassung der Beklagten oder am Sitz der führenden Tochtergesellschaft, bei der die strategischen Unternehmensentscheidungen getroffen werden, eröffnet sein[1139]. Zur Umschreibung dieser Anforderungen haben die niederländischen Richter den Ausdruck der „Spinne im Netz" verwandt[1140].

Allerdings führen niederländische Gerichte in nachfolgenden Entscheidungen die von ihnen entwickelte „Spinnentheorie" nicht konsequent durch, da auf das Erfordernis des Sitzes der Zentrale der beklagten Firmengruppe im Gerichtsstaat verzichtet wird, wenn diese außerhalb des Anwendungsbereichs der EuGVO liegt und daher kein mitgliedstaatliches Gericht für die Beklagtengruppe zuständig wäre oder wenn die Firmenstruktur für den durchschnittlichen Kläger nicht zu durchschauen ist und somit

---

[1134] Kropholler, EuZPR 2002, Art 6 Rz 11; Grabinski GRUR Int 2001, 199 (207); Bornkamm, Grenzüberschreitende Unterlassungsklagen 2000, 127 (133f); Stauder IPRAX 1998, 317 (321); Brinkhof GRUR Int 1997, 489 (492); v Rospatt GRUR Int 1997, 861 (862f); v Meibom/Pitz MittDPatAnw 1996, 181 (183f).

[1135] Gerechtshof Den Haag Urteil v 23.4.1998, 97/1296 - Expandable Grafts Partnership / Boston Scientific englische Übersetzung in [1999] FSR 352 = [1998] EIPR Nr 134 und deutscher Hinweis in GRUR Int 1998, 737 unter Berufung auf EuGH Urteil v 7.3.1995 Rs 68/93, Slg 1995 I 415 - Shevill / Presse Alliance.

[1136] Gerechtshof Den Haag Urteil v 23.4.1998, 97/1296 - Expandable Grafts Partnership / Boston Scientific, englische Übersetzung in [1999] FSR 352 = [1998] EIPR Nr 134; deutscher Hinweis in GRUR Int 1998, 737; wiedergegeben von v Meibom/Pitz GRUR Int 1998, 765 (768).

[1137] Kropholler, EuZPR 2002, Art 6 Rz 11.

[1138] Vermeintliche Verletzer wenden sich dagegen eher an die Gerichte Italiens oder Belgiens, da diese lange Zeit dafür bekannt waren, mangels Erfahrung in Patentstreitigkeiten, eine lange Verfahrensdauer in Anspruch zu nehmen und daher etwaige Schadensersatz- oder Unterlassungsklagen vor anderen europäischen Gerichten blockieren zu können, hierzu unter 2. Kapitel: § 1. B. II. 2. d. (3) und 2. Kapitel: § 1. B. III.

[1139] Gerechtshof Den Haag Urteil v 23.4.1998, 97/1296 - Expandable Grafts Partnership / Boston Scientific, englische Übersetzung in [1999] FSR 352 = [1998] EIPR Nr 134, deutscher Hinweis in GRUR Int 1998, 737, in Anlehnung an EuGH Urteil v 7.3.1995 Rs 68/93, Slg 1995 I 415 - Shevill / Presse Alliance; zustimmend Kropholler, EuZPR 2002, Art 6 Rz 11; Grabinski GRUR Int 2001, 1999 (207); Brinkhof GRUR Int 1997, 489 (492). Bornkamm, Grenzüberschreitende Unterlassungsklagen 2000, 127 (136f) geht dies allerdings zu weit. Insgesamt kritisch Meier-Beck GRUR 1999, 379f.

[1140] Das Erfordernis, dass für die Eröffnung des Streitgenossengerichtsstands in den Niederlanden die Konzernspitze der verantwortlichen Unternehmensgruppe ihren Sitz im Inland haben muss und damit die „Spinne im Netz" darstellt, wurde durch die nachfolgende Entscheidung des Berufungsgerichts Den Haag v 26.11.1998 – Cordis / Boston Scientific bestätigt.

der Sitz der hauptverantwortlichen Niederlassung nicht ermittelbar ist[1141]. In solchen Fällen genüge es, wenn eines der Konzernunternehmen ohne Führungsaufgaben im Gerichtsstaat ansässig sei.

Mit der Ausgangsentscheidung des *Gerechtshof* Den Haag[1142] wurde eine Kehrtwendung in der niederländischen Rechtsprechung eingeläutet und eine restriktive Auslegung der Streitgenossenzuständigkeit vorgenommen[1143].
Im Ergebnis ist die Frage des Zusammenhangs abhängig von den beteiligten Interessen. Zur Diskussion steht dabei, inwieweit das grundsätzlich freie Wahlrecht des Klägers zugunsten des Rechts des Beklagten, an seinem Wohnsitzgerichtsstand verklagt zu werden[1144], einzuschränken ist. Dies kann im Kontext der Immaterialgüterrechte letztlich auf die Frage reduziert werden, ob ein wirklicher Zusammenhang zwischen dem hinter der beantragten Maßnahme stehenden Sachverhalt und der territorialen Zuständigkeit des Gerichts besteht.
Art. 6 Nr. 1 EuGVO ist daher eine Zuständigkeitsregel, die erst unter Abwägung sämtlicher Interessen angewandt werden sollte.
Eine weitere Klärung durch den EuGH bleibt jedoch abzuwarten.

4. Ausschließliche Zuständigkeit

a. Hintergrund

Der Grundsatz der Territorialität hat prinzipiell keinen Einfluss auf die internationale Zuständigkeit, sondern bestimmt allein die materielle Wirkung eines Schutzrechts. Diese Aussage wird jedoch konsequent nur am allgemeinen Gerichtsstand des Art. 2 EuGVO durchgehalten, an dem Klagen wegen der Verletzung von Schutzrechten keinerlei Beschränkung erfahren[1145]. Grundsätzlich können Prozesse wegen der Verletzung von registerpflichtigen Immaterialgüterrechten[1146] wie Patenten, Waren-

---

1141 Arrondissementsrechtsbank 's- Gravenhage (das für Patentstreitigkeiten in erster Instanz zuständige Gericht, das Landgericht Den Haag) Urteil v 20.5.1998 98/573 – Baxter International Inc / Pharmacia & Upjohn AB; Urteil v 15.7.1998 98/2205 – Augustine Medical Inc / Granulab BV; Urteil v 15.7.1998 98/1929 – Genetics Institute Inc / Baxter International Inc; vergleiche die ausführliche Darstellung der Rechtsprechung bei Zigann 2002, 126-129; Tilmann/v Falck GRUR 2000, 579 (582).
Dieser weitere Wandel der Rechtsprechung kommt wiederum Bornkamm, Grenzüberschreitende Unterlassungsklagen 2000, 127 (136f) entgegen.
Für eine konsequente Durchhaltung der „Spinne- im- Netz- Theorie“ hingegen ist Grabinski, GRUR Int 2001, 199 (207), der das zwar „rechtspolitisch unerfreuliche“ Ergebnis, nach dem der Gerichtsstand der Beklagtenmehrheit nicht eröffnet werden kann, „wenn die führende Gesellschaft außerhalb des Vertragsgebiets, etwa in den USA, ansässig ist“ einräumt, dies jedoch unter Hinweis auf „die territoriale Beschränktheit des Übereinkommens“ hinnehmen will.

1142 Gerechtshof Den Haag Urteil v 23.4.1998, 97/1296 - Expandable Grafts Partnership / Boston Scientific BV, englische Übersetzung in [1999] FSR 352 = [1998] EIPR Nr 134, deutscher Hinweis in GRUR Int 1998, 737.

1143 V Meibom/Pitz GRUR Int 1998, 765 (767) sprechen gar von einem „Paukenschlag“.

1144 Der Grundsatz *„actor sequitur forum rei“* ist in Art 2 (1) EuGVO niedergelegt.

1145 Vergleiche dazu oben unter 2. Kapitel: § 1. B. II. 1.

1146 Klagen wegen der Verletzung von Urheberrechten werden weder von Art 22 Nr 4 EuGVO erfasst, noch fallen sie in die Kategorie der von Art 22 Nr 1 EuGVO angesprochenen dinglichen Rechte, vergleiche Pearce v Ove Arup [1997] 3 All ER 32 (37f); Kieniger GRUR Int 1998, 280 (282f).

zeichen, Mustern und Modellen also überall dort geführt werden, wo eine internationale Zuständigkeit nach der Verordnung begründet ist, unabhängig davon, ob die Klage auf ein inländisches oder ausländisches Schutzrecht gestützt ist[1147].
Den Gerichten, in deren Hoheitsgebiet die Registrierung des Schutzrechts vorgenommen worden ist, kommt allerdings dann eine ausschließliche Zuständigkeit nach Art. 22 Nr. 4 EuGVO zu, wenn es um Verfahren der Anmeldung und Erteilung geht, sowie bei Nichtigkeits- und Einspruchsverfahren, und diese somit die Hauptsache der Streitigkeit ausmachen.
Doch birgt dieser Gerichtsstand eines der umstrittensten Probleme grenzüberschreitender Streitigkeiten:
Der Beklagte in einem Verletzungsprozess verteidigt sich in der Regel durch die Behauptung der Nichtigkeit des als verletzt gerügten Schutzrechts. Hierdurch wird die Frage aufgeworfen, ob sich die durch Art. 22 Nr. 4 EuGVO begründete ausschließliche Zuständigkeit auch auf den Verletzungsprozess insgesamt erstreckt. Es geht dabei also um die Abgrenzung, wann die Frage der Gültigkeit eines eintragungspflichtigen Schutzrechts die ausschließliche Zuständigkeit der Gerichte des Registerstaates begründet, welche nach Art. 25 EuGVO zur Unzuständigkeit anderer Gerichte führen würde, oder wann sie noch die Entscheidungsbefugnis bei dem für die Verletzungsstreitigkeit zuständigen Gericht belässt, und damit um den engen Zusammenhang zwischen der Verletzung eines Schutzrechts und seiner Gültigkeit.
Diese Angelegenheit wird von den Gerichten der Mitgliedstaaten äußerst unterschiedlich behandelt, was eine Vereinheitlichung des europäischen Zivilprozessrechts und damit die Gewährung eines einheitlichen Rechtsschutzes in Europa noch sehr entfernt erscheinen lässt.
Die unterschiedliche Auslegung gipfelte in einer regelrechten Auseinandersetzung zwischen englischen und niederländischen Gerichten, in der die Parteien derselben Streitigkeit jeweils in beiden Ländern parallel versucht haben, ihre Interessen durchzusetzen[1148]. Dabei wurde die eher großzügige Haltung der niederländischen

[1147] Benkard/Bruchhausen, PatG 1993, § 9 Rz 13 mit weiteren Nachweisen. Auf Patentverletzungsklagen, das heißt insbesondere Schadensersatz- oder Unterlassungsklagen, aber auch negative Feststellungsklagen ist Art 22 Nr 4 gerade nicht anwendbar, EuGH Urteil v 15.11.1983 Rs 288/82, Slg 1983, 3663 unter Nr 23 – Duijnstee / Goderbauer oder Schienenbefestigung; Kropholler, EuZPR 2002, Art 22 Rz 50.

[1148] Gerechtshof Den Haag Urteil v 23.12.1997- Akzo Nobel / Webster hierzu bei Wadlow, 1998, Rz 1-54ff (57ff); Fort Dodge Animal Health Ltd v Akzo Nobel NV [1998] FSR 222-247 (CA): Die Kläger des niederländischen Rechtsstreits waren Inhaber eines britischen und eines niederländischen europäischen Bündelpatents für einen Hundeimpfstoff und verklagten die Kläger der englischen Klage auf Schadensersatz und Unterlassung wegen der Verletzung beider nationalen Patente. Im Gegenzug verlangte der vermeintliche Verletzer vor den englischen Gerichten den Erlass einer einstweiligen Verfügung, nach der es den Patentinhabern zumindest wegen des britischen Patents untersagt sein sollte, das Verfahren in den Niederlanden fortzuführen.
Außerdem war nach Klageerhebung in den Niederlanden Antrag auf Widerruf des britischen europäischen Patents im Vereinigten Königreich gestellt worden.
Obwohl der englische Richter in erster Instanz die unterschiedliche Auslegung durch die niederländischen und englischen Gerichte bedauerte und das niederländische Vorgehen als Irrweg einstufte, ging er nicht so weit, seine Ansicht mittels einer *anti suit injunction* durchzusetzen. Mangels Vorlagebefugnis an den EuGH wurde daher die Klage in erster Instanz zum *High Court of Justice* abgewiesen, Urteil v 16.10.1997 (ChD), berichtet in der *Times*

Gerichte, wonach Verletzungsverfahren keinesfalls von Art. 22 Nr. 4 EuGVO erfasst werden, gegenüber der konservativeren Haltung der englischen Rechtsprechung, für die Nichtigkeits- und Verletzungsfragen zusammenhängen und somit der ausschließlichen Zuständigkeit des entsprechenden Schutzlandes unterfallen, deutlich.

Ein Grund für diese Differenzen mag darin liegen, dass in den Niederlanden und in Deutschland, anders als im Vereinigten Königreich und den sonstigen Mitgliedstaaten der EU, die Nichtigkeit eines inländischen Patents nur in einem getrennten und damit selbständigen Verfahren mit Wirkung für und gegen jedermann festgestellt werden kann. Dadurch ist es in Deutschland nicht möglich, Widerklage auf Nichtigerklärung mit *erga omnes*- Wirkung oder eine Einwendung mit *inter partes*- Wirkung am Verletzungsgerichtsstand zu erheben, da hierfür zwingend verschiedene Gerichte zuständig sind[1149]. Der Beklagte wird stattdessen darauf verwiesen, seinen Gegenangriff in dem dafür vorgesehenen Verfahren geltend zu machen. Das für die Verletzungsklage zuständige Gericht ist an den Bestand des Schutzrechts gebunden und muss gegebenenfalls sein Verfahren bis zur Entscheidung der zuständigen Stelle über die Nichtigkeitsklage aussetzen[1150]. Die Aussetzungsvorschriften stellen somit im Grunde das verfahrensrechtliche Korrektiv gegenüber der Bindung des Verletzungsgerichts an das erteilte Patent dar[1151].
Ist allerdings vor einem deutschen Verletzungsgericht ein Patent aus einem Mitgliedstaat, in dem die fehlende Rechtsbeständigkeit als Einwendung oder mit Nichtigkeitswiderklage geltend gemacht werden kann, Streitgegenstand, wird auch in Deutschland die Auslegung des Art. 22 Nr. 4 EuGVO zum Thema.
Hingegen kann im Vereinigten Königreich grundsätzlich die Nichtigkeit im Verletzungsstreit selbst eingewendet und dann *inter partes* auch entschieden werden[1152]. Verletzung und Nichtigkeit eines Patents werden traditionell nur vor demselben Gericht, dem *Patents Court*[1153], verhandelt[1154].

---

vom 24.10.1997. In zweiter Instanz wurde diese Entscheidung vom *Court of Appeal* bestätigt und die umstrittene Frage dem EuGH vorgelegt. Allerdings konnte der EuGH wegen anderweitiger Erledigung des Rechtsstreits zur Klärung der Streitfrage keine Stellung mehr nehmen.
Vergleiche zu den unterschiedlichen Ansätzen der niederländischen und englischen Gerichte auch die Darstellungen bei Bragiel [1999] IPQ 135- 159; Karet [1998] IPQ, 317- 330; Karet [1998] EIPR 76-81.

1149 Für Verletzungsklagen in erster Instanz sind die gewerblichen Rechtsschutzkammern bestimmter Landgerichte zuständig, die zweite Instanz findet vor den entsprechenden Oberlandesgerichten statt. Nichtigkeitsverfahren hingegen werden nur vor dem Bundespatentgericht in München entschieden. Für beide Verfahren wiederum findet die Revision vor dem BGH in Karlsruhe statt. Die Kompetenz für den Widerruf beziehungsweise die Nichtigkeit eines deutschen Patents liegt nach Ablauf der Einspruchsfrist ausschließlich beim Bundespatentgericht in erster Instanz, beziehungsweise dem BGH in zweiter Instanz.

1150 Wenn nach Erhebung des Nichtigkeits- oder Einspruchsverfahrens vom Beklagten des Verletzungsverfahrens glaubhaft gemacht werden kann, dass das Klagepatent voraussichtlich keinen Bestand haben wird, setzen die deutschen Gerichte den Verletzungsstreit aus. Vergleiche oben zum deutschen autonomen Prozessrecht unter 2. Kapitel: § 1. A. I. 3. a.

1151 Stauder GRUR Int 1976, 510 (514).

1152 Dies folgt aus s 74 (1) (a) CDPA 1988 und s 61 (1) (e) Patents Act 1977.

1153 Das *Patents Court* bildet eine Abteilung der *Chancery Division* des *High Court of Justice* in London.

1154 O'Sullivan [1996] EIPR 654 (657).

Fraglich bleibt, ob diese verschiedenen rechtlichen Hintergründe eine unterschiedliche Auslegung des Art. 22 Nr. 4 EuGVO rechtfertigen können.

b. Auslegung durch die einzelnen Gerichte

(1) EuGH

Der EuGH hat 1983 in einer Entscheidung zu der Frage, was unter Klagen, die „die Eintragung oder Gültigkeit von Patenten haben", Stellung genommen und festgelegt, dass diese Formulierung vertragsautonom auszulegen sei und Art. 22 Nr. 4 EuGVO insgesamt restriktiven Charakter habe[1155]. Trotzdem ist immer noch nicht geklärt, unter welchen Voraussetzungen die regelmäßig in einer Verletzungsstreitigkeit vom Beklagten eingeworfene Nichtigkeit des Schutzrechts nur eine Vorfrage des Rechtsstreits darstellt, die vom angerufenen Verletzungsgericht inzident mitentschieden werden kann[1156].

(2) Niederlande

Die niederländischen Gerichte sehen Art. 22 Nr. 4 EuGVO nicht als Hindernis für Verletzungsprozesse an und prüfen selbst im laufenden Verletzungsverfahren die Erfolgsaussichten eines möglichen Widerrufs oder einer Nichtigerklärung des ausländischen Registerrechts[1157].

Wird in einer grenzüberschreitenden Verletzungsstreitigkeit im Laufe des Hauptverfahrens in dem Mitgliedstaat, für den das Patent erteilt worden ist, Nichtigkeitsklage erhoben, setzt das niederländische Gericht die weitere Verhandlung des Verletzungsprozesses in der Regel aus[1158]. Im einstweiligen Verfügungsverfahren hingegen entscheidet es in einer solchen Konstellation im Rahmen einer allgemeinen Interessenabwägung[1159].

Den Konflikt zwischen Nichtigkeitswiderklage und Verletzungsklage lösen niederländische Gerichte also, indem sie Art. 22 Nr. 4 EuGVO europafreundlich[1160] und damit großzügig auslegen. In Verfahren, in denen ein europäisches Bündelpatent

---

[1155] EuGH Urteil v 15.11.1983 Rs 288/82 Slg 1983, 3663 unter Nr 19 – Duijnstee / Goderbauer oder Schienenbefestigung.

[1156] Die entsprechende Vorlagefrage des *Court of Appeal* im Fall *Fort Dodge Animal Health Ltd v Akzo Nobel NV* durch Beschluss vom 17.12.1997 ist wiedergegeben bei Karet [1999] IPQ 317 (327f) und Karet [1998] EIPR 76 (80). Fast gleichzeitig ergaben sich im Fall Boston Scientific Ltd v Cordis Corporation v 18.11.1997 (CA) unveröffentlicht, gleichlautende Auslegungsfragen, so dass der EuGH beide Verfahren miteinander verbunden hat. Aufgrund einer anderweitigen Erledigung konnte das Gericht jedoch zu dieser Streitfrage keine Stellung nehmen.

[1157] Zwar ist in den Niederlande sowohl für das Verletzungs- als auch das Nichtigkeitsverfahren die *Arrondissementsrechtbank Den Haag* ausschließlich in der 1. Instanz zuständig. Doch wird hierüber in verschiedenen Verfahren getrennt verhandelt.

[1158] Bornkamm, Grenzüberschreitende Unterlassungsklagen 2000, 127 (139); Tillmann/v Falck GRUR 2000, 579 (582).

[1159] Grabinski GRUR Int 2001, 199 (208); Bertrams GRUR Int 1995, 193 (198).

[1160] So Stauder IPRAX 1998, 317 (320).

in Frage steht, überprüfen sie den niederländischen Teil auf dessen Bestand hin und übertragen das Ergebnis dieser Untersuchung auf die anderen vergleichbaren ausländischen europäischen Patente[1161]. Eine Aussetzung des Verletzungsverfahrens erfolgt nur, wenn „eine keinesfalls zu unterschätzende Chance besteht", dass das Klagepatent im Verleihungsstaat für nichtig erklärt werden wird[1162]. Ansonsten wird das Verletzungsverfahren jedoch fortgeführt.

(3) Deutschland

Auch die deutschen Gerichte nehmen eine relativ großzügige Haltung bei der Auslegung des Art. 22 Nr. 4 EuGVO ein. Beruft sich der vermeintliche Verletzer in einem Verletzungsverfahren auf die Nichtigkeit des ausländischen Patents[1163], prüft das deutsche Gericht die Begründetheit des Einwands als Vorfrage im Verletzungsprozess mit und erklärt sich nicht gemäß Art. 25 EuGVO für unzuständig[1164].
Wird auf die Verletzungsklage in Deutschland hingegen mit einer selbständigen Nichtigkeitsklage gegen das streitige Schutzrecht vor den Verleihungsstaatsgerichten reagiert, prüft das deutsche Verletzungsgericht die Erfolgaussichten des im Schutzland eingeleiteten Angriffs auf den Bestand des strittigen Schutzrechts als Vorfrage und fällt zunächst eine Prognoseentscheidung über den Ausgang dieses Verfahrens[1165]. Scheint der Angriff Erfolg zu haben, so muss es das Verletzungsverfahren bis zur Entscheidung des mit der Nichtigkeit befassten Gerichts aussetzen[1166]. Ansonsten führt es den Verletzungsstreit unter Annahme der Gültigkeit des Schutzrechts fort.

(4) Vereinigtes Königreich

Den englischen Gerichten steht es frei, im Rahmen einer Verletzungsklage mit Wirkung nur zwischen den Parteien auch über die Nichtigkeit eines Patents zu entscheiden oder im Fall einer Widerklage dessen Widerruf anzuordnen[1167]. Aus diesen Möglichkeiten zieht die englische Rechtsprechung einen sich von der

---

[1161] Stauder IPRAX 1998, 317 (320).
[1162] Gerechtshof Den Haag Urteil v 29.10.1986, Dow Chemical Co / ICI Holland BV berichtet in GRUR Int 1988, 260-261 – Fusilade, mit Anmerkung Ruijsenaars, 260-262.
Zu den Kriterien einer Aussetzung im niederländischen Patentverletzungsverfahren auch Brinkhof GRUR Int 1989, 444 (446).
[1163] Dies ist jedoch nicht möglich, wenn es sich in dem Verletzungsstreit um ein deutsches Patent handelt. Dann kann sich der vermeintliche Verletzer nur durch ein separates Einspruchs- oder Nichtigkeitsverfahren verteidigen, vergleiche oben 1. Kapitel: § 2. C. I. 5. Er kann allenfalls bereits im Verletzungsverfahren den Einwand des freien Stands der Technik erheben, Benkard/Schäfers, PatG 1993, Einleitung Rz 44.
[1164] LG Düsseldorf Urteil v 1.2.1994, 4. Zivilkammer 1998/1, 1-8 - Kettenbandförderer III; LG Düsseldorf Urteil v 16.1.1996, 4. Zivilkammer 1996, 1-8 - Reinigungsmittel für Kunststoffverarbeitungsgeräte; bestätigt durch LG Düsseldorf Urteil v 31.3.2001 in GRUR Int 2001, 983-986 - Schwungrad.
[1165] Grabinski GRUR Int 2001, 199 (208).
[1166] Hiefür wird auf die Vorschrift § 148 ZPO des autonomen deutschen Zivilprozessrechts verwiesen, Grabinski GRUR Int 2001, 199 (208); Stauder IPRAX 1998, 317 (321) Fn 19; Stauder GRUR Int 1976, 510 (514f).
[1167] Vergleiche oben 1. Kapitel: § 3. B. II. 4.

niederländischen und deutschen Praxis deutlich unterscheidenden Schluss[1168]. Die Auslegung des Art. 22 Nr. 4 EuGVO wird von den englischen Gerichten anders gehandhabt, da sie den Einwand der Nichtigkeit[1169] im Verletzungsverfahren genügen lassen, um die gesamte Streitigkeit gemäß Art. 22 Nr. 4 EuGVO ausschließlich vor die Gerichte des Verleihungsstaates zu bringen[1170]. Somit ist nicht erforderlich, dass der Beklagte einen formellen Nachweis über die Einleitung eines Nichtigkeitsverfahrens erbringt, um die Unzuständigkeit des Verletzungsgerichts, das außerhalb des Verleihungsstaates liegt, herbeizuführen[1171]. Hierin wird dann der „Kunstgriff" der englischen Rechtsprechung gesehen, der die Wirkung der im Anwendungsbereich der EuGVO abgeschafften traditionellen *moçambique rule* auf europäischer Ebene durch die Hintertür wieder herbeiführen kann[1172].
Nichtigkeit und Verletzung eines Patents sind im Vereinigten Königreich derart eng miteinander verbunden, dass sie als Einheit behandelt werden und somit auf Zuständigkeitsebene als einheitlicher Streitgegenstand angesehen werden sollten[1173]. Insbesondere ist nach englischem Verständnis die Verletzung eines nichtigen Patents undenkbar, so dass der als Verteidigung vorgebrachte Einwand der Nichtigkeit des streitgegenständlichen Schutzrechts zur ausschließlichen Zuständigkeit der Gerichte des Verleihungsstaats führen muss.

(5) Fazit

Das Vorgehen der jeweiligen Gerichte kann durchaus mit deren unterschiedlichen nationalen Ansätzen erklärt werden. In Deutschland wird auch bei einem inländischen Verletzungsstreit eine entsprechende Prognose getroffen, ob die beim Bundespatentgericht anhängige Nichtigkeitsklage vermutlich erfolgreich sein wird und deshalb der Rechtsstreit ausgesetzt werden muss. Es ist daher für diese Gerichte

---

1168 In der englischen Literatur gibt es für die Frage der Auslegung des Art 22 Nr 4 EuGVO keine einheitliche Linie, vergleiche hierzu Wadlow 1998, Rz 3-114ff, nach dem die Gerichte außerhalb des Verleihungsstaates zwar über die Wirksamkeit des Patents im Verletzungsprozess nur mit Wirkung *inter partes* entscheiden können, keinesfalls jedoch den Widerruf des Patents mit *erga omnes*- Wirkung anordnen können. Anders sehen dies etwa Floyd/Purvis [1995] EIPR 110 (111), die trotz eines Einwandes der Nichtigkeit im Verletzungsverfahren an der Zuständigkeit des Verletzungsgerichts auch außerhalb des Registerstaates festhalten wollen, allerdings im Zweifel eine Aussetzung des Verfahrens befürworten. Arnold [1990] EIPR 254 (259) plädierte hingegen schon früh im Sinne der momentanen englischen Rechtsprechung dafür, dass sobald in einem Verletzungsverfahren *„validitiy is put in issue"*, die ausschließliche Zuständigkeit der Verleihungsstaatgerichte eröffnet sein sollte.

1169 Es genügt hingegen nicht, dass der Einwand der Nichtigkeit zwar in der Luft liegt, aber noch nicht vorgebracht wurde. Das Verletzungsgericht darf gerade nicht wegen des reinen Verdachts einer möglichen Verteidigung mittels des Nichtigkeitseinwands seine Zuständigkeit ablehnen, Laddie J in Coin Controls Ltd v Suzo International (UK) Ltd [1997] FSR 660 (ChD).

1170 Coin Controls Ltd v Suzo International (UK) Ltd [1997] FSR 660 (ChD), deutsche Übersetzung in GRUR Int 1998, 314-317 - Münzausgabevorrichtung; Fort Dodge Animal Health Ltd v Akzo Nobel NV [1998] FSR 222 (ChD), 237 (CA); Sepracor Inc v Hoechst Marion Roussel Ltd [1999] FSR 746-758 (ChD), deutsche Übersetzung in GRUR Int 1999, 784-187- Telfast; Hierzu Dutson [1998] ICQL 659 (666f).

1171 Dies macht den Unterschied zur niederländischen Rechtsprechung aus, die eine Aussetzung nur vornimmt, wenn eine ausländische Nichtigkeitsklage anhängig ist.

1172 Hierzu oben 2. Kapitel: § 1. A. II. 2. a. (3) (c)

1173 Grabinski GRUR Int 2001, 199 (208).

selbstverständlich, zwei separate Verfahren zu führen, während gerade im Vereinigten Königreich in einem einheitlichen Verfahren entschieden wird. Damit wirken die nationalen Unterschiede auf internationaler Ebene fort.
Dieser kurze Überblick offenbart, dass die europäische Rechtsprechung noch entfernt von einer einheitlichen und effizienten Durchsetzung der Schutzrechte ist. Die Aussage des Richter Laddie, nach der selbst Kafka sich kein unvernünftigeres System hätte ausdenken können, scheint daher momentan noch die Haltung der mitgliedstaatlichen Gerichte gegenüber der europäischen Zuständigkeitsordnung widerzuspiegeln[1174].
Endgültige Klärung wird erst eine Entscheidung des EuGH bringen.

III. Lösung positiver Kompetenzkonflikte

1. Gegenangriff mittels Art. 27 EuGVO

Vermeintliche Schutzrechtsverletzer bedienen sich gerne der Möglichkeit, durch frühzeitige Erhebung einer negativen Feststellungsklage grenzüberschreitende Schadensersatz- oder Unterlassungsklagen des Schutzrechtsinhabers mittels der Sperrwirkung des Art. 27 EuGVO zu blockieren[1175]. Dieses prozesstaktische Vorgehen ist unter dem Begriff des „belgischen“ beziehungsweise des „italienischen Torpedos“ bekannt geworden. Denn Art. 27 EuGVO bestimmt, dass in Konstellationen, in denen zwischen den selben Parteien[1176] vor Gerichten verschiedener Mitgliedstaaten Klagen wegen desselben Anspruchs[1177] erhoben werden, das später angerufene Gericht das Verfahren von Amts wegen aussetzt, bis die Zuständigkeit des zuerst angerufenen Gerichts feststeht. Sobald dies der Fall ist, muss sich das zuletzt angerufene Gericht für unzuständig erklären.

Vor der Schaffung des Art. 30 EuGVO konzentrierte sich die Diskussion im Anwendungsbereich des Art. 27 EuGVO unter anderem auf das Problem der Bestimmung des Zeitpunkts der maßgeblichen Anhängigkeit. Die Festlegung der

---

[1174] Sepracor Inc v Hoechst Marion Roussel Ltd [1999] FSR 746 (752).

[1175] Vergleiche hierzu bereits die Ausführungen zur negativen Feststellungsklage am Tatortgerichtsstand oben unter 2. Kapitel: § 1. B. II. 2. d. (3) ; das gleiche Vorgehen bei rein innderdeutschen Fällen enspringt hingegen einer anderen Motivation, wo der vermeintliche Verletzer eventuell nur eine gerichtliche Klärung herbeiführen und so den Rechtsinhaber zum Tätigwerden veranlassen will, hierzu oben 2. Kapitel: § 1. A. I. 2. d. (1)

[1176] Es handelt sich etwa auch dann um eine Klage zwischen den selben Parteien, wenn in der negativen Feststellungsklage des potentiellen Verletzers der Patentinhaber Beklagter ist und der einfache Lizenznehmer in Prozeßstandschaft für den Inhaber Verletzungsklage erhoben hat; Grabinski GRUR Int 2001, 199 (210); Meier-Beck GRUR 1999, 379 (382).

[1177] Das LG Düsseldorf Urteil v 27.2.1998 GRUR Int 1998, 804 – Impfstoff I, hat noch die Auffassung vertreten, dass in dem Verfahren über denselben Anspruch gestritten werde. Doch schon das OLG Düsseldorf mit Beschluss v 30.9.1999 GRUR Int 2000, 776 (778) geht hingegen auch bei der parallelen Verletzung von zwei Bündelrechten in verschiedenen Staaten von verschiedenen Ansprüche aus. Nicht als dieselben Ansprüche im Sinne des Art 27 EuGVO können also die nationalen Anteile eines Europäschen Patents angesehen werden, da sie nach der einheitlichen Anmeldung und Erteilung nationalen Patenten gleichgestellt werden, OLG Düsseldorf Urteil v 29.6.2000 – 2 U 76/99 (unveröffentlicht); Kropholler, EuZPR 2002, Art 27 Rz 11.

endgültigen Rechtshängigkeit hatte der EuGH den nationalen Rechtsordnungen überlassen[1178], die hierfür sehr unterschiedliche Lösungen vorsehen[1179]. Aufgrund dieser Diskrepanzen entwickelte sich ein regelrechter Wettstreit, um jeweils eine schnellere Zustellung im Rahmen des *forum shoppings* zu erreichen[1180]: Wegen Schwierigkeiten bei der Auslandszustellung konnte ein Beklagter bislang die zuerst eingereichte Verletzungsklage, von der er schon formlos Kenntnis erlangt hatte, durch Klageerhebung in einem anderen Staat, der etwa für die Anhängigkeit im Sinne des Art. 21 EuGVÜ nur auf die Einreichung bei Gericht abstellt, überholen. Damit war es dem Kläger im Anwendungsbereich der EuGVÜ möglich, mit der Wahl des Forums auch den Zeitpunkt der Rechtshängigkeit zu beeinflussen.
Mit dem neuen Art. 30 EuGVO wurde nun die Rechtslücke im EuGVÜ geschlossen und der Begriff der Anhängigkeit in Art. 27 EuGVO einheitlich definiert. Dabei wird ebenfalls auf die jeweiligen mitgliedstaatlichen Regelungen hingewiesen. Dennoch wird mit dieser Regelung beiden in den mitgliedstaatlichen Gerichten vorherrschenden Varianten, also zum einen der Einreichung der Klageschrift bei Gericht und zum anderen der Zustellung derselben an den Beklagten, Rechnung getragen. Nun gilt einheitlich, entweder mit Einreichung des verfahrensleitenden Schriftstücks bei Gericht, oder mit Einreichung bei der für die Zustellung zuständigen Stelle, das Gericht als angerufen, sofern der Kläger die ihm obliegenden Maßnahmen trifft, dass die Klage tatsächlich zugestellt beziehungsweise bei Gericht eingereicht wird[1181]. Einem Wettlauf um die jeweiligen Foren wurde damit entgegengewirkt.

Trotzdem bleibt als weiteres Problem im Rahmen des Art. 27 EuGVO die Frage, ob und wie ein möglicher Missbrauch dieser populären Verteidigungsstrategie behandelt werden soll[1182]. Der negative Feststellungsklagentorpedo kann (missbräuchlich) so eingesetzt werden, dass in bestimmten Mitgliedstaaten eine solche Klage bezüglich sämtlicher in Betracht kommender Mitgliedstaaten eingelegt wird, ohne dass jedoch die Voraussetzungen dieser Gerichtsstände begründet wären. Die Sperrwirkung des

---

[1178] EuGH Urteil v 7.6.1984 Rs 129/83, Slg 1984, 2397-2416 – Zelger / Salinitri.

[1179] In Deutschland sind für die erhobene Klage §§ 261 (1), 253 ZPO maßgebend, wonach die Zustellung der Klageschrift entscheidet. Die deutschen Begrifflichkeiten der „Anhängigkeit" zunächst mit Einreichung der Klage bei Gericht und dann der „Rechtshängigkeit" mit Zustellung der Klageschrift an den Beklagten können nicht auf die europäische Zuständigkeitsordnung übertragen werden.
Im Vereinigten Königreich herrscht noch keine endgültige Klärung der Lage. Grundsätzlich ist ein Verfahren im Anwendungsbereich der Art 27, 28 EuGVO mit der Zustellung der Klageschrift, *claim in personam*, an den Beklagten rechtshängig, Dohm 1996, 118ff.
Nur in Dänemark und Spanien reicht bereits die Einreichung der Klage bei Gericht aus, um eine Anhängigkeit im Sinne der Vorschrift zu erreichen, Dohm, 1996, 116.

[1180] Hierzu v Meibom/Pitz GRUR Int 1998, 765 (770).

[1181] Für den Fall der äußerst seltenen gleichzeitigen Anhängigkeit in zwei Mitgliedstaaten trifft die Verordnung keine Regelung, OLG Koblenz Urteil v 30.11.1990 RIW 1991, 63 (64); Zöller/Geimer 2002, Anh I Art 27 Rz 19; Stattdessen kann es unter Umständen entsprechend Art 34 Nr 3 EuGVO darauf ankommen, welches Verfahren zuerst abgeschlossen wird. Schack, IZVR 2002, Rz 760 weist hier gegebenenfalls auf die zeitlich frühere Anhängigkeit hin.

[1182] Einen Überblick über das Vorgehen mitgliedstaatlicher Gerichte gegenüber negativen Feststellungsklagen gibt Pitz GRUR Int 2001, 32-37.

Art. 27 EuGVO und damit eine strategische Zeitverzögerung des eigentlichen Verletzungsprozesses tritt auch in solchen Fällen ein, weil die internationale Zuständigkeit und Begründetheit des zuerst angerufenen Gerichts nicht vom zweitbefassten Gericht überprüft werden[1183].
Da von der grundsätzlichen Gleichwertigkeit sämtlicher Gerichte im Anwendungsbereich der Verordnung auszugehen ist[1184] und dem Anspruchsgegner der Leistungsklage prozessuale Chancengleichheit zustehen muss, finden die mitgliedstaatlichen Gerichte nur schwerlich eine einheitliche Linie, den Nachweis des Missbrauchs im Rahmen dieser Prozesstaktik zu führen[1185].

In Deutschland soll der Einwand des Rechtsmissbrauchs zugelassen werden, wenn Anträge in der offensichtlichen Absicht gestellt sind, das Verfahren zu verzögern und dadurch einen Aussetzungsbeschluss zu verhindern[1186]. Eine überlange Verfahrensdauer des von der Beklagten eingeleiteten Prozesses im Ausland steht jedoch der Rechtshängigkeitssperre des Art. 27 EuGVO vor den deutschen Gerichten nur in Ausnahmefällen entgegen[1187]. Allenfalls kann die überlange Dauer eines Verfahrens eine Verletzung des Justizgewährungsanspruchs des Klägers des gesperrten Verfahrens nach Art. 6 EMRK zur Folge haben[1188]. Eine Ausnahme vom Grundsatz der Gleichwertigkeit sämtlicher mitgliedstaatlicher Gerichte wird nur gemacht, wenn sich herausgestellt hat, dass das ausländische Verfahren unter keinen Umständen beendet werden kann: Vor der Einlegung der Individualbeschwerde vor dem Europäischen Gerichtshof für Menschenrechte müssen daher erst alle zur Verfügung stehenden prozessrechtlichen Mittel gegen die Verzögerung vor dem ausländischen Gericht ergriffen werden[1189]. Sowie eine Zukunftsprognose eine Rechtsverweigerung nicht befürchten lässt, wird dem Aussetzungsantrag entsprochen[1190].
Allerdings wird auch in umgekehrten Fällen, in denen Schutzrechtsinhaber sich den besseren Zeitrang im Inland sichern und einer erwarteten negativen Feststellungsklage im Ausland vorbeugen wollen, indem sie zunächst den Verwaltungsrechtsweg im

---

[1183] Kropholler, EuZPR 2002, Art 27 Rz 19.
[1184] Das OLG Düsseldorf etwa machte deutlich, dass gerade wegen dieser gesetzlich vermuteten Gleichwertigkeit aller Gerichtsorte im Geltungsbereich der Verordnung sich der Einwand des Rechtsmissbrauchs nicht nur auf der Inanspruchnahme „langsamer" Gerichte gründen dürfe, Aussetzungs- und Vorlagebeschluss v 30.9.1999 GRUR Int 2000, 776 (779f) – Impfstoff III.
[1185] Das Vorgehen gegen etwaigen Missbrauch unterliegt allein dem nationalen Recht des jeweils angerufenen Gerichts, das sich nur an den Grundsätzen der einheitlichen Anwendung der Verordnung orientieren muss.
[1186] So auch das Bundesministerium der Justiz in seiner Stellungnahme zur Frage des Anhängigkeitszeitpunktes nach Art 21 EuGVÜ, bei Pitz GRUR Int 2001, 32 (33).
[1187] BGH Urteil v 6.2.2002 NJW 2002, 2795 (2796); LG Düsseldorf Urteil v 24.9.2001 GRUR Int 2002, 157 (162) – HIV-Immunoassay; weitere Nachweise auch bei Kropholler, EuZPR 2002, Art 27 Rz 21.
[1188] Schlosser, EU-ZPR 2003, Art 27 Rz 10; Grabinski GRUR Int 2001, 199 (211); Geimer/Schütze, EuZVR 1997 Art 21 Rz 47; zur Wertlosigkeit dieses Einwandes für den Schutzrechtsinhaber insbesondere in der Anfangsphase des Rechtsstreits bei Tilmann/v Falck GRUR 2000, 579 (584).
[1189] OLG München Beschluss v 2.6.1998 RIW 1998, 631.
[1190] OLG München Urteil v 31.10.1984 IPRAX 1985, 338-339 - Zelger / Salinitri.

Inland beschreiten[1191], trotz dieses vorsätzlichen und offensichtlichen Ausnutzens eines unzuständigen Gerichts im Rahmen der Entscheidung des Verwaltungsgerichts ein möglicher Missbrauch prozessualer Vorschriften nicht diskutiert[1192]. Das Verwaltungsgericht ging auf eine weitere Vermutung des Missbrauchs erst gar nicht ein, sondern verwies den Rechtsstreit insgesamt an das zuständige Landgericht nachdem es den Verwaltungsrechtsweg mit Beschluss für unzulässig erklärt hatte. Erst das Landgericht sollte dann darüber befinden, ob die Rechtshängigkeitswirkungen trotz des prozessualen Tricks eingetreten sind.
Mit der Annahme des Missbrauchseinwandes sind die Gerichte in Deutschland also insgesamt zurückhaltend.

Erstrebt der Feststellungskläger hingegen vor den belgischen Gerichten offensichtlich nur einen Zeitvorteil, so riskiert er wegen Rechtsmissbrauchs schadensersatzpflichtig zu werden[1193].

Auch in Frankreich hat das *Tribunal de grande instance* Paris entschieden, dass eine nur kurz vor der Verletzungsklage in Frankreich angestrengte negative Feststellungsklage auf Nichtverletzung in Italien offensichtlich missbräuchlich sei und daher die frühere Rechtshängigkeit in Italien von dem französischen Gericht schlichtweg nicht zu beachten wäre[1194].

Im Vereinigten Königreich haben die Gerichte bislang versucht, dem Missbrauch entgegenzuwirken, indem sie den englischen zweitbefassten Gerichten eine Überprüfung der Zuständigkeit des zuerst angerufenen Gerichts entgegen den Vorgaben des EuGH[1195] ermöglichten[1196]. Durch eine solche Auslegung würde jedoch der 1989

[1191] Die Schutzrechtsinhaber haben beim unzuständigen Verwaltungsgericht Klage eingereicht, da sie einer vermuteten Klage der Beklagten mit demselben Streitgegenstand vor einem anderen Gericht eines Mitgliedstaats der Europäischen Gemeinschaft zuvorkommen wollten. Dabei haben sie den Umstand ausgenutzt, dass in der deutschen VwGO eine Klage nach §§ 90 iVm 80 (1) VwGO vor dem Verwaltungsgericht bereits mit Einreichung der Klageschrift rechtshängig wird und daher eine Zustellung an den Beklagten entsprechend §§ 261 (1) iVm 253 (1) ZPO nicht mehr erfoderlich ist, was sich bei Vornahme in das Ausland außerdem üblicherweise verzögert.

[1192] Das BVerwG hat mit Beschluss v 5.2.2001, NJW 2001, 1513, auch die weitere Beschwerde der Beklagten als unbegründet abgewiesen, nach der das Verwaltungsgericht die Klage wegen rechtsmissbräuchlicher Anrufung des Verwaltungsgerichts als unzulässig hätte abweisen sollen, anstatt den Rechtsstreit nur weiter an das zuständige Landgericht zu verweisen.

[1193] Rechtbank Brüssel Entscheidung v 12.5.2000 abgedruckt in GRUR Int 2001, 170 (173) – Röhm Enzyme, besprochen von Pitz GRUR Int 2001, 32 (36f). Indem sie die Klage auf Feststellung des Nichtvorliegens einer Verletzung für das gesamte Gebiet, in dem das europäische Klagepatent gilt, ausgerechnet nur in Belgien erhoben haben, wird die maßgebliche Absicht der vermeintlichen Verletzer deutlich, die Regelung des damals einschlägigen Art 21 EuGVÜ zu missbrauchen. Denn es muss den Klägern bekannt gewesen sein, dass sie in jedem einzelnen Staat gesondert hätten klagen müssen. Das Gericht hat daher den Schaden der Beklagten auf 20.000,- festgesetzt und die Kläger als Gesamtschuldner verurteilt, Rechtbank Brüssel Entscheidung v 12.5.2000 abgedruckt in GRUR Int 2001 170 (173).

[1194] Tribunal de Grande Instance de Paris Entscheidung v 9.3.2001 englische Übersetzung in [2002] IIC 225-227 mit kritischer Anmerkung Véron, 227-230; so bereits Tribunal de Grande Instance de Paris Urteil v 28.4.2000 in GRUR Int 2001, 173-178 mit Anmerkung Treichel (175ff).

[1195] EuGH Urteil v 27.6.1991 Rs 351/89, Slg 1991 I 3317 – Overseas Union / New Hampshire Insurance.

gestrichene Satz des Art. 21 (2) 2 EuGVÜ, nach dem „das Gericht, das sich für unzuständig zu erklären hätte, (...) die Entscheidung aussetzen (kann), wenn der Mangel der Zuständigkeit des anderen Gerichts geltend gemacht wird", wieder eingeführt werden.

Insgesamt ist trotz der unterschiedlichen Ansatzpunkte der mitgliedstaatlichen Gerichte eine länderübergreifende Kritik gegen die Ausnutzung des Art. 27 EuGVO durch Erhebung negativer Feststellungsklagen als Blockademittel gegenüber anderen Gerichtsständen zu verzeichnen[1197].

2. Gegenangriff mittels Art. 28 EuGVO

Die Gefahr einander widersprechender Entscheidungen besteht auch bei Verfahren, deren Streitgegenstände nicht im Sinne des Art. 27 EuGVO identisch sind oder die nicht dieselben Parteien betreffen. Für diese Fälle eröffnet Art. 28 EuGVO den später angerufenen Gerichten unter den Voraussetzungen des Art. 28 (3) EuGVO nach ihrem freien Ermessen[1198] die Möglichkeit, das Verfahren auszusetzen und, wenn die internationale Zuständigkeit des zuerst angerufenen Gerichts für sämtliche Klagen feststeht und die Verbindung der Klagen nach dem Recht des zuerst angerufenen Gerichts zulässig ist[1199], sich gemäß Art. 28 (2) EuGVO für unzuständig zu erklären.

Ausschlaggebend ist, wann Verfahren trotz nicht identischen Streitgegenstandes noch zu widersprechenden Entscheidungen führen und daher zur Vermeidung positiver Kompetenzkonflikte als konnexe Verfahren verbunden oder zumindest die später angerufenen Gerichte zur Aussetzung des Verfahrens veranlasst werden können. Anders als im Rahmen des Art. 27 EuGVO erfolgt die Aussetzung bei Art. 28 EuGVO nicht von Amts wegen, sondern steht im Ermessen des später angerufenen Gerichts[1200]. Der Begriff des Zusammenhangs in Art. 28 (3) EuGVO ist dabei gemeinschaftsrechtlich autonom auszulegen[1201].

Ist im Fall der Verteidigung des vermeintlichen Schutzrechtsverletzers mittels eines negativen Feststellungstorpedos und der späteren Leistungsklage nicht dasselbe Patent, sondern sind verschiedene nationale Patente oder nationale Anteile eines europäischen

---

1196 Court of Appeal Urteil v 16.3.2000 – 2000/0107/A3 noch unveröffentlicht, wiedergegeben von Pitz GRUR Int 2001, 32 (37); Kloeckner & Co AH v Gatoil Overseas Inc [1990] 1 Lloyds Rep 177 (QB).

1197 Ein eigener Vorschlag zur Lösung positiver Kompetenzkonflikte wird im Folgenden bereitet 3. Kapitel: § 3. D.

1198 Hierzu OLG Frankfurt aM Beschluss v 19.6.2000 IPRAX 2001, 227-228 mit Anmerkung Geimer IPRAx 2001, 191-193.

1199 Im deutschen Recht ist eine solche Verbindung vor verschiedenen Gerichten anhängiger Verfahren nach § 147 ZPO allerdings nicht möglich, so dass Art. 22 (2) EuGVÜ/LGVÜ für deutsche Gerichte keine praktische Rolle gespielt hatte, da dieser auf die Zulässigkeit der Verbindung nach dem Recht des später angerufenen Gerichts abstellt. Damit konnten sich die deutschen Gerichte seither nicht für unzuständig erklären und das Verfahren abweisen.

1200 Zu den einzelnen Ermessensgesichtspunkten, Kropholler, EuZPR 1998, Art 28 Rz 10.

1201 EuGH Urteil v 6.12.1994 Rs 406/92, Slg 1994 I 5439 Nr 53 – Tatry / Maciej Rataj.

Patents betroffen, so wird nicht mehr von dem „selben Anspruch" im Sinne des Art. 27 EuGVO ausgegangen. Diese parallelen Rechte, die im Fall des europäischen Bündelpatents sogar aus einer einheitlichen Anmeldung stammen, werden aufgrund ihres territorial begrenzten Schutzbereichs und der jeweils individuellen Entwicklungsmöglichkeiten als unterschiedliche Ansprüche angesehen[1202]. Trotz der Identität der Ausführungsform haben solche Klagen also nicht den für Art. 27 EuGVO erforderlichen selben Streitgegenstand[1203].
Um auch in solchen Fällen einen positiven Kompetenzkonflikt zwischen Gerichten in verschiedenen Mitgliedstaaten zu vermeiden, wird auf Art. 28 EuGVO verwiesen[1204]. Allerdings steht es im freien Ermessen des später angerufenen Gerichts, ob es den Rechtsstreit zugunsten des früheren Verfahrens tatsächlich aussetzt. Hierfür müssen sämtliche betroffenen Interessen der beteiligten Parteien gegeneinander abgewogen werden[1205].
Die Aussetzung eines vor dem inländischen Gericht schwebenden Patentverletzungsverfahrens, um den Ausgang eines in einem anderen Staat zuvor anhängig gemachten Verfahrens wegen der Verletzung eines anderen nationalen Teils dieses Europäischen Patents abzuwarten, wird in der Regel dann nicht angeordnet werden, wenn der geltend gemachte Unterlassungsanspruch in Anbetracht der in dem anderen Verfahren zu erwartenden Verfahrensdauer und der noch kurzen Restlaufzeit des Patents nicht mehr durchsetzbar wäre[1206].

Widersprechende Entscheidungen im Sinne des Art. 28 (3) EuGVO sind jedoch dann nicht zu erwarten, wenn sich ein Hauptsachverfahren und ein Verfahren des einstweiligen Rechtsschutzes gegenüberstehen, da einstweilige Maßnahmen mit der endgültigen Hauptsacheentscheidung automatisch gegenstandslos werden[1207].

IV. Zusammenfassung

Die Aufgabe des Zivilprozessrechts in der EU liegt darin, das Funktionieren des Binnenmarktes und die Freizügigkeit der Unionsbürger zu sichern. Deren Erfüllung wird mittlerweile durch die Europäische Gemeinschaft selbst und nicht mehr durch die nationalen Gesetzgeber wahrgenommen.

[1202] OLG Düsseldorf Urteil v 29.6.2000 – 2 U 76/99 unveröffentlicht; Grabinski GRUR Int 2001, 199 (219); skeptisch Otte IPRAX 1999, 440 (442f).
[1203] OLG Düsseldorf Urteil v 29.6.2000 – 2 U 76/99 unveröffentlicht.
[1204] LG Düsseldorf Urteil v 27.1.1998 GRUR Int 1998, 803 (804) – Kondensatorspeicherzellen, zu Art 22 EuGVÜ; Beschluss des OLG Düsseldorf v 30.9.1999 GRUR Int 2000, 776 (778) – Impfstoff III; Kropholler, EuZPR 2002, Art 27 Rz 11; Otte IPRAX 1999, 440 (442f).
[1205] In Deutschland werden die zu § 148 ZPO entwickelten Grundsätze herangezogen, da die Aussetzung in Art 28 EuGVO nicht näher geregelt ist, LG Düsseldorf Urteil v 27.1.1998 GRUR Int 1998, 803 (804) – Kondensatorspeicherzellen; Zöller/Geimer 2002, Anh I Art 28 Rz 7.
[1206] OLG Düsseldorf Urteil v 29.6.2000 – 2 U 76/99, noch unveröffentlicht; LG Düsseldorf Urteil v 27.1.1998 GRUR Int 1998, 803 (804) – Kondensatorspeicherzellen; Zustimmend auch Otte IPRAX 1999, 440 (443); in diesem Sinne auch v Meibom/Pitz GRUR Int 1998, 765 (770).
[1207] Kropholler, EuZPR 2002, Art 28 Rz 5; Bülow/Böckstiegel/Safferling, II 2001, Art 22 Rz 3.

Dabei werden immer weitere Schritte zur Schaffung justizieller Infrastrukturen für den europäischen Binnenmarkt unternommen[1208]:
Mit Hilfe der neuen Rechtssetzungskompetenz des Art. 65 EG sollen europaweite Mindeststandards im Bereich etwa der Prozesskostenhilfe, der alternativen Streitbeilegung und der vereinfachten und beschleunigten Verfahren geschaffen werden[1209] sowie Prozesshandlungen etwa durch einheitliche Formulare europaweit standardisiert werden[1210]. Ebenso soll die Vollstreckung ausländischer Titel ohne ein weiteres Anerkennungsverfahren möglich werden[1211]. Schließlich wird eine größere Konvergenz im Bereich des Zivilverfahrensrechts und des materiellen Zivilrechts gefordert[1212]. Insbesondere sind grenzüberschreitende Verfahren im Hinblick auf einstweilige Maßnahmen, die Beweisaufnahme und Fristen zu harmonisieren.
Damit ist im Grunde vorgegeben, dass die bisherige Regelungstechnik des EuGVÜ, welches vorrangig auf die Koordinierung grenzüberschreitender Verfahren und zwischenstaatliche Rechtshilfe angelegt war, letztlich durch die Schaffung von Einheitsrecht für grenzüberschreitende Zivilprozesse im Binnenmarkt ersetzt werden soll.
Noch ist jedoch zu berücksichtigen, dass der rechtssuchende Gemeinschaftsbürger im teilharmonisierten europäischen Rechtsraum auf viele verschiedene Verfahrensordnungen trifft. Mit dem Übergang vom Ansatz der zwischenstaatlichen Rechtshilfe zu einem einheitlichen Prozessrecht und dem dadurch folgenden Wegfall von entsprechenden Kontrollmechanismen zwischen den Staaten müssen zum Schutz der Bürger, bevor eine endgültige Nivellierung der Rechtsunterschiede erfolgt ist, zumindest spezielle Verfahren vorweg vereinheitlicht werden. So sind bis zu einer vollendeten Harmonisierung des Prozessrechts materiellrechtliche und prozessuale Mindeststandards weiter zu gewährleisten, wie etwa die Anerkennungshindernisse des Art. 34 EuGVO.
Ein solcher Übergang wird noch einige Zeit in Anspruch nehmen[1213], da eine Harmonisierung außerdem die Vielfalt der mitgliedstaatlichen Rechtsordnungen durch rechtsvergleichende Untersuchungen berücksichtigen muss.

Das mit der europäischen Zuständigkeitsordnung zunächst angestrebte Ziel besteht darin, durch die Gewährleistung einheitlicher Regeln und Standards die nationalen Unterschiede in der Rechtsdurchsetzung zu beseitigen und damit ein übermäßiges

---

[1208] Beschlüsse des Vorsitzes des Europäischen Rats in Tampere am 15./16.10.1999 in NJW 2000, 1925 und deren konkrete Ausformung im Maßnahmenprogramm der europäischen Justizminister im Rat der EU v 24.11.2000 abgedruckt in IPRAX 2001, 163 (167).
[1209] Nr 30 der Beschlüsse des Vorsitzes des Europäischen Rats in Tampere am 15./16.10.1999 in NJW 2000, 1925.
[1210] Nr 31 Beschlüsse des Vorsitzes des Europäischen Rats in Tampere am 15./16.10.1999 in NJW 2000, 1925.
[1211] Jayme/Kohler IPRAX 2002, 461 (465); Nr 33, 34 Beschlüsse des Vorsitzes des Europäischen Rats in Tampere am 15./16.10.1999 in NJW 2000, 1925.
[1212] Nr 38, 39 Beschlüsse des Vorsitzes des Europäischen Rats in Tampere am 15/16.10.1999 in NJW 2000, 1925.
[1213] Nicht ohne Grund veranschlagt das Maßnahmenprogramm des Rats der EU v 24.11.2000, IPRAX 2001, 163 (167), keine engen Zeitvorgaben mehr.

forum shopping bei konkurrierenden Gerichtsständen in Europa einzuschränken[1214]. Ebenso soll durch verstärkte Transparenz der Regelungen die Rechtsfindung für den Bürger beziehungsweise die Unternehmen erleichtert werden.
Zur Verwirklichung des einheitlichen europäischen Rechtsraums für den Zivilprozess müssen jedoch immer noch diverse Schwierigkeiten beseitigt werden, da etliche Fragen bei der Auslegung der Zuständigkeitsregeln weiter offen sind:

1. Fragen zu Art. 5 Nr. 3 EuGVO[1215]

Im Rahmen des Gerichtsstands der unerlaubten Handlung war bei der Entwicklung der Verordnung die Präzisierung der Zuständigkeit für Delikte, die sich über mehrere Staaten erstrecken, wie Immaterialgüterrechts- oder Ehrverletzungen im Internet oder durch die Presse, erwogen[1216], aber nicht ausgeführt worden.
Ebenfalls noch nicht geklärt ist, ob die Beschränkung der Kognitionsbefugnis der Erfolgsortgerichte auf allein die im Gerichtsstaat entstandenen Schäden, welche der EuGH für grenzüberschreitende Ehrverletzungen durch Printmedien vorsieht[1217], auch auf andere Deliktsformen zu übertragen ist. Damit ist das Verhältnis der konkurrierenden Zuständigkeiten am Handlungs- oder Erfolgsort bislang nicht allgemein festgelegt.

2. Fragen zu Art. 6 Nr. 1 EuGVO[1218]

Auch wird durch die unterschiedliche Auslegung des Zusammenhangserfordernisses im Rahmen des Art. 6 Nr. 1 EuGVO bei Streitgenossen weiterer Rechtsunsicherheit Vorschub geleistet. Trotz der neuen Ergänzung des Wortlautes der Vorschrift des Art. 6 Nr. 1 EuGVO ist über die Qualität des Sachzusammenhangs, der eine Streitgenossenzuständigkeit rechtfertigen könnte, keine klare Aussage getroffen. Wann bei der Durchführung getrennter Verfahren einander widersprechende Entscheidungen drohen, wird gerade nicht präzisiert. Damit stehen immer noch unterschiedliche Auslegungen durch die einzelnen Gerichte der Mitgliedstaaten im Raum.
Noch erscheint die Auswahl des Forums entscheidend für den Ausgang des Rechtsstreits.

[1214] *Forum shopping* ist für den Kläger so lange attraktiv, bis eine vollständige Harmonisierung der mitgliedstaatlichen Verfahrensordnungen erfolgt, Heß JZ 1998, 1021 (1027).
[1215] Vergleiche oben 2. Kapitel: § 1. B. II. 2. c. und einen Vorschlag zur Durchsetzung im Folgenden 3. Kapitel: § 2. A.
[1216] Wagner IPRAX 1998, 241 (243).
[1217] EuGH Urteil v 7.3.1995 Rs C 68/93, Slg 1995 I 415 – Fiona Shevill / Presse Alliance SA.
[1218] Vergleiche hierzu oben 2. Kapitel: § 1. B. II. 3. und den Vorschlag zur Durchsetzung im 3. Kapitel: § 3. B.

3. Fragen zu Art. 22 Nr. 4 EuGVO[1219]

Entsprechendes gilt für die Auslegung des Art. 22 Nr. 4 EuGVO durch die mitgliedstaatlichen Gerichte. Hier ist insbesondere das Vorgehen der englischen Gerichte, die bereits den Einwand der Nichtigkeit im Verletzungsverfahren genügen lassen, um die gesamte Streitigkeit nach Art. 22 Nr. 4 EuGVO ausschließlich vor die Gericht des Verleihungsstaates zu bringen, schwer mit der Verordnung zu vereinbaren. Denn so gelingt es der englischen Rechtsprechung, die Wirkung der im Anwendungsbereich der EuGVO abgeschafften traditionellen *moçambique rule* wieder herbeizuführen.

4. Fragen zu Art. 27, 28 EuGVO[1220]

Auch nach der Reform wird eine grundsätzliche Subsidiarität der negativen Feststellungsklage gegenüber einer Leistungsklage zu Gunsten der prozessualen Chancengleichheit der beteiligten Parteien abgelehnt, so dass das Phänomen des „belgischen" oder „italienischen Torpedos" immanent bleibt. Die weite autonome Auslegung des Streitgegenstands durch den EuGH, wonach prozesstaktisch geschulte Kläger bestimmte Strategien nützen können, um mit Hilfe der überlangen Verfahrensdauer in einigen Mitgliedstaaten Verletzungsklagen durch die Sperrwirkung einer negativen Feststellungsklage zu blockieren, hat daher weiter Bestand.
Außerdem wurde nicht geklärt, wann die Nutzung der Klagemöglichkeiten und damit die Herbeiführung der Sperrwirkung der Art. 27, 28 EuGVO durch die Parteien als rechtsmissbräuchlich angesehen werden kann. Auch die Einführung des Art. 30 EuGVO hat diese unter Umständen missbräuchliche Art des *forum shopping* nicht eingeschränkt[1221]. Allerdings liegt die Frage momentan dem EuGH zur Vorabentscheidung vor[1222].

Diese Divergenzen bei der Auslegung der Zuständigkeitsvorschriften zeigen somit noch Grenzen des einheitlichen europäischen Justizraums auf. Sie sind auf strukturelle Unterschiede zurückzuführen und lassen sich daher nicht allein mit dem Hinweis auf Art. 6 EMRK[1223] nivellieren, der selbst noch unterschiedliche Präzisierung in den einzelnen Mitgliedstaaten erfährt.
Die Verordnung schafft jedoch zunächst einmal die Infrastruktur für effektiven

---

[1219] Hierzu oben 2. Kapitel: § 1. B. II. 4. und im Folgenden 3. Kapitel: § 3. C.

[1220] Vergleiche oben 2. Kapitel: § 1. B. III. und im Folgenden 3. Kapitel: § 3. D.

[1221] Jayme/Kohler IPRAX 2002, 461 (468).

[1222] Anhängig unter Rs C –116/02 Erich Gasser GesmbH / MISAT srl, vorgelegt vom OLG Innsbruck, vgl ABl EG NR C 144, 17 v 15.6.2002, wo unter Nr 3 die Frage gestellt wird, ob das später angerufene Gericht trotzdem nach Art 27 EuGVO vorzugehen und damit auszusetzen hat, wenn in einem Mitgliedstaat Verfahren unvertretbar lange dauern und dadurch einer Partei erhebliche Nachteile entstehen können.

[1223] Die von Art 6 EMRK gestellten Anforderungen für das Zivilverfahrensrecht sind noch nicht einheitlich geklärt, so dass die Festsetzung der prozessualen Mindeststandards wohl in Form eines Gemeinschaftsaktes, etwa einer Richtlinie, erfolgen wird, Heß IPRAX 2001, 389 (392).

Rechtsschutz im Binnenmarkt[1224]. Damit rückt das Ziel, ein einheitliches internationales Zivilverfahrensrecht für Europa zu schaffen und so den europäischen Binnenmarkt zu vollenden, immer näher[1225]. Solange keine vollständige Harmonisierung stattgefunden hat, ist es Sache des EuGH, als zentral übergeordnete Auslegungsinstanz klärende Vorgaben zu machen. Bis der EuGH jedoch zu den noch unmittelbar anstehenden Auslegungsproblemen Stellung bezieht, obliegt es den mitgliedstaatlichen Gerichten, auf eine integrierende Lösung hinzuarbeiten und eine gegenseitige Konkurrenz um die Justizplätze abzubauen.

C. Weitere Rechtsquellen des Internationalen Zivilverfahrensrechts

Im Bereich der Persönlichkeitsrechts- und Immaterialgüterrechtsverletzungen erscheinen noch weitere Rechtsquellen im Hinblick auf die Klärung der internationalen Zuständigkeit interessant:

I. Konzepte der Streitregelung für das Gemeinschaftspatent

1. Intergouvernementale Regelungen

Bereits 1975 enthielt das nach der Luxemburger Konferenz ausgearbeitete Übereinkommen über das Europäische Patent für den Gemeinsamen Markt (GPÜ) eine Streitregelung hinsichtlich Gerichtsorganisation und Verfahren[1226].

Im Jahr 1989 folgte neben der Vereinbarung über Gemeinschaftspatente[1227] sodann ein ausführliches Streitregelungsprotokoll[1228]. Aus diesem ergaben sich wesentliche Unterschiede zum damals einschlägigen EuGVÜ/LGVÜ[1229], da gerade für Patentverletzungsklagen nach Art. 13, 38 StrProt das EuGVÜ nur subsidiär anwendbar sein sollte:
Nach Art. 1, 15 (1) a, b StrProt werden zunächst von den Mitgliedstaaten einzelne Gemeinschaftspatentgerichte ernannt, die sachlich ausschließlich für Verletzungs- und

---

[1224] Heß JZ 1998, 1021 (1026).
[1225] Micklitz/Rott EuZW 2001, 325 (334); Heß NJW 2000, 23 (27); Heß JZ 1998, 1021 (1032).
[1226] Ausführlich hierzu im Bericht der deutschen Delegation zur Luxemburger Konferenz über das Gemeinschaftspatent in GRUR Int 1976, 187ff, insbesondere Bossung GRUR Int 1976, 221-229. Speziell zur Streitregelung in Art 68 bis 79 und der Entschließung über die Zentralisierung der gerichtlichen Zuständigkeiten in jedem Vertragsstaat. Bereits zu diesem Zeitpunkt macht Lachat GRUR Int 1975, 51-57 auf Probleme einer solchen Vereinheitlichung aufmerksam. Zur weiteren Entwicklung in Folge der Luxemburger Konferenz der Bericht in GRUR 1980, 161-162.
[1227] Übereinkommen über das europäische Patent für den gemeinsamen Markt (im Folgenden GPÜ), ABl EG 1989 NR L 401/10-33.
[1228] Protokoll über die Regelung von Streitigkeiten über die Verletzung und die Rechtsgültigkeit von Gemeinschaftspatenten (im Folgenden StrProt), ABl EG 1989 Nr L 401/34-41. Zur Entwicklung bis dahin Krieger in FS Everling Bd 1, 1995, 701 (702ff); Scordamaglia GRUR Int 1990, 777 (778ff). Einzelheiten der Streitregelung von 1989 bei Foglia GRUR Int 1991, 465-469.
[1229] Hierzu Wadlow 1998, Rz 5-56-89.

negative Feststellungsklagen zuständig sind. Außerdem werden dem Kläger im Rahmen des Art. 14 (2) StrProt zusätzliche Möglichkeiten eingeräumt, an heimatnahen und dennoch streitgegenstandsunabhängigen Gerichtsständen zu klagen[1230].

Abweichungen von den Zuständigkeitsregeln des EuGVÜ ergeben sich bei der Bestimmung des Tatorts. Nach Art. 14 (5) StrProt kommt es nur auf den Ort der (drohenden) Verletzungshandlung an, nicht jedoch auf einen davon verschiedenen selbstständigen Erfolgsort[1231].

Der Umfang der Kognitionsbefugnis der Gerichte am Tatort wird in Art. 17 (2) StrProt auf nur solche Handlungen beschränkt, die im Hoheitsgebiet des Gerichtsstaates begangen wurden oder deren Begehung dort droht. Dies lässt vermuten, dass der europäische Gesetzgeber die Verletzung eines Patents in unterschiedlichen Staaten nicht als einheitliche Handlung ansieht, was ein Streudelikt gewissermaßen ausschließt. Die Einschränkung der Entscheidungsbefugnis der Tatortgerichte resultierte indes aus Befürchtungen, dass es dort aufgrund der großen Unterschiede der Rechtsprechung in den einzelnen Vertragsstaaten zu unerwünschtem *forum shopping* kommen würde[1232].

Andererseits steht es dem Beklagten nach Art. 14 (5), 15 (1) d, (2), 19 (1) a, 20 StrProt offen, mittels einer Widerklage das Patent mit Wirkung für alle Vertragsstaaten für nichtig erklären zu lassen[1233].

Eine weitere Änderung erbringt Art. 14 (5) StrProt, der dem vermeintlichen Verletzer verwehrt, isolierte negative Feststellungsklage am Tatort zu erheben, was die Problematik des sogenannten „italienischen" oder „belgischen Torpedos[1234]" entschärft hätte.

Dieses Konzept ist jedoch bislang mangels vollständiger Ratifizierung durch sämtliche Mitgliedstaaten nie verwirklicht worden[1235].

1230 Hierdurch wurde Art 4 (1) EuGVÜ ausgehebelt und eine exorbitante Zuständigkeitsregel in Form eines Klägergerichtsstandes geschaffen, welcher auch im Zusammenhang mit den EFTA- Staaten Kritik erfuhr, Scordamaglia GRUR Int 1990, 777 (782ff). Ebenfalls problematisch im Zusammenhang mit den EFTA-Staaten war, dass Art 14 StrProt aufgrund von Art 57 LGVÜ die Zuständigkeitsregel des LGVÜ zwar verdrängt, auf der anderen Seite jedoch das Gemeinschaftspatent für die Mitgliedstaaten der EFTA keine Bedeutung erlangen kann. Deshalb wurde dem GPÜ eine Erklärung beigefügt, in der sich die Regierungen der Mitgliedstaaten der Europäischen Gemeinschaften unter anderem bereit erklärten, Art 14 (2) StrProt nicht auf Beklagte anzuwenden, die ihren Wohnsitz in einem Mitgliedstaat der EFTA haben, der Vertragspartei des LGVÜ ist, abgedruckt bei Scordamaglia GRUR Int 1990, 777 (783); ABl EG 1998, Nr L 401/62. Eine solche Vereinbarung mit den Mitgliedstaaten der EFTA ist jedoch bislang nicht getroffen worden.

1231 Diese Auffassung des Tatorts als Handlungsort entspricht auch der Regelung des Art 93 (5) GemMarkV, ABl EG 1994 Nr L 11/1ff. Anders lautet allerdings die Regelung in Art 101 (3) Sortenschutzverordnung, ABl EG 1994 Nr L 227/1ff, wonach die Gerichte des Ortes zuständig sind, an dem das schädigende Ereignis eingetreten ist.

1232 Bossung GRUR Int 1976, 221 (222).

1233 Wadlow 1998, Rz 5-80. Die Aussicht, dass auch ein weniger erfahrenes Gericht am Tatortgerichtsstand ein Patent mit *erga omnes*- Wirkung für nichtig erklären könnte, wird als weiterer Grund für das Scheitern des GPÜ und dessen Streitprotokoll gewertet, Bossung GRUR Int 2002, 463 (472); Mitteilung der Kommission GRUR Int 1999, 335 (338).

1234 Vergleiche oben unter 2. Kapitel: § 1. B. III.

1235 Zu den Problemen und Gründen der nicht vollständig erfolgten Ratifizierung, vergleiche Krieger in FS Everling Bd 1 1995, 701 (709 ff); derselbe in GRUR 1998, 256 (261ff).

Darauf folgte das Strukturpapier für ein fakultatives Protokoll über eine Streitregelung im Rahmen des EPÜ, das ebenfalls eine zwischenstaatliche Lösung vorsieht, die nicht in einem Gerichtssystem innerhalb der Gemeinschaft liegt[1236].

2. Europäische Verordnung über das Gemeinschaftspatent

Mittlerweile strebt die Kommission jedoch ein Streitregelungskonzept innerhalb des Rechts- und Gerichtssystems der Gemeinschaft an[1237] und hat demzufolge einen Vorschlag für die Verordnung eines Gemeinschaftspatents bereitet[1238]. Allerdings konnte auch unter der spanischen Präsidentschaft im Rat der EU bis Ende Juni 2002 keine Einigung über die strittigen Punkte dieser Verordnung erzielt werden[1239]. Art. 308 EG setzt als Rechtsgrundlage der Verordnung gerade Einstimmigkeit voraus, so dass jeder Mitgliedstaat sein Einverständnis mit der Regelung erklären müsste, was bislang jedoch nicht absehbar ist[1240].

Probleme bereitet unter anderem das Verhältnis des Gemeinschaftspatents zum europäischen Bündelpatent. Grundsätzlich wird mit einem Gemeinschaftspatent ein anderes Ziel verfolgt als mit dem europäischen Bündelpatent: Bei jenem soll gerade nicht wie im Rahmen des EPÜ nur das Patenterteilungsverfahren rationalisiert werden, sondern das Patentrecht selbst in den einheitlichen Binnenmarkt der EU integriert und dadurch ein einheitliches Patentsystem in einem einheitlichen Wirtschaftsraum geschaffen werden[1241].

Noch soll es bei dem Grundsatz verbleiben, dass dem Patentanmelder parallel beide Alternativen, also sowohl das Gemeinschaftspatent als auch ein europäisches Bündelpatent nebeneinander zur Auswahl stehen[1242].

Eine Verbindung zwischen den zwei unterschiedlichen Konzepten soll durch den Beitritt der Europäischen Gemeinschaft zum EPÜ erfolgen[1243]. So soll es dem Anmelder grundsätzlich offen stehen, zunächst ein Gemeinschaftspatent anzustreben und bis zu dessen Erteilung dennoch wieder auf ein Bündelpatent für nur wenige von ihm ausgewählte Staaten zurückgreifen zu können[1244].

[1236] GRUR Int 2000, 733-744.

[1237] Zu der Entwicklung Kober GRUR Int 2001, 493 (496); Mitteilung der Kommission GRUR Int 1999, 335 (338).

[1238] Vorschlag für eine Verordnung des Rats über das Gemeinschaftspatent, Dokument v 1.8.2000, KOM (2000) 412 endg. Des weiteren hat sich die Kommission in einem Arbeitsdokument mit den inhaltlichen und strukturellen Einzelheiten der Gemeinschaftspatentgerichtsbarkeit beschäftigt, Arbeitspapier der Kommission über das geplante Rechtsprechungssystem für das Gemeinschaftspatent, KOM (2002) 480 endgültig v 30.8.2002.

[1239] Zur Diskussion vergleiche etwa die Mitteilung Stauders über die Beschlüsse des Fachausschusses für Patent- und Gebrauchsmusterrecht in GRUR 2001, 491-493.

[1240] Willems [2002] IIC 561: "*if we want to be realistic, we have to draw the conclusion that this daring project will have to be put in the fridge for at least a few years.*"

[1241] Zu den Vorteilen des Gemeinschaftspatents ausführlich Krieger in FS Everling Bd 1 1995, 701 (706, 708).

[1242] Bossung GRUR Int 2002, 575; Mitteilung der Kommission GRUR Int 1999, 335 (338); Krieger in FS Everling Bd 1 1995, 701 (706).

[1243] Bossung GRUR Int 2002, 463 (469); Kober GRUR Int 2001, 493 (496).

[1244] Dies ist insbesondere dann attraktiv, wenn die für das Gemeinschaftspatent einzureichenden Übersetzungen der Patentansprüche zu hohe Kosten verursachen würden; zu diesem Problem sogleich im Folgenden. Kritisch

Ein weiterer umstrittener Punkt der Konzeption ist zunächst die Sprachenregelung[1245]. Im Rahmen des Europäischen Patents verursacht die Regelung des Art. 65 EPÜ mit dem Erfordernis der Übersetzung der europäischen Patentschrift in die jeweiligen Amtsprachen hohe Kosten und damit abschreckende Wirkung für potentielle Anmelder[1246]. Insofern erscheint ein Gemeinschaftspatent, das in sämtliche Sprachen zu übersetzen ist, unpraktikabel. Im Rahmen des EPÜ hat das Londoner Übereinkommen zu einer gewissen Erleichterung der Übersetzungsproblematik geführt[1247]. Das Problem wird im Vorschlag der Kommission dadurch gelöst, dass auf eine Übersetzung in alle Gemeinschaftssprachen verzichtet wird, wenn das Gemeinschaftspatent in einer der Verfahrenssprachen des Europäischen Patentamts[1248] erteilt und veröffentlicht sowie in die jeweiligen anderen Verfahrenssprachen übersetzt wurde. Um den Sprachkenntnissen möglicher Patentverletzer dennoch gerecht zu werden, enthält der Vorschlag in Art. 44 (3) eine Regelung, nach der ein gutgläubiger, sprachunkundiger Patentverletzer keinen Schadensersatz zu entrichten hat, wenn ihm keine Übersetzung übermittelt wurde. Damit hängen Schadensersatzansprüche aus Patentverletzungen wegen der widerlegbaren Vermutung fehlenden Verschuldens davon ab, dass der Gemeinschaftspatentanspruch auch in die Amtssprache des Sitzstaates des vermeintlichen Verletzers übersetzt wurde.

Außerdem ist hinsichtlich der Streitregelung schwerlich Einstimmigkeit zu erzielen. Differenzen bestehen insbesondere hinsichtlich des geplanten Instanzenzuges. Einigkeit herrscht nur bei der grundsätzlichen Übertragung entsprechender Befugnisse auf den EuGH als zentrale Instanz, so dass eine Harmonisierung der Rechtsprechung auf Gemeinschaftsebene möglich wird. Umstritten ist jedoch, auf welcher Ebene dies zu erfolgen hat. Die Kommission verfolgt weiter ihren Vorschlag eines auf erstinstanzlicher Ebene ausschließlichen zentralen Gemeinschaftspatentgerichts, was jedoch in den Mitgliedstaaten überwiegend auf Kritik gestoßen ist[1249]. Hierfür sollen die für Patentstreitigkeiten zuständigen nationalen Gerichte dem Gericht Erster Instanz in speziellen regionalen Kammern an bestimmten Standorten zugeordnet werden[1250]. Unklar ist ferner, ob die Nichtigkeit des Patents entsprechend dem deutschen Ansatz nur durch ein gesondertes Gericht erklärt werden kann und hierüber folglich nicht in einem einheitlichen Verfahren mit der Verletzungsfrage entschieden werden kann, so

---

zum Nebeneinander von EP und Gemeinschaftspatent, da ersteres aus diesen Gründen dominieren würde, Bossung GRUR Int 2002, 575 (576).

[1245] Zu den Auswirkungen der Osterweiterung und dadurch der Vervielfachung der Amtssprachen, Bossung GRUR Int 2002, 463 (468).

[1246] Ausführlich Bossung GRUR Int 2002, 463 (471f).

[1247] Übereinkommen v 17.10.2000 über die Anwendung des Artikels 65 EPÜ veröffentlicht im ABl EPA 2001, 550, hierzu auch Willems [2002] IIC 561 (563).

[1248] Verfahrenssprachen des EPA sind englisch, französisch oder deutsch.

[1249] Pavelka GRUR Int 2002, 880; Bossung GRUR Int 2002, 575 (576); Mitteilung Stauders über die Beschlüsse des Fachausschusses für Patent- und Gebrauchsmusterrecht GRUR 2001, 491; vergleiche auch den alternativen Vorschlag Bossungs in GRUR Int 2002, 463 (472ff).

[1250] Bossung GRUR Int 2002, 575.

dass die Befürworter des Verbundsystems auf der einen Seite den Anhängern des Trennungsprinzips auf der anderen Seite gegenüberstehen.

3. Alternative Entwicklung über das Europäische Patent zum Unionspatent

Da die erforderliche Einstimmigkeit unter den Mitgliedstaaten für eine Verordnung über das Gemeinschaftspatent kaum erreichbar scheint, wird als alternatives Konzept vorgeschlagen, weg von den Erfordernissen des Art. 308 EG mit der Einstimmigkeit hin zu einem Mehrheitsprinzip zu gelangen[1251]. Hierfür soll die Europäische Union zunächst nur die Harmonisierung des materiellen Patentrechts übernehmen und dafür auf die Schaffung eines Gemeinschaftspatents durch gesonderte Verordnung verzichten[1252]. Durch die Schaffung eines einheitlichen europäischen materiellen Rechts sowohl für nationale Patente als auch das europäische Patent, soll das europäische Bündelpatent behutsam zu einem Unionspatent entwickelt werden können. Dem noch von der Kommission verfolgten zweigliedrigen Konzept der Verbindung von europäischem Bündelpatent und Gemeinschaftspatent wird damit eine Absage erteilt[1253]. Das europäische Patentsystem soll stattdessen auf intergouvernementaler Ebene verbleiben, mittels der dort erforderlichen Mehrheitsentscheidungen langsam seinen Charakter als Bündelpatent verlieren und so als Unionspatent für die gesamte Gemeinschaft Gültigkeit erlangen[1254]. Als Grundlage für die Streitregelung soll mit gewissen Modifikationen weiter die EuGVO herangezogen werden[1255]. Die erste Instanz soll ebenfalls grundsätzlich in der Zuständigkeit der spezialisierten nationalen Gerichte verbleiben[1256].

Die weitere Entwicklung und insbesondere das Vorgehen der Kommission bleibt nun abzuwarten.

[1251] Bossung GRUR Int 2002, 463 (468); derselbe in GRUR Int 2002, 575 (576). Für Rechtsakte des materiellen Patentrechts, die auf Art 95 EG beruhen und für die Rechtsetzung im Rahmen des EPÜ genügen Mehrheitsentscheidungen.

[1252] Bossung GRUR Int 2002, 463 (464ff, 470).

[1253] Dieser Weg war im Hinblick auf das Vereinigte Königreich 1969 eingeschlagen worden und hat sich eigentlich mit dessen Beitritt 1973 zur damals noch EWG erübrigt, Bossung GRUR Int 2002, 463 (468).

[1254] Bossung GRUR Int 2002, 575 (576). Hierfür sollte zunächst die Europäische Patentorganisation als Träger des Europäischen Patentamtes weiterhin verantwortlich sein, derselbe in GRUR Int 2002, 463 (475).

[1255] Bossung GRUR Int 2002, 463 (472f).

[1256] Bossung GRUR Int 2002, 463 (473).

II. Vorschlag für ein weltweites Zuständigkeits- und Vollstreckungsübereinkommen

Seit 1992 arbeitet die Internationale Haager Konferenz für Internationales Privatrecht an einem weltweiten Zuständigkeits- und Vollstreckungsübereinkommen, das insbesondere die USA integrieren soll[1257].

Im Herbst 1999 wurde ein erster vollständiger Vorentwurf für das Übereinkommen vorgelegt[1258], der im Juni 2001 in einem vorläufigen Text weiter entwickelt worden ist, jedoch keine definitive abschließende Erklärung enthält[1259]. Im Rahmen der diplomatischen Konferenz zu dem Entwurf des Haager Übereinkommens über die gerichtliche Zuständigkeit und ausländische Urteile in Handels- und Zivilsachen konnte in einer Vielzahl von Punkten keine Einigung erzielt werden. So wurde zunächst eine sogenannte *convention mixte* beschlossen, die neben den vereinheitlichten Zuständigkeiten noch Raum für nationale Zuständigkeiten belässt[1260].

Die Struktur des Übereinkommensentwurfs ist durch drei Gruppen von Zuständigkeiten geprägt[1261]:

Eine sogenannte „weiße Liste" der im Übereinkommen vereinheitlichten Regeln über die internationale Zuständigkeit. Die Entscheidung eines Gerichts der sogenannten „weißen Liste" ist gemäß Art. 25 (1) des Vorentwurfs in den anderen Vertragsstaaten unter den Voraussetzungen des Übereinkommens anzuerkennen und zu vollstrecken.

Daneben wurde eine sogenannte „schwarze Liste" geschaffen, in der bestimmte nationale Zuständigkeitsregeln, die internationalen Standards widersprechen, für den Anwendungsbereich des Übereinkommens untersagt sind[1262]. Ergeht dennoch auf Grundlage einer derartigen Zuständigkeit eine Entscheidung, so ist gemäß Art. 26 des

---

[1257] Nachweise auf der Website der Haager Konferenz unter <www.hcch.net>. Kritisch zu den Bemühungen der Konferenz, Schack, IZVR 2002, Rz 11a f; insbesondere zu den Regelungen betreffend die Urheberrechte und gewerblichen Schutzrechte Kur [2002] EIPR 175-183; Brief der Deutschen Vereinigung für gewerblichen Rechtsschutz und Urheberrecht an das Bundesjustizministerium v 17.01.2001 abgedruckt in GRUR 2001, 404-405; Kritik auch aus US-amerikanischer Sicht v Mehren IPRAX 2000, 465-468.

[1258] *Preliminary Draft Convention on Jurisdiction and Foreign Judgments in Civil and Commercial Matters*, v 30.10.1999, einzusehen im Internet unter <www.hcch.net>.

[1259] Einen Sachstandbericht über diesen weiterentwickelten Entwurf liefert Wagner IPRAX 2001, 533-547. Eine vom Ständigen Büro der Haager Konferenz einzusetzende Arbeitsgruppe von circa 20 Personen sollte im Laufe des Jahres 2002 einen neuen Text ausarbeiten, der auf einer Spezialkommission im Jahre 2003 beraten werden soll. Das erste Treffen der Arbeitsgruppe, an der Rolf Wagner für Deutschland teilnimmt, fand von 22–25.10.2002 statt. Der Bericht hierzu ist im Internet unter <www.hcch.net/e/workprog/jdgm_pd20e.doc> veröffentlicht. Zu den weiteren Treffen wird regelmäßig auf der auf den Internetseiten der Haager Konferenz berichtet, ein weiteres Treffen war für den 6-9.1.2003 geplant.

[1260] Eigentlich war Ziel der anfänglichen Bemühungen die Schaffung einer sogenannten *convention double* nach dem Beispiel des EuGVÜ in der abschließende direkte Zuständigkeitsregeln und gleichzeitig Vorschriften über die Anerkennung und Vollstreckung von Entscheidungen aus anderen Vertragsstaaten enthalten sein sollten. Aufgrund der unterschiedlichen Rechtstraditionen und politischen, sowie wirtschaftlichen Vorstellungen der Vertragsstaaten, konnte dieses Vorhaben so nicht verwirklicht werden. Nach v Mehren IPRAX 2000, 465 (467) ist die *convention mixte* der einzig mögliche Weg: *„only a mixed convention could serve as an adequate model for the situation faced by the Special Commission."*

[1261] Hierzu Wagner IPRAX 2001, 533 (537).

[1262] Diese sogenannte „schwarze" Liste entspricht dem Vorgehen des Art 3 (2) EUGVO.

Vorentwurfs diese in anderen Vertragsstaaten nicht anzuerkennen oder zu vollstrecken.
Schließlich ist ein sogenannter „grauer Bereich“ vorgesehen, innerhalb dessen die Vertragsstaaten nach Art. 17 Vorentwurf die Zuständigkeiten ihrer Gerichte autonom bestimmen können. Erfolgt eine Entscheidung aus einem „grauen“ Gerichtsstand, so soll der jeweilige Staat gemäß Art. 24 Vorentwurf in seiner Entscheidung bezüglich der Anerkennung und Vollstreckung frei sein und sich allein nach seinem nationalen Recht richten.

Der Verwirklichung eines solchen Vorhabens stehen jedoch noch viele Hindernisse im Weg. Insbesondere bereitet die Vereinheitlichung der Zuständigkeitsregeln Schwierigkeiten, da sich hier auf der einen Seite die engen und präzisen Regeln der *civil law*- Staaten und auf der anderen Seite die weitgefassten Zuständigkeitsregeln der USA gegenüber stehen.
Die Europäer haben in dem Vorentwurf von 1999 versucht, die Aufnahme ihrer engen Zuständigkeitsregeln in die sogenannte „weiße“ Liste durchzusetzen und damit zwangsläufig eine Gegenreaktion der USA provoziert[1263]. Diese bemängeln insbesondere die einseitige Ausrichtung am Regelungsmuster des EuGVÜ beziehungsweise der EuGVO[1264]. Der Entwurf bewege sich weg von einer von den USA favorisierten gemischten Zuständigkeitsregelung hin zu einer *double convention*, welche mit der Struktur und den verfassungsrechtlichen Vorgaben des US-amerikanischen Zuständigkeitsrechts nicht zu vereinbaren wäre. Allerdings darf nicht nur auf die rechtskulturellen Unterschiede verwiesen werden, da auch das Vereinigte Königreich, trotz der Divergenzen von *common law* und dem strengeren System des *civil law*, erfolgreich in das Europäische Zuständigkeitssystem integriert werden konnte. Hinter den Streitigkeiten stecken auch politische und vor allem wirtschaftliche Interessen. Dabei geht es den Europäern in erster Linie um eine Begrenzung der von ihnen als exorbitant angesehenen Gerichtsstände der USA[1265], während die USA eine Erleichterung der Anerkennung und Vollstreckung ihrer Urteile in Europa anstreben[1266].

[1263] In einem Brief vom 22.2.2000 an den Generalsekretär der Haager Konferenz äußerten die USA umfassende Bedenken gegen diesen Entwurf und die weitere Durchführung der damals folgenden Regierungskonferenz, DAJV-NL 2/2000, 44; auszugsweise zitiert auch bei v Mehren IPRAX 2000, 465 (466).
[1264] Hierzu auch v Mehren IPRAX 2000, 465 (466f).
[1265] So die aus dem Vereinigten Königreich bekannte und im Rahmen der EuGVO ausgeschlossene *tag jurisdiction* oder der allgemeine Gerichtsstand des *doing business*. Dieser knüpft an die Geschäftstätigkeit des Beklagten in dem Gerichtsstaat an und stellt einen allgemeinen Gerichtsstand dar. Dort können alle Klagen gegen den betreffenden Beklagten erhoben werden und zwar auch solche, die nicht im Zusammenhang mit der Geschäftstätigkeit stehen. Erforderlich sind daher für das sogenannte *doing business* systematische und kontinuierliche Geschäftskontakte.
[1266] Wagner IPRAX 2001, 533 (5334); Heß IPRAX 2000, 342 (343). Aufgrund dieser Kombination verschiedener Interessen hat die Haager Konferenz 1992 die Arbeit zur Vereinheitlichung der direkten internationalen Zuständigkeit sowie der Anerkennung und Vollstreckung von Entscheidungen aus anderen Vertragsstaaten aufgenommen.

Bemerkenswert scheint daher, dass die von den Kontinentaleuropäern strikt abgelehnte *forum (non) conveniens*- Lehre Eingang in den Vorentwurf fand:
Gemäß Art. 22 des Vorentwurfs kann sich ein Gericht unter engen Voraussetzungen für unzuständig erklären, wenn ein anderes Gericht ein besser geeignetes Forum darstellt.

Anders als nach Art. 27, 28 EuGVO und dem weiten Streitgegenstandsbegriff des EuGH, wird in Art. 22 (6) des Vorentwurfs die Prozesstaktik des negativen Feststellungstorpedos[1267] unterbunden[1268]. Die zuvor angestrengte negative Feststellungsklage ist unter gewissen Voraussetzungen subsidiär gegenüber einer später vor einem anderen Gericht erhobenen Leistungsklage. Stattdessen setzt das zuerst angerufene Gericht auf Antrag einer Partei das Verfahren aus, wenn das später angerufene Gericht voraussichtlich eine nach dem Übereinkommen anzuerkennende Entscheidung erlässt.
Der im Zusammenhang mit Persönlichkeits- und Immaterialgüterrechtsverletzungen interessante Deliktsgerichtsstand in Art. 10 des Vorentwurfs ist ebenfalls von den unterschiedlichen Positionen der USA und Europa geprägt:
Der diesbezügliche europäische Vorschlag wurde enger formuliert als Art. 5 Nr. 3 EuGVO. Nach wie vor stehen dem Kläger Handlungs- und Erfolgsort wahlweise offen. Die Zuständigkeit in dem Staat, in dem die Verletzung eingetreten ist, wird jedoch dann ausgeschlossen, wenn der Beklagte nachweist, dass er vernünftigerweise nicht vorhersehen konnte, dass die Handlung geeignet war, eine Verletzung der gleichen Art auch in diesem Staat hervorzurufen. Außerdem wird die Kognitionsbefugnis der Erfolgsortgerichte auf die nur in diesem Staat eingetretene Verletzung beschränkt. Davon sollen noch möglicherweise die Gerichte des Staates ausgenommen werden, in dem die verletzte Person ihren gewöhnlichen Aufenthaltsort hat.
Anders wollen dies die USA handhaben, die nach Art. 10 (2) des Vorentwurfs an die Tätigkeit des Beklagten anknüpfen, um einen Ausgleich für die Bannung des *doing business*- Gerichtsstandes auf der sogenannten „schwarzen Liste“ zu erreichen[1269].

Im Bereich des Urheberrechts spricht sich die Mehrheit der Konferenzteilnehmer zugunsten der herkömmlichen Methode aus, für Verletzungsklagen auf den Deliktsgerichtsstand des Art. 10 des Vorentwurfs zurückzugreifen, so dass hier die üblichen Probleme der Ermittlung von Handlungs- und Erfolgsort auftreten[1270].

[1267] Vergleiche hierzu oben unter 2. Kapitel: § 1. B. III.
[1268] Hierzu auch Kur [2002] EIPR 175 (180).
[1269] Vergleiche hierzu oben unter Fn 1265. Weiter erscheint es auch fraglich, ob sich die USA damit abfinden, dass ihr besonderer Gerichtsstand des *transacting business*, noch in Art 9 des Vorentwurfs, nicht in die sogenannte „weiße Liste“ aufgenommen wird. Allerdings enthielt zum Zeitpunkt des Vorschlags der USA mit Art 9 des Vorentwurfs dieser noch keine tätigkeitsbezogene Alternative beim Vertrags- und Deliktsgerichtsstand. Aus dem Gerichtsstand des *transacting business* ergibt sich eine Zuständigkeit aufgrund einer Tätigkeit des Beklagten im Gerichtsstaat, wie Vertragsverhandlungen, wenn sich der Streit gerade aus dieser Tätigkeit ergibt.
[1270] Wagner IPRAX 2001, 533 (541f).

Bei den gewerblichen Schutzrechten haben sich nahezu sämtliche Delegationen dazu entschlossen, nicht nur für Klagen hinsichtlich des Bestandes des Patents oder der Marke die ausschließliche Zuständigkeit des Eintragungsstaates anzunehmen, sondern dessen Zuständigkeit nach Art. 12 (4), (5) der Alternative A des Vorentwurfs auch auf diesbezügliche Verletzungsklagen zu erstrecken[1271]. Dies sorgt insbesondere im Verhältnis zur EuGVO für Schwierigkeiten. Wegen der Probleme bei der Anwendung ausländischen Rechts im Falle der Entscheidung über die Verletzung ausländischer Schutzrechte besteht kaum Interesse, das System der EuGVO, nach der auch Klagen hinsichtlich der Verletzung von gewerblichen Schutzrechten, die parallel für mehrere Staaten erteilt wurden, am Beklagtenwohnsitz möglich sind, auf alle Vertragsstaaten eines künftigen Haager Übereinkommens auszudehnen. Die Hinnahme der aus einer solchen Regelung resultierenden praktischen Schwierigkeiten[1272] mit dem Hinweis auf die dadurch vermeidbaren Auslegungsprobleme des Deliktsgerichtsstandes[1273] mutet jedoch äußerst bizarr an.
Interessant erscheint ferner Art. 12 (6) des Vorentwurfs, nach dem eine vorfragenweise Beurteilung der in den Absätzen (4) bis (5) angesprochenen Punkte nicht unter die ausschließliche Zuständigkeit fällt. Allerdings soll dieser Beurteilung im Rahmen der Vorfrage auch keine Bindungswirkung zukommen.

Aufgrund der Probleme bei der Suche nach einer übereinstimmenden Lösung für die Behandlung der Immaterialgüterrechte innerhalb einer weltweiten Regelung wurde der Vorschlag gemacht, speziell für diesen Bereich ein selbständiges Übereinkommen im Rahmen eines anderen Staatsvertrages zu schaffen[1274].

Allein dieser kurze Überblick offenbart, dass eine Einigung für ein weltweites Abkommen nur dann erzielt werden kann, wenn von allen Seiten großzügige Kompromisse eingegangen werden.

D. Zuständigkeitsinteressen

Bei der konkreten rechtlichen Ausgestaltung internationaler Zuständigkeitsregeln kommt es in erster Linie darauf an, höchstmögliche prozessuale Gerechtigkeit zu erzielen[1275]. Zuständigkeitsgerechtigkeit steht jedoch im Spannungsfeld von effektivem Rechtsschutz und staatlicher Zuständigkeitspolitik[1276]. Einen Weg zur sach-

---

[1271] Darlegung der verschiedenen Positionen und kritische Besprechung von Kur [2002] EIPR, 175 (176ff): „*this would rather be a backward roll into the nineteenth century than a way forward for IP*"; ebenfalls kritisch hierzu Schack ZEuP 1998, 931 (950ff).

[1272] Es können so gerade nicht Klagen gegen dieselbe Person aufgrund der Verletzung verschiedener Patente aus unterschiedlichen Staaten in einem Verfahren am allgemeinen Beklagtenwohnsitz verbunden werden.

[1273] So bei Wagner IPRAX 2001, 533 (541).

[1274] Näher bei Kur [2002] EIPR 175 (182f).

[1275] Nach Pfeiffer 1995, 213f sind Zuständigkeitsregeln „niemals bloße Konsequenz technischer Zweckmäßigkeit, sondern vielmehr Ausdruck allgemeiner prozessualer Wertungsprinzipien."

[1276] Pfeiffer 1995, 13.

gerechten Festsetzung der Regelungen für die internationale Zuständigkeit bietet die Zusammenschau sämtlicher beteiligter Interessen und deren Abwägung und Bewertung[1277]. So lässt sich eine Basis für die Beurteilung der dargestellten geltenden Zuständigkeitsregeln und deren Ausformung durch die derzeitige internationale Praxis und schließlich eine Grundlage für die Schaffung neuer Alternativen finden, um zumindest innerhalb Europas eine verbesserte Durchsetzung der immateriellen Rechte zu erreichen.

Die vorangegangene Darstellung hat gezeigt, dass aufgrund der unterschiedlichen Ausgestaltung des materiellen Rechtsschutzes in den einzelnen Staaten sowie der divergierenden Entscheidungspraxis der einzelstaatlichen Gerichte, auch bedingt durch deren jeweiligen Verfahrensregelungen, die Entscheidung zugunsten eines bestimmten Gerichts für den Erfolg eines Rechtsstreits entscheidend sein kann. Eine solche prozesstaktisch grundsätzlich nicht zu bemängelnden Wahl eines Gerichts und damit das sogenannte *forum shopping* deckt vielmehr sämtliche beteiligten Interessen oftmals am Besten auf.

I. Parteiinteressen

Der Kläger wird vor allem in Fällen grenzüberschreitender Schutzrechtsverletzungen die ihm zustehende Möglichkeit des *forum shoppings* nutzen und sich unter den in Frage kommenden Gerichten demjenigen zuwenden, das für ihn am erfolgsversprechendsten erscheint.

Dabei fließen in die Wahl des zuständigen Gerichts vielerlei Erwägungen mit ein wie die Gerichtssprache, die bisherige Entscheidungspraxis der Gerichte und deren Kompetenz, die übliche Verfahrensdauer vor dem Gericht, die zu leistenden Kostenvorschüsse, die Möglichkeiten des einstweiligen Rechtsschutzes an diesem Gerichtsstand, die dortigen Verfahrensregeln über die Beweisaufnahme, Beweiserhebung und die Schadensberechnung und schließlich die voraussichtliche Anerkennungsfähigkeit der Entscheidung in anderen ausländischen Staaten und damit deren Vollstreckbarkeitsaussichten.

Speziell für die Inhaber von Immaterialgüterrechten wäre es von Interesse, zumindest auf Zuständigkeitsebene über ein weltweit einheitliches Recht zu verfügen, das in nur einem einheitlichen Prozess vor sämtlichen Verletzungshandlungen geschützt werden kann, die zwar auf materiellrechtlicher Ebene verschiedene nationale Schutzrechte betreffen, aber dort im Grunde auf ein und denselben Entstehungstatbestand zurückzuführen sind. Dem Schutzrechtsinhaber ist durch möglichst einheitliche, schnelle und effektive Rechtsdurchsetzung in nur einem Verfahren am ehesten gedient. Dem steht jedoch das immer noch vorherrschende Territorialitätsprinzip

---

[1277] Schack, IZVR 2002, Rz 199; Geimer, IZPR 2001, Rz 1126; Heldrich, Internationale Zuständigkeit 1969, 103ff; anders Pfeiffer 1995, 179, nach dem die Ermittlung, Abwägung und Gewichtung von Zuständigkeitsinteressen deren eigentlichen Wertungen nicht offen legen kann. Diese seien vielmehr vor allem im Justizanspruch zu finden, aaO 335ff.

entgegen, dem zumindest im Rahmen des Tatortgerichtsstands auch prozessuale Bedeutung zukommt[1278].
Diesen Anliegen des Verletzten müssen auch die Interessen des vermeintlichen Verletzers gegenübergestellt und mit diesen abgewogen werden. Dem vermeintlichen Schädiger ist es nicht zumutbar, sich vor jedem beliebigen Gericht der Welt verteidigen zu müssen, wenn der Fall keine ausreichenden Verbindungen an den Gerichtsstand aufweisen kann. Insbesondere bei Streudelikten entspricht es dem Interesse des Beklagten, eine Multiplizierung der Gerichtsstände zu vermeiden[1279]. Dem Beklagten geht es folglich in erster Linie um eine Eingrenzung seiner Gerichtspflichtigkeit. Diesem Anliegen trägt die europäische Zuständigkeitsordnung mit der Betonung des Beklagtenwohnsitzes als allgemeinem Gerichtsstand Rechnung. Andererseits soll wiederum dem Opfer einer unerlaubten Handlung nicht zugemutet werden, dem Verletzer an dessen Wohnsitz ins Ausland zu folgen, weshalb die Verordnung hierfür durch den Tatortgerichtsstand vom Beklagtenwohnsitz abweichende Foren eröffnet.

Es stehen sich damit der Justizgewährungsanspruch des Klägers und der Grundsatz des Beklagtenschutzes gegenüber. Zur Lösung dieses Konflikts sollte eine objektive Bewertung der jeweiligen Schutzwürdigkeit der Parteien erfolgen und gleichzeitig Sinn und Zweck der Zuständigkeitsregelung herangezogen werden. Hieraus ergibt sich das Bedürfnis nach einem Kompromiss, der am Tatortgerichtsstand zu erreichen ist. Dieser dient nicht in erster Linie den Parteiinteressen, sondern stellt vorrangig auf Sach- und Beweisnähe ab[1280]. Indem versucht wird, die weite Zuständigkeit des Deliktsgerichtsstands durch eine Konkretisierung der Tatorte oder eine Beschränkung des Wahlrechts des Verletzten einzuschränken, wird schon seit langem ein Kompromiss angestrebt[1281].

Oftmals teilen die Beteiligten auch dieselben Bedürfnisse: Beide Parteien haben zunächst primär ein einheitliches Interesse, den Prozess an einem möglichst heimatnahen Gerichtsstand zu führen, dessen Sprache und Gerichtspraxis ihnen vertraut sind, so dass räumliche und sprachliche Zugangsbarrieren entfallen. Daher laufen die Interessen von Parteien mit Wohnsitz in verschiedenen Staaten oftmals völlig auseinander. Dieser Interessenkonflikt wird in der Regel durch den allgemeinen streitgegenstandsunabhängigen Gerichtsstand und den Grundsatz *actor sequitur forum rei* und damit zugunsten des Beklagten entschieden[1282].

[1278] Vergleiche hierzu oben unter 2. Kapitel: § 1. A. I. 2. b. und 2. Kapitel: § 1. B. II. 2. b.
[1279] Hierzu im Folgenden 3. Kapitel: § 1. A.
[1280] Schack, IZVR 2002, Rz 289.
[1281] In diesem Sinne etwa Schack, IZVR 2002, Rz 293; Zöller/Vollkommer 2002, § 32 Rz 1.
[1282] Vergleiche hierzu etwa §§ 12, 13 ZPO, Art 2 (1) EuGVO/EuGVÜ/LGVÜ; kritsch hierzu Geimer, IZPR 2001, Rz 1127, 1131.

Sämtlichen Beteiligten ist jedoch in der Regel ein Interesse an einem möglichst sach- und beweisnahen Gerichtsstand gemein, da dort kostengünstigere und schnellere Verfahren gewährleistet sind. Eine solche Zuständigkeit können die Parteien untereinander durch Vereinbarung in ihrem Sinne selber regeln.
Ebenfalls zeigen beide Parteien ein Interesse an Rechtsnähe, da es für jeden von Vorteil ist, wenn die Kosten des Verfahrens niedrig gehalten werden können, weil die Gerichte keine aufwendigen Rechtsgutachten zu ausländischem Recht einholen müssen. Dieses Interesse können die Parteien durch Ausübung ihres Wahlrechts bei dem anwendbaren Recht nach Art. 27, 42 EGBGB oder indirekt durch die Wahl des Handlungs- oder Erfolgsortes nach Art. 40 (1) EGBGB wahrnehmen.
Ebenfalls für beide Seiten entscheidend ist die Vorhersehbarkeit der internationalen Zuständigkeit. Die Vermeidung langwieriger und kostenintensiver Streitigkeiten um den einschlägigen Gerichtsstand liegt im Interesse beider Parteien und kann durch die Schaffung klarer und einfacher Zuständigkeitsregeln bewirkt werden.

Lediglich der Anspruchsinhaber, der ein oftmals langwieriges Urteilanerkennungsverfahren vermeiden will, hat ein Interesse an Vollstreckungsnähe. Eine solche findet sich zumeist an einem beklagtennahen Gerichtsstand wie dem allgemeinen Wohnsitzgerichtsstand des Beklagten, da sich dort in der Regel vollstreckungstaugliches Vermögen des Schuldners oder gar der Streitgegenstand selbst befindet.

Beiden Parteien mag entgegengehalten werden, dass eine Vielzahl einzelner Prozesse auch deren Risiko besser streut. Allerdings kommt es sowohl dem Verletzer als auch dem Verletzten zugute, wenn das zuständige Gericht umfassend und abschließend urteilt. Entscheidet es nur über einen Teil des erlittenen Schadens, so steht immer noch ein Teil zur Entscheidung offen, was der Rechtssicherheit abträglich ist. Insofern ist die endgültige Erledigung des Rechtsstreits in einem einheitlichen Verfahren für beide Seiten von Vorteil.

Diese Übersicht macht deutlich, dass nicht allein die Sympathie mit dem Verletzten ausschlaggebend für die Gewichtung der Interessen sein darf. Stattdessen ist der Interessenkonflikt in Form eines für beide Seiten akzeptablen Kompromisses zu lösen. Daher ist dem allgemeinen Gerichtsstand auf der einen Seite, der den Beklagten grundsätzlich stärker schützt, ein besonderer Gerichtsstand auf der anderen Seite, etwa der Deliktsgerichtsstand, entgegenzusetzen, der nicht in erster Linie auf die Parteien abstellt, sondern die Sach-, Beweis- und möglicherweise auch Rechtsnähe in den Vordergrund rückt. Da momentan jedoch bei der Auslegung der Tatortregel durch die einzelstaatlichen Gerichte keine einheitliche Linie festgestellt werden kann, bietet sich hier Raum für Diskussionen[1283].

[1283] Gleiches gilt für die Zuständigkeiten nach Art 6 Nr 1, 22 Nr 4 EuGVO und die Problematik bei Art 28, 27 EuGVO, vergleiche hierzu oben 2. Kapitel: § 1. B. IV.

II. Gerichtsinteressen

Auch den Gerichten ist in erster Linie damit gedient, wenn Prozesse an sachnahen Gerichtsständen geführt werden, was die Beweiserhebung vereinfacht, schneller und kostengünstiger ist und nicht von ausländischer Rechtshilfe abhängt. Insbesondere für die Festlegung, ob und welcher Schaden dem Rechtsinhaber entstanden ist, spielt die Opfernähe des erkennenden Gerichts eine maßgebliche Rolle.

Für die Prozessökonomie weiter förderlich ist es, wenn die Gerichte bei ihrer Entscheidung das eigene materielle Recht und damit die *lex fori* anwenden können, weshalb der Gesichtspunkt der Rechtsnähe auch im Interesse der Gerichte liegt. Zwangsläufig verfügen die Gerichte bei der Anwendung des eigenen Rechts über die notwendige Fachkompetenz, was die Richtigkeitsgewähr und demzufolge auch das Vertrauen in die Autorität des Gerichts fördert. Mangels vollständiger Harmonisierung des Sachrechts bleibt es für den Richter schwierig, fremdes Sachrecht auf Sachverhalte anzuwenden, zu deren Ermittlung er außerdem ausländische Zeugen laden und anhören sowie Urkunden in der fremden Sprache lesen und auswerten muss.

Neben der Ermittlung der einschlägigen ausländischen Rechtsnormen kommt es außerdem auf deren Anwendung und Auslegung durch die ausländischen Gerichte an[1284]. Als Beispiel für die innerhalb Europas bestehenden Schwierigkeiten sei nur auf die sich widersprechenden Entscheidungen in den *Epilady*- Fällen hingewiesen, woran die unterschiedliche Auslegung der an sich europaweit einheitlichen Bestimmungen des EPÜ durch die verschiedenen nationalen Gerichte deutlich wird[1285]. Die uneinheitliche Bestimmung des Schutzbereichs der nationalen Teile eines europaweiten Patents durch die nationalen Gerichte führte gar soweit, dass in elf Fällen für und in sieben Fällen gegen den Patentinhaber entschieden wurde.

Dem Interesse nach Rechtsnähe entspricht vor allem der Tatortgerichtsstand, an dem es theoretisch zu einem Gleichlauf von Zuständigkeit und anwendbarem Recht kommen kann, wenn das Wahlrecht bezüglich des zuständigen Tatortgerichts entsprechend zu der Wahl des anwendbaren Rechts ausgeübt wird[1286]. Vor diesem Hintergrund sind die lang praktizierten Dogmen zu sehen wie die Gleichlauftheorie[1287]

1284 Hierzu auch Bornkamm, Grenzüberschreitenden Unterlassungsklagen 2000, 127 (139f).

1285 Vergleiche hierzu die Fallstudie in GRUR Int 1993, 407 mit weiteren Nachweisen. Die Inhaber eines Europäischen Patents für ein batteriebetriebenes Gerät zur Haarentfernung am Körper klagen gegen einen angeblich verletzenden Gegenstand, der ebenfalls der Haarentfernung dient und wie der patentierte Gegenstand insbesondere von Frauen benutzt wird, auf Unterlassung künftiger Verletzung und Feststellung der Schadensersatzpflicht für bereits begangene Verletzungshandlungen. Die Beklagten hingegen wandten ein, dass ihr Gerät das Patent nicht verletze und im übrigen das Patent mangels erfinderischer Tätigkeit nichtig sei. Da beide streitigen Geräte jeweils in den Vertragsstaaten des EPÜ vertrieben wurden, haben sich zahlreiche europäische Gerichte mit den selben Rechtsfragen befasst, was eine europäische Fallstudie zur Harmonisierung der Rechtsprechung im Patentverletzungsstreit ermöglichte.

1286 Schack, IZVR 2002, Rz 293.

1287 Hierunter ist die Theorie von der gegenseitigen Abhängigkeit der internationalen Zuständigkeit vom anwendbaren materiellen Recht zu verstehen, wie sie etwa von der Rechtsprechung im deutschen Erbrecht praktiziert wird.

oder die Lehre vom *forum (non) conveniens*[1288], aufgrund deren nationale Gerichte seither versucht haben, prozessuale Praktikabilität mit den Erfordernissen prozessualer Gerechtigkeit zu vereinen, hierbei jedoch oftmals Gesichtspunkte wie die eigene Arbeitsbelastung in den Vordergrund stellen[1289].

III. Die nationalen Interessen der beteiligten Staaten

Daneben wirken aber auch Staatsinteressen auf die Gewährung oder Versagung der jeweiligen Entscheidungszuständigkeit ein.

Grundsätzlich ist es die Pflicht des Staats und liegt gleichzeitig in seinem Interesse, seine Bürger vor Rechtsverletzungen zu schützen. Um für den Erhalt des Rechtsfriedens zu sorgen, sind hierbei ebenso die Interessen des vermeintlichen Verletzers zu beachten.

Insbesondere im Bereich der Verletzung der Persönlichkeit scheint der Ausgleich einer hierdurch zumeist verursachten Ansehensbeeinträchtigung innerhalb des gleichen Öffentlichkeitsbereichs den staatlichen Opferschutzinteressen zu entsprechen. Dies würde auf einen opferfreundlichen Gerichtsstand am Wohnsitz oder gewöhnlichen Aufenthaltsort des Verletzten hinweisen, da sich dort am ehesten die Auswirkungen der Verletzung manifestieren.

Neben diesen opferschutzrechtlichen Gesichtspunkten hat der Staat speziell im Zusammenhang mit dem Persönlichkeitsschutz verfassungsrechtliche Aspekte zu beachten. Ihm obliegt auch der verfassungsrechtliche Auftrag, die Meinungs- und insbesondere die Pressefreiheit zu garantieren. Hier kommt es daher auf die Gewichtung der Rechtsgüter und deren Ausgleich an, was übertragen auf alle Rechtsordnungen weltweit zu einem unterschiedlichen Schutz bei Persönlichkeitsrechtsverletzungen geführt hat. Im Rahmen einer solchen Abwägung dürfen maßgebliche wirtschaftliche Interessen einzelner Staaten nicht vergessen werden, die den Schutz einheimischer Presseunternehmen bezwecken.

Wirtschaftliche Interessen des Staats spielen auch im Bereich eintragungspflichtiger Schutzrechte eine verstärkte Rolle. Erfolgsversprechende Maßnahmen in dieser Hinsicht liegen vor allem in einer stärkeren internationalen Angleichung des materiellen Rechts und einer einfacheren Rechtsdurchsetzung, was den einheimischen Unternehmen und damit der inländischen Wirtschaft zugute kommt.

[1288] Diese Lehre gewährt die richterliche Befugnis, nach eigenem Ermessen von der Ausübung der an sich bestehenden internationalen Zuständigkeit abzusehen, sofern den Angemessenheitsinteressen der Beteiligten vor einem anderen Gericht besser gedient wäre, hierzu oben 2. Kapitel: § 1. A. II. 2. a. (1)

[1289] Diesbezüglich erscheint jedoch insbesonders unter dem Aspekt der Rechtssicherheit Vorsicht geboten, da es nicht zu Lasten des Klägers gehen darf, sei dies zu Lasten seines Vermögens oder seiner Zeit, dass sich das angerufene Gericht für weniger geeignet hält als ein anderes. Der EuGH will den Rechtsschutz der in der Gemeinschaft niedergelassenen Personen dadurch stärken, dass dem Kläger die Feststellung erleichtert wird, welches Gericht er anrufen kann. Dem Beklagten soll es im Gegenzug ermöglicht werden, bei vernünftiger Betrachtung vorherzusagen, vor welchem Gericht er verklagt werden kann, EuGH Urteil v 9.1.1997 Rs C-383/95, Slg 1997 I 57/75 – Rutten / Cross Medical Ltd, zitiert im Urteil des High Court of Justice [1997] 2 WLR 779-792 – Pearce v Ove Arup, übersetzt in das Deutsche in GRUR Int 1998, 317 (321).

Entsprechend dazu ist den einzelnen Staaten jedoch auch an der Wahrung ihrer Souveränität gelegen, um hierdurch protektionistische Maßnahmen zu Gunsten der heimischen Wirtschaft treffen zu können. Sämtliche Entscheidungen über die Gültigkeit eines Monopols, das erst durch die Erteilung des eintragungspflichtigen Schutzrechts durch den Schutzstaat begründet wurde, sind daher den Gerichten der jeweiligen Schutzstaaten vorbehalten[1290]. Die Zurückhaltung bei Entscheidungen über die Verletzung ausländischer Schutzrechte ist ebenfalls auf dieses Anliegen zurückzuführen[1291]. Nach wie vor beherrscht das Territorialitätsprinzip das internationale Immaterialgüterrecht, so dass die Wirkung der Schutzrechte räumlich auf den Schutzstaat begrenzt bleibt[1292].

IV. Europäische Interessen

Schließlich bestehen auch über die Anliegen der einzelnen nationalen Staaten hinaus Interessen, die auf Europa gerichtet sind.
Dazu zählen Ordnungsinteressen in Form von einheitlichen Entscheidungen innerhalb der europäischen Zuständigkeitsordnung und damit der Schaffung eines gewissen äußeren Entscheidungseinklangs. Im Rahmen der EuGVO sollte es für den Ausgang eines Verfahrens nicht ausschlaggebend sein, in welchem Land es anhängig gemacht wurde. Da allerdings eine Harmonisierung des Kollisionsrechts und erst recht des materiellen Rechts nicht abzusehen ist, kann ein vollständiger Gleichklang der Entscheidungen nicht erwartet werden. Dennoch liegt es im Interesse eines starken Europas, durch die vereinheitlichte Auslegung der Zuständigkeitsregeln bestehende Unterschiede auf ein Minimum zu reduzieren und dadurch die Anerkennungsfähigkeit der Entscheidung im Ausland zu erleichtern.
Auch hinter diesen Zielen stecken jedoch primär wirtschaftliche Interessen, deren oberste Priorität in der Errichtung eines einheitlichen europäischen Binnenmarktes lag und nun dessen Stärkung und Behauptung gegenüber dem US-amerikanischen und asiatischen Markt beabsichtigt.
Durch die Schaffung eines europäischen Gerichtsstands- und Vollstreckungsübereinkommens, das mittlerweile auch die Form einer europäischen Verordnung angenommen hat, wurde versucht, die unterschiedlichen Interessen einschließlich des Gedankens der Prozessökonomie zum Ausgleich zu bringen. Des weiteren wurden innerhalb dieses Gesetzeswerkes, dessen Leitbild die europaweite unbegrenzte Freizügigkeit von Urteilen ist, Regelungen getroffen, die den einzelstaatlichen Provinzialismus zu überwinden versuchen. Hier ist die Möglichkeit in Art. 6 Nr. 1 EuGVO zu nennen, nach der mehrere Verletzer vor nur einem Gericht in einem Prozess verklagt werden können. Außerdem ist die automatische Anerkennung der

---

[1290] Wobei nicht klar ist, wie weit Art 22 Nr 4 auszulegen ist, vergleiche oben 2. Kapitel: § 1. B. II. 4. b.
[1291] Vergleiche hierzu etwa oben unter 2. Kapitel: § 1. A. I. 2. b.
[1292] Vergleiche hierzu oben 2. Kapitel: § 1. B. II. 2. c.

dort ergangenen Urteile garantiert, wenngleich auch hier gewisse Ausschlussgründe[1293] greifen können[1294]. Ferner darf die internationale Zuständigkeit des erkennenden Gerichts im Anwendungsbereich der Verordnung nach Art. 33 EuGVO nur sehr eingeschränkt überprüft werden.
Diese Verbindung von harmonisierter Gesetzgebung mit dem Grundsatz der gegenseitigen Anerkennung soll gleiche Marktbedingungen gewährleisten und so die Verkehrsfähigkeit von Waren und Dienstleistungen im europäischen Binnenmarkt erhöhen und sichern.

Grundlegend bei der Bestimmung von Zuständigkeitsregeln sollten neben den aufgezählten Interessen auch die Gesichtspunkte der Rechtssicherheit und der Zuständigkeitsgerechtigkeit sein. Letztere besteht dann, wenn der Justizanspruch beider Parteien jeweils erfüllt wird[1295].
Es scheint jedoch, dass sich die Ziele der Rechtssicherheit und Zuständigkeitsgerechtigkeit kontraproduktiv gegenüber stehen: Eine „gerechte" Lösung muss meist einen Kompromiss mit vielen Varianten in Kauf nehmen, der dann kaum noch übersichtlich und damit rechtssicher zu sein droht.
Hieraus ergibt sich die Frage, ob trotzdem sämtliche Bedürfnisse so zum Ausgleich gebracht werden können, dass zumindest im Bereich grenzüberschreitender Persönlichkeits- und Immaterialgüterrechtsverletzungen zufriedenstellende, klare und damit immer noch der Rechtssicherheit entsprechende Regelungen gefunden werden können[1296].

§ 2. Kollisionsrechtliche Ebene

Neben der Frage nach der Internationalen Zuständigkeit der Gerichte für Klagen aus Persönlichkeitsrechten, Urheberrechten und Patenten ist für die Durchsetzung dieser Rechte auch das Problem des anwendbaren materiellen Rechts zu klären. Grenzüberschreitende Sachverhalte berühren zwangsläufig mehrere Staaten und damit auch verschiedene Rechtsordnungen. Bei Fällen mit Auslandsberührung ermittelt das zuständige Gericht das anwendbare materielle Recht für den fraglichen Sachverhalt nach seinem internationalen Privatrecht.
Auch für die kollisionsrechtliche Ebene untersucht diese Arbeit, wie die deutschen und englischen Gerichte vorgehen. Bei der Durchsetzung seines Anspruchs ist es für den

---

[1293] Art 34 EuGVO.
[1294] Im Maßnahmekatalog zur Umsetzung der Beschlüsse von Tampere des Rates der europäischen Justizminister wurde als mittelfristiges Regelungsziel beschlossen, einen „Europäischen Vollstreckungstitel" zu schaffen, der wie ein inländischer Titel in allen europäischen Staaten vollstreckt werden kann, wenn er im Ursprungstaat nur ausgefertigt wurde. Damit soll das Exequaturverfahren langfristig ganz abgeschafft werden, womit die bisherigen Ausschlussgründe wegfallen, vergleiche Nr 34 der Beschlüsse des Vorsitzes des Europäischen Rats in Tampere am 15/16.10.1999 in NJW 2000, 1925.
[1295] Pfeiffer 1995, 213f.
[1296] Ein Vorschlag zur Durchsetzung wird im 3. Kapitel gemacht.

Betroffenen oftmals entscheidend zu wissen, ob an den konkurrierenden Gerichtsständen aufgrund unterschiedlicher Kollisionsregeln und deren Handhabung trotz des selben Sachverhalts jeweils verschiedene materielle Rechte zur Anwendung gelangen. Schon die Entscheidung, bei einem bestimmten Gericht eine Klage anhängig zu machen, ist für den Ausgang des Rechtsstreit maßgeblich, da ein einheitliches europäisches Recht für die außervertragliche Haftung von Schäden trotz vielfältiger Bemühungen noch nicht existiert. In diesem Bereich wurde bislang weder materielles Einheitsrecht geschaffen noch ein einheitliches kodifiziertes Kollisionsrecht entwickelt[1297].

A. Deutsche Rechtsordnung

Sowohl für den Persönlichkeitsrechtsschutz als auch den Immaterialgüterrechtsschutz sind in Deutschland keine speziellen geschriebenen Kollisionsregeln vorgesehen[1298]. Damit sind grundsätzlich die deutschen autonomen Kollisionsregeln heranzuziehen. Daneben gilt es jedoch einige Besonderheiten zu beachten.

I. Vorüberlegung

Der Begriff „Deliktsstatut" bezeichnet ganz allgemein das auf eine deliktische Handlung anwendbare Recht. Anknüpfungspunkt hierfür ist die Verletzungshandlung im weiteren Sinn, ohne dass zwischen Handlungs- oder Erfolgsteil unterschieden wird. Aufgrund dieser Verletzungshandlung wird die Bestimmung des anwendbaren Rechts vorgenommen, da grundsätzlich das Recht des Landes als maßgeblich angesehen wird, auf dessen Gebiet sich die Tat ereignet hat, deren Folgen ausgeglichen werden sollen[1299]. Aus diesem Gedanken heraus wird in Deutschland selbstverständlich das

---

[1297] Mittlerweile existiert ein Vorentwurf eines Vorschlags für eine Verordnung über das auf außervertragliche Schuldverhältnisse anzuwendende Recht, unter http://europa.eu.int/comm/justice_home/unit/civil/consultation/index_de.htm.
Direkt auf sachrechtlicher Ebene setzt der Versuch der sogenannten *European Study Group* zur Vereinheitlichung des europäischen Deliktsrechts an, hierzu von Bar ZEuP 2001, 515ff; Kadner-Graziano 2002, bereitet einen Vorschlag zur Harmonisierung der Rechtsanwendungsregeln für das außervertragliche Schuldrecht.

[1298] 1999 wurde mit dem Entwurf für das Gesetz zum Internationalen Privatrecht für außervertragliche Schuldverhältnisse und für Sachen von einer speziellen Kollisionsnorm für Persönlichkeitsrechtsverletzungen abgesehen, BT-Drucks 14/343, 10. Für den Bereich der Urheberrechtsverletzungen enthalten die §§ 120 ff UrhG lediglich Sachrecht im Hinblick auf den persönlichen Anwendungsbereich des Urhebergesetzes beziehungsweise Fremdenrecht und setzen daher für die eigene Anwendbarkeit eine kollisionsrechtliche Entscheidung für das deutsche Recht voraus, Schricker/Katzenberger, UrhR 1999, vor §§ 120 ff Rz 125. Auf staatsvertraglicher Ebene ist im Urheberrecht zumindest umstritten, ob Art 5 (2) 2 RBÜ kollisionsrechtlichen Gehalt hat und etwa als völkervertragliche Kollisionsnorm im Sinne einer auch das nationale Kollisionsrecht erfassenden Verweisung auf das Recht des Landes zu verstehen ist, für dessen Gebiet Schutz in Anspruch genommen wird. Auch für die gewerblichen Schutzrechte gibt es, abgesehen vom umstrittenen Gehalt des Inländerbehandlungsgrundsatzes, keine geschriebenen speziellen kollisionsrechtlichen Bestimmungen, vergleiche hierzu im Folgenden unter 2. Kapitel: § 2. A. IV.

[1299] V Bar, IPR II 1991, Rz 654.

Tatortprinzip[1300] mit dem Deliktsstatut verbunden und als dessen Regelanknüpfung verstanden[1301].

Das Internationale Immaterialgüterrecht nimmt hingegen nur ein spezielles Teilgebiet des Internationalen Deliktsrechts ein[1302]. Im Rahmen von unerlaubten Handlungen wird für das Internationale Immaterialgüterrecht in Form des Schutzlandprinzips eine, zumindest terminologisch gesehen[1303], eigene kollisionsrechtliche Rechtsanwendungsregel herangezogen[1304]: Die Rechtsfolgen von Immaterialgüterrechtsverletzungen richten sich entsprechend ganz herrschender Meinung nach dem Recht des Schutzlandes, also nach dem Recht des Staates, für dessen Gebiet ihr Schutz in Anspruch genommen wird[1305]. Das Schutzlandprinzip steht somit zunächst der Tatortregel gegenüber. Dennoch sind auch Immaterialgüterrechtsverletzungen in das System der unerlaubten Handlungen einzuordnen, da die allgemeinen Regeln der Anknüpfung von Delikten auch für ihre Sonderbereiche gelten[1306]. In beiden Fällen geht es um den Schutz absoluter Rechtsgüter gegen rechtswidrige Verletzungen, deren Grundlage ein außervertragliches Schuldverhältnis ist. Auf die einzelnen Besonderheiten des Schutzrechtsstatuts gegenüber dem allgemeinen Deliktsstatut wird im Weiteren eingegangen[1307].

[1300] Hierzu im Folgenden 2. Kapitel: § 2. A. II. 1.

[1301] Vergleiche nur Palandt/Heldrich 2003, Art 40 Rz 1; v Hoffmann, IPR 2002, § 11 Rz 21; Kadner-Graziano 2002, 134; Staudinger/v Hoffmann 2001, Art 40 Rz 2; MünchKomm/Kreuzer, X 1998, Art 38 Rz 12, 35; v Bar, IPR II 1991, Rz 654.

[1302] Aber dennoch wird das Internationale Immaterialgüterrecht als Sondergebiet des Internationalen Deliktsrechts angesehen, v Bar, IPR II 1991, Rz 710; MünchKomm/Kreuzer, X 1998, Art 38 Rz 100.

[1303] Ob sich die allgemeine Verweisungsregel des Internationalen Deliktsrechts von der des Internationalen Immaterialgüterrechts tatsächlich unterscheidet wird im Folgenden näher erläutert, 2. Kapitel: § 2. A. IV.

[1304] In seinem Gutachten über die internationalprivatrechtlichen Aspekte des Urheberrechts hat Ulmer 1975 den Begriff der *lex loci protectionis* geprägt, der in seinem Anwendungsbereich den allgemeinen Begriff der *lex loci delicti commissi* verdrängt, jedoch nie kodifiziert worden ist, Ulmer, Immaterialgüterrechte 1975, 108 (Art A I; D, E I).

[1305] BGH Urteil v 17.6.1992 BGHZ 118, 394 (397f) - Alf; Staudinger/v Hoffmann 2001, Art 40 Rz 370; Schricker/Katzenberger, UrhR 1999, vor §§ 120 ff Rz 69; MünchKomm/Kreutzer, X 1998, nach Art 38 Anh II Rz 7f; v Bar, IPR II 1991, Rz 702; Stellungnahme des MPI GRUR Int 1985, 104 (105f); Sandrock in v Caemmerer 1983, 380 (400ff); Ulmer RalbelsZ 41 (1977) 479 (485ff); auch Drobnig RabelsZ 40 (1976), 195ff, Neuhaus RabelsZ 40 (1976) 191 (193) und Schack, UrhR 2001 Rz 920, 924 kommen bezüglich Verletzung, Inhalt und Schranken des Urheberrechts zu der Maßgeblichkeit des Recht des Schutzlandes, obwohl sie für die Vorfrage nach der Entstehung und Inhaberschaft des Urheberrechts auf das Recht des Ursprungslandes abstellen und auch in Art 5 (2) 2 RBÜ keine Kollisionsnorm sehen, hierzu sogleich im Folgenden 2. Kapitel: § 2. A. I. 2. b.

[1306] Stellungnahme des MPI GRUR Int 1985, 104 (105f); Schack UFITA 108 (1988) 51 (56) hat die Verweisung auf das Schutzlandrecht sogar als „schönfärbende Bezeichnung für das Deliktsstatut" bezeichnet und dabei Deliktsstatut und Schutzlandprinzip miteinander gleichgesetzt; in diesem Sinne auch Kubis 1999, 195f.
Staudinger/v Hoffmann 2001, Art 40 Rz 2 geht auch von dem einheitlichen Anknüpfungsmoment des Tatorts für sämtliche Deliktsstypen aus, von der etwa für Immaterialgüterrechtsverletzungen im Wege einer Sonderanknüpfung an den Entstehungs- oder Bestandsort des Rechts abgewichen wird. Diese Abweichung vom allgemeinen Deliktsstatut stützt er dabei auf die Ausweichklausel des Art 41 (1) EGBGB, aaO Rz 371; derselbe in v Hoffmann, IPR 2002, §11 Rz 44.

[1307] 2. Kapitel: § 2. A. IV.

Im deutschen Kollisionsrecht werden Verletzungen von Persönlichkeitsrechten und Immaterialgüterrechten daher nach ganz herrschender Meinung deliktisch qualifiziert und damit in das System der unerlaubten Handlungen eingeordnet[1308]. Dies gilt mittlerweile auch für die Folgen einer Verletzung des Namensrechts[1309] sowie der Verletzung des Rechts am eigenen Bild[1310].

Für Persönlichkeitsrechtsverletzungen wird in Deutschland folglich trotz der unterschiedlichen Ausgestaltung des Schutzes in den einzelnen Rechtsordnungen und der engen Verbundenheit des Inhabers mit seinem Recht keine weltweit einheitliche Anknüpfung an die Person vorgenommen[1311]. Eine solche Anknüpfung an das Personalstatut birgt die Gefahr materiellrechtlicher Ungleichbehandlungen, wenn etwa während desselben Vorgangs mehrere Personen verschiedener Staatsangehörigkeit betroffen sind und diese aufgrund der auf sie anwendbaren Rechte jeweils unterschiedlichen Rechtsschutz erfahren, was auch gegen die kollisionsrechtliche Gerechtigkeit verstoßen würde[1312].

Nicht sämtliche Ansprüche aus der Verletzung von Persönlichkeitsrechten und Immaterialgüterrechten unterliegen jedoch zwangsläufig dem Deliktsstatut.

1. Anwendungsbereich des Deliktsstatuts

Aus der Verletzung von Persönlichkeits- und Immaterialgüterrechten können sich unterschiedliche materiellrechtliche Ansprüche ergeben[1313], für die mehrere Statute in Betracht kommen.

Vom Anwendungsbereich des Deliktsstatuts sind nur die Tatbestandsvoraussetzungen der Haftung und die Art und Weise des Schadensersatzes beziehungsweise die Folgen der unerlaubten Handlung umfasst[1314]. Das kollisionsrechtliche Gebot der einheitlichen Behandlung zusammenhängender Rechtsfragen führt dazu, dass Schadensersatzansprüche im engeren Sinne, also Umfang und Höhe des Schadens sowie

---

[1308] Für Persönlichkeitsrechtsverletzungen: BGH Urteil v 3.5.1977 NJW 1977, 1590, 1591 – Profil; Kadner-Graziano 2002, 295; Staudinger/v Hoffmann 2001, Art 40 Rz 53; Wagner 1986, 59. Zu Immaterialgüterrechtsverletzungen vergleiche die unmittelbar vorangegangenen Ausführungen.

[1309] MünchKomm/Kreuzer, X 1998, Art 38 Rz 207; früher knüpfte die Rechtsprechung grundsätzlich an das Heimatrecht des Verletzten an und gewährte einem Ausländer bei Verletzung seines Namens aber keinen weiter reichenden Schutz als ihn das deutsche Recht vorsah, RG Urteil v 29.10.1920 RGZ 100, 182 (185ff) - Gervais. Später ließ die Rechtsprechung den Schutz des deutschen Rechts bei Verletzungen im Inland nicht mehr nur als Höchst-, sondern auch als Mindeststandard gelten, BGH Urteil v 15.1.1953 BGHZ 8, 318 (319f). Dies läuft im Prinzip auf die Anwendung des Rechts des Staates hinaus, für dessen Gebiet der Schutz beansprucht wird und damit auf das Schutzlandprinzip heraus.

[1310] OLG Köln Urteil v 22.5.1973 OLGZ 1973, 330; MünchKomm/Kreuzer, X 1998, Art 38 Rz 209.

[1311] Dies wird in Deutschland vertreten von Danckwerts 1999, 158 ff, 214; Dölle 1972, 124; Wolff 1954, 112.

[1312] Heldrich in v Caemmerer 1983, 361 (373).

[1313] Überblick oben 1. Kapitel: § 2.

[1314] BGH Urteil v 21.4.1960 VersR 1960, 990 (991); Kropholler, IPR 2001, 506; Staudinger/v Hoffmann 2001, Vorbem zu Art 40 Rz 16ff; MünchKomm/Kreuzer, X 1998, Art 38 Rz 281ff.

Beseitigungs-, Berichtigungs-, Widerrufs- und Unterlassungsansprüche einheitlich nach dem Deliktsstatut beurteilt werden[1315].

Für Bereicherungsansprüche bestimmt die spezielle Regelung des Art. 38 (2) EGBGB, dass Ansprüche wegen Eingriffskondiktion dem Recht des Staates unterliegen, in dem der Eingriff geschehen ist. Die Anknüpfung an den Ort des Eingriffs soll einen Gleichlauf mit der Anknüpfung bei unerlaubten Handlungen an den Tatort bewirken[1316]. Von dieser Regelung werden auch Eingriffe in geschützte Interessen wie das Persönlichkeitsrecht erfasst, für die sich ein Gleichlauf mit dem Deliktsstatut besonders anbietet[1317].

Die Ansprüche aus Geschäftsführung ohne Auftrag werden in Art. 39 EGBGB einem eigenen Statut unterstellt. Somit sind Ansprüche wegen angemaßter Eigengeschäftsführung nach § 687 (2) BGB dem Recht des Staates zu unterstellen, in dem das Geschäft vorgenommen wurde. Für die Fälle, in denen der Geschäftsführer auf das ihm fremde Rechtsgut einwirkt, liegt der maßgebliche Geschäftsführungsort am Vornahmeort[1318]. Auch diese relativ offene Anknüpfung soll einen Gleichlauf mit dem Deliktsstatut bewirken[1319].

Damit sind die im Folgenden darzustellenden Prinzipien des allgemeinen Deliktsstatuts auch auf Ansprüche wegen Eingriffskondiktion und Geschäftsführung ohne Auftrag anzuwenden.

Der insbesondere im Zusammenhang mit Persönlichkeitsrechtsverletzungen durch die Medien bedeutsame Anspruch auf Gegendarstellung enthält hingegen einige Besonderheiten:
Da der Gegendarstellungsanspruch in Wechselbeziehung zur ebenfalls grundgesetzlich verbürgten Pressefreiheit steht, ist eine Orientierung an den allein auf privatrechtlichen Schadensausgleich gerichteten Ansprüchen nur begrenzt möglich.
Infolgedessen wird überwiegend auf das Recht des Erscheinungsortes und damit auf das am Sitz des Verlags, der ausstrahlenden Rundfunk- oder Fernsehanstalt geltende Recht abgestellt[1320]. Diese ausschließliche Anknüpfung an den Sitz des Medien-

---

[1315] Staudinger/v Hoffmann 2001, Vorbem zu Art 40 Rz 16, 36f, Art 40 Rz 56; Looschelders ZvglRWiss 95 (1996), 48 (67); Wagner, 1986, 59ff; Heldrich in v Caemmerer, 1983, 361 (373) geht noch weiter und fordert die einheitliche Behandlung aller denkbaren Rechtsfolgen von Persönlichkeitsrechtsverletzungen und schließt damit auch Gegendarstellungs- und Bereicherungsansprüche mit ein.

[1316] BT-Drucks 14/343, 9 mit Argumenten; hierzu auch Staudinger/v Hoffmann 2001, Art 38 Rz 15.

[1317] Palandt/Heldrich 2003, Art 38 Rz 3. Vergleiche die Argumente unter 2. Kapitel: § 2. A. I. für die einheitliche Anknüpfung an das Deliktsstatut.

[1318] BT-Drucks 14/343, 10.

[1319] Palandt/Heldrich 2003, Art 39 Rz 1.

[1320] BGH Urteil v 31.3.1965 NJW 1965, 1230; Palandt/Heldrich 2003 Art 40 Rz 4; Staudinger/v Hoffmann 2001, Art 40 Rz 71, 75; Sonnenberger in FS Henrich 2000, 575 (588); v Hinden 1999, 51f; v Hein 1999, 316.
Fallen Erscheinungsort und Sitz des Medieninhabers ausnahmsweise auseinander, so steht dem Betroffenen die Wahl unter den in Frage kommenden Rechtsordnungen offen, OLG Hamburg ArchPR 1976, 29.

inhabers soll einen Ausgleich gegenüber der speziellen Natur des Gegendarstellungsanspruchs bewirken, dessen präventivzensierender Wirkung sich der Verlag oder die Rundfunkanstalt zu unterwerfen haben[1321]. Aufgrund dieser materiellrechtlichen Belastung soll so zumindest eine kollisionsrechtliche Erleichterung für den vermeintlichen Verletzer geschaffen werden. Der Schwerpunkt am Sitz des vermeintlichen Verletzers wird auch damit gerechtfertigt, dass an diesem Ort in jedem Fall die fragliche Ware in Umlauf gebracht wird, so dass sich der Produzent auf die dort geltenden Haftungsmaßstäbe einstellen kann.
Die Qualifizierung des Gegendarstellungsanspruchs als zumindest quasi-deliktischen Anspruch und damit seine Einordnung unter das Deliktsstatut[1322] ist außerdem als unpraktikabel abzulehnen. Dem Vorteil eines einheitlichen Schutzstatuts stehen zum einen die im Rahmen des Deliktsstatuts vertretenen verschiedenen Ausgestaltungen der Anknüpfung gegenüber, die eine einheitliche Linie wieder zunichte machen[1323]. Zum anderen widerspricht diese Einordnung dem Ziel nach schnellem und effektivem Rechtsschutz, da die Durchsetzung eines auf ausländischem Recht beruhenden Gegendarstellungsanspruchs im Inland sehr fraglich ist[1324].

2. Umfang des Deliktsstatuts

In Verletzungsprozessen wird häufig zunächst einmal die Aktivlegitimation des Klägers bestritten, so dass zunächst geprüft werden muss, ob ein Schutzrecht wirksam entstanden ist, noch besteht und ob gerade der Kläger Inhaber dieses Rechts ist. Dem kodifizierten Kollisionsrecht ist jedoch nicht zu entnehmen, ob das Deliktsstatut neben der Verletzung des Rechts auch diese Fragen umfasst. Hierbei handelt es sich um präjudizielle Rechtsverhältnisse, ohne deren vorherige Klärung die Anknüpfung der Hauptfrage der Verletzung nicht möglich ist. Es stellen sich damit vollständig von der Hauptfrage getrennt anzuknüpfende kollisionsrechtliche Vorfragen[1325].

[1321] V Hinden 1999, 47 ff.
[1322] So MünchKomm/Kreuzer, X 1998, Art 38 Rz 225; Looschelders ZvglRWiss 95 (1996) 48 (80); Stadler JZ 1994, 642ff zur Internationalen Zuständigkeit; v Bar in FS Waseda, 1988, 575 (595); Hohloch ZUM 1986, 165 (176, 179); Heldrich in v Caemmerer 1983, 361 (373).
[1323] MünchKomm/Kreuzer, X 1998, Art 38 Rz 225 plädiert für ein Wahlrecht des Betroffenen zwischen Recht am Handlungsort und Recht am Erfolgsort; Looschelders ZvglRWiss 95 (1996) 48 (67, 80ff) ist für die Geltung des Rechts am Verbreitungsort auch für die Gegendarstellung; das LG München v 5.10.1977, unveröffentlicht, aber berichtet von Wagner 1986, 48, differenziert wiederum, ob der Anspruch auf Gegendarstellung tatbestandsmäßig eine Persönlichkeitsrechtsverletzung voraussetzt oder nicht. In ersterem Fall soll das Deliktsstatut gelten, ansonsten das Recht am Erscheinungsort.
[1324] Vergleiche hierzu oben 2. Kapitel: § 1. B. II. 2. d. (2)
[1325] Zur herrschenden Meinung Regelin 2000, 90 ff mit weiteren Nachweisen; anderer Ansicht Kristin 2001, 85, die speziell die Frage nach dem Bestand des Persönlichkeitsrechts als Teilfrage einordnet, um hier bereits aufgrund dieser Einteilung dem entsprechenden Hauptstatut, also dem Deliktsstatut, zur Anwendung zu verhelfen.

a. Persönlichkeitsrecht

Trotz der Einordnung der Frage nach dem Bestand des Persönlichkeitsrechts als selbständig anzuknüpfende kollisionsrechtliche Vorfrage soll hierfür dennoch das Deliktsstatut maßgeblich sein. Eine getrennte Beurteilung nach Bestand und Schutzbereich auf der einen und Ansprüchen aus der Verletzung des Persönlichkeitsrechts auf der anderen Seite und die Behandlung jener als Vorfrage nach dem Personalstatut werden mittlerweile nicht mehr vertreten[1326].
Gegen eine Sonderanknüpfung an das Heimatrecht des Verletzten spricht insbesondere, dass die Frage nach dem Bestehen des Persönlichkeitsrechts vor deutschen Gerichten aufgrund der Verankerung in der Verfassung für jeden Menschen positiv entschieden ist. Im Unterschied zu den Immaterialgüterrechten werden Persönlichkeitsrechte dem Einzelnen nicht verliehen, sondern stehen diesem kraft seiner Menschenwürde von Geburt an zu[1327]. Es wird allgemein vorausgesetzt, dass jedem Menschen ein solches Recht zukommt. Daher ist es mit den Wertvorstellungen unserer Rechtsordnung nicht zu vereinbaren, den Schutz des Betroffenen vor unerlaubten Handlungen an die Anerkennung des Persönlichkeitsschutzes in seinem Heimatland zu knüpfen. Eine getrennte Anknüpfung würde vielmehr den Schutzstandard verringern, da nur für den Fall Maßnahmen ergriffen würden, wenn sowohl das Deliktsstatut als auch das Personalstatut Persönlichkeitsschutz gewähren.
Somit stellt sich im Grunde die Rechtsfrage nach dem Bestand des Persönlichkeitsrechts nicht im Zusammenhang mit der Hauptfrage nach dessen Verletzung. Der Einwand der Nichtigkeit macht in einem Prozess über Persönlichkeitsrechtsverletzungen folglich wenig Sinn, obwohl er in Verfahren wegen Immaterialgüterrechtsverletzungen mittlerweile den Regelfall darstellt.
Das Persönlichkeitsrecht kann gerade nicht abstrakt von der Verletzung angesehen werden. Als Rahmenrecht kann sein Inhalt nur in wechselbezüglicher Betrachtung mit den Rechten des Handelnden bestimmt werden, weshalb die so festgestellte Verletzung erst den Bestand des Persönlichkeitsrechts zu bestätigen vermag.
Somit ist für sämtlich aufgeworfene (Vor-)Fragen das Deliktsstatut maßgeblich.

Anders ist dies allerdings im Namensrecht, wo die Frage nach dem richtigen Namen als Vorfrage gemäß Art. 10 EGBGB selbständig angeknüpft und damit dem Personalstatut unterstellt wird, während die Folgen einer Verletzung nach dem Deliktsstatut beurteilt werden[1328].

[1326] BGH Urteil v 19.12.1995 BGHZ 131, 332- Caroline v Monaco II, wo der BGH ohne nähere Ausführungen allein vom Deliktsstatut ausgeht; Palandt/Heldrich 2003, Art 40 Rz 14; Staudinger/v Hoffmann 2001, Art 40 Rz 54; v Hinden 1999, 40ff; MünchKomm/Kreuzer, X 1998, Art 38 Rz 215; Looschelders ZvglRWiss 95 (1996) 48 (66); v Bar, IPR II 1991, Rz 23, 694; Schack UFITA 108 (1988) 51 (56); Wagner 1986, 98f.

[1327] V Bar in FS Waseda 1988, 575 (592).

[1328] BT-Drucks 14/343, 10; Palandt//Heldrich 2003, Art 40 Rz 14; Staudinger/v Hoffmann 2001, Art 40 Rz 55; MünchKomm/Kreuzer, X 1998, Art 38 Rz 206.

b. Immaterialgüterrechte

Bevor ein Gericht sich mit der Frage der Verletzung eines Schutzrechts befassen kann, hat es sich regelmäßig mit dem Problem auseinander zu setzen, ob das streitige Schutzrecht wirksam entstanden ist, ob gerade der Kläger Inhaber dieses Rechts und damit aktivlegitimiert ist und ob die spezielle Benutzungshandlung nur dem Rechtsinhaber vorbehalten ist.

Die herrschende Meinung unterstellt sowohl im Urheberrecht als auch im gewerblichen Rechtsschutz die kollisionsrechtlichen Vorfragen nach Entstehung, Inhaberschaft, Inhalt und Schutzumfang einheitlich dem Recht des Landes, für das der Kläger Schutz beansprucht[1329], sofern internationale Konventionen nichts anderes bestimmen[1330].

Für die gewerblichen Schutzrechte ist dies unumstritten, da der öffentlich-rechtliche Charakter des staatlichen Verleihungsaktes und die daraus folgende territorial beschränkte Wirkung des Schutzrechts (noch) keine universale Wirkung zulassen[1331].

Für das Urheberrecht wurde hingegen mit dem Argument, dass das Recht an geistigen Schöpfungen ähnlich wie im internationalen Sachenrecht universal gelten müsse, vertreten, ausschließlich die *lex originis* über die Vorfragen entscheiden zu lassen und damit an das Recht des Ursprungslandes anzuknüpfen[1332]. Die frühen Vertreter der Anknüpfung an das Recht des Ursprungslandes machen gerade nicht die staatliche Verleihung zum Ausgangspunkt der Anknüpfung, sondern stellen nur auf den Inhaber des Immaterialguts und damit auf dessen persönlichkeitsrechtliche Komponente ab. Zum Leitbild wurde der Gedanke des geistigen Eigentums des Schöpfenden erhoben und nicht die nur vom jeweiligen Schutzland verliehenen und gemäß dessen wirtschaftspolitischen Zielen ausgerichteten wechselnden Befugnisse. Unter Berufung auf das Recht des Ursprungslandes soll ein einmal dort subjektiv begründetes Recht überall auf der Welt anerkannt werden können[1333].

[1329] BGH Urteil v 2.10.1997 BGHZ 136, 380 (387) - Spielbankaffaire; Staudinger/v Hoffmann 2001, Art 40 Rz 388; ausführlich zu den gewerblichen Schutzrechten bei Regelin 2000, 90ff, 98ff; Muth 2000, 59f; MünchKomm/Kreuzer, X 1998, nach Art 38 Anh II Rz 17, 26; Schricker/Katzenberger, UrhR, 1999 vor §§ 120ff Rz 69 ff mit umfassenden Nachweisen; v Bar, IPR II 1991, 1991, Rz 710; Riegl 1986, 71; Sandrock in v Caemmerer 1983, 380 (390ff, 402); Ulmer RabelsZ 41 (1977) 479 (495).

[1330] Art 7 (8) RBÜ verweist für die Dauer des Urheberrechtsschutzes auf die Regelung des Schutzlands, doch kann das Recht des Ursprungslandes diese Schutzfrist nach unten begrenzen.

[1331] Regelin 2000, 109f; siehe auch Fn 1329; so auch Drobnig RabelsZ 40 (1976) 195 (206, 207f) für die erste Inhaberschaft und Übertragung von gewerblichen Schutzrechten, der für das Urheberrechte eine andere Meinung vertritt, sogleich im unmittelbar Folgenden.

[1332] Neuhaus RabelsZ 40 (1976) 191 (194f) will Entstehung, Träger und wesentlichen Inhalt der Immaterialgüter überall nach dem Recht des Ursprungslandes beurteilen und ist somit ein Vertreter der reine Lehre des Universalitätsprinzips; Drobnig RabelsZ 40 (1976) 195 (202) will hingegen nur die Vorfragen nach erster Inhaberschaft und Entstehung selbständig an das Recht des Ursprungslandes anknüpfen.

[1333] Neuhaus RabelsZ 40 (1976) 191 (195); Drobnig RabelsZ 40 (1976) 195 (196).

Das Universalitätsprinzip[1334] findet auch heute noch Zustimmung, wenngleich in differenzierter Form: Zum Teil soll nur die Erstinhaberschaft an das Recht des Ursprungslandes anzuknüpfen sein[1335], zum Teil soll zwischen den Fragen der Entstehung des Urheberrechts, dessen ersten Inhaber und der Übertragbarkeit gegenüber den Fragen nach Inhalt und Schranken unterschieden werden. Nur die ersteren sollen dem Recht des Ursprungslandes unterfallen, während für Inhalt und Schranken des Urheberrechts ebenfalls das Recht des Schutzlandes maßgeblich sein soll[1336]. Weitere Ansätze sprechen sich sogar wieder für eine einheitliche Anknüpfung des Urheberrechts im Internationalen Privatrecht im Sinne des Universalitätsprinzips aus[1337].
Diese Anknüpfung an das Recht des Ursprungslandes steht jedoch im direkten Widerspruch zu den hergebrachten Grundsätzen des Internationalen Urheberrechts und den Vorgaben der internationalen urheberrechtlichen Konventionen, die auf dem Territorialitätsprinzip beruhen. Nach dem Inländerbehandlungsgrundsatz in Art. 5 (1) RBÜ können Ausländer unabhängig von der Ausgestaltung des Schutzes im Ursprungsland für die durch das Übereinkommen geschützten Werke den in dem jeweiligen Schutzstaat gewährten nationalen Rechtsschutz für das fragliche Recht in Anspruch nehmen. Im Ursprungsland selber richtet sich gemäß Art. 5 (3) RBÜ hingegen der Schutz ausschließlich nach den nationalen autonomen Vorschriften. Damit werden kaum universale Rechte durch die Konventionen geschaffen[1338].

Das Recht des Schutzlandes bestimmt daher auch die kollisionsrechtliche Vorfrage nach Entstehung, Inhaberschaft, Inhalt und Schutzumfang der Immaterialgüterrechte.

II. Das Deliktsstatut im Allgemeinen

Das Internationale Deliktsrecht ist in Deutschland in den Art. 40 – 42 EGBGB kodifiziert. Auch nach der Neuregelung des EGBGB durch das Gesetz zum Internationalen Privatrecht für außervertragliche Schuldverhältnisse und Sachen, welches am 1.6.1999 in Kraft trat[1339], wird an der Tatortregel als Ausgangspunkt festgehalten. Allerdings wurde das seither uneingeschränkt geltende Günstigkeitsprinzip[1340] modifiziert[1341] sowie das sogenannte *„privilegium*

[1334] Das Universalitätsprinzip steht dem Territorialitätsprinzip gegenüber. Aus letzterem folgt für die kollisionsrechtliche Ebene das Schutzlandprinzip, während das Universalitätsprinzip zur Anknüpfung an das Recht des Ursprungslandes gelangt.
[1335] Regelin 2000, 178-184.
[1336] Schack, UrhR 2001, Rz 905, 908, 920, 924; derselbe in ZUM 1989, 267 (276, 278); derselbe in GRUR Int 1985, 523 (524f); derselbe in Anknüpfung, 1979, Nr 103, 108ff.
[1337] Intveen 1999, 85-133 fordert zumindest bei grenzüberschreitenden Datenübertragungen die Durchsetzung des Universalitätsprinzips im Wege der Schaffung neuer gesetzlicher Voraussetzungen; auch Muth 2000, 151ff, 177f hält die Anknüpfung an das Ursprungsland für die vielversprechendste Lösung bei Urheberrechtsverletzungen im Internet.
[1338] MünchKomm/Kreuzer, X 1998, nach Art 38 Anh II Rz 2.
[1339] BGBl 1999 I, 1026f.
[1340] Hierzu sogleich im Folgenden 2. Kapitel: § 2. A. II. 1. b. . Kritisch hierzu v Hein 1999, 252-268; Pfeiffer NJW 1999, 3677 (3675f).

germanicum[1342]" zugunsten der speziellen *ordre-public*-Norm des Art. 40 (3) EGBGB gestrichen.

1. Tatortregel[1343]

Art. 40 (1) 1, 2 EGBGB enthält als Grundregel des Internationalen Deliktsrechts das Tatortprinzip. Die *lex loci delicti commissi* bestimmt für unerlaubte Handlungen die Anwendung des Recht des Handlungsortes oder nach Wahl des Betroffenen auch das Recht des Erfolgsorts.

a. Ubiquitätsprinzip

Auch Art. 40 (1) EGBGB in seiner heute geltenden Fassung folgt damit dem Ubiquitätsprinzip[1344]. Dieses geht von der Gleichwertigkeit zwischen Handlung und Erfolg als konstitutive Elemente deliktischer Haftung aus und bestimmt, dass eine unerlaubte Handlung nach der Tatortregel sowohl am Handlungs- als auch am Erfolgsort begangen werden kann[1345]. Der Begehungsort enthält dadurch zwei für die Anknüpfung maßgebliche Komponenten.

b. Günstigkeitsprinzip

Die zwangsläufig zwischen diesen beiden Alternativen entstehende Konkurrenz wurde seither nach dem reinen Günstigkeitsprinzip gelöst, da das Ubiquitätsprinzip selbst zum Verhältnis der beiden berufenen Rechtsordnungen keine Aussage trifft. Demzufolge wurde strikt das für den Betroffenen günstigere Recht angewandt. Seit der Neuregelung des Art. 40 (1) EGBGB hat das Gericht jedoch nicht mehr von Amts wegen das günstigere Recht heranzuziehen, da es aus der als unpraktikabel eingestuften Amtspflicht zur Durchführung des Günstigkeitsvergleichs entlassen wurde[1346]. Stattdessen obliegt es nun dem Verletzten selber, bis zu einem bestimmten

---

[1341] So auch v Hoffmann, IPR 2002, § 11 Rz 25; Staudinger/v Hoffmann 2001, Art 40 Rz 9; Sonnenberger in FS Henrich 2000, 575 (577); v Hein 1999, 252 ff; v Hinden 1999, 208; anders jedoch Palandt/Heldrich 2003, Art 40 Rz 4 aE, nach dem der Günstigkeitsvergleich entfallen sei.

[1342] Dieses schirmte Deutsche gegenüber den Deliktsansprüchen des ausländischen Rechts ab, soweit letztere über das deutsche Haftpflichtniveau hinausgingen. Zum Heimwärtsstreben und Art 38 EGBGB aF v Bar, IPR II 1991, Rz 679ff.

[1343] Zu den Geltungsgründen der Tatortregel aus rechtsvergleichender Sicht bei Kadner-Graziano 2002, 138-147.

[1344] Zur Entwicklung des Ubiquitätsprinzips auch aus rechtsvergleichender Sicht Kadner- Graziano 2002, 203-206.

[1345] Das Ubiquitätsprinzip ist vom Reichsgericht entwickelt worden, um die Schwierigkeiten bei der Bestimmung von Handlungs- und Erfolgsort und deren Verhältnis zu klären, RG Urteil v 20.11.1888 RGZ 23, 305 (306) - Briefdelikt; RG Urteil v 30.3.1903 RGZ 54, 198 (205) - Schuss über die Grenze.

[1346] Vergleiche hierzu die Regierungsbegründung, BT-Drucks 14/343, 11f.

Zeitpunkt im Verfahren[1347] die Anwendung des Rechts des Erfolgsorts zu verlangen[1348]. Dadurch ist nun die Anknüpfung an den Handlungsort der Regelfall[1349].

c. Lokalisierung des Handlungsorts

Unter Handlungsort wird allgemein der Ort bezeichnet, an dem die für den Eintritt der Rechtsgutsverletzung maßgebliche Ursache gesetzt worden ist[1350]. Es ist daher von einer tatbestandsmäßigen Ausführungshandlung mit Außenwirkung auszugehen.
Dabei verursachen Handlungen, bei denen sich das deliktische Geschehen durch mehrere zeitlich aufeinander folgende Entwicklungsstufen zieht und die sich außerdem noch an verschiedenen Orten verwirklichen, für die Lokalisierung des Handlungsorts die größten Probleme[1351]. Insbesondere Verletzungen der Persönlichkeit ereignen sich typischerweise durch solche mehraktigen Vorgänge. Als Beispiel kann die Verletzung der Persönlichkeit durch den Vertrieb des gleichen Presseerzeugnisses mit verletzendem Inhalt in mehreren Staaten, für das mehrere Reporter unterschiedliche Beiträge an unterschiedlichen Orten geliefert haben[1352] und über dessen Veröffentlichung von weiteren Personen entschieden wurde, während der Druck wiederum an einem neuen Ort erfolgt ist, herangezogen werden. Hierdurch kann ein und derselbe Rechtsträger durch eine unerlaubte Handlung in mehr als zwei Rechtsordnungen verletzt werden[1353].

[1347] Das Bestimmungsrecht besteht nur im ersten Rechtszug bis zum Ende des frühen ersten Termins, § 275 ZPO oder des schriftlichen Vorverfahrens, § 276 ZPO. Pfeiffer NJW 1999, 3674 (3676) weist auf die Probleme für den erstinstanzlichen Rechtsanwalt aufgrund dieser Bestimmung hin, vergleiche auch Sonnenberger in FS Henrich 2000, 575 (578).

[1348] Damit steht ihm eine kollisionsrechtliche Ersetzungsbefugnis zu, Pfeiffer NJW 1999, 3674 (3676), dort auch zur rechtsgestaltenden Wirkung der Ausübungserklärung; hierzu auch Palandt/Heldrich 2003, Art 40 Rz 4; kritisch auch v Hoffmann, IPR 2002, § 11 Rz 26; Staudinger/v Hoffmann 2001, Art 40 Rz 10 zum Meinungsstand.

[1349] Dies sollte aber nicht dazu verleiten, aus der neueingeführten Regelanknüpfung an den Handlungsort auf eine generelle Aufwertung der Interessen zu schließen, die aufgrund ihrer verhaltenssteuernden Funktion die Anknüpfung an den Handlungsort gegenüber der Anknüpfung an den Erfolgsort, für welche die Ausgleichfunktion spricht, befürworten zu den einzelnen Argumenten etwa Kadner-Graziano 2002, 213-224; Kegel/Schurig 2000, 626f; Riegl 1986, 53ff; Lorenz in v Caemmerer 1983, 95 (101ff). Die neue Regelung soll auf rein verfahrensökonomischen Erwägungen beruhen, Staudinger/v Hoffmann 2001, Vorbem zu Art 40 Rz 70; Pfeiffer NJW 1999, 3674 (3675).

[1350] Palandt/Heldrich 2003, Art 40 Rz 3

[1351] Lorenz in v Caemmerer 1983, 95 (103) spricht hier von räumlich-zeitlich gestreckten Handlungen.

[1352] Ein Fotoreporter hat beispielsweise private Aufnahmen von Prinzessin Caroline von Monaco gemacht, die später in der weltweit erscheinenden Zeitschrift veröffentlicht werden, BGH Urteil v 15.12.1999 BGHZ 101, 160ff – Caroline v Monaco IV.

[1353] Schwieriger ist dies schon im Bereich der Immaterialgüterrechte, wo grundsätzlich davon ausgegangen wird, dass ein Schutzrecht nur in dem Territorium durch einen Verwertungshandlung verletzt werden kann, in welchem es im Zeitpunkt der Verletzung tatsächlich bestand und gegen diese Handlung wirksam geschützt war. Aufgrund dieser Limitierung auf ein Territorium ist davon auszugehen, dass örtlicher Schutzbereich und Verletzungsort immer zusammenfallen, so dass Handlungs- und Erfolgsort nicht in verschiedenen Schutzstaaten liegen können. Ubiquitäre Verletzungen sind im Grunde ausgeschlossen. Dennoch sind auch auf diesem Gebiet grenzüberschreitende Handlungen denkbar, vergleiche Schricker/Katzenberger, UrhR 1999, vor §§ 120ff Rz 135ff; Sandrock in v Caemmerer 1983, 380 (426ff); Martiny RabelsZ 40 (1976), 218 (226ff).
Zwar lässt sich der Schutzbereich eines Rechts territorial begrenzen, nicht jedoch die Benutzungshandlung. Schwierigkeiten ergeben sich daher, wenn sich eine Handlung nicht eindeutig territorial zuordnen lässt, also

Bei der Bestimmung des Handlungsorts muss daher zunächst die maßgebliche Handlung festgelegt und von den lediglich internen Vorbereitungshandlungen abgegrenzt werden[1354]. Nach der herrschenden Meinung in der Literatur richtet sich diese Abgrenzung nach dem Recht des jeweiligen Vornahmeorts des zu beurteilenden Verhaltens[1355]. Folglich wird bezüglich jedes fraglichen Akts einzeln geprüft, ob das Vornahmeortrecht diesen als Vorbereitung ansieht. Hält das Recht am Vornahmeort das fragliche Verhalten nur für eine Vorbereitungshandlung, ist das Deliktsstatut diesbezüglich nicht maßgeblich. Scheint danach jedoch die Grenze zur Ausführungshandlung überschritten, wird das Recht des Vornahmeorts ebenfalls zum Deliktsstatut[1356]. Ein solches Vorgehen führt zwangsläufig zur Problematik der Mehrheit von Handlungsorten. Denn sobald von mehreren Handlungen mit Außenwirkung auszugehen ist, taucht die Frage auf, ob jede dieser Handlungen eine Anknüpfung an den Handlungsort zu Folge haben kann[1357]. Im Fall der Konkurrenz mehrerer Handlungsorte wird in Deutschland überwiegend, entsprechend der Problematik bei Vorliegen von unterschiedlichem Handlungs- und Erfolgsort, das Günstigkeitsprinzip herangezogen, so dass auch hier dem Betroffenen ein Wahlrecht eingeräumt wird[1358]. Mit Hilfe des so bestimmten Rechts wird dann einheitlich über den gesamten fraglichen Sachverhalt entschieden.

---

etwa im Fall des Versands von Werbematerial in verschiedene Staaten, oder wenn eine in einem bestimmten Staat nachgebaute Erfindung in zahlreichen anderen Staaten mehrfach benutzt wird.
Dann ist nicht nur interessant, wie eine Vorbereitungshandlung von der tatbestandsmäßigen Ausführungshandlung abgegrenzt werden kann, sondern außerdem, wann ausländische Tatbeiträge noch Bestandteile einer inländischer Verletzungshandlung sind und dadurch aber nur inländische Rechtsfolgen auslösen können. Hierzu auch unten 2. Kapitel: § 2. A. IV. 1. und 2. Kapitel: § 2. A. IV. 4.

[1354] Vorbereitungshandlungen können keinen Handlungsort begründen: BGH Urteil v 5.5.1956 MDR 1957, 31 (33); BGH Urteil v 16.6.1994 BGHZ 126, 252 (258); Palandt/Heldrich 2003, Art 40 Rz 3; v Hoffmann, IPR 2002 § 11 Rz 27; Staudinger/v Hoffmann 2001 Art 40 Rz 18; v Hein 1999, 269ff, 273ff zur Abgrenzung von Vorbereitungs- und Ausführungshandlung; MünchKomm/Kreuzer, X 1998, Art 38 Rz 44; Soergel/Lüderitz, 1996, Art 38 Rz 4; v Bar, IPR II 1991, Rz 661.

[1355] Kegel/Schurig 2000, 629; MünchKomm/Kreuzer, X 1998, Art 38 Rz 44; Riegl 1986, 40 Fn 47; anderer Ansicht Staudinger/v Hoffmann 2001, Art 40 Rz 18, der eine Abgrenzung unter Aufstellung eines einheitlichen, vom deutschen Kollisionsrecht und dessen Handlungsbegriffs ausgehenden Kriteriums vornehmen will, das zwei Elemente enthält: Danach setzt eine tatbestandsmäßige Handlung mit Außenwirkung „eine willensabhängige Tätigkeit, die als Gefährdung eines rechtlich geschützten Interesses in die Außenwelt tritt", voraus; v Hein 1999, 269ff; v Hinden 1999, 57f.

[1356] MünchKomm/Kreuzer, X 1998, Art 38 Rz 44; anderer Ansicht Staudinger/v Hoffmann 2001, Art 40 Rz 18, nach dem Orte bloßer Vorbereitungshandlungen auch dann nicht berücksichtigt werden, wenn der Vorbereitungshandlung nach dem Recht des Vornahmeorts rechtliche Bedeutung zukommt.

[1357] Dieses Problem taucht bei Immaterialgüterrechtsverletzungen so nicht auf. Es ist allerdings möglich, dass eine Verletzungshandlung, die sich über mehrere Ländergrenzen hinweg erstreckt, nach sämtlichen tangierten Schutzlandrechten eine Verletzung darstellt und daher mehrfach herangezogen werden kann. Dennoch liegt nicht ein mehrfach geteilter Eingriffsort vor, sondern jeweils voneinander unabhängige Begehungsorte. Da jedes Schutzlandrecht nur bis an seine Grenze wirkt, wird der Gesamtsachverhalt nicht nach sämtlichen Rechten gleichzeitig gewürdigt, so dass niemals mehr als ein Recht auf einem Territorium angewandt sein kann, zum Problem der Grenzüberschreitung im Folgenden 2. Kapitel: § 2. A. IV. 4.

[1358] Palandt/Heldrich 2003, Art 40 Rz 3, nach dem Art 40 (1) 2 EGBGB analog anzuwenden ist; Kegel/Schurig 2000, 633; MünchKomm/Kreuzer, X 1998, Art 38 Rz 47, 50; Soergel/Lüderitz 1996, Art 38 Rz 16; anderer Ansicht Staudinger/v Hoffmann 2001, Art 40 Rz 20, der mit der Neuregelung des Art 40 (1) 2, 3 EGBGB hierfür keine gesetzliche Grundlage sieht; Kropholler, IPR 2001, 499, der nur den Handlungsort für entscheidend hält, zu dem entsprechend Art 41 (1) EGBGB die engsten Verbindung besteht.

d. Lokalisierung des Erfolgsorts

Der Erfolgsort ist am Ort des Eintritts der Rechtsgutsverletzung und damit der tatbestandsmäßigen Vollendung des Delikts zu lokalisieren[1359]. Auf den Ort des Eintritts der endgültigen Schadensfolgen oder weiterer, mittelbarer Verletzungsfolgen kommt es aus deutscher Sicht grundsätzlich[1360] nicht an[1361]. Maßgeblich ist damit nur der Ort, an dem das unmittelbar betroffene Rechtsgut sich zur Zeit der Verletzung befindet[1362]. Eine Mehrheit von Erfolgsorten tritt bei Streudelikten auf, wenn etwa, wie bei Persönlichkeitsrechtsverletzungen, mehrere Rechtsordnungen gleichzeitig betroffen sind[1363]. Im Falle der Konkurrenz mehrerer Erfolgsorte wird ebenfalls auf das Günstigkeitsprinzip verwiesen und damit dem Betroffenen ein Wahlrecht eingeräumt[1364].

e. Lokalisierung des Tatorts bei Distanz- oder Streudelikten

Fallen Handlungsort und Erfolgsort zusammen, so liegt ein Platzdelikt vor. Für solche Fälle bietet die Anknüpfung mithilfe der Tatortregel an das Recht dieses Staates eine einfache und klare Rechtszuweisung. Schon schwieriger wird die Rechtszuweisung bei Distanzdelikten, wenn beide Orte geographisch und damit unerlaubte Handlung und schädigender Erfolg auseinander fallen. Dann stehen dem Verletzten der Ubiquitätslehre und dem Günstigkeitsprinzip zur Folge beide Rechtsordnungen als anwendbares Recht zur Wahl[1365]. Noch problematischer erscheint die Umsetzung der Tatortregel, wenn sich neben der unerlaubten Handlung, die sich möglicherweise an mehreren relevanten Handlungsorten auswirkt, mehrere Erfolge in verschiedenen Territorien realisiert haben. In diesen Fällen, in denen eine Vervielfachung möglicher, für das anwendbare Recht entscheidender Orte auftritt, scheint die Lokalisierung des Tatorts aufgrund seiner grenzüberschreitenden Spaltung daher weitere Konkretisierungen zu erfordern. Für die Anknüpfung bei Streu- oder *multi-state*-Delikten liegen zahlreiche

---

[1359] Palandt/Heldrich 2003, Art 40 Rz 4; MünchKomm/Kreuzer, X 1998, Art 38 Rz 48; Soergel/Lüderitz 1996, Art 38 Rz 11.

[1360] Anders ist dies nur, wenn der Schadenseintritt Tatbestandsmerkmal ist. Dann liegt eine unmittelbare primäre und damit beachtliche Vermögensschädigung vor, vergleiche etwa § 826 BGB. Zur Problematik bei der Lokalisierung reiner Vermögensschäden, Staudinger/v Hoffmann 2001, Art 40 Rz 282 mit weiteren Nachweisen.

[1361] BGH Urteil v 14.5.1969 BGHZ 52, 108 (111); BGH Urteil v 3.5.1977 NJW 1977, 1590; BGH Urteil v 24.9.1986 NJW 1987, 592; Palandt/Heldrich 2003, Art 40 Rz 4; v Hoffmann, IPR 2002, § 11 Rz 30; Kropholler, IPR 2001, 496f; Staudinger/v Hoffmann 2001, Art 40 Rz 24; Kegel/Schurig 2000, 632; MünchKomm/Kreuzer, X 1998, Art 38 Rz 48; Soergel/Lüderitz 1996, Art 38 Rz 11; Riegl 1986, 45f; Überblick über die Behandlung im europäischen Internationalen Privatrecht gibt Kadner-Graziano 2002, 208-212.

[1362] Kropholler, IPR 2001, 496.

[1363] Hier sei wieder auf das obige Beispiel der weltweit erscheinenden Zeitschrift mit persönlichkeitsverletzendem Inhalt hingewiesen.

[1364] Palandt/Heldrich 2003, Art 40 Rz 4, der auch hier ein Wahlrecht des Betroffenen analog Art 40 (1) 2 sieht; Kegel/Schurig 2000, 633; MünchKomm/Kreuzer, X Art 38 Rz 50; anderer Ansicht Staudinger/v Hoffmann 2001, Art 40 Rz 26, der eine Anknüpfung am Schwerpunkt des Erfolges befürwortet. Allerdings wird das Wahlrecht des Verletzten anderweitig eingeschränkt, zur territorialen Beschränkung im Folgenden unter 2. Kapitel: § 2. A. III. 2. d.

[1365] Vergleiche hierzu oben unter 2. Kapitel: § 2. A. II. 1. a. und 2. Kapitel: § 2. A. II. 1. b.

Konzepte zur Konkretisierung der Tatortregel vor, durch die zufällige Ergebnisse vermieden und eine praxisgerechte Anknüpfungsregel gefunden werden sollen. Allen ist das Ziel gemeinsam, eine unbeschränkte Wahlmöglichkeit des Betroffenen von vornherein oder auch erst später sachgerecht einzuschränken und einen Ausgleich sämtlicher beteiligter Interessen zu erreichen[1366]. Die gleiche Frage stellt sich entsprechend für die deliktische Zuständigkeit nach § 32 ZPO und Art. 5 Nr. 3 EuGVO[1367].

2. Auflockerung der Tatortregel

Die Tatortregel kommt jedoch von vornherein nicht zur Anwendung, wenn eine Sonderanknüpfung an den gemeinsamen gewöhnlichen Aufenthalt der Parteien gemäß Art. 40 (2) EGBGB möglich ist[1368], die Parteien eine nachträgliche Rechtswahl nach Art. 42 (1) EGBGB getroffen haben[1369] oder eine wesentlich engere Verbindung oder stärkere Beziehung zu einer anderen Rechtsordnung nach Art. 41 (1) EGBGB besteht[1370].

In diesen Fallgestaltungen überwiegen die Interessen an einer Ausnahme vom Tatortprinzip: Das Verkehrsinteresse an einer Anknüpfung an den Tatort tritt dann zurück, wenn Personen mit demselben gewöhnlichen Aufenthalt in einem Staat sich vorübergehend im Ausland aufhalten, wo sich zwischen ihnen eine Verletzungshandlung

---

[1366] Es wird versucht, bereits die Vielzahl der anknüpfungsrelevanten Orte auf wenige oder gar auf nur einen zu reduzieren, sei es nur an einem Handlungsort oder nur an einem Erfolgsort. Ein anderer Weg geht über die territoriale Beschränkung des Deliktsstatuts und damit das kollisionsrechtliche Mosaikprinzip, hierzu im Folgenden 2. Kapitel: § 2. A. III. 2. d..

Im Einzelnen etwa für Immaterialgüterrechte: Peinze 2002, 195-201; Muth 2000, 139-154, 178; Intveen 1999, 85-133; Regelin 2000, 310-313; Sandrock in v Caemmerer 1983, 382-439.

Für Persönlichkeitsrechtsverletzungen: Kadner-Graziano 2002, 561-564; Kristin 2001, 185ff; Löffler, Mediendelikte 2000„ 116-141; v Hein 1999, 320ff; v Hinden 1999, 41ff, 151ff, 240f; Kubis 1999, 16ff unter Verweis auf die Problematik der Internationalen Zuständigkeit 118ff; Danckwerts 1999, 49ff, 165fff; Wagner RabelsZ 62 (1998) 241-285; Looschelders ZvglRWiss 95 (1996) 48-91; Schack UFITA 108 (1988) 51 (63ff); Wagner 1986, 74ff; Hohloch ZUM 1986, 165 (178); Heldrich in v Caemmerer 1983, 362-379; mit einem rechtsübergreifenden Lösungsansatz Riegl 1986, 162ff.

[1367] Hierzu oben zu § 32 ZPO 2. Kapitel: § 1. A. I. 2. b. und zu Art 5 Nr 3 EuGVO 2. Kapitel: § 1. B. II. 2. b.

[1368] Hierzu BGH Urteil v 14.12.1999 NJW 2000, 1188 (1190); Palandt/Heldrich 2003, Art 40 Rz 5; Kropholler, IPR 2001, 500ff; Staudinger/v Hoffmann 2001, Art 40 Rz 393f; Kegel/Schurig 2000, 633ff.

[1369] BGH Urteil v 6.11.1973 NJW 1874, 410; BGH Urteil v 24.9.1986 BGHZ 98, 263 (274); Palandt/Heldrich 2003, Art 40 Rz 7; v Hoffmann, IPR 2002, § 11 Rz 45, der auch eine vorherige Rechtswahl zulassen will; Kegel/Schurig 2000, 639f.

Auch eine nachträgliche Rechtswahl bei Immaterialgüterrechtsverletzungen wird von der herrschenden Meinung in Deutschland unter Verweis auf das materielle Territorialitätsprinzip nicht in Betracht gezogen, BGH Urteil v 17.6.1992 BGHZ 118, 394 (396f) – Alf; MünchKomm/Kreuzer, X 1998, nach Art 38 Anh II Rz 15; v Bar, IPR II, 1991, Rz 710; Stellungnahme des MPI GRUR Int 1985, 104 (106); anderer Ansicht und damit für eine Rechtswahl zumindest bezüglich der Haftungsfolgen, Staudinger/v Hoffmann 2001, Art 40 Rz 392 unter Hinweis auf Schack MMR 2000, 59 (65).

[1370] Nähere Nachweise bei Palandt/Heldrich 2003, Art 40 Rz 6; v Hoffmann, IPR 2002, § 11 Rz 39ff; Kropholler, IPR 2001, 502ff; Kegel/Schurig 2000, 639.

ereignet[1371]. Die praktischen Interessen an einer Schadensabwicklung gemäß dem gemeinsamen gewöhnlichen Aufenthaltsrecht sind daher vorrangig zu beachten.
Die vorrangige Ausweichklausel der wesentlich engeren Verbindung nach Art. 41 (1) EGBGB kommt insbesondere in Betracht, wenn weder der Begehungsort noch das gemeinsame Personalstatut, sondern eine schon bestehende rechtliche oder tatsächliche Beziehung zwischen Schädiger und Geschädigtem stärkstes Charakteristikum des Sachverhalts bildet[1372]. Diese Anknüpfung ist der Praxis des angloamerikanischen Rechtskreises entlehnt, wo die Bestimmung des anwendbaren Rechts durch den Richter erfolgen kann und nicht nach feststehenden Regeln ermittelt wird[1373].

III. Besonderheiten bei Persönlichkeitsrechtsverletzungen

1. Konkreter Handlungsort

Grundsätzlich ist der Handlungsort bei Persönlichkeitsrechtsverletzungen, wie bei anderen Delikten auch, am Ort der tatbestandsmäßigen Ausführungshandlung mit Außenwirkung zu lokalisieren.
Hingegen zählen in Deutschland Vorgänge wie journalistische Recherchen, Interviews, das Schreiben eines Artikels und dessen Druck zu den nicht maßgeblichen Vorbereitungshandlungen, welche die eigentliche Verletzung nur unterstützen[1374]. Anders ist dies jedoch bei einzelnen Eingriffen in die Privatsphäre zum Zwecke der Informationsgewinnung. Macht ein aufdringlicher Pressefotograf unbemerkt an einem intimen Ort Aufnahmen von einer Person zum Zwecke der späteren Veröffentlichung, hat er schon am Ort der Aufnahme unerlaubt gehandelt[1375]. Für das Presseunternehmen, das später die Fotos veröffentlichen wird, hat dort jedoch lediglich eine Vorbereitungshandlung stattgefunden[1376].
Bei Verletzungen der Persönlichkeit durch Presseerzeugnisse finden somit im Vorfeld komplexe Abläufe statt, an denen unzählige Personen beteiligt sein können. Als relevante Anknüpfungsorte für die Handlung kommen grundsätzlich sämtliche Orte in Frage, an denen ein Mitarbeiter des Presseunternehmens tätig wurde[1377], also der Sitz der Redaktion, der Ort der Druckerei, der Herstellung, des Transports und

---

[1371] Bei Immaterialgüterrechtsverletzungen ist eine Anknüpfung an den gemeinsamen gewöhnlichen Aufenthalt der Parteien nach Art 40 (2) BGB aufgrund der strikten Geltung des materiellen Territorialitätsprinzips nicht möglich, MünchKomm/Kreuzer, X 1998, nach Art 38 Anh II Rz 15.

[1372] V Hoffmann, IPR 2002, § 11 Rz 44 sieht in der kollisionsrechtlichen Anknüpfung für die Rechtsfolgen einer Verletzung von Immaterialgüterrechten an das Recht des Schutzlandes und damit an das Recht des Entstehungs- bzw Bestandsorts nur eine Abweichung von der Tatortregel des Art 40 (1) EGBGB. Auch die Anknüpfung an das Recht des Schutzlandes stelle damit eine Sonderanknüpfung dar, die auf die Ausweichklausel des Art 41 (1) EGBGB gestützt werden kann, da bei Immaterialgüterrechtsverletzungen eine wesentlich engere Verbindung zum Schutzland bestehe.

[1373] Diese Anknüpfung an das „*proper law of the torts*" wurde schon früh kritisiert, Beitzke JuS 1966, 139 (141), der hierdurch die Vorhersehbarkeit des anwendbaren Rechts für gefährdet hält.

[1374] Staudinger/v Hoffmann 2001, Art 40 Rz 18.

[1375] Staudinger/v Hoffmann 2001, Art 40 Rz 58.

[1376] So auch OLG Oldenburg Urteil v 14.11.1988 NJW 1989, 400f.

[1377] So Kegel/Schurig 2000, 631; Soergel/Lüderitz 1996, Art 38 Rz 6.

Vertriebs[1378]. Überwiegend wird jedoch die Konzentration auf nur einen maßgeblichen Handlungsort befürwortet. Nach der herrschenden Meinung in Deutschland wird daher der Handlungsort bei Pressedelikten am Erscheinungsort des verletzenden Mediums lokalisiert[1379]. Allerdings ist schon der presserechtliche Begriff des Erscheinungsortes eines Druckwerks äußerst umstritten[1380], was die Meinungsvielfalt bei seiner Konkretisierung erklärt[1381]. Nach wohl herrschender Ansicht ist unter dem Erscheinungsort eines Druckwerks der Ort zu verstehen, an dem die öffentliche Verbreitung beginnt und damit das Erzeugnis der Allgemeinheit zugänglich gemacht wird[1382]. Mit dem ersten Akt der öffentlichen Verbreitung gilt das Erscheinen des Druckwerks als abgeschlossen und vollendet[1383].

Die Gegenauffassung will im Einklang mit der Rechtsprechung des EuGH zu Art. 5 Nr. 3 EuGVO[1384] den Handlungsort am Ort des tatsächlichen Sitzes des Presseunternehmens als dessen Verhaltenszentrale und damit Schwerpunkt der unerlaubten Handlung festlegen[1385].

Diese beiden Standpunkte werden in der Regel zum selben Ergebnis führen, da die verletzenden Artikel zumeist auch am Sitz des Medienunternehmens erscheinen[1386]. Zwingend ist dies jedoch nicht[1387]. Als Gegenbeispiel können die großen, weltweit publizierenden Zeitungen und Magazine mit einem zentralen Sitz angeführt werden, die in Ländern außerhalb ihres Sitzstaates spezielle Ausgaben drucken und publizieren[1388]. Allerdings befindet sich bei solchen selbständigen Auslandsausgaben

---

[1378] Einen Überblick über die Meinungsvielfalt gibt MünchKomm/Kreuzer, X 1998, Art 38 Rz 216.

[1379] BGH Urteil v 19.12.1995 BGHZ 131, 332 (335) - Caroline v Monaco II = NJW 1996, 1128 bestätigt diesbezüglich die Vorinstanz OLG Hamburg Urteil v 8.12.1994 NJW-RR 1995, 790 (793); OLG München Urteil v 17.9.1986, IPRspr 1986/142; BGH Urteil v 3.5.1977 GRUR 1978, 194 (195f) – profil = NJW 1977, 1590 zu § 32 ZPO; Palandt/Heldrich 2003, Art 40 Rz 3; Wagner RabelsZ 62 (1998) 243 (279ff); v Bar, IPR II 1991 Rz 662; Heldrich in FS Zajtay 1982, 215 (229).

[1380] Löffler/Sedelmeier, Presserecht 1997, § 8 LPG Rz 17.

[1381] Vergleiche etwa Riegl 1986, 41f, der zwar den Handlungsort am Erscheinungsort lokalisiert, aber im Einzelnen darunter sowohl den Redaktions-, Verlags-, Druck- wie Ausgabeort fasst.

[1382] Löffler/Sedelmeier, Presserecht 1997, § 8 LPG Rz 18; vor §§ 20 ff LPG Rz 16, wobei es maßgeblich um den Geltungsbereich der landesrechtlichen Impressumspflicht geht. Hierfür stellt er allerdings auf den Verlagsort ab, Löffler/Sedelmeier, Presserecht 1997, § 8 LPG Rz 20 unter Verweis auf OLG Frankfurt Urteil v 24.7.1981 AfP 1981, 464-465.

Auch in § 7 (2) 1 StPO wird die entsprechende strafrechtliche Problematik zugunsten des Erscheinungsortes gelöst, der dort verortet wird, wo das Druckwerk mit dem Willen des Verfügungsberechtigten die Stätte der ihre Verbreitung vorbereitenden Handlung zum Zwecke der Verbreitung verlässt, Löffler/Ricker 2000, Kap 48 Rz 7.

[1383] Löffler/Sedelmeier, Presserecht 1997, § 8 LPG Rz 25.

[1384] EuGH Urteil v 7.3.1995 Rs C-68/93, Slg 1995 I 415 Nr 24 - Shevill / Presse Alliance, der den Ort der Niederlassung des Herausgebers der streitigen Veröffentlichung als maßgelblichen Handlungsort im Rahmen des Art 5 Nr 3 EuGVÜ bestimmte.

[1385] V Hoffmann, IPR 2002, § 11 Rz 28; Kropholler, IPR 2001, 514, der das Abstellen auf den Erscheinungsort für ungenau erachtet und den verantwortlichen Verlagssitz für maßgebend erachtet; Staudinger/v Hoffmann 2001, Art 40 Rz 58; Nixdorf GRUR 1996, 842 (843); Wagner, 1986, 78f, vergleiche auch die Konkretisierung des Handlungsorts im Rahmen der Suche nach einem geeingneten Vorschlag zur Durchsetzung von Persönlichkeitsrechten bei grenzüberschreitenden Verletzungen im Folgenden 3. Kapitel: § 2. B. I. 1.

[1386] Kadner-Graziano 2002, 299; v Hein 1999, 321.

[1387] So auch Kreuzer/Klötgen IPRAX 1997, 90 (93).

[1388] Die Inlands- und Auslandsausgaben der US-amerikanischen Nachrichtenmagazine TIME und NEWSWEEK sind jeweils unterschiedlich aufgemacht und haben in der Regel auch einen anderen Inhalt, so dass zumindest keine durchgehende inhaltliche Abstimmung vorliegt. Laut Impressum werden die Auslandsausgaben

in der Regel eine Zweigniederlassung des Verlags mit redaktioneller Eigenständigkeit[1389] in dem jeweiligen Staat, so dass die Verhaltenszentrale wiederum mit dem Erscheinungsort zusammenfällt. Vereinzelt wird auch erst der Verbreitungsort als Handlungsort angesehen[1390].

Für Briefdelikte wird die Handlung überwiegend dort lokalisiert, wo der Täter den Brief schreibt oder absendet[1391].
Bei Verletzungen der Persönlichkeit durch Radio und Fernsehen gelten hingegen die gleichen Anknüpfungsregeln wie bei den Verletzungen durch die Presse, wobei nur in terminologischer Hinsicht Unterschiede bestehen: Bei Rundfunk- und Fernsehdelikten wird der Handlungsort also entweder am Ausstrahlungsort lokalisiert[1392] oder es ist nach der Gegenansicht auch hier auf das Recht am Sitz des Senders abzustellen[1393].
Auch für Sendevorgänge soll nach einer weiteren Ansicht das Empfangsland entsprechend dem Verbreitungsort den einzig maßgeblichen Handlungsort ausmachen[1394].
Die Verletzung des Namensrechts eröffnet einen Handlungsort dort, wo der Name zu Unrecht geführt worden ist[1395].
Eine konkrete Lokalisierung des Handlungsort bei Verletzungen des Rechts am eigenen Bild ist bislang nicht ersichtlich[1396]. Entsprechend den Grundsätzen bei der Verletzung des Namensrechts sollte auch hier auf das Recht des Schutzlandes abgestellt werden[1397].

---

unabhängig von dem Sitz des Presseunternehmens in den einzelnen Ländern gedruckt und publiziert. Vergleiche auch die Beispiele bei v Hein 1999, 321f.
Außerdem kann in einem solchen Fall gerade nicht von einer einheitlichen Verbreitungshandlung ausgegangen werden, da weder ein gemeinsamer Mantelteil noch eine einheitliche Aufmachung vorliegen.

[1389] Der nur isolierte Verwaltungssitz eines Medienkonzerns mit ungenügender redaktioneller Eigenständigkeit kann die Zweigniederlassung jedoch nicht zur maßgeblichen Verhaltenszentrale machen, so auch Wagner RabelsZ 62 (1998) 243 (282).

[1390] Löffler, Mediendelikte 2000, 125ff, 139f; v Bar, IPR II 1991, Rz 662, der ausschließlich an den Handlungsort anknüpfen will und diesen sowohl am Erscheinungs- als auch am Verbreitungsort lokalisiert; derselbe in FS Waseda 1988, 575 (588ff); Schack UFITA 108 (1988) 51 (64f). Allerdings wird durch die Festlegung sämtlicher vorheriger Handlungen als unbeachtliche Vorbereitungshandlungen die von der Tatortregel in Art 40 (1) 1 EGBGB zwingend vorgeschriebene Unterscheidung zwischen Handlungsort und Erfolgsort verwischt.

[1391] RG Urteil v 20.11.1888 RGZ 23, 305 (306); Kegel/Schurig 2000, 631; Soergel/Lüderitz 1996, Art 38 Rz 5; Staudinger/v Hoffmann 2001, Art 40 Rz 58 stellt hingegen allein auf den Absendeort ab und ordnet den Ort, an dem der Brief geschrieben wurde, lediglich als Ort einer für das anwendbare Recht unbeachtlichen Vorbereitungshandlung ein.

[1392] Kegel/Schurig 2000, 631 (Senderaum); Coester-Waltjen in FS Schütze 1999, 175 (179); Soergel/Lüderitz 1996, Art 38 Rz 6; Riegl 1986, 42.

[1393] Kropholler, IPR 2002, 514; Staudinger/v Hoffmann 2001, Art 40 Rz 58; v Bar, IPR II 1991, Rz 662; Heldrich in FS Zajtay 1982, 215 (229).

[1394] Schack UFITA 108 (1988) 51 (65).

[1395] Sonnenberger in FS Henrich 2000, 575 (580f); MünchKomm/Kreuzer, X 1998, Art 38 Rz 207.

[1396] MünchKomm/Kreuzer, X 1998, Art 38 Rz 208.

[1397] MünchKomm/Kreuzer, X 1998, Art 38 Rz 209.

2. Konkreter Erfolgsort

a. Erfolgsortloses Delikt ?

Für die Festlegung des Erfolgsorts bereitet die fehlende Belegenheit des Rechtsguts der Persönlichkeit Probleme. Dem Schutzgut mangelt es an einer klaren räumlichen Umgrenzung, so dass es „überall und nirgends" belegen scheint[1398]. Ebenso wie bei den Immaterialgüterrechten ist ein Erfolgsort bei der Verletzung des Persönlichkeitsrechts aufgrund seiner Unkörperlichkeit schwer zu lokalisieren, da ein offensichtlicher örtlicher Bezugspunkt, wie der Belegenheitsort bei der Beschädigung einer Sache, fehlt.

Eine Ansicht geht gar so weit, Persönlichkeitsrechtsverletzungen für ein erfolgsortloses Delikt zu halten, da der Ort, an dem das Rechtsgut selbst verletzt worden ist, überhaupt nicht feststellbar sei[1399]. Stattdessen soll allein an den Handlungsort angeknüpft werden, der jedoch am Verbreitungsort konkretisiert wird[1400] und daher inhaltlich wiederum dem Erfolgsort der herrschenden Meinung entspricht. Aufgrund der Regelung in Art. 40 (1) EGBGB kann diese abweichende Meinung in der Auslegung jedoch nicht als lediglich terminologische Differenz unberücksichtigt bleiben. Das Gebot der Rechtssicherheit erfordert eine genaue Abgrenzung von Handlungs- und Erfolgsort, so dass für sämtliche Beteiligten nachvollziehbar wird, welches Recht nach Art. 40 (1) 1 EGBGB *ex lege* gilt und welches nur auf Verlangen des Betroffenen zur Anwendung gelangt[1401].

Der Meinung vom „erfolgsortlosen Delikt" wird zu Recht von der überwiegenden Ansicht entgegen gehalten, dass Persönlichkeitsrechtsverletzungen sich durchaus lokalisieren lassen[1402]. Trotz einer nicht abzusprechenden Universalität[1403] können Persönlichkeitsgüter in den einzelnen Verletzungssituationen konkret geographisch festgelegt werden: Grundsätzlich ist der Erfolgsort in einer konkreten Konfliktsituation dort zu bestimmen, wo der Inhaber des Rechts tatsächlich betroffen wird, da dieses nur im Zusammenhang mit seinem Träger Wirkung entfalten kann. Abstrakt gesehen ist der Meinung vom „erfolgsortlosen Delikt" zuzugeben, dass das Persönlichkeitsrecht

---

[1398] Schack UFITA 108 (1988) 51 (64).

[1399] V Bar, IPR II 1991, Rz 664; derselbe in FS Waseda 1988, 575 (588f); Schack UFITA 108 (1988) 51 (64f); diesem folgend auch Kubis 1999, 17f, 122.

[1400] Anders als Schack UFITA 108 (1988) 51 (64f) will v Bar nicht allein die Vertriebsorte als Handlungsorte zulassen, sondern es dem Betroffenen alternativ gestatten, sich auf das Recht des Erscheinungsorts zu berufen, v Bar, IPR II 1991, Rz 662ff.

[1401] V Hein 1999, 325,

[1402] V Hein 1999, 323ff; Wagner RabelsZ 62 (1998) 243 (277); Looschelders ZVglRWiss 95 (1996) 48 (75); vergleiche hierzu auch unten 2. Kapitel: § 2. A. III. 2. c.

[1403] Coester-Waltjen in FS Schütze 1999, 175 (183) spricht bei dem Parallelproblem der internationalen Zuständigkeit von dem „prinzipiell ubiquitären Persönlichkeitsrecht".
Die Ehre eines Menschen beispielsweise kann nicht auf ein bestimmtes Gebiet beschränkt werden, sondern steht ihrem Träger auch über Staatsgrenzen hinweg zu. Vergleiche hierzu auch oben 2. Kapitel: § 2. A. I. 2. a. Indem selbstverständlich überall von einem Bestand der Persönlichkeitsgüter auszugehen ist, kommt diesen eine faktische Universalität zu. Eine andere Frage ist allerdings die konkrete Ausgestaltung des Schutzes in den verschiedenen Ländern.

zwar überall wirkt und als ideelles Rechtsgut territorial nicht teilbar ist[1404]. Sowie aber eine tatsächliche Verletzung stattfindet, muss das Rechtsgut in Relation mit seinem Träger gebracht werden, da erst die Reichweite einer Verletzung den konkreten Wirkungsbereich des Persönlichkeitsrechts bestimmen kann und jene durch den Träger beeinflusst ist. Schon die Frage nach dem Bestand des Rechts ist an seinen Träger gebunden[1405], so dass eine strikte Trennung zwischen Träger und Recht nicht möglich ist[1406].

Tatsächliche Betroffenheit und damit ein Taterfolg bei Persönlichkeitsrechtsverletzungen durch Massenmedien tritt überall dort auf, wo das fragliche Erzeugnis verbreitet und damit Dritten der inkriminierende Inhalt unmittelbar zur Kenntnis gebracht wird[1407]. Entscheidend dabei ist die Wirkung in der Öffentlichkeit, durch welche die Persönlichkeitsverletzung aktualisiert wird und sich somit am Ort der Kenntnisnahme lokalisieren lässt.

Infolgedessen geht die überwiegende Meinung in Deutschland davon aus, dass auch bei Persönlichkeitsrechtsverletzungen eine Anknüpfung an Erfolgsorte vorgenommen wird. Hierfür wird der Erfolgsort bei Mediendelikten zum Teil an jedem Ort festgesetzt, an dem die Persönlichkeit des Betroffenen in nicht unerheblicher Weise verletzt worden ist[1408]. Vorwiegend wird jedoch eine weitere Einschränkung der anknüpfungsrelevanten Erfolgsorte gefordert:

b. Belegenheit am gewöhnlichen Aufenthalt des Verletzten

Teilweise wird eine Fokussierung des Verletzungserfolgs auf den gewöhnlichen Aufenthalt beziehungsweise den Wohnsitz des Betroffenen vorgeschlagen.

Dabei sieht ein Teil der Vertreter dieser Ansicht von vornherein den Ort des gewöhnlichen Aufenthalts als Haupterfolgsort an und lokalisiert hierfür die Belegenheit des Persönlichkeitsguts schwerpunktmäßig am Ort des persönlichen Lebensbereichs des Betroffenen, unabhängig davon, ob dort auch eine planmäßige Verbreitung des fraglichen Erzeugnisses stattgefunden hat[1409]. Dies stellt eine personale Lokalisierung des Erfolgsorts dar.

Die anderen Befürworter der Anknüpfung an den gewöhnlichen Aufenthalt des Betroffenen gehen grundsätzlich von einer Anknüpfung an den Ort des Ansehensverlustes und damit den Verbreitungsort aus, nehmen jedoch im Folgenden eine

---

[1404] V Bar, IPR II 1991, 664.

[1405] Vergleiche hierzu oben 2. Kapitel: § 2. A. I. 2. a.

[1406] So aber Kubis 1999, 122.

[1407] RG Urteil v 10.1.1936 JW 1936, 1291 (1292); in diesem Sinne auch v Hinden 1999, 82ff; Looschelders ZVglRWiss 95 (1996) 48 (77); Wagner 1986, 79.

[1408] MünchKomm/Kreuzer, X 1998, Art 38 Rz 216; ähnlich „großzügig" Riegl 1986, 162ff.

[1409] v Hoffmann, IPR 2002, § 11 Rz 32; Staudinger/v Hoffmann 2001, Art 40 Rz 61f; Schönberger 1990, 93ff (96f); Schwiegel-Klein 1983, 64ff (82). Gegen die Annahme eines vom Verbreitungsgebiet losgelösten Erfolgsorts mit ausführlicher Begründung v Hein 1999, 325ff; Wagner 62 (1998) 243 (273); Looschelders ZVglRWiss 95 (1996) 48 (78).

Schwerpunktanknüpfung unter den zur Auswahl stehenden Erfolgsorten vor. Um eine Reduktion der Vielzahl der Erfolgsorte zu bewirken, wird allein die bestimmungsgemäße Verbreitung am gewöhnlichen Aufenthaltsort des Betroffenen für anknüpfungsrelevant befunden[1410].
Auf diese Art soll allerdings das streudeliktsspezifische Konkurrenzverhältnis gelöst, nicht jedoch die Belegenheit des Persönlichkeitsguts bestimmt werden.

Der alleinigen Anknüpfung an den Ort des gewöhnlichen Aufenthalts als dem Ort, an dem der Geschädigte die Verletzung am ehesten in seinem sozialen Umfeld zu spüren bekommt, wird entgegengehalten, dass diese Konzentration gerade bei den besonders gefährdeten, allgemein über ihre Ländergrenzen hinweg bekannten Personen nicht stimmig ist. Diese haben oftmals ihren Wohnsitz und damit den gewöhnlichen Aufenthalt aus rein steuerlichen Gründen gewählt, so dass dort nicht der Schwerpunkt ihres Bekannheitsgrads liegen muss.
Liegt der gewöhnliche Aufenthalt des Betroffenen außerdem noch außerhalb des planmäßigen Verbreitungsgebiets, so würde ein zu weitgehender Erwartungsschutz gewährt werden, wenn die Persönlichkeit eines Menschen auch vor ausländischen Presseerzeugnissen nach denselben Grundsätzen wie im Inland zu schützen wäre[1411].
Denn wie schon auf sachrechtlicher Ebene dargelegt[1412], ist das allgemeine Persönlichkeitsrecht kein absolutes Recht, das einer solchen umfassenden Schutzerwartung gerecht würde. Stattdessen stellt es ein Rahmenrecht dar, dessen rechtswidrige Verletzung erst nach einer situationsbedingten Abwägung grundsätzlich gleichrangiger Positionen festgestellt werden kann, für das jedoch nicht durch seinen bedingungslosen Schutz die Tatbestandsmäßigkeit die Rechtswidrigkeit der Verletzung indizieren kann. Als Rahmenrecht soll das Persönlichkeitsrecht nicht an einem speziellen Ort belegen sein, sondern ein Bündel aus Verhaltensnormen darstellen[1413], das erst in Wechselbeziehung zu anderen Rechten seine Wirkung und Grenzen festlegen kann. Insofern wird auch angezweifelt, ausschließlich auf die Sphäre des Betroffenen abzustellen, die zu diesem Zweck an seinem gewöhnlichen Aufenthaltsort platziert wird.

In diesem Zusammenhang werden auch praktische Einwände gegen eine Konkretisierung am gewöhnlichen Aufenthalt außerhalb des Verbreitungsgebiets hervorgebracht[1414]: Die Konzentration allein auf die Sphäre des Betroffenen würde zu großen Problemen im Mediengeschäft führen, da jede Zeitung, die nur einen

[1410] Kropholler, IPR 2002, 514 regt dies an, tendiert aber aus Gründen des Gleichlaufs zwischen internationaler Zuständigkeit und anwendbarem Recht stattdessen zur kollisionsrechtlichen Mosaikbeurteilung, aaO 515; v Hinden 1999, 168ff, 186f bei einer Persönlichkeitsverletzung in Abrufdiensten des Internet; Hohloch ZUM 1986, 165 (178f); Heldrich in v Caemmerer 1983, 361 (375f); Beitzke JuS 1966, 139 (142).
[1411] V Hein 2000, 326.
[1412] Vergleiche oben 1. Kapitel: § 2. A. 1. 1.
[1413] V Bar, IPR II 1991, Rz 664.
[1414] V Bar, IPR II 1991, Rz 664.

Auslandsteil enthält, sich an einer Vielzahl von Rechtsordnungen orientieren müsste. So würde dem Verantwortlichen zugemutet, sein Vorgehen auch an Rechtsordnungen zu orientieren, in deren Geltungsbereich die Äußerung oder das fragliche Presseerzeugnis überhaupt nicht zur Kenntnis genommen wurde und die die Interessen des Verletzten einseitig bevorzugt.
Außerdem soll der kollisionsrechtliche Grundsatz einer gleichheitskonformen Rechtsanwendung gefährdet sein, wenn in Sachverhalten mit Auslandsbezug die Rechtmäßigkeit eines Berichts über ein internationales Ereignis mit Beteiligten unterschiedlicher nationaler Herkunft in Frage steht, da in einem solchen Fall nach obigen Grundsätzen je nach gewöhnlichem Aufenthalt der Betroffenen für denselben Sachverhalt unterschiedliche Maßstäbe anzulegen wären[1415]. Mit einer starren Heranziehung allein des gewöhnlichen Aufenthaltsorts als Erfolgsort würden schließlich auch die Interessen des Verletzten wesentlich eingeschränkt und ihm so weitere, möglicherweise erfolgsversprechendere Anknüpfungsorte genommen.
Die Konkretisierung des Erfolgsorts am Ort des gewöhnlichen Aufenthalts wird insbesondere dann als reine Fiktion abgelehnt, wenn dort nicht einmal eine Verbreitung stattgefunden hat[1416]. Ohne Kenntnisnahme der inkriminierenden Presseerzeugnisse durch Dritte kann eine Störung des Sozialbezugs des Betroffenen nicht schwerpunktmäßig an seinem gewöhnlichen Aufenthaltsort erfolgen. Dort scheint der Geschädigte zwar am ehesten die Folgen der Verletzung zu spüren[1417]. Diese stellen jedoch nur Reflexwirkungen einer in einem anderen Staat erfolgten Verbreitung dar und sind deshalb mit den im Internationalen Zivilprozessrecht und im Internationalen Privatrecht grundsätzlich unbeachtlichen Schadensorten zu vergleichen. Vielfach wird in der Anknüpfung an den gewöhnlichen Aufenthalt daher ein Abstellen auf den Ort des Eintritts von Folgeschäden, nicht jedoch auf die Rechtsgutsverletzung selbst gesehen[1418]. Solche mittelbaren Schäden durch ein subjektives „Verspüren" des Betroffenen müssen jedoch kollisionsrechtlich unbeachtlich bleiben, da nur dieser sie bewusst lenken und an bestimmten Orten herbeiführen kann, sie jedoch der Kontrolle des vermeintlichen Verletzers völlig entzogen und damit kaum vorhersehbar sind. Der Erfolg einer Verletzung der Persönlichkeit durch die Massenmedien ist dort zu lokalisieren, wo das Ansehen des Betroffenen durch die Kenntnisnahme Dritter von der Veröffentlichung herabgesetzt wird[1419], nicht jedoch auch überall dort, wo der Betroffene selbst wiederum von der Kenntnisnahme Dritter Kenntnis nimmt und so deren Auswirkung spürt.

Zum Teil wird auch generell das Bedürfnis nach einer Schwerpunktbetrachtung angezweifelt, die zwar zunächst an die Orte der bestimmungsgemäßen Verbreitung

---

[1415] Wagner 1986, 69; Heldrich in FS Zajtay 1983, 215 (217) aus diesem Grund gegen die Maßgeblichkeit des Personalstatuts.
[1416] V Hinden 2000, 86f.
[1417] Vergleiche v Hein 1999, 327.
[1418] V Hinden 2000, 87; v Hein 1999, 327.
[1419] Zur herrschenden Meinung im Folgenden 2. Kapitel: § 2. A. III. 2. c.

anknüpft, dann jedoch zugunsten des Hauptinteresses an einer Reduzierung der möglichen Vielzahl relevanter Orte die anderen betroffenen Interessen zurückstellt[1420]. Eine befriedigende Eingrenzung könne mit der Konkretisierung des Erfolgsorts nach der überwiegenden Meinung erreicht werden, so dass der Rückgriff auf eine Schwerpunktlösung, die aufgrund ihrer selektiven Natur bestimmte Interessen unberücksichtigt lässt, im Fall der Persönlichkeitsrechtsverletzungen durch die Massenmedien entbehrlich sei[1421].
Die herrschende Ansicht folgt daher einem anderen Weg:

c. Ort der bestimmungsgemäßen Verbreitung bzw des Empfangs

Nach der Rechtsprechung des BGH und der herrschenden Meinung in der Literatur wird bei Verletzungen der Persönlichkeit durch Massenmedien auf den Ort der bestimmungsgemäßen Verbreitung beziehungsweise den regelmäßigen Empfangsort des Mediums und damit auf die Orte abgestellt, die vom Verleger oder der Sendeanstalt bestimmungsgemäß beliefert werden[1422]. Für den Bereich des Kollisionsrechts hat sich die Rechtsprechung noch nicht abschließend zu dem Kriterium der Bestimmungsgemäßheit geäußert. Allerdings finden sich für den entsprechenden Bereich der Internationalen Zuständigkeit maßgebende Aussagen, die aufgrund der gleich liegenden Problematik auch auf das Kollisionsrecht übertragen werden können[1423]. Nur bewusstes und kontrollierbares Verhalten soll folglich rechtlich relevant sein[1424]. Ob allerdings im Einzelfall eine bestimmte Verbreitung noch vom Willen des Schädigers getragen wird, ist nicht immer feststellbar. Aus diesem Grund wird das

---

1420 Kristin 2001, 142.

1421 Kristin 2001, 142, anders jedoch für das Internet, wo eine Beschränkung der weltweiten Möglichkeiten zur Kenntnisnahme durch den gewöhnliche Aufenthalt des Betroffenen wieder eingeschränkt wird, 146ff (151ff), die noch eine Modifizierung anhand der Bekanntheit des Verletzen vornimmt; auch v Hinden 2000, 168ff (186f) zieht bei Verletzungen durch das Internet den gewöhnlichen Aufenthalt des Betroffenen als Eingrenzung der Erfolgsorte wieder heran.

1422 BGH Urteil v 19.12.1995 NJW 1996, 1128 – Caroline von Monaco II; in der vorherigen Instanz OLG Hamburg Urteil v 8.12.1994 NJW-RR 1995, 790 (792f); OLG München Urteil v 17.9.1986 IPRspr 1986/142; Palandt/Heldrich 2003, Art 40 Rz 4 (jeder Verbreitungsort); Kropholler, IPR 2002, 514 (vorhersehbarer Verbreitungsort); Löffler, Mediendelikte 2000, 129 ff (139), bei dem sich dort allerdings Handlungs- und Erfolgsort befinden; v Hein 1999, 329; Coester-Waltjen in FS Schütze 1999, 175 (183f) für die internationale Zuständigkeit; Wagner 62 (1998) RabelsZ 243 (275f); Soergel/Lüderitz 1996, Art 38 Rz 22; Nixdorf GRUR 1996, 842 (843); Looschelders ZVglRWiss 95 (1996) 48 (78); Riegl 1986, 44; Wagner 1986, 78f, 83ff (allerdings muss die Verbreitung erheblich sein).

1423 Auch der BGH in seinem Urteil v 19.12.1995 zur Anknüpfung von Persönlichkeitsrechtsverletzungen stützt sich auf die in der Rechtsprechung zur Internationalen Zuständigkeit entwickelte Definition des Verbreitungsorts, NJW 1996, 1182 – Caroline v Monaco II.
Speziell bei der Anknüpfung von Persönlichkeitsrechtsverletzungen für ein weiteres Zurechenbarkeitskriterium: Kropholler, IPR 2002, 514; Wagner RabelsZ 62 (1998) 243 (275); MünchKomm/Kreuzer, X 1998, Art 40 Rz 216 spricht von einer Verletzung, die in nicht offensichtlich unerheblicher Weise eingetreten ist; für das Erfordernis einer regelmäßigen und im nennenswerten Umfang erfolgenden Verbreitung Looschelders ZVglRWiss 95 (1996) 48 (78); Soergel/Lüderitz 1996, Art 38 Rz 22 spricht von planmäßigem Absatz beziehungsweise regelmäßigem Empfang.

1424 In diesem Sinne auch Riegl 1986, 57f.

Kriterium der Bestimmungsgemäßheit auch dahingehend relativiert, dass objektive Vorhersehbarkeit[1425] ausreicht[1426]. Geringfügige Verbreitungen verbleiben als nicht vorhersehbar außer Acht[1427]. Auch wenn die Kenntnisnahme durch das Zusenden des Erzeugnisses auf eigene Bestellung erfolgt ist und somit provoziert wurde, wird die Verbreitung als nicht anknüpfungsrelevant angesehen[1428].

d. Mosaikbeurteilung – territoriale Reichweite am Erfolgsort

Die dargestellten Meinungen entsprechen sich zumindest insoweit, dass sie bei dem streudeliktsspezifischen Konkurrenzverhältnis der zahlreichen Erfolgsorte dem Günstigkeitsprinzip keine unbeschränkte Anwendung mehr einräumen. Anders als die vorangehende Ansicht[1429] reduziert die herrschende Meinung in Deutschland jedoch nicht die Zahl der Erfolgsorte im Wege einer Schwerpunktbetrachtung auf möglichst nur einen anknüpfungsrelevanten Haupterfolgsort. Stattdessen nimmt sie die Eingrenzung der im Rahmen der gesamten bestimmungsgemäßen Verbreitung auftretenden Erfolgsorte mit Hilfe einer kollisionsrechtlichen Mosaikbeurteilung vor:
Um ein uneingeschränktes Wahlrecht des Betroffenen zu vermeiden, wird von dem Großteil der Rechtsprechung und Literatur in Deutschland im Fall mehrerer Erfolgsorte das Recht des gewählten Erfolgsorts nur für den sich in dem betreffenden Rechtsgebiet realisierenden Teil des Verletzungserfolgs angewandt[1430]. Eine einheitliche Beurteilung sämtlicher Schäden nach dem für den Betroffenen günstigsten Erfolgsortrechts bei einer Mehrheit von Erfolgsorten im Wege einer Fortführung der

---

[1425] Zu dem generellen eigenständigen kollisionsrechtlichen Vorhersehbarkeitskriterium v Hein 1999, 181ff.

[1426] BGH Urteil v 3.5.1977 GRUR 1978 194 (195) – profil: maßgeblich ist damit nur der Bereich, den der Beklagte „nach seinen Intentionen auch wirklich erreichen will oder in dem er mit einer Verbreitung rechnen muss".

[1427] Ebenso werden im Bereich von Rundfunk oder Fernsehen die Sendungen, die in Grenzgebieten auch außerhalb des Versorgungsbereichs empfangen werden, sogenannte *spill-overs*, als nicht anknüpfungsrelevant befunden, Schack UFITA 108 (1988) 66. Die Reichweite eines Senders wird stark durch die spezielle Wetterlage beeinflusst, so dass der Empfang in einzelnen Gebieten oftmals nicht vorhersehbar ist.
MünchKomm/Kreuzer, X 1998, Art 40 Rz 216 spricht von einer Verletzung, die in nicht offensichtlich unerheblicher Weise eingetreten ist.

[1428] OLG Köln Urteil v 29.9.1972 MDR 1973, 143 zu §§ 32 ZPO, 24 UWG; BGH Urteil v 3.3.1977 GRUR 1978, 194 (196) – profil, zu § 32 ZPO. BGH Urteil v 7.12.1979 GRUR 1980, 227 (230) – Monumenta Germaniae Historica, zu § 32 ZPO spricht eine für die Anknüpfung unbeachtliche Provokationsbestellung an; vergleiche hierzu auch die Bespiele im Kollisionsrecht, Wagner RabelsZ 62 (1998) 243 (274); Heldrich in v Caemmerer 1983, 361 (377).

[1429] Oben 2. Kapitel: § 2. A. III. 2. b.

[1430] OLG Hamburg Urteil v 8.12.1994 NJW-RR 1995, 790, in der fraglichen Hinsicht bestätigt vom BGH Urteil v 19.12.1995 BGHZ 131, 332- Caroline v Monaco II = NJW 1996, 1128 für den Persönlichkeitsrechtsschutz; Kegel/Schurig 2000, 633; MünchKomm/Kreuzer, X 1998, Art 38 Rz 52; speziell bei Persönlichkeitsrechtsverletzungen durch Pressedelikte: Palandt/Heldrich, 2003, Art 40 Rz 4; Kropholler, IPR 2001, 514f; MünchKomm/Kreuzer, X 1998, Art 38 Rz 216; Wagner RabelsZ 62 (1998) 241 (285), der hierzu allerdings eine Restriktion der Gerichtskompetenz am Erfolgsort heranzieht und im Gegenzug das Gericht am Handlungsort über den gesamten Schaden einheitlich nach seiner *lex fori* entscheiden lassen will; Soergel/Lüderitz 1996, Art 38 Rz 16, 96; Looschelders, ZVglRWiss 95 (1996) 48 (81f); Riegl, 1986, 248; anderer Ansicht v Hoffmann, IPR 2002, § 11 Rz 32, der eine Schwerpunktbetrachtung am Haupterfolgsort befürwortet und ansonsten auf den Sitz des Geschädigten abstellen will; derselbe in Staudinger/v Hoffmann 2001, Art 40 Rz 26 und für Persönlichkeitsrechtsverletzungen Rz 60.

für das Verhältnis zwischen Handlungs- und Erfolgsort anerkannten Lösung[1431] wird damit zumindest bei Persönlichkeitsrechtsverletzungen nicht vorgenommen. Stattdessen wird in Deutschland überwiegend von der sogenannten (kollisionsrechtlichen) Mosaikbeurteilung ausgegangen, die zu einer kollisionsrechtlichen Aufspaltung des Sachverhalts durch distributive Rechtsanwendung führt.

Letztlich folgt dieser Ansatz der Rechtsprechung des EuGH zur Internationalen Zuständigkeit bei grenzüberschreitenden Persönlichkeitsrechtsverletzungen, welche die Kognitionsbefugnis der Gerichte am Erfolgsort auf den in diesem Land eingetretenen Schaden beschränkt hat. In der fraglichen Entscheidung hatte sich der EuGH mangels weitergehender Kompetenz[1432], zumindest für eine zuständigkeitsrechtliche Mosaikbetrachtung ausgesprochen[1433]. Im Grunde ist jedoch offen geblieben, ob sich diese Rechtsprechung zum einen auf das Kollisionsrecht übertragen lässt, und zum anderen ob sie auch bei anderen Streudelikten als Persönlichkeitsrechtsverletzungen die Anwendung des Erfolgsortrechts beschränken will[1434].
Somit wird in Deutschland im Rahmen der Verletzung von Persönlichkeitsrechten durch Massenmedien überwiegend das Recht jedes Erfolgsorts nur für den Schaden berufen, der in dem betreffenden Rechtsgebiet eingetreten ist, während das Recht des Handlungsorts für den gesamten Schaden gelten soll, auch wenn dieser über mehrere Staaten verteilt sein sollte.
Die Lösung entspricht auch dem deutschen Internationalen Immaterialgüterrecht, in dem eine vergleichbare Aufspaltung des Rechtsverhältnisses durch das Schutzlandprinzip erreicht wird[1435].

e. Briefdelikte, Namensrecht und Recht am eigenen Bild

Bei Briefdelikten wird der Erfolgsort zum einen am Empfangsort lokalisiert, da gerade dort der inkriminierende Inhalt in den Rechtskreis des Betroffenen tritt[1436]. Der Ort des tatsächlichen Lesens soll danach mangels dessen Vorhersehbarkeit unbeachtlich bleiben[1437].

[1431] Hierzu oben 2. Kapitel: § 2. A. II. 1. c. und 2. Kapitel: § 2. A. II. 1. d.

[1432] Dem EuGH kommt eine Auslegungskompetenz nur bezüglich der Internationalen Zuständigkeit im Rahmen der EuGVO zu, nicht jedoch bezüglich kollisionsrechtlicher Fragen, vergleiche oben 2. Kapitel: § 1. B. I. 4.

[1433] EuGH Urteil v 7.3.1995 Rs C- 68/93, Slg 1995 I 415 - Shevill / Presse Alliance.

[1434] Die letzte Frage wohl bejahend unter Fn 1430.

[1435] Hierzu im Folgenden unter 2. Kapitel: § 2. A. IV.

[1436] RG Urteil v 20.11.1888, RGZ 23, 305 (306); Staudinger/v Hoffmann 2001, Art 40 Rz 63; Soergel/Lüderitz 1996, Art 38 Rz 5; Looschelders ZVglRWiss 95 (1996) 48 (77); Riegl 1986, 44.

[1437] Dies sieht auch Kropholler, IPR 2002, 496, der einräumt, das der nach ihm maßgebliche Ort des Lesens zumindest vom Standpunkt des Schädigers aus gesehen, zufällig sein kann.
Um eine solche Zufälligkeit zu vermeiden, bestehen auch bei dem Empfangsort Bedenken, wenn etwa der beleidigende Brief dem Empfänger an seinen ausländischen vorübergehenden Aufenthaltsort nachgesendet wird.

Das Recht des Erfolgsortes spielt beim Namensschutz nur eine geringe Rolle, so dass es hier an Beispielen in der Rechtsprechung mangelt[1438]. In der Literatur wird der Erfolgsort in der Regel am Sitz beziehungsweise gewöhnlichen Aufenthaltsort des Namensträgers gesehen[1439].
Auch zum Recht am eigenen Bild gibt es bezüglich des Erfolgsorts keine spezielle, von der grundsätzlichen Anknüpfung an das Recht des Schutzlands abweichende Regel[1440].

3. Fazit

Dieser kurze Überblick offenbart die bestehenden Schwierigkeiten bei der Suche nach dem anwendbaren Recht für grenzüberschreitende Verletzungen der Persönlichkeit durch Presseerzeugnisse.
Das Vorangehende verdeutlicht auch, dass bei Persönlichkeitsrechtsverletzungen die Ubiquitätsregel und damit das freie Wahlrecht zwischen gleichwertigen Handlungs- und Erfolgsorten de facto nicht mehr in Reinform herangezogen wird. Eine konsequente Anwendung des Ubiquitätsprinzips derart, dass der Geschädigte aus sämtlichen beteiligten Rechtsordnungen die ihm günstigste aussuchen kann, um seinen gesamten Schaden nach deren Regeln abzuwickeln, wird von der herrschenden Ansicht zumindest bei Persönlichkeitsrechtsverletzungen durch Rückgriff auf die Mosaikbeurteilung abgelehnt.
Allerdings sei hierzu angemerkt, dass soweit ersichtlich kaum Entscheidungen bekannt sind, in denen die Gerichte konsequent eine große Vielzahl von Rechtsordnungen und damit das kollisionsrechtliche Mosaikprinzip tatsächlich anwenden[1441]. Um sämtlichen Schwierigkeiten, insbesondere denen des ausländischen Rechts, zu entgehen, tendierte[1442] die deutsche Rechtsprechung auch bei Fällen mit Tatort im Ausland seit jeher dazu, nur deutsches Recht in der Sache anzuwenden, so dass ein fremdes Deliktsstatut selten maßgeblich wurde[1443].

1438 Angesichts des weitreichenden Schutzes des Namens am Handlungsort Deutschland wird dort ein Rückgriff auf das Erfolgsortrecht nicht vorgenommen, Sonnenberger in FS Henrich 2000, 575 (581).

1439 Nachweise bei MünchKomm/Kreuzer, X 1998, Art 38 Rz 205.

1440 MünchKomm/Kreuzer, X 1998, Art 38 Rz 208f.

1441 Hohloch ZUM 1996 165 (178) sieht darin eine Überforderung der Rechtsprechung.

1442 Seit der Reform des deutschen EGBGB 1999 und dem neu formulierten Art 40 (1) 1, 2 EGBGB hat das Gericht nicht mehr selbst das für den Betroffenen günstigste Recht anzuwenden (und zu ermitteln), sondern kann nur auf ausdrückliche Wahl des Geschädigten das Erfolgsortrecht heranziehen. Die Anknüpfung an den Handlungsort wurde so zum Regelfall, weshalb den Gerichten keine großen Freiheiten mehr bleiben. Nun spielt also wieder die Bestimmung des Handlungsorts eine bedeutende Rolle.

1443 Drobnig in v Caemmerer 1983, 298 (313); dieses Vorgehen wird auch als Rechtfertigung der Tatortregel gesehen, da so Anknüpfungen zugelassen werden, die möglichst immer zur Anwendung der *lex fori* führen, ohne jedoch von vornherein den Gerichtsstand als relevanten Anknüpfungspunkt zu nennen, v Bar JZ 1995, 961 (963f); v Bar, IPR II 1991, Rz 655.

Unter Verweis auf das sogenannte *privilegium germanicum*, das nach Art 38 EGBGB aF über das heimische Recht hinausgehende Schadensersatzansprüche gegenüber deutschen Beklagten nicht zugelassen hat, wurde oftmals die Prüfung ausländischen Rechts von vornherein für unbeachtlich befunden und so de facto die *lex fori*

IV. Besonderheiten bei Immaterialgüterrechtsverletzungen

1. Überblick

Im Rahmen von unerlaubten Handlungen wird für das Internationale Immaterialgüterrecht nach herrschender Meinung in Deutschland in Ermangelung geschriebener spezieller Kollisionsnormen die Anknüpfung an das Schutzland als maßgebliche kollisionsrechtliche Rechtsanwendungsregel angesehen[1444]. Damit scheint das Schutzlandprinzip anstelle der Tatortregel des Internationalen Deliktsrechts das anwendbare Recht bei Verletzungen von Immaterialgüterrechten zu bestimmen und das Recht des Begehungsorts zugunsten des Recht des Schutzlands zu verdrängen.
Doch werden auch die Verletzungen von Immaterialgüterrechten als unerlaubte Handlungen angesehen, für die grundsätzlich das Deliktsstatut und damit dessen Anknüpfungsregel an die *lex loci delicti* maßgeblich ist[1445]. Die damit regelmäßig verbundene Anknüpfung an das Recht des Tatorts gilt jedoch für Verletzungen von Immaterialgüterrechten nur dann, wenn sich ein Tatort im Gebiet des Schutzlands befindet und so die *lex loci delicti commissi* der *lex loci protectionis* entspricht[1446]. Wird ein inländisches Schutzrecht durch einen im Inland vorgenommenen Eingriff verletzt, so führen beide Kollisionsregeln, also Tatortregel und Schutzlandprinzip, zum gleichen Ergebnis. Eine Verletzung im Schutzland wird daher oftmals durch die Anknüpfung an den Tatort oder Begehungsort konkretisiert[1447]. Aufgrund der Wirkung des noch vorherrschenden materiellrechtlichen Territorialitätsprinzips werden bei Verletzungen von Immaterialgüterrechten *lex loci deliciti* und *lex loci protectionis* grundsätzlich übereinstimmen, da ein inländisches Schutzrecht durch eine Handlung im Ausland nicht verletzt werden kann, weil dort das inländische Recht nicht existent ist.[1448]. Dies gilt auch für Urheberrechte, die in sämtlichen Konventionsstaaten der RBÜ den Schutz eines entsprechenden inländischen Urheberrechts genießen und so nicht allein auf das Ursprungsland begrenzt werden.

---

angewandt, vergleiche etwa BGH Urteil v 19.12.1995 NJW 1996, 1128- Caroline v Monaco II. Wie jetzt mit der neu eingeführten *ordre public*-Klausel des Art 40 (3) EGBGB umgegangen wird, bleibt abzuwarten.

[1444] 2. Kapitel: § 2. A. I. ; Kropholler, IPR 2002, 517f; Staudinger/v Hoffmann 2001, Art 40 Rz 370 mit weiteren Nachweisen; Schricker/Katzenberger, UrhR 1999, vor §§ 120 ff Rz 124; MünchKomm/Kreuzer, X 1998, nach Art 38 Anh II Rz 7, 13; v Bar, IPR II 1991, 1991 Rz 702.

[1445] BGH Urteil v 18.5.1955 BGHZ 17, 267 (294) – Grundig Reporter; BGH Urteil v 13.5.1982 GRUR 1982, 727 (729) - Altverträge, zum Urheberrecht; Soergel/Kegel 1996, Art 12 Anh Rz 27; Ulmer, Immaterialgüterrechte 1975, 9.

[1446] Stellungnahme des MPI GRUR Int 1985, 104 (105f).

[1447] OLG Hamburg Urteil v 27.3.1958 IPRspr 1958-59 Nr 152, 509; V Bar UFITA 108 (1988) 27 (47ff); Zweigert/Puttfarken GRUR Int 1973, 573 (576).

[1448] *Lex loci protectionis* und *lex loci delicti* führen letzlich zu übereinstimmenden Ergebnissen, Sack WRP 2000, 269 (271); daher lässt das Beispiel des MPI zur Begründung der alleinigen Maßgeblichkeit des Rechts des Schutzlands unter Ausschluss des Begehungsorts einige Fragen offen, in Stellungnahme des MPI GRUR Int 1985, 104 (106). Unter Umständen sind Unterschiede zwischen dem Recht des Schutzlands und dem Recht des Begehungsorts allenfalls in Fällen selbständiger Teilfragen denkbar und daher hier zu vernachlässigen, für das Urheberrecht Schack GRUR Int 1985, 523 (524).

Dennoch erlangt das einmal entstandene Urheberrecht nach herrschender Ansicht gerade keine weltweite Geltung, sondern wird zu einem Bündel von nationalen Urheberrechten, die nur entsprechenden Schutz nach dem jeweiligen nationalen Recht erfahren[1449].

Bei näherer Betrachtung wird deutlich, dass die Konkretisierung des Schutzlandbegriffs zumindest bedingt mit der Anknüpfungsregel des Internationalen Deliktsrechts gleichgesetzt werden kann. Die Tatortregel des Deliktsstatuts unterscheidet sich vom Schutzlandprinzip des Immaterialgüterrechtsstatuts tatsächlich nur durch einige Besonderheiten, die sich quasi zwingend aus dem materiellrechtlichen Territorialitätsprinzip ergeben:
Zunächst ist auch im Rahmen der Schutzlandregel für die kollisionsrechtliche Hauptfrage nach dem Verletzungsstatut an das Recht des Landes anzuknüpfen, in dem die Verletzung stattgefunden hat[1450]. Der Ort der Rechtsverletzung bleibt damit auch bei der Verletzung von Immaterialgüterrechten maßgebliches Anknüpfungskriterium[1451]. Die territoriale Begrenzung der Immaterialgüterrechte auf den Schutzstaat bewirkt allerdings, dass durch eine inländische nur inländische und durch ausländische Handlung nur ausländische Schutzrechte verletzt werden können. Eine fakultative Anknüpfung an einen außerhalb des Schutzstaats liegenden Erfolgsort kann nicht vorgenommen werden, da die territoriale Begrenzung der Immaterialgüterrechte allein auf den Schutzstaat bewirkt, dass Handlungs- und Erfolgsort innerhalb des Schutzlands zwangsläufig zusammenfallen[1452]. Als logische Folge hieraus ist dem Verletzten im Internationalen Immaterialgüterrecht die sonst übliche Wahl zwischen dem Recht des Handlungsorts und dem Recht des Erfolgsorts verwehrt. Das Ubiquitätsprinzip des Internationalen Deliktsrechts gelangt von vornherein nicht zur Anwendung. Entscheidend ist allein der handlungs- und erfolgsortbeinhaltende Verletzungsort[1453].

[1449] Schricker/Katzenberger, UrhR 1999, vor §§ 120ff Rz 121.
[1450] Sandrock GRUR Int 1985, 507 (513f).
[1451] Der Ort des Forums und damit im Ergebnis die *lex fori* ist nach herrschender Ansicht in Deutschland nicht relevant, hierzu im Folgenden 2. Kapitel: § 2. A. IV. 2.
[1452] Regelin 2000, 221ff; Schricker/Katzenberger, UrhR 1999, vor §§ 120 ff Rz 130; Soergel/Kegel 1996, Anh Art 12 Rz 32; Stellungnahme des MPI GRUR Int 1985, 104 (106); v Bar UFITA 108 (1988) 27 (48).
Dieser Unterschied lässt sich etwa an folgendem Beispiel verdeutlichen: Wird durch Zündeln an der Grenze ein Feuer verursacht, das sodann im Nachbarstaat Wald zerstört, hat sich ein klassisches Streudelikt ereignet, das sowohl am Handlungsort im Ausgangsstaat, als auch am Erfolgsort im Nachbarstaat gerichtlich umfassend geahndet werden kann. Werden hingegen etwa durch Telefax auch im Ausland urheberrechtlich geschützte Werke verbreitet, so kann am Standort des Faxgeräts und damit dem Absendeort genauso wenig über sämtliche Verletzungen entschieden werden, wie in den einzelnen Empfangsstaaten, da in jedem Schutzstaat eine neue Verletzungshandlung mit eigenem Handlungs- und Erfolgsort in demselben konstruiert wird. Zum Versuch einer prozessökonomischeren Lösung im Folgenden 3. Kapitel: § 2. A. I. 2.
[1453] Zum gleichen Ergebnis gelangt auch die Ansicht, die bei Immaterialgüterrechtsverletzungen ausschließlich den Handlungsort für maßgeblich erachtet: Peinze 2002, 175; Schack, UrhR 2001, Rz 721, 924; Muth 2000, 63f; Kubis 1999, 17f, 121f, 203; MünchKomm/Kreuzer, X 1998, nach Art 38 Anh II Rz 26; Soergel/Lüderitz 1996, Art 38 Rz 21; Stellungnahme MPI GRUR Int 1985, 104 (106). Dennoch macht Sandrock in v Caemmerer 1983, 380 (433) auf ein Bespiel aufmerksam, durch das ersichtlich wird, dass die ausschließliche Maßgeblichkeit des Handlungsorts zu nicht überzeugenden Ergebnissen führt: Eine Erfindung wird nur in Österreich, nicht jedoch in Deutschland patentrechtlich geschützt. Nun wird diese Erfindung von Deutschland aus einem Interessenten in

Mangels Ubiquität erübrigt sich auch die Frage nach der Anwendung des Günstigkeitsprinzips[1454].

Für Auflockerungen, etwa durch die Anknüpfung an das Recht des gemeinsamen gewöhnlichen Aufenthalts, zugunsten der Parteiautonomie oder kraft wesentlich engerer Verbindung besteht von vornherein kein Raum, da im Immaterialgüterrecht tatbestandsmäßig nur solche Handlungen sein können, die vom Schutzrecht umfasst sind[1455]. Das anwendbare Recht muss aufgrund der zwingenden Verweisung auf das Recht des Schutzlands von vornherein der Disposition der Parteien entzogen bleiben[1456].

Ob diese Unterschiede es rechtfertigen können, von einer Nichtanwendbarkeit der Tatortregel zu sprechen[1457], erscheint mehr als fraglich[1458]. Im praktischen Ergebnis gelangen aber sämtliche Formulierungen zur selben Aussage[1459].
Entscheidend ist im Rahmen der Verletzung von Immaterialgüterrechten letztlich die Lokalisierung des Eingriffsorts. Unter Beachtung des Schutzlandprinzips ist hierunter der Ort zu verstehen, an dem nach den Vorstellungen des inländischen Rechts[1460] eine

---

Österreich angeboten, indem das Angebot in Deutschland abgeschickt wird und erst in Österreich seinem Adressaten zugeht. Nach österreichischer Vorstellung wurde hierdurch jedoch kein Handlungsort in Österreich begründet, so dass nach strikter Geltung des § 34 IPRG eine Haftung nach österreichischem Recht entfallen müsste. In Deutschland hingegen besteht kein Schutz für das Patent, weshalb auch dort keine Haftung erfolgen kann.

[1454] LG Düsseldorf Urteil v 27.10.1966 GRUR Int 1968, 101 (102) - Frauenthermometer; Nachweise bei v Bar IPR II 1991, Rz 710; Stellungnahme des MPI GRUR Int 1985, 104 (106).

[1455] BGH Urteil v 17.6.1992 BGHZ 118, 394 – Alf = NJW 1992, 2824; Schicker/Katzenberger, UrhR 1999, vor §§ 120 ff Rz 134; MünchKomm/Kreuzer, X 1998, nach Art 38 Anh II Rz 15; v Bar, IPR II 1991, Rz 710.

[1456] Anderer Ansicht Schack MMR 2000, 59 (65), der den Parteien zumindest eine nachträgliche Rechtswahl ermöglichen will, derselbe in JZ 1998, 1018 (1019).

[1457] So BGH Urteil v 2.10.1997 BGHZ 136, 380 - Spielbankaffaire = JZ 1998, 1015 (1016) mit Anmerkung Schack (1018); Kropholler, IPR 2002, 518.

[1458] Außerdem offenbaren sich folgende Ansichten als akademischer Disput über rein terminologische Fragen: Zum einen soll das Schutzlandprinzip entweder eine aus dem materiellrechtlichen Territorialitätsprinzip resultierende Gewohnheitsregel sein, Erman/Hohloch 2000, Art 40 Rz 55; nach einer weiteren Meinung soll es nur eine Auflockerung der Tatortregel darstellen und sich daher die Geltung der *lex loci protectionis* in Abweichung von der allgemeinen Regel des Art 40 (1) EGBGB auf die Ausweichklausel des Art 41 (1) EGBGB stützen, Staudinger/v Hoffmann 2001, Art 40 Rz 371; derselbe in v Hoffmann, IPR 2002, § 11 Rz 44; schließlich wird vertreten, dass sich die Geltung des Schutzlandprinzips direkt auf Art 40 (1) EGBGB stützt, Sack WRP 2000, 269 (271).
Die Verortung des Schutzlandprinzips kann jedoch für die vorliegende Arbeit unberücksichtigt bleiben, da allein die Auswirkung der Anknüpfung an das Schutzland für das Vorgehen der Gerichte bei grenzüberschreitenden Immaterialgüterrechtsverletzungen zu untersuchen sind und seine unterschiedliche Herleitung keine weiteren Auswirkungen zeigt.

[1459] Deutlich v Bar UFITA 108, 1988, 27 (47).

[1460] Vergleiche hierzu die Ausführungen oben 2. Kapitel: § 2. A. II. 1. c. ; Schricker/Katzenberger, UrhR 1999, vor §§ 120 ff Rz 135; MünchKomm/Kreuzer, X 1998, Art 38 Rz 44, nach Art 38 Anh II Rz 26; Siehr UFITA 108 (1988) 9 (18f): das Recht des Schutzlands legt selbst fest, ob sich auf seinem Gebiet tatbestandsmäßige Handlungen ereignet haben, weshalb es dem materiellen Schutzlandrecht überlassen bleibt, über den eigenen räumlichen Geltungsbereich zu bestimmen. Danach verfügt jedes Schutzland selbst, ob sein Recht anzuwenden ist oder nicht. Dies führt im Ergebnis dazu, dass nicht das Kollisionsrecht, sondern das materielle Recht anordnet, ob ein Eingriffsort im Schutzland liegt und damit die Frage nach dem anwendbaren Recht beantwortet. Hiergegen wendet sich Regelin 2000, 234ff, der grundsätzlich von den Vorstellungen der *lex fori* ausgehen will,

Verletzungshandlung vorgenommen wird, die auf ein inländisches Schutzrecht gerichtet ist.

2. Urheberrecht[1461]

Der kollisionsrechtliche Gehalt der RBÜ[1462] ist in Deutschland umstritten[1463]. Doch wird nach herrschender Meinung der Hinweis des Art. 5 (2) RBÜ auf das Land, „in dem der Schutz beansprucht wird", allgemein als Verweisung auf das Land der Rechtsverletzung verstanden, nicht jedoch als eine Verweisung auf das Land, in dem geklagt wird[1464]. Damit gelangt nicht die *lex fori*[1465], sondern zunächst allein die *lex loci delicti* zur Anwendung. Praktische Unterschiede ergeben sich allerdings nur dann, wenn Klage in einem anderen Land erhoben wird als in dem das Urheberrecht verletzt worden ist[1466].

Folglich erkennt die herrschende Meinung in Deutschland einen kollisionsrechtlichen Gehalt des Art. 5 (2) RBÜ an[1467] und sieht darin eine direkte staatsvertragliche Sachnormverweisung auf die *lex loci delicti*. In Verbindung mit der aus dem Territorialitätsprinzip folgenden Einschränkung, dass nur eine im Inland erfolgte Handlung ein Urheberrecht im Inland, das zugleich Schutzland ist, verletzen kann, führt dies direkt zur *lex loci protectionis*[1468]. Sowie dem Inländerbehandlungsgrundsatz eine Sachrechtsverweisung zugeschrieben wird, erübrigt sich somit jede weitere kollisionsrechtliche Fragestellung.

Ob sich jedoch die Schutzlandregel nach der herrschenden Ansicht direkt aus der RBÜ ergibt oder nur indirekt in Verbindung mit dem materiellrechtlichen Territorialitäts-

---

es aber aus kollisionsrechtlicher Sicht genügen lässt, wenn die fragliche Handlung in dem bestimmten Gebiet in irgendeiner Weise zur Benutzung eines Schutzrechts führt und daher allein ausreichende Bezüge zu einem Recht oder dem Gebiet fordert, aaO 232ff.

1461 Zum (fehlenden) kollisionsrechtlichen Gehalt der §§ 120 ff UrhG vergleiche oben Fn 1298; Peinze 2002, 117 ff; Staudinger/v Hoffmann 2001, Art 40 Rz 369; Schack, UrhR 2001, Rz 889; Muth 2000, 53ff; Schricker/Katzenberger, UrhR 1999, vor §§ 120ff Rz 125.

1462 Zur Revidierten Berner Übereinkunft (RBÜ) oben 1. Kapitel: § 2. B. V. 1. ; Regelin 2000, 9-20; Muth 2000, 65ff.

1463 Sind in Staatsverträgen Kollisionsnormen enthalten, gehen diese gemäß Art 3 (2) 1 EGBGB grundsätzlich den nationalen Vorschriften als spezielleres Recht vor.

1464 BGH Urteil v 2.10.1997 BGHZ 136, 380 - Spielbankaffaire = JZ 1998, 1015 mit Anmerkung Schack (1018); Schricker/Katzenberger, UrhR 1999, vor §§ 120ff Rz 125; MünchKomm/Kreuzer, X 1998, nach Art 38 Anh II Rz 8.

1465 So aber Schack, UrhR 2001, Rz 891ff; Zweigert/Puttfarken GRUR Int 1973, 573 (575); Neuhaus RabelsZ 1976, 191 (193), die von einer Verweisung auf die *lex fori* ausgehen, so dass zunächst das Internationale Privatrecht zu befragen ist. Nach dieser Auffassung kommt der RBÜ nur fremdenrechtliche Bedeutung zu, weshalb sich ihr keine Kollisionsnormen entnehmen lassen. Nur so würde ein Staat nicht gezwungen, von vornherein seine Sachnormen anzuwenden, solange sämtliche verbandszugehörigen Inländer und Ausländer den gleichen Schutzbestimmungen unterworfen werden.

1466 Nach MünchKomm/Kreuzer, X 1998, nach Art 38 Anh II Rz 8 ist es jedoch statistisch gesehen die Regel, dass im Schutzstaat auch geklagt wird.

1467 Sandrock in v Caemmerer 1983, 380 (390f).

1468 Richtungsweisend Ulmer RabelsZ 1977, 479 (487); Schricker/Katzenberger UrhR 1999, vor §§ 120 ff Rz 125; Nachweise bei MünchKomm/Kreuzer, X 1998, nach Art 38 Anh II Rz 3.

prinzip, hat letztlich keine Auswirkung auf das Anknüpfungsergebnis. Auch hier kann der Ursprung der Anknüpfung an das Schutzland dahinstehen, da allein deren Auswirkungen auf Fragen grenzüberschreitender Immaterialgüterrechtsverletzungen interessieren. Die Relevanz eines solchen Streits ist insbesondere fraglich, wenn man bedenkt, dass ohnehin in fast allen Ländern der Welt die Anknüpfung an das Recht des Schutzlands aus dem Inländerbehandlungsgrundsatz der internationalen Konventionen abgeleitet wird[1469].

3. Deliktsstatut im gewerblichen Rechtsschutz

Auch für die gewerblichen Schutzrechte bestimmen die Regelungen der einschlägigen Konventionen, wie etwa Art. 2 (1) PVÜ oder Art. 64 (3) EPÜ[1470], dass das jeweilige nationale Recht berufen wird.
Die Handhabung der Art. 2 (1) PVÜ und Art. 64 (3) EPÜ[1471] in Deutschland entspricht der Interpretation der Übereinkommen auf dem Gebiet des Urheberrechts, die neben der fremdenrechtlichen Regelung zugleich eine völkervertragsrechtliche Kollisionsnorm sieht[1472]: Das Recht des Landes, für das der Schutzrechtsinhaber Schutz beansprucht, entscheidet, ob das Recht verletzt worden ist und welche Rechtsfolgen sich hieraus ergeben[1473].

[1469] Staudinger/v Hoffmann 2001, Art 40 Rz 375; in diesem Sinne auch Regelin 2000, 19; MünchKomm/Kreuzer, X 1998, nach Art 38 Anh II Rz 3; Kreuzer Gutachten 1991, 148f. Hier weist jedoch Peinze 2002, 127 darauf hin, dass die Annahme eines kollisionsrechtlichen Gehalts des Art 5 (2) 2 RBÜ dazu führt, dass von vornherein sämtliche Vertragsländer an das Schutzlandprinzip gebunden wären und nur noch im Verhältnis zu Nichtvertragsstaaten frei in der Ausgestaltung ihrer Kollisionsregeln wären. Nach der herrschenden Ansicht würde jede alternative Anknüpfung von vornherein ausgeschlossen. Daher will Peinze 2002, 135, es jedem Staat selbst überlassen, ob das Schutzlandprinzip unabhängig von den internationalen Verträgen in das jeweilige Kollisionsrecht aufgenommen werden soll, so etwa die Schweiz mit Art 110 IPRG, Italien mit Art 54 IPRG, Österreich mit § 34 (1) IPRG, welche sämtliche Immaterialgüterrechte dem Recht des Schutzlands unterstellen. Allerdings wurde in Deutschland mit In Kraft Treten des Gesetzes zum Internationalen Privatrecht für außervertragliche Schuldverhältnisse und Sachen vom 21.5.1999 unter Verweis auf die allgemeine Geltung Schutzlandprinzips (BT-Drucks 14/343,10) wieder bewusst auf eine explizite Regelung des Problems verzichtet, was mit der These Peinzes schlecht vereinbar wirkt.

[1470] Zu den Konventionen im gewerblichen Rechtsschutz oben 1. Kapitel: § 2. C. II. ; Regelin 2000, 9-20. Bezüglich der übrigen Staatsverträge wird davon ausgegangen, dass sie keine kollisionsrechtlichen Verweisungen enthalten. Die Vertragsstaaten behandeln daher die vertragsgemäßen internationalen Sachverhalte wie nationale; Nachweise bei MünchKomm/Kreuzer, X 1998, nach Art 38 Anh III Rz 77f.

[1471] Anderer Ansicht ist Regelin 2000, 36, nach dem der Verweis in Art 64 (3) EPÜ aus kollisionsrechtlicher Sicht ausschließlich das autonome Internationale Privatrecht beruft, welches allerdings in Deutschland ebenfalls zum Recht des Schutzlandes führt.

[1472] Vergleiche auch Staudinger/v Hoffmann 2001, Art 40 Rz 381ff; MünchKomm/Kreuzer, X 1998, nach Art 38 Anh II Rz 35 iVm 2f.

[1473] Sandrock in v Caemmerer 1983, 380 (393ff). Zum gleichen Ergebnis gelangte auch das nicht in Kraft getretene GPÜ in Art 34 (1) GPÜ, ABl EG 1989 L 401/10 (17), nach dem Verletzungen eines Gemeinschaftspatents im übrigen dem nationalen Recht des Landes unterliegen, das auch auf die Verletzung eines nationalen Patents am Gerichtsort anzuwenden ist, es sei denn die Regeln des internationalen Privatrechts dieses Staates führen zu einem anderen anwendbaren Recht, Art 32 des StrPRot, ABl EG 1989 L 401/39f. Auf den ersten Blick wird also auf die *lex fori* und damit das nationale Recht des Gerichtsstaates unter Einschluss des internationalen Privatrechts verwiesen. Allerdings kommt Art 34 (1) GPÜ wieder auf das autonome internationale Privatrecht bei der Frage des anwendbaren Rechts bei der Verletzung von Gemeinschaftspatenten zurück, da der Verweis auf die *lex fori* durch den zweiten Halbsatz wieder aufgehoben wird.

Damit gelangen dennoch sowohl das autonom-kollisionsrechtliche allgemeine Deliktsstatut sowie die direkte Verweisung auf das Recht des Schutzlands zum Recht des Verwertungsorts und folglich zum selben Ergebnis[1474].
Auch hier kommt es daher für die Bestimmung des Eingriffsorts nur auf das Vorliegen einer inländischen Verletzungshandlung an

4. Territoriale Reichweite des Immaterialgüterrechtsstatuts – Mosaikbeurteilung

Auch im Rahmen der Verletzung von Immaterialgüterrechten kann es zu grenzüberschreitenden Rechtsverletzungen kommen[1475], so dass in einem Prozess mehrere Rechtsordnungen nebeneinander angewandt werden müssen[1476].
Zunächst erscheint jedoch die Frage nach der territorialen Reichweite aufgrund der Limitierung auf ein Territorium und die dadurch bedingte Übereinstimmung von örtlichem Schutzbereich und Verletzungsort überflüssig. Da eine ubiquitäre Verletzung ausgeschlossen ist, können Handlungs- und Erfolgsort einer Schutzrechtsverletzung nicht in unterschiedlichen Ländern lokalisiert werden[1477]. Dennoch wird auch im Internationalen Immaterialgüterrecht auf eine Mosaikbeurteilung zurückgegriffen:
Die Konkretisierung des Eingriffsorts bereitet nur dann keine Schwierigkeiten, wenn sich die maßgebliche Verletzungshandlung ausschließlich innerhalb eines Schutzstaats ereignet hat. Als Folge hiervon wird nur dessen Schutzrecht maßgeblich.
Es liegt jedoch in der Natur des Internationalen Immaterialgüterrechts, dass eine Benutzungshandlung, anders als der jeweilige Schutzbereich der einzelnen Rechte, nicht territorial begrenzt werden kann. Relevante Handlungen können sich über mehrere Staaten erstrecken[1478]. So kann Werbematerial von einem Staat aus in mehrere andere Staaten versandt werden, so dass sowohl am Ort des Absendens ein Handlungsort lokalisiert werden kann, als auch an den Orten, an denen die Werbesendung auf den Markt kommt, jeweils Verwertungsorte zu sehen sind.

In dem Entwurf der Kommission zur Verordnung über das Gemeinschaftspatent, ABl EG 2000 C 337E/278ff, wird in Art 43, 44 das System des einheitlichen Schutzrechts wegen der Rechtsfolgen und Sanktionen einer Schutzrechtsverletzung um vollständige Normen zu den Rechtsfolgen ergänzt, so dass eine Verweisung auf nationales Recht obsolet wäre.

1474 Dies ist allerdings nur dann der Fall, wenn man nicht im Rahmen der deliktischen Anknüpfung zu abweichenden Ergebnissen gelangt, MünchKomm/Kreuzer, X 1998, nach Art 38 Anh II Rz 3.

1475 Vergleiche die Beispiele bei Schricker/Katzenberger, UrhR 1999, vor §§ 120 ff Rz 135ff; Sandrock in v Caemmerer 1983, 380 (428); Martiny RabelsZ 40 (1976), 218 (225).

1476 So bereits RG Urteil v 4.4.1914 RGZ 84, 370 (376); v Bar, IPR II 1991, Rz 710.

1477 Hierzu die vorausgehenden Ausführungen 2. Kapitel: § 2. A. IV.

1478 Zur Problematik grenzüberschreitender Verletzungshandlungen auch bei Geller GRUR Int 2000, 659 (663), der ähnlich zwischen nach innen und nach außen gerichteten Handlungen unterscheidet.

Das Territorialitätsprinzip kann dieser Handlung zunächst nicht entgegenstehen. Es bestimmt allerdings, auf welches einzelne Schutzrecht sich die Handlung richtet. Danach kann eine Handlung im Inland auf ein bestimmtes Schutzrecht gerichtet sein, sich aber dennoch teilweise im Ausland ereignet haben. Das Territorialitätsprinzip legt so quasi die Wirkungsrichtung der einzelnen Tatbeiträge fest: Demzufolge entfalten deutsche Gesetze keine Wirkung über die Staatsgrenze hinaus, so dass nur inländische Verletzungshandlungen für die Lokalisierung des Eingriffsorts in Betracht kommen.
Es kann jedoch nicht ausgeschlossen werden, dass zusätzlich auf Handlungen abzustellen ist, die vom Ausland auf das Inland wirken, etwa beim erwähnten Warenversand. Ein Abgrenzungsproblem ergibt sich also nur, wenn eine grenzüberschreitende Handlung so erfolgt ist, dass sie nicht auf einen vollwertigen Inlandsteil reduziert und dadurch eindeutig territorial zugeordnet werden kann. In dieser Konstellation können dann wiederum mehrere Schutzrechte betroffen sein und daher in sämtlichen Staaten, in denen die Handlung stattfand, maßgebliche Eingriffsorte lokalisiert werden.

Grundsätzlich wird die Anwendung einer Rechtsordnung nur auf den jeweiligen Handlungsteil beschränkt, der sich in deren Territorium ereignet hat[1479]. Für die problematischen Fälle müssen allerdings auch die ausländischen Tatbeiträge zur Beurteilung inländischer Verletzungshandlungen herangezogen werden[1480]. Die einzelnen ausländischen Tatbeiträge zu der schwerpunktmäßig inländischen Verwertungshandlung müssen ebenfalls nach inländischer Vorstellung auf das inländische Schutzrecht gerichtet sein[1481] Aufgrund der Wirkung des Territorialitätsprinzips können sie dann nur inländische Rechtsfolgen auslösen. Dem Betroffenen steht daher nicht alternativ neben der inländischen auch die ausländische Schutznorm zur Wahl.

Grenzüberschreitende Verletzungen können dennoch prinzipiell auch im Internationalen Immaterialgüterrecht zu mehreren Eingriffsorten führen. Anders als im Internationalen Deliktsrecht, in dem grundsätzlich[1482] nur eine Rechtsordnung über den gesamten Sachverhalt entscheidet, der mehrere Rechtsordnungen berühren kann,

---

[1479] V Bar, IPR II 1991, Rz 710; Sandrock in v Caemmerer 1983, 380 (431).

[1480] Sandrock in v Caemmerer 1983, 380 (424f) spricht davon, die inländische Schutznorm im Hinblick auf ihre auslandsbezogenen Tatbestandsmerkmale „weiterzubauen".

[1481] Da bereits der Schwerpunkt der Verletzungshandlung im Inland lokalisiert wurde, steht das anwendbare Recht und damit der Beurteilungsmaßstab auch für die ausländischen Tatbeiträge schon fest. Daher bestimmt das materielle Schutzlandrecht ebenfalls darüber, ob eine nur teilweise im Schutzland begangene Handlung ein hier bestehendes Recht verletzt, vergleiche oben 2. Kapitel: § 2. A. IV. 1. am Ende; Schricker/Katzenberger, UrhR 1999, vor §§ 120 ff Rz 135; nach Benkard/Bruchhausen 1993, § 9 Rz 10, muss die Handlung ihrem Begehungsort nach in die durch das Patent geschützte inländische Rechtssphäre fallen; ähnlich auch Sandrock in v Caemmerer 1983, 380 (425f).

[1482] Vergleiche die Ausnahme nach der herrschenden Ansicht zumindest im Bereich von Persönlichkeitsrechtsverletzungen bei einer Mehrzahl von Erfolgsorten, wo das Erfolgsortrecht nur für den jeweils in diesem Land verursachten Schaden maßgeblich ist und so der Betroffene gezwungen ist, entweder auf das Recht am Handlungsort auszuweichen oder die kollisionsrechtlichen Aufspaltung des Sachverhalts durch distributive Rechtsanwendung im Wege der Mosaikbeurteilung hinzunehmen, vergleiche hierzu oben 2. Kapitel: § 2. A. III. 2. d.

wird im Internationalen Immaterialgüterrechtsprozess das Recht mehrerer Staaten nebeneinander angewandt. Um umfassenden Schutz gegen eine Verletzungshandlung mit multinationalen Auswirkungen zu erlangen, muss der Schutzrechtsinhaber sämtliche Schutzrechte in allen betroffenen Staaten verteidigen.

Die Lokalisierung des maßgeblichen Eingriffsorts hängt jedoch von der Reichweite der jeweiligen Schutznorm ab. Echte Distanz- oder *multi-state*-Delikte, bei denen gerade alternativ zwischen mehreren Handlungs- und Erfolgsorten gewählt werden kann, sind dem Internationalen Immaterialgüterrecht daher unbekannt. Letztlich steht die Territorialität der Annahme einer grenzüberschreitenden Gesamthandlung entgegen. Eine solche Benutzungshandlung wird entweder in mehrere, jeweils echte inländische Einzelhandlungen im jeweiligen Schutzland oder in eine Handlung mit jeweils einzelnen Tatbeiträgen zerlegt.

V. Beweis und Darlegung des ausländischen Rechts

Für die Ermittlung des ausländischen Rechts im Prozess geht die deutsche ZPO von einer Amtsermittlungspflicht aus[1483]. Die Parteien trifft also grundsätzlich keine subjektive Beweislast.
Dieses Konzept scheint nur schwer mit der Neuregelung des Art. 40 (1) EGBGB zu vereinbaren: Danach muss der Kläger selbst frühzeitig eine Entscheidung zwischen dem Recht am Handlungsort und dem Recht am Erfolgsort treffen, obwohl ihm in der Regel sämtliche Kenntnisse über das ausländische Recht fehlen. Die Ersetzung des herkömmlichen Günstigkeitsprinzips durch ein sogenanntes Bestimmungsrecht des Betroffenen wird vor allem mit prozessökonomischen Erwägungen begründet[1484]. Das Gericht soll gerade nicht mehr gezwungen sein, von Amts wegen zwei Rechtsordnungen daraufhin zu überprüfen, welche die günstigere für den Geschädigten ist.

Zwar entbindet Art. 40 (1) EGBGB das Gericht nicht davon, ausländisches Recht von Amts wegen zu ermitteln, wenn der Geschädigte von seinem Wahlrecht in Art. 40 (1) 2 EGBGB Gebrauch macht und die Anwendung ausländisches Recht verlangt. Doch genau in dieser Reihenfolge liegt die Unstimmigkeit: Der Kläger ist in der Praxis gezwungen, vor Klageerhebung zu prüfen, ob das Recht des Erfolgsorts für ihn günstiger ist. In der Regel müssen wegen der Unkenntnis der Partei oder deren Anwalts kostspielige vorbereitende Privatgutachten in Auftrag gegeben werden. Da das Gericht also erst nach einer Entscheidung des Klägers für ein bestimmtes Recht, sei es durch ausdrückliche Wahl oder durch Unterlassung, seine Amtsermittlung des ausländischen Rechts aufnimmt, wird § 293 ZPO zumindest nicht formal durch die

---

[1483] BGH Urteil v 20.3.1980 BGHZ 77, 32 (38); Nagel/Gottwald 2002, § 10 Rz 24; anders ist dies im Vereinigten Königreich vergleiche im Folgenden 2. Kapitel: § 2. B. VII.
[1484] BT-Drucks 14/343, 11, vergleiche auch oben 2. Kapitel: § 2. A. II. 1. b.

Regelung des Art. 40 (1) EGBGB berührt. Dennoch wird allein der Geschädigte beziehungsweise sein erstinstanzlicher Rechtsanwalt durch den verbundenen Ermittlungsaufwand betroffen[1485]. Zum Ausgleich dieser für den Kläger misslichen Situation wird vorgeschlagen, die Kosten, mit denen ein Betroffener zunächst bei der Suche nach dem für ihn günstigsten Rechts und damit insbesondere bei einer ersten Ermittlung des ausländischen Rechts belastet wird, zu den erstattungsfähigen Kosten nach § 91 (1) 1 ZPO zu rechnen[1486]. Faktisch wird das Gericht durch Art. 40 (1) EGBGB von der ihm obliegenden Amtsermittlungspflicht des § 293 ZPO entlastet.

B. Rechtslage in England[1487]

Das englische internationale Privatrecht basiert sowohl auf den Regeln des *common law* als auch auf Gesetzesrecht[1488], das mittlerweile viele Teile des traditionellen Kollisionsrechts verdrängt hat[1489].

I. Überblick

Auch in England ist inzwischen im internationalen Deliktsrecht[1490] grundsätzlich die Geltung des Tatortrechts vorgesehen. Die seither das englische Kollisionsrecht

---

[1485] Sonnenberger in FS Henrich 2000, 575 (578) stellt hier auch die Frage, ob die Entschädigungspflicht des Verletzers gemäß dem Erfolgsortrecht so nicht durch die Haftpflicht seines Anwalts ersetzt wird.

[1486] Zöller/Geimer 2002, § 293 Rz 7; MünchKomm/Belz, ZPO I 2000, § 91 Rz 53; ausführlich v Hein 1999, 262ff.

[1487] Morris (McClean) 2000, 353ff. (366ff zur aktuellen Lage); Cheshire/North's 1999, 613ff; Briggs 2002, 174 ff; Dicey/Morris, II 2000, Rz 35-002ff.

[1488] Außerdem haben auch die Lehrbücher von Dicey/Morris (The Conflict of Laws Band I, II, momentan 13. Auflage, 2000) und Cheshire/North's (Private International Law, momentan 13. Auflage, 1999) großen Einfluss, da Richter bei ihren Entscheidungen diese oftmals als maßgebende Autorität ansehen.

[1489] Weite Teile des englischen Internationalen Privatrechts wurden zum 1.5.1996 durch den PIL Act 1995 (SI 1996 Nr 995) kodifiziert. In seinem Teil III enthält er die Regelungen zum Internationalen Deliktsrecht. Zur ursprünglichen Entwicklung des englischen Kollisionsrechts aus dem Prozessrecht bei Hohloch, Deliktsstatut 1984, 59 ff.

[1490] Zum Begriff der unerlaubten Handlung und der Einordnung eines Sachverhalts als deliktisch vergleiche oben 1. Kapitel: § 1. A. und 2. Kapitel: § 2. A. I. . Dieses Qualifikationsproblem ist in England aufgrund der Anforderungen an die Zuständigkeit und deren Ablehnung durch die Gerichte, wenn eine Klage nach englischem Recht kein *tort* darstellte, auf kollisionsrechtlicher Ebene nicht mehr vorgekommen, Dicey/Morris, II 2000, Rz 35-024. Grundsätzlich ist die Anwendbarkeit des PIL Act 1995 gemäß dessen s 9 (2) nach der *lex fori* zu qualifizieren. Allerdings wird mit der teilweisen Abschaffung der *double actionability rule* und der dadurch zurückgehenden Bedeutung der *lex fori* vorgeschlagen, bei einer solchen Qualifizierung auch die maßgebliche *lex causae* zu beachten, so dass in England Klagen wegen *invasion of privacy* oder *unfair competition* entschieden werden können, Dicey/Morris, II 2000, Rz 35- 021ff. S 9 (2) PIL Act 1995 betone gerade, dass die Gerichte im Sinne des Internationalen Privatrechts vorgehen sollten, nicht jedoch ausschließlich ihr materielles Recht befragen dürften. Insbesondere die Abschaffung der *double actionability rule* verdeutliche die Intention des Gesetzgebers, die Bedeutung des Sachrechts der *lex fori* zurückzudrängen. Die deliktsrechtliche Qualifikation für Beeinträchtigungen der Persönlichkeit ergibt sich in England im Umkehrschluss aus s 13 PIL Act 1995. Immaterialgüterrechtsverletzungen werden im Rahmen des englischen Zuständigkeitsrechts und des materiellen Rechts als *torts* qualifiziert, Fawcett/Torremans 1998, 615; Dicey/Morris, II 2000, Rz 35-027, 029. Dies stimmt auch mit der Beurteilung im *common law* überein, Def Lepp Music v Stuart Brown [1988] RPC 273 (ChD); Pearce v Ove Arup Partnership Ltd [2000] 3 WLR 332 (CA). Somit sind Immaterialgüterrechtsverletzungen auch im Anwendungsbereich des PIL Act 1995 als *torts* zu qualifizieren.

Der Begriff „*tort*" des englischen Rechts umfasst dabei im Internationalen Privatrecht, anders als im materiellen Haftungsrecht, nicht nur die richterrechtlich entwickelten Haftungstatbestände, sondern zusätzlich die außervertragliche Schadenshaftung kraft Gesetzes, Dicey/Morris, II 2000, Rz 35-021f.

beherrschende *double actionability rule* mit ihrer starken Betonung der *lex fori* ist durch den PIL Act 1995 weitgehend abgeschafft worden[1491]. Damit wurde der traditionelle Sonderweg der Briten, im internationalem Deliktsrecht die *lex fori* gleichberechtigt neben die *lex loci delicti* treten zu lassen, oder diese gar durch jene zu ersetzen, beendet und eine Wiedereingliederung in die gesamteuropäische Praxis[1492] bewirkt.

Lediglich für den Bereich bestimmter Persönlichkeitsrechtsverletzungen, die in s. 13 PIL Act 1995 gerade nicht von der neuen Kodifizierung durch das Gesetz erfasst wurden, gelten weiterhin die traditionellen Regeln in Form der *double actionability rule*, so dass die zusätzliche Hürde der *lex fori* hier weiter besteht[1493].

Für Handlungen oder Unterlassungen, die Anlass zu einer Klage geben und die sich vor dem 1.5.1996 ereigneten, gelten die traditionellen Regeln des *common law* ebenfalls fort. Für alle übrigen Delikte, die nach diesem Zeitpunkt verübt wurden, gelten die neuen Regeln des PIL Act 1995.

II. Die Tatortregel nach s. 11, 12 PIL Act 1995

Über die s. 11 und 12 PIL Act 1995 wird grundsätzlich das Recht des Tatorts berufen und in bestimmten Fällen auch das Recht der engsten Verbindung.

Nach der generellen Anknüpfungsregel des s. 11(1) PIL Act 1995 ist zunächst das Recht des Landes anwendbar, in dem sich die die unerlaubte Handlung konstituierenden Merkmale ereignet haben. Sind diese Merkmale, wie bei grenzüberschreitenden Handlungen, in verschiedenen Ländern eingetreten, so ist grundsätzlich gemäß s. 11 (2) (c) PIL Act 1995 das Recht des Landes anwendbar, in dem sich das wichtigste Merkmal für die unerlaubte Handlung ereignet hat[1494].

Haben sich sämtliche maßgeblichen Sachverhaltselemente in nur einem Land ereignet, bereitet die Feststellung des anwendbaren Rechts nach der Grundsatzanknüpfung in s. 11 (1) PIL Act 1995 keine Schwierigkeiten[1495].

Wie allerdings der Tatort konkret zu bestimmen ist, wenn die eine unerlaubte Handlung begründenden Merkmale in unterschiedlichen Ländern eingetreten sind, wird nicht vorgegeben. Die Regel in s. 11 (2) (c) PIL Act 1995 entspricht jedoch der früheren englischen Praxis, nach der für die Begründung des Deliktsgerichtsstandes bei grenzüberschreitenden Sachverhalten allein der Ort maßgeblich sein sollte, an dem der Klagegrund im Wesentlichen entstanden war[1496]. Daher bleibt den englischen

[1491] Ausführlich zu Inhalt und Abschaffung der *double actionability rule* oben 2. Kapitel: § 1. A. II. 2. b. (1) (b)

[1492] In fast allen europäischen Ländern stellt die Anknüpfung an die Tatortregel, die *lex loci delicti*, das vorherrschende Prinzip dar, Nachweise bei Kadner-Granziano 2002, 134; Morris (McClean) 2000, 355.

[1493] Hierzu oben 2. Kapitel: § 1. A. II. 2. b. (1)

[1494] S 11 (2) (c) PIL Act 1995 gilt für sämtliche Fälle ausgenommen für Körper- und Eigentumsverletzung. Hierfür gelten die speziellen s 11 (2) (a), (b) PIL Act 1995. Hierzu auch im Folgenden 2. Kapitel: § 2. B. VI. 3.

[1495] Dicey/Morris, II 2000, Rz 35-080.

[1496] Distillers Co Ltd v Thompson [1971] AC 458 (PC): „*where in substance the cause of action arose*". Entsprechend werden die in dem Urteil Metall und Rohstoff AG v Donaldson Lufkin & Jenrette Inc [1990] 1 QB

Gerichten nur die Möglichkeit, auf die im *common law* entwickelten Grundsätze für die Tatortbestimmung im Rahmen der internationalen Zuständigkeit zurückzugreifen und so die wesentliche Verbindung näher zu konkretisieren[1497]. Anders als im internationalen Zivilverfahrensrecht, wo der EuGH die Ubiquitätslösung übernommen hat[1498], werden *multi-state-torts*[1499] jedoch in England auf kollisionsrechtlicher Ebene von vornherein nur nach dem Recht des Landes beurteilt, in dem die Verletzung des geschützten Interesses oder Rechtsgutes eingetreten ist[1500].
Im englischen Internationalen Privatrecht wird folglich der Tatort am Erfolgsort lokalisiert, während eine Alternativität zwischen Handlungs- und Erfolgsort, wie im deutschen Kollisionsrecht, durch s. 11 (2) PIL Act 1995 ausgeschlossen wurde. Die Tatortregel erfährt somit in England für grenzüberschreitende Delikte eine andere Konkretisierung als in Deutschland[1501].

Die Auswahl unter einer Mehrzahl relevanter Tatorte ist vom Kläger selbst zu treffen. Dieses Optionsrecht ergibt sich aus dem Grundsatz, dass das ausländische Recht als Tatsache im englischen Verfahren dargelegt und bewiesen werden muss[1502]. Beruft sich der Kläger darauf, dass Rechte in mehreren Staaten verletzt worden sind, muss er daher grundsätzlich auch die entsprechenden ausländischen Rechte beweisen[1503]. Kommt der Kläger seiner Pflicht nicht nach, so wendet das Gericht in der Regel ohne weiteres englisches Recht an und geht damit von einem Tatort im Inland aus.

---

391 ff aufgestellten Grundsätze für die Bestimmung des anwendbaren Rechts bei Delikten übernommen, hierzu oben 2. Kapitel: § 1. A. II. 1. b. (2) (c)
Zum Zusammenspiel der Schwerpunktklausel in s 11 (2) (c) PIL Act 1995 und der ähnlichen allgemeinen Ausweichklausel in s 12 (2) PIL Act 1995 bei v Hein 1999, 19f.

[1497] Morris (McClean) 2000, 372; Dicey/Morris, II 2000, Rz 35-085; Cheshire/North's 1999, 634ff.

[1498] EuGH v 30.11.1976 Rs 21/76, Slg 1976, 1735 – Bier / Mines de Potasse d'Alsace.

[1499] Cheshire/North's 1999, benutzt diesen Begriff auf Seite 628. *Multi-state-torts* sind mit den Distanz- und Streudelikte des deutschen Recht vergleichbar. Nur letztere werden in Deutschland als *multi-state*-Delikte bezeichnet, vergleiche oben 1. Kapitel: § 1. A.

[1500] So deutlich in der Verweisung in s 11 (2) (a) und (b) PIL Act 1995. Den Rückschluss auch für s 11 (2) (c) zweifelt Cheshire/North's 1999, 634 jedoch an. Allerdings zeigt die Praxis, dass englische Gerichte auch in den übrigen Fällen von s 11 (2) (c) PIL Act 1995 den Schwerpunkt und damit den Tatort oftmals am Schadeneintrittsort lokalisieren, siehe auch Beispiele bei Dicey/Morris, II 2000, Rz 35-086; Morris (McClean) 2000, 372.

[1501] Briggs 2002, 187f, hingegen hält die Grundsatzanknüpfung in s 11 PIL Act 1995 eher für eine *place of damage*- Regel, als für eine *lex loci delicti*- Regel. Die englische kollisionsrechtliche Praxis würde gerade nicht mit der weltweiten *lex loci delicti*- Kollisionsregel konform gehen, anderer Ansicht sind etwa Dicey/Morris, II 2000, Rz 35-013; Cheshire/North's 1999, 629.
Aber gerade indem das englische Recht die Bedeutung der *lex fori* durch den PIL Act 1995 eingeschränkt hat und in s 11 PIL Act 1995 grundsätzlich die Geltung der Tatortregel vorsieht, hat es sich wieder in den europäischen Kontext eingegliedert. Über die grundsätzliche Geltung der Tatortregel, die das Recht des Ortes zur Anwendung beruft, an dem die unerlaubte Handlung begangen wurde, herrscht nämlich weitgehend Einigkeit, Kadner-Graziano 2002, 130ff. Nur die spezielle Konkretisierung der *lex loci delicti*- Regel bei grenzüberschreitenden Sachverhalten ist immer noch nicht einheitlich. Insofern ist grundsätzlich auch in England die *lex loci delicti*- Regel maßgebend, wenn auch mit der Lösung nach dem Recht des Verletzungsortes.

[1502] Zur Abweichung von der deutschen Amtsermittlungspflicht im englischen Gerichtsverfahren gleich im Folgenden 2. Kapitel: § 2. B. VII. .

[1503] Fawcett/Torremans 1998, 624.

Nach der allgemeinen Ausweichklausel in s. 12 PIL Act 1995 wird für bestimmte Fälle[1504] das Recht der engsten Verbindung zur Anwendung berufen[1505]. Diese Regelung entspricht der im deutschen Internationalen Privatrecht enthaltenen Anknüpfung an die wesentliche engere Verbindung in Art. 41 (1) EGBGB.

Eine Rechtswahlmöglichkeit, wie sie im deutschen Kollisionsrecht in Art. 42 EGBGB vorgesehen ist, besteht im englischen Recht nicht[1506].

Nach s. 9 (5) PIL Act 1995 ist ein *renvoi* ausgeschlossen, so dass alle deliktsrechtlichen Verweisungen Sachnormverweisungen sind und daher das Kollisionsrecht nicht befragt wird[1507].

Schließlich enthält der PIL Act 1995 in s. 14 (3) auch einen *ordre public*- Vorbehalt, der eine Korrektur möglich macht, wenn etwa die Ergebnisse der Anwendung ausländischen Rechts wesentlichen Grundsätzen des englischen Rechts widersprechen. Traditionell wird der *ordre public* in England jedoch zurückhaltend angewandt[1508].

III. Anwendungsbereich des Deliktsstatuts

Anders als im deutschen Kollisionsrecht unterliegt in England nicht der gesamte Bereich des außervertraglichen Schadensersatzes dem Deliktsstatut[1509]. Stattdessen tendierte die Rechtsprechung im englischen Kollisionsrecht von Anfang an dazu, sich maßgeblich an der *lex fori* zu orientieren[1510].

Insbesondere wird die Schadensbemessung im englischen Internationalen Privatrecht bislang verfahrensrechtlich qualifiziert und folglich stets der *lex fori* unterstellt[1511]. Dadurch ist dieser Bereich von vornherein der kollisionsrechtlichen Problematik entzogen.

[1504] Die Vorschrift kann auch zum Instrument englischer Gerichte werden, unerwünschte Folgen ausländischen Rechts durch die Anwendung heimischen Rechts zu verhindern, Facett/Torremans 1998, 632.

[1505] Ausführlich hierzu Cheshire/North's 1999, 637ff; Dicey/Morris, II 2000, Rz 35-092; damit folgt der englische Gesetzgeber den bereits im Rahmen des *common law* geschaffenen Prinzipien zur Auflockerung der *double actionability rule*, vergleiche Boys v Chaplin [1971] AC 356; Red Sea Insurance Co Ltd v Bouygues SA [1994] 3 All ER 749. Die Ausweichklausel in s 12 (2) PIL Act 1995 umfasst folgenden Kriterienkatalog in dem drei Gruppen von Faktoren genannt werden, welche im Rahmen einer Gesamtabwägung dann berücksichtigt werden: Faktoren in Bezug auf Personen, Faktoren in Bezug auf die Ereignisse, die das in Frage stehende Delikt konstituieren und Faktoren in Bezug auf die Umstände oder Folgen dieser Ereignisse.

[1506] Cheshire/North's 1999, 627f.

[1507] Cheshire/North's 1999, 627f.

[1508] Dicey/Morris, II 2000, Rz 35-109ff.

[1509] In Deutschland umfasst das Deliktsstatut sowohl die Voraussetzungen und die Folgen der Haftung, also auch die Bestimmung von Art, Umfang und Höhe des Schadensersatzes, vgl hierzu oben 2. Kapitel: § 2. A. I. 1.

[1510] Zu den Auswirkungen der *double actionability rule* vergleiche oben 2. Kapitel: § 1. A. II. 2. b. (1) ; Hohloch, Deliktsstatut 1984, 70.

[1511] Dicey/Morris, II 2000, Rz 35-053.

Dahinter steht die Praxis, die Haftungsvoraussetzungen dem materiellen Recht zuzuordnen, die lex fori hingegen über die Haftungsfolgen entscheiden zu lassen. Bereits die Einordnung des Schadensersatzes unter den Gesichtspunkt *remedy* und damit als Frage des Verfahrensrechts verhilft diesbezüglich der *lex fori* zur Anwendung[1512].
In einem neueren Urteil hat ein englisches Gericht indirekt bestätigt, dass die Schadensbemessung als prozessuale Frage angesehen und daher nach der *lex fori* beurteilt wird[1513]. Allerdings wurde dabei der gesamte Fall englischem Recht unterstellt, dabei die Auflockerungsregel in s. 12 PIL Act 1995 angewandt und in Ausnahme zur Grundsatzanknüpfung an den Tatort entschieden[1514]. Kürzlich musste ein englisches Gericht nun ausdrücklich dazu Stellung nehmen, ob auch nach In Kraft Treten des PIL Act 1995 die Schadensbemessung dem Verfahrensrecht zugeordnet werden kann[1515]. Dabei hat das Gericht die traditionelle Auffassung beibehalten, dass es hierbei um eine prozessuale Frage gehe, was sich auch nicht aufgrund von s. 14 (3) (b) PIL Act 1995 durch die Kodifizierung des englischen Kollisionsrechts geändert habe. Diese Entscheidung war denn auch kaum überraschend, da es für die englischen Gerichte bequemer ist, den Schaden anstelle von ausländischem Recht nach ihren vertrauten Regeln zu bemessen. Manche erkennen zwar die Pragmatik dieses Vorgehens an, verweisen aber auf die daraus resultierende Gefahr weiteren *forum-shoppings*[1516].
Die Auffassung, dass die Frage der Schadensbemessung nicht nach dem Deliktsstatut, sondern nach der *lex fori* zu beurteilen ist, wird somit auch nach In Kraft Treten des PIL Act 1995 in die Zukunft hinein Bestand haben[1517].

[1512] Dicey/Morris, I 2000, Rz 7-006.
[1513] Edmunds v Simmonds [2001] 1 WLR 1003.
[1514] Rogerson [2001] All ER Annual Review 85 (97f) hält diesen Fall allerdings für einen "*false conflict case*", da die Beklagte sowohl nach spanischem als auch nach englischem Recht haftbar war. Sie deutet dabei an, dass durch die Anwendung der Ausnahmeregel dem Richter eine explizite Entscheidung über die Zugehörigkeit der Bezifferung des Schadensersatzes zum Verfahrensrecht auch nach In Kraft Treten des PIL Act 1995 erspart blieb und nur aus diesem Grund herangezogen wurde. In Wirklichkeit sei es in dem Fall doch gerade um die Bemessung des Schadens gegangen.
[1515] Hulse v Chambers [2001] 1 WLR 2386.
[1516] Rogerson [2001] All ER Annual Review 85 (98).
[1517] Morse ICLQ 45 (1996) 888 (895f); Dicey/Morris, II 2000, Rz 35- 053 und 2nd Supplement, 2002, Rz 35-049; Morris (McClean) 2000, 370.
Kritisch hierzu Dicey/Morris, II 2000, Rz 35 051, der auf die Schwierigkeiten hinweist, wenn in der Sache ausländisches materielles Recht zur Anwendung gelangt und dieses Formen des Schadensersatzes oder der Haftung vorsieht, die dem englische Recht hingegen unbekannt sind und damit entsprechende Regeln zur Bestimmung der Höhe des Schadensersatzes fehlen. Möglicherweise ist darin dann doch eine Frage des materiellen Rechts zu sehen, weil über den Anspruch dem Grunde nach entscheiden wird, so dass der Einheitlichkeit halber die *lex loci delicti* anzuwenden wäre, Dicey/Morris, II 2000, Rz 35-055.

Die Frage nach der Ersatzfähigkeit einzelner Schadensposten[1518] wird hingegen auch im englischen Recht als materiellrechtlich eingestuft und daher nach dem Deliktsstatut beurteilt[1519].

IV. Umfang des Deliktsstatuts

In England wurde bislang noch nicht geklärt, ob das Deliktsstatut auch für Fragen nach dem Bestand und dem Schutzbereich eines Rechts maßgeblich ist oder ob diese von der Frage nach Ansprüchen aus der jeweiligen Verletzung zu trennen sind. Sie könnten stattdessen selbständig als Vorfragen nach einem anderen Statut beurteilt werden. Dann müsste das anwendbare Recht hierfür jeweils getrennt ermittelt werden.

Das englische Gesetzesrecht selbst bietet keine Anhaltspunkte, wie etwa die Fragen nach Entstehung, Inhaberschaft, Inhalt und Schranken kollisionsrechtlich zu beurteilen sind[1520]. Allerdings sollen die Verteidigungseinwände eines Beklagten traditionell im *common law* nach dem für die unerlaubte Handlung anwendbaren Recht entschieden werden[1521]. Damit ist für Einwände, welche den Bestand des Rechts angreifen, das auf das Delikt anwendbare Recht maßgeblich.

Für das Immaterialgüterrecht gibt es Ansätze, die die Entstehung des Schutzrechts, dessen Wirkung und Erlöschen nach dem Recht des Schutzlandes bestimmen wollen[1522]. Es ist jedoch noch nicht einmal geklärt, ob die englische Rechtsprechung überhaupt der *lex loci protectionis* als maßgeblichem Deliktsstatut folgt oder die reine *lex loci delicti*- Regel anwendet[1523]. Insofern steht eine Lösung hierfür im englischen Kollisionsrecht noch aus.

[1518] Ebenso gilt das für die Frage, ob überhaupt Ersatz zu leisten ist, Schmerzensgeld geschuldet wird, ob Angehörige Ersatzansprüche haben, ob Strafschadensersatz gewährt wird oder ob den Geschädigten eine Obliegenheit zur Schadensminderung trifft, Dicey/Morris, II 2000, Rz 35-055.

[1519] Dicey/Morris, II 2000, Rz 35- 055. Ebenso werden etwa die Gründe der Haftung, also Verschulden, Gefährdung, Verursachung und Haftung für Dritte etc, die konkreten Voraussetzungen, die Folgen eines Mitverschulden des Geschädigten, der Kreis der Anspruchsberechtigten und Haftpflichtigen, mögliche Entlastungsgründe und der Umfang der Haftung zum Anwendungsbereich des Deliktsstatuts gezählt.
Erst durch den Foreign Limitation Periods Act 1984, der Ende 1985 in Kraft trat, wurde die Verjährung als materiellrechtliche Frage, welche zum Deliktstatut gehört, beurteilt. Die Einordnung als prozessuale Frage und daher die Beurteilung anhand der *lex fori* wurde somit korrigiert.

[1520] Kritisch hierzu Fawcett/Torremans 1998, 643ff, 647. Insbesondere enthält der PIL Act 1995 keine diesbezüglichen Aussagen. Die s 11, 12 PIL Act 1995 sind gerade nur auf Klagen wegen der bloßen Verletzung eines Rechts anzuwenden. Für etwaige Einwendungen des Beklagten (*defences*), etwa dass dem Kläger das von ihm als verletzt behauptete Recht nicht zustehen würde, trifft das Gesetz keine Regelung. S 9 (4) PIL Act 1995 befasst sich nur mit dem Klageanspruch als solchem, nicht jedoch mit den Verteidigungsmöglichkeiten des Beklagten: *„the applicable law shall be used for determining the issues arising in a claim, including in particular the question wether the actionable tort or delict has ocurred"*.

[1521] Gibson 1990, Report 3.37.

[1522] Fawcett/Torremans 1998, 498ff (501,507), insbesondere Fn 70-72. für *copyright*; Dicey/Morris, II 2000, Rz 22-051.

[1523] Zur kollisionsrechtlichen Aussagekraft der RBÜ in England vgl im Folgenden 2. Kapitel: § 2. B. VI. 1. a. .

V. Besonderheiten bei Ehrverletzungen

Für Klagen gestützt auf *defamation* und *malicious falsehood* sind nach s. 13 PIL Act 1995 nach wie vor die traditionellen Regeln des *common law* heranzuziehen[1524].
Die Frage der Anwendung der *common law*- Kollisionsregeln ist jedoch bei Ehrverletzungen bislang nur in wenigen veröffentlichten Fällen aufgetreten[1525]. Diese Problematik wurde fast ausschließlich im Rahmen der Zulässigkeit einer Klage behandelt. Sowie das englische Gericht seine Zuständigkeit angenommen und eine Zustellung außerhalb seines Jurisdiktionsbereichs veranlasst hatte, wurde in der Entscheidung englisches Recht angewandt[1526]. Die Frage nach dem anwendbaren Recht hat sich daher im Grunde nie gestellt[1527]. Insbesondere in diesem Zusammenhang wird die enge Verbindung von internationaler Zuständigkeit und Kollisionsrecht deutlich.

Grundsätzlich wird der Tatort für Ehrverletzungen am Erfolgsort als dem Ort gesehen, der die engste Verbindung zum fraglichen Verhalten aufweist[1528]. Im Rahmen von Pressedelikten wird der Tatort bei Ehrverletzungen durch Massenmedien ausschließlich am Ort der Verbreitung konkretisiert, soweit es um im Inland verbreitete Presseerzeugnisse geht[1529]. Eine Verbreitung liegt nach englischer wie auch nach deutscher Auffassung vor[1530], wenn das Presseerzeugnis dem Publikum bestimmungsgemäß und nicht nur rein zufällig zur Kenntnis gelangt ist. Auf die Auflagenzahl soll es grundsätzlich nicht ankommen[1531].

Fand die Verbreitung hingegen im Ausland statt, so ist neben dem Recht des ausländischen Vertriebsortes kumulativ, aufgrund der für Ehrverletzungen fortgeltenden *double actionability rule,* die *lex fori* maßgeblich[1532]. Dies führt allein zu einer Begünstigung des Presseunternehmens, während in Deutschland der Betroffene

---

[1524] Hierzu oben 2. Kapitel: § 1. A. II. 2. b. (1).
[1525] Dicey/Morris, II 2000, Rz 35-126.
[1526] Dicey/Morris, II 2000, Rz 35-126 unter Verweis auf Metall und Rohstoff AG v Donaldson Lufkin & Jenrette Inc [1990] 1 QB 391 (CA).
[1527] Nach Dicey/Morris, II 2000, Rz 35-126, Fn 23 hat sich dies auch unter der neuen Gesetzeslage im Zuständigkeitsrecht nicht geändert. Durch die Entscheidung des EuGH v 7.3.1995 Rs C-68/93, Slg 1995 I 415 - Shevill / Presse Alliance SA insbesondere zur Beschränkung der Kognitionsbefugnis des zuständigen Gerichts am Erfolgsort, sei dies bestätigt worden.
[1528] Church of Scientology of California v Commissioner of Metropolitan Police [1976] 120 SJ 690 unter Bezugnahme auf Bata v Bata [1948] WN 366 (CA).
[1529] Halsbury's Laws of England, Vol 8 (1) 1996, Rz 893 unter Berufung auf Bata v Bata [1948] WN 366 (CA) und Shevill v Presse Alliance SA [1992] 1 All ER 409 (CA), keine weiteren Abweichungen hiervon in Halsbury's Law of England, Supplement I 2003, Vol 8 (1) Rz 893. Damit führt eine inländische Verbreitungshandlung zwangsläufig zu einem Gleichlauf zwischen Zuständigkeit und anwendbarem Recht.
[1530] Oben 2. Kapitel: § 2. A. III. 2.
[1531] Im Fall Shevill v Presse Alliance SA [1992] 1 All ER 409 genügte dem *Court of Appeal* bei einer Gesamtauflage von mehr als 237.000 Exemplaren, dass nur 230 Exemplare in England und Wales vertrieben wurden, um seine internationale Tatortzuständigkeit anzunehmen.
[1532] Hierzu bei Cheshire/North's 1999, 657.

noch vom dortigen Günstigkeitsprinzip profitieren kann und sich von den verschiedenen möglichen anwendbaren Rechten auf das ihm günstigste berufen kann.

Problematisch ist jedoch die Behandlung einer in mehreren Ländern veröffentlichten Äußerung. Zum einen muss im Geltungsbereich der *double actionability rule* die *lex fori* maßgeblich bleiben. Ob es aber ansonsten zu einer kollisionsrechtlichen Mosaikbetrachtung nach dem Recht der einzelnen Verbreitungsorte kommt und damit das anwendbare Recht nur den jeweiligen Schaden im eigenen Rechtsgebiet betrifft, ist nicht klar[1533]. Zum Teil wird angenommen, dass für jeden Staat, in dem ein Druckwerk erscheint, von einer neuen Veröffentlichung auszugehen ist, weshalb die zu beurteilenden unerlaubten Handlungen als materiellrechtlich unabhängig voneinander angesehen werden[1534]. Dies würde jedoch dazu führen, dass internationale Ehrverletzungen von vornherein nicht mehr einheitlich beurteilt werden können und die territoriale Reichweite des Deliktstatuts bei diesen auf das Land der jeweiligen Verbreitung beschränkt ist. Gegen diese Ansicht, nach der jede einzelne Verbreitung ein eigenständiges *tort* darstellen soll und damit ein Streudelikte theoretisch nicht mehr möglich ist, wird außerdem angeführt, dass sie zur Anwendung einer Vielzahl von Rechten führt und dadurch dem Richter die Rechtsfindung erschwert[1535]. Die Beurteilung anhand verschiedener Rechte birgt damit die Gefahr unterschiedlicher Ergebnisse und ist insbesondere in solchen Fällen äußerst fraglich, in denen sich die ehrverletzende Äußerung nur in einer Ausgabe eines Mediums findet und damit ein einheitlicher Sachverhalt vorliegt.
Der EuGH[1536] hat mangels weitergehender Kompetenz[1537] nur für den Bereich der internationalen Zuständigkeit eine territoriale Beschränkung für die Gerichte am Verbreitungsort festgelegt. Eine Übernahme dieser Vorgehensweise in das Kollisionsrecht ist damit nicht zwingend.
In England wird daher vorgeschlagen, in entsprechenden Fällen den Tatort dort zu lokalisieren, wo der Betroffene den größten Ansehensverlust erleidet oder diesen durch eine eigene Anknüpfung etwa an den gewöhnlichen Aufenthalt des Klägers zu ersetzen[1538]. Dabei wird auch auf mögliche Auflockerungen verwiesen, nach denen internationale Veröffentlichungen mit Hilfe einer einheitlichen Anknüpfung flexibler

---

1533 Die kollisionsrechtliche Mosaikbetrachtung entspricht auf Zuständigkeitsebene in etwa der *multiple publication rule* des anglo- amerikanischen Rechts, vergleiche oben 2. Kapitel: § 1. A. II. 1. b. (2) (c).
1534 Dies äußert als Vermutung Briggs 2002, 180 unter Hinweis auf Berezovsky v Michaels [2002] 1 WLR 1004 (HL); Dicey/Morris, II 2000, Rz 35-136 mit Verweis auf University of Glasgow v The Economist [1997] EMLR 495 (QBD).
1535 Briggs 2002, 180f; Cheshire/North's 1999, 660 spricht davon, dass diese Konsequenz „*very inconvenient*" ist.
1536 EuGH v 7.3.1995 Rs C-68/93, Slg 1995 I 415 (464) - Shevill / Presse Alliance SA.
1537 Zur Auslegungskompetenz des EuGH, die sich nur auf Fragen der internationalen Zuständigkeit bezieht, hingegen solche des anwendbaren Rechts offen lässt oben 2. Kapitel: § 1. B. I. 4. Die Frage nach einer Wechselwirkung von Deliktsstatut und Zuständigkeitsrecht gilt es noch zu beantworten, im Folgenden 3. Kapitel: § 2. C. IV.
1538 Cheshire/North's 1999, 660.

zu lösen sind[1539]. Es bleibt folglich im Einzelnen noch unklar, ob in diesen Konstellationen von einer einheitlichen grenzüberschreitenden Handlung gesprochen werden kann und wie weit sich sodann die territoriale Reichweite des Deliktstatuts erstreckt.

VI. Besonderheiten bei Immaterialgüterrechtsverletzungen

Da bis zu den zwei grundlegenden Entscheidungen[1540] im Jahre 1997 in England Klagen wegen der Verletzung ausländischer Immaterialgüterrechte oder wegen der Verletzung englischen geistigen Eigentums im Ausland nicht zur Entscheidung angenommen wurden, hatte sich bis dato in diesen Konstellationen die Frage nach dem anwendbaren Recht nie gestellt[1541]. Mit Abschaffung der *double actionability rule*[1542] und Einschränkung der *moçambique rule*[1543] war es jedoch auch englischen Gerichten möglich, über derartige Sachverhalte zu entscheiden. Damit ist nun auch in diesem Bereich die kollisionsrechtliche Problematik aufgetreten.

1. Anwendbarkeit des PIL Act 1995

Fraglich ist, ob auch für Immaterialgüterrechte ohne Besonderheiten die Normen des PIL Act 1995 und damit des kodifizierten englischen Kollisionsrechts anzuwenden sind[1544].

a. Besonderheiten im *copyright*

Zunächst ist für den Bereich des *copyright* festzuhalten, dass Art. 5 (2) 2 RBÜ[1545] in England nicht als Kollisionsnorm angesehen wird, welche als spezialgesetzliche Regelung nationalem Recht vorgehen könnte:
In zweiter Instanz hat der *court of appeal* im Falle *Pearce v Ove Arup* klargestellt, dass Art. 5 (2) 2 RBÜ autonomes Kollisionsrecht nicht ausschließe und deshalb auf die

1539 Briggs 2002, 180; Cheshire/North's 1999, 660.
1540 Für das Urheberrecht, Pearce v Ove Arup Partnership Ltd and others [1997] FSR 641 (ChD) = [1997] 3 All ER 31 (43) (ChD) = [1997] 2 WLR 779.
Für eintragungspflichtige gewerbliche Schutzrechte, Coins Control Ltd v Suzo International (UK) Ltd and others [1997] 3 All ER 35 (ChD).
1541 Dutson [1997] ICLQ 918 (919).
1542 Vergleiche oben 2. Kapitel: § 1. A. II. 2. b. (1) (b).
1543 Hierzu oben 2. Kapitel: § 1. A. II. 2. a. (3) (b).
1544 vergleiche hierzu auch Dicey/Morris, II 2000, Rz 35-027 ff.
1545 Art 5 (2) 2 RBÜ: „Infolgedessen richtet sich der Umfang des Schutzes sowie die dem Urheber zur Wahrung seiner Rechte zustehenden Rechtsbehelfe ausschließlich nach den Rechtsvorschriften des Landes, in dem der Schutz beansprucht wird, soweit diese Übereinkunft nichts anderes bestimmt." Die englische Version lautet: "*Consequently, apart from the provisions of this Convention, the extent of protection, as well as the means of redress afforded to the author to protect his rights, shall be governed exclusively by the laws of the country where protection is claimed.*" Zur Revidierten Berner Übereinkunft (RBÜ) vergleiche oben 1. Kapitel: § 2. B. V. 1. und 1. Kapitel: § 3. B. I. 5. für England.

Normen des PIL Act 1995 verwiesen[1546]. Damit wird in England die Rechtsnatur von Art. 5 (2) 2 RBÜ anders beurteilt als in den meisten Verbandsländern. Diese sehen darin eine direkte staatsvertragliche Sachnormverweisung auf die *lex loci protectionis*[1547], während in England davon ausgegangen wird, dass „mit dem Land, in dem Schutz beansprucht" wird, nur der Ort gemeint sein kann, an dem der Urheber klagt[1548]. Nach dem *court of appeal* ist Art. 5 (2) 2 RBÜ eine Kollisionsregel, die eine Gesamtnormverweisung auf das Recht des Gerichtsstaates einschließlich dessen nationalen Kollisionsrechts vornimmt[1549].
Der Anwendung des PIL Acts 1995 steht Art. 5 (2) 2 RBÜ daher nicht entgegen.

Gemäß s. 14 (4) PIL Act 1995[1550] ist vor Anwendung der Vorschriften des Gesetzes außerdem zu prüfen, ob nicht andere gesetzliche Regelungen vorrangig und daher zwingend anzuwenden sind:
S. 16 (1) CDPA 1988 schützt Inhaber eines englischen Urheberrechts nur innerhalb seines Geltungsbereichs. Damit sind die Normen des CDPA 1988 als zwingendes Recht dann anwendbar, wenn ein englisches Urheberrecht in England verletzt wird[1551]. Aufgrund des im internationalen Urheberrecht vorherrschenden Inländerbehandlungsgrundsatzes muss sich der Schutz des CDPA 1988 auch auf „ausländische" Urheberrechte[1552] erstrecken, sofern diese in England verletzt werden[1553]. In diesen Konstellationen bleibt für die Anwendung des PIL Act 1995 also kein Raum.
Im Ergebnis ist der CDPA 1988 nur zwingend anzuwenden, wenn entweder ein englisches Urheberrecht oder ein ausländisches Urheberrecht in England verletzt

---

[1546] Pearce v Ove Arup Partnership Ltd [2000] 3 WLR 332 (366) (CA).

[1547] Richtungsweisend Ulmer RabelsZ 1977, 479 (487); ähnlich auch Goldstein 2001, 89, 99ff; Schricker/Katzenberger, UrhR 1999, vor §§ 120 ff Rz 125; MünchKomm/Kreuzer, X 1998, nach Art 38 EGBGB Anh II Rz 3; Fawcett/Torremans 1998, 499, hierzu oben 2. Kapitel: § 2. A. IV. 2.

[1548] Pearce v Ove Arup Partnership Ltd [2000] 3 WLR 332 (366): *"But, in relation to copyright, the question is not, 'in respect of which country is the protection claimed' but 'where is the protection claimed'. The protection is claimed in the country in which the proceedings are brought. Article 5 (2) requires that the extent of the protection to be afforded is governed by the law of that country. There is, of course, no reason to assume that the laws of that country do not include its own rules of private international law."*

[1549] Pearce v Ove Arup Partnership Ltd [2000] 3 WLR 332 (366): *"What article 5 (2) does, in our view, is to leave it to the courts of the country in which the proceedings are brought to decide wether the claim for protection should be upheld."*

[1550] S 14 (4): *"This Part has effect without prejudice to the operation of any rule of law which either has effect notwithstanding the rules of private international law applicable in the particular circumstances or modifies the rules of private international law that would otherwise be so applicable."*

[1551] Dicey/Morris, II 2000, Rz 35-028; Fawcett/Torremans 1998, 600.

[1552] Zur Problematik der Terminologie bei der Verletzung eines „ausländischen" Urheberrechts im Inland vergleiche im Folgenden Fn 1556.

[1553] Beatson, HL Paper 36 (1995), 62 folgert dies für das Urheberrecht eines Drittstaates außerhalb der EU aus dem Grundsatz der Inländergleichbehandlung nach s 159 CDPA 1989. Mit s 159 CDPA 1989 hat der englische Gesetzgeber eine eindeutige Aussage bezüglich der Inländerbehandlung getroffen. Damit wurde die Haltung und die Intention des Parlaments zu dieser Frage deutlich, weshalb Kollisionsrecht durch zwingendes Recht verdrängt werden kann. Anderer Ansicht hierzu Dicey/Morris, II 2000, Rz 35-029; Fawcett/Torremans 1998, 604f, die auch hier das Kollisionsrecht des PIL Act 1995 anwenden wollen.
Für Urheberrechte der EU wird direkt aus dem Urteil des EuGH vom 20.20.1993 Rs 92/93 und Rs 326/92, Slg 1993, 5145 - Phil Collins v Imtrat, unter Berufung auf das in Art 6 (1) EG ausgesprochenen Diskriminierungsgebot auf die direkte Anwendbarkeit der Normen des CDPA 1988 geschlossen.

wird[1554]. Somit ist das Kollisionsrecht des PIL Act 1995 dann einschlägig, wenn ein ausländisches[1555] oder ein englisches Urheberrecht[1556] im Ausland verletzt wird, da dort der CDPA 1988 keine Geltung hat.

b. Besonderheiten bei gewerblichen Schutzrechten

Auch für den Bereich der gewerblichen Schutzrechte sind in England keine staatsvertraglichen Regelungen ersichtlich, die als spezialgesetzliche Vorschriften autonomem Kollisionsrecht und damit den Normen des PIL Act 1995 vorgehen könnten[1557].

Eintragungspflichtige Registerrechte können aufgrund der strengen Territorialität nur in dem Staat verletzt werden, in dem sie geschützt und daher gleichzeitig registriert sind[1558]. Somit taucht diesbezüglich für ein englisches Gericht eine kollisionsrechtliche Problematik nur in der Konstellation der Verletzung eines ausländischen gewerblichen Schutzrechts in seinem Schutzland auf, wo sich gleichzeitig das Ursprungsland in

---

[1554] Dicey/Morris, II 2000, Rz 35-028.

[1555] Dicey/Morris, II 2000, Rz 35-029; Fawcett/Torremans 1998, 605f, wenn die *moçambique rule* in dieser Konstellation überhaupt die Frage des anwendbaren Rechts aufkommen lässt.

[1556] Beispielsweise Deff Lep v Stuart-Brown [1986] RPC 273; Morocco Bond Syndicate, Ltd v Harris [1895] 1 Ch 534. Die Konstellation der Verletzung eines bestimmten nationalen Urheberrechts im Ausland ist jedoch als rein theoretisch anzusehen, was auch Fawcett/Torremans 1998, 600 einräumt. Andererseits zeigt sich durch das Aufkommen dieser Frage gerade eine mögliche Besonderheit der Urheberrechte im Vergleich zu den eintragungspflichtigen gewerblichen Schutzrechten, hierzu auch im Folgenden 3. Kapitel: § 2. A. I. 2. b.
Die Sanktionierung der Verletzung eines Urheberrechts im Ausland wird durch die Grundsätze der RBÜ mit ihrer Garantie der Mindestrechte und der Inländerbehandlung in Art 5 (1) RBÜ ermöglicht. Das Territorialitätsprinzip sagt grundsätzlich für Urheberrechte und gewerbliche Schutzrechte aus, dass inländische Schutzrechte nur im Inland und ausländische nur im entsprechenden Ausland verletzt werden können, etwa oben 1. Kapitel: § 2. B. I. 3. Anders als bei gewerblichen Schutzrechten wurde für Urheberrechte in internationalen Konventionen versucht, einen Kompromiss zwischen den Interessen der Vertragsländer derart zu schaffen, dass Urhebern des einen Vertragslandes derselbe Schutz zu gewähren ist, wie inländischen Urhebern. Indem sich also etwa die dem Verband der RBÜ zugehörigen Länder dazu verpflichtet haben, Urheberrechtsschutz auch bei der Verletzung „ausländischer" Urheberrechte im Inland zu gewähren, wird eine fremdenrechtliche Diskriminierung durch das Territorialitätsprinzips abgeschwächt. Im Anwendungsbereich der RBÜ könnte daher theoretisch ein englisches *copyright* im Ausland verletzt werden, auch wenn Schutzmaßstab das inländische Recht ist.
Allerdings wird allgemein aus dem Territorialitätsprinzip und den internationalen Konventionen gefolgert, dass dem Urheber in mehreren Ländern nicht ein einheitliches und damit weltweit gültiges Urheberrecht zusteht, so nur die in der Minderheit befindlichen Vertreter des Universalitätsprinzips, grundlegend Neuhaus RabelsZ 1976, 191ff; Schack, UrhR 2001, Rz 806ff; derselbe schon GRUR Int 1985, 523 mit weiteren Nachweisen; stattdessen soll der Urheber allenfalls ein Bündel von nationalen Urheberrechten innehaben, Nachweise hierzu bei Schricker/Katzenberger, UrhR 1999, vor §§ 120ff, Rz 120f. Deshalb kann der Fall der Verletzung eines englischen Urheberrechts im Ausland nach strenger vorherrschender Terminologie nicht vorkommen. Diese theoretische Konstruktion macht jedoch auf einen gewissen Unterschied zwischen Urheberrechten und gewerblichen Schutzrechten aufmerksam. Bei letzteren ist eine Verletzung und deren Sanktionierung nur im Schutzland und damit dem Registerland möglich. Urheberrechte erfahren jedoch auch außerhalb ihres Ursprungslandes im Rahmen der Konventionen Schutz, oben 1. Kapitel: § 2. B. I.

[1557] Art 2 PVÜ entspricht mit seinem Verweis auf den Inländerbehandlungsgrundsatz Art 5 (2) 2 RBÜ. Daher ist auch hier von einer entsprechenden Handhabe englischer Gerichte und der Anwendung der *lex loci delicti* auszugehen, Wadlow 1998, Rz 1-26.

[1558] Damit ist auch das Beispiel des Max-Planck-Instituts in GRUR Int 1985, 104 (106) einer Verletzung eines inländischen Patentrechts durch eine ausländische Handlung sehr zweifelhaft.

Form des Registerstaates wiederfindet. Dieses Schutzland kann sich innerhalb oder außerhalb der EU befinden.
Für eintragungspflichtige Schutzrechte kann es daher von vornherein nur ein Schutzland geben, außerhalb dessen eine Verletzung nicht erfolgen kann, während sich eine Urheberrechtsverletzung aufgrund der Internationalen Konventionen und dem darin verbürgten Inländerbehandlungsgrundsatz prinzipiell[1559] auch außerhalb des Ursprungslands ereignen kann[1560]. Ohne Bezug zu diesem Schutzland kann englisches materielles Recht also nicht zur Anwendung gelangen. S. 14 (4) PIL Act 1995 führt im Bereich der gewerblichen Schutzrechte folglich zu keiner Ausnahme.

2. S. 11(1) PIL Act 1995

In den Fällen, in denen bei Verletzung gewerblicher Schutzrechte oder Urheberrechte der PIL Act 1995 anwendbar ist, bleibt es bei der Grundsatzanknüpfung in s. 11 (1) PIL Act 1995 und damit der Tatortregel. Zur Anwendung gelangt ausländisches Tatortrecht[1561].

Allerdings ist es nicht unproblematisch, für die Verletzung von Immaterialgüterrechten die Tatortregel des PIL Act 1995 mit dem im Internationalen Immaterialgüterrecht vorherrschenden Schutzlandprinzip gleichzusetzen und damit allgemein auf das Schutzlandprinzip als Kollisionsregel zu verweisen[1562]:

Zum einen beruft der PIL Act 1995 selbst ausdrücklich die *lex loci delicti* zur Anwendung[1563]. Zum anderen wird in England der Begriff des Schutzlandes anders verstanden als in Deutschland: In seiner bedeutenden Entscheidung zum Internationalen Urheberrecht hat der *court of appeal* das Schutzland als den Gerichts-

---

[1559] Zum Problem der Terminologie bei der Verletzung eines Urheberrechts in einem Verbandsland bereits oben Fn 1556.

[1560] Bei einer simultanen Erstveröffentlichung in verschiedenen Ländern können für Urheberrechte auch mehrere Ursprungsländer vorliegen.

[1561] Diese in s 11 (1) PIL Act 1995 statuierte Regel kann allenfalls durch den in s 14 (3) PIL Act 1995 verankerten *ordre public*- Vorbehalt wieder in ihrer Anwendung gehindert werden. Bislang haben sowohl die *double actionability rule* als auch die *moçambique rule* die Anwendung ausländischen Rechts bei Immaterialgüterrechtsverletzungen verhindert und somit dem (vermeintlichen) Gedanken der *comity of nations* und damit der *public policy* scheinbar berücksichtigt.
Nicht ganz klar ist jedoch, wie nach deren Abschaffung beziehungsweise nur noch teilweisen Geltung in Fällen der Verletzung eines „englischen Urheberrechts", eines Urheberrechts eines EU- Staates oder eines Drittstaates im EU- Ausland, dessen Territorialität gewahrt werden kann, hierzu Fawcett/Torremans 1998, 604f, 634f. Oft wird auf die Anwendung englischen materiellen Rechts verwiesen, wenn die *public policy* der Anwendung ausländischen Rechts auf ein „englisches Urheberrecht" entgegenstehen sollte.

[1562] In erster Instanz zu Pearce v Ove Arup Partnership Ltd and others [1997] 3 All ER (ChD) 31 (43) hat das Gericht ausdrücklich die Frage nach dem anwendbaren Recht mit *„the law of the protecting country"* beantwortet. In zweiter Instanz hingegen hat das Gericht allgemeiner bestimmt, dass das anwendbare Recht nach den Regeln des PIL Act 1995 bestimmt werde, [2000] 3 WLR 332 (348) (CA).

[1563] S 11 (1) PIL Act 1995 gelangt zur Anwendung, da Art 5 (2) 2 RBÜ als Gesamtnormverweisung auf das Recht des Gerichtsstaates verstanden wird und somit auch dessen Kollisionsrecht mit einschließt, vergleiche hierzu oben 2. Kapitel: § 2. B. VI. 1. a..

staat angesehen, indem er davon ausgegangen ist, dass mit dem Land, in dem der Schutz beansprucht wird, nur der Ort gemeint ist, an dem der Urheber Klage erhebt[1564]. In Deutschland hingegen wird als Schutzland der Staat gesehen, für dessen Gebiet die unerlaubte Handlung abgewehrt werden soll[1565]. Dies fällt oftmals mit dem Gerichtsstaat zusammen, doch dürfen diese Begriffe nicht synonym benutzt werden[1566]. So können sie etwa dann keine Einheit bilden, wenn am allgemeinen Gerichtsstand des Wohnsitzes des Beklagten wegen einer in anderen Staaten durch unerlaubtes Verbreiten begangenen Schutzrechtsverletzung geklagt wird. In einem solchen Fall wendet der Gerichtsstaat auch nach deutscher Vorstellung nicht sein materielles Recht als *lex fori* einheitlich für sämtliche Handlungen an, sondern getrennt für jeden Verbreitungsort das Recht des jeweiligen Landes, für dessen Gebiet unerlaubte Handlungen abgewehrt werden sollen[1567]. Infolgedessen entspricht dem Recht des Schutzlandes das Recht des Landes, in dem die unerlaubte Verwertungshandlung oder sonstige Eingriffshandlungen lokalisiert werden können[1568], und stellt daher eine „schönfärbende" Bezeichnung für das Deliktsstatut dar[1569].

Nach englischer Auffassung wird unter dem Begriff „*law of the protecting country*" offensichtlich das materielle Recht des Gerichtsstaates verstanden. Deshalb wird der „Umweg" über die Gesamtnormverweisung aus Art. 5 (2) 2 RBÜ[1570] auf die *lex fori* des Gerichtsstaates unter Einschluss des Kollisionsrechts erforderlich, um die unausweichliche Anwendung des Sachrechts am Gerichtsort als maßgebliches Deliktsrecht zu verhindern.

In Deutschland hingegen kann Art. 5 (2) 2 RBÜ direkt auf das Recht des Schutzlandes und damit das Tatortrecht verweisen, ohne das Kollisionsrecht des Gerichtsstaates zu befragen, da Gerichtsort und Schutzland nicht notwendig eine Einheit bilden.

[1564] Pearce v Ove Arup Partnership Ltd [2000] 3 WLR 332 (366): *But, in relation to copyright, the question is not "in respect of which country is the protection claimed", but " where is the protection claimed". The protection is claimed in the country in which proceedings are brought.*

[1565] Schack, UrhR 2001, Rz 918.

[1566] Österreichischer OGH Entscheidung v 28.9.1993 GRUR Int 1994, 638 (639) - Adolf Loos- Werke II.

[1567] Österreichischer OGH Entscheidung v 28.9.1993 GRUR Int 1994, 638ff - Adolf Loos- Werke II.

[1568] Ulmer, Immaterialgüterrechte 1975, 9.

[1569] Intveen 1999, 26; Schack GRUR Int 1985, 523 (524); derselbe UFITA 108 (1988) 51 (56).
Anderer Ansicht hierzu ist der BGH Urteil v 2.10.1997 BGHZ 136, 380 - Spielbankaffaire = GRUR Int 1998, 427 (429), der die Anknüpfung an das Recht des Tatortes ablehnt: „Die für das allgemeine Deliktsrecht geltende Rechtsanknüpfung an das Recht des Tatorts, das heisst des Handlungs- oder Erfolgsorts, ist bei Verletzungen von urheberrechtlichen Befugnissen nicht anwendbar." Dennoch ist auch im deutschen Kollisionsrecht davon auszugehen, dass Verletzungen von Immaterialgüterrechten als unerlaubte Handlungen zu qualifizieren sind, für die das Deliktsstatut mit der Tatortregel maßgeblich ist. Die Auswirkungen des Territorialitätsprinzips führen lediglich zu gewissen Einschränkungen der allgemeinen Tatortregel, ändern diese aber nicht. *Lex loci protectionis* und *lex loci delicti* in ihrem reduzierten Gehalt stimmen daher überein, vergleiche oben 2. Kapitel: § 2. A. IV. 1. ; so auch Schricker/Katzenberger UrhR, 1999, vor §§ 120 ff, Rz 130 mit weiteren Nachweisen.
Ein wirkliches Auseinanderfallen zwischen dem Recht des Schutzlandes und dem Deliktsstatut kommt allenfalls sehr selten vor, theoretisch etwa in Fällen selbständiger Teilfragen und kann daher außer Betracht bleiben, Schack GRUR Int 1985 523 (524).

[1570] Zum kollisionsrechtlichen Gehalt des Art 5 (2) 2 RBÜ und der abweichenden englischen Auslegung oben 2. Kapitel: § 2. B. VI. 1. a.

Allerdings gelangt nach beiden Auffassungen das Recht des Landes zur Anwendung, in dem die unerlaubte Handlung lokalisiert werden kann. Allein der Weg dorthin ist aufgrund terminologischer Abweichungen verschieden.
Trotz desselben Endergebnisses sollte jedoch nicht verallgemeinernd von der Geltung der *lex loci protectionis* in England für Immaterialgüterrechtsverletzungen gesprochen werden, da dem Begriff des Schutzlandes dort offensichtlich eine andere Bedeutung eingeräumt wird.
Aus deutscher Sicht hingegen kann auch in England letztlich von der Geltung des Schutzlandprinzips als Kollisionsregel ausgegangen werden[1571].

S. 11 (1) PIL Act 1995 geht also allgemein von der Anwendbarkeit der *lex loci delicti commissi* aus. Danach wird allein auf den Tatort abgestellt.

Mangels gegenteiliger Aussage des Gesetzes steht dem Gericht auch bei Immaterialgüterrechtsverletzungen die Auflockerung in s. 12 PIL Act 1995 offen, wonach das Recht der engsten Verbindung herangezogen werden kann.

3. S. 11 (2) PIL Act 1995

Nach s. 11 (2) PIL Act 1995 sind für *torts*, die Bezüge zu mehreren Rechtsordnungen aufweisen, spezielle Regeln anzuwenden. Sind also die Voraussetzungen, welche die unerlaubte Handlung ausmachen, in verschiedenen Ländern eingetreten und liegt folglich nach deutscher Terminologie ein Distanz- oder Streudelikt vor, soll nach s. 11 (2) (c) PIL Act 1995 das Recht des Landes anzuwenden sein, in dem die wesentlichen Elemente des Sachverhalts auftreten[1572]. Dies ist allerdings nicht ganz unproblematisch, da der Entwurf des PIL Act 1995 eine Anwendung von s. 11 (2) auf Immaterialgüterrechtsverletzungen ausgeschlossen hatte[1573]. Für Fälle, in denen sich mehrere Verletzungen in unterschiedlichen Staaten ereignet haben, soll stattdessen jede einzelne Verletzung als selbständiges Delikt angesehen werden, so dass s. 11 (1) PIL Act 1995 jeweils auf jede Verletzung von neuem anzuwenden ist und damit im Rahmen einer Mosaikbeurteilung auch mehrere Rechte nebeneinander Anwendung finden[1574].

[1571] Nur so sind die Aussagen von Kieninger GRUR Int 1998, 280 (289) und Zigann GRUR Int 1999, 791 (793) zu verstehen.
[1572] Cheshire/North's 1999, 638; Fawcett/Torremans 1998, 621ff.
[1573] Nachweise bei Fawcett/Torremans 1998, 620. Ähnlich geht die herrschende Meinung in Deutschland zunächst davon aus, dass aufgrund der strikten Geltung des Schutzlandprinzips und damit der Limitierung der Immaterialgüterrechte auf das jeweilige Schutzland echte Distanz- oder gar Streudelikte in diesem Bereich nicht möglich sind. Dennoch wird auch in Deutschland von Konstellationen ausgegangen, in denen sich eine Handlung im Inland auf ein bestimmtes Schutzrecht bezieht, sich aber dennoch teilweise im Ausland ereignet hat. In solchen Fällen können sich Abgrenzungsprobleme ergeben, die eine genaue territoriale Zuordnung erfordern, vergleiche oben 2. Kapitel: § 2. A. IV. 4.
[1574] Wiedergegeben bei Fawcett/Torremans 1998, 621.

Es gilt jedoch zu bedenken, dass auch bei der Reduktion auf nur ein Land im Sinn von s. 11 (1) PIL Act 1995 eine Lokalisierung der Verletzungshandlung erfolgen muss. Damit sind ähnliche Überlegungen anzustellen wie bei einem Sachverhalt nach s. 11 (2) PIL Act 1995 für *multi-country torts*[1575]. Es sind durchaus Konstellationen vorstellbar, in denen Handlungen vom Ausland auf das Inland wirken und so die territoriale Zuordnung zu einer Rechtsordnung Schwierigkeiten bereitet[1576]. Bei Verletzungen von Immaterialgüterrechten, die einen solchen Bezug zu verschiedenen Ländern haben, sollte nach s. 11 (2) (c) PIL Act 1995 daher das Recht des Landes angewandt werden, in dem die signifikantesten Elemente des Sachverhalts auftreten[1577].

In s. 11 (2) (c) PIL Act 1995 wird klargestellt, dass auch für *multi-country torts* eine einheitliche Anknüpfung an das Recht geboten ist, mit dem die bedeutensten Elemente des Sachverhalts verbunden sind. Dies macht letztlich die Auslegung der Grundregel in s. 11 (1) PIL Act 1995 im Sinne einer alternativen Anknüpfung unmöglich.

Die genaue Handhabung der Rechtsprechung von s. 11 (2) (c) PIL Act 1995 im Zusammenhang mit Immaterialgüterrechtsverletzungen bleibt abzuwarten.
Liegen hingegen mehrere relevante Erfolgsorte vor, muss der Kläger selbst eine Wahl durch die Darlegung und Beweis des jeweiligen ausländischen Rechts treffen[1578].

VII. Beweis und Darlegung ausländischen Rechts

Hinzuweisen ist noch darauf, dass das anwendbare Recht im Vereinigten Königreich nicht von Amts wegen ermittelt wird, sondern nach seinen Regeln des internationalen Zivilprozessrechts erst ein Parteivortrag hierzu erforderlich ist[1579]. Ausländisches Recht ist als Tatsache darzulegen und zu beweisen, was sich oftmals als schwierig und teuer erweist[1580]. Kommt der Kläger seiner Darlegungspflicht, die häufig kostspielige Sachverständigengutachten erfordert, nicht nach, so wendet das Gericht in der Regel ohne weiteres englisches Recht an[1581]. Es geht dann davon aus, dass zwischen den

---

[1575] Fawcett/Torremans 1998, 621, Fn 146.
[1576] Hierzu oben 2. Kapitel: § 2. A. IV. 4.
[1577] Fawcett/Torremans 1998, 621-623.
[1578] Vergleiche direkt im Folgenden unter 2. Kapitel: § 2. B. VII.
[1579] Dicey/Morris, II 2000, Rz 9-003 ff.; Reichert-Facilides 1995, 31f. Nach s 14 (3) (b) PIL Act 1995 richten sich die "*rules of evidence, pleading or practice, or procedure*" nach der *lex fori* und damit nach dem dargelegten Grundsatz des *common law*.
[1580] Zur sozialen Problematik aus deutscher Sicht bei der Abkehr vom Günstigkeitsprinzip und damit der Verlagerung der Beweislast auf die Parteien, v Hein 1999, 261 ff. Zum Problem der Defizite bei der Kostenerstattung für die obsiegende Partei, so dass nicht versicherte Parteien in einen oftmals für sie nicht günstigen Vergleich getrieben werden, wenn das für sie günstigere ausländische Recht nur behauptet, aber nicht bewiesen wurde, Schütze, Rechtsverfolgung 1998, Rz 361f.
[1581] So vor In Kraft Treten des PIL Act 1995 Pearce v Ove Arup Partnership Ltd [1997] 3 All ER (ChD) 31 (43). Diese Regeln bestehen auch nach der Reform des Zivilprozesses durch die CPR und den PIL Act 1995 so fort, Dicey/Morris, II 2000, Rz 35-057ff.
Allerdings war bis dahin eine Umkehrung der Beweislast nicht zulässig, wenn etwa der Antragsteller einer einstweiligen Verfügung nicht bewiesen hat, dass seine Rechte in allen Staaten der Welt verletzt sind und

fraglichen Rechten mangels anderweitigen Vortrags keine relevanten Unterschiede bestehen[1582]. Trotz der etwa durch s. 11 (1) PIL Act 1995 angeordneten Berufung ausländischen Rechts wenden englische Gerichte in derartigen Fällen also englisches Sachrecht an. Dieses Vorgehen kann jedoch nicht als eine hinnehmbare Notanknüpfung für solche Ausnahmekonstellationen betrachtet werden, in denen das ausländische Recht überhaupt nicht ermittelbar ist. Bei Untätigkeit des Klägers stellt der Rückgriff auf heimisches Sachrecht vielmehr den Regelfall dar und zeigt damit die Konsequenzen der Beweislastverteilung im englischen Zivilprozess auf[1583]. Die Parteien können durch ihren Vortrag den Ort der Verletzungshandlung beeinflussen. Die Festlegung des Ortes des schädigenden Ereignisses ebenso wie Beurteilung der unerlaubten Handlung an sich folgt dem in der Sache anwendbaren Recht, für das wiederum der Parteienvortrag entscheidend ist. Damit kann sich auch die Lokalisierung des Eingriffsortes am Parteivortrag orientieren.
Beruft sich folglich der Kläger darauf, dass sein Recht in mehreren Staaten verletzt worden ist und damit verschiedene maßgebliche Erfolgsorte vorliegen, muss er hierfür sämtliche ausländische Rechtsordnungen beweisen[1584]. Nur in diesem Fall kann das englische Gericht im Rahmen einer Mosaikbeurteilung über den gesamten Sachverhalt entscheiden[1585]. Allerdings ist die territoriale Reichweite des jeweiligen Deliktsstatuts dann, vergleichbar mit der des deutschen Internationalen Immaterialgüterrechts, auf den Staat des jeweils maßgeblichen Erfolgsorts beschränkt.

---

stattdessen hierfür auf englisches Recht abgestellt hat. Wäre dies möglich gewesen, so hätten sodann die Antragsgegner für jeden Staat beweisen müssen, dass sie die Rechte des Antragsstellers nicht verletzt haben, womit eine Beweisverlagerung stattgefunden hätte. Ein Rückgriff auf englisches Recht wurde daher untersagt. Das Gericht hatte ausnahmsweise von der Partei die Darlegung und den Beweis eines bestimmten Rechts verlangt, Alfred Dunhill Ltd v Sunoptic SA [1979] FSR 337 (CA), hierzu Fentiman 1998, 103. Allerdings war zum Zeitpunkt dieser Entscheidung noch die *double actionability rule* voll anwendbar, weshalb ohnehin darzulegen und zu beweisen war, dass die Verletzungshandlung nach der *lex loci delicti* als Delikt einklagbar war. Nach neuer Rechtslage erscheint es nun nicht mehr erforderlich, dass die Klägerin den Beweis des ausländischen Rechts erbringt. Sie kann sich auf englisches Recht stützen und es der Beklagten überlassen, die Verteidigung auf das ausländische Recht zu stützen und dieses zu beweisen, Fentiman 1998, 106. Beruft sich eine Partei jedoch auf ausländisches Recht, so muss sie dies darlegen und beweisen, University of Glasgow v The Economist and another [1997] EMLR 495, in diesem Sinne auch Dicey/Morris, II 2000, Rz 35-062; vergleiche außerdem Schack, IZVR 2002, Rz 651; Nagel/Gottwald 2002, § 10 Rz 60 ff mit weiteren Nachweisen.
Insgesamt folgt aus dieser Entwicklung, dass die englischen Gerichte auf einen Sachverhalt, welcher gemäß den Normen des PIL Act 1995 nach ausländischem Recht zu beurteilen ist, ohne den Vortrag und Beweis dieses Rechts durch die Parteien wiederum zur Anwendung des englischen Heimatrechts gelangen, obwohl sich die gesamte Handlung im Ausland abgespielt haben kann. Dies verdeutlicht den maßgeblichen Einfluss der Parteien auf das anwendbare Recht.

[1582] Fawcett/Torremans 1998, 638.

[1583] Sehr fraglich erscheint, ob eine solche Untätigkeit als Berufung auf das englische Recht als das Recht der engeren Verbindung gemäß s 12 PIL Act 1995 angesehen werden kann, welcher grundsätzlich eine parteispezifische Anknüpfung gewährleisten kann. Zu weiteren Problemen dieses Systems, Dutson [1997] JBL 495 (509).

[1584] Zur finanziellen Entlastung der Partei und generell zur Vereinfachung wird auch vorgeschlagen, den Beweis nur eines ausländischen Rechts genügen zu lassen und hiernach den gesamten Sachverhalt einheitlich entscheiden zu entscheiden. Dies kommt dann in Betracht, wenn das Gericht davon ausgehen kann, dass sämtliche geltend gemachten ausländischen Rechtsordnungen zum selben Ergebnis gelangen wie die bewiesene, Fawcett/Torremans 1998, 637.

[1585] Fawcett/Torremans 1998, 624; 636f.

C. Harmonisierungsbestrebungen im Rahmen des Kollisionsrechts

Ziel einer Harmonisierung des Kollisionsrechts[1586] innerhalb der EU ist es, die gegenwärtig immer noch bestehenden Unterschiede der Bestimmung des anwendbaren Rechts zu beseitigen und so daraufhin zu arbeiten, dass Ansprüche aus außervertraglichen Schuldverhältnissen innerhalb der Gemeinschaft ohne Rücksicht darauf, welches Gericht der Mitgliedstaaten zuständig ist, nach dem gleichen Sachrecht beurteilt werden[1587].

Zu der Verwirklichung eines solchen Ideals und um zunächst einmal einen Anstoß zu einer öffentlichen Debatte über den künftigen Gemeinschaftsrechtsakt zu geben, hat die Europäische Kommission einen Vorentwurf eines Vorschlags für eine Verordnung über das auf außervertragliche Schuldverhältnisse anzuwendende Recht unter der Bezeichnung „Rom II" vorgelegt[1588].

Dabei geht der Vorentwurf von der Vorstellung aus, dass das einschlägige Sachrecht der Mitgliedstaaten fortbesteht und nicht vergemeinschaftet wird, was für die einheitliche Rechtsanwendung innerhalb der Gemeinschaft ein einheitliches europäisches Kollisionsrecht erforderlich macht.

Das Arbeitspapier der Kommission stellt in der Grundanknüpfungsregel für das Deliktsstatut des Art. 3 (1) des Kommissionsvorentwurfs (K-VE) grundsätzlich auf das Recht des Erfolgsorts ab, also das Recht des Staates, in dem der Schaden eintritt. Hier zeigen sich wieder terminologische Probleme in Form einer Diskrepanz zwischen dem Ort, an dem das rechtlich geschützte Interesse und damit das Rechtsgut verletzt wird und dem vorgeschlagenen Ort des Schadenseintritts[1589]. Auf eine alternative Anknüpfung an das Recht des Handlungsorts wird verzichtet[1590].

[1586] Direkt auf sachrechtlicher Ebene setzt der Versuch der sogenannten *European Study Group* zur Vereinheitlichung des europäischen Deliktsrechts an, Nachweise bei v Bar ZEuP 2001, 515 und auf der Internetseite <www.europe.uni-osnabrueck.de>, die jedoch momentan nicht mehr aktuell ist und einen ersten Entwurf vom 25.7.2001 beinhaltet.

[1587] Ein Vorschlag zur Harmonisierung der Rechtsanwendungsregeln für das außervertragliche Schuldrecht findet sich bei Kadner-Graziano, Gemeineuropäisches Internationales Privatrecht, 2002.

[1588] Dieser Rechtsakt wird im Wiener Aktionsplan unter Ziffer 40 b und im Programm zur gegenseitigen Anerkennung unter Ziffer II B 3 geplant. Der Text des Vorentwurfs zu einem Vorschlag ist unter <http://europa.eu.int/comm/justice_home/unit/civil/consultation/index_de-htm> abgedruckt. Unter <http://europa.eu.int/comm/justice_home/unit/civil/consultation/contributions_en.htm> finden sich Anmerkungen und Links zu den einzelnen Stellungnahmen bezüglich des Vorentwurfs. Nachweise auch bei Jayme/Kohler IPRAX 2002, 461 (470f).

[1589] Stellungnahme des Bundesministeriums der Justiz zu Art 3 (1) veröffentlicht unter <http://europa.eu.int/comm/justice_home/unit/civil/consultation/contributions_en.htm>. Zu den entsprechenden Problemen im englischen traditionellen Recht oben 2. Kapitel: § 1. A. II. 1. b. (2) (a) . Aufgrund der Interpretation des Begriffs des „schädigenden Ereignisses" in Art 5 Nr 3 EuGVÜ durch den EuGH wird offensichtlich auch hier der Ort des Eintritts indirekter Schadensfolgen als unerheblich bezeichnet. Zu beachten ist jedoch, dass es aufgrund der vorliegenden Formulierung schwierig erscheint, unter Art 3 (1) K-VE auch deliktische Rechtsbehelfe zu fassen, die keinen Schaden voraussetzen wie Beseitigung, Gegendarstellung, Unterlassung und Widerruf.

[1590] Dies wird erwartungsgemäß vom Bundesministeriums der Justiz in seiner Stellungsnahme in Art 3 (1) unter <http://europa.eu.int/comm/justice_home/unit/civil/consultation/contributions_en.htm> kritisiert, das nach wie vor die Ubiquitätsregel favorisiert.

Das Erfolgsortrecht wird nach Art. 3 (2) K-VE durch das Recht des gemeinsamen gewöhnlichen Aufenthalts verdrängt, wobei diese beiden Anknüpfungen wiederum unter dem Berichtigungsvorbehalt des Art. 3 (3) K-VE stehen, welcher die Anknüpfung an das Recht des Staates mit einer wesentlich engeren Verbindung vorsieht.
Eine spezielle Regelung für Distanz- oder *multi-state-* Delikte ist nicht vorgesehen, so dass es hier bei der Maßgeblichkeit des jeweiligen Erfolgsortrechts bleibt. Allerdings bleibt weiter offen, ob bei *multi-state-* Delikten dem Mosaikprinzip zu folgen ist.
In Art. 7 K-VE ist eine spezielle Regelung für Verleumdungen vorgesehen, wonach in Folge einer Beeinträchtigung der Privatsphäre oder der Persönlichkeitsrechte oder einer Verleumdung das Recht des Staates Anwendung findet, in dem der Geschädigte im Zeitpunkt der Begehung der unerlaubten Handlung seinen gewöhnlichen Wohnsitz hat. Die zwingende Anknüpfung an den gewöhnlichen Wohnsitz des Geschädigten wird in der Regel für einen Übersetzungsfehler gehalten und dem gewöhnlichen Aufenthalt gleichgestellt[1591].

Ursprünglich waren in den Vorentwürfen für das Übereinkommen von Rom über das auf vertragliche Schuldverhältnisse anwendbare Recht auch Bestimmungen über außervertragliche Schuldverhältnisse und das auf sie im Kollisionsfall anwendbare Recht enthalten[1592]. Immaterialgüterrechte wurden dabei jedoch gezielt ausgeklammert. Die Miterfassung der Immaterialgüterrechte vom Anwendungsbereich des neuen Vorschlags wird folglich als problematisch kritisiert, insbesondere da auch die dort vorgesehenen Auflockerungen das nach wie vor in Europa vorherrschende Schutzlandprinzip vollends überwinden können[1593]. Eine Sonderanknüpfungsregel ist in diesem Bereich nicht vorgesehen. Somit kann das Vorgehen der Kommission auch mit der Regelung im EGBGB verglichen werden: Danach unterliegt die Verletzung von Immaterialgüterrechten zunächst den allgemeinen Anknüpfungsregeln der Art. 3, 11 K-VE. Dennoch erlangen nach Art. 24 K-VE die entsprechenden multilateralen Staatsverträge vorrangig Geltung, aus denen allgemein das Schutzlandprinzip abgeleitet und damit die *lex loci protectionis* berufen wird.
Noch vor Sommer 2003 wollte die Kommission einen endgültigen Vorschlag einer Verordnung des Rates über das auf außervertragliche Schuldverhältnisse anzuwendende Recht vorlegen[1594]. Die weitere Entwicklung bleibt daher abzuwarten.

1591 Die englische Version lautet „*habitually resident*“. Hierzu auch die Stellungnahme des Bundesministeriums der Justiz zu Art 7 veröffentlicht unter <http://europa.eu.int/comm/justice_home/unit/civil/consultation/contributions_en.htm> mit weiterer Kritik an dieser Anknüpfung und dem Vorschlag, auch „Verleumdungen“ der allgemeinen Regelung zu unterstellen. Kritik auch auf S 28ff der „Stellungnahme der 2. Kommission des Deutschen Rates für Internationales Privatrecht zum Vorentwurf eines Vorschlags der Europäischen Kommission für eine Verordnung des Rates über das auf das außervertragliches Schuldverhältnisse anzuwendende Recht“ mit Link auf der angegeben Internetseite.
1592 Vergleiche hierzu den Bericht von Giuliano/Lagarde im ABl EG 1980 C 282, 1-50.
1593 Die Schutzrechte des geistigen Eigentums sind nicht in Art 1 (2) K-VE vom Anwendungsbereich der Verordnung ausgenommen. Vergleiche die Stellungnahme des Bundesministeriums der Justiz des Bundesrepublik Deutschland zu Art 1 unter <http://europa.eu.int/comm/justice_home/unit/civil/consultation/contributions_en.htm>.
1594 IPRAX 2003, Heft 2, neueste Informationen VII.

D. Rechtsvergleichende Zusammenfassung des kollisionsrechtlichen Vorgehens englischer und deutscher Gerichte

I. Deliktsstatut im Allgemeinen

Das deutsche Kollisionsrecht folgt der Ubiquitätsregel, mit Hilfe derer sich das Anknüpfungsmoment Tatort in Handlungs- und Erfolgsorte konkretisieren lässt[1595]. Lediglich das Günstigkeitsprinzip hat mit der Reform des EGBGB eine Einschränkung erfahren. Danach ist in Deutschland grundsätzlich das Recht des Handlungsorts anzuwenden. Nur nach Ausübung des Bestimmungsrechts des Geschädigten ist noch das Recht am Erfolgsort heranzuziehen.

Auch in England ist mittlerweile aufgrund des PIL Act 1995 die Tatortregel maßgeblich. Jedoch werden Delikte mit Berührung zu mehreren Rechtsordnungen gemäß s. 11 (2) (c) PIL Act 1995 allein nach dem Recht des Landes beurteilt, in dem die Verletzung des geschützten Rechtsguts oder Interesses eingetreten ist. So wird eine Alternativität zwischen Handlungs- und Erfolgsort ausgeschlossen. Im englischen geschriebenen Kollisionsrecht wird der Tatort daher anders als nach deutschem Recht ausschließlich am Erfolgsort lokalisiert[1596].
Allein für den Bereich bestimmter Persönlichkeitsrechtsverletzungen wurden die Regeln des *common law* mit der das Kollisionsrecht beherrschenden *double actionability rule* aufrecht erhalten, so dass das Recht des Verbreitungsorts und die *lex fori* kumulativ zur Anwendung gelangen[1597]. Das englische Internationale Deliktsrecht differenziert also, ob es sachrechtlich betrachtet um den allgemeinen Schutz der Persönlichkeit oder um Klagen gestützt auf *defamation* oder *malicious falsehood* geht. Nur in letzterem Bereich bleibt der englische Vorbehalt zugunsten der *lex fori* erhalten.

Im Bereich der Verletzung von Immaterialgüterrechten haben sowohl die Bundesrepublik Deutschland als auch das Vereinigte Königreich alle wichtigen internationalen Verträge in diesem Bereich ratifiziert[1598]. Allerdings sind diese staatsvertraglichen Vorschriften im Vereinigten Königreich, anders als in Deutschland[1599], nicht unmittelbar geltendes Recht, da völkerrechtliche Verträge erst durch ein Ausführungsgesetz in das inländische Recht überführt werden können.

[1595] Oben 2. Kapitel: § 2. A. II. 1.
[1596] Oben 2. Kapitel: § 2. B. II.
[1597] 2. Kapitel: § 1. A. II. 2. b. (1) (b)
[1598] Für Deutschland oben 1. Kapitel: § 2. B. V. und 1. Kapitel: § 2. C. II. und für das Vereinigten Königreich oben 1. Kapitel: § 3. B. I. 5. und 1. Kapitel: § 3. B. II. 5.
[1599] Dort entfällt eine unmittelbare Bindung der deutschen Gerichte nur bezüglich der Vorschriften des TRIPs-Übereinkommens, Fn 173.

Für internationale Urheberrechtverletzungen beurteilen die englischen Gerichte die Rechtsnatur des Art. 5 (2) 2 RBÜ anders als die herrschende Ansicht in Deutschland[1600]. Für jene ist die Norm nur insoweit eine Kollisionsregel, als sie eine Gesamtnormverweisung auf das Recht des Gerichtsstaats einschließlich dessen nationalen Kollisionsrechts, also die *lex fori*, vornimmt. In Deutschland wird hingegen überwiegend von einer staatsvertraglichen Sachnormverweisung direkt auf *die lex loci protectionis* ausgegangen[1601]. Eine entsprechende Interpretation muss auch für die Auslegung des Art. 2 (1) PVÜ, der wie Art. 5 (2) RBÜ den Inländerbehandlungsgrundsatz statuiert, gelten.
Aufgrund dieser unterschiedlichen Auslegung wird die Entscheidung über die Regelung des Internationalen Urheberrechts dem jeweiligen internationalen Privatrecht der Einzelstaaten überlassen. Die sonstigen Staatsverträge im Bereich der gewerblichen Schutzrechte enthalten keine speziellen kollisionsrechtlichen Verweisungen, so dass die vertragsgemäßen internationalen Sachverhalte von allen Vertragsstaaten wie nationale behandelt werden[1602].
Für kollisionsrechtliche Fragen bei der Verletzung eines *copyright* oder gewerblicher Schutzrechte wenden die englischen Gerichte den PIL Act 1995 und damit grundsätzlich die in dessen s. 11 (1) statuierte Tatortregel an[1603].
In Deutschland wird zwar grundsätzlich von der Geltung der allgemeinen Regeln des EGBGB ausgegangen, die jedoch bei Verletzungen von Immaterialgüterrechten hinter dem allgemein aus den entsprechenden multilateralen Staatsverträgen abgeleiteten Schutzlandprinzip zurücktreten. So gelangt die *lex loci protectionis* zur Anwendung, was im Ergebnis wiederum der *lex loci delicti* entspricht[1604].

Bei genauerer Betrachtung ist daher bei der Verletzung von Immaterialgüterrechten nach Auffassung der englischen Gerichte, wie nach herrschendem Verständnis in Deutschland, das Recht des Landes anzuwenden, in dem die unerlaubte Handlung lokalisiert werden kann.
Allerdings sprechen die englischen Gerichte nicht von der Anwendung der *lex loci protectionis*, welche nach ihrer Interpretation im Internationalen Urheberrecht von Art. 5 (2) 2 RBÜ dem materiellen Recht des Gerichtsstaats entspräche, sondern gelangen über die Tatortregel von s. 11 PIL Act 1995 zur Anwendbarkeit der *lex loci delicti*[1605]. Die deutschen Gerichte, welche die *lex loci protectionis* als das Recht des Landes verstehen, für dessen Gebiet die unerlaubte Handlung abgewehrt werden soll, gelangen über die Sachnormverweisung des Art. 5 (2) 2 RBÜ nur mit Hilfe einer anderen Terminologie zum selben Ergebnis.

[1600] Vergleiche oben 2. Kapitel: § 2. B. VI. 1. a.
[1601] 2. Kapitel: § 2. A. IV. 2.
[1602] Vergleiche oben 2. Kapitel: § 2. A. IV. 3.
[1603] Für *copyright*, .2. Kapitel: § 2. B. VI. 1. a. ; für gewerbliche Schutzrechte, 2. Kapitel: § 2. B. VI. 1. b.
[1604] 2. Kapitel: § 2. A. IV. 1.
[1605] Oben 2. Kapitel: § 2. B. VI. 2.

Im Unterschied zum deutschen Weg bietet der PIL Act 1995 jedoch mit seinen flexiblen Anknüpfungsmöglichkeiten[1606] bessere Möglichkeiten, auf die Herausforderungen internationaler Urheberrechtsverletzungen einzugehen, als die in Deutschland vorherrschende starre Schutzlandregel, die nach überwiegender Ansicht keinen Raum für Auflockerungen lässt[1607]. Allerdings existiert hierzu noch keine gefestigte englische Rechtsprechung, da sich bis zu dem maßgebliche Urteil in Sachen *Pearce v Ove Arup*[1608] im Jahre 1997 die Frage nach dem anwendbaren Recht durch die Ablehnung der internationalen Zuständigkeit englischer Gerichte bei Verletzungen ausländischer Immaterialgüterrechte nie gestellt hat[1609].

Letztlich wird deutlich, dass in beiden Ländern grundsätzlich die gemeinsame europäische Tradition der Tatortregel, wenn auch in unterschiedlicher Ausprägung, vorherrscht. Auf europäischer Ebene zeigt sich insgesamt eine deutliche Präferenz für den Erfolgsort[1610], welche auch im PIL Act 1995 zum Ausdruck kommt. Der englische Sonderweg für den Bereich bestimmter Persönlichkeitsrechtsverletzungen, der immer noch die Anwendung der *double actionability rule* zur Folge hat, konnte sich auf europäischer Ebene nicht durchsetzen. Allerdings findet der deutsche Ansatz mit der Maßgeblichkeit sowohl von Handlungsort als auch Erfolgsort ebenfalls keine Bestätigung auf gesamteuropäischer Ebene. Der deutsche Gesetzgeber ist mit seiner Bevorzugung des Handlungsortsrechts zumindest im westeuropäischen Vergleich auf einem Alleingang[1611].

II. Territoriale Reichweite des Deliktsstatuts

Die territoriale Reichweite des Deliktsstatuts ist im Vereinigten Königreich in Fällen grenzüberschreitender Handlungen, die mehrere relevante Tatorte aufweisen, bislang nicht klar. Grundsätzlich obliegt es dem Kläger, das anwendbare ausländische Recht als Tatsache im Verfahren darzulegen, womit er selbst durch sein entsprechendes Tätigwerden die Auswahl trifft[1612].

S. 11 (2) PIL Act 1995 regelt grundsätzlich den Fall von Distanzdelikten, bei denen die eine unerlaubte Handlung konstituierenden Merkmale in verschiedenen Ländern auftreten. Danach wird eine Alternativität zwischen Handlungs- und Erfolgsort ausgeschlossen und der Tatort allein am Erfolgsort konkretisiert[1613].

Offen bleibt jedoch die Reaktion der Gerichte bei Vorliegen mehrere relevanter Erfolgsorte, wie in Fällen einer in mehreren Ländern veröffentlichten ehrverletzenden

[1606] S 12 PIL Act 1995 und oben 2. Kapitel: § 2. B. II.
[1607] 2. Kapitel: § 2. A. IV. 1.
[1608] Pearce v Ove Arup [1997] 3 All ER 21; [1999] 1 All ER 769 (CA).
[1609] Hierzu oben 2. Kapitel: § 1. A. II. 2. a. (3)
[1610] Nachweise bei Kadner-Graziano 2002, 196ff (212f).
[1611] Nur in Italien und Portugal und in einigen osteuropäischen Ländern findet sich eine vergleichbare Lösung, Einzelheiten bei Kadner-Graziano 2002, 204.
[1612] 2. Kapitel: § 2. B. VII.
[1613] 2. Kapitel: § 2. B. II.

Äußerung[1614]. Ob nun bei Darlegung sämtlicher anwendbarer Rechte eine Mosaikbeurteilung nach allen relevanten Tatortrechten erfolgt und dadurch die territoriale Reichweite des Deliktsstatuts bei Ehrverletzungen entsprechend auf das Land der jeweiligen Verbreitung beschränkt ist, oder ob eine allgemeine Schwerpunktbetrachtung beziehungsweise eine einheitliche Anknüpfung durchgeführt wird, die eine einheitliche Beurteilung des Geschehens ermöglicht, ist noch nicht geklärt. In ersterem Fall bliebe dem Betroffenen eine einheitliche Rechtsverfolgung verwehrt, da auch nicht alternativ auf das Recht des Handlungsorts zurückgegriffen werden kann. Damit würden die englischen Gerichte entsprechend einheitliche Sachverhalte immer kollisionsrechtlich aufspalten.
Vergleichbar mit diesem ersten Fall wird im Vereinigten Königreich bei Verletzungen von Immaterialgüterrechten vorgegangen, die einen Bezug zu mehreren Rechtsordnungen aufweisen[1615]. Hier ist es für den Kläger unerlässlich, sich auf sämtliche betroffene Rechte zu berufen und sie für den Prozess darzulegen. Nur dann wird ein englisches Gericht unter allen Gesichtspunkten entscheiden und nicht lediglich die Verletzung mit Bezug zum Inland nach seinem Heimatrecht beurteilen. Doch werden auch hier im Rahmen der Beweislastverteilung für den Kläger kostenschonendere Alternativen vorgeschlagen[1616]: So soll etwa der Beweis nur eines ausländischen Rechts genügen, um das Gericht zu einer umfassenden Entscheidung einheitlich nach diesem zu veranlassen, in der Annahme, dass die anderen ausländischen Rechte zum gleichen Ergebnis kämen. Nur in diesem Fall kann von einer komplexen territorialen Reichweite des Immaterialgüterrechtsstatuts ausgegangen werden.
Grundsätzlich wird wohl im Vereinigten Königreich wie im deutschen Recht die Reichweite des Deliktsstatuts bei Verletzungen von Immaterialgüterrechten auf den Staat des maßgeblichen Erfolgsorts beschränkt. Nur bei Darlegung auch der ausländischen Rechte durch den Kläger werden diese ähnlich der deutschen Mosaikbeurteilung von einem umfassend zuständigen englischen Gericht nebeneinander angewandt.

Deutsche Gerichte wenden bei grenzüberschreitendenden Verletzungen von Persönlichkeits- und Immaterialgüterrechten im Prozess unter bestimmen Umständen selbstverständlich mehrere Rechtsordnungen nebeneinander an:
Treten bei Persönlichkeitsrechtsverletzungen mehrere Erfolgsorte auf, so wird dem Günstigkeitsprinzip keine unbeschränkte Anwendung mehr eingeräumt. Stattdessen erfolgt die Eingrenzung der auftretenden Erfolgsorte durch eine kollisionsrechtliche Mosaikbeurteilung, nach der das Recht des gewählten Erfolgsorts jeweils nur für den sich in dem betreffenden Rechtsgebiet realisierenden Teil des Verletzungserfolgs angewandt wird. Um den durch die Handlung verursachten gesamten Schaden zu beurteilen, muss sich der Betroffene daher entweder auf das Recht des Handlungsorts

[1614] 2. Kapitel: § 2. B. V.
[1615] 2. Kapitel: § 2. B. VI. 3.
[1616] Fawcett/Torremans 1998, 637.

berufen oder eine kollisionsrechtliche Aufspaltung des Sachverhalts unter Anwendung sämtlicher Erfolgsortrechte nebeneinander hinnehmen[1617].
Bei der Verletzung von Immaterialgüterrechten wird grundsätzlich davon ausgegangen, dass echte Streudelikte, bei denen alternativ mehrere Handlungs- und Erfolgsorte zur Wahl stehen, nicht auftreten können[1618]. Um trotzdem umfassenden Schutz gegen eine Verletzungshandlung mit multinationalen Auswirkungen zu erlangen, muss daher der Schutzrechtsinhaber sämtliche Schutzrechte in allen betroffenen Staaten verteidigen. Allerdings können ausländische Tatbeiträge zur Beurteilung inländischer Verletzungshandlungen und damit zur Lokalisierung des maßgeblichen Eingriffsorts herangezogen werden[1619].

III. Ermittlung und Beweis des ausländischen Rechts

Die Amtsermittlungspflicht der deutschen Gerichte erscheint grundsätzlich gerechter als die englische Antragslast der Parteien, weil die Ermittlung ausländischen Rechts für arme und rechtsunkundige Parteien sehr viel problematischer ist als für die Gerichte[1620]. Durch die Neuregelung des Art. 40 (1) EGBGB wurden zwar die deutschen Gerichte zumindest faktisch von der ihnen obliegenden Ermittlungspflicht des ausländischen Rechts entlastet[1621]. Übt der Kläger sein Bestimmungsrecht nicht aus, wenden sie ohne weitere Ermittlungen das Recht des Handlungsorts an. Doch entbindet Art. 40 (1) EGBGB das Gericht gerade nicht davon, ausländisches Recht zu ermitteln, wenn dies zur Anwendung gelangt.

Hier ist auf einen weiteren Unterschied der englischen Rechtsprechung zum deutschen Recht hinzuweisen. Aus dem englischen Grundsatz, dass ausländisches Recht als Tatsache dargelegt und bewiesen werden muss, können die englischen Gerichte auf einen Sachverhalt, welcher gemäß den Normen des PIL Act 1995 nach ausländischem Recht zu beurteilen ist, mangels Vortrages und Beweises dieses Rechts, wiederum zur Anwendung des englischen Heimatrechts gelangen. Das anwendbare Recht steht also trotz der eindeutigen Aussage des Gesetzes zur Disposition der Parteien, die durch bewusstes Untätigbleiben oder gezieltes Darlegen und Beweisen des ausländischen Rechts die maßgebliche Rechtsordnung bestimmen können.
In Deutschland hingegen findet mangels Ausübung des Bestimmungsrechts des Klägers entsprechend Art. 40 (1) 1, 2 EGBGB das Recht des Handlungsorts Anwendung, das nicht mit der *lex fori* übereinstimmen muss.
Das englische Modell ist fast ausschließlich auf die Interessen der beteiligten Parteien ausgerichtet, die in den Beweisregelungen nahezu gleichwertige prozessuale Waffen

---

[1617] 2. Kapitel: § 2. A. III. 2. d.
[1618] 2. Kapitel: § 2. A. IV. 4.
[1619] 2. Kapitel: § 2. A. IV. 4.
[1620] Kropholler, IPR 2001, 602.
[1621] 2. Kapitel: § 2. A. V.

finden. Dadurch mag ein Verfahren größere Flexibilität und Einzelfallgerechtigkeit erfahren. Doch ungeachtet dessen, dass sich im englischen Verfahren die Partei mit den besseren finanziellen Möglichkeiten in einem größeren Vorteil befindet als im deutschen Verfahren, stellt sich die Frage, wozu es eine gesetzliche Regelung gibt, die von den Parteien wieder umgangen werden kann. Auf diese Weise gewinnt ein Verfahren nicht an Übersichtlichkeit. Zugunsten von individuellen Lösungen bleibt stattdessen die Rechtssicherheit auf der Strecke.

E. Typische kollisionsrechtliche Interessen

Bei der Untersuchung und Beurteilung kollisionsrechtlicher Regelungen sind insbesondere die dahinter stehenden legitimen Interessen an der Anwendung eines bestimmten Rechts zu berücksichtigen. Denn wie Sachnormen sind Kollisionsnormen ebenfalls das Resultat einer Wertung und Abwägung verschiedener Interessen. Im Rahmen der Durchsetzung von Regeln gilt es daher, kollisionsrechtliche Interessen etwa an deren Vorhersehbarkeit, Kontinuität, Durchsetzbarkeit, Widerspruchsfreiheit und Übersichtlichkeit zu beachten. Dabei soll auch das Internationale Privatrecht der Gerechtigkeit zwischen den Beteiligten dienen und so die hinter einer Rechtsnorm stehenden, parallelen oder auch gegensätzlichen, sich gegenseitig bedingenden abstrakten gesellschaftlichen Kräfte einbeziehen.

Es kann jedoch nicht auf die besondere Interessenlage jedes Einzelfalls eingegangen werden, da hierbei die Bestimmung der Interessen extrem wandelbar und selbstverständlich subjektiv beeinflusst ist. Stattdessen müssen die typischen Interessen herausgefiltert werden.

Die vorangehende Untersuchung des Internationalen Privatrechts in England und Deutschland macht deutlich, dass die Entscheidung zugunsten eines bestimmten Gerichts im Hinblick auf dessen kollisionsrechtliches Vorgehen aufgrund der Unterschiede in der Anknüpfung der Distanz- und Streudelikte streitentscheidend sein kann. Die gezeigten Harmonisierungsbestrebungen für ein einheitliches europäisches Internationales Privatrecht machen zumindest das Bedürfnis deutlich, Ansprüche aus außervertraglichen Schuldverhältnissen innerhalb Europas dem gleichen Sachrecht zu unterstellen, unabhängig davon, welches Gericht der Mitgliedstaaten zuständig ist, und dadurch das althergebrachte formale Ideal des äußeren Entscheidungseinklangs zu schaffen[1622]. Auch auf kollisionsrechtlicher Ebene kann ein Überblick über sämtliche beteiligten Interessen und deren Abwägung und Bewertung die Suche nach einer Lösung unterstützen, mit Hilfe derer Persönlichkeits- und Immaterialgüterrechte zumindest innerhalb Europas sachgerecht durchgesetzt werden können.

[1622] Letztlich kann aber voller internationaler Entscheidungseinklang nur erreicht werden, wenn eine vollständige Vereinheitlichung des Internationalen Privatrechts stattgefunden hat, hierzu und zu weiteren Vorteilen, hinter denen dieses Ideal zurücktreten muss, im Folgenden 3. Kapitel: § 2. C. IV. 3.

I. Persönliche Interessen der Parteien

Grundsätzlich entspricht es dem Interesse einer Partei, nach der Rechtsordnung beurteilt zu werden, der sie am engsten verbunden ist. Im Falle der deliktischen Haftung widersprechen sich die Interessen in der Regel, wenn die Parteien in unterschiedlichen Staaten leben und keine Rechtswahl getroffen haben. Aufgabe einer Kollisionsnorm ist es daher, sich entweder für eine bestimmte Seite zu entscheiden[1623], oder sich um einen Ausgleich zwischen den divergierenden Rechtsanwendungsinteressen der Beteiligten zu bemühen und so sämtlichen berechtigten Erwartungen am ehesten gerecht zu werden.

Dabei ist für beide Seiten gleichermaßen die Eindeutigkeit und Berechenbarkeit der Anknüpfung von Bedeutung. Kollisionsrechtliche Regelungen sollten folglich so klar sein, dass es den Parteien möglich ist, das auf ihre Rechtsbeziehung anwendbare Recht aus ihnen vorherzusehen. Bei der Anknüpfung unerlaubter Handlungen sollte dem Handelnden offensichtlich sein, wieweit er in die Sphäre anderer eingreifen darf, während ein Betroffener klar erkennen sollte, wieweit er Eingriffe abwehren darf. Ein solches Ideal lässt sich eher mittels einer Beschränkung auf nur wenige oder gar ein Anknüpfungsmoment und vor allem durch eine sinnvolle Konkretisierung dieses gewählten Kriteriums erreichen[1624].

Eine diffuse Streuung der Anknüpfungsmomente ist gerade zu vermeiden. Ebenso gilt es aus diesen Gesichtspunkten heraus, einseitige Manipulationsmöglichkeiten der Anknüpfungstatsachen, also etwa eine Sitzverlegung in eine sogenannte Haftungsoase, zu verhindern. Aus dem gleichen Grund sollte auch die Einflussnahme des Geschädigten auf die Bestimmung des anwendbaren Rechts beschränkt werden. Dies gilt sowohl für eine unbeschränkte Wahlmöglichkeit zwischen allen in Frage kommenden Anknüpfungskomponenten der Tatortregel, als auch für Beweislastregeln wie im englischen Recht, nach denen die Parteien durch gezieltes Nicht- Geltendmachen oder durch mangelnden Beweis ausländischen Rechts das anwendbare Recht beeinflussen können[1625].

Es kommt daher grundsätzlich beiden Parteien zugute, wenn das anwendbare Recht leicht und sicher ermittelbar ist und sie sich darauf im Allgemeinen einstellen können. Doch auch den objektiven Verkehrsinteressen im Hinblick auf die Sicherheit und Reibungslosigkeit des Geschäftsverkehrs wird entgegengekommen, wenn von vornherein klar und offensichtlich ist, welches Sachrecht als Maßstab für eine Verletzung anzulegen ist, so dass die Geschäftstätigkeit oder auch nur der Informationsfluss

---

[1623] Indem dem Verletzten eine Wahlmöglichkeit zwischen mehreren Anknüpfungspunkten eingeräumt wird, werden seine Interessen vor die des potentiellen Verletzers gestellt.

[1624] Heldrich in FS Zajtay 1982, 215 (229).

[1625] Hierzu oben 2. Kapitel: § 2. A. V.

nicht behindert oder eingeschränkt werden. Auch mit diesen Verkehrsinteressen würde sich ein uneingeschränktes Günstigkeitsprinzip im Rahmen der Tatortregel des Internationalen Deliktsrechts nur schwerlich vereinbaren lassen[1626].
Ein weiteres Ordnungsinteresse auch im Sinne der Parteien zielt nur auf solche Entscheidungen ab, die sich entsprechend durchsetzen lassen. Insofern sind die Erfolgsaussichten einer Vollstreckung der Entscheidung im Ausland zu berücksichtigen oder zumindest darauf zu achten, dass die inländische Entscheidung inhaltlich im Ausland nachvollzogen werden kann.

II. Nationale Interessen der beteiligten Staaten und deren Gerichte

Das Interesse der betroffenen Staaten ist zumeist auf die Anwendung des eigenen Rechts gerichtet[1627]. Diese Haltung hat mehrere Hintergründe: Die Anwendung der *lex fori* ist sicherlich maßgeblich von der Durchsetzung nationaler wirtschaftspolitischer Zwecke motiviert[1628]. Dennoch spielen ebenso die allgemeine Bindung der Rechtsunterworfenen an den Staat sowie deren Schutz vor möglichen Nachteilen fremder Gesetze eine gewisse Rolle[1629].
Des Weiteren wird in den betroffenen Staaten ein verständliches Ordnungsinteresse an vorhersehbaren und rechtssicheren Gerichtsentscheidungen offensichtlich. Die Vorhersehbarkeit erleichtert die Überprüfbarkeit einer Entscheidung und ist damit die Basis für eine Gleichbehandlung als Grundlage einer gerechten Ordnung. Diesem steht etwa die englische Praxis entgegen, das anwendbare Recht im Zuge von Einzelentscheidungen zu bestimmen. Sowohl den Gerichten als auch den Parteien ist daher an klaren und näher präzisierten Regeln gelegen.
Indem die Gerichte ihr Heimatrecht anwenden, wird ihnen die Arbeit erleichtert, da die Ermittlung ausländischen Rechts Schwierigkeiten bereiten kann, zumindest aber dessen Anwendung die Sicherheit im eigenen Recht durch entsprechende Ausbildung und Erfahrung vermissen lässt[1630]. Doch sprechen neben diesen ordnungsrechtlichen Interessen auch Parteiinteressen für die Anwendung der *lex fori*, die oftmals eine schnellere, billigere und sicherere Entscheidung ermöglicht.

III. Europäische Interessen

Die aufgezeigten Harmonisierungsbestrebungen gerade auf europäischer Ebene[1631] machen deutlich, dass neben den Interessen der einzelnen nationalen Staaten auch

---

[1626] Kegel/Schurig 2000, 121.
[1627] Kropholler, IPR 2002, 31.
[1628] Vergleiche etwa zum Urheberrecht Schack, UrhR 2001, Rz 896.
[1629] Die Tatortregel soll etwa helfen, das Ordnungsinteresse des Tatortstaates an der Befolgung der von ihm aufgestellten Verhaltensnormen zu wahren.
[1630] Das „Heimwärtsstreben" der Gerichte wird auch von dem nachvollziehbaren Anliegen geleitet, eher das eigene Recht richtig, als fremdes Recht möglicherweise falsch anzuwenden.
[1631] Hierzu oben 2. Kapitel: § 2. C.

übergeordnete, auf Gesamteuropa gerichtete Anliegen bestehen. Primär sind auch hier wirtschaftspolitische Ziele auszumachen, da ein einheitliches Kollisionsrecht zu einer gesteigerten Warenverkehrsfreiheit im europäischen Binnenmarkt beitragen kann.

Letztlich stellt sich die Frage, ob ein einheitliches Kollisionsrecht auf die Grundlage fester Anknüpfungsregeln gestellt werden kann, oder ob ähnlich wie zum Teil immer noch im anglo-amerikanischen Deliktsrecht eine kasuistische Schwerpunkt-bestimmung zu erfolgen hat. Der Vorentwurf der EG- Verordnung zielt erwartungsgemäß dahin, mithilfe fester Anknüpfungsregeln die gegenwärtigen Unterschiede bei der Bestimmung des anwendbaren Rechts in der Gemeinschaft zu beseitigen und so dafür zu sorgen, dass deliktische Ansprüche innerhalb Europas unabhängig vom entscheidenden Gericht einheitlich beurteilt werden. Diesem Vorgehen liegt das Bestreben zugrunde, das einschlägige Sachrecht der Mitglied-staaten zunächst noch nicht zu vereinheitlichen, sondern stattdessen eine einheitliche Rechtsanwendung in Form eines europäischen Privatrechts zu schaffen.

Die verschiedenen Interessen sollten sowohl bei der Bildung von Normen als auch bei deren Anwendung und insbesondere bei deren Auslegung Berücksichtigung finden.

§ 3. Entscheidungen im einstweiligen Verfahren

Im Bereich des Medienrechts und Immaterialgüterrechtsschutzes kommt es auf schnellen und somit effektiven Rechtsschutz an, weshalb der einstweilige Rechtsschutz hier eine große Rolle spielt.
Zumindest auf nationaler Ebene wird das Hauptsacheverfahren sogar oftmals vom einstweiligen Verfügungsverfahren verdrängt, etwa wenn es im Medienrecht um die Unterlassung einer Veröffentlichung geht. Die Interessen des Klägers sind in der Mehrzahl der Fälle nur durch sofortigen Rechtsschutz zu wahren, während nach einer ergangenen Verfügung die Feststellung des Gegenteils in einem Hauptsachverfahren für den Antragsgegner in der Regel kaum noch von Bedeutung ist.
Problematisch erweist sich jedoch für den Schutzsuchenden auf internationaler Ebene die schwierige und zeitlich aufwendige Vollstreckbarkeit von Handlungen im Ausland. Zumeist besteht eine relativ großzügige Eröffnung der internationalen Entscheidungszuständigkeit für Eilmaßnahmen, der jedoch auf der anderen Seite die Anerkennung verweigert wird. Dadurch entfällt vielfach wieder der Vorteil des einstweiligen Verfahrens.
Gerade im Bereich der Patentrechtsverletzungen stellen einstweilige Verfügungen in letzter Zeit ein äußerst beliebtes Mittel dar, europaweit gegen vermeintliche Verletzungen vorzugehen[1632].

[1632] Hier sei nur an die *cross-border-* Rechtsprechung der niederländischen Gerichte im Rahmen des sogenannten *kort geding* (abgekürztes Verfahren) erinnert, die Unterlassungsverfügungen im einstweiligen Verfahren eine

A. Die internationale Zuständigkeit nach autonomem nationalen Recht

I. Deutschland

Die Regelungen der Zuständigkeiten des dinglichen oder persönlichen Arrests und der einstweiligen Verfügungen finden sich in §§ 919, 937, 942 ZPO wieder.
Für die Anordnung eines Arrests ist gemäß § 919 ZPO neben dem Gericht der Hauptsache auch das Amtgericht des Bezirks zuständig, in dem sich der mit dem Arrest zu belegende Gegenstand befindet. Für einstweilige Leistungsverfügungen, die etwa die weitere Verbreitung eines ehrverletzenden Artikels verhindern sollen, ist ebenfalls nach § 937 (1) ZPO das Gericht der Hauptsache zuständig und in dringenden Fällen nach § 942 (1) ZPO das örtliche Amtsgericht, in dessen Bezirk sich der körperliche als auch unkörperliche Streitgegenstand[1633] des Verfügungsverfahrens befindet[1634]. Diese Zuständigkeit für dringende Fälle ist jedoch restriktiv auszulegen, da ansonsten für Streudelikte eine erhebliche Erweiterung der internationalen Zuständigkeit gegenüber der Tatortzuständigkeit im Hauptsacheverfahren stattfinden würde: Bei Leistungsverfügungen befindet sich der Streitgegenstand dort, wo die begehrten Handlungen und Unterlassungen vorzunehmen sind[1635], für Persönlichkeitsrechtsverletzungen daher im gesamten Verbreitungsgebiet. Daher soll es anders als für den dinglichen Arrest nach § 917 (2) ZPO für § 942 (1) ZPO nicht ausreichen, wenn die Anrufung des Gerichts der Hauptsache für den Gläubiger eine nachteilige Verzögerung bewirkt, wie dies normalerweise bei Auslandsklagen der Fall ist. Stattdessen erfordert das Kriterium der Dringlichkeit bei einer einstweiligen Verfügung etwa den Stillstand der Rechtspflege im Ausland durch einen Bürgerkrieg[1636].

---

grenzüberschreitende Wirkung zukommen ließ. Vergleiche zur Entwicklung der niederländischen Rechtsprechung mit weiteren Nachweisen Tilmann/v Falck GRUR Int 2000, 579 (581f). Zum Ablauf des *kort geding*- Verfahrens in den Niederlanden, Brinkhof GRUR Int 1997 489-497; Bertrams GRUR Int 1995, 193-201; Brinkhof GRUR Int 1993, 387-394; weitere Nachweise bei De Wit MittDPatA 1996, 225-232; Ebbink [1996] PW 15-21;

Eine bedeutende Entscheidung zu grenzüberschreitenden Verletzungsverboten ist der Fall Interlas / Lincoln, Hoge Raad v 24.11.1989, NJ 1992, Nr 404, 1597, auf den sich die Gerichte in der Folgezeit bis zur Änderung der Rechtsprechung 1998 beriefen, Nachweise bei De Witt MittDPatAnw 1996, 225 (228); Bertram GRUR Int 1995, 193 (194).

Mit Urteil vom 23.4.1998 hat der Gerechtshof Den Haag allerdings die Kehrtwende dieser Rechtsprechung eingeläutet, Expandable Grafts / Boston Scientific, englische Übersetzung in [1999] FSR 352 = [1998] EIPR Nr 134 und deutscher Hinweis in GRUR Int 1998, 737. Das Gericht legte den Gerichtsstand der Streitgenossenschaft restriktiv aus und lehnte deshalb seine internationale Zuständigkeit ab, weitere Nachweise oben 2. Kapitel: § 1. B. II. 3. c.

Mittlerweile hat der Gerechtshof Den Haag am 25.5.2000 aufgrund geäußerter Bedenken gegenüber einer grenzüberschreitenden Wirkung eine einstweilige Unterlassungsverfügung ausdrücklich auf die Niederlande begrenzt, obwohl eine weitere Ausweitung beantragt war, Eka Chemicals AB v Nalco Chemical Co [2000] EIPR N-111.

1633 Stein/Jonas/Grunsky, ZPO VII 1996, § 942 Rz 3.

1634 Nagel/Gottwald 2002, § 15 Rz 47 lehnt eine Doppelfunktionalität von § 942 (1) ZPO ab und setzt stattdessen eine internationale Zuständigkeit deutscher Gerichte nach § 937 ZPO voraus, die aber in der Regel bestehen wird.

1635 Thomas/Putzo/Reichold 2003, § 942 Rz 2.

1636 Schack, IZVR 2002, Rz 416.

Fraglich ist jedoch, ob die für §§ 919, 937 ZPO festgestellte Bifunktionalität sich auch auf § 802 ZPO übertragen lässt und daher die im 8. Buch der ZPO geregelten Zuständigkeiten nicht nur auf nationaler, sondern auch auf internationaler Ebene ausschließlich sind. Dies hätte praktisch zur Folge, dass Gerichtsstandsvereinbarungen nach § 40 (2) 1 Nr. 2 ZPO unwirksam wären.
Mit dem Verweis auf den Zweck der Eilzuständigkeit, welche gerade die Rechtsschutzmöglichkeiten zugunsten des Gläubigers erweitern soll, wird die Anwendung von § 802 ZPO auf die internationale Zuständigkeit abgelehnt[1637]. Außerdem kann die Einordnung von Arrest und einstweiliger Verfügung in das 8. Buch der ZPO und damit in das Zwangsvollstreckungsverfahren angezweifelt werden. Bei diesen geht es gerade nicht um die Durchsetzung, sondern um die Sicherung von Rechten, so dass diese eher als ein „beschränktes Erkenntnisverfahren" anzusehen sind. Im einstweiligen Verfahren sind daher ausschließliche Gerichtstände entgegen Vereinbarungen der Parteien auf internationaler Ebene nicht zu zulassen[1638].

Für einstweilige Maßnahmen in in- und ausländischen Patentstreitigkeiten ergibt sich nach § 143 PatG eine ausschließliche Zuständigkeit der Patentstreitkammern der durch Landesverordnung näher bestimmten Landgerichte[1639]. Dahinter steht die Absicht, besondere Sachverhalte nur einschlägig erfahrenen Spruchkörpern anzuvertrauen.
Für Urheberrechtsstreitigkeiten findet sich in § 105 UrhG eine örtliche Konzentrationsermächtigung, nach der das sachlich zuständige Gericht für mehrere zusammengelegte Gerichtsbezirke alleine zuständig ist, von der die Länder in den meisten Fällen auch Gebrauch gemacht haben[1640].

Grenzüberschreitende einstweilige Maßnahmen deutscher Gerichte sind allerdings im Bereich der gewerblichen Schutzrechte noch nicht bekannt geworden.
Im Bereich des Persönlichkeitsschutzes hat das Landgericht Hamburg erst kürzlich gemäß den Grundsätzen des deutschen Persönlichkeitsrechtsschutzes eine einstweilige Verbotsverfügung erlassen und dabei dem britischen Boulevardblatt *Mail on Sunday* unter Androhung eines Ordnungsgelds untersagt, bestimmte Behauptungen im Zusammenhang mit einer angeblichen Affäre des Bundeskanzlers *Gerhard Schröder* mit einer bekannten Fernsehmoderatorin zu veröffentlichen[1641]. Allerdings hat das deutsche Gericht schon von sich aus festgestellt, dass seine einstweilige Verfügung nur für Deutschland gelten soll und damit eine grenzüberschreitende Wirkung von vornherein ausgeschlossen[1642]. Hierbei ist zu bedenken, dass sich die Verfügung damit

---

[1637] Eilers 1999, 25 ff.
[1638] Schack, IZVR 2002, Rz 417.
[1639] Benkard/Rogge, PatG 1993, § 143 Rz 2ff.
[1640] Nachweise bei Wandtke/Bullinger/Kefferpütz, UrhR 2002, § 105 Rz 5; Schricker/Wild, UrhR 1999, § 105 Rz 3. Diese Regelung entspricht wiederum § 143 (2) PatG.
[1641] Landgericht Hamburg Beschluss v 16.1.2003 24. Zivilkammer Az 324 O 26/03 – unveröffentlicht.
[1642] Ob eine grenzüberschreitende Wirkung im Anwendungsbereich der EuGVO nicht doch möglich ist, im Folgenden 3. Kapitel: § 4. A. II.

zwar nur auf das Berichterstattungsgebiet Deutschland erstreckt. Da jedoch die *Mail on Sunday* auch dort verkauft wird, wäre die Zeitung praktisch gezwungen, die Behauptungen insgesamt zu unterlassen, wenn sie nicht eine spezielle Deutschland-ausgabe herstellen will. Dadurch käme der nur auf Deutschland beschränkten Verfügung doch eine grenzüberschreitende Wirkung zu.

Das einstweilige Rechtsschutzverfahren kann parallel zum Hauptsacheverfahren geführt werden, da es um unterschiedliche Streitgegenstände und damit Rechtsschutz-ziele geht. Im einstweiligen Verfahren geht es um die Zulässigkeit der zwangsweisen Sicherung des Anspruchs, nicht jedoch um den Anspruch selbst. Das zeitliche Element ist bei der summarischen Prüfung vorherrschend. Damit bewirkt ein Antrag im einstweiligen Verfahren weder die Rechtshängigkeit des Anspruchs selbst, noch führt eine Entscheidung zu einer Rechtskraftwirkung über ihn im Hauptsacheverfahren[1643].

Die Durchführung eines nachfolgenden Hauptverfahrens ist nicht vorgeschrieben. Allerdings steht es dem Antragsgegner offen, nach § 926 ZPO dem Antragsteller eine Frist zur Erhebung der Hauptsacheklage setzen zu lassen.

Das Gericht kann nach §§ 936, 921 (2) 2 ZPO den Erlass einer einstweiligen Verfügung von der Leistung einer Sicherheit durch den Antragsteller abhängig machen, um so die Interessen des Antragsgegners zu schützen.

Der Antragsteller muss Verfügungsgrund und Verfügungsanspruch glaubhaft machen. Allerdings ist eine zuverlässige Beurteilung der Verletzungsfrage im Patentrecht wegen der Komplexität der technischen Zusammenhänge im Eilverfahren oft nicht möglich.

II. England

Nach *common law* war das Eilverfahren streng an das Hauptsacheverfahren gebunden, so dass ein englisches Gericht nur dann einstweilige Maßnahmen aussprechen durfte, wenn es auch im Hauptsacheverfahren zuständig war[1644]. Nach s. 25 CJJA 1982 sind englische Gerichte mittlerweile befugt, vorläufige Maßnahmen vorzunehmen, wenn ein Hauptsacheverfahren irgendwo auf der Welt begonnen wurde[1645]. Die Zuständig-keit des englischen Gerichts im Hauptsacheverfahren wird damit nicht mehr voraus-

[1643] Thomas/Putzo/Reichold 2003, Vorbem § 916 Rz 2.
[1644] Fawcett/Torremans 1998, 215.
[1645] Zunächst war s 25 CJJA 1982 auf die Staaten des EuGVÜ/LGVÜ beschränkt, doch wurde mit Wirkung vom 1.4.1997 die internationale Zuständigkeit für den Erlass einstweiliger Verfügungen erweitert: Der CJJA 1982 (*Interim Relief*) 1997 (SI 1997/302) erstreckt in s 25 nun seinen Anwendungsbereich auch auf Länder, die weder Mitgliedstaaten des EuGVÜ/LGVÜ sind, sowie auf Verfahren außerhalb ihres Anwendungsbereichs. Für das In Kraft Treten der EuGVO wurde der CJJA 1982 wiederum durch CJJO 2001 (SI 3929, sch 2 Pt IV) entsprechend angepasst.

gesetzt. Allerdings muss ein solches Hauptsacheverfahren anders als in Deutschland bereits anhängig oder hierfür zumindest alles in die Wege geleitet sein[1646].

Bis zur teilweisen Abschaffung der traditionellen Regeln, nach denen ein Hauptsacheverfahren wegen der Verletzung eines ausländischen Immaterialgüterrechts nicht in England stattfinden konnte, war es also den englischen Gerichten unmöglich, entsprechende Unterlassungsverfügungen zu erlassen.
Auch im Bereich des Persönlichkeitsschutzes werden einstweilige Verfügungen in England nur äußerst zurückhaltend gewährt[1647]. Zumeinst wird den Betroffenen auferlegt, erst nach der Veröffentlichung von ehrverletzendem Material auf Schadensersatz zu klagen, anstatt im Vorfeld Unterlassung zu begehren. Damit werden der Presse im Vereinigten Königreich große Freiheiten im Zuge des Ideals der freien Rede eingeräumt. Sie dürfen im Grunde alles publizieren, setzen sich jedoch dann dem Risiko aus schadensersatzpflichtig zu werden, wenn sich die Unwahrheit im Nachhinein herausstellt. Für Ehrverletzungen durch die Presse ist daher in der Regel kaum präventiver Rechtsschutz zu erlangen.

Grundsätzlich wird dem Inhaber eines Schutzrechts daher nur dann einstweiliger Rechtsschutz in England gewährt, wenn er die Unterlassung einer Schutzrechtsverletzung beantragt oder die Genehmigung zum Betreten und Durchsuchen bestimmter Räumlichkeiten begehrt, um Beweismaterial einzusehen oder um dessen Weitergabe zu verhindern[1648].
Die Anordnung einer einstweiligen Unterlassungsverfügung steht im sehr weiten Ermessen des Gerichts, welches unter Umständen auch ohne Anhörung des Antragsgegners entscheiden kann.

Der Kläger hat die von ihm behauptete Rechtsverletzung zu substantiieren und glaubhaft zu machen. Anders als im Hauptsachverfahren muss er jedoch die Verletzung selber nicht nachweisen. Dies kann zur Anordnung ungerechtfertigter einstweiliger Verfügungen führen.
In der Abwägungsentscheidung werden die Erfolgsaussichten des Falls einbezogen. Eine umfassende Schlüssigkeitsprüfung wie im deutschen Recht findet jedoch nicht statt[1649].
Der Gegner wird geschützt, in dem der Antragsteller gegenüber dem Gericht eine Verpflichtung zum Schadensersatz erklärt, eine sogenannte *cross- undertaking in damages*[1650].

1646 Fawcett/Torremans 1998, 226.
1647 Ausführlich oben 1. Kapitel: § 3. A. II. und 1. Kapitel: § 3. A. III. 7.
1648 Zur sogenannten *Anton Piller Order* im unmittelbar Folgenden.
1649 Grunert 1998, 26.
1650 Dies verpflichtet ihn, im Fall der späteren Aufhebung der Anordnung für alle Schäden aufzukommen, die der Gegner nach Auffassung des Gerichts durch den Erlass der Verfügung erlitten hat. Dabei prüft das Gericht insbesondere, ob der Antragsteller überhaupt ausreichend Sicherheiten leisten könnte.

Mit der Entscheidung *American Cynamid v Ethicon*[1651] wurden die Voraussetzungen für den Erlass einer einstweiligen Verfügung speziell für Patentstreitigkeiten zusammengefasst.

Besonderheiten des englischen Recht bei einstweiligen Verfügungen stellen die *Anton-Piller-Order*[1652] dar, die der Beweissicherung dient, und die *Mareva-injunction*[1653], welche dem Schuldner gerichtlich verbietet, bestimmte Vermögensgegenstände in das Ausland zu bringen oder über sie zu verfügen[1654]. Diese einstweiligen Maßnahmen sind mittlerweile in r. 25. 1 (1) (f) – (h) CPR geregelt[1655].

Die *Mareva injunction* belegt, dass den englischen Gerichten einstweilige Verfügungen mit extraterritorialer Wirkung durchaus bekannt sind und sie bereit sind, von einer Auslandskompetenz Gebrauch zu machen[1656]. Sie betrifft allerdings nur den Unterfall der Gruppe der Unterlassungsverfügungen, die Vermögensverfügungen zur Sicherung von Schadensersatzansprüchen untersagen[1657]. Dabei wird dem Antragsgegner zusätzlich aufgegeben, bestimmte Auskünfte zu erteilen oder bestimmte Nachforschungen und Beweiserbringungen des Antragstellers zu erdulden.

Die auch jetzt noch andauernde Zurückhaltung englischer Gerichte im Hauptsacheverfahren bei der Verletzung ausländischer Schutzrechte lässt sich auf den einstweiligen Rechtsschutz übertragen[1658]:
Auf dem Gebiet des Urheberrechts haben englische Richter bislang noch keine grenzüberschreitenden Verletzungsverbote ausgesprochen.
Auch für Patentstreitigkeiten ist noch fraglich, ob englische Gerichte bereit sind, sich über den völkerrechtlichen Grundsatz der *comity of nations* hinwegzusetzen.

[1651] American Cynamid v Ethicon Ltd [1975] 21 RPC 513- 543 (HL), allerdings ging es in diesem Fall um die Verletzung eines englischen Patents. Die dort aufgestellten Voraussetzungen wurden in Series 5 Software Ltd v Philip Clarke & Others [1996] FSR 273 - 291 nochmals beurteilt; dort zusammengefasst auf Seite 286.
[1652] Benannt nach Anton Piller KG v Manufacturing Processes Ltd [1976] 1 All ER 779 (CA).
[1653] Erstmals gebilligt durch das *House of Lords* in The Siskina [1977] 3 All ER 803 (821); Hartwieg/Grunert ZIP 2000, 721 (722f, 728); umfassend auch Grunert, die „*world-wide*" Mareva Injunction: Eine Zwischenbilanz, 1998.
[1654] Hierzu Schack, IZVR 2002, Rz 427f. Anders als die Durchsetzung eines Unterlassungsanspruchs, die *in personam* ergeht, sind die *Anton Piller Order* und die *Mareva injunction in rem*.
[1655] Hierzu Kropholler, EuZPR 2002, Art 31 Rz 8.
[1656] Die englische Rechtsprechung zeigt sogar die Tendenz, die *Mareva injunction* auch auf Vermögen im Ausland auszudehnen, wenn das Hauptsacheverfahren gerade nicht in England anhängig ist, Credit Suisse Fides Trust SA v Cuoghi [1997] 3 All ER 724 (CA). Allerdings wird eine Anerkennung und Vollstreckung in Deutschland in einem solchen Fall daran scheitern, dass nach den Vorgaben des EuGH keine einstweilige Maßnahme im Sinne des Art 31 EuGVO vorliegt, wenn sich das englische Gericht nicht auf Vermögensgegenstände in seinem Zuständigkeitsbereich beschränkt hat. Indem der EuGH Eilmaßnahmen der Gerichte, die nicht in der Hauptsache zuständig sind, in ihren Wirkungen auf den Erlaßstaat beschränkt, wurde diese besondere Form des einstweiligen Rechtsschutzes wohl ihrer Attraktivität beraubt, vergleiche hierzu im Folgenden 2. Kapitel: § 3. B.
[1657] Nagel/Gottwald 2002, § 15 Rz 95.
[1658] Vergleiche hierzu nur die Reaktion der englischen Medien auf die einstweilige Verfügung des LG Hamburgs mit Beschluss vom 16.1.2003 24. Zivilkammer Az 324 0 26/03 – unveröffentlicht; im Folgenden 3. Kapitel: § 4. A. II.

Überwiegend sprechen sich diese jedoch ablehnend gegenüber der Möglichkeit aus, grenzüberschreitende Verletzungsverbote zu erlassen[1659].
Im Bereich des Persönlichkeitsschutzes hingegen hat ein englisches Gericht 2001 gar eine einstweilige Verfügung gegenüber der gesamten Welt ausgesprochen, um die neue Identität der beiden Antragsteller, die im Alter von elf Jahren einen gemeinschaftlichen Mord an einem Kind begangen hatten, auch nach deren achtzehnten Geburtstag zu schützen[1660]. Hierfür ist jegliche Enthüllung oder Veröffentlichung von Informationen untersagt worden, die zu ihrer Identifizierung führen könnten[1661]. Für eine solche grenzüberschreitende einstweilige Verfügung *contra mundum* hat die Richterin ausdrücklich die 200 Jahre währende entgegenstehende Rechtsprechung aufgegeben, nach der eine solche Maßnahme nur gegenüber am Verfahren beteiligten Parteien ausgesprochen werden konnte[1662]. Begründet wird diese Abweichung von der ansonsten präjudiziellen Rechtsprechung mit der Einführung des HRA 1998 und den Pflichten aus der EMRK. Allerdings räumte die Richterin sogleich ein, dass eine solche einstweilige Verfügung für unerlaubte Handlungen außerhalb Englands und Wales kaum Wirkung entfalten wird[1663]. Die Anwendung des Europäischen Zuständigkeitsrechts und damit eine vereinfachte Anerkennungs- und Vollstreckungswirkung wurde in dieser Entscheidung allerdings nicht diskutiert.

B. Zuständigkeit nach Art. 31 EuGVO

I. Überblick

Der einstweilige Rechtsschutz ist ein nicht harmonisierter Bereich des Europäischen Zuständigkeitsrechts. Er wird zwar von Art. 31, 32 EuGVO in den Anwendungsbereich der Verodnung einbezogen, ist dort aber nur bruchstückhaft geregelt. Die eigentliche Gewährung einstweiligen Rechtsschutzes richtet sich allein nach nationalem Verfahrensrecht. Die Regelung des Art. 31 EuGVO enthält daher keine selbständige Zuständigkeitsregel für einstweilige Maßnahmen[1664]. Stattdessen wird sowohl auf die Gerichte des Staates verwiesen, die nach den Vorschriften der Verord-

---

[1659] Chiron Corporation v Murex Diagnostics and Chiron Corporation v Organon [1995] FSR 338; Aldous LJ [2000] FCBJ 523 (527) legt hier dar, dass im Patentrecht Verletzung und Gültigkeit eines Patents einheitlich zu behandeln sind, weshalb Verfügungen, wie sie in den Niederlanden gewährt werden, im Vereinigten Königreich niemals ergehen könnten.
[1660] Venables v News Group Newspaper Ltd and others [2001] 2 WLR 1038 (1070f) Nr 98, 100 (FamD), "(...) *to grant injunctions against the world at large*"; "*the injunctive relief that I grant should, in this case, be granted openly against the world*".
[1661] Einzelheiten unter Venables v News Group Newspaper Ltd and others [2001] 2 WLR 1038 (1073f) Nr 104 (FamD)
[1662] Venables v News Group Newspaper Ltd and others [2001] 2 WLR 1038 (1070f) Nr 98ff (FamD) unter Aufgabe von Iveson v Harris (1802) 7 Ves 251 (257).
[1663] Venables v News Group Newspaper Ltd and others [2001] 2 WLR 1038 (1073) Nr 105 (FamD). Eine solche grenzüberschreitende Verfügung ohne konkreten Schuldner ist nach deutschem Recht undenkbar, da es schon an einem konkreten Zustellungsadressat als Voraussetzung für die Begründung der Rechtshängigkeit fehlt.
[1664] Kropholler, EuZPR 2002, Art 31 Rz 1.

nung für die Hauptssache zuständig sind, als auch auf die Gerichte, bei denen die Maßnahmen beantragt wurden und welche nach ihren autonomen Regeln hierfür international zuständig sind. Art. 31 EuGVO lässt folglich die autonomen Zuständigkeitsregeln der Mitgliedstaaten unberührt und zieht diese ergänzend heran.
Ist das Hauptsacheverfahren also noch nicht anhängig, ergibt sich die fiktive Hauptsachezuständigkeit entweder aus der Verordnung selbst, also den Art. 2 ff. EuGVO, oder wahlweise aus den nationalen Rechtsvorschriften[1665].

II. Definition der einstweiligen Maßnahme

Einstweilige Maßnahmen im Sinne des Art. 31 EuGVO sind nach dem EuGH grundsätzlich solche, „die auf in den Anwendungsbereich des Übereinkommens[1666] fallenden Rechtsgebieten ergehen und eine Sach- oder Rechtslage erhalten sollen, um Rechte zu sichern, deren Anerkennung im übrigen bei dem in der Hauptsache zuständigen Gericht beantragt wird"[1667].
Problematisch ist dabei inbesondere, dass teilweise die Verfahren des einstweiligen Rechtsschutzes faktisch die Funktion von Erkenntnisverfahren erfüllen: Im Regelfall ergehen im Persönlichkeitsschutz[1668] oder Immaterialgüterrechtsschutz auf Unterlassung gerichtete Leistungsverfügungen, welche die Hauptsache praktisch vorwegnehmen. Dennoch geht der EuGH davon aus, dass der im Text der Verordnung verwendete Begriff der einstweiligen Maßnahme grundsätzlich auch die deutsche Leistungsverfügung[1669] und deren europäische Entsprechungen[1670] mit einschließt, da sich der Wortlaut nicht nur auf Sicherungsmaßnahmen beziehen soll[1671]. Allerdings hat der EuGH wegen deren vorgreiflichen Wirkungen einschränkende Bedingungen aufgestellt[1672]: Die einstweilige Maßnahme, welche die vorläufige Erbringung einer vertraglichen[1673] Hauptleistungspflicht zum Ziel hat, kann nur ergehen, wenn zum

---

[1665] EuGH Urteil v 17.11.1998 Rs 391/95, Slg 1998 I 7091 Nr 19, 22, 42 - van Uden / DecoLine.
[1666] Jetzt der Verordnung.
[1667] EuGH Urteil v 26.3.1992 Rs 261/90, Slg 1992 I 2149 - Reichert / Dresdner Bank.
[1668] Das Verbot der Verbreitung ehrenrühriger Behauptungen etwa stellt eine typische Leistungsverfügung im Persönlichkeitsschutz dar.
[1669] Diese geht über die Sicherung eines Anspruchs oder die Regelung eines Rechtsverhältnisses hinaus und lässt ausnahmsweise bei besonders wichtigen Ansprüchen eine teilweise Befriedigung zu, insbesondere in Notlagen des Anspruchstellers, Thomas/Putzo/Reichold 2003, § 940 Rz 6.
[1670] Etwa das schnelle und kostengünstige niederländische *kort geding*- Verfahren, hierzu Stadler JZ 1999, 1089 (1095f); zum Verfahrensablauf Bertrams GRUR Int 1995, 193 (197); Brinkhof GRUR Int 1983, 387 (389); weitere Nachweise vergleiche Fn 1632. Dem englischen Recht ist einstweiliger Rechtsschutz durch Leistungsverfügungen, die eine Geldzahlung bezwecken, praktisch unbekannt. Stattdessen werden sogenannte *interim payment orders* in das Hauptsachverfahren eingebunden, vergleiche CPR r 25.6 ff.
[1671] EuGH Urteil v 17.11.1998 Rs 391/95, Slg 1998 I 7091 Nr 47 – van Uden / Deco-Line; EuGH v 27.4.1999 Rs 99/96, Slg 1999 I 2277 Nr 42 – Mietz / Intership Yachting Sneek; Kropholler, EuZPR 2002, Art 31 Rz 7; Stadler JZ 1999 1089 (1096f).
[1672] Schlosser, EU-ZPR 2003, Art 31 Rz 1ff zu den grundsätzlichen Aussagen der *van Uden*-Entscheidung; Nagel/Gottwald 2002, § 15 Rz 15.
[1673] Der EuGH hatte in dem *van Uden*- Verfahren über die Konstellation einer vertraglichen Hauptleistungspflicht zu entscheiden. Stadler JZ 1999, 1089 (1097) hält die Begrenzung auf nur vertragliche

einen die Rückabwicklung für den Fall, dass der Antragsteller in der Hauptsache nicht obsiegt, gewährleistet ist[1674]. Zum anderen darf sich die beantragte Maßnahme nur auf bestimmte Vermögensgegenstände des Antragsgegners im örtlichen Zuständigkeitsbereich des angerufenen Gerichts beziehen, wenn dieses nicht zugleich Hauptsachegericht oder unabhängig hiervon nach den Art. 2 ff. EuGVO zuständig ist[1675].

III. Einzelheiten

1. Sicherheitsleistungen

Soweit es um die Erbringung von Hauptleistungspflichten[1676] geht, steht den nationalen Gerichten ein Ermessen, ob sie eine Sicherheitsleistung verlangen, nicht mehr zu[1677].

2. Kein Ausschluss exorbitanter nationaler Gerichtsstände

Mittlerweile steht fest, dass ein nationales Gericht seine Zuständigkeit im Rahmen des Art. 31 EuGVO grundsätzlich auf einen der in Art. 3 (2) EuGVO aufgeführten exorbitanten nationalen Gerichtsstände stützen kann[1678]. Der EuGH hat dies damit begründet, dass Art. 24 EuGVÜ, jetzt Art. 31 EuGVO, den einstweiligen Rechtsschutz gerade verbessern wolle. Nach der Systematik der Verordnung gelte das Verbot des Art. 3 EuGVO also nur für die Fälle der Art. 5-24 EuGVO, nicht jedoch für die Sondervorschrift des Art. 31 EuGVO[1679].

Ein nationales Gericht, das seine Zuständigkeit im Rahmen des Art. 31 EuGVO auf einen der in Art. 3 (2) EuGVO ausgeschlossenen exorbitanten Gerichtsstände stützt,

---

Hauptleistungspflichten für zu eng und will die aufgestellten Bedingungen auf alle Fälle vorläufiger Leistungsanordnungen anwenden; so auch Heß/Vollkommer IPRAX 1999, 220 (221).

[1674] Etwa durch Sicherheitsleistung, Stadler JZ 1999, 1089 (1097).

[1675] EuGH Urteil v 17.11.1998 Rs 391/95, Slg 1998 I 7091 Nr 47 – van Uden / Deco-Line; EuGH v 27.4.1999 Rs 99/96, Slg 1999 I 2277 Nr 42 – Mietz / Intership Yachting Sneek. Hierzu im Folgenden 2. Kapitel: § 3. B. III. 3. Für einstweilige Maßnahmen eines nach den Art 2 ff EuGVO international zuständigen Gerichts bestehen die speziell für Leistungsverfügungen der nach Art 31 EuGVO gemäß den autonomen Vorschriften der Mitgliedstaaten zuständigen Gerichte aufgestellten Einschränkungen nicht, Nagel/Gottwald 2002, § 15 Rz 8; Kropholler, EuZPR 2002, Art 31 Rz 12. Zu der Frage, ob hieraus eine territoriale Wirkungsbeschränkung auch bei Unterlassungsverfügungen auf das Hoheitsgebiet eines Mitgliedstaates folgt, so dass eine grenzüberschreitende Vollstreckung erst gar nicht möglich ist, im Folgenden 2. Kapitel: § 3. B. III. 6.

[1676] Zigann 2002, 195f will dieses Erfordernis der vom Ermessen der Mitgliedstaaten unabhängigen Sicherheitsleistung auch auf die im gewerblichen Rechtsschutz entscheidenden einstweiligen Unterlassungsverfügungen erstrecken. Damit setzt er einstweilige Unterlassungsverfügungen im gewerblichen Rechtsschutz mit den die Hauptsache vorwegnehmenden Leistungsverfügungen gleich.

[1677] Nach Stadler JZ 1999, 1089 (1097) soll das unbedingte Erfordernis einer Sicherheitsleistung auch für nichtvertragliche Hauptleistungspflichten gelten und damit für sämtliche Fälle vorläufiger Leistungsanordnungen.

[1678] Thomas/Putzo/Hüßtege 2003, Art. 3 EuGVO Rz 1; Nagel/Gottwald 2002, § 15 Rz 12; Schack, IZVR 2002, Rz 424; Kropholler, EuZPR 2002, Art 31 Rz 17; MünchKomm/Gottwald, ZPO III 2001, Art 24 Rz 5; Stadler JZ 1999, 1089 (1095). Geimer/Schütze, EuZVR 1997, Art 24 Rz 1.

[1679] So grundsätzlich EuGH Urteil v 17.11.1998 Rs 391/95, Slg 1998 I 7091 Nr 42 – van Uden / Deco-Line. Zu dennoch erfolgenden Einschränkungen sogleich 2. Kapitel: § 3. B. III. 3.

kann außerdem auch Leistungsverfügungen anordnen[1680]. Schon der Wortlaut des Art. 31 EuGVO trifft keinerlei Aussage, nach der solche Maßnahmen nur in den Gerichtsständen der Art. 2 ff. EuGVO verfolgt werden dürfen[1681], weil es sich in der Sache eigentlich um ein beschleunigtes Hauptsacheverfahren handele[1682]. Solange die Möglichkeit besteht, ein Hauptsacheverfahren durchzuführen, ist eine Maßnahme nicht tatsächlich endgültig. Überdies hat der EuGH bereits unter Schaffung besonderer Voraussetzungen die Leistungsverfügung als einstweilige Maßnahme im Sinne des Art. 31 EuGVO anerkannt[1683]. Würden exorbitante Gerichtsstände im Rahmen von Leistungsverfügungen abgelehnt, bestünde vielmehr die Gefahr, dass Rechtsschutzlücken dort auftreten, wo das nationale Recht im Gegensatz zur Verordnung eine Zuständigkeit vorsieht, so dass der Antragsteller möglicherweise im Inland keine einstweiligen Verfügungen mehr erwirken kann[1684].

3. Das Erfordernis der realen Verknüpfung für Maßnahmen sonstiger, nach den autonomen Regeln der Mitgliedstaaten zuständiger Gerichte gemäß Art. 31 EuGVO

Allerdings hat der EuGH in der *van Uden-* Entscheidung eine ungeschriebene Voraussetzung an die Anordnung einer einstweiligen Maßnahme durch ein „nur" nach Art. 31 EuGVO in Verbindung mit nationalen Vorschriften zuständiges (sonstiges) Gericht[1685] aufgestellt: Zwischen dem Gegenstand der beantragten Maßnahme und der gebietsbezogenen Zuständigkeit, also dem nationalen Zuständigkeitsgrund des Mitgliedstaates des angerufenen Gerichts, muss zusätzlich eine „reale Verknüpfung" bestehen, sofern der Maßnahme grenzüberschreitende Wirkung zukommen soll[1686]. Das Erfordernis der Verknüpfung des Verfahrensgegenstandes mit dem Gebiet des Urteilsstaats setzt also voraus, dass die Vollziehung der Anordnung im Erlassstaat erfolgen soll. Allerdings hat das aus der erstrebten Sachnähe des Gerichts gewonnene Element

---

1680 In Deutschland gibt es mit §§ 23, 942 (1) ZPO den besonderen Gerichtsstand des Vermögens, welcher nach Art 3 (2) EuGVO als exorbitant ausgeschlossen ist. Da jedoch das einstweilige Verfahren wegen Immaterialgüterrechtsverletzungen in der Regel nicht auf vermögensrechtliche Ansprüche gerichtet ist, sondern in erster Linie auf Unterlassung, steht ein besonderer exorbitanter Gerichtsstand des Vermögens von vornherein nicht in Frage. Somit taucht hier gerade nicht das Problem des Auseinanderfallens von nationalem Recht und EuGVO in Sachen Hauptsachezuständigkeit auf.

1681 Vergleiche auch Hess/Vollkommer IPRAX 1999, 220 (222).

1682 So aber Heiss 1987, 98 ff.

1683 Oben 2. Kapitel: § 3. B. II.

1684 Stadler JZ 1999, 1089 (1095).

1685 Dies kann einem exorbitanten, im Hauptsacheverfahren nach Art 3 (2) EuGVO ausgeschlossenen Gerichtsstand entsprechen. Art 31 EuGVO eröffnet also zusätzlich zu den Gerichten, die nach den Art 2 und Art 5 ff EuGVO für die Entscheidung eines Rechtsstreits in der Hauptsache zuständig sind, für (sonstige) nicht in der Hauptsache zuständigen Gerichte die Möglichkeit, unter bestimmten Voraussetzungen einstweilige Maßnahmen anzuordnen.

1686 EuGH Urteil v 17.11.1998 Rs 391/95, Slg 1998 I 7091 Nr 40 – van Uden / Deco-Line. Mit dieser teleologischen Reduktion des Art 31 EuGVO will der EuGH den nationalen Rechten wohl nur vollstreckungsbezogene Zuständigkeiten einräumen.

bislang noch keine abschließende Konkretisierung erfahren[1687]. Auf jeden Fall kann davon ausgegangen werden, dass der Sachverhalt hinreichende Inlandsbeziehungen aufweisen muss[1688], so dass etwa der Richter auf die Besonderheiten des Falles und die einschlägigen Handelsgebräuche flexibel reagieren kann[1689]. Dies ist ihm jedoch nur aufgrund seiner besonderen Sachkenntnisse möglich, über welche in der Regel nur die Gerichte an dem Ort verfügen, an dem die einstweilige Maßnahme auch ihre Wirkung entfalten soll.

4. Pflicht zur Einleitung eines Hauptsacheverfahrens

Anders als im englischen Recht besteht im Anwendungsbereich der Verordnung keine Verpflichtung, Hauptsacheklage zu erheben[1690].

5. Anderweitige Rechtshängigkeiten

Die Anhängigkeit eines Hauptsacheverfahrens in einem anderen Mitgliedstaat hindert ein inländisches Gericht nicht daran, seine Zuständigkeit zum Erlass einstweiliger Maßnahmen nach Art. 31 EuGVO in Verbindung mit seinen nationalen Vorschriften anzunehmen[1691].

Ähnlich ist dies in der Konstellation eines einstweiligen Verfahrens neben mehrfacher Rechtshängigkeit von Hauptsacheverfahren. Folgt daher die internationale Zuständigkeit eines Gerichts für einstweilige Maßnahmen aus Art. 31 EuGVO in Verbindung mit den nationalen Vorschriften, so bleibt es auch dann zuständig, wenn bei mehrfacher Rechtshängigkeit im Hauptsacheverfahren ein Gericht desselben Staates als später angerufenes Gericht nach den Art. 27 ff. EuGVO das Verfahren aussetzt oder sich für unzuständig erklärt. Denn zum einen ist das Hauptsachverfahren gerade nicht Voraussetzung für den Erlass einer einstweiligen Maßnahme. Zum anderen soll durch Art. 27 EuGVO die Gefahr sich widersprechender Entscheidungen in der Hauptsache vermieden, nicht jedoch der einstweilige Rechtsschutz behindert werden[1692].

[1687] Stadler JZ 1999, 1089 (1093f) zum möglichen Gebrauch des Begriffs. Der EuGH bevorzugt dabei eine Abgrenzung von Fall zu Fall, Heß/Vollkommer IPRAX 1999, 220 (222), die in Fn 38 hierfür an die Rechtsprechung des BGH zur Begrenzung des § 23 ZPO erinnern, dort mit weiteren Nachweisen.

[1688] Dies wird mit den Erwägungen bei der *forum (non) conveniens* Prüfung englischer Gerichte gleichgesetzt, Grosheide GRUR Int 2000, 310 (319).

[1689] Grosheide GRUR Int 2000, 310 (319) mit weiteren Nachweisen.

[1690] EuGH Urteil v 16.6.1998 Rs 53/96, Slg 1998 I 3603 - Hermès International KGaA / Marketing Choice BV = GRUR Int 1998, 697. Mit dieser Entscheidung ordnete der EuGH das niederländische *kort geding*- Verfahren als einstweilige Maßnahme im Sinne des Art 50 TRIPs ein, obwohl bekannt ist, dass dieses Verfahren im allgemeinen wie eine endgültige Entscheidung behandelt wird und die Parteien meist kein Hauptsacheverfahren mehr einleiten.

[1691] EuGH Urteil v 17.11.1998 Rs 391/95, Slg 1998 I 7091 Nr 47 – van Uden / Deco-Line; Kropholler, EuZPR 2002, Art 31 Rz 11, 19; vergleiche auch oben 2. Kapitel: § 1. B. III. , wo der einstweilige Rechtsschutz oftmals der einzige Ausweg ist, seine Rechte trotz der entgegenstehenden negativen Feststellungsklagen effizient durchzusetzen.

[1692] Geimer/Schütze, Urteilsanerkennung I 1983, § 40, 269.

Anders ist dies jedoch, wenn sich die Zuständigkeit für das Eilverfahren aus der Zuständigkeit in der Hauptsache nach den Regeln der EuGVO ergibt. Erklärt sich das Gericht der Hauptsache nach Art. 27 (2) EuGVO aufgrund anderweitiger Rechtshängigkeit für unzuständig, muss dem auch das Gericht des einstweiligen Rechtsschutzes folgen[1693].

Schließlich ist auch noch die weitere Konstellation zulässig, bei der in mehreren Mitgliedstaaten parallel einstweilige Verfahren anhängig sind. Ein Rückgriff auf Art. 27 EuGVO, der nur sich widersprechende Entscheidungen in der Hauptsache verhindern soll, ist dabei entbehrlich. Im einstweiligen Rechtsschutz wird eine Dringlichkeitsprüfung beziehungsweise eine umfassenden Abwägung vorgenommen, so dass das Gericht ein anderweitiges Tätigwerden des Antragstellers vor weiteren Mitgliedstaaten berücksichtigen kann. Eine angeordnete einstweilige Maßnahme etwa lässt das Rechtsschutzbedürfnis des Antragstellers für den Ausspruch weiterer entsprechender Maßnahmen in anderen Mitgliedstaaten entfallen.

6. Grenzüberschreitende Wirkung der einstweiligen Maßnahme

Extraterritorial wirkende Anordnungen des Hauptsachegerichts im Zuge des einstweiligen Rechtsschutzes sind grundsätzlich anerkannt[1694].
Indem der EuGH das besondere Erfordernis der „realen Verknüpfung[1695]" von Eilmaßnahme und Gerichtszuständigkeit für nach Art. 31 EuGVO in Verbindung mit den nationalen Vorschriften zuständige Gerichte aufgestellt hat, verhindert er jedoch dort von vornherein eine grenzüberschreitende Wirkung[1696]. Durch die Begrenzung der Kompetenz der sonstigen Gerichte soll gerade die Priorität der Hauptsachegerichte für den Erlass einstweiliger Verfügungen gesichert werden[1697].
Eine weitere Ausnahme von der Reichweite einer Anordnung über die Landesgrenzen hinweg ergibt sich durch die vom EuGH aufgestellten Anforderungen an Leistungsverfügungen und deren Anerkennung als einstweilige Maßnahme im Sinne der Verordnung[1698].
Seine besondere Ausprägung erfährt das Erfordernis der realen Verknüpfung bei Leistungsverfügungen durch die aufgrund von Art. 31 EuGVO in Verbindung mit den nationalen Zuständigkeitsregeln tätig werdenden Gerichte: Diese werden nur dann als einstweilige Maßnahme anerkannt, „wenn die beantragte Maßnahme nur bestimmte Vermögensgegenstände des Antragsgegners betrifft, die sich im örtlichen Zuständig-

---

[1693] Kropholler, EuZPR 2002, Art 31 Rz 19; Nagel/Gottwald 2002, § 15 Rz 12
[1694] Kropholler, EuZPR 2002, Art 31 Rz 21.
[1695] Hierzu oben 2. Kapitel: § 3. B. III. 2.
[1696] Kropholler, EuZPR 2002, Art 31 Rz 24; Nagel/Gottwald 2002, § 15 Rz 14; hierzu auch Stadler JZ 1999, 1089 (1093f).
[1697] Heß/Vollkommer IPRAX 1999, 220 (223).
[1698] Vergleiche oben 2. Kapitel: § 3. B. II.

keitsbereich des angerufenen Gerichts befinden oder befinden müssten“[1699]. Diese Vorgabe wird als territoriale Wirkungsbeschränkung verstanden, der über die Zuständigkeitsregelung hinaus Bedeutung zukommt[1700]. Danach muss gewährleistet sein, dass die angeordnete Maßnahme nur im Erlassstaat vollstreckt werden kann und auch dies nur in bestimmte Vermögensgegenstände. Eine grenzüberschreitende Vollstreckung wird dadurch unmöglich[1701].

Nicht klar ist jedoch, ob auch Unterlassungsverfügungen im Rahmen von Persönlichkeitsrechts-[1702] und Immaterialgüterrechtsverletzungen[1703] den besonderen Anforderungen an Leistungsverfügungen unterfallen und damit ebenfalls als Hauptleistungspflichten im Sinne der Ratio der *van Uden*- Entscheidung anzusehen sind[1704]. Daran würde sich die Folgefrage anschließen, ob daraus eine entsprechende territoriale Wirkungsbeschränkung für Maßnahmen sonstiger, nicht nach den Art. 2 ff. EuGVO international zuständiger Gerichte resultiert, was etwa die sogenannten *cross- border-injunctions* in Zukunft verhindern könnte.

IV. Rechtliches Gehör als Anerkennungsvoraussetzung

Die Anerkennung und Vollstreckung einer nach Art. 31 EuGVO ergangenen Entscheidung kann nach Art. 32 ff. EuGVO nur erfolgen, wenn sie nach der Gewährung rechtlichen Gehörs erlassen worden ist[1705].

1699 EuGH Urteil v 17.11.1998 Rs 391/95, Slg 1998 I 7091 Nr 47 – van Uden / Deco-Line.

1700 Stadler JZ 1999, 1089 (1098); Heß IPRAX 2000, 370 (373f) spricht etwa von der begrenzten Freizügigkeit einstweiliger Maßnahmen nach Art 24 EuGVÜ, da die nach den nationalen Regeln zuständigen Gerichte nur einstweilige Maßnahmen erlassen können, deren Vollzug auf den Gerichtsstaat beschränkt ist. Nach Schlosser, EU ZPR 2003, Art 31 Rz 22 aE kann jedoch das Erfordernis der "realen" Verknüpfung der beantragten Maßnahme insbesondere auf Leistungsverfügungen zur Zahlung von Geld sinnvollerweise nicht angewandt werden, wenn hierfür gefordert wird, dass in der Verfügung Vermögensgegenstände im Erlassstaat angegeben werden, in die vollstreckt werden kann.

1701 Für die *Mareva injunction* bedeutet dies, dass sie in europäischen Fällen mit europaweiter Wirkung nur dann erlassen werden darf, wenn englische Gerichte in der Hauptsache zuständig sind.

1702 Im Regelfall geht es hier um einstweilige Unterlassungsverfügungen, deren Klärung im Hauptsacheverfahren nach erfolgter Untersagung oftmals nicht mehr im Interesse der Parteien liegt.

1703 Hier ist insbesondere die niederländische Praxis der *cross-border-* Rechtsprechung im Rahmen des *kort geding-* Verfahrens zu nennen, in dem die Gerichte begonnen haben für Streitigkeiten über die Verletzung gewerblicher Schutzrechte grenzüberschreitende Verletzungsverbote auszusprechen, Tilmann/v Falck GRUR Int 2000, 579 (581f); Brinkhof GRUR Int 1997, 489-497; Ebbink PW (1996) 10, 15- 21; de Wit MittDPatAnw 1996, 225-232; Bertrams GRUR Int 1995, 193-201; Brinkhof GRUR Int 1993, 387-394; beachte auch zur gegenläufigen Tendenz in der niederländischen Rechtsprechung, Palmaz ua / Boston Scientific ua, Arrondissementsrechtbank Den Haag - 10 Kammmer Urteil v 29.10.1997, englische Übersetzung in [1998] FSR 199-221, wiedergegeben von Zigann 2002, 16ff; in 2. Instanz: Gerechtshof Den Haag v 23.4.1998 - Expandable Grafts / Boston Scientific, englische Übersetzung in [1999] FSR 352 = [1998] EIPR Nr 134, deutscher Hinweis in GRUR Int 1998, 737; Gerechtshof Den Haag Urteil v 25.5.2000- Eka Chemicals AB / Nalco Chemical Co [2000] EIPR N-111-112; zu dieser Entwicklung auch Meier-Beck GRUR Int 1999, 379-384; v Meibom/Pitz GRUR Int 1998, 765ff; das Revisionsverfahren beim Hoge Raad steht noch aus.

1704 Hierzu im Folgenden 3. Kapitel: § 4. A. I. 2.

1705 EuGH Urteil v 21.5.1980 Rs 125/79, Slg 1980, 1553 (1570) – Denilauler / SNC Couchet Frères; Nagel/Gottwald 2002, § 15 Rz 17; Kropholler, EuZPR 2002, Art 31 Rz 20.

C. Besonderheiten des Verfahrensrechts

I. Ermittlung des anwendbaren Rechts im einstweiligen Verfahren

Grundsätzlich müssen deutsche Gerichte auch im einstweilgen Verfahren das deutsche Kollisionsrecht befragen und daher unter Umständen das von diesem berufene ausländische Recht anwenden. Allerdings ist das Gericht im summarischen Verfahren auf die präsenten Beweismittel beschränkt[1706], weshalb es dann auf deutsches materielles Recht zurückgreifen darf, wenn sich der Inhalt des ausländischen Rechts nicht rechtzeitig feststellen lässt[1707].
Im Vereinigten Königreich wird ausländisches Recht hingegen als Tatsache behandelt[1708]. Der Antragsteller einer *interlocutory injunction* muss glaubhaft machen können, dass sein Recht in verschiedenen Staaten verletzt worden ist[1709]. Dafür hat er wiederum das inländische und ausländische Recht als Tatsache darzulegen und zu beweisen. Scheitert der Antragsteller mit der Glaubhaftmachung, weil er den Beweis nicht mit Hilfe des ausländischen Rechts erbringen konnte, so kann das englische Gericht nicht stattdessen auf englisches Recht zurückgreifen. Zum einen würde dies die Beweislast wiederum auf den Antragsgegner verlagern, der gerade nicht beweispflichtig ist. Letztlich kommt das Gericht bei einstweiligen Verfügungen jedoch erst gar nicht bis zu diesem Punkt, da die gescheiterte Glaubhaftmachung zu einer Rechtsverweigerung diesbezüglich führen muss.
Sollte der exakte Nachweis des ausländischen Rechts aufgrund der Eile nicht möglich sein, so sichern die Gerichte die andere Partei im Zweifelsfall durch das Erfordernis einer Sicherheitsleistung ab[1710].

II. Kontradiktorisches Verfahren

Eine weitere Besonderheit im Verfahren des einstweiligen Rechtsschutzes gegenüber dem Hauptsacheverfahren besteht grundsätzlich in der Möglichkeit, einstweilige Maßnahmen auch ohne vorherige Anhörung des Gegners zu erlassen, um so überraschend zu wirken. Diesen Effekt hat jedoch der EuGH beseitigt, in dem er die Anerkennung einstweiliger Maßnahmen im Anwendungsbereich der EuGVO auf Entscheidungen beschränkt, die nach einer Anhörung und daher in einem kontradiktorischen Verfahren ergangen sind[1711].

[1706] Zum Arrestverfahren OLG Frankfurt Urteil v 7.11 1968 NJW 1969, 991.
[1707] OLG Köln Urteil v 3.12.1993 GRUR Int 1994 646 - georgisches Telekommunikationssystem; Schack, IZVR 2002, Rz 627.
[1708] Vergleiche hierzu oben 2. Kapitel: § 2. B. VII.
[1709] Alfred Dunhill Ltd v Sunoptic SA [1979] FSR 337 (CA); Fentiman 1998, 103.
[1710] Hierzu oben 2. Kapitel: § 3. A. II.
[1711] EuGH Urteil v 21.5.1980 Rs 125/79, Slg 1980, 1553 Rz 17- Denilauler v Couchet Frères = IPRAX 1981, 19; Schack, IZVR 2002, Rz 825; Kropholler, EuZPR 2002, Art 32 Rz 22. Dabei ist zu beachten, dass eine Anerkennung nach Art 34 Nr 2 EuGVO durch die anderen Mitgliedstaaten ohnehin nur erfolgt, wenn dem Antragsgegner zuvor ausreichend rechtliches Gehör gewährt worden ist.

3. Kapitel: Vorschlag zur Durchsetzung der Persönlichkeits- und Immaterialgüterrechte bei grenzüberschreitenden Verletzungen in Europa

§ 1. Überblick

Für die internationale Beurteilung grenzüberschreitender Persönlichkeits- und Immaterialgüterrechtsverletzungen ist die Frage nach dem Deliktsstatut und zuvor nach der gerichtlichen Zuständigkeit zu klären.
Auch im Anwendungsbereich der EuGVO werden diese Fragen in Europa noch unterschiedlich behandelt, so dass ein Betroffener sich nicht sicher sein kann, wo er welchen Rechtsschutz erlangen kann. Vom eigentlichen Ideal des Europäischen Zuständigkeits- und Kollisionsrechts, überall gleichen Rechtsschutz zu gewähren, ist man daher noch weit entfernt.
Diese Gerichtspraxis und vor allem die großen materiellrechtlichen Unterschiede der nationalen Deliktsrechte zwingen den Kläger gerade zur zielgerichteten Auswahl des Gerichts und damit zum *forum shopping*. Angesichts der zunehmenden Globalisierung und aufgrund sich ständig verfeinernder neuer Technologien treten die eigentlichen Staatsgrenzen immer mehr in den Hintergrund, so dass das momentane Vorgehen der Gerichte in Europa bei der Durchsetzung grenzüberschreitender Schutzrechtsverletzungen hinterfragt werden muss.

A. Ansatz zur Konzentration auf nur wenige Gerichtsstände

Angesichts der Fülle möglicher Foren bei Streudelikten mit Bezügen zu vielen Staaten und deren Rechtsordnungen stellt sich die Frage, ob sämtlichen Beteiligten eine nicht näher eingrenzbare quasi weltweite Deliktszuständigkeit für Ansprüche des Geschädigten zuzumuten ist, oder ob nicht vielmehr sowohl auf Zuständigkeits- als auch auf Kollisionsrechtsebene von einem Bedürfnis nach einer Einschränkung der relevanten Anknüpfungskriterien und damit nach einer Konzentration auf nur wenige Gerichtsstände gesprochen werden kann.
In Betracht kommende Ansätze schwanken zwischen einer weltweiten Gerichtspflichtigkeit des Schädigers, einer Konzentration auf nur wenige Gerichtsstände oder Lösungen inmitten dieser Extrempositionen. Ob daher in der Eröffnung einer potentiell weltweiten deliktischen Zuständigkeit tatsächlich eine Kapitulation des Internationalen Zivilverfahrensrechts vor den Herausforderungen durch neue Technologien und Massenmedien[1712] oder nur die Antwort auf eine zunehmende Globalisierung zu sehen ist, erscheint fraglich.

Zunächst bewirkt die Anknüpfung an jeden in Frage kommenden Tatort scheinbar eine Erleichterung bei der Anwendung der Zuständigkeitsregeln: Die internationale

---

[1712] So Kubis 1999, 134.

Zuständigkeit der Gerichte ist ohne großen Prüfungsaufwand leicht feststellbar und damit in gewisser Weise vorhersehbar.
Eine weltumfassende Tatortzuständigkeit ist allerdings für den Schädiger kaum kalkulierbar und birgt ein erhebliches Kostenrisiko. Auf der einen Seite kann hierin die legitime Konsequenz einer grenzüberschreitenden Aktivität des Schädigers und damit dessen wirtschaftlicher Vorteile aus der Nutzung großer Märkte gesehen werden. Es liegt daher nahe, einen global aktiven Schädiger auch an sämtlichen Orten seiner verletzenden Betätigung zur Rechenschaft zu ziehen. Auf der anderen Seite jedoch kann eine Überbewertung der Interessen des Betroffenen ausgemacht werden, dem unbegrenztes *forum shopping* ermöglicht wird, obwohl auch er von einer Globalisierung profitiert. Damit vermag die sogenannte „Sympathie mit dem Opfer“[1713] zumindest nicht den Umfang der Abweichung der besonderen Tatortzuständigkeit vom Grundsatz der Europäischen Zuständigkeitsordnung, *actor sequitur forum rei*, zu begründen. Eine Durchbrechung des allgemeinen Prinzips der Zuständigkeit am Beklagtenwohnsitz kann nicht zu einem reinen Klägergerichtsstand führen. Stattdessen soll am Tatortgerichtsstand ein Interessenausgleich ermöglicht werden.

Für eine Konkretisierung der maßgeblichen Anknüpfungspunkte sind zumindest die Sachnähe des Gerichtsstandes und dessen Vorhersehbarkeit ausschlaggebend. Im Rahmen der Internationalen Zuständigkeit spielt das Argument der Vorhersehbarkeit ähnlich wie im Kollisionsrecht eine herausragende Rolle. Schon die Wahl des Gerichts vermag den Rechtsstreit maßgeblich zu beeinflussen, so dass es im Interesse der Parteien liegt, sich von vornherein auf einen Gerichtsstand einstellen zu können. Finden sich die entscheidenden Kriterien erneut bei mehreren Anknüpfungspunkten wieder, muss dennoch für das weitere Vorgehen eine Entscheidung getroffen werden:
Grundsätzlich bedeutet die Vervielfachung konkurrierender Zuständigkeiten eine willkommene Erleichterung und Ermutigung zur Rechtsverfolgung. Dennoch darf der Schädiger nicht durch ein unbegrenztes Wahlrecht des Betroffenen einseitig benachteiligt werden. Auf diese Weise wird am Deliktsgerichtsstand kein Interessenausgleich erzielt.
Zweifelhaft ist ohnehin, ob die Maximallösung einer weltweiten Gerichtspflichtigkeit des Schädigers für den Betroffenen überhaupt nur vorteilhaft ist. Eine Regelung, die unbegrenzte Deliktszuständigkeiten zulässt, bringt sogleich weitere Probleme mit sich. Denn noch ist keine einheitliche Linie der Gerichte in Europa erkennbar, etwa ob der Betroffene jeweils seinen gesamten Schaden geltend machen kann, und vor allem, nach welchem Recht er vorzugehen hat. Damit entsteht für den Kläger die Unsicherheit, nicht überall umfassenden Rechtsschutz zu erhalten. Es liegt vielmehr im gemeinsamen Interesse beider Parteien, den Rechtsstreit endgültig in einem Verfahren zu klären und nicht aufgrund von zahlreichen parallelen Zuständigkeiten ebenso viele Verfahren zu führen.

[1713] Kubis 1999, 89.

Um seine Ansprüche endgültig durchsetzen zu können, ist dem Betroffenen außerdem zwangsläufig an einem anerkennungsfreundlichen und damit vollstreckungsnahen Gerichtsstand gelegen. In der Regel ist Vollstreckungsnähe an einem beklagtennahen Gerichtsstand garantiert, so dass sich eine weite Streuung der Zuständigkeiten mit nur geringem Bezug zum Beklagten auch zu Lasten des Geschädigten auswirken kann. Letztlich verdeutlicht der EuGH, dass die Anknüpfungsmerkmale zur Begründung einer Tatortzuständigkeit klar einzugrenzen sind und dadurch zumindest am Deliktsgerichtsstand einer Proliferation der Begehungsorte entgegenzuwirken ist, um zu den wirklich wenigen sachnahen und vorhersehbaren Gerichtsständen zu gelangen[1714].

Insgesamt ist daher eine Konkretisierung der maßgeblichen Nähebeziehung des Rechtsstreits zum angerufenen Forum und somit eine Konzentration auf nur wenige Gerichtsstände für die Gewährleistung ausreichender Rechtssicherheit unerlässlich.

B. Probleme grenzüberschreitender Handlungen

Im Zusammenhang mit der Verletzung von Persönlichkeits- und Immaterialgüterrechten taucht immer sogleich die Problematik grenzüberschreitender Handlungen auf, die etwa bei Veröffentlichungen durch die Massenmedien schnell eine weltweite Zuständigkeit eröffnen und damit auch zahllose Anknüpfungskriterien auf der Suche nach dem anwendbaren Recht schaffen.

Wie jedoch die vorangegangene Darstellung des gegenwärtigen Zivilprozess- und Kollisionsrechts in Deutschland und England gezeigt hat, können Immaterialgüterrechte grundsätzlich keine Grenzen überschreiten. Echte Streudelikte, bei denen alternativ zwischen mehreren Handlungs- oder Erfolgsorten gewählt werden kann, sind in diesem Bereich nicht anerkannt. Der Ansatz, nach dem Teile einer einheitlichen grenzüberschreitenden Handlung auch in einem anderen Staat als dem Schutzland stattfinden können, wird mehrheitlich abgelehnt. Stattdessen werden ausländische Handlungsteile, die theoretisch einen außerhalb des Schutzlands liegenden Tatortgerichtsstand begründen könnten, als eigenständige Eingriffsorte einer parallelen Schutzrechtsverletzung angesehen. Überschreiten diese ausländischen Tatbeiträge jedoch erst gar nicht das Stadium einer Vorbereitungshandlung und richten sich schwerpunktmäßig auf ein inländisches Schutzrecht, werden sie zur Beurteilung der inländischen Verletzungshandlung mit herangezogen, lösen dabei allerdings nur inländische Rechtsfolgen aus[1715].
Nur am allgemeinen Gerichtsstand des Beklagtenwohnsitzes können im Rahmen einer Zuständigkeitskonzentration entsprechend einer objektiven Klagenhäufung mehrere Ansprüche gleichzeitig verfolgt werden[1716]. Dabei wird der Wohnsitz des Beklagten

[1714] EuGH Urteil v 7.3.1995 Rs C-68/93, Slg 1995 I, 415 Nr 33 – Shevill / Presse Alliance SA.
[1715] Vergleiche hierzu oben 2. Kapitel: § 2. A. IV. 4.
[1716] Vergleiche hierzu oben 2. Kapitel: § 2. A. IV. 4.

zum zentralen Bindeglied zwischen den einzelnen parallelen Handlungsteilen. Von einer unteilbaren Gesamthandlung wird auch in diesem Zusammenhang nicht gesprochen.
Am Tatortgerichtsstand bietet sich jedoch eine solche Möglichkeit für Immaterialgüterrechtsverletzungen nicht. Nach der herkömmlichen Definition der maßgeblichen Verletzungshandlung kann sich diese immer nur auf den jeweiligen Schutzstaat erstrecken. Einen anknüpfungsrelevanten Tatort außerhalb des eigentlichen Schutzlands gibt es nicht. Für die gemeinsame Geltendmachung paralleler Schutzrechtsverletzungen fehlt es daher an einem einigenden Tatortgerichtsstand.

Entsprechend wird auch im Kollisionsrecht die Konstellation, dass eine tatbestandsmäßige Ausführungshandlung gleichzeitig in verschiedenen Staaten erfolgt und nur die Summe dieser Handlungen die entscheidende Rechtsgutsverletzung ausmachen kann, für das Immaterialgüterrecht abgelehnt. Stattdessen werden ebenfalls nur auf die jeweiligen Schutzstaaten beschränkte selbständige Einzelhandlungen konstruiert.

Für Persönlichkeitsrechtsverletzungen wird hingegen ohne Weiteres sowohl im Zuständigkeits- als auch im Kollisionsrecht von einer einheitlichen grenzüberschreitenden Gesamthandlung ausgegangen.

Damit stellt sich die Frage, warum bei Verletzungen der Persönlichkeit ein schwerpunktmäßiger Handlungsort lokalisiert werden kann, dessen verschiedene Erfolgsorte in mehreren Ländern liegen können, bei Immaterialgüterrechtsverletzungen jedoch ein Erfolgsort nie außerhalb des Schutzlands lokalisiert wird. Obwohl in beiden Fällen geistige Rechtsgüter betroffen sind, die mangels körperlicher Belegenheit schwer zu orten sind, sollen nur die Immaterialgüterrechte an der Staatsgrenze halt machen. Beide Sachverhalte weisen jedoch regelmäßig Bezüge zu einer Vielzahl von Staaten auf. Ob also eine Sichtweise, welche die Möglichkeit von Streudelikten bei Immaterialgüterrechtsverletzungen sowohl für das Internationale Zivilverfahrensrechts als auch für das Kollisionsrecht ablehnt, den Bedürfnissen des heutigen Rechtsverkehrs noch angemessen ist[1717], muss daher genauer geprüft werden.

C. IZPR und IPR

Die gerichtliche Beurteilung von Verletzungen mit Bezügen zu mehreren Staaten führt zwangsläufig zu einer Anhäufung und damit zu einem Wechselspiel prozessualer und kollisionsrechtlicher Regelungen. Dennoch ist bei einer Übertragung der Wertungen des Internationalen Privatrechts auf die Internationale Zuständigkeit und umgekehrt Vorsicht geboten[1718].

[1717] Vor allem unter 3. Kapitel: § 2. A. I. 2.
[1718] Gegen eine solche Übertragung spricht sich Pfeiffer 1995, 91ff (93) aus.

Bei der Ausgestaltung internationaler Zuständigkeitsregeln kommt es zunächst darauf an, größtmögliche prozessuale Gerechtigkeit zu erzielen. Hierfür wird eine Offenheit, die den Zugang zu einer Vielzahl von Gerichten ermöglicht, grundsätzlich als gängiges Mittel des Internationalen Zivilprozessrechts angesehen. Ein angemessener Zugang zu den Gerichten muss im berechtigten Interesse der Parteien gewährleistet sein. Daher entspricht es grundsätzlich dem zuständigkeitsrechtlichen Ideal, wenn der Kläger zahlreiche flexible und auch konkurrierende Gerichtsstände zur Verfolgung seines Rechts zur Verfügung hat.
Das Internationale Privatrecht soll hingegen das auf einen speziellen Sachverhalt und die sich hieraus ergebenden Rechtsfragen anwendbare Recht ermitteln, so dass das Gericht im Ergebnis diesbezüglich nur ein Recht anzuwenden hat. Die Reduzierung der maßgeblichen Anknüpfungskriterien ist damit von vornherein Hauptfunktion des Kollisionsrechts. Bei der Bestimmung des angemessenen Rechts erfolgt hierfür eine Orientierung an der engsten Verbindung zum Sachverhalt[1719]. Diese Nähe zum Sachverhalt ist jedoch grundsätzlich kein ausschlaggebendes Kriterium für die Bestimmung des Gerichtsstands[1720].

Zuständigkeitsrecht und Internationales Privatrecht können sich daher nicht insoweit bedingen, dass grundsätzlich Ersteres auch maßgebend für Letzteres ist[1721]. Wäre das Zuständigkeitsrecht bestimmend für das Internationale Privatrecht, so würde strenggenommen jedes Gericht automatisch das am Gerichtsstand geltende Sachrecht anwenden. Doch wird das am besten zum Sachverhalt passende und damit sachnächste Recht nicht ohne Grund als *lex causae* bezeichnet, da die *lex fori* nur die Nähe zum Forum auszeichnet. Ein Abstellen allein auf den Bezug zum Gerichtsstand würde jedoch den kollisionsrechtlichen Idealen zuwider laufen.
Zuständigkeitsrecht und Kollisionsrecht scheinen somit unterschiedlichen Vorgaben zu folgen, die deren Verknüpfung unmöglich machen.

Öffnet sich hingegen das Zuständigkeitsrecht generell für die Wertungsprobleme des Kollisionsrechts, um so bei der Festlegung des „besten Forums"[1722] zugleich auch die Frage des anwendbaren Rechts unter Beachtung sämtlicher maßgeblicher Prinzipien zu lösen, würde wiederum das Kollisionsrecht das Zuständigkeitsrecht überlagern und somit die eigentlich gewollte Maßgeblichkeit des Zuständigkeitsrechts zunichte machen. Dies würde Kriterien des Sachrechts auf die Ebene der Zuständigkeit verlagern und so eine kopflastige Prüfung zu Anfang erzwingen. Die internationale

---

[1719] Kropholler, IPR 2002, 25; v Hoffmann, IPR 2002, § 1 Rz 12f.
[1720] Hier sei nur auf das Grundprinzip *„actor sequitur forum rei"* des Europäischen Zuständigkeitsrechts hingewiesen.
[1721] So aber die Vertreter des *lex-fori-* Prinzips und damit einer Gleichlauftheorie, grundlegend Ehrenzweig, Conflict of Laws 1962, § 101ff.
[1722] Das beste Forum, also das *„forum conveniens"* ermittelt Ehrenzweig anhand der Wertvorstellungen des Kollisionsrechts, welches sodann sein eigenes Recht anwendet, 65 Yale LJ (1956) 289 (312ff); Conflict of Laws 1962, § 101ff.

Zuständigkeit würde von einer unter Umständen schwer zu beantwortenden kollisionsrechtlichen Vorfrage abhängig gemacht werden, was die Vorhersehbarkeit des Gerichtsstands wiederum erschwert. Die umgekehrt uneingeschränkte Orientierung am maßgeblichen Kollisionsrecht bei der Bestimmung der Internationalen Zuständigkeit ist ebenfalls nicht sachgerecht, da dies ein über nationalem Kollisionsrecht stehendes „Überkollisionsrecht" voraussetzen würde[1723]. Überdies würden zuständigkeitsrechtliche Wertungen völlig missachtet und die ansonsten später folgenden Probleme nur auf die Ebene der Zuständigkeit verlagert.
Schließlich stehen insbesondere dem Internationalen Deliktsrecht regelmäßig weitere differenzierende Anknüpfungsmöglichkeiten offen, nach denen auch die Rechtsordnung zur Anwendung gelangen kann, zu der eine wesentlich engere Verbindung besteht[1724]. Dadurch bietet das Kollisionsrecht ein Korrektiv, welches dem Europäischen Zivilprozessrecht hingegen unbekannt ist, da es vergleichbare Auflockerungen nicht vorsieht.

Dennoch kann gerade im Rahmen unerlaubter Handlungen eine gewisse Parallelität von Internationalem Privatrecht und Internationaler Zuständigkeit nicht geleugnet werden:
Der in dieser Arbeit immer wieder maßgebliche Tatort einer unerlaubten Handlung ist sowohl im Internationalen Zuständigkeitsrecht als auch im Kollisionsrecht entscheidender Anknüpfungspunkt. So eröffnet sich im Rahmen einer grenzüberschreitenden unerlaubten Handlung leicht eine weltweite internationale Tatortzuständigkeit, deren Entsprechung sich für das Kollisionsrecht in einer Vielzahl anwendbarer Rechte widerspiegelt.
Das kollisionsrechtliche Kriterium der Sachnähe hat speziell für den einen Interessenausgleich schaffenden Deliktsgerichtsstand ebenfalls eine herausragende Bedeutung[1725].
Die Probleme verlaufen im Bereich des Deliktsrechts für beide Ebenen parallel, da jeweils eine Vielzahl relevanter Tatorte auftauchen, die einerseits einen Gerichtsstand begründen können und andererseits Anknüpfungspunkte für das Kollisionsrecht sind. Dabei werden gleichzeitig auf beiden Ebenen Fragen nach der Lösung des Konkurrenzproblems alternativer Tatorte in den Raum gestellt. Sowohl der Deliktsgerichtsstand als auch das Deliktsstatut beruhen auf dem Prinzip der Tatortregel und erfordern so bei einer Mehrzahl in Betracht kommender Orte eine Entscheidung. Daher fehlt es im Internationalen Zivilverfahrensrecht auch nicht an Ansätzen, einer Vervielfachung der Begehungsorte entgegenzuwirken, die mit den Vorschlägen zur Beschränkung der anknüpfungsrelevanten Tatorte im Internationalen Deliktsrecht korrespondieren. Für beide Bereiche geht es um die Eingrenzung der möglicherweise zahlreichen Begehungsorte. Die Proliferation der anknüpfungsrelevanten Tatorte entspricht hier

[1723] Neuhaus, RabelsZ 20 (1955) 201 (242).
[1724] Oben 2. Kapitel: § 2. A. II. 2.
[1725] Schack, IZVR 2002, Rz 289.

nicht mehr dem oben gezeigten zuständigkeitsrechtlichen Ideal einer Vielzahl flexibler und konkurrierender Gerichtsstände, sondern nähert sich den Zielen des Kollisionsrechts an.
Für die internationalrechtliche Beurteilung von Streudelikten werden zum Teil die anknüpfungsrelevanten Tatorte von vornherein auf nur einen Bestandteil beschränkt[1726] oder Eingrenzungen auf tatbestandlicher Ebene[1727] und auf Rechtsfolgenseite vorgenommen. Im Rahmen des Letzteren entsprechen sich vor allem die Vorgehensweise der Beschränkung der Kognitionsbefugnis der Gerichte für das Prozessrecht und die territoriale Beschränkung des Deliktsstatuts und damit das prozessuale und kollisionsrechtliche Mosaikprinzip[1728].
Insbesondere für unerlaubte Handlungen ist eine gemeinsame Betrachtung von IZPR und IPR naheliegend. Die durchsetzungsrelevanten Rechtsfragen stellen sich zunächst im Internationalen Zivilprozessrecht, nur um auf kollisionsrechtlicher Ebene sogleich wiederzukehren. Insofern erscheinen jeweils unterschiedliche Auslegungen der relevanten Anknüpfungsmerkmale sowie abweichende Einschränkungen in Betracht kommender Tatorte im Bereich des Internationalen Zuständigkeits- und Kollisionsrechts aufgrund der dahinter stehenden gemeinsamen Prinzipien und deren schlichter Parallelität nicht vertretbar.

Eine adäquate Lösung für die befriedigende Durchsetzung von Persönlichkeits- und Immaterialgüterrechten am Gerichtsstand der unerlaubten Handlung muss daher beide Rechtsebenen einbeziehen und ihre Wechselwirkung beachten, um erst aus deren Zusammenspiel und dem daraus entstehenden Wertungszusammenhang einen einheitlichen europäischen Weg zu finden. Die Konsequenzen der strikten Durchführung eines freien Wahlrechts zwischen sämtlichen in Frage kommenden Tatorten bei der Bestimmung des Deliktsgerichtsstands sowie im Kollisionsrecht[1729] machen deutlich, dass eine Abstimmung hier sogar dringend geboten ist.

[1726] Zum Teil wird nur auf den Handlungsort oder entsprechend nur auf den Erfolgsort abgestellt und somit eine Ubiquität abgelehnt.

[1727] Durch die Bildung von typisierenden Fallgruppen und das Aufstellen spezieller Kriterien kann eine Konzentration bereits auf Tatbestandsebene erfolgen.

[1728] Hierzu oben 2. Kapitel: § 1. B. II. 2. c. zur Reichweite der Entscheidungsbefugnis im Zivilprozessrecht und 2. Kapitel: § 2. A. III. 2. d. zur Mosaikprinzip im deutschen Kollisionsrecht und noch unklar im englischen Kollisionsrecht 2. Kapitel: § 2. B. V.

[1729] Hierzu im Folgenden unter 3. Kapitel: § 2. A. I. 1.

§ 2. Durchsetzung am Deliktsgerichtsstand

A. Tatortregel im Prozess- und Kollisionsrecht

I. Notwendige Bestandteile der unerlaubten Handlung

Der Tatort ist entscheidend für die Bestimmung des zuständigen Gerichts sowie maßgebliches Anknüpfungsmoment bei der Suche nach dem anwendbaren Recht. In Fällen mit Auslandsbezug erfordern daher beide Fragen einen Tatort im entsprechenden Inland.

Eine unerlaubte Handlung besteht nach deutschem Verständnis aus den drei Elementen Handlung, Kausalität und Erfolg. Diese begrenzen das haftpflichtauslösende und damit maßgebliche Verhalten des Schädigers und ermöglichen so dessen räumliche Zuordnung. Da sich im Rahmen von Streudelikten die Elemente einer grenzüberschreitenden unerlaubten Handlung an verschiedenen Orten verwirklichen, sind grundsätzlich auch mehrere Anknüpfungspunkte zu berücksichtigen. Dabei werden die maßgeblichen Tatorte nur an den durch ihre Kausalität verknüpften Handlungs- und Erfolgsorten konkretisiert und so die für die Festlegung des Deliktsgerichtsstands und die Bestimmung des anwendbaren Rechts notwendige räumliche Zuordnung getroffen. Entscheidend ist folglich die Lokalisierung der deliktischen Handlung auf der einen Seite und der Ort, an dem das haftungsauslösende Ereignis den Geschädigten unmittelbar getroffen hat[1730], auf der anderen Seite.

Aufgrund der Parallelität der Anknüpfungspunkte gilt dies gleichsam für die Ebene der Internationalen Zuständigkeit sowie für die Ebene des Internationalen Kollisionsrechts.

1. Gleichwertigkeit von Handlungs- und Erfolgsort und die Ubiquitätsregel

Bei der Untersuchung des englischen Kollisionsrechts[1731] und ebenso bei der Betrachtung der neueren Harmonisierungsbestrebungen im Europäischen Kollisionsrecht[1732] ist die Tendenz zu Tage getreten, allein auf den Erfolgsort abzustellen als dem Ort, an dem der Schaden eingetreten ist. Auf eine alternative Anknüpfung an den Handlungsort wird hingegen verzichtet[1733].

[1730] So auch der EuGH Urteil v 30.11.1976 Rs 21/76, Slg 1976, 1735 - Bier / Mines de Potasse d'Alsace SA; EuGH Urteil v 11.1.1990 Rs C-220/88, Slg 1990 I 49 - Dumez France / Hessische Landesbank. Zwar hat auch der EuGH nie ausdrücklich zwischen den Begriffen „Schaden" und „schadensverursachendem Ereignis" differenziert. Jedoch nimmt er eine Abgrenzung zum unbeachtlichen Ort des weiteren Schadenseintritts vor (EuGH Urteil v 19.9.1995 Rs C-346/93, Slg 1995, 2719 – Antonio Marinari / Lloyds Bank), so dass seine Erfolgsortdefinition wiederum dem deutschen Verständnis vom Ort der Rechtsgutsverletzung entspricht. Zu den Problemen der Terminologie oben 2. Kapitel: § 1. A. II. 1. b. (2) (a)

[1731] Vergleiche hierzu oben 2. Kapitel: § 2. B. II.

[1732] Näher hierzu oben 2. Kapitel: § 2. C.

[1733] Hier befindet sich das deutsche Kollisionsrecht, das grundsätzlich von der Anknüpfung an den Handlungsort ausgeht, auf einem ziemlich isolierten Weg, oben 2. Kapitel: § 2. D. I.

Im Rahmen der internationalen Zuständigkeit hingegen orientiert sich der EuGH für Art. 5 Nr. 3 EuGVO allerdings entsprechend der Auslegung des deutschen Prozess- und Kollisionsrechts an der alternativen Maßgeblichkeit von Handlungs- und Erfolgsorten[1734]. Dementsprechend ist diese Auffassung im Anwendungsbereich der EuGVO allgemein vorherrschend[1735].
Diese Diskrepanz in der Auslegung identischer Anknüpfungsregeln erscheint sehr bedenklich.

Bei genauerer Betrachtung der unterschiedlichen Funktionen von Handlungs- und Erfolgsort und den im Falle einer unerlaubten Handlung betroffenen Interessen kann gerade keine endgültige Entscheidung ausschließlich zugunsten des Erfolgsorts getroffen werden:
Traditionell wird davon ausgegangen, dass die Interessen des Opfers und der damit verbundene Schadensausgleichsgedanke für die Anknüpfung an den Erfolgsort sprechen, während die Steuerungsfunktion des Haftungsrechts und damit das Täterinteresse eine Anknüpfung an den Handlungsort nahe legen[1736]. Danach scheinen also die Hauptfunktionen des Haftungsrechts, die verhaltenssteuernde Funktion auf der einen Seite und die Ausgleichsfunktion auf der anderen Seite, eine differenzierende Anknüpfung zu erfordern.

a. Maßgeblichkeit nur des Erfolgsorts?

Dennoch ist im Europäischen Kollisionsrecht die Tendenz auszumachen[1737], ausschließlich an den Erfolgsort anzuknüpfen und somit den gerechten Schadensausgleich als vordringliches Ziel der zivilrechtlichen Haftung anzusehen. Die Aufgabe der Schadensvermeidung durch Prävention wird stattdessen vorrangig dem Strafrecht überlassen.
Doch gerade im Bereich der Persönlichkeitsrechtsverletzungen kann einer solchen Entwicklung entgegengehalten werden, dass zumindest aus deutscher Sicht das Strafrecht die Steuerungsfunktion offensichtlich nicht angemessen wahrnehmen kann. Deutlich wird dies durch die Praxis der Zivilgerichte, die eine Geldentschädigung bei immateriellen Schäden auch im Rahmen des Zivilrechts anerkennen, deren Bemessung oftmals den reinen Schadensausgleich übersteigt[1738]. Ebenso betont das englische Recht durch die Gewährung von *aggravated damages* und die Variierung der Höhe

---

[1734] EuGH Urteil v 30.11.1976 Rs 21/76, Slg 1976, 1735 - Bier / Mines de Potasse d'Alsace SA; EuGH Urteil v 7.3.1995 Rs C- 68/93, Slg 1995 I 415 – Shevill / Presse Alliance SA; EuGH Urteil v 19.9.1995 Rs C- 364/93, Slg 1995 I 2719 – Marinari / Lloyds Bank.

[1735] Sogar das autonome englische Zuständigkeitsrecht sieht eine Tatortzuständigkeit eröffnet, wenn ein Schaden entweder im Inland entstanden ist oder auf einer im Inland begangenen Handlung beruht, r 6.20 (8) CPR, oben 2. Kapitel: § 1. A. II. 1. b. (2)

[1736] Staudinger/v Hoffmann 2001, Art 40 Rz 3f mit weiteren Nachweisen.

[1737] Vergleiche hierzu auch Kadner-Graziano 2002, 196 ff (213).

[1738] BGH Urteil v 5.12.1995 NJW 1996, 984 (985) Caroline v Monaco II, wo ausgeführt wird, dass im Bereich der Persönlichkeitsrechtsverletzungen der Ausgleichsgedanke hinter dem Präventionsgedanken zurücktritt.

des Schadensersatzes die verhaltenssteuernde Komponente im Persönlichkeitsrechtsschutz[1739].
Die sehr viel höhere Einstiegsschwelle für Verletzungen im Strafrecht im Vergleich zum zivilrechtlichen Schutz unterstreicht außerdem die Bedeutung präventiver Verhaltenssteuerung durch die Maßgeblichkeit des Handlungsorts.
Eine weitere Betonung des präventiven Elements des Rechtsschutzes zeigt sich darin, dass in vielen Rechtsordnungen im Vorfeld einer unerlaubten Handlung auch vorbeugende Unterlassung gewährt wird[1740].
Insbesondere im Bereich der Persönlichkeitsrechtsverletzungen wurzelt die Idee der Verhaltenssteuerung letztlich in der Tatsache, dass die immateriellen Schäden schon ihrer Natur nach nicht angemessen beziffert und damit vollständig kompensiert werden können. Hier gerät die These, nach der ein gerechter Schadensausgleich primäres Ziel der zivilrechtlichen Haftung ist, in Schwierigkeiten. Zur Vermeidung weiterer Rechtsschutzlücken erscheint es daher unerlässlich, auch der präventiven Funktion im Rahmen haftungsrechtlicher Verhaltenssteuerung nachzukommen.

Diese aus dem Persönlichkeitsrecht stammenden Argumente dürfen auch bei der Betrachtung anderer Schutzrechtsverletzungen nicht unberücksichtigt bleiben: Eine Differenzierung bei der Anknüpfung nach der jeweiligen Rechtsverletzung würde die Tatortregel unnötig komplizieren und so zu unvorhersehbaren Ergebnis führen.

Somit ist auch auf kollisionsrechtlicher Ebene immer noch beiden haftungsrechtlichen Funktionen entsprechend Rechnung zu tragen. Das Ziel der Verhaltenssteuerung darf nicht hinter dem des gerechten Schadensausgleichs zurücktreten.

Folglich kann der Handlungsort keinesfalls bei der allgemeinen Konkretisierung des Tatorts vernachlässigt werden.

b. Maßgeblichkeit nur des Handlungsorts ?

Auf der anderen Seite darf jedoch ebenso wenig eine Anknüpfung an den Erfolgsort ausgeschlossen werden.
Gegen eine generelle Maßgeblichkeit des Erfolgsorts wird zwar vorgebracht, dass die Anknüpfung an jeden Erfolgsort zu einer weltweiten Gerichtspflichtigkeit und auf der Ebene des Kollisionsrechts grundsätzlich zur Anwendung des strengstmöglichen Rechts führen würde: Der Schädiger wäre prinzipiell gezwungen, die Rechtsordnungen sämtlicher Staaten einzuhalten, in welchen seine Handlung den Geschädigten unmittelbar betreffen könnte, was jedoch unzumutbar erscheint. Hiergegen sind dieselben Argumente anzuführen wie bei der Frage nach der

---

[1739] Vergleiche hierzu oben 1. Kapitel: § 3. A. I. und Fn 281.
[1740] Hierzu Palandt/Thomas 2003, vor § 823 Rz 18ff.

grundsätzlichen Einschränkung der Tatortzuständigkeit[1741]. Wenn sich der Schädiger die Vorteile weltweiter Märkte zunutze macht, so muss er hierfür auch entsprechend für das Kollisionsrecht den rechtsanwendungsrechtlichen Preis zahlen.
Ein Abstellen hingegen alleine auf den Handlungsort verleitet den Schädiger durch bewusste Manipulation, sich die Verhaltensstandards selbst auszusuchen, indem er seinen Tätigkeitsschwerpunkt in Staaten mit nach seiner Ansicht besonders günstigen haftungsrechtlichen Rechtsordnungen verlegt.

Außerdem wird gegen eine Erfolgsortanknüpfung eingewandt, dass es bei immateriellen Rechten einen Erfolgsort gar nicht gebe, da sich deren Verletzung nicht lokalisieren lasse[1742]. Dieser Einwand ist entkräftet worden, da auch ein immaterielles Recht nur in Relation mit seinem Träger zu sehen ist und somit ein Erfolgsort überall dort ist, wo der Inhaber des Rechts betroffen wird[1743]. Von einem erfolgsortlosen Delikt kann daher keine Rede sein.

Auch bezüglich des sowohl für den Deliktsgerichtsstand als auch für das Internationale Deliktsrecht vorrangigen Kriteriums der Sachnähe ist weder am Erfolgsort noch am Handlungsort ein Schwerpunkt festzustellen. Es hängt von dem jeweiligen Sachverhalt ab, ob Parteien, Zeugen und sonstige Beweismittel nur am Erfolgsort oder am Handlungsort oder gar an einem weiteren Ort in einem anderen Staat schwerpunktmäßig lokalisiert werden können.

Ein differenzierendes Abstellen allein auf den Erfolgsort, nur auf den Handlungsort oder eine je nach Rechtsverletzung unterscheidende Anknüpfung ist also aus Gründen der Rechtssicherheit abzulehnen.

c. Ubiquitätsregel als Kompromiss?

Stattdessen ist davon auszugehen, das Handlungsort und Erfolgsort gleichwertige Komponenten einer Anknüpfung sind: Handlungsort und damit kausal verknüpfter Erfolgsort grenzen die unerlaubte Handlung ein und so den eigentlichen Beginn von der Vorbereitungshandlung und nach hinten zum unbeachtlichen reinen Schadensort ab. Sie werden dadurch zu unverzichtbaren Elementen für die Lokalisierung eines Tatorts im Inland. Grundsätzlich bietet die so verstandene Tatortregel eine sachgerechte Auswahl der maßgeblichen Anknüpfungspunkte, indem sie die durch das private Haftungsrecht gebotenen Anreize für ein sorgfaltsgemäßes Verhalten

---

[1741] Vergleiche hierzu oben 3. Kapitel: § 1. A.
[1742] V Bar, IPR II 1991, Rz 664; v Bar in FS Waseda 1988, 575 (588f); Schack UFITA 108 (1988) 51 (64); diesen folgend auch Kubis 1999, 17f, 122.
[1743] Hierzu oben 2. Kapitel: § 2. A. III. 2. a. Für Immaterialgüterrechten vergleiche oben 2. Kapitel: § 2. A. IV. 1.

einheitlich an alle Betroffenen richtet, die innerhalb desselben Rechtskreises tätig werden und sich dadurch jeweils gegenseitig gefährden[1744].

Die Maßgeblichkeit beider Komponenten für die Anknüpfung führt allerdings zwangsläufig zur Ubiquitätsregel und damit zu der Frage, wie mit einer aus der Gleichwertigkeit von Handlungs- und Erfolgsort stammenden Alternativität umzugehen ist.

In ihrer Konsequenz führt eine strikte Durchsetzung der Gleichwertigkeit von Handlungs- und Erfolgsort bei freier Wahl des Geschädigten im Sinne des Günstigkeitsprinzips sowohl im Internationalen Zuständigkeitsrecht als auch im Internationalen Deliktsrecht nun zum eigentlichen Problem der Alternativität: Dem Geschädigten würde so zugestanden, sich im gesamten Gebiet, auf das sich die unerlaubte Handlung erstreckt, einen Gerichtsstand auszusuchen und dort wiederum aus sämtlichen beteiligten Rechtsordnungen die für ihn erfolgversprechenste auszuwählen. Die nicht hinnehmbaren Konsequenzen einer solchen uneingeschränkten doppelten Anwendung der Ubiquitätsregel gepaart mit einem freien Wahlrecht des Geschädigten liegen auf der Hand[1745]. Der wirtschaftlich denkende Kläger wird geradewegs zum *forum shopping* gezwungen, da das Ausnutzen kollisionsrechtlicher Besonderheiten und gleichzeitig möglicher liberaler Zuständigkeitsvorschriften oftmals streitentscheidend ist. Daneben findet eine extreme Verschärfung der Haftung für Distanzdelikte gegenüber Platzdelikten statt, da sich der Schädiger an den Sorgfaltsstandards der strengsten Rechtsordnung zu orientieren hat, anstatt nur die für ihn regelmäßig vertrauten Anforderungen des Handlungsorts zu beachten. Dies alles deutet nun keineswegs auf den angestrebten Kompromiss hin, sondern scheint im Gegenteil eine sehr opferfreundliche Regelung dazustellen.
Dennoch kann die alternative Anknüpfung nicht mit dem Argument abgelehnt werden, der Geschädigte werde hierdurch besser gestellt als bei reinen Inlandsfällen. Der Schutz des Geschädigten über die Standards des Verletzungsorts hinaus ist gerade dann gerechtfertigt, wenn die Internationalität des Sachverhalts zu einer erschwerten tatsächlichen Durchsetzbarkeit berechtigter normativer Erwartungen zu führen droht.

Trotzdem bleibt die einseitige Betonung des Opferschutzes gerade bei Persönlichkeitsrechtsverletzungen sehr fraglich, da das Verhalten des Verletzers etwa im Schutz-

---

[1744] So bereits Beitzke JuS 1966, 139 (140ff).

[1745] Hierzu auch Wagner RabelsZ 62 (1998) 243 (265f) unter Schilderung des Falls Keeton v Hustler Magazine, Inc, 465 US 770 (1984): Das *Hustler* Magazine aus Ohio veröffentlichte 1975 und 1976 Nacktfotos und Einzelheiten aus dem Intimleben der Klägerin *Cathy Keeton* (die Fotos zeigten jedoch letztlich gar nicht die Klägerin). Diese klagte vor den Gerichten Ohios wegen Verletzung ihrer Ehre und ihrer Persönlichkeitsrechte. Allerdings waren dort zum Zeitpunkt der Klage ihre Ansprüche verjährt. Daher klagte *Keeton* erneut in dem einzigen Bundesstaat, in dem ihre Ansprüche noch nicht verjährt waren. In New Hampshire waren indes weniger als 1 % der Gesamtauflage der beklagten Zeitschrift in den USA vertrieben worden. Dennoch wurde der Klägerin nicht nur der auf New Hampshire entfallene Bruchteil ihres Schadens, sondern der von ihr beantragte gesamte durch die Veröffentlichung in allen Bundesstaaten entstandene Schaden zugesprochen!

bereich seiner verfassungsgemäßen Rechte liegen kann und es dadurch nicht von vornherein als rechtswidrig anzusehen ist.

Hier wird wieder das Dilemma zwischen der Einschränkung des Rechtsgüterschutzes und des Schadensausgleichs durch die Kumulation der Merkmale und der Eingrenzung der Handlungsfreiheit durch ungezügelte Alternativität relevanter Komponenten deutlich. Die Argumente hierzu sind schon bei der Frage nach der Einschränkung der relevanten Anknüpfungsmerkmale im Rahmen der Internationalen Deliktszuständigkeit und des Internationalen Deliktsrechts[1746] und bei der Begründung der Maßgeblichkeit von Handlungs- sowie Erfolgsort gefallen[1747]. Um sich nicht im Kreis zu drehen, muss deutlich werden, dass es bei der Konkretisierung der Tatortregel letztlich auf die sachgerechte Einschränkung der Wahlmöglichkeiten des Klägers ankommt. Für einen wirklichen Kompromiss müssen also zunächst zur Vermeidung einer Vervielfachung die anknüpfungsrelevanten Merkmale schwerpunktartig[1748] bestimmt werden. Grundlage hierfür bleibt jedoch die Gleichwertigkeit von Handlung und Erfolg, weshalb beide den haftungsrechtlichen Funktionen gerecht werdende Orte Bestandteil der Auswahl bleiben. Dieses Zugeständnis ist dem Opfer einer unerlaubten Handlung zu machen, da der besondere Tatortgerichtsstand nicht umsonst eine Ausnahme vom allgemeinen Grundsatz *actor sequitur forum rei* macht und so grundsätzlich mehr dem Geschädigten zu Gute kommen soll.
Die Bevorzugung des Verletzten wird zudem dadurch relativiert, dass auch der vermeintliche Schädiger durch das Erheben einer negativen Feststellungsklage selbst die Wahlmöglichkeiten zwischen den verschiedenen Anknüpfungspunkten nutzen kann.

Der richtige Weg zur befriedigenden Durchsetzung von Rechten führt also zunächst über eine anfängliche Eingrenzung des Tatorts hin zu einer Konkretisierung der anknüpfungsrelevanten Merkmale bis schließlich zu einer Restriktion des durch das Ubiquitätsprinzip gewährleisteten Wahlrechts des Geschädigten. Dieses zunächst kompliziert anmutende Vorgehen ist die notwendige Konsequenz davon, wenn eine einzige Handlung zu einer Vielzahl von Verletzungserfolgen in unterschiedlichen Staaten führt.

2. Handlungs- und Erfolgsort bei Persönlichkeitsrechtsverletzungen - Eingriffsort im Immaterialgüterrecht?

Zunächst gilt es jedoch zu klären, ob tatsächlich nur im Rahmen von Persönlichkeitsrechtsverletzungen von alternativen Handlungs- und Erfolgsorten in verschiedenen Staaten gesprochen werden kann, während bei Immaterialgüterrechtsverletzungen hingegen nur ein einheitlicher Eingriffsort besteht.

[1746] Hierzu oben 3. Kapitel: § 1. A.
[1747] 3. Kapitel: § 2. A. I. 1. a.
[1748] Hierzu im Folgenden unter 3. Kapitel: § 2. B.

a. Persönlichkeitsrecht

Das Schutzobjekt „Persönlichkeit" steht jedem Menschen einmal auf der Welt zu. Im Gegensatz zu sonstigen subjektiven Rechten wie dem Eigentum wird das Persönlichkeitsrecht nicht durch Rechtsakt, sondern allein aufgrund des Menschseins erworben[1749]. Demzufolge ist die Persönlichkeit eines Menschen nahezu überall auf der Welt anerkannt. Eine Aufspaltung dieser geschützten Persönlichkeit in der Weise, dass in jedem Land von einer neuen selbständigen Verletzung auszugehen wäre, würde dem jedoch widersprechen.

Richtig ist allerdings, dass die eigentliche Ausgestaltung des Persönlichkeitsschutzes von Land zu Land variiert. Nicht angezweifelt wird hingegen der Bestand des Rechts als solcher. Die Rechtsfrage nach dem Bestand des Persönlichkeitsrechts stellt sich nicht im Zusammenhang mit der Hauptfrage nach dessen Verletzung. Stattdessen wird der Bestand grundsätzlich erst durch die Feststellung der Verletzung bestätigt und kann daher nicht abstrakt von der Verletzung gesehen werden. Prinzipiell würde sich jedoch eine Frage nach dem Bestand nach dem Recht des Verletzungsorts richten[1750]. Dennoch würde niemand zu seiner Verteidigung in einem Prozeß über Persönlichkeitsrechtsverletzungen den Einwand der Nichtigkeit erheben und damit den Bestand direkt in Frage stellen, was wiederum im Rahmen der Verletzung gewerblicher Schutzrechte zum herkömmlichen Vorgehen gehört.

Auch wenn das OLG Hamburg dies terminologisch anders sieht[1751], ist bei konsequenter Fortführung eines umfassenden Persönlichkeitsschutzes von einem weltweit einheitlichen Recht auszugehen, das nicht territorial spaltbar ist und somit weltweite räumliche Geltung beanspruchen kann. Nur unter diesen Voraussetzungen kann von einer weltweiten Verletzung der Persönlichkeit eines Menschen durch einheitliche Handlung gesprochen werden. Von einer solchen Konstellation, wonach eine Verletzung überall dort stattfindet, wo Personen Kenntnis von der Verletzungshandlung erlangen, wird denn auch allgemein ausgegangen und damit indirekt von einer weltweiten räumlichen Geltung des Persönlichkeitsrechts[1752].

Diese Universalität besagt jedoch nicht, dass ein solches weltweites Recht in gleicher Weise weltweit geschützt oder anerkannt werden kann. Die jeweils unterschiedlichen Ausprägungen des Schutzes können allerdings auf der Ebene des Schadensumfangs berücksichtigt werden[1753].

[1749] Vergleiche hierzu die Ausführungen zum Sachrecht 1 Kapitel § 2 A.

[1750] Vergleiche hierzu 2. Kapitel: § 2. A. I. 2. a.

[1751] OLG Hamburg Urteil v 8.12.1994 NJW-RR 1995, 790 (792). Allerdings bezweckt das OLG mit seiner Äußerung, „(..) dass das allgemeine Persönlichkeitsrecht nicht unabhängig vom Tatort „dasselbe bleibt" (...)" ein anderes Ziel. Ungeachtet der Problematik der einheitlichen Handlung will das Gericht so die territoriale Aufspaltung auf kollisionsrechtlicher Ebene und damit das Mosaikprinzip begründen. Hierzu jedoch später 3. Kapitel: § 2. C. I.

[1752] OLG Hamburg Urteil v 8.12.1994 NJW-RR 1995, 790 (792).

[1753] Hierzu im Folgenden 3. Kapitel: § 2. C. IV.

Spaltet man dagegen die Persönlichkeit eines Menschen in eine englische, französische und deutsche Ehre auf[1754], kann konsequenterweise nicht von einer einheitlichen Verletzungshandlung ausgegangen werden, die sich von einem zentralen Handlungsort über viele verschiedene Erfolgsorte erstreckt. Stattdessen würden entsprechend dem Territorialitätsprinzip des Immaterialgüterrechts nur auf die jeweiligen Schutzstaaten beschränkte selbständige Einzelhandlungen konstruiert, für die sich zwangsläufig jeweils nur ein Erfolgsort im entsprechenden Schutzland orten lässt. Eine territoriale Beschränkung auf den Schutzstaat muss im Persönlichkeitsschutz jedoch von vornherein ausgeschlossen werden, da sich sonst nicht erklären ließe, wie durch die Verbreitung eines ehrverletzenden Artikels im Ausland trotzdem nur das Ansehen des Betroffenen in seinem Heimatland geschmälert werden könnte.

Um der Sensibilität des Persönlichkeitsschutzes angemessen Rechnung zu tragen, liegt das Bedürfnis zur Vereinfachung komplexer Delikte auf der Hand. Der Handlungsbegriff kann gerade dann nicht auf ein Bündel selbständiger, voneinander unabhängiger Einzelakte verengt werden, wenn es um die internationale Verbreitung eines Presseerzeugnisses geht. Die Massenmedien gefährden die Persönlichkeit eines Menschen besonders, indem sie ihre Druckerzeugnisse gleichzeitig in verschiedensten Ländern verbreiten. Im Interesse der Schaffung eines gerechten Ausgleichs des durch die Massenmedien vor allem gefährdeten Einzelnen ist von der Einheitlichkeit eines Mediendelikts auszugehen. Ansonsten können dem Verletzten nicht sämtliche sachlich gerechtfertigten Abwehr- oder Kompensationsmöglichkeiten offengehalten werden. Eine solche Beurteilung der Einheitlichkeit der Handlung ist also notwendige Folge der ubiquitären Verletzlichkeit des Persönlichkeitsrechts. Eigenständige Teilhandlungen sind nur dann anzunehmen, wenn unterschiedliche Ausgaben eines Presseerzeugnisses redaktionell voneinander unabhängig jeweils für verschiedene Märkte produziert werden. Auch wenn sich in diesen unterschiedlichen Ausgaben der gleiche ehrverletzende Artikel wiederfindet, kann kein Gesamtzusammenhang mehr angenommen werden. Stattdessen ist von einzelnen Verbreitungshandlungen auszugehen. Solange die unterschiedlichen Länderausgaben eines Presseerzeugnisses jedoch aufeinander abgestimmt sind, also über einen gemeinsamen Mantelteil verfügen, dieselben Leitartikel bringen und sich allenfalls durch die Berücksichtigung regionaler Besonderheiten unterscheiden, wirkt die Annahme unterschiedlicher Verbreitungshandlungen gekünstelt. Schon die genaue Zergliederung einer Verbreitung in einzelne selbständige Teilakte bereitet Schwierigkeiten und bewirkt dadurch ein weiteres Element der Rechtsunsicherheit. Dabei mutet es willkürlich an, ob jedes einzelne Exemplar eines Druckwerks[1755] oder nur die Verbreitung innerhalb

[1754] Ähnlich das OLG Urteil v 8.12.1994 NJW-RR 1995, 790 (792), nach dem „(...) das allgemeine Persönlichkeitsrecht nicht unabhängig vom Tatort „dasselbe bleibt“, sondern in den Rechtsordnungen einzelner Staaten durchaus unterschiedlich ausgeprägt sein kann.“

[1755] So unter Geltung der alten US- amerikanischen zuständigkeitsrechtlichen *multiple publication rule*, Schwiegel-Klein 1983, 57ff.

eines Staates oder einer Stadt als eigenständiges Delikt anzusehen ist. In einem Europa des einheitlichen Binnenmarkts muss daher für die Einheitlichkeit einer Verbreitung die gesamte Auflage der fraglichen Publikation[1756] maßgeblich sein.

Damit kann für die Verletzung der Persönlichkeit nicht davon ausgegangen werden, dass das Persönlichkeitsrecht[1757] jeweils nur innerhalb eines Staates Wirkung entfaltet und sich durch Grenzüberschreitung praktisch auflöst, um im nächsten Staat erneut zu entstehen, wie es die herrschende Ansicht im Immaterialgüterrecht sieht. Für das Immaterialgüterrecht ist gerade kein internationaler Konsens erkennbar, der jedem Menschen per se ein Schutzrecht zuerkennen würde, das durch Grenzübertritt nicht untergehen kann.

Eine Übertragung dieser Grundsätze auf das Immaterialgüterrecht und damit die Möglichkeit der Vereinfachung komplexer Delikte durch die Bildung einer einheitlichen Gesamthandlung, bei der ein unselbständiger Handlungsteil einen Tatort auch außerhalb des Schutzlands begründen kann, erscheint leider kaum möglich:

b. Urheberrecht

Auch für das Urheberrecht ist es zunächst naheliegend, von einem quasi konventionsweit einheitlichen Recht auszugehen, das in verschiedenen Ländern durch eine Handlung verletzt werden kann[1758]. Nur dann kann alternativ an unterschiedliche Handlungs- und Erfolgsorte angeknüpft werden.

Das Urheberrecht wird weder vom Gesetzgeber individuell verliehen, noch bedarf es der Anerkennung durch einen besonderen staatlichen Erteilungsakt. Es entsteht stattdessen nahezu auf der gesamten Welt durch seinen Schöpfungsakt *ex lege*[1759]. In diesem Ausgangspunkt unterscheidet sich das Urheberrecht schon grundlegend von der Situation im gewerblichen Rechtsschutz, in dem sämtliche Rechte grundsätzlich registerpflichtig sind und daher für die Entstehung staatlicher Mitwirkung bedürfen. Im Kern bleibt das Urheberrecht, wie das Persönlichkeitsrecht, überall gleich.

[1756] So auf Zuständigkeitsebene die *single publication rule* im US- amerikanischen Recht, Nachweise bei Schwiegel-Klein 1983, 61ff.

[1757] Dies gilt sowohl für die ideellen als auch die vermögenswerten Bestandteile des Persönlichkeitsrechts also insbesondere für den postmortalen Persönlichkeitsrechtsschutz. Wie das Urheberrecht ist das Persönlichkeitsrecht ein einheitliches, aus ideellen und vermögenswerten Bestandteilen bestehendes Recht und weist daher eine monistische Struktur auf, vergleiche die Parallele im Urheberrecht oben 1. Kapitel: § 2. B. I. 1. Auch bei der Verletzung vermögenswerter Bestandteile des Persönlichkeitsrechts geht es anders als bei Registerrechtsverletzungen nicht um Eingriffe im territoriale Rechte und Pflichten. Allerdings gilt es bei dieser umfassenden Annahme eines weltweit einheitlichen Rechts stets die unterschiedliche Ausgestaltung des Persönlichkeitsschutzes in den jeweiligen Ländern zu beachten.

[1758] Vergleiche etwa die Ausführungen von Fawcett/Torremans 1998, 600f, der von der Möglichkeit einer Verletzung eines englischen *copyright* im Ausland ausgeht.

[1759] Dies folgt gerade aus seiner Natur des geistigen Eigentums, BGH Urteil v 18.5.1955 BGHZ 17, 266 (278); Schack, UrhR 2001, Rz 800.

Lediglich das Schutzniveau bestimmt sich nach der jeweiligen nationalen Rechtsordnung und kann daher unterschiedlich ausgeprägt sein. Als ein Recht, das mit seiner Entstehung gegenüber jedermann wirkt und gegenüber jedermann durchsetzbar ist, lässt es sich kaum auf nur ein bestimmtes Territorium beschränken[1760].

Anders als im Persönlichkeitsrechtsschutz besteht für das Internationale Urheberrecht jedoch zusätzlich ein vertraglich festgelegter Konsens in Form der einschlägigen Konventionen[1761]. In ihrem Anwendungsbereich ist dem Schöpfer eines Werkes ein nahezu weltweiter Schutz garantiert, der durch die Gewährleistung von konventionseigenen Mindestanforderungen konventionsweit standardisiert wurde[1762]. Dadurch erfährt das subjektive Urheberrecht[1763] prinzipiell auch objektiv weltweiten Schutz. Mit Hilfe der Konventionen lässt sich ein gewisser rechtsvereinheitlichender Effekt erreichen und etwaige Schutzlücken schließen.
Entsprechend der Auffassung im Persönlichkeitsschutz kann daher das Urheberrecht „als einheitliches, umfassendes Recht an der geistigen Schöpfung mit der natürlichen Herrschaftsmacht des Urhebers territorial unbegrenzt und insoweit überall belegen[1764]" sein. Längst überwunden ist hingegen die dem Privilegienwesen zugrunde liegende Rechtsvorstellung, nach der dem Urheber der wirtschaftliche Nutzen aus seiner Geistesschöpfung nur nach der Maßgabe zusteht, nach der ein Staat durch eine in seinem Ermessen stehende Gewährung von ausschließlichen Nutzungsrechten einen solchen Profit zuerkennt[1765].
Die internationalen Konventionen bewirken damit trotz des vorherrschenden materiellrechtlichen Territorialitätsprinzips zumindest eine relative Universalität des Urheberrechts. Daher kann es sich auch von der Seite der gewerblichen Schutzrechte lösen und auf das Persönlichkeitsrecht zu bewegen.

Die materiellrechtlichen Gemeinsamkeiten von Urheberpersönlichkeitsrecht und allgemeinem Persönlichkeitsrecht sprechen ebenfalls gegen deren unterschiedliche

---

1760 Regelin 2001, 72f.

1761 Hierzu oben 1. Kapitel: § 2. B. V.

1762 Es kann daher eigentlich nicht mehr von dem Internationalen Urheberrecht als einem Bündel, das aus vielen verschiedenen nationalen Urheberrechten besteht, gesprochen werden. Ginsburg GRUR Int 2000, 97 (110) vergleicht das Internationale Urheberrecht daher mit einem großen Tintenfisch, dessen zahlreiche nationalen Fangarme aus seinem großen gemeinsamen Körper internationaler Normen hervorgehen und von ihm abhängen.

1763 Unter objektivem Urheberrecht sind die nationalen Urheberrechte zu verstehen. Nur auf diese kann daher das Kollisionsrecht auch verweisen. Zu den Begriffen des subjektiven und objektiven Urheberrechts, v Bar UFITA 108 (1988) 27 (29ff).

1764 BGH Urteil v 18.5.1955 BGHZ 17, 266 (278); BGH Urteil v 16.4.1975 BGHZ 64, 183 (191) – August Vierzehn. Diese Aussage steht allerdings unter dem Vorbehalt, dass das dem Urheber von den einzelnen Rechtsordnungen positivrechtlich zugebilligte Urheberrecht wiederum notwendig auf die jeweiligen staatlichen Hoheitsgebiete begrenzt ist. Die Aussage ist daher im Hinblick auf die naturrechtliche Idee des geistigen Eigentums und damit die der universellen Geltung des Urheberrechts als subjektivem Recht zu sehen. Die Anhänger des noch allgemein vorherrschenden Territorialitätsprinzips beschränken hingegen das Urheberrecht objektiv, wenn jede Regelung nur auf dem Gebiet des jeweiligen Erlassstaates wirkt, vergleiche hierzu Fn 1763.

1765 Hierzu im Einzelnen Schack, UrhR 2001, Rz 99ff.

Behandlung auf zuständigkeits- und kollisionsrechtlicher Ebene[1766]. Wie die Persönlichkeit eines Menschen ist auch das Werk mit seinem Schöpfer verbunden. Die Parallele zum Schutz der Persönlichkeit, nach der durch eine einheitliche Handlung in mehreren Staaten dasselbe Recht verletzt werden kann, drängt sich somit für das Urheberrecht auf[1767], insbesondere wo kaum noch territoriale Vorbehalte gegen Verletzungsklagen außerhalb des Schutzlands eingewandt werden[1768]. Daher erscheint es selbst unter Geltung des materiellrechtlichen Territorialitätsprinzips inkonsequent, die materiellrechtliche Zerstückelung des Urheberrechts als Ausgangpunkt zu nutzen, eine sich über mehrere Staaten erstreckende Verletzungshandlung, auch für den Bereich des Zuständigkeits- und Kollisionsrecht in ebenso viele Einzeldelikte zu zerlegen. Die Annahme alternativer Handlungs- und Erfolgsorte im Rahmen eines einheitlichen grenzüberschreitenden Delikts ermöglicht stattdessen für sämtliche Beteiligten eine prozessökonomischere Gestaltung des Rechtsschutzes. Jedes andere Verständnis des Urheberechts würde den Interessen des Urhebers ebenso wie denen des potentiellen Verletzers an einem einheitlichen Gerichtsstand[1769] und einer ebensolchen Anknüpfung seines Rechts widersprechen. Das Bedürfnis der Urheber nach schnellem und effektivem Rechtsschutz ist heute, angesichts der rasanten Entwicklung von Internet und Welthandel, größer denn je.
Der trotz der internationalen Konventionen noch auf materiellrechtlicher Ebene vorliegende unterschiedliche Schutzumfang[1770] kann ebenso wie bei den Verletzungen der Persönlichkeit auf der Ebene der Schadenszumessung berücksichtigt werden.

Für Urheberrechte kommt eine einheitliche Beurteilung eines komplexen Delikts also nur in Betracht, wenn von deren Universalität ausgegangen werden kann. Universalität bedeutet in diesem Kontext eine Absage an die strenge Territorialität der Urheberrechte und bringt damit zum Ausdruck, dass ein inländisches Rechtsverhältnis auch außerhalb der Grenzen des eigenen Staates anzuerkennen ist[1771]. Dagegen folgt aus der Universalität des subjektiven Rechts noch nicht die Aussage, nach welchem Recht ein solches Rechtsverhältnis geregelt ist. Dies ist die Aufgabe des Kollisionsrechts, welches das zur Anwendung berufene objektive Recht bestimmt[1772].

[1766] Vergleiche hierzu oben 1. Kapitel: § 2. B. I. 1.

[1767] Eine solche Analogie führt auch aus US-amerikanischer Sicht heran Ginsburg (1997) 15 Cardozo Arts & Ent LJ 153 (166ff).

[1768] Vergleiche oben 2. Kapitel: § 1. A. III. 2. In Deutschland wird dies leider für Klagen am Tatortgerichtsstand nicht konsequent durchgehalten, wo dem materiellrechtlichen Territorialitätsprinzip wieder durch die Hintertür Einfluss auf die Internationale Zuständigkeit eingeräumt wird, vergleiche oben 2. Kapitel: § 1. A. I. 2. b. Noch zurückhaltender gegenüber ausländischen Immaterialgüterrechtsverletzungen sind die englischen Gerichte, hierzu unter 2. Kapitel: § 1. A. II. 2. a. (3) (d)

[1769] So aus US-amerikanischer Sicht Ginsburg 15 Cardozo Arts & Ent LJ (1997) 153 (166ff).

[1770] Vor allem im Hinblick auf Urheberschaft und die Inhaberschaft am Urheberrecht bestehen noch Lücken in einem ansonsten durch die Konventionen nahezu weltweit harmonisierten Schutz, hierzu auch Ginsburg GRUR Int 2000, 97 (104ff).

[1771] Regelin 2001, 150.

[1772] Zum objektiven Urheberrecht vergleiche unter Fn 1763.

Um das Leitbild des subjektiven grenzenlosen Urheberrechts auch in Zeiten sprunghafter technischer Fortentwicklungen und eines Zusammenwachsens der Märkte tatsächlich zu verwirklichen, muss auch auf kollisionsrechtlicher Ebene dessen weltweite Geltung objektiv anerkannt werden. Denn anders als beim Persönlichkeitsrecht wird nicht selbstverständlich von der Existenz des Urheberrechts ausgegangen[1773], sondern diese Vorfrage regelmäßig im Prozess als Einwendung vorgebracht. Ein weltweit einheitliches, universales und so auch objektiv überall anerkanntes Urheberrecht ist damit nur denkbar, wenn sich gerade diese Vorfrage überall einheitlich beurteilen lässt. Auf der Ebene des Kollisionsrechts bestimmen daher die Vertreter der Ursprungslandtheorie zumindest die Frage nach dem Bestand des Urheberrechts einheitlich jeweils nach dem Recht des Ursprunglands[1774]. Ein in seinem Ursprungsland einmal wirksam begründetes Recht, wäre dann in allen anderen Ländern als einheitliches Ganzes anzuerkennen[1775]. Nur so führt ein Grenzübertritt nicht zur Auflösung des Urheberrechts, um dann woanders etwa in der Person eines anderen Berechtigten unter neuen Voraussetzungen zu entstehen. Einer einheitlichen Verletzung dieses Rechts durch eine sich über verschiedene Staaten erstreckenden Gesamthandlung stünde damit, unbeschadet der unterschiedlichen Ausgestaltung des Schutzes in den nationalen Rechtsordnungen, nichts mehr im Wege.

Dieser in der Anknüpfung differenzierende, dem auf kollisionsrechtlicher Ebene herrschenden Schutzlandprinzip entgegentretende Ansatz der Vertreter der Anknüpfung an das Ursprungsland, der hinsichtlich der Fragen nach Entstehung, Erstinhaberschaft, Übertragbarkeit gegenüber Inhalt und Schranken und schließlich der Verletzung des Urheberrechts unterscheidet, erscheint jedoch leider momentan nicht durchführbar. Noch gelangt man *de lege lata* nicht an dem Problem vorbei, dass auch ein subjektiv weltweit geltendes Recht objektiv[1776] beschränkt ist, da jedes Gesetz nur Wirkung auf dem Gebiet des Staates entfaltet, der es erlassen hat[1777]. Die Konsequenz einer strengen Befolgung des materiellrechtlichen Territorialitätsprinzips ist eine einheitliche Anknüpfung sämtlicher Voraussetzungen und Rechtsfolgen eines Delikts an das Recht des Schutzlands, was jedoch einer den internationalen Konventionen zu entnehmenden relativen Universalität des Urheberrechts widerspricht. Dadurch wird also gerade die Begrifflichkeit des Internationalen Urheberrechts in Frage gestellt und so seine Rückständigkeit verdeutlicht[1778].

[1773] Das Urheberrecht steht dem Schöpfer gerade nicht nur aufgrund seines Menschseins zu, sondern hat sich auch an gewissen staatlichen Vorgaben zu orientieren. Ein besonderer staatlicher Verleihungsakt, wie bei den Registerrechten ist hingegen nicht erforderlich, vergleiche hierzu im unmittelbar Vorangegangenen.

[1774] Vergleiche hierzu 2. Kapitel: § 2. A. I. 2. b.

[1775] Diesem Konzept des Universalitätsprinzips folgen Drobnig RabelsZ 40 (1976) 195 (197), Neuhaus RabelsZ 40 (1976) 191 (194); Schack Anknüpfung 1976, Nr 103, 108ff; näher hierzu oben 2. Kapitel: § 2. A. I. 2. b.

[1776] Zu den Begriffen des subjektiven und objektiven Urheberrechts vergleiche unter Fn 1763.

[1777] Zudem ist das Territorialitätsprinzip seit langer Zeit in den Konventionen verankert, die dennoch seit jeher einen weltweiten Schutz gewährleisten, Ulmer, Fremdenrecht 1985, 257 (264). Eine Lösung von diesem althergebrachten Prinzip wird daher schwer fallen.

[1778] Regelin 2001, 80.

Derzeit ist eine solche Lösung, nach der eine weltweite Geltung eines Urheberrecht nicht nur subjektiv, sondern auch objektiv anerkannt wird, trotz ihrer offensichtlichen Vorzüge nicht zu verwirklichen. Da nahezu alle Staaten noch dem Schutzlandprinzip folgen und sowohl Bestand als auch Inhalt, Schranken und Schutzumfang einheitlich dem Recht des Schutzlands unterstellen, kann von einer umfassenden weltweiten Geltung des Urheberrechts nicht ausgegangen werden. Stattdessen beschränkt sich jeder Staat bei der Verletzung eines Urheberrechts im Inland auf die Anwendung seiner eigenen Gesetze. Dadurch wird dem Inhaber eines solchen Rechts ein Bündel verschiedener Rechte entsprechend der Anzahl der betroffenen Staaten zugeordnet, nicht jedoch ein einheitliches transnationales Urheberrecht. Die Annahme einer einheitlichen grenzüberschreitenden Verletzungshandlung erscheint ausgeschlossen.

Der Verweis auf das positive Recht darf jedoch nicht als Begründung vorgeschoben werden, die Weiterentwicklung des Urheberrechts weg vom Territorialitätsdenken zu behindern[1779]. Für die Zukunft wird die weltweite Anerkennung eines einheitlichen Urheberrechts kaum aufgehalten werden können, da die gesamte rechtliche und technische Entwicklung eine Vereinfachung des Urheberrechtsschutzes verlangt[1780]. Das Festhalten an territorial begrenzten Urheberrechten erscheint angesichts eines weltweiten Handels, globaler Vernetzungen und insbesondere dem Fall der Grenzen im Europäischen Binnenmarkt nicht sinnvoll.

Als Fazit bleibt festzustellen, dass auch für das Urheberrecht alternative Handlungs- und Erfolgsorte in verschiedenen Ländern zu lokalisieren sein sollten und damit vom Vorliegen echter Streudelikte sowohl auf kollisions- als auch zuständigkeitsrechtlicher Ebene auszugehen ist.

c. Gewerbliche Schutzrechte

Für den Bereich der nur vom Gesetzgeber individuell verliehenen beziehungsweise durch besonderen Hoheitsakt anerkannten gewerblichen Schutzrechte gilt das Territorialitätsprinzip noch unumstritten[1781]. Demzufolge können ausländische Rechte

---

[1779] Ulmer, Fremdenrecht 1985, 259 beruft sich hierfür auf die Realitäten des Internationalen Urheberrechts, so dass die Regeln des Konventionsrechts die Theorie von der Anknüpfung an das Recht des Ursprungslands widerlegen sollen.

[1780] In diesem Sinne auch Intveen 1999, 85-133, 145ff im Bereich des Internets, der eine einheitliche Anknüpfung an das Recht des Ursprungslandes vertritt; ebenso Muth 2000, 151ff, 177f.
Auch Busse/Keukenschrijver, PatG 1999, § 9 Rz 115 sieht in dem Territorialitätsprinzip unter wirtschaftlichen Gesichtspunkten ein Hindernis für die Rechtsentwicklung in Europa. Dabei ist nur an die modernen Unternehmensstrukturen und die internationalen Vertriebswege zu denken, für die effektiver Rechtsschutz unter strikter Einhaltung des Territorialitätsgrundsatzes kaum noch gewährt werden kann, wenn die nationalen Regeln den freien Warenverkehr und Wettbewerb innerhalb des europäischen Binnenmarktes behindern können und so die territoriale begrenzten Schutzrechte den gemeinsamen Markt wieder aufspalten.

[1781] Vergleiche hierzu oben 2. Kapitel: § 1. A. I. 2. b. ; 2. Kapitel: § 1. A. II. 2. a. (3) (d) für das deutsche und englische Zuständigkeitsrecht; 2. Kapitel: § 2. A. I. 2. b. ; 2. Kapitel: § 2. B. VI. 1. b. für das deutsche und englische Kollisionsrecht.

durch eine inländische Handlung nie verletzt werden. Die gewerblichen Schutzrechte bleiben von vornherein auf die territorialen Grenzen ihres Verleihungsstaates beschränkt.
Der öffentlich-rechtliche Charakter des staatlichen Verleihungsaktes und seine territorial beschränkende Wirkung verhindern eine Universalität als subjektives Ausschließlichkeitsrecht. Das inländische Rechtsverhältnis wird nirgendwo außerhalb der Grenzen des eigenen Staates anerkannt. Der für die gewerblichen Schutzrechte konstitutive Erteilungsakt verdeutlicht stattdessen die sehr viel größere Bedeutung des hoheitsrechtlichen Aspekts des Schutzes im Vergleich zum Urheberrecht. Aufgrund der strikten Geltung des Territorialitätsprinzips kann ein gewerbliches Schutzrecht nicht im Kern überall gleich bleiben, sondern muss in jedem Staat erst unter den dort geltenden nationalen Voraussetzungen zur Entstehung gelangen.
Im Vergleich zu dem ideellen Persönlichkeitsrecht und dem universalen Urheberrecht ist bei den Registerrechten aufgrund ihrer strikten hoheitsrechtlichen Bindung an den Erteilungsstaat und ihrer fast ausschließlich wirtschaftlichen Bedeutung die persönlichkeitsrechtliche Seite am schwächsten ausgeprägt. Die gewerblichen Schutzrechte zählen zu der Art von Immaterialgütern, die in der Praxis nahezu ausschließlich materiell genutzt werden, so dass deren vermögensrechtliche Bedeutung den ideellen Wert überlagert und die gewerbliche Anwendbarkeit und damit deren Vermögensbezug im Vordergrund steht. Folglich fehlt den Registerrechten ein gewisser persönlichkeitsrechtlicher Gehalt[1782]. Auch der strikte Schluss vom konstitutiven staatlichen Erteilungsakt auf die territoriale Begrenzung unterscheidet die gewerblichen Schutzrechte vom Urheber- und Persönlichkeitsrecht. Schließlich werden gewerbliche Schutzrechte durch die strikte Bindung an ein bestimmtes Territorium ähnlich den körperlichen Sachen lokalisierbar. Damit wird ein Analogieschluss zum Schutz der Persönlichkeit und zum Urheberrecht zur Begründung einer Universalität verhindert. Die Rechts- und Interessenlage auf dem Gebiet der registerpflichtigen technischen Schutzrechte unterscheidet sich vielmehr grundlegend von der im Persönlichkeits- oder Urheberrecht.

Dies gilt auch im Hinblick auf das Europäische Patent des EPÜ, da dieses noch kein europaweit einheitliches Schutzrecht schafft, sondern stattdessen von einem Bündel nationaler Europäischer Patente auszugehen ist[1783]. Anders wäre die Lage nur bei einem einheitlichen europaweit geltenden Gemeinschaftspatent, das jedoch noch nicht existiert[1784].

Um eine prozessökonomische Durchsetzung seiner Rechte zu bewirken, ist der Rechtsinhaber daher gezwungen, im Wege einer objektiven Klagenhäufung am

---

[1782] Zu der persönlichkeitsrechtlichen Seite des Patentschutzes in Deutschland vergleiche oben 1. Kapitel: § 2. C. I. 4.
[1783] Hierzu oben1. Kapitel: § 2. C. II. 3.
[1784] Zur weiteren möglichen Entwicklung oben 2. Kapitel: § 1. C. I.

allgemeinen Gerichtsstand[1785] gegen sämtliche Verletzungen vorzugehen. Die einzelnen nationalen Verletzungen werden auch in diesem Rahmen sowohl auf zuständigkeits- als auch kollisionsrechtlicher Ebene als selbständige Handlungen angesehen, deren Eingriffsort[1786] jeweils im selben Schutzland liegt. Eine Zusammenfassung paralleler Verletzungshandlungen zu einem komplexen Gesamtdelikt zum Zwecke der einheitlichen Geltendmachung am Tatortgerichtsstand wird dadurch unmöglich. Mangels jeglicher Wirkung eines Registerrechts über seine Staatsgrenzen hinaus kann auch ein als unselbständig zu bezeichnender Handlungsteil keinen Tatort außerhalb des Schutzlands begründen. Ein zentraler schwerpunktmäßiger Anknüpfungspunkt für die einheitliche Beurteilung paralleler Schutzrechtsverletzungen in verschiedenen Staaten lässt sich somit immer noch nicht begründen. Echte *multi-state-* Delikte gibt es in diesem Kontext nicht.

II. Erste Konkretisierung des Tatorts durch Eingrenzung der maßgeblichen Ausführungshandlung

1. Generelles Ziel

Die Lokalisierung des Tatorts ist maßgeblich für die Klärung der Internationalen Zuständigkeit im Rahmen des Gerichtsstands der unerlaubten Handlung sowie für die Bestimmung des anwendbaren Rechts. Um eine erste Eingrenzung des Tatorts zu erreichen, ist die maßgebliche Ausführungshandlung näher zu konkretisieren. Ausgehend von der Prämisse, dass Handlungs- und Erfolgsort die Verletzungshandlung von ihrem Beginn bis zum Ende eingrenzen, ergibt sich das Problem, nach welchen Kriterien deren Bestimmung und damit die örtliche Festlegung der maßgeblichen Handlung erfolgen soll, insbesondere wenn sich diese über mehrere Staaten erstreckt.

Dabei tauchen zunächst zwei Fragen auf: Hat überhaupt eine anknüpfungsrelevante Handlung stattgefunden, und wenn ja, wo. Der EuGH hat die erste Frage unter Verweis auf nationales Recht entschieden[1787] und verlagert dadurch das Problem der Konkretisierung in die dem autonomen Prozessrecht unterliegende Zulässigkeit der Klage. Die eigentliche Lokalisierung des Tatorts bestimmt er anhand von eigenen autonomen Kriterien[1788]. Diese Unterteilung gilt es im Folgenden zu hinterfragen.

Eine unerlaubte Handlung an sich und damit ein Fall der Deliktshaftung liegt nach der autonomen Auslegung des EuGH immer dann vor, wenn der Kläger eine nicht-

---

[1785] Hier steht dem Verletzten jedoch außerdem der Gerichtsstand der Streitgenossenschaft zur Verfügung, Art 6 Nr 1 EuGVO, hierzu im Folgenden unter 3. Kapitel: § 3. B.

[1786] Eingriffsort ist der handlungs- und erfolgsortbeinhaltende Verletzungsort der gewerblichen Schutzrechte, hierzu oben 2. Kapitel: § 2. A. IV. 1.

[1787] EuGH Urteil v 7.3.1995 Rs C-68/93, Slg 1995 I 415 Nr 36ff – Shevill / Presse Alliance SA.

[1788] EuGH Urteil v 7.3.1995 Rs C-68/93, Slg 1995 I 415 Nr 24ff, 29ff – Shevill / Presse Alliance SA.

vertragliche Schadenshaftung geltend macht[1789]. Entscheidend ist also auf dieser Ebene nur die Rechtsnatur der Handlung.
Des Weiteren ging der EuGH in der Praxis ohne nähere Prüfung selbstverständlich von einem persönlichkeitsrechtsverletzenden Tatbestand in Form der Ehrverletzung aus, für die er entsprechend den Tatort autonom bestimmte[1790]. Erst auf eine weitere Vorlagefrage nahm das Gericht zu den Beweisproblemen in der Zuständigkeitsprüfung Stellung, die es sämtlich in den Bereich der nationalen Rechtsordnungen verwies[1791]. Bezogen auf die Ausgangsfrage hat also der Kläger grundsätzlich entsprechend den Anforderungen des autonomen Prozessrechts an die Zulässigkeit der Klage[1792] vorzutragen, dass im Staat des angerufenen Gerichts eine Verletzung stattgefunden hat.

Um nun beurteilen zu können, ob nach dem jeweiligen Vortrag überhaupt eine zuständigkeitsrelevante Handlung vorliegt, muss wiederum zwangsläufig eine Orientierung an einer Rechtsordnung erfolgen. Durch einen Rückgriff auf die *lex causae* entsprechend der Aussage des EuGH[1793] wird der Einfluss des materiellen Rechts auf die Zuständigkeit erhöht, was unter anderem dazu führt, dass je nach anwendbarem nationalen Deliktsrecht eine Klage am Tatortgerichtsstand leichter oder schwieriger anzubringen ist[1794].

Kommt man nun wieder auf den Ausgangspunkt zurück, findet das konkrete, die nichtvertragliche Schadenshaftung auslösende Geschehen seinen anknüpfungsrelevanten Beginn am Handlungsort und endet am Erfolgsort. Daher erscheint es naheliegend, nur für diese Schwellen zunächst autonome Kriterien zu entwickeln, die einen Rückgriff auf nationales Recht entbehrlich machen.

[1789] EuGH Urteil v 27.9.1988 Rs 189/87, Slg 1988, 5565 Rz 17 Kalfelis / Bankhaus Schröder, Münchmeyer, Hengst & Co.

[1790] EuGH Urteil v 7.3.1995 Rs C-68/93, Slg 1995 I 415 Nr 24ff – Shevill / Presse Alliance SA.

[1791] EuGH Urteil v 7.3.1995 Rs C-68/93, Slg 1995 I 415 Nr 34ff – Shevill / Presse Alliance SA. Diese Verweisung auf das nationale Recht ist dahingehend zu verstehen, dass das jeweilige Gericht nach seinen Vorstellungen die vorliegende Frage entweder verfahrensrechtlich einordnet und deshalb die *lex fori* beruft oder eben bei einer materiellrechtlichen Qualifikation die *lex causae* zur Anwendung gelangt, Huber ZEuP 1996, 295 (312).

[1792] Vergleiche hierzu die englische Praxis *„a serious issue on the merits"* oben 2. Kapitel: § 1. A. II. 2. b. (2) Problematisch erscheint in diesem Zusammenhang vor allem die Vermutung im englischen Recht, nach der die Verbreitung einer ehrverletzenden Äußerung im Inland stets einen Schaden verursacht und somit auf jeglichen Nachweis diesbezüglich verzichtet wird, hierzu oben 1. Kapitel: § 3. A. II. und 2. Kapitel: § 1. A. II. 1. b. (2) (a) Die deutsche Rechtsordnung enthält hingegen keine Schadensvermutung. Zum Vorgehen im deutschen autonomen Recht, nach dem der Kläger den gesamten Klageanspruch schlüssig vortragen muss, oben 2. Kapitel: § 1. A. I. 2. a. Wenn der vom Kläger geschilderte Sachverhalt den Anspruch nicht trägt, ist die Klage in Deutschland mangels Zuständigkeit unzulässig. Nationales Recht kann damit bereits wie im englischen Recht die vorgetragene Beeinträchtigung vermuten, entprechend dem deutschen Recht einen schlüssigen Vortrag ausreichen lassen oder gar in der Zulässigkeitsprüfung bereits deren Nachweis verlangen.
Hierdurch werden Fragen der dem autonomen Prozessrecht unterliegenden Zulässigkeit mit der von der EuGVO zu regelnden Zuständigkeit vermischt.

[1793] Ob eine unerlaubten Handlung vorliegt ist eine materiellrechtliche Frage, wofür die Qualifikation *lege causae* maßgeblich ist, vergleiche hierzu Fn 1791.

[1794] Hierzu sogleich im Folgenden 3. Kapitel: § 2. A. II. 3.

Im Grunde ist das eigentliche Ideal des Europäischen Zuständigkeits- und Kollisionsrechts, überall gleichen Rechtsschutz durch praktikable und einheitliche Rechtsverfolgung zu gewährleisten, allein durch die Schaffung eines internationalen Konsenses und damit fester transnationaler Regeln zur Lokalisierung des Tatorts zu verwirklichen. Ein abschließender Katalog an verbindlichen Kriterien kann jedoch momentan nicht vorrangiges Ziel sein, da dieser der Komplexität der Materie nicht gerecht werden könnte und angesichts des raschen technischen Wandels einer ständigen Weiterentwicklung bedürfte. Noch ist die Aufrechterhaltung eines verbindlichen Katalogs abstrakter Lokalisierungskriterien auf europäischer Ebene also nicht denkbar. Der EuGH könnte zwar für jeden einzelnen Rechtseingriff im Anwendungsbereich der EuGVO bindende Vorgaben zur Lokalisierung des zuständigkeitsrelevanten Tatorts machen. Für das Kollisionsrecht stünde ihm diese Kompetenz jedoch nicht zu[1795]. Angesichts der Vielfalt möglicher Verletzungen liegt die mangelnde Praktikabilität eines solchen Vorgehens auf der Hand.

Abgrenzungen, wo nun die Tathandlung beginnt und wo die unerlaubte Handlung durch den schädigenden Erfolg beendet wurde oder schon ein Folgeschaden eintrat und damit ein nicht mehr relevanter Schadensort vorliegt, scheinen daher ohne Orientierung an einer nationalen Rechtsordnung kaum auszukommen[1796]. Insbesondere ist im Rahmen von Streudelikten eine international einheitliche Definition, wo im einzelnen für dieselbe Handlung der Tatort lokalisiert werden kann, unter Rückgriff auf die verschiedenen nationalen Rechtsordnungen und deren stehende Begriffe des jeweiligen Sachrechts nicht denkbar, solange keine vollständige Harmonisierung des Deliktsrechts[1797] stattgefunden hat.
Letzlich geht es bei der Lokalisierung des Tatorts um ein Qualifikationsproblem, also um die Frage, nach welchem Recht sich dessen Bestimmung richtet.

2. Weg über die *lex fori*

Nach der für die angerufenen Gerichte bequemsten Lösung würde der Tatort anhand der *lex fori* ermittelt und daher das Sachrecht des Forums angewandt. Neben dem Vorzug der Einfachheit dieses Vorgehens würde außerdem sichergestellt, dass sich zunächst Umfang und Grenzen der internationalen Deliktszuständigkeit der Gerichte nur nach ihrem jeweiligen nationalen Recht beurteilen. Allerdings führt die Ermittlung des zuständigkeitsbegründenden Tatorts nach der *lex fori* unter Ausschluss ausländischen Rechts zu unbilligen und dem heutigen Verständnis der europäischen

---

[1795] Die direkte Auslegungskompetenz des EuGH (Art 234 EG) erstreckt sich nur auf Zuständigkeitsfragen und nicht auf das anwendbare Recht.

[1796] So auch die herrschende Meinung in Deutschland die auf die *lex causae* zur Lokalisierung des Tatorts im IZPR zurückgreift, oben 2. Kapitel: § 1. A. I. 2. b. Bei einer Mehrheit von Handlungsorten greift die herrschende Lehre in Deutschland auf das jeweilige Recht des Vornahmeorts zurück, was in der Sache ebenfalls einer Qualifikation *lege causae* nahe kommt, Soergel/Lüderitz 1996, Art 38 Rz 4, oben 2. Kapitel: § 2. A. II. 1. c. .

[1797] Zum Stand der Harmonisierung oben 2. Kapitel: § 2. C.

Rechtsgemeinschaft widersprechenden Ergebnissen. Statt eine einheitliche internationale Rechtsverfolgung zu fördern, gelangt man so in nationale „juristische Isolierung"[1798] und fördert zudem das blinde Heimwärtsstreben[1799] der Gerichte.

3. Weg über die *lex causae*

Daher bestimmt der BGH in Deutschland den Tatort nach dem in der Sache anwendbaren Recht[1800].
Neben einer auch hier auftretenden Zersplitterung des Rechtsschutzes gegenüber grenzüberschreitenden Verletzungen[1801] sprechen noch weitere Gründe gegen diesen Ansatz:
Ein Rückgriff auf die *lex causae* würde die Zuständigkeit eines Gerichts vom Kollisionsrecht und möglicherweise auch von der Ausgestaltung materiellen ausländischen Sachrechts abhängig machen[1802]. Vor allem taucht das Problem der Lokalisierung des Tatorts in gleicher Weise auch auf kollisionsrechtlicher Ebene wieder auf, so dass sich der Rückgriff auf die *lex causae* als Zirkelschluss erweist und nur für eine Verlagerung der fraglichen Qualifikation sorgt. Auch das anwendbare Recht muss erst anhand eines Tatorts bestimmt werden.

Außerdem führt auch der Weg über eine Qualifikation *lege causae* bei der Lokalisierung des für das anwendbare Recht maßgeblichen Handlungsorts nicht weiter. Durch die Berufung auf das Recht des Vornahmeorts zur Abgrenzung der bloßen Vorbereitungshandlung vom Beginn der anknüpfungsrelevanten Ausführungshandlung werden die typischen Probleme einer Qualifikation *lege causae* hervorgerufen: Erst indem mehrere am jeweiligen Vornahmeort einer grenzüberschreitenden Handlung geltende Rechtsordnungen die Schwelle zum Beginn der tatbestandsmäßigen Ausführungshandlung für überschritten halten, gelangt man überhaupt zu einer Konkurrenz mehrerer Handlungsorte, die grundsätzlich zum Problem der Normenhäufung führt. Aus praktischem Blickwinkel treten die Schwierigkeiten einer distributiven Rechtsanwendung auf[1803]. Dieser positive Kompetenzkonflikt wird in Deutschland durch ein Wahlrecht des Betroffenen mehr oder weniger befriedigend aufgelöst[1804].

Wenn das anwendbare materielle Recht entscheiden soll, ob und damit auch wo die anknüpfungsrelevante Handlung stattgefunden hat, hängen die Anforderungen für eine

---

1798 Argumente gegen die Qualifikation *lege fori*, Mistelis 1999, 191.
1799 Hierzu Kropholler, IPR 2001, 42.
1800 Hierzu oben 2. Kapitel: § 1. A. I. 2. b. für die internationale Zuständigkeit.
1801 Bereits auf Zuständigkeitsebene ist der äußere Entscheidungseinklang nicht gewährleistet. Dem steht mangels weiterer Harmonisierung immer noch die unterschiedliche kollisionsrechtliche Beurteilung durch die Gerichte entgegen.
1802 Kubis 1999, 125f.
1803 Hierzu im Folgenden 3. Kapitel: § 2. C. I. zur parallelen Problematik bei einer Vielzahl von Erfolgsorten.
1804 Vergleiche oben 2. Kapitel: § 2. A. II. 1. c.

Klage am Deliktsgerichtsstand vom jeweils zur Anwendung berufenen nationalen Deliktsrecht ab. Diese Abhängigkeit der internationalen Zuständigkeit vom in der Sache anwendbaren Recht ist jedoch im Anwendungsbereich der EuGVO, für die der EuGH eine einheitliche Anwendung in allen Mitgliedstaaten sichern soll, sehr fraglich. Eine Vereinfachung und Vereinheitlichung der Rechtsverfolgung in Europa kann so nicht erreicht werden.
Allerdings gilt es auch, die Praxis zu beachten: Wird vom Kläger etwa wie in Deutschland ein schlüssiger Vortrag verlangt, wonach die behauptete Verletzungshandlung gerade im Staat des angerufenen Gerichts stattgefunden hat, führt dies in der Regel nach deutschem Verständnis zu der Problematik der doppelt relevanten Tatsachen. Deren tatsächliches Vorliegen wird allerdings nicht im Rahmen der Zulässigkeit, sondern erst in der Begründetheit geprüft. Hierdurch wird das Problem der *lex causae* wieder etwas relativiert. Es kann daher nicht davon ausgegangen werden, dass der Tatort nur unter Rückgriff auf ein materielles Recht zu lokalisieren ist und deshalb die Bestimmung des zuständigen Gerichts vom anwendbaren Haftungssystem abhängt[1805]. Nach dem EuGH ist der Tatort im Anwendungsbereich der EuGVO ohnehin ein autonomer Begriff[1806].

Bei der Verletzung gewerblicher Schutzrechte hingegen tritt das Problem einer Vielzahl von Handlungs- und Erfolgsorten und deren Alternativität aufgrund der strengen Territorialität nicht auf. Dennoch stellt sich auch hier grundsätzlich die Frage nach der maßgeblichen Ausführungshandlung. Anders als für den Schutzbereich der Rechte erweist sich eine territoriale Begrenzung der Benutzungshandlung als nahezu unmöglich, so dass sich anknüpfungsrelevante Handlungen zunächst scheinbar über mehrere Staaten erstrecken können.
Die herrschende Ansicht orientiert sich bei der Abgrenzung, ob der sich im Inland ereignende Teil einer grenzüberschreitenden Ausführungshandlung einen vollwertigen Tatbeitrag darstellt, an der Rechtsordnung, auf deren Territorium sich das fragliche Verhalten abgespielt hat[1807]. Dieser Rückgriff auf das Recht des Schutzlandes führt daher (nur) im Falle der Zuständigkeit des Gerichts im Verletzungsstaat zur *lex fori*, die gleichzeitig auch als in der Sache anwendbares Recht die *lex causae* darstellt. Grundsätzlich findet jedoch für jeden Handlungsteil eine Orientierung an der Rechtsordnung statt, auf deren Gebiet sich dieser ereignet hat.
Da sich also der in einem Land ereignende Handlungsteil nie nach der Rechtsordnung eines anderen Staates richten kann, liegt bei den gewerblichen Schutzrechten eine andere Situation als bei den universellen Rechten vor. Das Problem mehrerer anknüpfungsrelevanter Eingriffsorte innerhalb einer einheitlichen Handlung stellt sich nicht. Entweder ist von selbständigen einzelnen Handlungen auszugehen oder ein

---

[1805] Hiergegen ausdrücklich der EuGH Urteil v 19.9.1995 Rs C-364/93, Slg 1995, 2719 Rz 19 – Marinari / Lloyds Bank.
[1806] EuGH Urteil v 30.11.1976 Rs 21/76, Slg 1976, 1735 – Bier / Mines de Potasse d'Alsace.
[1807] Hierzu oben 2. Kapitel: § 2. A. IV. 4. .

unselbständiger ausländischer Teilakt ist zur Beurteilung der inländischen Verletzungshandlung mit heranzuziehen und wird dabei am Maßstab des inländischen Rechts beurteilt.
Daher spricht bei den Registerrechten nichts gegen die Heranziehung der *lex causae*. Die inländische Deliktszuständigkeit würde nie von einem ausländischen Schutzrecht abhängen, da selbst die Berücksichtigung ausländischer unselbständiger Tatbeiträge nach der Maßgabe des inländischen Rechts erfolgt[1808]. Der fehlende universale Charakter von eintragungspflichtigen Schutzrechten und damit deren leichtere Lokalisierung lässt einen Rückgriff auf die *lex causae* zur Bestimmung des Tatorts zu.

4. Weg anhand autonomer Kriterien

Fraglich ist jedoch, ob ein Rückgriff auf das materielle Recht für die Bestimmung des Tatorts auf zuständigkeits- und kollisionsrechtlicher Ebene überhaupt erforderlich ist[1809].
Jedes Gericht ist zwangsläufig durch die Sichtweise seiner *lex fori* geprägt. Daher unterliegen die Gerichte typischerweise starken Schwankungen bei der tatsächlichen Lokalisierung von Verletzungshandlungen und der Wahl des anwendbaren Rechts[1810]. Diese gilt es jedoch zu vermeiden und stattdessen die Verletzungshandlungen so zu lokalisieren, dass den sanktionsrechtlichen Erfordernissen der ideellen Rechte Genüge getan wird. Hierfür ist eine erste Eingrenzung des Tatorts durch die Konkretisierung der relevanten Ausführungshandlung anhand abstrakter allgemeingültiger Kriterien zu unternehmen und so den Gerichten maßgebliche Auslegungshilfen an die Hand zu geben. Erforderlich sind also prinzipiell neutrale Anknüpfungen, die rechtstechnische Besonderheiten und Zufälligkeiten des nationalen Rechts in den Hintergrund drängen können.

a. Abgrenzung von der Vorbereitungshandlung

Das Problem einer Vielzahl von Handlungsorten taucht nur dann auf, wenn verschiedene Rechtsordnungen eine an sich als einheitlich anzusehende Handlung jeweils auf ihrem Territorium als haftungsbegründend ansehen[1811].
Um in solchen Fällen eine Eingrenzung der anknüpfungsrelevanten Merkmale zu erreichen, bietet sich eine Abgrenzung der relevanten Ausführungshandlung mit Außenwirkung von der bloß internen Vorbereitungshandlung[1812] nach autonomen Kriterien an. Hierdurch werden sämtliche Gerichte gezwungen, denselben Sachverhalt

[1808] Vergleiche oben 2. Kapitel: § 2. A. IV. 4.
[1809] Nach Stoll IPRAX 1989, 89 (90) dürfen materiellrechtliche Erwägungen erst gar nicht die Bestimmung des Tatorts beeinflussen.
[1810] Geller GRUR Int 2000, 659 (661).
[1811] Vergleiche hierzu oben 2. Kapitel: § 2. A. II. 1. c. .
[1812] Bloße Vorbereitungshandlungen sind anerkanntermaßen unbeachtlich, oben 2. Kapitel: § 2. A. II. 1. c. Fn 1354.

überall gleich zu beurteilen. Erst die klare Bestimmung der maßgeblichen Ausführungshandlung[1813] ebnet den Weg zur Schaffung eindeutiger und damit Rechtssicherheit gewährender Regelungen.
Für die Abgrenzung bietet es sich an, auf einen allgemeinverständlichen rechtsübergreifenden Handlungsbegriff des Haftungsrechts zurückzugreifen. Die typischen Zwecke des Deliktsrechts können berücksichtigt werden, auch ohne sich an den einzelnen nationalen Haftungstatbeständen zu orientieren.

Die Nachteile einer Qualifikation *lege causae* liegen auf der Hand[1814]. Für den anknüpfungsrelevanten Tatort darf es nicht ausschlaggebend sein, dass das deutsche Recht in § 17 (1) 1. Alt. UrhG das Angebot an die Öffentlichkeit und damit die Vorbereitung der eigentlichen Verbreitungshandlung als tatbestandsmäßig ansieht, da diese Wertung des deutschen materiellen Rechts nicht allgemein auf das Internationale Deliktsrecht und auf Art. 5 Nr. 3 EuGVO übertragen werden kann.

Es liegt also nahe, von einer relevanten Ausführungshandlung erst dann auszugehen, wenn eine Tätigkeit als Gefährdung eines rechtlich geschützten Interesses an die Außenwelt getreten ist. Dies ist aber nur anzunehmen, wenn der Täter die von ihm geschaffene Gefahr aus seinem Herrschaftsbereich entlassen hat und sie sich so auf rechtlich geschützte Interessen der Außenwelt auswirken kann. Dieser objektiven Komponente des Verlusts der Gefahrbeherrschung ist jedoch zum Zwecke einer weiteren Eingrenzung ein subjektives Beurteilungsmerkmal an die Seite zu stellen[1815]. Im Grunde geht es bei dieser Abgrenzung um eine Zurechnungsproblematik[1816]. Der Wille beziehungsweise die Vorstellung des Handelnden muss daher für die Überschreitung der Schwelle von der Vorbereitungshandlung zur relevanten Ausführungshandlung maßgeblich sein. Die Wertungen des materiellen Rechts bleiben hingegen auf dieser Ebene unberücksichtigt. Erst wenn das Verhalten nach der Vorstellung des Täters Außenwirkung entfaltet[1817] und dieser auch objektiv die Gefahrbeherrschung verliert, ist es als eine für die Bestimmung des Tatorts anknüpfungsrelevante Ausführungshandlung anzusehen und kann ihm zugerechnet werden[1818]. Nur durch die Kombination objektiver und subjektiver Kriterien kann eine sachgerechte Lokalisierung erreicht werden, bei der die Interessen des Opfers und gleichzeitig maßgebliche Zurechnungskriterien im Interesse des Handelnden berücksichtigt werden.

[1813] Hier geht es um deren Beginn.
[1814] Vergleiche die vorangehenden Ausführungen 3. Kapitel: § 2. A. II. 3.
[1815] So auch v Hein 1999, 278 am Beispiel des Remailing.
[1816] Hierfür zieht etwa v Hein 1999, 278 eine Analogie zu § 22 StGB heran.
[1817] Und damit nach deutscher Vorstellung zu einer konkreten Gefährdung für das Rechtsgut wird, ähnlich auch v Hoffmann, IPR 2002 § 11 Rz 27; Staudinger/v Hoffmann 2001, Art 40 Rz 18.
[1818] In diesem Sinne auch Stoll IPRAX 1998, 89 (90); v Hein 1999, 277, zieht eine Abgrenzung anhand des Verlust der Gefahrenbeherrschung vor.

Nach dieser Methode kann eine Konkurrenz mehrerer Handlungsorte und damit ein positiver Kompetenzkonflikt zu Anfang der Handlung vermieden werden[1819]. Diese Konzentration des Handlungsorts auf einen einzigen relevanten Akt und damit internationalen Handlungsschwerpunkt entspricht außerdem dem Prinzip der hinreichend engsten Verbindung des Internationalen Deliktsrechts[1820].

b. Abgrenzung von mittelbaren Schadensfolgen

Das Ende der maßgeblichen Ausführungshandlung wird durch den Erfolgsort bestimmt. Als Erfolgsort sollte daher einheitlich rechtsübergreifend nur der Ort der primären Rechtsgutsverletzung angesehen werden. Die Maßgeblichkeit sonstiger Schadensorte, an denen sich die eigentliche Rechtsgutsverletzung negativ im Vermögen des Geschädigten auswirkt, würde zu einer unübersichtlichen Vielzahl von Tatorten führen und im Ergebnis allein den Kläger begünstigen[1821]. Der Ort der ersten Rechtsgutsverletzung hingegen trägt den oben geschilderten Interessen des Schädigers[1822] ebenso wie den Interessen des Geschädigten an der Voraussehbarkeit und Berechenbarkeit des Erfolgsorts angemessen Rechnung[1823]. Gegen die Maßgeblichkeit des Schadensorts spricht weiter, dass sich dieser aufgrund seiner in der Regel räumlichen und zeitlichen Distanz vom Handlungs- und Verletzungsort oftmals nur schwer lokalisieren lässt[1824]. Hier sei nur auf die englische Rechtsordnung hingewiesen, die bei Ehrverletzungen den Nachweis eines Schadens erst gar nicht verlangt[1825], so dass seine Bestimmung in diesem Zusammenhang gar widersinnig wäre. Die fehlende Nähe zum Handlungs- oder Verletzungsort bewirkt außerdem häufig eine gewisse Zufälligkeit, so dass der Schadenseintrittsort dem Schädiger kaum noch zurechenbar ist. Die Anknüpfung an den Schadensort führt nur zu einer verstärkten Zersplitterung des Anspruchs. Letztlich gebietet auch die Ratio der Tatortregel, nach der Rechtsgüterschutz und Verhaltenssteuerung an der Rechtsordnung zu messen sind, in deren Geltungsbereich der Handelnde hineinwirkt, dass nur der Erfolgsort für maßgeblich erachtet wird, der mit dem deliktischen Geschehen noch eine unmittelbare Verbindung aufweist.

Diese Auslegung beruht auch nicht einseitig auf deutschen Vorstellungen, nach denen die Rechtsgutsverletzung maßgebliches Tatbestandsmerkmal einer unerlaubten Handlung ist und die Differenzierung zwischen Verletzungs- und Schadenseintrittsort der Trennung von haftungsbegründender und haftungsausfüllender Kausalität entspricht. Auch nach englischem traditionellen Recht werden Folgeschäden oder

---

1819 Bereits der Wortlaut des deutschen Art 40 (1) 1 EGBGB spricht dafür, eine Konzentration auf nur einen Handlungsort anzustreben.
1820 Hierzu v Hein 1999, 23ff.
1821 Schack, IZVR 2002, Rz 304 zum Tatortgerichtsstand.
1822 Vergleiche unter 3. Kapitel: § 1. A.
1823 Kropholler, IPR 2002, 496 zum Kollisionsrecht; ausführlich zur Abgrenzung Erfolg und Schaden bei v Hein 1999, 306ff.
1824 Riegl 1986, 45f.
1825 Vergleiche oben 2. Kapitel: § 1. A. II. 1. b. (2) (a)

mittelbare Schäden nicht mehr von der deliktischen Zuständigkeit erfasst[1826]. Ebenfalls in diese Richtung hat sich der EuGH geäußert, so dass im Rahmen der EuGVO alles dafür spricht, dass allein auf den Eintritt der Rechtsgutsverletzung, nicht jedoch auf den Eintritt des Schadens abzustellen ist[1827]. Danach soll für die Internationale Zuständigkeit der Ort, an dem der Verletzte einen lediglich mittelbaren Vermögensschaden erlitten hat, unbeachtlich sein[1828].

Der Schadensort darf daher auch nicht als Aushilfsanknüpfung herangezogen werden, um im Rahmen der Verletzung von Registerrechten einen Tatortgerichtsstand außerhalb des Schutzlands zu schaffen, wenn sich aufgrund der strengen Territorialität allenfalls der Schaden dort ereignen konnte[1829]. Primäres Rechtsgut des Registerrechtsinhabers bleibt das Registerrecht und nicht sein Vermögen. Will der Schutzrechtsinhaber in einem einheitlichen Verletzungsprozess gegen mehrere parallele Verletzungshandlungen vorgehen, bleibt ihm nach der momentanen Gesetzeslage nur die objektive Klagenhäufung am allgemeinen Gerichtsstand des Verletzers. Alles andere würde den aus der strengen Territorialität folgenden Prinzipien zuwiderlaufen und den Rechtssuchenden verunsichern.

Klare Konturen des Erfolgsorts lassen sich einheitlich nur über eine autonome Auslegung schaffen. Die Nachteile einer Qualifikation *lege causae* werden hier gerade am Beispiel des französischen Deliktsrecht deutlich, nach dem gemäß Art. 1382, 1383 Code civil die Schadensfolgen zum Tatbestand gehören. In konsequenter Fortführung dieser Regelung wäre jeder Schadensort in Frankreich ein anknüpfungsrelevanter Tatort.

Die maßgebliche unerlaubte Handlung muss daher am Ort des Eintritts der primären Rechtsgutsverletzung enden. Bloße Folgeschäden oder Vermögensschäden Dritter bleiben außer Betracht.

B. Konkretisierung der autonomen Kriterien im Rahmen typisierender Fallgruppen

Die Begriffe „Handlungsort“ und „Erfolgsort“ sind bei näherer Betrachtung allerdings bloße Leerformeln, die allenfalls als Oberbegriffe und Ausgangspunkte dienen können und welche weiterer, für einzelne Fallgruppen differenzierter, an den spezifischen Interessenlagen ausgerichteter Konkretisierung bedürfen.

[1826] Vergleiche hierzu und zu der verwirrenden Terminologie oben 2. Kapitel: § 1. A. II. 1. b. (2) (a) Dort kann der Begriff „*damage*“ nicht mit dem deutschen „Schaden“ gleichgesetzt werden

[1827] EuGH Urteil v 11.1.1990 Rs 220/88, Slg 1990 I 49 (79f) Nr 13ff – Dumez France / Hessische Landesbank; EuGH Urteil v 19.9.1995 Rs C- 346/93, Slg 1995, 2719 Rz 15 Marinari / Lloyds Bank.

[1828] EuGH Urteil v 19.9.1995 Rs C- 346/ 93, Slg 1995, 2719 Rz 15 - Marinari / Lloyds Bank.

[1829] So aber Otte IPRAX 2001, 315ff.

Es liegt zunächst nahe, im Rahmen typisierender Fallgruppen weitere autonome Kriterien zu entwickeln, nach denen Tatorte so lokalisiert werden können, dass sämtliche Interessen[1830] ausreichend beachtet werden. Es gilt daher einen Kompromiss zwischen potentiell weltweit lokalisierbaren Anknüpfungspunkten und deren völliger Einschränkung zu finden, sei es durch Beschränkungen auf Tatbestandsebene oder durch Eingrenzungen auf Rechtsfolgenebene[1831].

Als Ausgangsposition ist festzuhalten, dass auf kollisionsrechtlicher Ebene weder eine Rechtswahl erfolgt ist, zwischen den Parteien kein Rechtsverhältnis besteht, an das vorrangig angeknüpft werden kann, noch die Parteien einen gemeinsamen gewöhnlichen Aufenthalt oder eine gemeinsame Staatsangehörigkeit haben.

I. Persönlichkeitsrechtsverletzungen durch Massenmedien

1. Handlungsort

Für Persönlichkeitsrechtsverletzungen durch die Massenmedien und damit typische Streudelikte ergibt die Orientierung an den oben dargestellten Grundsätzen eine Lokalisierung des Handlungsorts dort, wo der Täter alles seinerseits Notwendige getan hat, um den Erfolg herbeizuführen. Danach kann der Ort der Recherche oder des eigentlichen Verfassens eines ehrverletzenden Artikels noch nicht ausschlaggebend sein, da die Gefahr zu diesem Zeitpunkt noch nicht an die Außenwelt gelangt. Zusätzlich zu einer am zeitlichen Ablauf eines Vorgangs orientierten Abgrenzung müssen jedoch noch weitere Kriterien herangezogen werden. Gerade die unzähligen Schritte, die bis zur Veröffentlichung eines ehrverletzenden Medienerzeugnisses unternommen werden müssen[1832], machen eine sinnvolle Eingrenzung schwer. Danach wird man von einem Verlust der Gefahrbeherrschung erst mit dem eigentlichen Beginn des Vertriebs ausgehen können. Erst zu diesem Zeitpunkt entlässt das Presseunternehmen die Gefahr vollständig aus seinem Herrschaftsbereich[1833]. Eine Anknüpfung an die einzelnen Vertriebshandlungen würde jedoch wiederum zu einer Mehrzahl von Handlungsorten führen, sobald das ehrverletzende Erzeugnis in vielen Ländern auf den Markt gebracht wird. Besinnt man sich hingegen zusätzlich auf die eigentliche Funktion der Handlungsortanknüpfung und damit auf den Gedanken der Verhaltenssteuerung des Schädigers, so lässt sich ein einziger Schwerpunkt der Handlung ermitteln. Die wirkungsvollste Beeinflussung des potentiellen Täters kann nur dort erfolgen, wo er die eigentliche und letztverantwortliche Entscheidung über die kausale Veröffent-

---

1830 Zu den Interessen vergleiche oben 2. Kapitel: § 1. D. ; 2. Kapitel: § 2. E. und 3. Kapitel: § 1.

1831 Zu den Möglichkeiten auf Rechtsfolgenebene unten 3. Kapitel: § 2. C.

1832 Am Beginn ist die Phase des Recherchierens und Schreibens, dann erfolgt die Weitergabe an die Redaktion, wo eine weitere Prüfung vorgenommen und dann die druckreife Vorlage erstellt wird, die wiederum an die Druckereien übermittelt wird und von dort nach dem Druck über bestimmte Verteilungsorte schließlich an Einzelhändler oder direkt an die Abonnenten gelangt.

1833 V Hinden 1999, 60.

lichung trifft und somit die entscheidenden Voraussetzungen für die Rechtsgutsverletzung schafft. Die maßgebliche Verantwortung für die Veröffentlichung des ehrverletzenden Erzeugnisses wird regelmäßig am realen[1834] Sitz des Verlags als dem Ort der „Verhaltenszentrale" getroffen[1835]. Dort wird der gesamte Ablauf koordiniert, weshalb am tatsächlichen Sitz des Verlags quasi das „geistige Verbreitungszentrum"[1836] zu lokalisieren ist. Dieser Standpunkt entspricht im übrigen der Auffassung des EuGH zu Art. 5 Nr. 3 EuGVO[1837]. In der Regel liegt auch der von den deutschen Gerichten favorisierte Erscheinungsort am tatsächlichen Sitz des Medienunternehmens[1838].
Mit den gleichen Argumenten ist der Handlungsort bei Verletzungen durch Radio und Fernsehen am Sitz der verantwortlichen Sendeanstalt zu lokalisieren[1839].

Damit wird die maßgebliche Entscheidung über das „Ob" der Veröffentlichung und so die nach objektiven und subjektiven Kriterien unmittelbare Gefährdung der Außenwelt am tatsächlichen Sitz des verantwortlichen Unternehmens getroffen. Von dort nimmt die relevante Handlung ihren Lauf. Alleiniger Handlungsort ist ebenda zu lokalisieren.

2. Erfolgsort

Aus den oben dargestellten Vorgaben zur Eingrenzung der maßgeblichen Ausführungshandlung lassen sich Ehrverletzungen durch Presseveröffentlichungen zunächst überall dort lokalisieren, wo die Veröffentlichung auf das Persönlichkeitsrecht trifft, Dritte also von dieser Kenntnis erlangen und das Ansehen des Betroffenen herabgesetzt wird.
Wird der Persönlichkeitsrechtsträger durch die Verletzung seines Rechts in seinem Sozialbezug zur Öffentlichkeit beeinträchtigt, sind Erfolgsorte an allen Orten der Interessenkollision und damit an jedem Verbreitungsort des Medienerzeugnisses zu lokalisieren. Es ist also auf die Wirkung in der Öffentlichkeit abzustellen, durch welche die Persönlichkeitsrechtsverletzung aktualisiert wird[1840].
Danach ist es allerdings immer noch möglich, dass Erfolgsorte vervielfacht werden oder zufällig entstehen, etwa wo ein Reisender ein am Ausgangspunkt seiner Reise erworbenes Presseerzeugnis ehrverletzenden Inhalts schließlich liest. Dies verdeutlicht

---

[1834] Hier ist gerade nicht auf den Satzungssitz abzustellen, da sich dieser leicht manipulieren lässt. Die Maßgeblichkeit nur des realen Sitzes schließt von vornherein solche Orte aus, an denen überhaupt keine relevanten Entscheidungen getroffen werden.
[1835] Staudinger/v Hoffmann 2001, Art 40 Rz 20; v Hinden 1999, 60f.
[1836] Löffler/Sedelmeier, Presserecht 1997, § 8 LPG Rz 20.
[1837] EuGH Urteil v 7.3.1995 Rs C-68/93, Slg 1995 I 415 Nr 24ff – Shevill / Presse Alliance SA.
[1838] Hierzu oben 2. Kapitel: § 2. A. III. 1.
[1839] Kropholler, IPR 2002, 514; Staudinger/v Hoffmann 2001, Art 40 Rz 58; v Bar, IPR II 1991, Rz 662; Heldrich in FS Zajtay 1982, 215 (229).
[1840] So auch die überwiegende Meinung, die den Erfolgsort eines Pressedelikts am Verbreitungsort lokalisiert, 2. Kapitel: § 1. B. II. 2. b. im Rahmen der EuGVO; 2. Kapitel: § 2. B. V. für das englische Kollisionsrecht; 2. Kapitel: § 2. A. III. 2. c. für das deutsche Kollisionsrecht.

die Gefahr von Zufälligkeiten und weckt das Bedürfnis nach weiteren Konkretisierungen des im Erfolgsort steckenden Anknüpfungsmoments. Ansonsten würde der Verletzer vor ein unübersehbares Haftungsrisiko gestellt. Ein Überblick über die von ihm einzuhaltenden Verhaltensnormen wäre kaum noch möglich, während der Verletzte durch die Bereitstellung derartiger Anknüpfungspunkte bevorzugt würde. Wegen ihrer immer noch starken Streuung sind folglich weitere einschränkende Bestimmungen der Erfolgsorte zum Zwecke der rechtssicheren Eingrenzung des zuständigen Gerichts und des anwendbaren Rechts vorzunehmen. Eine weitergehende autonome Schwerpunktanknüpfung im Rahmen typischer Fallgruppen erreicht eine Reduktion der Vielzahl der Erfolgsorte und kann damit das Ubiquitätsprinzip schon auf Tatbestandsebene einschränken.

a. Bestimmungsgemäße Verbreitung

Eine weitere Konkretisierung des Verbreitungsorts wird durch das subjektive Element der Bestimmungsgemäßheit aus der Sicht des Schädigers erreicht. Unter Berücksichtigung von Zurechnungsprinzipien kann auf der Ebene des Prozess- und Kollisionsrechts eine weitere Restriktion der anknüpfungsrelevanten Orte erreicht werden. Um eine für sämtliche Beteiligten nachvollziehbare und damit deren berechtigte Erwartungen entsprechende Regelung zu finden, müssen im Interesse auch der Steuerungsfunktion des Haftungsrechts die Handlungsmöglichkeiten des potentiellen Täters berücksichtigt werden[1841]. Berechenbare Anknüpfungskriterien, die das zuständige Gericht und das von diesem anzuwendende Recht vorhersehbar machen, liegen außerdem auch in seinem Interesse. Dieses aus dem Vertrauensschutz abzuleitende Vorhersehbarkeitsinteresse soll gerade den Rechtsunterworfenen im Voraus die rechtlichen Folgen ihres Verhaltens vor Augen führen[1842]. Dem Gebot rechtsstaatlicher Fairness und Berechenbarkeit folgend kann das Kriterium der Vorhersehbarkeit[1843] ein ausgleichendes Element bei der Anknüpfung weit gestreuter Erfolgsorte darstellen.

Die Berücksichtigung der Vorhersehbarkeitsinteressen erst auf der Ebene des Sachrechts und dort im Rahmen der Verschuldensprüfung verstellt von vornherein den Weg zu einer wirkungsvollen Reduzierung anknüpfungsrelevanter Orte im Verbreitungsgebiet. Dann wären nämlich auf den Ebenen der internationalen Zuständigkeit und des anwendbaren Rechts sämtliche Erfolgsorte maßgeblich, während erst im Rahmen der Verschuldensprüfung berücksichtigt würde, welcher Erfolgsort für den Verletzer voraussehbar war. Dies erscheint problematisch, wenn nach dem materiellen Recht am Erfolgsort ein Verschulden zur Begründung der

---

1841 Wagner RabelsZ 62 (1998) 243 (274). Will man erreichen, dass die Verhaltenssteuerungsfunktion des materiellen Rechts auf zuständigkeits- und kollisionsrechtlicher Ebene nicht leer läuft, so müssen die möglichen Erfolgsorte für den Täter vorhersehbar sein, damit er sein Verhalten entsprechend ausrichten kann.

1842 Zu dem Kriterium der Vorhersehbarkeit des Erfolgsort im Kollisionsrecht v Hein 1999, 181-221.

1843 Zur Vorhersehbarkeit im Kollisionsrecht bei Persönlichkeitsrechtsverletzungen im Internet, v Hinden 1999, 94-110.

Haftung nicht erforderlich ist, wie etwa im englischen Recht bei Klagen, die *actionable per se* sind[1844]. Eine Berücksichtigung der Vorhersehbarkeit erst im Rahmen der Sorgfaltsanforderungen des geltenden nationalen Deliktsrechts kann dem Interesse des Verletzers daran nur ungenügend Rechnung tragen.
Es gilt also auch im Rahmen der Erfolgsortanknüpfung weitere Zurechnungsprinzipien aufzustellen: Die Verbreitung eines Medienerzeugnisses ist dem potentiellen Verletzer grundsätzlich nur dann zurechenbar, wenn sie bestimmungsgemäß erfolgt ist. Dem Täter muss bewusst sein, dass sein Verhalten an diesem Ort zu einer Verletzung führen kann[1845]. Die Bestimmungsgemäßheit einer Verbreitung ist so anhand subjektiver Kriterien zu messen. Diese Aussage ist jedoch sogleich dahin zu relativieren, dass alternativ auch die objektive Vorhersehbarkeit der Verbreitung ausreicht, wenn sich der Wille des Täters nicht ermitteln lässt[1846]. Der BGH grenzt demzufolge das Verbreitungsgebiet danach ein, wohin der Verletzer zielgerichtet handelt oder eben wo er mit einer Verbreitung hätte rechnen müssen[1847]. Entscheidend ist also auch hier ein konkret- individuelles „Erkennenkönnen"[1848]. So lassen sich zumindest sämtliche nur zufälligen Weiterverbreitungen ausscheiden[1849].

Möglicherweise lassen sich weitere Kriterien bestimmen, welche die Anforderungen an einen bestimmungsgemäßen Vertrieb noch näher konkretisieren:

b. Hauptverbreitungsgebiet

Eine bedeutende Reduktion der Vielzahl von Erfolgsorten bei Ehrverletzungen durch Massenmedien erscheint dann aussichtsreich, wenn allein auf das Hauptverbreitungsgebiet des Mediums abzustellen wäre[1850]. Damit würden nur geringfügige Verbreitungen für die Bestimmung des relevanten Erfolgsorts unbeachtlich bleiben[1851]. Für eine solche Beschränkung spricht auch auf Zuständigkeitsebene, dass in der Regel nur dort erfolgsversprechende Vollstreckungsmöglichkeiten bestehen, wo der Täter sein Produkt hauptsächlich absetzt. Insbesondere ist dort auch die Untersagung einer weiteren Verbreitung äußerst effektiv, da sie das Unternehmen auf ihrem erfolgreichsten Absatzmarkt treffen würde. Schließlich wird der Ort der Hauptverbreitung dem potentiellen Täter in jedem Fall bekannt sein und erfüllt so die Vorhersehbarkeitsinteressen.

[1844] Vergleiche hierzu oben 1. Kapitel: § 3. A. II.
[1845] In diesem Sinn auch Riegl 1986, 57f.
[1846] Hierzu auch oben 2. Kapitel: § 2. A. III. 2. c.
[1847] BGH Urteil v 3.5.1977 GRUR 1978, 194 (195) – Profil.
[1848] V Hinden 1999, 108.
[1849] Hierunter sind etwa sogenannte Provokationsbestellungen zufassen oder das oben geschilderte Beispiel der auf Reisen mitgenommenen Zeitschrift.
[1850] In diesem Sinne Wagner 1986, 85, der unter anderem auf das Hauptabsatzgebiet abstellt.
[1851] Eine Entscheidung, wie in dem Fall US-amerikanischen Fall Keeton v Hustler Magazine, Inc 465 US 770 (1984) hätte verhindert werden können, vergleiche hierzu oben Fn 1745.

Dennoch sprechen praktische Schwierigkeiten gegen dieses rein objektive Kriterium. Dem beweispflichtigen Kläger würde aufgebürdet, die aktuellen Absatzzahlen darzulegen. Ausschlaggebend für die Ablehnung dieses Kriteriums ist jedoch, dass die Schwere der Persönlichkeitsrechtsverletzung nicht an der Auflagenzahl eines ehrverletzenden Produktes gemessen werden kann. Kleinste Verbreitungen können zu massiven Beeinträchtigungen führen, solange sie nur von den richtigen Leuten zur Kenntnis genommen werden[1852].

c. Bekanntheit am Verbreitungsort

Der EuGH hat im Rahmen der Ermittlung der internationalen Zuständigkeit entschieden, dass bei grenzüberschreitenden Presseveröffentlichungen nur die Verbreitungsorte relevant sind, an denen der Betroffene auch bekannt sei[1853]. Fraglich ist damit, ob nur eine bestehende soziale Anerkennung im Verbreitungsgebiet durch ein ehrverletzendes Erzeugnis beeinträchtigt werden kann:
Die Bekanntheit im Verbreitungsstaat ist zunächst nur nach dem anwendbaren materiellen Recht für die Bezifferung des Schadens maßgeblich. Für die internationale Zuständigkeit und das Kollisionsrecht muss jedoch unabhängig vom Eintritt eines Schadens jedes zur Kenntnisbringen eines inkriminierenden Inhalts gegenüber Dritten beachtet werden[1854]. Dem Schaden selbst kommt bei der Lokalisierung der unerlaubten Handlung gerade keine Bedeutung zu[1855]. Maßgebend ist allein die räumliche Fixierung der Rechtsgutsverletzung. Jedenfalls für die Lokalisierung ideeller Persönlichkeitsrechtsverletzungen ist die Bekanntheit bedeutungslos. Doch auch im Rahmen der Verletzung vermögenswerter Persönlichkeitsbestandteile spielt das Kriterium der Bekanntheit nur für die Lokalisierung des Schadens eine Rolle[1856]. Eine tatsächliche Beeinträchtigung der sozialen Anerkennung und damit der Nachweis des Eintritts einer Ehrminderung ist für die Bestimmung des Erfolgsorts folglich unerheblich[1857].

Außerdem kann eine Person erst durch die Behauptung ehrenrühriger Äußerungen in dem betreffenden Verbreitungsgebiet eine für sie dann unerwünschte Bekanntheit erlangen[1858].

Im Übrigen würde die Differenzierung nach Bekanntheit zu einer Zweiklassengesellschaft führen, in der allein Prominenten der Zugang zum Erfolgsort und damit zu

---

1852 Vergleiche auch das Beispiel des Börseninformationsdienstes bei Wagner RabelsZ 62 (1998) 243 (276).
1853 EuGH Urteil v 7.3.1995 Rs C-68/93, Slg 1995 I 415 (461) Nr 29 – Shevill / Presse Alliance SA.
1854 Schack UFITA 108 (1988) 51 (71).
1855 Hierzu oben 3. Kapitel: § 2. A. II. 4. b.
1856 So scheidet etwa ein Schadensersatzanspruch wegen unerlaubter Vermarktung mangels Schadens dann aus, wenn es an der Vermarktungsmöglichkeit fehlt, die wiederum mit der Bekanntheit des Vermarkteten zusammenhängt.
1857 V Hinden 1999, 90f.
1858 V Hein 1999, 325.

einer maximalen Auswahl eröffnet wird, während eine nicht berühmte Person allein auf die Anknüpfung am Handlungsort zu verweisen wäre[1859]. Das Persönlichkeitsrecht wirkt allein aufgrund des Menschseins, nicht jedoch wegen seiner Verkehrsgeltung. Ein sachlicher Grund für die Ungleichbehandlung von Prominenten und Normalbürgern ist demnach nicht ersichtlich.

Auch das Kriterium der Bekanntheit vermag eine weitere Eingrenzung des Verbreitungsorts nicht zu rechtfertigen.

d. Wohnsitz beziehungsweise gewöhnlicher Aufenthalt des Opfers im Verbreitungsgebiet

Indem mittels einer wertenden Schwerpunktbetrachtung aus sämtlichen Verbreitungsorten nur derjenige herangezogen wird, an dem sich schwerpunktmäßig der eigentliche Verletzungserfolg manifestiert, könnte als weiteres eingrenzendes Kriterium auf den Wohnsitz beziehungsweise den gewöhnlichen Aufenthalt des Opfers im Verbreitungsgebiet abgestellt werden. Denn regelmäßig ist der schwerpunktmäßige Erfolgsort bei grenzüberschreitenden Persönlichkeitsrechtsverletzungen dort auszumachen, wo der Betroffene die Folgen der Verletzung am stärksten spürt, wo der Mittelpunkt seiner sozialen Beziehungen liegt und damit in seiner unmittelbaren Umwelt[1860]. Diese Reduktion auf nur einen maßgeblichen Erfolgsort kann sich außerdem dogmatisch auf das alles durchziehende Prinzip der engsten Verbindung stützen[1861].
Diese Konkretisierung bietet eine Lösung für das Konkurrenzproblem zahlreicher Erfolgsorte an, während eine reine personale Lokalisierung des Erfolgsorts[1862] am Ort des gewöhnlichen Aufenthalts beziehungsweise am Wohnsitz des Geschädigten zunächst nur eine grundsätzliche Festlegung von Persönlichkeitsrechtsverletzungen vornimmt. Anders als bei der rein personalen Lokalisierung des Erfolgsorts tritt bei der Lösung des Konkurrenzproblems zahlreicher Erfolgsorte durch die Schwerpunktbetrachtung noch das Kriterium des Verbreitungsgebiets hinzu, in dem sich Wohnsitz oder gewöhnlicher Aufenthalt des Opfers befinden müssen. Dadurch entgeht die Schwerpunktbetrachtung nahezu allen Vorwürfen, die gegen die einseitige personale Lokalisierung des Erfolgsorts verständlicherweise eingewandt werden[1863]. Indem der Verbreitungsort als neutraler Anknüpfungsort der Interessenkollision von Verletzer und Opfer Ausgangspunkt für die weitere Konkretisierung ist, werden viele Gegenargumente hinfällig, insbesondere das der einseitigen Berücksichtigung der Interessen

---

[1859] V Hinden 1999, 91f.
[1860] Heldrich in FS Zajtay 1982, 215 (230).
[1861] V Hein 1999, 334. Im deutschen Kollisionsrecht ist dies in Art 41 I EGBGB kodifiziert; in der englischen Zuständigkeitsprüfung spielt ebenfalls eine „*most real and substantial connection*" eine entscheidende Rolle bei der Lokalisierung des Erfolgsort.
[1862] Hierzu oben 2. Kapitel: § 2. A. III. 2. b.
[1863] Hierzu bereits oben 2. Kapitel: § 2. A. III. 2. b. ; v Hein 1999, 334ff.

des Verletzten. Auch trifft diese Lösung nicht der Vorwurf, eine reine Fiktion darzustellen oder bloß Schadensfolgen einer Verletzung zu berücksichtigen[1864]. Indem der gewöhnliche Aufenthalt beziehungsweise der Wohnsitz des Opfers im Verbreitungsgebiet selbst liegen muss, wird nicht mehr nur auf eine Reflexivwirkung ausländischer Verbreitungen abgestellt, die der Betroffene insbesondere am seinem gewöhnlichen Aufenthalt beziehungsweise Wohnsitz verspürt[1865]. Der Vorwurf eines reinen Schadensorts kann der Schwerpunktlösung also nicht gemacht werden.

Fraglich bleibt allein, ob der Ausgangspunkt dieser Schwerpunktbetrachtung zutrifft, nach dem das Opfer einer Persönlichkeitsrechtsverletzung tatsächlich schwerpunktmäßig an seinem gewöhnlichen Aufenthalt betroffen wird.
Die Begründung dieser Schwerpunktbetrachtung, nach der am Ort des gewöhnlichen Aufenthalts des Opfers die Beziehung zu seiner sozialen Umwelt am stärksten ausgeprägt ist, verliert bei zunehmender Berühmtheit des Verletzten an Aussagekraft[1866]. Insbesondere für prominente Opfer ist diese Argumentation nicht zutreffend, da ein Schwerpunkt des Verletzungserfolgs nicht ausgemacht werden kann, wenn das gesamte internationale Publikum zum maßgeblich sozialen Umfeld wird. Eine derartige Konzentration des Erfolgsorts überzeugt vor allem dann nicht, wenn etwa der gewöhnliche Aufenthalt allein aus steuerlichen Gründen gewählt wurde, ohne dass es dort zu einer sozialen Einbettung des Betroffenen gekommen wäre[1867]. Für prominente Opfer ist die Schwerpunktlösung daher nicht sachgerecht.
Für den Durchschnittsbürger wiederum, der allenfalls in einem Staat „bekannt" ist, erweist sich eine derartige Schwerpunktbetrachtung gar als überflüssig, da er zumeist nur in diesem einen Staat einen beachtenswerten Schaden erleidet. Die Gefahr einer Zersplitterung des Schadens und damit Motivation für die Schwerpunktlösung besteht also nicht, da der Betroffene aufgrund der gleichzeitigen Verbreitung an seinem gewöhnlichen Aufenthalt dort ohne jegliche Eingrenzungen seinen gesamten Schaden ersetzt verlangen kann[1868].

Schließlich bietet diese Schwerpunktbetrachtung keine Lösung in der Situation, in der am gewöhnlichen Aufenthalt oder Wohnsitz des Opfers keine Verbreitung des persönlichkeitsrechtsverletzenden Erzeugnisses stattgefunden hat. Stattdessen auf den Handlungsort zu verweisen, würde den Betroffenen unbillig in den ihm grundsätzlich zustehenden Verteidigungsmöglichkeiten beschneiden und zu sämtlichen Nachteilen der alleinigen Anknüpfung an den Handlungsort führen[1869].

[1864] 2. Kapitel: § 2. A. III. 2. b.
[1865] So aber bei einer personalen Lokalisierung der Erfolgsorts oben 2. Kapitel: § 2. A. III. 2. b.
[1866] v Bar FS Waseda 1988, 575 (588).
[1867] V Hein 1999, 335.
[1868] Wagner RablesZ 62 (1998) 243 (280).
[1869] Hierzu oben 3. Kapitel: § 2. A. I. 1. b.

Im Ergebnis entpuppt sich die Eingrenzung des schwerpunktmäßigen Erfolgs auf den gewöhnlichen Aufenthalt beziehungsweise den Wohnsitz des Opfers im Verbreitungsgebiet als eine willkürliche Einschränkung, die weder den Interessen des Opfers, sei es prominent oder unbekannt, noch denen des Verletzers entgegenkommt.

3. Fazit

Der Handlungsort ist bei Persönlichkeitsrechtsverletzungen durch Massenmedien am Sitz des verantwortlichen Unternehmens räumlich zu lokalisieren. Dort nimmt die für die Anknüpfung maßgebliche Handlung ihren Lauf.

Eine weitere räumliche Fixierung des Erfolgsorts ist auf Tatbestandsebene nur insoweit möglich, als sich eine Kollision der Schutzinteressen des Persönlichkeitsträgers mit den Freiheitsrechten des Verletzers feststellen lässt. Dies kann für grenzüberschreitende Verletzungen durch Massenmedien nur auf den bestimmungsgemäßen Verbreitungsort reduziert werden.

Nur diese Eingrenzung der Anforderungen an die Definition des Erfolgsorts auf Tatbestandsebene kann dem Problem der weiten Streuung und damit den unerwünschten Konsequenzen der Ubiquität noch nicht gerecht werden[1870].

II. Immaterialgüterrechtsverletzungen

1. Urheberrecht

Auch auf die Verletzung von Urheberrechten lassen sich die für Persönlichkeitsrechte entwickelten Kriterien übertragen.

Liegt ein Fall vor, in dem ein potentieller Verletzer im Ausland Produkte herstellt, die im Inland den Grundsätzen der Territorialität zu Folge angeblich urheberrechtsverletzend wären, und diese sodann ins Inland vertreibt[1871], stellt sich zunächst die Frage, ob die Herstellung im Ausland einen Handlungsort für die Vertriebshandlung in das Inland begründen kann.

Nach obigen Grundsätzen[1872] ist der Beginn einer anknüpfungsrelevanten Verbreitungshandlung dort zu sehen, wo der potentielle Verletzer aus seiner Sicht alles Erforderliche für den Vertrieb in das Ursprungsland unternommen hat und damit dort, wo sich die Verhaltenszentrale befindet. Ob hierzu auch die Herstellung von Werken außerhalb des Ursprungslands zu rechnen ist, hängt dann davon ab, ob nachgewiesen werden kann, dass die Herstellung allein zum Zweck des Vertriebs in das Schutzland erfolgt ist. Maßgeblich ist ein so enger Zusammenhang zwischen Herstellung und

---

[1870] Zum Vorschlag des Ausbaus der Wechselwirkung zwischen IZPR und IPR, die einer weiteren Streuung entgegenwirken kann im Folgenden 3. Kapitel: § 2. C. IV.

[1871] Beispiel anhand von OLG München Urteil v 15.2.1990 ZUM 1990, 255 - Foxy Lady.

[1872] Oben 3. Kapitel: § 2. A. II. 4.

Vertrieb, dass die Herstellung nicht mehr nur als bloße Vorbereitung[1873] für die anschließende Verbreitung angesehen werden kann. Diese Abgrenzung wird allein anhand autonomer Kriterien vorgenommen, nicht jedoch unter Rückgriff auf das Recht des Vornahmeorts[1874].
Im Rahmen dieser Prüfung wird immer noch von der grundsätzlichen Geltung des materiellen Territorialitätsprinzips ausgegangen. Dennoch wird dabei die Vorstellung deutlich, dass das Urheberrecht sich nicht mit Grenzübertritt auflöst, um im nächsten Land wiederum unter neuen Voraussetzungen zu entstehen.
Betrachtet man die oben dargestellte Handlung unter dem Blickwinkel eines weltweit einheitlichen subjektiven Urheberrechts[1875], so ergibt sich im Übrigen das gleiche Problem: Für eine einheitliche grenzüberschreitende Handlung, die sowohl die Herstellung als auch den anschließenden Vertrieb umfasst, muss zwischen diesen Teilakten ein so enger Zusammenhang bestehen, dass sich eine Verschmelzung der beiden grundsätzlich selbständigen Verletzungshandlungen rechtfertigen lässt. Denn anders als bei Persönlichkeitsrechtsverletzungen kann schon das Herstellen eines Produkts ohne dessen weiteren Vertrieb eine selbständige Urheberrechtsverletzung begründen. Eine Verletzung der Persönlichkeit setzt hingegen noch die Kenntnisnahme durch Dritte von dem ehrverletzenden Erzeugnis voraus.
Die heranzuziehenden Kriterien sind jedoch die gleichen. Somit ist bereits das Herstellen relevante Ausführungshandlung für die Verbreitung, wenn der potentielle Verletzer zielgerichtet gerade für die fragliche Verbreitung angeblich urheberrechtsverletzende Produkte herstellen ließ. Hierbei muss er aus seiner Sicht alles für den Vertrieb in das fragliche Land vorbereitet haben, so dass er nach seinen Vorstellungen von den Geschehnissen zur Verwirklichung des Tatbestands der unerlaubten Handlung unmittelbar angesetzt hat. Dabei ist hauptsächlich auf die subjektive Komponente abzustellen, da eine objektive Gefahr für das Urheberrecht bereits durch das Herstellen geschaffen wurde. Lässt sich dieser enge Zusammenhang trotz der offensichtlichen Nachweisschwierigkeiten einmal begründen, so kann auch hier der Handlungsort am Sitz des verantwortlichen Herstellers lokalisiert werden. Ansonsten muss im Rahmen der Verbreitungshandlung entsprechend auf den Erscheinungsort als Handlungsort zurückgegriffen werden. Dies macht eine weitere Eingrenzung des Handlunsgorts auf einen möglichst zentralen Koordinationsort für den Vertrieb erforderlich[1876].

[1873] Einzeln betrachtet kann schon die Herstellung eine selbständige Handlung im Vornahmeland sein, da zur Verletzung des Urheberrechts, anders als im Persönlichkeitsschutz, eine Kenntnisnahme durch Dritte durch eine Veröffentlichung nicht erfolgen muss. Es geht hier allein um die Maßgeblichkeit der Herstellung für das anschließende Verbreiten.

[1874] Zu möglichen Unterschieden zwischen der autonomen Bestimmung und dem in der Sache anwendbaren Urheberrecht am Beispiel des § 17 (1) 1 Alt UrhG oben 3. Kapitel: § 2. A. II. 4. a.

[1875] Zur Befürwortung eines weltweit zumindest subjektiv einheitlichen Urheberrechts und einer entsprechenden Gleichbehandlung von Persönlichkeits- und Urheberrechtsverletzungen oben 3. Kapitel: § 2. A. I. 2. b.

[1876] Erfolgt der Vertrieb nur durch direkte Sendung aus dem Herstellungsland an den Kunden, so liegt in der Regel ein enger Zusammenhang vor, so dass der Handlungsort am Sitz des verantwortlichen Herstellers fixiert werden kann.

Der Abschluss der Verletzungshandlung und damit der Erfolgsort lässt sich ebenfalls im Einklang mit den für Persönlichkeitsrechtsverletzungen entwickelten autonomen Kriterien dort räumlich fixieren, wohin das urheberrechtsverletzende Produkt in vorhersehbarer Weise und damit bestimmungsgemäß vertrieben worden ist[1877]. Die zufällige Weitergabe durch Dritte oder das Auftreten von Folgeschäden sind dem Verletzer nicht mehr zurechenbar und scheiden als anknüpfungsrelevante Erfolgsorte aus.

Weitere Eingrenzungen auf Tatbestandsebene sind nicht möglich.

2. Registerrechte

Die eintragungspflichtigen Schutzrechte bereiten keine Probleme bei der Konkretisierung des Eingriffsorts. Da auch für parallele Schutzrechtsverletzungen in verschiedenen Staaten sich kein zentraler gemeinsamer Anknüpfungspunkt[1878] begründen lässt, befindet sich der handlungs- und erfolgsortbeinhaltende Verletzungsort immer im jeweiligen Schutzland. Die objektiven und subjektiven Kriterien zur Abgrenzung der Vorbereitungshandlung von der eigentlichen Verletzungshandlung können jedoch dann herangezogen werden, wenn bestimmte Handlungen vom Ausland in das Inland wirken und scheinbar eine einheitliche grenzüberschreitende Verletzung stattgefunden hat[1879]. Sollte sich herausstellen, dass die vom Ausland auf das Inland wirkende Handlung auch aus Sicht des potentiellen Verletzers schwerpunktmäßig auf das inländische Schutzrecht gerichtet war, so muss dieser Tatbeitrag bei der Beurteilung der inländischen Verwertungshandlung mitberücksichtigt werden[1880]. Allerdings kann der ausländische Teilakt aufgrund der Wirkung des Territorialitätsprinzips nur inländische Rechtsfolgen entfalten.
Ansonsten bleibt es bei der schlicht wirkenden Aussage, dass sich der Eingriffsort für Verletzungen eintragungspflichtiger Schutzrechte immer im jeweiligen Schutzland befindet.

III. Bilanz

Damit zeigt sich, dass Beschränkungen auf Tatbestandsebene nicht die erhoffte klare Aussage bezüglich des zuständigkeits- und kollisionsrechtlich relevanten Tatorts einer grenzüberschreitenden Handlung bewirken können. Deshalb sind weitere Maßnahmen zur Eingrenzung der unübersichtlichen Streuung anknüpfungsrelevanter Orte zu

---

[1877] Ausführlicher hierzu oben 3. Kapitel: § 2. B. I. 2. a.

[1878] Die einzige zentrale Verbindung lässt sich am Wohnsitz des Beklagten und damit für die Internationale Zuständigkeit am allgemeinen Gerichtsstand des Art 2 (1) EuGVO ausmachen, wo der Verletzte im Rahmen einer objektiven Klagenhäufung sämtliche parallelen Schutzrechtsverletzungen verfolgen könnte, vergleiche auch oben 3. Kapitel: § 2. A. I. 2. c.

[1879] Damit kann neben dem Recht des Schutzlandes, also der lex causae, (hierzu oben 3. Kapitel: § 2. A. II. 3.) auch eine Orientierung an den autonomen Kriterien erfolgen.

[1880] Letztlich ausschlaggebend wird jedoch die Beurteilung des ausländischen Tatbeitrags durch die Vorstellungen des Schutzlandrechts sein, hierzu oben 2. Kapitel: § 2. A. IV. 4.

suchen, um die unerwünschten Konsequenzen einer schrankenlosen Ubiquität zu vermeiden:

C. Auf Rechtsfolgenebene bestehende sonstigen Alternativen bei zahlreichen Erfolgsorten einer einheitlichen Handlung

Die Konkretisierung des Tatorts durch eine Eingrenzung der relevanten Ausführungshandlung und die anschließende Bestimmung autonomer Kriterien im Rahmen typischer Fallgruppen kann eine weite Streuung der maßgeblichen Erfolgsorte nicht zuverlässig verhindern. Immer noch wird eine prozessökonomische, einheitliche und damit effektive Rechtsdurchsetzung durch die Konsequenzen einer uneingeschränkten Ubiquitätsregel mit dem auf zwei Ebenen bestehenden Wahlrecht behindert.
Die freie Auswahl des Opfers unter sämtlichen in Betracht kommenden Erfolgsorten nach dem uneingeschränkten Günstigkeitsprinzips führt viel zu weit[1881]. Wenn sich der Betroffene unter zahlreichen Erfolgsorten zunächst einen Gerichtsstand aussuchen und sodann dieses Gericht unter erneuter Ausübung seines Wahlrechts auf kollisionsrechtlicher Ebene zur Anwendung der ihm günstigsten Rechtsordnung, die für seinen gesamten Schaden maßgeblich ist, veranlassen könnte, würde er unangemessen und einseitig gegenüber dem Handelnden privilegiert werden: Selbst, wenn die Ermittlung des für den Geschädigten günstigsten Erfolgsorts nicht dem Gericht überantwortet wird, würde stets das dem Beklagten nächste Gericht und die strengste aller berührten Rechtsordnungen über die gesamte Schadensabwicklung entscheiden.
Eine weitere Eingrenzung, diesmal vorgenommen auf Rechtsfolgenebene könnte einen Ausweg zeigen.

I. Kollisionsrechtliches Mosaikprinzip

Auf kollisionsrechtlicher Ebene bietet sich hierfür zunächst das sogenannte Mosaikprinzip an[1882]. Danach gilt das Recht jedes Erfolgsorts gerade nur für den Schaden, der in dem betreffenden Gebiet eingetreten ist[1883]. Als Folge hiervon müssen im Rahmen einer Klage die einzelnen Schadensteile jeweils nach unterschiedlichen Rechtsordnungen beurteilt werden. Durch diese kollisionsrechtliche Aufspaltung des Sachverhalts wird bildlich gesprochen ein rechtlicher Flickenteppich und damit ein Mosaik zahlreicher parallel anzuwendender Rechtsordnungen geschaffen, da sich der Anspruch des Betroffenen letztlich aus unterschiedlichen nationalen Rechten zusammensetzt.

[1881] Hierzu bereits oben 3. Kapitel: § 2. A. I. 1. c.

[1882] Diesen Weg geht etwa die herrschende Meinung in Deutschland für Persönlichkeitsrechtsverletzungen, oben 2. Kapitel: § 2. A. III. 2. d. . Unklar ist noch die englische Rechtsprechung, oben 2. Kapitel: § 2. B. V.

[1883] Als Ausgleich wird bei der Wahl des Handlungsortrechts der gesamte Schaden einheitlich nach diesem beurteilt. V Hein 1999, 330 nennt diese Form eine Mosaikbeurteilung im weiteren Sinne.

Der Vorteil dieser Lösung liegt darin, dass die einzelnen nationalen Besonderheiten und hinsichtlich der Verletzung der Persönlichkeit die kulturellen Eigenheiten eines Staates über dessen Rechtsordnung bei der Beurteilung des Teilschadens Beachtung finden. Dadurch wird dem Grundsatz, dass jede Rechtsordnung nur für die in ihrem Geltungsbereich eintretenden Rechtsgutsverletzungen maßgeblich ist, Rechnung getragen[1884]. Vielfach wird in dem Mosaikprinzip auch die konsequente Fortführung der Ubiquitätsregel gesehen[1885].

Eine derartige territoriale Begrenzung des Deliktsstatuts geht in Anlehnung an den gewerblichen Rechtsschutz jedoch davon aus, dass die vorliegende Rechtsverletzung nicht eine einheitliche Handlung, sondern eine Vielzahl von selbständigen Handlungen darstellt. Streudelikte, bei denen das Problem der Mehrheit von Erfolgsorten auftaucht, sind dagegen einheitliche Gesamthandlungen, die nicht in selbständige Teilakte aufgespalten werden können[1886]. Im Bereich der gewerblichen Schutzrechte hingegen treten keine „echten" *multi-state-* Delikte auf, so dass der Betroffene für eine prozess-ökonomische Durchsetzung seiner Rechte bei parallelen Verletzungshandlungen eine objektive Klagenhäufung am allgemeinen Gerichtsstand des Beklagten anstrengen muss. Dort werden die einzelnen nationalen Verletzungen nicht als Gesamtdelikt zusammengefasst, sondern als selbständige Einzelhandlungen beurteilt.

Zuzugeben ist den Befürwortern der Mosaiklösung jedoch, dass trotz der Annahme einer einheitlichen Verletzungshandlung die Beurteilung dieser anhand nur eines Rechts schwierig erscheint. Ein weltweit einheitlicher Persönlichkeits- oder Urheberrechtsschutz existiert nicht, da die nationalen Rechtsordnungen und Verhaltensnormen in den einzelnen Ländern immer noch unterschiedlich ausgeprägt sind. Doch bestehen diese Unterscheide nur in der speziellen Ausgestaltung des Rechtsschutzes.
Sowohl das Persönlichkeits- als auch das Urheberrecht erfahren zumindest subjektiv weltweite Geltung und sind in diesem Sinne nicht territorial gebunden[1887]. Da sie dem Menschen beziehungsweise ihrem Schöpfer überall auf der Welt zustehen, würde das Mosaikprinzip zu einer territorialen Zersplitterung des Persönlichkeits- beziehungsweise des Urheberrechts führen. Eine Aufspaltung in rechtlich selbständige Teilakte könnte die Tragweite einer grenzüberschreitenden Verletzung nicht angemessen würdigen. Der Schutz des Geschädigten würde geschwächt werden, wenn er bezogen auf jeden Staat Verletzung und Schaden einklagen[1888] und gesondert beweisen müsste. Hingegen kann das unterschiedliche Niveau des nationalen Rechtsschutzes auf der Ebene der Schadensbemessung ausreichend berücksichtigt werden[1889]. Dies führt auch

---

[1884] MünchKomm/Kreuzer, X 1998, Art 38 Rz 52.
[1885] MünchKomm/Kreuzer, X 1998, Art 38 Rz 216; Looschelders ZVglRWiss 95 (1996) 48 (81ff);
[1886] Hierzu oben 3. Kapitel: § 2. A. I. 2.
[1887] Vergleiche die Ausführungen oben 3. Kapitel: § 2. A. I. 2.
[1888] Zu der entsprechenden Beschränkung der Kognitionsbefugnis sogleich im Folgenden 3. Kapitel: § 2. C. II.
[1889] Schwieriger ist dies für Unterlassungs- beziehungsweise Widerrufsansprüche, bei denen sich die Untersagung beziehungsweise der Widerruf einer bestimmten Veröffentlichung zwar theoretisch auf das Gebiet

nicht durch die Hintertür wieder zur Mosaikbeurteilung[1890]. Es erfolgt gerade keine räumliche Aufspaltung der Ansprüche für die Bemessung des Gesamtschadens. Stattdessen werden im Rahmen einer Gesamtbetrachtung auf der Grundlage eines einheitlichen Rechts nur die Wertungen der einzelnen nationalen Verhaltensnormen miteinbezogen. Maßstab bleibt der Gesamtschaden[1891]. So kann die Tatsache, dass die Verbreitung in einem Gebiet rechtmäßig war, durch Abzug vom Gesamtschaden berücksichtigt werden, da es dort an einem Schaden fehlt[1892].
Eine Gesamtbetrachtung ist im Hinblick auf die Rechtsfolgenseite und damit hinsichtlich des Zuspruchs von Schadensersatz verfahrensökonomischer, da zumeist der inländische Schadensanteil am Gesamtschaden zu messen sein wird. Ist dem Verletzer an einer Klarstellung gelegen, dass sein Vorgehen nach einer Rechtsordnung rechtmäßig war, so muss er diesbezüglich eine negative Feststellungsklage anstrengen[1893].
Die einheitliche Beurteilung der Verletzung durch eine Rechtsordnung ist außerdem nach der alternativen Anknüpfung an das Recht des Handlungsorts selbstverständlich.

Auch nach deutschem Kollisionsrecht findet keine territoriale Bindung an jeweils die Rechtsordnung statt, auf deren Gebiet sich die Verletzung ereignet hat, da im Rahmen von Persönlichkeitsrechtsverletzungen jederzeit eine Auflockerung des Deliktsstatuts zugelassen ist. Anders ist dies nur bei Immaterialgüterrechtsverletzungen, für die die herrschende Meinung in Deutschland nach wie vor dem Schutzlandprinzip folgt und daher eine Auflockerung von vornherein augeschlossen ist[1894].

Ausschlaggebendes Argument gegen das Mosaikprinzip liegt jedoch in der zweifelhaften Praktikabilität einer distributiven Rechtsanwendung[1895].

---

eines oder mehrerer Staaten (in denen die Rechtswidrigkeit der Verbreitung feststeht) begrenzen lässt, der Störer jedoch faktisch nicht in der Lage sein wird, einer solchen Aufspaltung der Unterlassung nachzukommen, da eine territoriale Steuerung der Verbreitung sich zumeist als unmöglich erweist, vergleiche hierzu im unmittelbar Folgenden.
Der Richter kann die Folge der Maßgeblichkeit des stets strengstens Standards (mangels Möglichkeiten im Rahmen einer Schadensbemessung) allerdings dadurch vermeiden, dass er im Rahmen einer Gesamtbetrachtung unter Einbeziehung sämtlicher Wertungen der einzelnen nationalen Verhaltensnormen nach dem „Alles-oder-nichts-Prinzip" entscheidet: Entweder bleibt die fragliche Veröffentlichung entscheidungsweit verfügbar, wenn die Mehrzahl oder die Schwerpunktverbreitungsgebiete eine solche Verbreitung zulassen, oder sie wird insgesamt aus dem Verkehr gezogen.

[1890] So aber v Hein 1999, 333.

[1891] Kubis 1999, 140, nach dem eine Schadensschätzung einer im Vergleich zur Gesamtauflage nur geringfügigen Verbreitung im Inland gar zu willkürlichen Ergebnissen führen kann.

[1892] Schack UFITA 108 (1988) 51 (68) Fn 83. Bei Unterlassungs- beziehungsweise Widerrufsansprüchen bleibt es beim „Alles-oder-nichts-Prinzip", vergleiche oben Fn 1889, das jedoch nach einer Abwägung der Auswirkungen der gesamten Tathandlung und damit vergleichbar am Maßstab des Gesamtschadens anzuwenden ist, zu dem Problem der Mosaiklösung und Unterlassungsansprüchen auch im unmittelbar Folgenden.

[1893] Die alles umfassende Leistungsklage selbst enthält allerdings keine länderspezifische Verurteilung, sondern weist allenfalls die Klage im Übrigen ab.

[1894] Vergleiche die Ausführungen oben 2. Kapitel: § 2. A. IV. 1.

[1895] So auch Staudinger/v Hoffmann 2001, Art 40 Rz 60; Kristin 2001, 145; Seidel 1999, 183; v Hinden 1999, 158ff; Wagner RabelsZ 62 (1998) 243 (277f); Stadler JZ 1994, 642 (650); Hohloch ZUM 1986, 165 (178); Wagner 1986, 86f.

Im Bereich von Schadensersatzansprüchen spaltet die Mosaikbeurteilung den Gesamtschaden in ein Bündel nationaler Ersatzansprüche auf, so dass erst ein Vorgehen nach sämtlichen Erfolgsortrechten vollständige Kompensation erbringen kann.
Dies macht jedoch nur dann Sinn, wenn eine Schädigung des Vermögens gerade aufgrund der Verbreitung im Staat des Schadeneintritts erfolgt. Die räumlich beschränkte Anwendung einer Rechtsordnung allein auf ihren Schadenseintrittsort lässt sich allerdings kaum begründen, wenn die Verletzungshandlung zwar auch in anderen Ländern vorgenommen wurde, dort aber kein materieller Schaden eingetreten ist. Hier müssen die Auswirkungen der weiteren Handlungsteile auf den nur in einem Staat eingetretenen Schaden, schon um dem Einwand der Willkür zu begegnen, ebenfalls berücksichtigt werden.
Noch schwerer begründbar erscheint eine Aufspaltung des anwendbaren Rechts, wenn sich ein Schaden an einem Ort außerhalb des Verbreitungsgebiets verwirklicht. Auf das Recht an diesem Ort kann sich der Geschädigte gerade nicht berufen, da der Ort des reinen Schadenseintritts kollisionsrechtlich unbeachtlich bleibt. Nach der Mosaiklösung bleibt folglich offen, wonach ein Schaden außerhalb des Verbreitungsgebiets beurteilt werden soll. In diesen Konstellationen erscheint die Zuordnung eines solchen Schadens zu den einzelnen Erfolgsortrechten in den jeweiligen Verbreitungsgebieten, wo die für den Schaden kausale Verletzung stattgefunden hat, im Wege der Mosaikbeurteilung kaum nachvollziehbar.
Vor allem bei Vorliegen immaterieller Schäden ist der wahre Ausgangspunkt der Mosaikbeurteilung, nach dem jeder Schaden gerade kausal auf eine entsprechende Rechtsgutsverletzung in diesem Staat folgt, nicht haltbar. Die Schädigung des guten Rufs einer Person lässt sich nur schwerlich innerhalb bestimmter Landesgrenzen halten, noch kann deren Umfang einzeln dort bestimmt werden.

Die vorangegangenen Ausführungen machen deutlich, dass sich die Mosaikbetrachtung im Wesentlichen auf den Eintritt des Schadens konzentriert, da dessen territoriale Erstreckung den Geltungsbereich des jeweiligen Erfolgsortrechts bestimmen soll. Hier taucht wiederum das Problem der Abgrenzung zwischen dem nach deutschem und englischem Kollisionsrecht unbeachtlichen Ort des Eintritts bloßer Schadensfolgen und dem Ort des Eintritts der Rechtsgutsverletzung auf[1896].
Die mosaikartige Vornahme der Schadensbemessung ist darüber hinaus in bestimmten Konstellationen praktisch unmöglich und erscheint daher wenig sinnvoll. Eine adäquate Beurteilung des Unrechts einer Handlung und damit die Festlegung der entsprechenden Kompensation kann bei schwer lokalisierbaren Delikten, für die sich kaum ermitteln lässt, ob und vor allem in welchem Umfang ein Schaden in einem bestimmten Gebiet entstanden ist, nur anhand einer Gesamtschau aller relevanten Faktoren festgestellt werden. Maßstab bleibt also der gesamte Schaden. Für einzelne Teilschäden sollte auch nicht etwa auf die Zahl der in dem Land vertriebenen

[1896] Hierzu oben 3. Kapitel: § 2. A. II. 4. b.

Exemplare des verletzenden Produkts als Richtschnur zurückgegriffen werden[1897]. Danach wäre in dem Beispielsfall der Ehrverletzung durch die Presse die Zahl der in einem Staat vertriebenen Exemplare zu der Höhe der Gesamtauflage in Verhältnis zu setzen. Das Recht des jeweiligen Vertriebgebiets wäre dann jeweils nur in diesem Umfang auf den gesamten Schaden anzuwenden. Dem ist jedoch entgegenzuhalten, dass anhand der Stückzahl kaum der tatsächliche Schadensumfang ermessen werden kann, da auch kleinste Auflagenzahlen zu schweren Beeinträchtigungen führen können, wenn sie vom entsprechenden Publikum gelesen werden[1898].
Gelangt man stattdessen erst durch die Addition sämtlicher, nach den einzelnen Rechtsordnungen separat zu ermittelnden Teilschäden zu dem vom Geschädigten insgesamt zu beanspruchenden Schadensersatz, potenziert sich entsprechend der Aufwand für die entscheidende Stelle[1899].

Oftmals wird versucht, diesem Dilemma dadurch zu entkommen, dass der entstandene Gesamtschaden letztlich am Maßstab der *lex fori* geschätzt wird[1900], was sogleich die territoriale Aufspaltung als reine Fiktion entlarvt[1901].

Die Probleme der Mosaikbeurteilung werden offensichtlich, wenn Gerichte das Prinzip an einem komplexen Sachverhalt anwenden sollen. In Deutschland ist noch kein Gericht für den konkreten Fall dem kollisionsrechtlichen Mosaikprinzip gefolgt[1902]. Im bundesstaatlichen System der USA, wo eine Verletzung gleichzeitig in fünfzig Staaten Erfolge verursachen kann, machte insbesondere die Entscheidung *Hartmann v. Time*[1903] die Grenzen der distributiven Rechtsanwendung deutlich[1904]. Die Anwendung sämtlicher maßgeblicher einzelstaatlicher Deliktsrechte hat das Gericht völlig überlastet.
Die Aufgabe des Richters, sämtliche möglichen und damit fast ausschließlich ihm fremde Rechtsordnungen anzuwenden, kann ihn, auch wenn er sich wie im deutschen Recht nach § 293 ZPO die erforderlichen Kenntnisse bezüglich dieser von Amts wegen verschaffen müsste, überfordern und damit den Prozess in die Länge ziehen. In England würde zudem allein die Partei belastet, die sämtliche Rechte, auf die sie sich beruft, selbst darlegen und beweisen müsste, bevor das Gericht dann selbst zu den Schwierigkeiten der Anwendung ausländischen Rechts gelangt[1905].

[1897] In diesem Sinne EuGH Urteil v 7.3.1995 – Rs 68/93, Slg 1995 I 415 Nr 9- Shevill / Presse Alliance SA.
[1898] Hier sei nur auf das Beispiel hingewiesen, dass ein Informationsdienst den drohenden Konkurs eines Unternehmens nur gegenüber wenigen Personen vorhersagt, was bei der entsprechenden Leserschaft, die über die Vergabe von Krediten zu entscheiden hat, schwerwiegende Folgen für das Unternehmen haben wird, bei Wagner RabelsZ 62 (1998) 243 (276).
[1899] Dies erklärt auch das angesprochene Dilemma.
[1900] Riegl 1986, 247ff.
[1901] So Dethlolff NJW 1998, 1596 (1602) zum Internationalen Wettbewerbsrecht.
[1902] Wagner RabelsZ 62 (1998) 243 (278).
[1903] Hartmann v Time, Inc, 166 F 2d 127 (3rd Circ 1948), Sachverhalt bei Wagner RabelsZ 62 (1998) 243 (278).
[1904] Wagner RabelsZ 62 (1998) 243 (278) zitiert Prosser, Mich L Rev 51 (1953) 959 (973) mit den Worten: „*That way madness lies*" im Falle einer konsequenten Anwendung der kollisionsrechtlichen Mosaikbeurteilung.
[1905] Hierzu oben 2. Kapitel: § 2. B. VII.

Ein Verweis auf die alternative Anknüpfung an den Handlungsort[1906] kann als Ausweg einer Zersplitterung der Erfolgsortanknüpfung und damit als Korrektur der negativen Folgen der Mosaikbeurteilung nicht akzeptiert werden. Es ist inkonsequent, die Anknüpfung an den Handlungsort zwar als zu anfällig für etwaige Manipulierungen des Schädigers[1907] anzusehen, trotzdem die Reichweite des Erfolgsortrechts auf den Ort des jeweiligen Schadenseintritts zu beschränken und sodann zu versuchen, die daraus resultierenden Nachteile wiederum unter Verweis auf die Möglichkeiten am Handlungsort auszugleichen.

Geht es dem Betroffenen nicht um Schadensersatz, sondern macht er einen Anspruch auf Unterlassung oder Widerruf geltend, so erscheint eine territoriale Aufspaltung der einheitlichen Verletzungshandlung nach Art der Mosaikbeurteilung ebenfalls sehr problematisch. Bei herkömmlichen Ehrverletzungen durch Printmedien könnte an einen Unterlassungsanspruch oder Widerruf mit Wirkung etwa für ein bestimmtes Verbreitungsgebiet gedacht werden[1908]. Abgesehen davon, dass ein einheitliches Recht territorial zersplittert würde und der Verletzer das im einzelnen anwendbare Recht und die daraus folgenden Verpflichtungen kaum noch vorhersehen könnte, entfällt zwar die Problematik des Schadenseintrittsorts[1909]. Sowie jedoch die Tathandlung aufgrund sich entwickelnder Technik und zunehmender Globalisierung einheitlicher und dadurch immer weniger aufspaltbar wird, wie etwa im Internet oder beim Satellitendirektfunk, macht das Mosaikprinzip keinen Sinn mehr. Dem Verletzer wird es faktisch nicht möglich sein, einer speziell für nur ein bestimmtes Gebiet angeordneten Unterlassung oder einem ebensolchen Widerruf nachzukommen, wenn er die Verbreitung nicht mehr entsprechend koordinieren kann[1910]. Stattdessen führt eine nur für ein spezielles Territorium angeordnete Unterlassung tatsächlich zum Verbot der gesamten Maßnahme und damit letztlich zur Maßgeblichkeit des strengsten Rechts. Eine solche Privilegierung des Betroffenen durch die quasi Wiedereinführung des Günstigkeitsprinzips mutet widersprüchlich an, wenn zugleich für Schadensersatzansprüche diese zu starke Bevorzugung des Geschädigten mittels des Mosaikprinzips wiederum eingeschränkt werden soll. Damit ist die Mosaiklösung für Unterlassungs- und Widerrufsansprüche insgesamt betrachtet praktisch nicht durchführbar.

[1906] So v Hein 1999, 340; Mankowski RabelsZ 63 (1999) 203 (276).

[1907] Hier ist die Möglichkeit der Unternehmen gemeint, durch das Verlegen ihres Sitzes in sogenannte Haftungsoasen die Anknüpfungsmomente des Handlungsorts in ihrem Sinne zu beeinflussen.

[1908] Dabei kann auf den Vertrieb in diesem Gebiet ganz verzichtet oder alternative Ausgaben herausgegeben werden, Wagner 1986, 86.

[1909] Hierzu im unmittelbar Vorhergehenden.

[1910] Bachmann IPRAX 1998, 179 (187); Dethloff NJW 1998, 1596 (1602) für das Internet. Für Fernseh- und Rundfunkanstalten wird es ebenfalls kaum möglich sein, die jeweiligen Sendungen mit unterschiedlichem Inhalt in ihren Empfangsstaaten zu senden.

Es bleibt daher festzuhalten, dass das kollisionsrechtliche Mosaikprinzip keine sachgerechte und praktikable Lösung für das Problem der Vielzahl anknüpfungsrelevanter Erfolgsorte bietet[1911].

II. Restriktion der Gerichtskompetenz

Im Einklang mit der Rechtsprechung des EuGH zu Ehrverletzungen durch Presseerzeugnisse könnte ein zuständigkeitsrechtliches Mosaikprinzip in Form der Beschränkung der Kognitionsbefugnis des Erfolgsortgerichts der starken Streuung maßgeblicher Erfolgsorte Herr werden[1912]. Danach wird die Entscheidungsbefugnis der Gerichte am Erfolgsort auf den in diesem jeweiligen Staat entstandenen Schaden beschränkt, so dass nur die Kompensation der Nachteile gewährt wird, die auf der in diesem Staat eingetretenen Rechtsgutsverletzung beruhen. Die Gerichte am Handlungsort können jedoch nach wie vor über den Ersatz sämtlicher durch die Verletzungshandlung entstandenen Schäden urteilen.

Ein Vorteil dieser Lösung liegt darin[1913], dass die Gerichte am Erfolgsort nicht mehr über den gesamten Schaden entscheiden müssen und dadurch von einer distributiven Anwendung mehrerer Rechtsordnungen befreit wären.
Dem ist jedoch sofort entgegenzuhalten, dass der Kläger stattdessen die Zuständigkeit am Handlungsort wählen könnte, wo sich die Kognitionsbefugnis über den gesamten Schaden erstreckt. Diesen Gesamtschaden könnte er jedoch theoretisch auf Grundlage einer Erfolgsortanknüpfung wieder in unzählige Ansprüche aufspalten. Dann bliebe den Gerichten eine langwierige Ermittlung sämtlicher ausländischen Rechtsordnungen nicht erspart.
Außerdem stehen auch hier die Erfolgsortgerichte vor der fast unmöglichen Aufgabe, den sich auf ihrem Gebiet erstreckenden Bruchteil des immateriellen Schadens zu bestimmen[1914].

Eine derartige Zersplitterung dieses besonderen Gerichtsstands sollte daher weder dem Kläger noch dem Beklagten zugemutet werden. Auch das Gericht würde so vor die beschriebenen Probleme gestellt. Da die umfassend zuständigen Gerichte am Handlungsort zumeist mit den Gerichten des allgemeinen Gerichtsstands überein-

---

[1911] So auch Staudinger/v Hoffmann 2001, Art 40 Rz 60f; Seidel 1999, 181ff; v Hinden 1999, 154 ff; Wagner RabelsZ 62 (1998) 243 (277ff); Schack UFITA 108 (1988) 51 (67f); v Bar in FS Waseda 1988, 575 (589f); Riegl 1986, 248; Wagner 1986, 85ff.

[1912] EuGH Urteil v 7.3.1995 Rs C-68/93, Slg 1995 I 415 Nr 30 – Shevill / Presse Alliance SA; hierzu oben 2. Kapitel: § 1. B. II. 2. c.

[1913] Neben dem Ziel natürlich, grenzenloses *forum shopping* zu verhindern, was Hintergrund sämtlicher Beschränkungen der relevanten Erfolgsorte ist. Auf der Ebene des Kollisionsrecht kann hierfür der Terminus „*law shopping*“ verwendet werden.

[1914] Zu diesem Problem vergleiche oben 3. Kapitel: § 2. C. I.

stimmen[1915], wird der besondere Gerichtsstand der unerlaubten Handlung durch die Beschränkung der Kognitionsbefugnis praktisch völlig entwertet[1916]. Eine Klage am Erfolgsort wird sich für den Betroffenen nur selten lohnen, wenn dort nicht sein Gesamtschaden liquidiert werden kann[1917]. Damit wird das Ubiquitätsprinzip nicht nur eingeschränkt, sondern faktisch beseitigt[1918]. Der Betroffene ist kaum noch in der Lage, die Chancen oder Risiken seines rechtlichen Vorgehens zu kalkulieren, wenn er an den Erfolgsortgerichtsständen nur jeweils Teilschäden einklagen kann und somit gezwungen ist, zahllose Prozesse in verschiedenen Staaten zu führen. Der Deliktsgerichtsstand soll jedoch gerade eine Alternative zum allgemeinen Gerichtsstand aufzeigen. Die Abweichung vom Grundprinzip der Zuständigkeit am Beklagtenwohnsitz wird dabei durch die Sachnähe und die Interessen des Betroffenen begründet[1919], denen aber die restriktive Auslegung des Erfolgsortgerichtsstands nicht gerecht werden kann[1920].

Insbesondere ist nicht einsichtig, warum gerade nur die Gerichte am Verbreitungsort geeignet sein sollen, die in ihrem Staat erfolgte Teilverletzung zu beurteilen und dabei allein den Umfang des daraus entstandenen lokalen Schadens zu bemessen, wenn auf der anderen Seite die Sachnähe an der Verhaltenszentrale so groß ist, dass dort eine umfassende Kognitionsbefugnis gerechtfertigt werden kann. Unter der Voraussetzung, dass Handlungsort und Erfolgsort jeweils beides notwendige Bestandteile der unerlaubten Handlung sind und sich dabei wegen ihrer haftungsrechtlichen Funktionen gleichwertig gegenüberstehen[1921], lässt sich eine derartige Einschränkung der Kognitionsbefugnis am Erfolgsort nicht begründen. Stattdessen ist bei „echten" *multi-state-* Delikten von einer einheitlichen grenzüberschreitenden Handlung auszugehen, die nicht in selbständige Teilakte aufgespalten werden kann, um an den einzelnen Erfolgsorten jeweils eine territorial beschränkte Sachnähe zu konstruieren[1922]. Die maßgebliche Tathandlung und der durch sie verursachte Gesamtschaden können nicht allein in einem bestimmten Gebiet lokalisiert werden, sondern allenfalls die sie ausmachenden Teilschäden und Teilhandlungen. Um jedoch das Delikt angemessen und umfassend zu beurteilen, sollte daher nicht auf eine falsch verstandene Sachnähe zu dem nur lokalen Teilschaden abgestellt werden.

Indem der Kläger im Rahmen seiner Klage am Erfolgsortgerichtsstand gezwungen wird, zur vollständigen Kompensation seines Schadens mehrere Erkenntnis- und Vollstreckungsverfahren an sämtlichen Erfolgsorten durchzuführen, wird außerdem

---

[1915] Im Fall der Ehrverletzungen durch Presseerzeugnisse wird der Handlungsort am Sitz des Presseunternehmens als eigentliche Verhaltenszentrale lokalisiert, hierzu oben 3. Kapitel: § 2. B. I. 1.
[1916] So Schack, IZPR 2002, Rz 306; Kreuzer/Klötgen IPRAX 1997, 90 (95).
[1917] Kreuzer/Klötgen IPRAX 1997, 90 (95).
[1918] Staudinger/v Hoffmann 2001, Vorbem zu Art 40 Rz 94.
[1919] Der EuGH spricht lapidar von dem Erfordernis einer geordneten Rechtspflege, Urteil v 7.3.1995 Rs C-68/93, Slg 1995, 415 Rz 30 – Shevill / Presse Alliance SA.
[1920] Coester-Waltjen in FS Schütze 1999, 175 (182).
[1921] Hierzu oben 3. Kapitel: § 2. A. I. 1.
[1922] Zur einheitlichen Handlung oben 3. Kapitel: § 2. A. I. 2.

der durch die EuGVO bezweckten Verfahrensvereinfachung und Verfahrensbeschleunigung entgegengewirkt[1923].

Wiederum kaum durchführbar erscheint auch eine zuständigkeitsrechtliche Mosaikbetrachtung bei Klagen auf Unterlassung und Widerruf[1924]. Das Gericht am Erfolgsort ist faktisch oft nicht in der Lage, die Beschränkung seiner Kognitionsbefugnis konsequent einzuhalten.

Die Lösung des EuGH bietet daher keinen annehmbaren Kompromiss zwischen der Möglichkeit des Klägers zu einem grenzenlosen *forum shopping* und einer Konzentration der Gerichtsstände am konkreten Fall[1925]. Damit ist auch die Beschränkung der Kognitionsbefugnis der Erfolgsortgerichte nicht der geeignete Weg, um der weiten Streuung relevanter Erfolgsorte in befriedigender Weise gerecht zu werden.

III. forum (non) conveniens

Eine weitere Lösung könnte in der anglo-amerikanischen Reaktion auf überschießende Zuständigkeiten gesehen werden, nach der im Rahmen einer normierten Missbrauchskontrolle durch das angerufene Gericht die Zuständigkeitsregeln generalklauselartig für die Fälle einer konkreten Beziehungsarmut zum Forum eingeschränkt werden[1926].
Allerdings trägt die *forum (non) conveniens*- Doktrin nicht zu einer sachgerechten Begrenzung der Tatortgerichtsstände bei, wenn sie die Vorstellung kontinentaleuropäischer typisierter Zuständigkeitsanknüpfungen durch Billigkeitserwägungen im Einzelfall ersetzt[1927].

Fraglich ist nur, ob der Geschädigte die mit der *forum (non) conveniens*- Doktrin einhergehende Rechtsunsicherheit nicht hinnehmen sollte, wenn er doch ansonsten von der grundsätzlich sehr weitgespannten Internationalen Zuständigkeit profitiert und möglicherweise nur wegen der Aussicht auf höhere Schadensersatzbeträge missbräuchlich einen sachfremden Gerichtsstand wählt. Eine Klageabweisung nach den Grundsätzen der *forum (non) conveniens*- Doktrin erschiene hierfür angemessen.
Die Auseinandersetzung mit dem englischen Recht hat jedoch gezeigt, dass der Ausbau der Missbrauchskontrolle zu nicht mehr hinnehmbaren Rechtsunsicherheiten führt[1928], die allenfalls dann zu akzeptieren wären, wenn der Geschädigte gegebene

---

[1923] Rauscher ZZP Int 1 (1996) 151 (158).
[1924] Zu dem Problem der Mosaiklösung im Rahmen von Unterlassungs- und Widerrufsansprüchen oben 3. Kapitel: § 2. C. I.
[1925] Rauscher ZZP Int 1 (1996) 151 (160).
[1926] Hierzu oben 2. Kapitel: § 1. A. II. 2. a. (1)
[1927] Ausführliche Bewertung und Ablehnung der *forum (non) conveniens*-Lehre oben 2. Kapitel: § 1. A. II. 2. a. (1) (b) und 2. Kapitel: § 1. A. II. 2. a. (1) (c)
[1928] Zu dem Vorgehen englischer Gerichte oben 2. Kapitel: § 1. A. II. 1. a. und2. Kapitel: § 1. A. II. 2. a. (1).

Zuständigkeiten nicht nur ausnutzt, sondern den Eintritt der Zuständigkeitsvoraussetzungen bewusst arglistig herbeiführt. Der abschreckende Effekt der Doktrin, nach dem der Kläger von vornherein gehalten sein soll, nur vor sachnahen Gerichten zu klagen, kann die mit ihr einhergehenden Unsicherheiten nicht ausgleichen.
Im Übrigen sind die Grundsätze einer derartigen, auf reinen Ermessenserwägungen des Gerichts beruhenden Einschränkung überschießender Zuständigkeiten nicht mit den Grundsätzen der EuGVO zu vereinbaren[1929]. In diesem Zusammenhang geht es vor allem um das kontinentaleuropäische Grundverständnis, wonach dem Kläger aufgrund fester und vorhersehbarer Zuständigkeitsregeln ein Justizgewährungsanspruch zukommt. Unter Anwendung von reinen Billigkeitserwägungen wird ihm hingegen im Rahmen der *forum (non) conveniens-* Doktrin dieser Anspruch nachträglich wieder abgesprochen. Mit der Schaffung des EuGVÜ[1930] hat sich die Mehrzahl der europäischen Staaten für den Weg zu einer europäischen Zuständigkeitsordnung entschieden, der kodifizierte und klar vorhersehbare Regelungen vor die Wertungen eines Richters im Einzelfall stellt. Daher dürfen Probleme, die im Rahmen dieser festen Zuständigkeitsregeln entstehen, nicht unter Rückgriff auf ein System angegangen werden, das gerade vermieden werden sollte.

Klare Zuständigkeitsnormen stehen im vorrangigen Interesse sämtlicher Beteiligter und sind einem unter Umständen langen Streit um das im Einzelfall geeignete Gericht vorzuziehen.

IV. Ausbau der Wechselwirkung zwischen IZPR und IPR

1. Vorschlag zur schlichten Parallelität

Um die Durchsetzung ubiquitärer Rechte am Tatortgerichtsstand für alle Beteiligten zufriedenstellend zu regeln, muss auch nach anfänglicher Konkretisierung des Tatorts auf Tatbestandsebene durch die Eingrenzung der maßgeblichen Ausführungshandlung[1931] und die weitere Konkretisierung der zuvor gefundenen autonomen Kriterien im Rahmen typisierender Fallgruppen[1932] das noch bestehende freie Wahlrecht des Betroffenen zumindest auf Rechtsfolgenebene sinnvoll eingeschränkt werden. Denn auch nach der Vornahme dieser Konkretisierungen auf Tatbestandsebene kann letztlich eine unübersichtliche Streuung anknüpfungsrelevanter Orte verbleiben.
Bei konsequenter Verwirklichung der Wechselwirkung zwischen Internationalem Zivilprozessrecht und Kollisionsrecht[1933] im Rahmen der Suche nach dem Tatort einer unerlaubten Handlung bietet sich folgende Lösung für das Problem der starken Streuung der Erfolgsorte an:

[1929] Näher oben 2. Kapitel: § 1. A. II. 2. a. (1) (c)
[1930] Zu der Entwicklung der europäischen Zuständigkeitsordnung oben2. Kapitel: § 1. B. I.
[1931] Vergleiche oben 3. Kapitel: § 2. A. II.
[1932] Oben 3. Kapitel: § 2. B.
[1933] Hierzu oben 3. Kapitel: § 1. C.

Unter Zugrundelegung der erfolgten Konkretisierungen auf Tatbestandsebene, die sich angesichts des Wertungszusammenhangs von Zuständigkeitsrecht und Internationalem Privatrecht bei unerlaubten Handlungen auch für beide Bereiche entsprechen, erscheint es gerechtfertigt, wenn das Gericht am Handlungsort den Gesamtschaden nach dem dort geltenden materiellen Recht beurteilt[1934].
Die Gleichwertigkeit von Handlungs- und Erfolgsort gebietet weiter, im Fall der Wahl des Gerichtsstands eines Erfolgsorts auch automatisch dessen materielles Recht umfassend über die einheitliche unerlaubte Handlung und den durch sie verursachten Gesamtschaden entscheiden zu lassen.

Die Nachteile einer distributiven Rechtsanwendung liegen auf der Hand[1935], weshalb allein die Maßgeblichkeit nur einer Rechtsordnung für den gesamten Schaden, sei es am Handlungs-[1936] oder am Erfolgsort, richtig erscheint. Etwaige tatsächliche Auswirkungen der vor Ort geltenden Regeln lassen sich trotzdem mit berücksichtigen, was die Rechtsprechung im Hinblick auf örtliche Verkehrsregeln und Sicherheitsvorschriften bereits praktiziert[1937]. Grundlegende sachrechtliche Unterschiede können ansonsten im Rahmen der Bemessung des Gesamtschadens einfließen[1938].

Damit werden die Konsequenzen einer doppelten Anwendung der Ubiquitätsregel im Zusammenhang mit dem freien Wahlrecht des Geschädigten entschärft[1939]. Kurz formuliert soll der Betroffene zwischen den nach erfolgter Konkretisierung relevant bleibenden Anknüpfungsmerkmalen wählen und so das zuständige Tatortgericht bestimmen können, womit er sich aber gleichzeitig für dessen anwendbares Sachrecht entschieden hat. Eine erneute und unabhängige Ausübung seines Wahlrechts auf kollisionsrechtlicher Ebene lässt sich nicht mehr rechtfertigen. Die Bindung an seine auf der Ebene der internationalen Zuständigkeit erfolgte Wahl des maßgeblichen Anknüpfungskriteriums ergibt sich aus der notwendigen Beschränkung der Ubiquitätsregel und kann mit den Grundsatz von Treu und Glauben begründet werden. Jedem Recht sind gewisse sozialethische Schranken immanent, die zu einer sozial angemessenen Rechtsausübung verpflichten. Danach ist nicht einzusehen, warum der Kläger für die verschiedenen Ebenen auch verschiedene relevante Tatorte auswählen können sollte, wenn deren Lokalisierung auf beiden Ebenen parallel verläuft.

Hierdurch wird ein Kompromiss zwischen dem unbeschränkten doppelten Wahlrecht des Geschädigten auf der einen Seite und der unpraktikablen Zerstückelung der

---

[1934] So auch Wagner RabelsZ 62 (1998) 243 (283) für Persönlichkeitsrechtsverletzungen durch die Presse, der allerdings am Erfolgsort die Beschränkung der Kognitionsbefugnis des EuGH übernimmt.
[1935] Oben 3. Kapitel: § 2. C. I.
[1936] Hier ist bereits nach deutscher herrschender Meinung die territoriale Reichweite unbeschränkt, oben 2. Kapitel: § 2. A. II. 1. c.
[1937] BGH Urteil v 8.1.1985, BGHZ 93, 214 (217f); v Bar/Mankowski, IPR I 2003, § 4 Rz 20.
[1938] Hierzu oben 3. Kapitel: § 2. C. I.
[1939] Zu den Problemen oben 3. Kapitel: § 2. A. I. 1. c.

unerlaubten Handlung im Rahmen einer zuständigkeits- oder kollisionsrechtlichen Mosaikbetrachtung geschaffen.

2. Einwände

Gegenüber dieser Lösung lassen sich zahlreiche Einwendungen erheben.
Zunächst scheint die Bedeutung der Wahl des Forums überhand zu nehmen, da sie gleichzeitig ausschlaggebend für das anwendbare Recht ist und damit den Ausgang des Verfahrens maßgeblich bestimmt. Hierdurch wird *forum shopping*, also das systematische Ausnutzen nebeneinander bestehender internationaler Zuständigkeiten um gewisser Vorteile willen, nicht nur attraktiver, sondern zu einer notwendigen Überlegung eines erfolgreichen Klägers beziehungsweise seines pflichtbewussten Rechtsanwalts. Das eigentliche Ziel der Vermeidung umfassender Möglichkeiten des *forum shopping* wird aus den Augen verloren.
Man sollte sich jedoch bewusst machen, dass die geschickte Wahl des Gerichtsorts durch den Kläger grundsätzlich legitim ist und der EuGH selbst ein solches Wahlrecht ausdrücklich anerkannt hat[1940]. Zwar ist die Eingrenzung einer allumfassenden Gerichtspflichtigkeit eines vermeintlichen Schädigers vorrangiges Anliegen bei der Behandlung von Streudelikten[1941]. Doch darf dieses nicht zu einer faktischen Abschaffung des zuständigkeitsbegründenden Tatorts führen, indem etwa die Kognitionsbefugnis der Gerichte am Erfolgsort auf den dort eingetretenen Schaden beschränkt wird[1942].

Außerdem lässt sich einwenden, dass der Kläger schon bei der Wahl des zuständigen Gerichts gezwungen ist, das anwendbare Recht zu berücksichtigen. Das heißt für ihn, sich im Vorfeld eines Verfahrens nach dem für ihn erfolgsversprechenden Recht zu erkundigen. In der Regel müssen hierfür kostspielige Privatgutachten in Auftrag gegeben werden, so dass der Geschädigte und dessen Rechtsanwalt von einem hohen Ermittlungsaufwand betroffen sind. Probleme des Kollisionsrechts müssen daher schon auf der Ebene der Zuständigkeit behandelt werden.
Allerdings wurde im deutschen Kollisionsrecht im Rahmen der Neufassung des Art. 40 (1) EGBGB das Günstigkeitsprinzip ohnehin eingeschränkt, so dass bei Untätigkeit des Klägers nicht mehr automatisch das für ihn günstigste Recht anzuwenden ist. Daher ist auch hier der Betroffene gezwungen, vor Klageerhebung das für ihn erfolgsversprechendere Recht herauszufinden.
Diese vorherige Prüfungspflicht erscheint jedoch angesichts der ihm zu seinem Vorteil gereichenden großen Auswahl an maßgeblichen Tatorten nicht unangemessen, da sie

---

[1940] EuGH Urteil v 30.11.1976 Rs 21/76, Slg 1976, 1735 Rz 15, 19 – Bier / Mines de Potasse d'Alsace.
[1941] Hierzu oben 3. Kapitel: § 1. A. Eine erste Konkretisierung der Anknüpfungsmerkmale anhand autonomer Kriterien wurde bereits vorgenommen, so dass eine unter Umständen weltweite Streuung gewisse Eingrenzung fand, vergleiche oben 3. Kapitel: § 2. B.
[1942] Vergleiche oben 3. Kapitel: § 2. C. II.

gerade das notwendige Pendant zur Aufrechterhaltung einer solchen Anknüpfungsvielfalt darstellt. Dem Wahlrecht des Klägers folgt also unweigerlich auch die Pflicht zur sorgfältigen Entscheidung. Da im Rahmen einer unerlaubten Handlung für das internationale Zuständigkeitsrecht sowie für das Kollisionsrecht gemeinsame Prinzipien bestehen und sich die hinter beiden grundsätzlich eigenständigen Rechtsgebieten stehenden Wertungen in schlichter Parallelität niederschlagen, führt der bereitete Vorschlag nicht zu einer kopflastigen Prüfung. Die internationale Zuständigkeit wird nicht von einer kollisionsrechtlichen Vorfrage abhängig oder umgekehrt, da die Anknüpfung auf beiden Ebenen nach gleichen Grundsätzen und Wertungen erfolgt. Die Annahme eines schlichten Gleichlaufs bewirkt im Gegenteil eine enorme Erleichterung und Vereinfachung der Prüfung.

Des Weiteren kann der Lösung einer schlichten Parallelität der Vorwurf gemacht werden, dass dem formalen Ideal des Internationalen Privatrechts[1943] in Form des internationalen Entscheidungseinklangs nicht entsprochen werden kann. So wird an keinem in Betracht kommenden Tatortgerichtsstand der Sachverhalt jeweils nach demselben Recht beurteilt, da jedes Gericht am Deliktsgerichtsstand seine *lex fori* anwendet. Dadurch scheint es für den vermeintlichen Schädiger kaum vorhersehbar, an welchem Recht er sein Verhalten zu orientieren hat.
Internationaler Entscheidungseinklang ist für die vorgeschlagene Lösung nur dann gewährleistet, wenn weder die Zuständigkeitsregel noch die Rechtsanwendungsvorschrift die Möglichkeit einer Wahl zulassen, so dass unter jedem Gesichtspunkt nur ein einziges Gericht und nur eine anwendbare Rechtsordnung maßgeblich sind. Dies würde allerdings zu einem unbedingten Gleichlauf führen, der die Parallelität der Anknüpfungen und einen gleichzeitigen äußeren Entscheidungseinklang nur dann garantieren kann, wenn die Zuständigkeit ausschließlich und eine Rechtswahl ausgeschlossen ist[1944]. Am nur besonderen Tatortgerichtsstand, wo lediglich ein schlichter Gleichlauf auftreten kann, ist dies jedoch nicht möglich.
Statt äußere Entscheidungsharmonie zu schaffen, vereinfacht die schlichte Parallelität der Anknüpfungen das doppelte Problem der Lokalisierung. Dem potentiellen Schädiger muss klar werden, dass er sich an sämtlichen, durch die erfolgten Konkretisierungen eingegrenzten Rechtsordnungen zu orientieren hat. Hinter der Klarheit und Einfachheit dieser Regel muss das Ideal einer internationalen Entscheidungsharmonie zurücktreten. Letztlich ist abzuwägen, inwieweit diese Wechselwirkung zwischen Zuständigkeits- und Kollisionsrecht den Wunsch nach internationaler Entscheidungsgleichheit gefährdet. Dabei ist aber immer die bedeutende Erleichterung bei der Behandlung internationaler Sachverhalte zu beachten. Im Grunde kann dem Bedürfnis nach äußerem Entscheidungseinklang ohnehin nur durch eine internationale Vereinheitlichung des Kollisionsrechts begegnet werden[1945].

[1943] Kropholler, IPR 2002, 35.
[1944] Heldrich, Internationale Zuständigkeit 1969, 62.
[1945] Zum Stand der Harmonisierung des Kollisionsrechts oben 2. Kapitel: § 2. C.

Am bedenklichsten erscheint jedoch an dem Vorschlag einer schlichten Parallelität der Anknüpfungen, dass auf der Ebene der internationalen Zuständigkeit mögliche kollisionsrechtliche Auflockerungen keine Berücksichtigung finden können[1946]. Damit würden diese Wertungen des Kollisionsrechts keinen Eingang in das Prozessrecht finden und so am Deliktsgerichtsstand unberücksichtigt bleiben. Eine Wechselbeziehung ist gerade nicht möglich, wenn auf kollisionsrechtlicher Ebene die Tatortregel durch eine Sonderanknüpfung an den gemeinsamen gewöhnlichen Aufenthalt der Parteien oder eine sonstige engere Verbindung oder stärkere Beziehung zu einer Rechtsordnung verdrängt wird. Für diese Durchbrechungen der Tatortregel finden sich im Internationalen Zuständigkeitsrecht keine Parallelen. Ein schlichter Gleichlauf scheint also nur insoweit gewährleistet, als die speziellen Gerechtigkeitsvorstellungen des Kollisionsrechts keinen selbständigen Weg gebieten. Der Tendenz zu differenzierenden Anknüpfungen im Internationalen Privatrecht kann das Prozessrecht nicht folgen, da es nicht im spezifischen Zuständigkeitsinteresse liegt, das dem Sachverhalt angemessene Recht zu bestimmen, sondern vielmehr dem Rechtssuchenden die Rechtsverfolgung erleichtern soll.

Hier muss folglich eine Ausnahme von der vorgeschlagenen Parallelität der Anknüpfungen gemacht werden, da keine vollständige Wertungsübertragung stattfinden kann, wenn Kollisionsrecht und das Recht der internationalen Zuständigkeit jeweils eigenen, unterschiedlichen Ordnungs- und Wertungsprinzipien folgen. Eine Harmonisierung dieser Prinzipien ist daher nicht möglich, wenn auf kollisionsrechtlicher Ebene die Tatortregel wegen anderer vorrangiger Anknüpfungen nicht zur Anwendung gelangt. Der schlichte Gleichlauf als Rechtssicherheit schaffende Regelanknüpfung kann nur angenommen werden, wenn auf beiden Ebenen die Tatortregel herangezogen wird.

3. Entscheidung

Die Interessenlage bei grenzüberschreitenden Verletzungen ubiquitärer Rechte fordert eine alternative Maßgeblichkeit von Handlungs- und Erfolgsort bei der Bestimmung des Deliktsgerichtsstands. Eine schrankenlose Wahl des Betroffenen sowohl auf zuständigkeits- als auch auf kollisionsrechtlicher Ebene würde jedoch zu weit führen[1947]. Das Bedürfnis nach weiteren Maßnahmen zur Eingrenzung der unübersichtlichen Streuung anknüpfungsrelevanter Orte, um die unerwünschten Konsequenzen einer schrankenlosen Ubiquität zu vermeiden, die Einfachheit und Klarheit der Lösung einer schlichten Parallelität und die mit ihr einhergehenden Vorteile erleichtern die Entscheidung für den schlichten Gleichlauf der Anknüpfungen am Tatortgerichtsstand unter doppelter Anwendung der Tatortregel.

[1946] Zu den Auflockerungen der Tatortregel im deutschen IPR oben 2. Kapitel: § 2. A. II. 2.
[1947] Vergleiche oben 3. Kapitel: § 2. A. I. 1. c.

Die besondere internationale Zuständigkeit am Ort der unerlaubten Handlung ist grundsätzlich denselben Wertungen verpflichtet wie das Internationale Deliktsrecht[1948]. Um Widersprüche zu vermeiden, ist eine Feinabstimmung der jeweiligen Teillösungen geradezu zwangsnotwendig, da sich die Vorgehensweisen auf der einen Ebene sogleich auf der anderen auswirken können[1949]. Somit lassen sich die Wertungen des Internationalen Privatrechts auf das Internationale Zivilverfahrensrecht und umgekehrt übertragen, wenn es um die Bestimmung des maßgeblichen Tatorts sowohl für den Gerichtsstand als auch das anwendbare Deliktsrecht geht. Bei dieser Form der Parallelität von Gerichtsstand und anwendbarem Recht wird allerdings weder die Zuständigkeit unmittelbar durch das anzuwendende Recht noch umgekehrt das anzuwendende Recht vom Zuständigkeitsrecht bestimmt. Eine Unterordnung des Rechtsanwendungsrechts unter das Zuständigkeitsrecht oder umgekehrt, die Verlagerung des Kollisionsrecht in das Zuständigkeitsrecht erfolgt gerade nicht. Stattdessen sind beide Ebenen von denselben Bezugspunkten abhängig, wodurch es zu einer gegenseitigen Wechselwirkung kommt.
Ein kausales Band zwischen internationalem Privatrecht und internationaler Zuständigkeit besteht jedoch bei einem solchen nur „phänotypischen" Gleichlauf nicht[1950]. Daher kann dem Vorschlag einer schlichten Parallelität nicht vorgeworfen werden, spezifische Zuständigkeits- oder kollisionsrechtliche Interessen zu verfälschen und dem „archaischen" *lex-fori*- Prinzip verfallen zu sein[1951]. Der hier vorgeschlagene schlichte Gleichlauf im Rahmen der Tatortregel hat keinesfalls das Ziel vor Augen, stets an jedem auch nicht deliktischen Gerichtsstand das jeweils dort geltende Sachrecht und damit zwingend die *lex fori* anzuwenden[1952]. Ein strikter Gleichlauf wird gerade nicht angestrebt. Die vorgeschlagene Parallelität führt nur zu einem Gleichlauf am Deliktsgerichtsstand, wenn sowohl im Zuständigkeitsrecht als auch im Kollisionsrecht die Tatortregel herangezogen wird[1953]. Am Tatortgerichtsstand kann die *lex fori* auch nicht als das Recht eines beziehungsarmen sachfernen Gerichtsstands abgetan oder ihr gar die „Verneinung des Kollisionsrechts" vorgeworfen werden, da sich die Kriterien für die Lokalisierung der relevanten Bezugspunkte entsprechen[1954].

Das Motiv für den schlichten Gleichlauf liegt nicht im bewussten Heimwärtsstreben der Gerichte[1955] oder folgt dem naiven Glauben an die Überlegenheit des eigenen Rechts, sondern wurzelt in dem Bedürfnis nach einer weiteren Einschränkung der

---

1948 Hierzu oben 3. Kapitel: § 1. C. Mankowski RabelsZ 63 (1999) 201 (275), der leider im Folgenden zur Übertragung des Mosaikprinzips gelangt.
1949 Wagner RabelsZ 62 (1998) 243 (253).
1950 In der Neuauflage nun unter „phainotypischer" Gleichlauf, v Bar/Mankowski, IPR I 2003, § 5 Rz 147.
1951 Dies würde einer Bankrotterklärung eines differenzierten Kollisionsrechts gleichkommen, so Schack, IZVR 2002, Rz 218 zum strikten Gleichlauf unter Verweis auf Heldrich, Internationale Zuständigkeit 1969, 57; ausführlich auch Pfeiffer 1995, 91ff.
1952 Vergleiche hierzu oben 3. Kapitel: § 1. C.
1953 Zu dem Problem der Auflockerung der Tatortregel oben 3. Kapitel: § 2. C. IV. 2.
1954 Hierzu Neuhaus RabelsZ 20 (1955) 201 (248ff).
1955 Zum Heimwärtsstreben Kropholler, IPR 2002, 42f.

Ubiquitätsregel bei starker Streuung der Erfolgsorte durch eine Rechtssicherheit garantierende, einfache und damit praktikable Lösung.
Dennoch tritt ein nicht unerwünschter Nebeneffekt dieser Lösung ein, wenn durch die Anwendung des jeweils heimischen materiellen Rechts eine nicht zu verachtende Erleichterung für die Gerichte geschaffen wird und sie von der oftmals schwierigen und unsicheren Anwendung fremden Rechts befreit werden. Dadurch werden sowohl das öffentliche Interesse an einem einfachen prozessökonomischen Verfahren sowie die Parteiinteressen gefördert, da die Anwendung des dem Gericht vertrauten Heimatrechts am ehesten Vorhersehbarkeit und Richtigkeit der Entscheidung garantieren kann.
Dieser Vorschlag zur schlichten Parallelität findet außerdem seine Entsprechung bei den eintragungspflichtigen Immaterialgüterrechten. Auch dort wendet das Tatortgericht die *lex fori* in Form der *lex loci protectionis* an[1956]. Allerdings geht in diesem Bereich die territoriale Reichweite der *lex fori* nicht so weit, dass sie über Handlungsteile außerhalb des Schutzlands entscheiden kann[1957].
Auch wenn diese Lösung die eigentliche Zahl der maßgeblichen Tatortgerichtsstände nicht weiter einschränkt und so prinzipiell die Möglichkeiten zum *forum shopping* nicht reduziert wurden, sind gleichsam die Unannehmlichkeiten des sogenannten *law shoppings* erheblich verringert. Durch die wechselseitige Einflussnahme der Lokalisierungskriterien im Zuständigkeits- und Kollisionsrecht und die Maßgeblichkeit der Wahl für beide Ebenen wird jedoch auch der willkürlichen Inanspruchnahme von Gerichtsständen Einhalt geboten und somit missbräuchlichem *forum shopping* der Anreiz genommen[1958].
Einer Flucht des Verletzers in mögliche Haftungsoasen wird durch die parallele Maßgeblichkeit der Erfolgsorte entgegengewirkt. Gleichzeitig bannt die vorgeschlagene Modifizierung des sich auf zwei Ebenen erstreckenden unbeschränkten Wahlrechts des Klägers die damit verbundene Gefahr seiner Überkompensation. Zusätzlich lassen sich sämtliche praktischen Schwierigkeiten der kollisionsrechtlichen Mosaiklösung[1959] vermeiden, da die einheitliche Handlung und der durch sie verursachte Gesamtschaden nicht künstlich aufgespalten werden müssen. Durch die Eröffnung eines besonderen Gerichtsstands für den Gesamtschaden steht einer effizienten und prozessökonomischen Erledigung des Rechtsstreits nichts mehr im Wege. Die Einfachheit und Praktikabilität des Vorschlags einer schlichten Parallelität der Anknüpfungen verblüffen hingegen geradezu.

[1956] Ausführlich oben2. Kapitel: § 2. A. IV. 1. zum deutschen Kollisionsrecht, entsprechend im englischen Kollisionsrecht 2. Kapitel: § 2. B. VI. 2.
[1957] Vergleiche oben 2. Kapitel: § 2. A. IV. 1. zum deutschen und 2. Kapitel: § 2. B. VI. 2. zum englischen Kollisionsrecht.
[1958] Missbräuchlichem *forum shopping* kann außerdem noch durch die letztlich maßgeblichen Erfolgsvoraussetzungen einer Entscheidung, also deren Anerkennung und Vollstreckung durch die Staaten, in denen sie wirken soll, ausreichend Einhalt geboten werden.
[1959] Im Einzelnen oben 3. Kapitel: § 2. C. I.

V. Relevanz für Urheberrechte und gewerbliche Schutzrechte

Es erscheint daher ebenfalls naheliegend, bei der Verletzung eines Urheberrechts durch eine unteilbare Handlung in mehreren Staaten zugleich sowohl auf Zuständigkeits- als auch auf Kollisionsebene auf eine Mosaikbetrachtung zu verzichten und stattdessen die Rechtsverfolgung am Tatortgerichtsstand einheitlich nach der entsprechenden *lex fori* vorzunehmen.
Dennoch erscheint eine solche Lösung trotz ihrer offensichtlichen Vorzüge derzeit nur schwer praktisch durchsetzbar. Denn immer noch folgen nahezu alle Staaten dem Schutzlandprinzip und unterstellen sowohl Bestand als auch Inhalt, Schranken und Schutzumfang einheitlich dem Recht des Schutzlands, so dass zumindest an der kollisionsrechtlichen Mosaikbeurteilung kein Weg vorbei führt. Erst mit der internationalen Anerkennung der Universalität des Urheberrechts lassen sich die Schwierigkeiten der Durchsetzung von Ersatzansprüchen bei grenzüberschreitenden Urheberrechtsverletzungen lösen. Derzeit ist eine Klage angesichts der unsicheren Vollstreckungsaussichten einer den Gesamtschaden würdigenden Entscheidung des Tatortgerichts wohl nur am allgemeinen Gerichtsstand möglich[1960].
Für die Zukunft ist dennoch die subjektive Universalität des Urheberrechts[1961] im Blick zu halten, nach deren Grundsätzen den neuen Entwicklungen eines weltweiten Handels und einer globalen Vernetzung und den damit verbundenen neuen Verletzungsformen in angemessener Weise die Stirn geboten werden kann. Dann ist auch für das Urheberrecht die Wechselwirkung von Zuständigkeits- und Kollisionsrecht am Tatortgerichtsstand zu bejahen und im Zuge der Gesamtbetrachtung einer grenzüberschreitenden Verletzungshandlung die Lösung einer schlichten Parallelität zu wählen.

Für eintragungspflichtige Schutzrechte hingegen kommt es weder auf Zuständigkeits- noch auf kollisionsrechtlicher Ebene zu einer Mehrzahl von Erfolgsorten, die durch eine unteilbare Handlung verknüpft sein könnten, so dass die aufgezeigten Methoden der Einschränkung der Anknüpfungskriterien keine Rolle spielen. Stattdessen kann es nur am allgemeinen Gerichtsstand zu einer Art objektiver Klagenhäufung kommen, wo die selbständigen Teilakte einer nach außen wirkenden einheitlichen Verletzungshandlung nebeneinander anhand der jeweiligen Schutzrechte beurteilt werden. Nur in diesem Rahmen kann bei gewerblichen Schutzrechten von der Maßgeblichkeit der Mosaikbeurteilung gesprochen werden. Mangels eines alles verknüpfenden Tatortgerichtsstand ist dort jedoch eine solche objektive Klagenhäufung nicht möglich.

[1960] Allerdings ist zu bemerken, dass häufig schon die Vollstreckung „nur" im Gerichtsstaat dem Opfer einer Urheberrechtsverletzung effektiven Rechtsschutz ermöglichen würde.
[1961] Hierzu oben 3. Kapitel: § 2. A. I. 2. b.

D. Ergebnis für den Deliktsgerichtsstand

I. Verletzung ubiquitärer Rechte

Für das ubiquitäre Persönlichkeitsrecht können alternative Handlungs- und Erfolgsorte einer einheitlichen Handlung in verschiedenen Ländern lokalisiert werden. Eine angemessene Beurteilung des Handlungsunrechts und dessen entsprechende Kompensation ist nur einheitlich entweder am Handlungsort allein nach den Grundsätzen des dort geltenden Sachrechts oder wahlweise an einem Erfolgsort umfassend nur anhand der dortigen *lex fori* möglich. Dem Kläger wird nur ein einmaliges Wahlrecht zwischen den anknüpfungsrelevanten Merkmalen[1962] zugestanden, das er bereits bei der Entscheidung für das zuständige Gericht ausübt. Weder auf kollisionsrechtlicher noch auf zuständigkeitsrechtlicher Ebene ist das unpraktikable Mosaikprinzip heranzuziehen. Nur die Lösung des schlichten Gleichlaufs ermöglicht es, komplexe Delikte durch die Anerkennung einer einheitlichen Gesamthandlung effizient und umfassend zu beurteilen, trotzdem die Maßgeblichkeit beider Anknüpfungspunkte, also Handlungs- und Erfolgsort zu berücksichtigen und durch die Modifizierung der Ubiquitätsregel den Forderungen nach Rechtssicherheit gerecht zu werden.

Dies sollte ebenso auf ein entsprechend zu verstehendes Urheberrecht übertragen werden. Allerdings ist zu berücksichtigen, dass die subjektive Universalität des Urheberrechts und die damit zusammenhängende Lösung momentan wohl nicht verwirklichbar sind. Zumindest auf kollisionsrechtlicher Ebene scheint wegen des alles beherrschenden Schutzlandprinzips eine Mosaikbetrachtung leider noch unvermeidbar.

II. Verletzung von eintragungspflichtigen Schutzrechten

Da im Bereich der Registerrechte jedoch keine echten *multi-state-* Delikte konstruiert werden können, ergibt sich auch nicht das Problem einer Vielzahl von konkurrierenden Anknüpfungskriterien, das nach den Grundsätzen einer schlichten Parallelität zu lösen wäre.
Stattdessen findet am Gerichtsstand der unerlaubten Handlung quasi ein strikter Gleichlauf zwischen Zuständigkeit und anwendbarem Recht statt, da nur innerhalb des Schutzlandes eine Verletzung erfolgen und damit ein anknüpfungsrelevanter Tatort liegen kann. *Lex loci protectionis* und *lex fori* entsprechen sich in diesem Fall. Mangels Alternativität der Eingriffsorte stellt sich auch nicht die Frage nach einem Wahlrecht des Klägers.
Eine umfassende Entscheidung über sämtliche grenzüberschreitenden Registerrechtsverletzungen am besonderen Tatortgerichtsstand im Rahmen einer objektiven Klagen-

---

[1962] Diese wurden ebenfalls mit Hilfe autonomer Kriterien weiter konkretisiert, hierzu oben 3. Kapitel: § 2. A. II. und 3. Kapitel: § 2. B.

häufung kann nicht erfolgen[1963]. Auch auf Zuständigkeitsebene kann nur die Handlung im Inland einen zuständigkeitsrelevanten Tatort begründen[1964]. Da gerade nicht von einer einheitlichen Verletzungshandlung ausgegangen werden kann, die sich aus mehreren, auch im Ausland stattfindenden Teilakten zusammensetzt, fehlt es dem Deliktsgerichtsstand an einem die einzelnen Teilhandlungen verklammernden Element. Für den allgemeinen Gerichtsstand liegt die einigende Verbindung am Wohnsitz des Beklagten. Das Gericht am Tatort hingegen kann nur über die inländische Verletzungshandlung entscheiden und seine internationale Zuständigkeit nicht auf die ausländischen Verletzungen erstrecken.

§ 3. Zu den weiteren Gerichtsständen

A. Allgemeiner Gerichtsstand

Der allgemeine Gerichtsstand bereitet keine besonderen Probleme. Im Zusammenhang mit grenzüberschreitenden Verletzungen kommt ihm jedoch eine besondere Bedeutung zu: Abgesehen von der ausschließlichen Zuständigkeit des Art. 22 Nr. 4 EuGVO werden am Gerichtsstand des Beklagtenwohnsitzes sämtliche nationalen auf das Territorialitätsprinzip gestützten Vorbehalte überwunden[1965]: Ohne Ausnahme können Klagen wegen der Verletzung eines eintragungspflichtigen Schutzrechts im In- oder Ausland am Wohnsitz des Beklagten geführt werden. Dem Gericht kommt dort folglich eine umfassende Kognitionsbefugnis zu.

Der Wohnsitz des Beklagten kann außerdem als verklammerndes Element herangezogen werden, das die gemeinsame und umfassende Entscheidung über parallele Verletzungshandlungen durch denselben Beklagten in verschiedenen Staaten rechtfertigt. So können auch aufgrund der strengen Territorialität als selbständig anzusehende Handlungen im Wege einer objektiven Klagenhäufung am allgemeinen Gerichtsstand verbunden werden. Dies ist oft die einzige Möglichkeit des Klägers, insbesondere bei den territorial streng gebundenen Registerrechten, seine Ansprüche effizient durchzusetzen.

Das anwendbare Recht richtet sich nach dem am Gerichtsstand maßgeblichen Kollisionsrecht. Die Eingrenzung des Tatorts und damit die Konkretisierung der maßgeblichen Anknüpfungspunkte sollten dennoch anhand der aufgestellten autonomen Kriterien[1966] für alle Rechtsordnungen gleich erfolgen. Ist von einer

[1963] So aber Kubis 1999, 232.
[1964] Zur maßgeblichen Handlung ausführlich oben 3. Kapitel: § 2. A. I. 2. c. mit weiteren Nachweisen.
[1965] Bornkamm, Grenzüberschreitende Unterlassungsklagen 2000, 127 (131); hierzu bereits oben 2. Kapitel: § 1. B. II. 1. ; zum deutschen IZPR auch 2. Kapitel: § 1. A. I. 2. b.
[1966] Vergleiche oben 3. Kapitel: § 2. B.

einheitlichen Handlung auszugehen, so entscheidet das vom Kläger gewählte Recht umfassend über den Rechtsstreit.
Können selbständige Einzelhandlungen nur im Rahmen einer objektiven Klagenhäufung miteinander verbunden werden, so kommt es auf kollisionsrechtlicher Ebene zur Aufspaltung der Rechtsanwendung. Das kritisierte Mosaikprinzip lässt sich in dieser Konstellation nicht vermeiden.

B. Gerichtsstand der Streitgenossenschaft

Auch Art. 6 Nr. 1 EuGVO hat entscheidende Bedeutung bei grenzüberschreitenden Schutzrechtsverletzungen. Der Gerichtsstand der Streitgenossenschaft kommt dem angestrebten einheitlichen Gerichtsstand insbesondere für die Fälle nahe, in denen verschiedene Beteiligte in unterschiedlichen Staaten handeln[1967]. Gerade im Bereich der wirtschaftlich interessanten Immaterialgüterrechte ist es üblich, dass international tätige Unternehmen durch Tochtergesellschaften in den einzelnen Staaten repräsentiert werden, die die dortigen Geschäfte führen und dabei auch die Schutzrechte des Klägers europaweit verletzen können. Agieren diese grenzüberschreitend gegenüber inhaltsgleichen Registerrechten[1968] des Klägers, ermöglicht Art. 6 Nr. 1 EuGVO, mehrere Beklagte wegen sämtlicher Handlungen einheitlich und effizient vor dem Gericht des Staates zu verklagen, in dessen Bezirk nur einer von ihnen seinen (Wohn-) Sitz hat.
Es besteht jedoch unter den Gerichten Europas Einigkeit darüber, dass die grundsätzlich klägerfreundliche Zuständigkeitsregel einschränkend auszulegen ist[1969].
Sicher ist erst einmal nur, dass zwischen den Klagen gegen die verschiedenen Gegner ein bestimmter Zusammenhang bestehen muss, der eine gemeinsame Entscheidung und damit ein Verfahren gegen im Ausland ansässige Beklagte am allgemeinen Gerichtsstand nur eines Mitbeklagten rechtfertigen kann. Noch nicht geklärt ist allerdings, wie eng dieser Zusammenhang zwischen den Verfahren sein muss und damit welche Voraussetzungen erfüllt sein müssen[1970].

I. Identität der Schutzrechte

Zunächst sind die Anforderungen an die Identität der Schutzrechte zu definieren: In der Regel geht es in diesem Zusammenhang um die Frage, ob ausreichende Konnexität schon dann vorliegt, wenn es um die Verletzung einer Vielzahl von Parallelpatenten geht, die zwar die gleiche Erfindung unter Schutz stellen, in jedem Schutzland jedoch einzeln beantragt werden müssen. Im Gegensatz zu diesen im Grunde einzelnen nationalen Patenten entspringt das europäische Bündelpatent einer einzigen zentralen

---

[1967] Mangels verbindenden Elements kann der allgemeine Gerichtsstand hier nicht weiterhelfen.
[1968] Zu den Voraussetzungen der Identität des Schutzrechts sogleich im Folgenden 3. Kapitel: § 3. B. I.
[1969] Zum Vorgehen der Gerichte oben 2. Kapitel: § 1. B. II. 3.
[1970] Darstellung der einzelnen Meinungen 2. Kapitel: § 1. B. II. 3.

Anmeldung beim EPA in München[1971]. Nach ihrer Erteilung erfahren jedoch beide Formen als jeweils rein nationale Rechte dieselbe Behandlung, so dass auch einzelne nationale Teile eines Europäischen Patents unabhängig von den Entscheidungen der Gerichte in den anderen Mitgliedstaaten für nichtig erklärt werden können. Da letztlich keine wesentlichen Unterschiede zwischen inhaltgleichen nationalen Parallelpatenten und den einzelnen nationalen Teilen eines europäischen Bündelpatents bestehen, sollte allein auf den Patentsanspruch als maßgebliches Kriterium für einen ausreichenden Zusammenhang abgestellt werden. Faktische Identität der Schutzrechte liegt also vor, wenn sich deren Ansprüche entsprechen.

Darüber hinaus müssen jedoch noch weitere Voraussetzungen vorliegen, die ein Abweichen vom Grundsatz des *actor sequitur forum rei* gerade bei Patentstreitigkeiten rechtfertigen können[1972].

II. Identität der Verletzungsform

Die Verletzungshandlung selbst muss immer durch dasselbe Produkt erfolgt sein, um die Identität der Verletzungsform zu gewährleisten[1973].

III. Konzernähnliche Zusammenarbeit als weiteres Konnexitätserfordernis

Umstritten sind jedoch die Anforderungen an einen weiteren Zusammenhang zwischen den Beklagten[1974].

Zu eng erscheint die Voraussetzung, nach der die Beklagten jeweils zur selben Unternehmensgruppe gehören sollen[1975]. Durch die gesellschaftsrechtliche Verbindung wird zwar ein für alle vorhersehbares Kriterium geschaffen. Doch kann die geforderte wirtschaftliche Verbundenheit zwischen verschiedenen Beklagten schon dann vorliegen, wenn diese nur intensiv zusammenarbeiten, ohne gesellschaftsrechtlich verpflichtet zu sein. Die Zugehörigkeit zur selben Unternehmensgruppe kann stattdessen als *prima facie* Beweis herangezogen werden, so dass innerhalb des Unternehmens typischerweise von einem schutzrechtsverletzenden Zusammenwirken ausgegangen werden kann. Will ein Beklagter derselben Firmengruppe diese Überzeugung des Gerichts erschüttern, weil er vom Vorgehen der anderen Unternehmensangehörigen nichts gewusst hat, hat er den Anscheinsbeweis durch schlüssige Behauptungen und notfalls Beweis einer Abweichung vom typischen Geschehensverlauf zu entkräften. Um jedoch auch die konzernähnliche, nicht

---

[1971] Die niederländischen Gerichte haben es für einen ausreichenden Zusammenhang zunächst genügen lassen, wenn es um die Verletzung eines europäischen Bündelpatents ging, da der Schutzumfang europäischer Bündelpatente einheitlich zu bestimmen sein, vergleiche oben 2. Kapitel: § 1. B. II. 3. a.

[1972] Hierzu bereits oben2. Kapitel: § 1. B. II. 3. a.

[1973] Vergleiche oben 2. Kapitel: § 1. B. II. 3. b.

[1974] Entwicklung der Rechtsprechung oben 2. Kapitel: § 1. B. II. 3. c.

[1975] Kropholler, EuZPR 2002, Art 6 Rz 11.

gesellschaftsrechtlich verbundene Zusammenarbeit in den Anwendungsbereich des Art. 6 Nr. 1 EuGVO einzuschließen, muss ein Mittelweg gefunden werden zwischen dem Nachweis einer echten Mittäterschaft oder Teilnahme und reinen Geschäftsbeziehungen. Um den Schutzrechtsinhaber ausreichend vor international tätigen Verletzern zu schützen, sind diese mit der Abgrenzung verbundenen Unsicherheiten hinzunehmen, da ihm so weiterführende Klagemöglichkeiten eingeräumt werden, für die er größere Beweisschwierigkeiten akzeptieren muss. Als Indizien für ein ausreichendes Zusammenwirken, das mehr darstellt als reine Geschäftsbeziehungen, jedoch nicht eine Mittäterschaft begründen kann, können etwa gemeinsame Vertriebspläne oder Werbung herangezogen werden.

Das weitere einschränkende Kriterium der sogenannten „Spinne im Netz"- Theorie, das von den niederländischen Gerichten entwickelt wurde[1976], reduziert die von der EuGVO vorgesehene Wahlmöglichkeit des Klägers wiederum zu stark[1977]. Es sollte dem Betroffenen grenzüberschreitender Schutzrechtsverletzungen, verursacht durch mehrere konzernähnlich verbundene Unternehmen in verschiedenen Ländern, nicht zugemutet werden, die Klage allein am Sitz der Muttergesellschaft, am Sitz der führenden Tochtergesellschaft oder eben dort zu erheben, wo die strategischen Unternehmensentscheidungen getroffen werden[1978].
Zum einen widerspricht diese Auslegung den Zielen des Europäischen Zuständigkeitsrechts. Der Wohnsitz oder Sitz des Beklagten wurde gerade deshalb als maßgebliches Zuständigkeitskriterium bestimmt, um zu vermeiden, dass in den einzelnen Mitgliedstaaten unvereinbare Entscheidungen ergehen[1979]. Dabei soll dem Kläger jedoch grundsätzlich die freie Wahl zustehen, an welchem der verschiedenen (Wohn-) Sitze der Streitgenossen er das Verfahren führen will[1980]. Die Beschränkung nur auf die Zentrale der beklagten Unternehmensgruppe würde dieses freie Wahlrecht quasi zunichte machen.
Außerdem ist für den Kläger schwer zu erkennen, wo die maßgeblichen Unternehmensentscheidungen getroffen werden, da ihm oft der Einblick in die Firmenstruktur fehlt[1981]. Die Einschränkung seiner Wahlmöglichkeit würde ihn folglich in große Darlegungsschwierigkeiten bringen.

[1976] Gerechtshof Den Haag Urteil v 23.4.1998, 97/1296 – Expandable Grafts Partnership / Boston Scientific, englische Übersetzung in [1999] FSR 352 = [1998] EIPR Nr 134, deutscher Hinweis in GRUR Int 1998, 737, wiedergegeben von Meibom/Pitz GRUR Int 1998, 765 (768); hierzu oben 2. Kapitel: § 1. B. II. 3. c.
[1977] So auch Bornkamm, Grenzüberschreitende Unterlassungsverfügung 2000, 127 (136).
[1978] Dies ist jedoch gerade die Aussage der „Spinne im Netz"- Theorie, vergleiche oben 2. Kapitel: § 1. B. II. 3. c.
[1979] Jenard-Bericht in Bülow/Böckstiegel, I 2001, 601- 39.
[1980] Bülow/Böckstiegel-Auer, II 2001, Art 6 Rz 5; Jenard-Bericht in Bülow/Böckstiegel, I 2001, 601, 39.
[1981] Bornkamm, Grenzüberschreitende Unterlassungsklagen, 2000, 127 (136f) vertritt hier die Auffassung, dass allein auf die Sicht des Klägers abzustellen ist. Der Kläger wird verpflichtet nur dort zu klagen, wo erkennbar der Schwerpunkt der Verhaltenszentrale liegt. Sein Wahlrecht soll ihm jedoch dann erhalten bleiben, wenn sich der Schwerpunkt aus seiner Sicht nicht ermitteln lässt. Dies führt jedoch nur zu weiteren Abgrenzungsschwierigkeiten, welche die Prüfung der Zuständigkeit belasten. Angesichts der sonstigen Probleme erscheint eine klare Absage an die „Spinnen-Theorie" daher hier sinnvoller.

Schließlich sind auch die Probleme zu berücksichtigen, die auftreten, wenn der Sitz der Verhaltenszentrale außerhalb des Anwendungsbereichs der EuGVO liegt und damit bei konsequenter restriktiver Auslegung kein mitgliedstaatliches Gericht für das Verhalten der europäischen Tochtergesellschaften oder sonstigen verbundenen Beklagtengruppen zuständig wäre.
In Anbetracht dieser Ungereimtheiten erscheint eine Reduktion, wie sie von den niederländischen Gerichten mittels ihrer „Spinnen-Theorie" zum Teil praktiziert wird, nicht konsequent durchführbar und daher willkürlich.

Um dem Streben nach Vorhersehbarkeit und Rechtssicherheit gerecht zu werden, sollten letztlich mehrere Beklagte, die vermeintlich verletzende Handlungen gegenüber verschiedenen inhaltsgleichen nationalen Patenten vorgenommen haben, gemeinsam am (Wohn-) Sitz nur eines Beklagten verklagt werden können, wenn sich die Ansprüche der Schutzrechte entsprechen und so deren faktische Identität feststeht, die Verletzung durch das gleiche Produkt erfolgt ist und zwischen den potentiellen Schädigern eine konzernähnliche Verbindung besteht, für die gemeinsame Vertriebsstrategien Anhaltspunkte sein können.

C. Ausschließliche Zuständigkeit bei Patenten und anderen registerbedürftigen gewerblichen Schutzrechten, Art. 22 Nr. 4 EuGVO

Im Rahmen der ausschließlichen Zuständigkeit des Art. 22 Nr. 4 EuGVO ist noch immer nicht geklärt, in welchem Zusammenhang die Frage nach der Gültigkeit eines eintragungspflichtigen Schutzrechts die ausschließliche Zuständigkeit der Gerichte des Registerstaates eröffnet oder wann sie noch die Entscheidungsbefugnis bei dem für die Verletzungsstreitigkeit zuständigen Gericht belässt. Verteidigt sich folglich der Beklagte in einem internationalen Verletzungsprozess durch den Einwand der Nichtigkeit des als verletzt gerügten Schutzrechts, so besteht noch Klärungsbedarf, inwieweit diese eingeworfene Nichtigkeit nur eine Vorfrage des Rechtsstreits darstellt, die inzident vom angerufenen Verletzungsgericht mitentschieden werden kann[1982].

Das diesbezügliche Vorgehen der englischen Gerichte hat gezeigt, dass eine weite Auslegung des Art. 22 Nr. 4 EuGVO ihren Hintergrund in den mit der EuGVO nicht zu vereinbarenden Besonderheiten der traditionellen *commom law* Regeln hat[1983]: Um die Wirkung der durch den CJJA 1982 in ihrem ursprünglichen Anwendungsbereich abgeschafften und bezüglich Immaterialgüterrechten mit der EuGVO nicht zu vereinbarenden *moçambique rule*[1984] beizubehalten, bedienen sich englische Gerichte eines Kunstgriffs und versagen die entgegen den traditionellen Regeln in England eröffnete internationale Zuständigkeit wegen der Verletzung eines eintragungs-

[1982] Zur unterschiedlichen Handhabung der Gerichte der Mitgliedstaaten oben 2. Kapitel: § 1. B. II. 4. b.
[1983] Siehe oben 2. Kapitel: § 1. A. II. 2. a. (3) (c) und 2. Kapitel: § 1. B. II. 4. b. (4)
[1984] 2. Kapitel: § 1. A. II. 2. a. (3) (b) und 2. Kapitel: § 1. A. II. 2. a. (3) (c)

pflichtigen Rechts im EU- Ausland unter Berufung auf Art. 22 Nr. 4 EuGVO, sobald der Beklagte die Nichtigkeit des Schutzrechts nur einwendet.

Dies macht jedoch deutlich, dass die Haltung der englischen Gerichte gegenüber Art. 22 Nr. 4 EuGVO von deren spezifischen territorialen Vorbehalten gegenüber Verletzungen von eintragungspflichtigen Schutzrechten im europäischen Ausland geprägt ist. Derartige Motivationen dürfen die Auslegung von Zuständigkeitsregeln der EuGVO nicht maßgeblich beeinflussen[1985].
Stattdessen erscheint die großzügigere Haltung der deutschen und niederländischen Gerichte mit dem Europäischen Zuständigkeitsrecht eher zu harmonieren, das effektiven Rechtsschutz in einem Binnenmarkt ohne territoriale Grenzen gewährleisten soll[1986]. Danach sind im Verletzungsverfahren die Erfolgsaussichten der Nichtigkeitsklage im Rahmen einer Prognoseentscheidung zu prüfen. Kommt das Verletzungsgericht bei der Beantwortung der Vorfrage zu dem Ergebnis, dass der Angriff auf die Gültigkeit Erfolg haben wird, setzt es sein Verfahren bis zur Entscheidung des mit der Nichtigkeit befassten Gerichts aus. Ansonsten führt es jedoch den Verletzungsstreit unter Vermutung der Gültigkeit des Schutzrechts fort.

Nach der weiten Auslegung des Art. 22 Nr. 4 EuGVO durch die englischen Gerichte stünde es im Belieben des Beklagten, schon durch einen unbegründeten Einwand im Verletzungsverfahren die ausschließliche Zuständigkeit des Gerichts im Eintragungsstaat herbeizuführen. Dieser ausschließliche Gerichtsstand hinge allein von der Willkür des Verletzers ab. Schon der Sachverständigenbericht hat hingegen eine enge Interpretation des Art. 22 Nr. 4 EuGVO gefordert, der gerade nicht auf Verletzungsstreitigkeiten ausgedehnt werden soll[1987]. In diesem Sinne hat auch der EuGH den damals einschlägigen Art. 16 Nr. 4 EuGVÜ auf Patentverletzungsstreitigkeiten ausdrücklich nicht angewandt[1988].

Art. 22 Nr. 4 EuGVO steht daher Klagen wegen der Verletzung eintragungspflichtiger Schutzrechte nicht entgegen. Verteidigt sich der vermeintliche Verletzer im Rahmen des Verletzungsverfahrens durch den Einwand der Nichtigkeit des streitigen Schutzrechts, so bleibt das Verletzungsgericht für die Frage der Verletzung international zuständig. Ist das Nichtigkeitsverfahren im entsprechenden Schutzland anhängig, so werden dessen Erfolgsaussichten vom Verletzungsgericht als Vorfrage geprüft und gleichzeitig über dessen Ausgang eine Prognoseentscheidung getroffen.

Ein Gesichtspunkt, der bei der Entscheidung über den Antrag auf Aussetzung des Verletzungsverfahrens zu berücksichtigen ist, ist die Tatsache, dass Patente erst nach

---

[1985] Kritik bereits oben 2. Kapitel: § 1. A. II. 2. a. (3) (d)
[1986] Vergleiche oben 2. Kapitel: § 1. B. II. 4. b. (2) und 2. Kapitel: § 1. B. II. 4. b. (3)
[1987] Jenard-Bericht in Bülow-Böckstiegel, I 2001, 601- 53f.
[1988] EuGH Urteil v 15.11.1983 Rs 288/82, Slg 1983, 3663 – Duijnstee / Goderbauer.

fachmännischer Prüfung erteilt werden und daher eine gewisse Vermutung für deren Rechtsbeständigkeit spricht[1989].

Ein weiterer maßgeblicher Faktor ist darin zu sehen, dass die Laufzeit eines Patents relativ kurz ist und ein Nichtigkeitsverfahren hingegen einen erheblichen Anteil dieser Zeit beanspruchen kann. In diesem Zusammenhang kann der Inhaber eines Schutzrechts in die missliche Situation geraten, dass er während der Aussetzung des Verletzungsprozesses die Verletzung seines Schutzrechts nicht untersagen kann, womit ihm eines seiner wichtigsten Rechte geraubt wird[1990].

Schließlich sollten bei der Entscheidung des Verletzungsgerichts bezüglich einer Aussetzung seines Verfahrens zugunsten des ausschließlich zuständigen Gerichts im Eintragungsstaat die Folgen einer materiell unberechtigten Aussetzung gegenüber denen einer materiell unberechtigt unterbliebenen Aussetzung abgewogen werden. Hier geht es um das Problem einer möglichen Rückwirkung der Nichtigkeit auf die nach anderen Maßgaben ergangene Entscheidung des Verletzungsverfahrens.

In den Niederlanden hat nach Art. 51 (6) des niederländischen Patentgesetzes die spätere Nichtigkeitserklärung keinen Einfluss auf die Entscheidung über Patentverletzungen, wenn diese vor der Nichtigerklärung rechtskräftig und vollstreckt worden ist[1991]. Allerdings steht dem vermeintlichen Verletzer offen, in Berufung zu gehen und so die Rechtskraft der Verletzungsentscheidung zu verhindern. Damit erscheinen in den Niederlanden die Chancen der Beteiligten nicht ungleich verteilt zu sein. In Deutschland kann der zu Unrecht verurteilte Beklagte mit Vollstreckungsgegenklage oder Restitutionsklage gegen die Entscheidung im Verletzungsverfahren vorgehen. Auch hier ist kein strukturelles Ungleichgewicht der Parteien auszumachen.

Berücksichtigt der mit der Aussetzung befasste Richter des Verletzungsverfahrens also sämtliche Kriterien, kann er einem Antrag auf Aussetzung nur stattgeben, wenn das fragliche Schutzrecht mit hoher Wahrscheinlichkeit für nichtig erklärt werden wird[1992]. Die englischen Gerichte werden daher ihre Praxis dem Vorgehen der anderen europäischen Gerichte anpassen müssen, um einer einheitlichen und effizienteren Rechtsdurchsetzung in Europa zum Erfolg zu verhelfen.

[1989] Zu den maßgeblichen Abwägungskriterien Brinkhof GRUR Int 1989, 444 (446).
[1990] Brinkhof GRUR Int 1989, 444 (446). Allerdings wird nur die Unterlassungsklage im Hauptsacheverfahren durch die Aussetzung gehemmt. Da das Verfahren in der Hauptsache und das Verfahren im einstweiligen Rechtsschutz nicht über denselben Anspruch verfügen, kann der Inhaber weiterhin einstweiligen Rechtsschutz begehren, Kropholler, EuZPR 2002, Art 27 Rz 11, 14.
[1991] Brinkhof GRUR Int 1989, 444 (446).
[1992] Brinkhof GRUR Int 1989, 444 (446).

D. Lösung positiver Kompetenzkonflikte

I. Missbräuchliche Verteidigungsstrategie unter Ausnutzung von Art. 27 EuGVO

Bei der Durchsetzung seiner Schutzrechte kann dem Rechtsinhaber[1993] auch das prozesstaktische Vorgehen des potentiellen Verletzers im Wege sein, der in einem Staat mit einer üblicherweise verhältnismäßig langen Verfahrensdauer Klage auf Feststellung der Nichtverletzung des Schutzrechts erhebt, um so zukünftige Unterlassungs- oder Schadensersatzklagen zu blockieren[1994].
Im Rahmen des Art. 27 EuGVO herrscht immer noch Klärungsbedarf, ob und wie ein Missbrauch der nach wie vor populären Verteidigungsstrategie des negativen Feststellungstorpedos zu behandeln ist[1995].
Die hier maßgebliche Frage lässt sich letztlich darauf reduzieren, welches Verhalten einen Missbrauch des Prozessrechts begründet. Dabei ist nach einer Lösung zu suchen, die das Recht des vermeintlichen Verletzers, sich sämtlicher ihm offenstehender Verteidigungsmöglichkeiten zu bedienen berücksichtigt und dabei dennoch zwischen einer angemessenen Nutzung der zur Verfügung stehenden Mittel und deren Missbrauch unterscheiden kann.

Indem der EuGH die Subsidiarität der negativen Feststellungsklage gegenüber der Leistungsklage ablehnt[1996], hat er sein Anliegen auf Schaffung prozessualer Chancengleichheit der beteiligten Parteien deutlich gemacht. Daher soll es jeder Partei grundsätzlich offen stehen, überall dort zu klagen, wo ein diesbezügliches Rechtsschutzbedürfnis besteht. Ein solches ist dem potentiellen Verletzer allerdings dann abzusprechen, wenn er nur der anderen Seite einen Schaden zufügen will und das Prozessrecht zu einem anderen Zweck einsetzt, als es der Gesetzgeber ursprünglich vorgesehen hat. Es stellt sich also die Frage, inwieweit eine solche Instrumentalisierung des Europäischen Zivilprozessrechts zugelassen werden kann, dessen Hauptziel darin liegt, widersprüchliche Entscheidungen von Gerichten verschiedener Mitgliedstaaten zu vermeiden, sobald identische oder im Zusammenhang stehende Angelegenheiten vorliegen.

Nicht mehr im Sinne der Europäischen Zuständigkeitsordnung ist es, einer Partei die Möglichkeit zu verschaffen, nur zu ihrem Vorteil vorsätzlich und für längere Dauer Verfahren zu blockieren. Wenn im prozessualen Verhalten des potentiellen Verletzers

---

[1993] Ebenso dem einfachen Lizenznehmer, vergleiche oben 2. Kapitel: § 1. B. III. 1.
[1994] Ausführlich zum Gegenangriff des vermeintlichen Verletzers oben 2. Kapitel: § 1. B. III. 1.
[1995] Zu den Ansätzen der verschiedenen mitgliedstaatlichen Gerichte oben 2. Kapitel: § 1. B. III. 1. Allerdings wurde das Problem dem EuGH zur Vorabentscheidung vorgelegt, so dass demnächst eine Klärung zu erwarten ist, Rs C – 116/02 Erich Gasser GesmbH / MISAT srl, vorgelegt vom OLG Innsbruck, ABl EG C 144/17 v 15.6.2002.
[1996] EuGH Urteil v 6.12.1994 Rs 406/92, Slg 1994 I 5439 – The Tatry /Maciej Rataj.

daher die Absicht, das Verfahren verschleppen zu wollen, deutlich zu Tage tritt, liegt ein Missbrauch nahe.
Sind außerdem mit dem Vorgehen des potentiellen Verletzers wesentliche Nachteile für den Rechtsinhaber oder den schlichten Lizenznehmer verbunden, so ist jenem sein Rechtsschutzbedürfnis abzusprechen. Ein wesentlicher Nachteil ist vor allem im Zeitfaktor und damit einem möglichen Stillstand des Verfahrens zu sehen. Eine generelle Verweisung auf die ausländischen nationalen Rechtsbehelfe oder eine auf Art. 6 EMRK gestützte Klage beim Europäischen Gerichtshof für Menschenrechte erscheint insbesondere in den Konstellationen der Immaterialgüterrechtsverletzungen als zu langwierig. Denn in diesem Bereich ist wirksamste und wirtschaftlich sinnvollste Waffe des Rechtsinhabers ein in die Zukunft gerichteter Unterlassungsanspruch, so dass nachträglicher Schadensersatz ihn kaum ausreichend kompensieren kann. Zwar widerspricht es dem Grundgedanken des Europäischen Zuständigkeitsrechts von der Gleichwertigkeit aller mitgliedstaatlicher Gerichte, wenn eine angeblich mangelnde Prozessleitung des ausländischen Gerichts in das Verfahren einbezogen wird. Bestehen jedoch bekanntermaßen eklatante Unterschiede in der Verfahrensdauer, so darf nicht blind einem Ideal gefolgt werden, wenn dieses gerade noch nicht existiert.

Einen Ausweg bis zur tatsächlichen Anpassung des Rechtsschutzes in Europa vermag folgende Lösung zu bieten: Trotz möglicher wesentlicher Nachteile kommt das zuletzt angerufene Gericht dem Aussetzungsantrag gemäß Art. 27 EuGVO nach, ist jedoch im Gegenzug bereit, großzügig einstweiligen Rechtsschutz zu gewähren[1997]. Im Rahmen dieser Entscheidung können die Interessen der Beteiligten flexibel und sachgerecht gegeneinander abgewogen werden. Zwar kann das Problem eines Verfügungsgrunds nicht durch Art. 27 EuGVO ersetzt werden[1998]. Im Rahmen der Interessenabwägung muss jedoch die Tatsache des missbräuchlichen Vorgehens des potentiellen Verletzers

[1997] Das Verfahren in der Hauptsache und das Verfahren zum einstweiligen Rechtsschutz können parallel nebeneinander geführt werden: Sie verfügen gerade nicht über denselben Anspruch, hierzu Kropholler, EuZPR 2002, Art 27 Rz 11, 14 und oben 2. Kapitel: § 3. B. III. 4.
Stützt sich die einstweilige Verfügung auf § 940 ZPO (zum Verhältnis zur Sicherungsverfügung nach § 935 ZPO bei Schultz-Süchting GRUR 1988, 571 Fn 9), so muss weiterhin auch ein Verfügungsanspruch glaubhaft gemacht werden: Dieser setzt ein rechtsbeständiges Schutzrecht und dessen Verletzung durch den Antragsgegner voraus.
Grundsätzlich bedarf die Schutzfähigkeit eines Patents keiner Glaubhaftmachung, da der Patenterteilung Tatbestandswirkung zukommt, an die die Gerichte des Verletzungsverfahrens im Hauptsacheverfahren und im Verfahren des einstweiligen Rechtsschutzes gebunden sind, vergleiche oben 2. Kapitel: § 1. A. I. 3. a. (1) Ist allerdings parallel eine Nichtigkeitsklage anhängig, so kann das Verletzungsgericht im Hauptsachverfahren nach § 148 ZPO eine Aussetzung vornehmen, wenn das fragliche Schutzrecht mit hoher Wahrscheinlichkeit für nichtig erklärt werden wird, hierzu oben 2. Kapitel: § 1. B. II. 4. b. (3) Diese Möglichkeit steht dem Gericht im einstweiligen Verfahren nicht offen, weil eine Aussetzung schon dem Wesen des einstweiligen und damit schnellen Rechtsschutzes widersprechen würde. Liegen nun die Voraussetzung einer Aussetzung für ein Hauptsacheverfahren vor, so muss ein entsprechender Antrag auf Erlaß einer einstweiligen Verfügung zurückgewiesen werden, OLG Düsseldorf Urteil v 21.10.1982 – AHF Konzentrat. Missbräuchliches Verhalten des Antragsgegener hingegen kann schwerwiegende Zweifel an der Rechtsbeständigkeit des Schutzrechts, die für eine Aussetzung ausreichen würden nicht wieder zerstreuen und so eine Zurückweisung verhindern.
[1998] LG Düsseldorf Urteil v 24.9.2001 GRUR Int 2002, 157 (162) – HIV Immunoassay.

und der Gesichtspunkt, dass der Rechtsinhaber hierdurch aller Wahrscheinlichkeit nach nicht in angemessener Zeit Rechtsschutz erhalten kann, Berücksichtigung finden[1999]. Daher ist es erforderlich, den Maßstab für den Verfügungsgrund der Dringlichkeit herabzusetzen und gleichzeitig die Anforderungen an die Darlegung der Unzumutbarkeit des Abwartens der ausländischen Entscheidung zu reduzieren.
Will daher der Rechtsinhaber seine Rechte trotz eines nach Art. 27 EuGVO entgegenstehenden negativen Feststellungsverfahrens effizient durchsetzen, so steht es ihm offen, einstweiligen Rechtsschutz zu beantragen und der drohenden Verschleppung durch eine Aussetzung des Verfahrens zugunsten eines Gerichts mit langwieriger Verfahrensdauer entgegenzutreten.

II. Missbräuchliche Verteidigung im Rahmen konnexer Verfahren nach Art. 28 (1) EuGVO

Versucht der vermeintliche Verletzer, einer drohenden Verletzungsklage durch Erheben einer negativen Feststellungsklage zuvorzukommen, und betreffen diese Verfahren sodann verschiedene nationale Anteile eines Europäischen Bündelpatents, kann er aufgrund deren strengen Territorialität zwar nicht die Rechtshängigkeitssperre des Art. 27 EuGVO auslösen. Stattdessen lockt eine Aussetzung nach Art. 28 (1) EuGVO.

Auch hier kann der Rechtsinhaber stets den Weg über den einstweiligen Rechtsschutz gehen, um den Nachteilen einer Aussetzung seiner Verletzungsklage und damit einer Blockade seines Begehrens entgegenzuwirken.
Allerdings steht den Gerichten bei drohenden positiven Kompetenzkonflikten im Anwendungsbereich des Art. 28 EuGVO auf früherer Ebene ein Mittel zur Verfügung, eventuell missbräuchliches Verhalten des vermeintlichen Verletzers zu berücksichtigen. Im Gegensatz zu Art. 27 EuGVO, in dessen Rahmen eine Aussetzung bei Vorliegen der Voraussetzungen stets erfolgen muss, steht diese bei Art. 28 (1) EuGVO im Ermessen des später angerufenen Gerichts. Schon im Zuge dieser Ermessensentscheidung sollte das Vorgehen des potentiellen Verletzers umfassend gewürdigt werden.

Der Zweck des Art. 28 EuGVO, die Rechtspflege in den Mitgliedstaaten zu koordinieren, und die hinter der Verordnung stehenden Ziele der Vereinheitlichung des europäischen Prozessrechts erfordern grundsätzlich eine weite Auslegung des Begriffs des „Sachzusammenhangs“[2000]. Dennoch erscheint es auch für Verfahren, die keine Identität des Streitgegenstands oder der Parteien erfordern, sinnvoll, das gesamte

---

[1999] Dies wurde angedeutet in der Entscheidung des LG Düsseldorf Urteil v 8.7.1999 GRUR 2000, 692 (695) – NMR Kontrastmittel.

[2000] EuGH Urteil v 6.12.1994 Rs 406/92, Slg 1994 I 5439 Nr 53 – Tatry / Maciej Rataj; hierzu bereits ausführlich oben 2. Kapitel: § 1. B. III. 2.

und damit auch ausländische prozessuale Verhalten des potentiellen Verletzers in die Ermessensentscheidung mit einzubeziehen.

Will der potentielle Verletzer durch sein Vorgehen offensichtlich nur die Aussetzung eines ihm drohenden Verletzungsverfahrens zugunsten eines Gerichts mit langwieriger Verfahrensdauer bewirken, ist sein missbräuchliches Verhalten maßgeblich als Gesichtspunkt in die Ermessensentscheidung des Zweitgerichts mit einzubeziehen[2001].

§ 4. Durchsetzung im Wege des einstweiligen Rechtsschutzes

Im Rahmen des einstweiligen Rechtsschutzes besteht noch Klärungsbedarf, ob sämtlichen einstweiligen Maßnahmen sowohl der Hauptsachegerichte als auch sonstiger Gerichte grenzüberschreitende Wirkung zukommt[2002].
Anschaulich wird die Problematik an der erst kürzlich ergangenen einstweiligen Verfügung des Landgerichts Hamburg, das am 16.1.2003 auf Antrag des Bundeskanzlers *Schröder* unter Anordnung eines Ordnungsgelds dem britischen Boulevardblatt *Mail on Sunday* sechs Behauptungen im Zusammenhang mit einer angeblichen Affäre des Kanzlers mit einer bekannten Fernsehmoderatorin untersagt hat[2003]. Der betroffene britische Verlag bekundete sogleich, sich nicht an das Verbot der Weiterverbreitung halten zu wollen, da Urteile deutscher Gerichte für britische Firmen nicht bindend seien[2004]. Das deutsche Gericht hat selbst ebenfalls klargestellt, dass seine einstweilige Verfügung nur für Deutschland gelten soll.
Auch die englischen Gerichte haben sich in widersprüchlicher Weise mit dieser Frage beschäftigt. In ihrer Entscheidung zum Persönlichkeitsschutz aus dem Jahr 2001 hat Richterin *Dame Butler-Sloss* eine einstweilige Verfügung offen gegenüber der gesamten Welt (*contra mundum*) und damit auch grenzüberschreitend ausgesprochen, dabei jedoch ebenfalls sofort eingeräumt, dass eine solche Verfügung für unerlaubte Handlungen außerhalb Englands und Wales kaum Wirkung entfalten wird[2005]. Allerdings wurde in dieser Entscheidung die Anwendung des Europäischen Zuständigkeitsrechts nicht einmal angesprochen.
Heftig diskutiert wurde auch das langjährige Vorgehen der niederländischen Gerichte, in ihrem besonderen einstweiligen Verfahren des sogenannten *kort geding*, insbesondere im Rahmen von Patentverletzungsstreitigkeiten, einstweilige Unterlassungsverfügungen mit grenzüberschreitender Wirkung zu erlassen, die

---

2001 Zu sonstigen Gesichtspunkten oben 2. Kapitel: § 1. B. III. 2. und Kropholler, EuZPR 2002, Art 28 Rz 10.
2002 Grundsätzlich zu Entscheidungen im einstweiligen Verfahren in Deutschland, England und im Anwendungsbereich der EuGVO oben 2. Kapitel: § 3.
2003 LG Hamburg Beschluss v 16.1.2003 24. Zivilkammer Az 324 O 26/03 – unveröffentlicht. Aus dem Beschluss geht leider nicht hervor, auf welche Rechtsgrundlage er gestützt ist.
2004 Die Originalschlagzeile lautete: „*Sorry, Herr Schröder but you don't rule Britain...at least not yet*", Mail on Sunday v 19.1.2003.
2005 Urteil v 8.1.2001, Venables v News Group Newspapers Ltd and others [2001] 2 WLR 1038 (1071, 1073) Nr 100, 105 (FamD).

automatisch nach den Regeln der EuGVO in anderen Mitgliedstaaten anerkannt und vollstreckt werden sollten[2006].

A. Grundsätzliche grenzüberschreitende Wirkung der einstweiligen Maßnahme

Da sich die Gewährung einstweiligen Rechtsschutzes allein nach autonomem Verfahrensrecht richtet und so eine Art Wettbewerb unter den unterschiedlichen Systemen um den attraktivsten Gerichtsort hervorgerufen wird, erscheint ein zu exzessiver Zuspruch einstweiliger Maßnahmen, vor allem an exorbitanten Gerichtsständen, eine weitere Harmonisierung des europäischen Prozessrechts zu stören. Dennoch sind exterritorial wirkende Anordnungen im einstweiligen Rechtsschutz grundsätzlich anerkannt[2007]. Allerdings unterscheidet der EuGH hierbei zwischen Maßnahmen der Hauptsachegerichte und der nach Art. 2 ff EuGVO zuständigen Gerichte auf der einen Seite und der nach sonstigen Regeln zuständigen Gerichte auf der anderen Seite.

I. Maßnahmen der sonstigen, nach den autonomen Regeln der Mitgliedstaaten zuständigen Gerichte gemäß Art. 31 EuGVO

1. Grundsätzliches Erfordernis der realen Verknüpfung

Um eine konventionsgerechte Handhabung der über Art. 31 EuGVO nach autonomen Regeln eröffneten Zuständigkeiten zu erreichen, hat der EuGH das Erfordernis der „realen Verknüpfung" des Verfahrensgegenstandes mit dem Gebiet des Urteilsstaats aufgestellt[2008]. Dieses setzt voraus, dass die Vollziehung der Anordnung im Erlassstaat erfolgt. Hierdurch wird folglich den nach autonomen Regeln zuständigen sonstigen Gerichten im Sinne des Art. 31 EuGVO grundsätzlich die Möglichkeit genommen, grenzüberschreitende einstweilige Maßnahmen zu erlassen[2009]. Diese Begrenzung der Kompetenz der sonstigen Gerichte soll die Priorität der Hauptsachegerichte für den Erlass einstweiliger Verfügungen sichern[2010].
Um einen ausreichenden Inlandsbezug und damit eine hinreichend enge Verbindung zu erreichen, ist zumindest zu fordern, dass der Richter auf die Besonderheiten des Falles, etwa die einschlägigen Handelsbräuche, flexibel reagieren kann[2011]. Dies ist ihm meist nur aufgrund seiner besonderen Sachkenntnisse möglich, über welche in der

---

[2006] Hierzu sogleich im Folgenden 3. Kapitel: § 4. A. I. 2. b.
[2007] Hierzu oben 2. Kapitel: § 3. B. III. 6.
[2008] EuGH Urteil v 17.11.1998 Rs C-391/95, Slg 1998 I 7091 Nr 47 – Van Uden / Deco-Line; hierzu oben 2. Kapitel: § 3. B. III. 3.
[2009] Vergleiche hierzu bereits oben 2. Kapitel: § 3. B. III. 6. Beachte allerdings die grenzüberschreitende Wirkung von einstweiligen Unterlassungsverfügungen, sogleich im Folgenden 3. Kapitel: § 4. A. I. 2.
[2010] Heß/Vollkommer IPRAX 1999, 220 (223).
[2011] Grosheide GRUR Int 2000, 310 (319) mit weiteren Nachweisen.

Regel nur die Gerichte an dem Ort verfügen, an dem die einstweilige Maßnahme ihre Wirkung auch entfalten soll.

2. Unterlassungsverfügung als Leistungsverfügung mit territorialer Beschränkung?

a. Grundsatz

Vielfach wird als problematisch angesehen, dass die Verfahren des einstweiligen Rechtsschutzes oft faktisch die Funktion von Erkenntnisverfahren erfüllen. Aus diesem Grund hat der EuGH eine weitere Begrenzung zumindest für die nach autonomen Regeln zuständigen Gerichte bei Erlass einstweiliger Maßnahmen durch spezielle Anforderungen an Verfügungen geschaffen, die eine vorläufige Erbringung von Hauptleistungspflichten vorsehen, indem er das Erfordernis der realen Verknüpfung hierfür modifiziert hat[2012]. Danach stellt eine Leistungsverfügung[2013], die dem Gegner die Erbringung einer bestimmten Sachleistung aufgibt, nur dann eine Maßnahme im Sinne des Art. 31 EuGVO dar, wenn sich die Sache im örtlichen Zuständigkeitsbereich des angerufenen Gerichts befindet und so eine substantielle Verbindung angenommen werden kann[2014]. Daraus wird eine territoriale Wirkungsbeschränkung abgeleitet, der über die Zuständigkeitsregel hinaus Bedeutung zukommt[2015].
Nicht geklärt ist jedoch, ob ein derartiger örtlicher Bezug auch für einstweilige Unterlassungsverfügungen erforderlich ist, die von einem nach autonomen Regeln zuständigen Gericht erlassen werden. Fraglich ist damit, ob die territoriale Begrenzung von Leistungsverfügungen auf lokale Zwangsvollstreckungsmaßnahmen und damit die Ratio der *van Uden*- Entscheidung des EuGH auch auf Unterlassungsverfügungen im Rahmen des Persönlichkeits- und Immaterialgüterrechtsschutzes zu übertragen ist.

Auch einstweilige Unterlassungsverfügungen können oftmals, zumindest für die Zeit bis zur endgültigen Entscheidung in der Hauptsache, den Hauptanspruch der Unterlassung weiterer Rechtsverletzungen vorwegnehmen. In dem Verbot der Verbreitung ehrenrühriger Behauptungen kann eine Leistungsverfügung gesehen werden, die eine teilweise Erfüllung im Wege der einstweiligen Verfügung bei Dringlichkeit zulässt und somit über die bloße Sicherung eines Anspruchs oder die vorläufige Regelung eines Rechtsverhältnisses hinausgeht[2016].

[2012] Hierzu oben 2. Kapitel: § 3. B. III. 3. und 2. Kapitel: § 3. B. III. 6.

[2013] Der Vereinfachung halber wird für Maßnahmen, die die vorläufige Erbringung einer Hauptleistung anordnen, der Begriff des deutsche Pendants der Leistungsverfügung benutzt. Ebenfalls fallen hierunter etwa das *kort geding-* Verfahren des niederländischen Rechts, hierzu und zu den besonderen Voraussetzungen an Leistungsverfügungen oben 2. Kapitel: § 3. B. II.

[2014] EuGH Urteil v 17.11.1998 Rs C-391/95, Slg 1998 I 7091 – Van Uden / Deco-Line, Leitsatz 5.

[2015] Siehe oben 2. Kapitel: § 3. B. III. 6.

[2016] MünchKomm/Heinze, ZPO III, 2001, vor § 916 Rz 79.

Sowohl beim Persönlichkeitsschutz als auch im gewerblichen Rechtsschutz und Urheberrechtsschutz finden die Mehrzahl der Streitigkeiten durch die Entscheidung im einstweiligen Verfahren ihren faktischen Abschluss, da nur in den wenigsten Fällen noch ein Hauptsacheverfahren durchgeführt wird[2017]. Nach dem EuGH wird aber gerade durch die Verknüpfung mit dem Hauptsacheverfahren der vorläufige Charakter der einstweiligen Maßnahme gewahrt[2018]. Wenn nun die Entscheidung im einstweiligen Verfahren nicht mehr der Unterstützung des Hauptsacheverfahrens dient, sondern dieses faktisch ersetzen soll, könnte eine solche vom EuGH geforderte Verknüpfung fehlen. Damit wäre die einstweilige Unterlassungsverfügung mit der Anordnung der vorläufigen Erbringung einer vertraglichen Hauptleistungspflicht vergleichbar und würde den entsprechenden Bedingungen dieser Leistungsverfügung unterliegen.

Allerdings erlangen sämtliche Entscheidungen ihren quasi endgültigen Charakter nur deshalb, weil die Parteien dies so wollen und selbst keine weiteren Schritte einleiten. Es sollte daher ausreichen, dass nach nationalem Recht zumindest die Möglichkeit eines Hauptsacheverfahrens besteht[2019].
Insbesondere dürfen die Vorteile nicht übersehen werden, ein Eilverfahren ohne anschließendes Hauptsacheverfahren durchzuführen, da mit einem vorläufig ausgesprochenen Verletzungsverbot die Streitigkeit abschließend geregelt werden kann. So bleibt allen Beteiligten ein weiteres Prozessieren erspart.

Vor allem kann die Forderung nach einer Verbindung zwischen Streitgegenstand und territorialer Zuständigkeit[2020] nicht auf Unterlassungsverfügungen übertragen werden[2021].
Diese beziehen sich gerade nicht auf die Zahlung einer Geldsumme. Eine Beschränkung auf Vermögensgegenstände des Antragstellers im örtlichen Zuständigkeitsbereich des erlassenden Gerichts ist bei Unterlassungsverfügungen in diesem Bereich nicht möglich, da lediglich eine unvertretbare Handlung gefordert wird. Es fehlt insofern an einem realen Bezug in Form eines Zugriffsobjekts. Damit kann die Vollziehung der Anordnung nicht nur auf den Erlassstaat begrenzt werden. Erst die Reaktion des Gerichts auf trotzdem fortgesetzte Verletzungshandlungen, die sich etwa in Form von Zwangsgeld zeigt, ermöglicht ein auf das im Vollstreckungsland liegende Vermögen beschränktes Vorgehen. Diese Vollstreckung erfolgt jedoch gemäß Art. 49

[2017] Vergleiche etwa Stauder GRUR Int 1983, 234 (240) und derselbe in IPRAX 1998, 317 für das einstweilige Patentverletzungsverfahren; im Rahmen des einstweiligen Rechtsschutzes in den Niederlanden wird von den Parteien etwa in 95 % aller Fälle nach Erlass der einstweiligen Verfügung kein Hauptsacheverfahren mehr angestrengt, Nachweise bei Stadler JZ 1999, 1089 (1095).
[2018] EuGH Urteil v 21.5.1980 Rs 125/79, Slg 1980, 1553-1584 - Bernard Denilauler / SNC Couchet Frères.
[2019] Stellungnahme des Generalanwalts Léger in van Uden / Deco-Line, Rs 391/95, Slg 1998, 7091 Nr 124-136.
[2020] Zum Erfordernis der realen Verknüpfung EuGH Urteil v 17.11.1998 Rs 391/95, Slg 1998 I 7091 – Van Uden / Deco-Line, Leitsatz 5.
[2021] Im unmittelbar Folgenden werden die Besonderheiten von Unterlassungsverfügungen jeweils bei eintragungspflichtigen und bei ubiquitären Rechten geprüft.

EuGVO[2022]. Anders als noch unter der Geltung des EuGVÜ prüft das Gericht im Rahmen der Anerkennung und Vollstreckung gemäß Art. 41 S. 1 EuGVO nicht mehr von Amts wegen das Vorliegen eines der in Art. 34, 35 EuGVO genannten Versagungsgründe. Erst wenn der Schuldner zu einem späteren Zeitpunkt einen Rechtsbehelf nach Art. 43 EuGVO einlegt, hat er Gelegenheit, einen Verstoß gegen die öffentliche Ordnung des Vollstreckungsstaats nach Art. 34 Nr. 1 EuGVO vorzubringen[2023]. Eine Überprüfung der internationalen Zuständigkeit des erlassenden Gerichts findet jedoch nach Art. 35 (3) EuGVO ausdrücklich nicht statt.

b. Auswirkung bei eintragungspflichtigen Schutzrechten

Ein weiteres Argument gegen eine restriktive Auslegung einstweiliger Maßnahmen autonomer Gerichte könnten die praktischen Schwierigkeiten sein, die für den Inhaber gewerblicher Schutzrechte bei der Durchsetzung seiner Rechte auftreten. Im Bereich europaweiter Patentrechtsverletzungen wird dem Patentinhaber die Erlangung von Schutz erschwert, wenn er in jedem Schutzland separat jeweils einstweilige Verfahren durchführen muss[2024]. Oft kann in derartigen Konstellationen effektiver Rechtsschutz nur durch die schnelle Anordnung einstweiliger grenzüberschreitender Unterlassungsverfügungen gewährt werden[2025], insbesondere wenn die Schutzdauer des Rechts auszulaufen droht. Nachträgliche Schadensersatzansprüche stattdessen können einen einmal entstandenen Schaden häufig nicht mehr auffangen, wenn dieser in verlorenen Marktanteilen oder Vertrauensverlusten liegt.

Dennoch kann trotz der für den Rechtsinhaber greifbaren Vorteile grenzüberschreitender einstweiliger Verbote auch im Verfahren des einstweiligen Rechtsschutzes das geltende strikte Territorialitätsprinzip für eintragungspflichtige Schutzrechte nicht ignoriert werden[2026]. Für Unterlassungsverfügungen im gewerblichen Rechtsschutz muss es daher ungeachtet des fehlenden örtlichen Bezugs bei einer auf das Schutzland bezogenen Anknüpfung verbleiben.
Demzufolge hat der Rechtsinhaber in jedem Schutzland ein Verfahren des einstweiligen Rechtsschutzes anzustrengen und ist dadurch gezwungen, zeit- und kostenintensive Parallelverfahren zu führen. Danach ist also jede Unterlassungsverfügung, die im Deliktsgerichtsstand ergeht, von vornherein auf das Territorium des Urteilsstaats begrenzt, was im Grunde der Ratio der *van Uden-* Entscheidung des

[2022] Zum Verhältnis der Zwangsgeldvollstreckung zur Vollstreckung des Ausgangstitels bei Unterlassungsklagen im gewerblichen Rechtsschutz, Kropholler, EuZPR 2002, Art 49 Rz 3.
[2023] Dies wird insbesondere interessant im Rahmen der einstweiligen Verfügung des LG Hamburgs auf Antrag des Kanzlers *Schröder* gegen die *Mail on Sunday*, hierzu im Folgenden 3. Kapitel: § 4. A. II. .
[2024] Zu den Vorteilen eines grenzüberschreitenden Verletzungsverbots, Brinkhof GRUR Int 1997, 489 (496); Bertrams GRUR Int 1995, 193 (195f).
[2025] Stauder IPRAX 1998, 317.
[2026] Zur Geltung im Hauptsachverfahren oben 3. Kapitel: § 2. A. I. 2. c.

EuGH zur Leistungsverfügung entspricht[2027]. Der bei der allgemeinen Untersagung einer Handlung fehlende örtliche Bezug wird durch das strikte Territorialitätsprinzip und die Bindung an den Registerstaat ersetzt. Auch wenn der einstweilige Unterlassungsanspruch als schärfstes und oftmals einzig wirksames Mittel des Schutzrechtsinhabers angesehen wird, darf dies nicht dazu verleiten, sich über eine fehlende Verbindung der selbständigen, sich in den einzelnen Schutzländern ereignenden Verletzungshandlungen hinwegzusetzen und für die Ebene des einstweiligen Rechtsschutzes eine neue einheitliche grenzüberschreitende Handlung zu konstruieren[2028].

Allerdings dürfen die Wirkungen des strikten Territorialitätsprinzips auf Zuständigkeitsebene nicht mit dem Ziel des EuGH gleichgesetzt werden, die Eilmaßnahmen von Gerichten, die nicht in der Hauptsache zuständig sein können, in ihren Wirkungen auf den Erlassstaat zu beschränken. Sogenannte *cross-border injunctions* im gewerblichen Rechtsschutz können also grundsätzlich an jedem Gerichtsstand ergehen[2029], an dem eine objektive Antragshäufung[2030] möglich ist und somit das Territorialitätsprinzip nicht einer gemeinsamen Entscheidung entgegensteht.
Kein ausreichender Zusammenhang für eine objektive Antragshäufung lässt sich jedoch an dem Klägergerichtsstand des niederländischen autonomen Rechts gemäß Art. 126 (3) der niederländischen Zivilprozessordnung[2031] ausmachen. Danach kann eine Zuständigkeit am Wohnsitz des Klägers eröffnet sein, wenn der Beklagte keinen festen Aufenthaltsort in den Niederlanden hat. Dieser vom allgemeinen Grundsatz *actor sequitur forum rei* abweichende Klägergerichtsstand wird in Art. 3 (2) EuGVO in Verbindung mit deren Anhang I als exorbitant von der Verordnung ausgeschlossen[2032]. Folglich stellt er im Zusammenhang mit Art. 31 EuGVO, der auch hier eine autonome Anknüpfung erlaubt, einen attraktiven Gerichtsstand insbesondere bei parallelen Schutzrechtsverletzungen in verschiedenen Staaten dar.
Dennoch vermag allein der gewöhnliche Aufenthalt des Antragstellers in den Niederlanden keine ausreichende Beziehung zwischen den Ansprüchen herzustellen, so dass eine gemeinsame Verhandlung und Entscheidung zur Vermeidung widersprechender Entscheidungen geboten erschiene. Stattdessen würden die Beklagten unangemessen benachteiligt und deren Schutz vernachlässigt. Daher sollte an dem grundsätzlich über Art. 31 EuGVO eröffneten nationalen Klägergerichtsstand des

---

[2027] EuGH Urteil v 17.11.1998 Rs 391/95, Slg 1998 I 7091 Nr 47 – Van Uden / Deco-Line; hierzu oben 2. Kapitel: § 3. B. II.

[2028] Stauder GRUR Int 1976, 465 (477) deutet unabhängig vom einstweiligen Rechtsschutz an, dass grenzüberschreitende Verletzungshandlungen eines Verletzers gegenüber diesen Paralleleschutzrechten zu einer einheitlichen Handlung zusammenzufassen sind, so dass etwa am Gerichtsstand der unerlaubten Handlung eine grenzüberschreitende Kognitionsbefugnis geschaffen wird.

[2029] Diese Kompetenz ist unabhängig davon, ob sich die Zuständigkeit aus den autonomen Regeln oder den Vorschriften der EuGVO ergibt.

[2030] Zu dem Pendant der objektiven Klagenhäufung im Erkenntnisverfahren oben 3. Kapitel: § 2. A. I. 2. c.

[2031] Art 126 Wetboek van Burgerlijke Rechtsvordering, Überblick über das niederländische Prozessrecht bei Snijders, 1996, 239ff.

[2032] Die EuGVO kennt jedoch zum Schutz der schwächeren Partei ausnahmsweise auch Klägergerichtsstände, EuGH Urteil v 13.7.2000 RS C-412/98, Slg 2000 I 5925 – Group Josi Reinsurance/Universal General Insurance.

Art. 126 (3) der niederländischen Zivilprozessordnung keine objektive Antragshäufung zugelassen werden.

Anders erscheint dies jedoch bei der autonomen Zuständigkeitsregel des Art. 126 (7) niederländische Prozessordnung, nach der ausländische Schuldner auch am Gericht des Wohnsitzes des inländischen Schuldners mitverklagt werden können, wenn zwischen den Verfahren ein ausreichender Zusammenhang besteht. Diese Vorschrift entspricht Art. 6 Nr. 1 EuGVO, nach dem eine objektive Antrags- beziehungsweise Klagenhäufung bei Vorliegen der Voraussetzungen zuzulassen ist[2033], und war vielfach Grundlage für den Ausspruch der grenzüberschreitenden einstweiligen Verletzungsverbote im Rahmen des *kort geding*- Verfahrens[2034].

Die niederländischen Gerichte haben also lange Zeit auch im vorläufigen *kort geding*-Verfahren Unterlassungsgebote in Bezug auf sich im Ausland ereignende Patentverletzungen sowohl auf der Grundlage der Hauptsachezuständigkeit nach EuGVO als auch nach autonomen Regeln erlassen[2035]. Mittlerweile jedoch gilt im *kort geding*-Verfahren das Gebot einer Interessenabwägung und es ist eine größere Zurückhaltung bezüglich des Erlasses grenzüberschreitender Verfügungen zu verzeichnen[2036]. Insbesondere die Auslegung des erforderlichen Zusammenhangs des Verfahrens am Gerichtsstand der Streitgenossen, für den die sogenannte Spinnentheorie entwickelt wurde, verdeutlicht diese Tendenz[2037]. Bezüglich anderer EPÜ- Mitgliedstaaten werden nun auch in den Niederlanden *cross-border injunctions* nur am allgemeinen Gerichtsstand eines Beklagten mit Wirkung gegenüber anderen Beklagten ausgesprochen, wenn die engen Voraussetzungen des Gerichtsstands der Streitgenossenschaft vorliegen.

c. Auswirkung bei ubiquitären Rechten

Im Persönlichkeitsrechts- oder Urheberrechtsschutz ist hingegen von einer weltweiten Geltung und damit von der Universalität der Rechte auszugehen[2038]. Eine Beschränkung einstweiliger Maßnahmen auf den Erlassstaat würde diesem Verständnis widersprechen. In derart sensiblen Rechtsbereichen darf gerade auf der Ebene des einstweiligen Rechtsschutzes nicht von einem anderen Handlungsbegriff

---

2033 Zu den Anforderungen an den Zusammenhang oben 3. Kapitel: § 3. B.

2034 Hierzu oben 2. Kapitel: § 3. B. II.

2035 Vergleiche etwa Tilmann/v Falck GRUR 2000, 579 (581f); Grosheide GRUR Int 2000, 310 (323) mit weiteren Nachweisen; Busse/Keukenschrijver, PatentG 1999, § 143 Rz 22f; Brinkhof GRUR Int 1997, 489 (493ff); Ebbink [1996] PW 15ff; Bertrams GRUR Int 1995, 193 (197f); Brinkhof GRUR Int 1993, 387ff.

2036 Dies mahnt Bertrams bereits 1995 an GRUR Int 1995, 193 (201); ebenso Brinkhof GRUR Int 1997, 489 (497).

2037 Gerechtshof Den Haag Urteil v 23.4.1998, 97/1296 – Expandable Grafts Partnership / Boston Scientific englische Übersetzung in [1999] FSR 352 = [1998] EIPR Nr 134, deutscher Hinweis in GRUR Int 1998, 737; hierzu ausführlich oben 2. Kapitel: § 1. B. II. 3. b.

2038 Vergleiche hierzu oben 3. Kapitel: § 2. A. I. 2.

ausgegangen werden als im Erkenntnisverfahren. Die länderübergreifende Verbreitung eines Presseerzeugnisses kann daher nicht in ein Bündel selbständiger Einzelakte an den jeweiligen Verbreitungsorten aufgespalten werden.
Zudem muss die fragliche Konstellation von der praktischen Seite betrachtet werden. Auch die von einem „nur" nach rein nationalen Regeln zuständigen Gericht erlassene, allein auf Deutschland begrenzte einstweilige Untersagung weiterer ehrverletzender Behauptungen gegenüber dem Bundeskanzler würde die englische Zeitung praktisch jedoch dazu zwingen, die Behauptungen insgesamt zu unterlassen, wenn sie die gleiche Ausgabe auch nach Deutschland vertreibt und keine selbständigen Auslandsausgaben mit unterschiedlichem Inhalt produziert[2039].

Die Ratio der maßgeblichen Entscheidung des EuGH[2040] zur Beschränkung einstweiliger Leistungsverfügungen von nach Art. 31 EuGVO in Verbindung mit autonomen Regeln zuständigen Gerichten lässt sich somit nicht generell auf Unterlassungsverfügungen übertragen.
An sämtlichen Gerichtsständen des nationalen Rechts können daher grenzüberschreitende einstweilige Unterlassungsverfügungen zum Schutze ubiquitärer Rechte ergehen.

II. Maßnahmen des Hauptsachegerichts oder unabhängig hiervon eines nach den Art. 2 ff. EuGVO zuständigen Gerichts

Für die einstweiligen Maßnahmen eines nach den Art. 2 ff. EuGVO zuständigen Gerichts bestehen keine Einschränkungen, so dass dessen internationale Entscheidungsbefugnis gerade nicht an die oben dargestellten Bedingungen anknüpft, die speziell für Leistungsverfügungen entwickelt wurden, wenn sie gemäß Art. 31 EuGVO durch ein nach autonomen Regeln zuständiges Gericht erlassen wurden[2041].

Im Anwendungsbereich der EuGVO sind sämtliche Maßnahmen des einstweiligen Rechtsschutzes in allen Mitgliedstaaten immer dann nach den Regeln der Verordnung anzuerkennen und für vollstreckbar zu erklären, wenn dem Antragsgegner im Verfügungsverfahren ausreichend richterliches Gehör gewährt wurde[2042].
Unverständlich ist daher das Vorgehen des Landgerichts Hamburg, das aus eigenem Antrieb die Wirkung seiner auf Antrag Bundeskanzlers *Schröder* erlassenen Verbotsverfügung, die der britischen *Mail on Sunday* bestimmte Behauptungen untersagte, auf

---

[2039] Beispiel anhand LG Hamburg Beschluss v 16.1.2003 24. Zivilkammer Az 324 O 26/03 – unveröffentlicht; zu den Auswirkungen grenzüberschreitender Maßnahmen des Hauptsachegerichts oder eines nach den Art 2 ff EuGVO zuständigen Gerichts im unmittelbar Folgenden.
[2040] EuGH Urteil v 17.11.1998 Rs C-391/95, Slg 1998 I 7091 Nr 47– Van Uden / Deco-Line.
[2041] Nagel/Gottwald 2002, § 15 Rz 8; Kropholler, EuZPR 2002, Art 31 Rz 12.
[2042] EuGH Urteil v 21.5.1980 Rs 125/79, Slg 1980, 1553 (1570) – Denilauler / SNS Couchet Frères und oben 2. Kapitel: § 3. B. IV.

Deutschland beschränkte[2043]. Es widerspräche gerade den Grundsätzen der Europäischen Zuständigkeitsordnung, im europäischen Binnenmarkt die Freizügigkeit der Urteile soweit wie möglich herzustellen[2044], wenn der Verletzte zur Durchsetzung und zum Schutz seines Rechts für jeden Verbreitungsort eine neue Verfügung erwirken müsste. Daher hätte das Landgericht Hamburg seine Verbotsverfügung auch mit Wirkung für sämtliche Verbreitungsstaaten und damit potentielle Erfolgsorte einer Persönlichkeitsrechtsverletzung erlassen müssen:

Eine mögliche unterschiedliche Ausprägung des jeweiligen nationalen Rechtsschutzes findet nur noch im Rahmen der Anerkennung Beachtung, falls der Schuldner einen Rechtsbehelf nach Art. 43 EuGVO einlegt und hierbei entsprechende Versagungsgründe aus dem Katalog der Art. 34, 35 EuGVO vorbringt.
Für die nach den Grundsätzen des deutschen Persönlichkeitsschutzes erlassene einstweilige Verbotsverfügung des Landgerichts Hamburg gegenüber dem britischen Boulevardblatt *Mail on Sunday* mag zwar eine grenzüberschreitende Wirkung in England durchaus problematisch erscheinen: Eine vergleichbare Entscheidung wäre dort möglicherweise niemals ergangen, da die englischen Gerichte Unterlassungsbegehren wegen behaupteter Ehrverletzungen äußerst zurückhaltend gegenüberstehen[2045]. Eine zukünftige Veröffentlichung kann gerade dann nicht untersagt werden, wenn sich der Beklagte mittels einer Einwendung verteidigt und diese durch beeidete Erklärung bekräftigt[2046]. Wenn das beklagte Medienunternehmen ankündigt, die Veröffentlichung durch ein Verteidigungsvorbringen rechtfertigen zu wollen, ergeht eine Unterlassungsanordnung nur, falls der Kläger die Unerheblichkeit der Einwendung beweisen kann oder die Erfolglosigkeit der Verteidigung von vorneherein feststeht[2047]. Steht also die mögliche Wahrheit der Veröffentlichung im Raum, verbleibt dem Betroffenen nur der Weg, seinen Schutz der Privatsphäre nach den Grundsätzen des *breach of confidence* zu verfolgen, wodurch grundsätzlich geheime Wahrheiten gewahrt werden sollen[2048].
Die Unterlassung bestimmter Äußerungen kann den Medien daher nach englischem Recht kaum auferlegt werden. Im Interesse der freien Rede gilt dort der Grundsatz des „*publish and be damned*“[2049]. Die Presse darf grundsätzlich ihre Anliegen äußern, muss dabei jedoch das Risiko der Schadensersatzpflichtigkeit tragen, wenn sich im

---

[2043] LG Hamburg Beschluss v 16.1.2003 24. Zivilkammer Az 324 O 26/03 - unveröffentlicht.
[2044] Jenard-Bericht in Bülow/Böckstiegel, I 2001,601 (63f).
[2045] Hierzu oben 1. Kapitel: § 3. A. II.
[2046] Bonnard v Perryman [1891] 2 Ch 169.
[2047] Bonnard v Perryman [1891] 2 Ch 169.
[2048] Hierzu oben 1. Kapitel: § 3. A. III.
[2049] Witzleb 2002, 268. Im beschriebenen Fall verkündete die *Mail on Sunday*, dass die Briten aufgrund der anderen Tradition und ihrer starken Demokratie solches Material veröffentlichen können und auch glauben, dass sie jedes Recht dazu hätten. Außerdem bedauerte das Blatt die deutschen Journalisten, die von rigiden Gesetzen gebremst und daran gehindert würden, gute Arbeit zu leisten. Falls solche Regeln in England angewandt würden, wären sie keine freien Menschen mehr. Das deutsche Vorgehen käme einer Zensur gleich, Mail on Sunday vom 19.1.2003.

Nachhinein die Unwahrheit herausstellt. Dem Betroffenen verbleibt, erst nach der Veröffentlichung auf Schadensersatz zu klagen.
Im Fall einer grenzüberschreitenden Wirkung der Verfügung des Landgerichts Hamburg bleibt dem britischen Verlag allerdings die Möglichkeit, sich auf den Versagungsgrund der öffentlichen Ordnung nach Art. 34 Nr. 1 EuGVO im Rahmen des Rechtsbehelfsverfahrens zur Anerkennung zu berufen. Wäre ein solches Verbot in England presserechtlich nie ausgesprochen worden, könnte möglicherweise die „*public policy*" des Anerkennungsstaates betroffen sein[2050].
Diese Möglichkeit einer letzten Kontrolle im Rahmen des Anerkennungsverfahrens muss als Korrektiv einer grenzüberschreitenden Wirkung ausreichen, welche für einen angemessenen Schutz ubiquitärer Rechte erfoderlich ist.

Einer grundsätzlichen grenzüberschreitenden Wirkung der einstweiligen Maßnahme des Hauptsachegerichts oder eines unabhängig hiervon nach den Art. 2 ff. EuGVO zuständigen Gerichts steht daher nichts entgegen.

B. Zusammenfassung

Trotz der Unterscheidung des EuGH zwischen einstweiligen Maßnahmen der Hauptsachegerichte und der unabhängig hiervon nach Art. 2 ff. EuGVO zuständigen Gerichte auf der einen Seite und der nach sonstigen nationalen Regeln zuständigen Gerichte im Sinne des Art. 31 EuGVO auf der anderen Seite entfalten sämtliche einstweiligen Unterlassungsverfügungen im Persönlichkeits- und Immaterialgüterschutz grundsätzlich grenzüberschreitende Wirkung in den betroffenen Mitgliedstaaten. Die einschränkende Auslegung des EuGH im Rahmen der sich auf Art. 31 EuGVO in Verbindung mit den autonomen Regeln der Mitgliedstaaten stützenden Zuständigkeit hinsichtlich Leistungsverfügungen kann nicht generell auf Unterlassungsverfügungen übertragen werden.

Dennoch bewirkt der Grundsatz der Territorialität auch auf der Ebene des einstweiligen Rechtsschutzes, dass für gewerbliche Schutzrechte in jedem Schutzland separate einstweilige Verfahren zu führen sind, solange nicht eine objektive Antragshäufung an einem einheitlichen Gerichtsstand in Frage kommt.
Dies gilt auch für einstweilige Maßnahmen eines aufgrund der Regeln der EuGVO zuständigen (Hauptsache-) Gerichts. Damit ist eine kosten- und zeitsparende Verbindung paralleler Verfahren nur am allgemeine Gerichtsstand des Art. 2 (1) EuGVO oder am Gerichtsstand der Streitgenossenschaft nach Art. 6 Nr. 1 EuGVO denkbar.

2050 Mit Hilfe eines derartigen Vorgehens stünde es der britischen Zeitung jedoch auch offen, einen eventuellen Anerkennungsstreit so lange wie möglich hinauszuzögern, bis der Schutzzweck des einstweiligen Rechtsschutzes obsolet wird. Bei der Anerkennung eines Versagungsgrundes ist daher größtmögliche Zurückhaltung geboten und die Dringlichkeit des Verfahrens zu berücksichtigen.

Für das ubiquitäre Persönlichkeits- oder Urheberrecht gilt die Freizügigkeit einstweiliger Maßnahmen nach Art. 31 EuGVO unbeschränkt. Entsprechend dem Vorgehen im Erkenntnisverfahren sind sämtliche Gerichte zum Ausspruch grenzüberschreitender Maßnahmen befugt.

Der zu sichernde Anspruch richtet sich auch im einstweiligen Rechtsschutz nach den Kollisionsregeln des angerufenen Gerichts, so dass gegebenenfalls auch ausländisches Recht zur Anwendung gelangen kann[2051]. An die Ermittlung des ausländischen Rechts sind aber geringere Anforderungen zu stellen, so dass in besonders dringlichen Fällen auch das Kollisionsrecht vernachlässigt werden darf und das Gericht nach seiner *lex fori* entscheiden kann[2052]. Ansonsten sind auch hier wiederum die zum Erkenntnisverfahren entwickelten Grundsätze heranzuziehen[2053].

[2051] Dies ist allerdings nicht am Deliktsgerichtsstand nach der hier vertretenen Lösung möglich, da dort aufgrund der Wechselwirkung von IPR und IZPR ein schlichter Gleichlauf stattfindet und daher die *lex fori* zur Anwendung gelangt, 3. Kapitel: § 2. C. IV.

[2052] Schack, IZPR 2002, Rz 627f.

[2053] 3. Kapitel: § 2.

Literaturverzeichnis

Adams [1995] EIPR 497
ADAMS, John N.: *Choice of Forum in Patent Disputes* in: *EIPR*, 1995, S. 497-502.

Aldous LJ [2000] FCBJ 523
ALDOUS, William LJ: *The Brussels Convention: A New Convention Impinging on Disputes on Jurisdiction Including those Relating to Intellectual Property Litigation* in: *FCBJ*, 2000, S. 523-528.

Angel [1998] Tolley's CL 169
ANGEL, John: *New rights to privacy* in: *Tolley's Communications Law*, 1998, S. 169-173.

Arnold [1990] EIPR 254
ARNOLD, Richard: *Can One sue in England for Infringement of Foreign Intellectual Property Rights?* in: *EIPR*, 1990, S. 254-263.

Arnold [1999] IPQ 389
ARNOLD, Richard: *Cross-border Enforcement: The Latest Chapter* in: *IPQ*, 1999, S. 389-426.

Bachmann IPRAX 1998, 179
BACHMANN, Birgit: *Der Gerichtsstand der unerlaubten Handlung im Internet* in: *IPRAX*, 1998, S. 179-187.

Baker 1998,
BAKER, Christopher (General Editor): *Human Rights Act 1998: A Practitioner's Guide* London 1998.

Baloch [2001] NLJ 50
BALOCH, Tariq A.: *What price for privacy* in: *NLJ*, 2001, S. 50 und 60.

Basedow ZEuP 2001, 437
BASEDOW, Jürgen: *Der Raum des Rechts- ohne Justiz* in: *ZEuP*, 2001, S. 437-498.

Basedow, Qualifikation 1992, 131
BASEDOW, Jürgen: *Qualifikation, Vorfrage und Anpassung im Internationalen Zivilverfahrensrecht* Aus: Schlosser, Peter F. (Hrsg.): *Materielles Recht und Prozeßrecht und die Auswirkungen der Unterscheidung im Recht der Internationalen Zwangsvollstreckung* Bielefeld 1992. S. 131-156.

Baston-Vogt 1997,
BASTON-VOGT, Marion: *Der sachliche Schutzbereich des zivilrechtlichen allgemeinen Persönlichkeitsrechts. Dissertation Universität Bielefeld 1996/97* Tübingen 1997.

Baumbach/Lauterbach/Bearbeiter 2003,
BAUMBACH, Adolf; LAUTERBACH, Wolfgang; ALBERS, Jan; HARTMANN, Peter: *Zivilprozessordnung. 61. Auflage* München 2003.

Beater, 1996
BEATER, Axel: *Zivilrechtlicher Schutz vor der Presse als konkretisiertes Verfassungsrecht: Grundstrukturen um Vergleich von englischem, US-amerikanischem und deutschem Recht* Tübingen 1996.

Beatson, HL Paper 36 (1995), 61
BEATSON: *House of Lords, Paper 36*, S. 61-63.

Behrens IPRAX 2000, 384
BEHRENS, Peter: *Reaktionen mitgliedstaatlicher Gerichte auf das Centros-Urteil des EuGH* in: *IPRAX*, 2000, S. 384-390.

Beining 2000,
BEINING, Anke: *Der Schutz ausübender Künstler im internationalen und supranationalen Recht. Dissertation Universität Berlin 1999* Baden-Baden 2000.

Beitzke JuS 1966, 139
BEIZTKE, Günther: *Auslandswettbewerb unter Inländern- BGHZ 40, 391* in: *JuS*, 1966, S. 139-147.

Bell (1994) 110 LQR 204
BELL, Andrew S.: *Anti Suit Injunctions and the Brussels Convention* in: *LQR*, 1994, 110, S. 204-209.

Benkard/Bearbeiter, PatG 1993,
BENKARD, Georg (Hrsg.): *Patentgesetz und Gebrauchsmustergesetz. 9. Auflage* München 1993.

Bently/Sherman 2001,
BENTLY, Lionel; SHERMAN, Brad: *Intellectual Property Law* Oxford 2001.

Bertrams GRUR Int 1995, 193
BERTRAMS, Helen: *Das grenzüberschreitende Verletzungsverbot im niederländischen Patentrecht* in: *GRUR Int*, 1995, S. 193-201.

Blackstone's 2002,
PLANT, Charles; ROSE, William; STUART, Sime; FRENCH, Derek (Hsg.): *Blackstone's Civil Practice 2002* Oxford 2002.

Blumenwitz 1998,
BLUMENWITZ, Dieter: *Einführung in das anglo-amerikanische Recht. 6. Auflage* München 1998.

Bornkamm, Grenzüberschreitende Unterlassungsklagen 2000, 127

BORNKAMM, Joachim: *Grenzüberschreitende Unterlassungsklagen im Urheberrecht?* Aus: Schwarze, Jürgen (Hrsg.): *Rechtsschutz gegen Urheberrechtsverletzungen und Wettbewerbsverstöße in grenzüberschreitenden Medien* Baden-Baden 2000. S. 127-141.

Bossung GRUR Int 1976, 221

BOSSUNG, Otto: *I. Zuständigkeit und Verfahren für Klagen, die Gemeinschaftspatente betreffen* in: *GRUR Int*, 1976, S. 221-229.

Bossung GRUR Int 2002, 463

BOSSUNG, Otto: *Unionspatent statt Gemeinschaftspatent - Entwicklung des europäischen Patents zu einem Patent der Europäischen Union* in: *GRUR Int*, 2002, S. 463-475.

Bossung GRUR Int 2002, 575

BOSSUNG, Otto: *Nachtrag zu "Unionspatent statt Gemeinschaftspatent"* in: *GRUR Int*, 2002, S. 575-576.

Bragiel [1999] IPQ 135

BRAGIEL, Edward: *"A Funny Thing Happened on the Way to the Forum" - Actionability in the United Kingdom of Infringements of Intellectual Property Rights Committed Abroad* in: *IPQ*, 1999, S. 135-159.

Brazier/Murphy 1999,

BRAZIER, MARGARET / MURPHY, JOHN: *The Law of Torts.10. Auflage* London, Edinburgh, Dublin 1999.

Briggs (1994) LMCLQ 158

BRIGGS, Adrian: *Anti-European Teeth for Choice of Court Clauses Continental Bank v Alakos* in: *LMCLQ*, 1994, S. 158-163.

Briggs (1997) 113 LQR 364

BRIGGS, Adrian: *Two Undesirable Side-Effects of the Brussels Convention?* in: *LQR*, 1997, 113, S. 364-368.

Briggs (1996) 67 BYBIL 586

BRIGGS, Adrian: *Special Jurisdiction and the Brussels Convention: Shevill v Presse Alliance SA* Aus: *Decisions of British Courts During 1996. Band 67* Oxford 1997. S. 586-587.

Briggs (1999) 70 BYBIL 332

BRIGGS, Adrian: *Injunctions against proceedings in another contracting state: Turner v. Grovit* Aus: *Decisions of British Courts During 1999. Band 70* Oxford 2000. S. 332-335.

Briggs (2000) 71 BYBIL 440
BRIGGS, Adrian: *Private International Law Berezovsky v. Michaels* Aus: *Decisions of British Courts During 2000. Band 71* Oxford 2001. S. 440-443.

Briggs 2002,
BRIGGS, Adrian: *The Conflict of Laws* Oxford 2002.

Briggs/Rees, Civil Jurisdiction 2002,
BRIGGS, Adrian; REES, Peter: *Civil Jurisdiction and Judgments. 3. Auflage* London, Hong Kong 2002.

Brinkhof GRUR Int 1989, 444
BRINKHOF, Jan J.: *Aussetzung des Patentverletzungsverfahrens in den Niederlanden* in: *GRUR Int*, 1989, S. 444-447.

Brinkhof GRUR Int 1993, 387
BRINKHOF, Jan J.: *Das einstweilige Verfügungsverfahren und andere vorläufige Maßnahmen im Zusammenhang mit Patentverletzungen* in: *GRUR Int*, 1993, S. 387-394.

Brinkhof GRUR Int 1997, 489
BRINKHOF, Jan J.: *Geht das grenzüberschreitende Verletzungsverbot im niederländischen einstweiligen Verfügungsverfahren zu weit?* in: *GRUR Int*, 1997, S. 489-497.

Bülow/Böckstiegel/Berabeiter, II 2001,
BÜLOW, Arthur; BÖCKSTIEGEL, Karl-Heinz; GEIMER, Reinhold; SCHÜTZE, Rolf A.: *Der Internationale Rechtsverkehr in Zivil- und Handelssachen. Quellensammlung mit Erläuterungen. Band 2* München Stand Oktober 2001.

Bunge 1995,
BUNGE, Jürgen: *Zivilprozess und Zwangsvollstreckung in England. Eine Gesamtdarstellung mit internationalem Zivilprozessrecht und einer Bibliographie* Berlin 1995.

Busse/Bearbeiter, PatG 1999,
BUSSE, Rudolf: *Patentgesetz. 5. Auflage* Berlin, New-York 1999.

Buxton (2000) 116 LQR 48
BUXTON, Richard: *The Human Rights Act and Private Law* in: *LQR*, 2000, 116, S. 48-65.

Carter (1996) 112 LQR 190
CARTER, P.B.: *The Private International Law (Miscellaneous Provisions) Act 1995* in: *LQR*, 1996, 112, S. 190-194.

Carter (1992) 63 BYBIL, 519
CARTER, P.B.: *Private International Law Jurisdiction in defamation cases* Aus: *Decisions of British Courts During 1992. 63. Band* Oxford 1993. S. 519-522.

Carter-Ruck 1997,
CARTER-RUCK, Peter F.; STARTE, Harvey N.A.: *on libel and slander. 5. Auflage* London, Dublin Endinburgh 1997.

Cheshire/North's 1999,
NORTH, Peter; FAWCETT, James J.: *Private International Law. 13. Auflage* London, Edinburgh, Dublin 1999.

CIPA Guide to the Patents Acts 2001, Rz
WHITE, Alan W.: *CIPA Guide to the Patents Acts Texts, Commentary and Notes on. 5. Auflage* London 2001.

Clerk/Lindsell/Bearbeiter 2000,
CLERK, JOHN F. / LINDSELL, WILLIAM H.B.: *On torts. 18. Auflage* London 2000.

Clerk/Lindsell/Bearbeiter, supplement 2002, Rz
DUGDALE, Anthony M. (Hrsg.): *Clerk & Lindsell on Torts. Second supplement to the eighteenth edition. August 2002* London 2002.

Coester-Waltjen in FS Nakamura 1996, 89
COESTER-WALTJEN, Dagmar: *Die Bedeutung des EuGVÜ und des Luganer Abkommens für Drittstaaten* Aus: Heldrich, Andreas; Uchida, Takeyoshi (Hrsg.): *Festschrift für Hideo Nakamura zum 70. Geburtstag* Tokyo 1996. S. 89-115.

Coester-Waltjen in FS Schütze 1999, 175
COESTER-WALTJEN, Dagmar: *Internationale Zuständigkeit bei Persönlichkeitsrechtsverletzungen* Aus: Geimer, Reinhold (Hrsg.): *Wege zur Globalisierung des Rechts Festschrift für Rolf A. Schütze zum 65. Geburtstag* München 1999. S. 175-185.

Coester-Waltjen JURA 1992, 209
COESTER-WALTJEN, Dagmar: *Rechtsgüter und Rechte i.S.d. § 823 I BGB* in: *JURA*, 1992, S. 209-212.

Coing JZ 1958, 558
COING, Helmut: *Zur Entwicklung des zivilrechtlichen Persönlichkeitsschutzes* in: *JZ*, 1958, S. 558-560.

Collins (1990) 106 LQR 535
COLLINS, Lawrence: *Forum non conveniens and the Brussels Convention* in: *LQR*, 1990, 106, S. 535-539.

Collins 1983,
COLLINS, Lawrence: *The Civil Jurisdiction and Judgments Act 1982* London 1983.

Cornish GRUR Int 1990, 500
CORNISH, William R.: *Der Schutz des Urheberpersönlichkeitsrechts nach dem neuen britischen Urheberrechtsgesetz* in: *GRUR Int*, 1990, S. 500-505.

Cornish GRUR Int 1996, 285
CORNISH, William Rodolph: *Intellectual Property Infringement and Private International Law: Changing the common Law Approach* in: *GRUR Int*, 1996, S. 285-289.

Cornish in FS Schricker 1995, 643
CORNISH, William R.: *Urhebervertragsrecht in Großbritannien* Aus: Beier, Friedrich-Karl; Götting, Horst-Peter; Lehmann, Michael; Moufang, Rainer (Hrsg.): *Urhebervertragsrecht. Festschrift für Gerhard Schricker zum 60. Geburtstag* München 1995. S. 643-684.

Cornish, Intellectual Property 1999,
CORNISH, William Rodolph: *Intellectual Property: Patents, Copyright, Trade Marks and Allied Rights. 4. Auflage* London 1999.

Danckwerts 1999,
DANCKWERTS, Rolf: *Persönlichkeitsrechtsverletzungen im deutschen, schweizerischen und US-amerikanischen internationalen Privatrecht. Dissertation Universität Dresden 1999* Berlin 1999.

de Lind van Wijngaarden-Maack IPRAX 2003, 153
DE LIND VAN WIJNGAARDEN-MAACK, Martina: *Vorlage an den EuGH zur Vereinbarkeit von antisuit injunctions mit dem EuGVÜ zu Turner v. Grovit and others, House of Lords, 13.12.2001* in: *IPRAX*, 2003, S. 153-158.

de Wit MittDPatAnw 1996, 225
WIT, Severin de: *Die Anwendungspraxis der EuGVÜ und des LugÜ in Patent- und Markensachen mit internationalem Bezug durch die Gerichte in den Niederlanden* in: *MittDPatAnw*, 1996, S. 225-232.

Dethloff NJW 1998, 1596
DETHLOFF, Nina: *Marketing im Internet und Internationales Wettberwerbsrecht* in: *NJW*, 1998, S. 1596-1603.

Dicey/Morris, I 2000,
DICEY, Albert V.; MORRIS, John H.C.: *The Conflict of Laws. Volume I, 13. Auflage* London 2000.

Dicey/Morris, II 2000,
DICEY, Albert V.; MORRIS, John H. C.: *The Conflict of Laws. Volume II, 13. Auflage* London 2000.

Dicey/Morris, supplement 2002,
DICEY, Albert V.; MORRIS, John H. C.: *The Conflict of Laws. Second Supplement to the Thirteenth edition* London 2002.

Dieselhorst 1995,
DIESELHORST, Jochen: *Was bringt das Urheberpersönlichkeitsrecht? Urheberpersönlichkeitsschutz im Vergleich: Deutschland – USA. Dissertation Universität Hamburg 1994* Frankfurt a.M., Berlin, Bern u.a. 1995.

Dietz, Droit D'Auteur und Copyright 1998,
DIETZ, Adolf: *Brückenschlag zwischen Droit d'Auteur und Copyright in der Informationsgesellschaft* Aus: Internationale Gesellschaft für Urheberrechte (Hrsg.): *Schutz von Kultur und geistigem Eigentum in der Informationsgesellschaft: Wien 1997, 1. Auflage* Baden Baden 1998. S. 83-97.

Dohm 1996,
DOHM, Christian: *Die Einrede ausländischer Rechtshängigkeit im deutschen internationalen Prozessrecht. Dissertation Universität Münster 1995* Berlin 1996.

Dölle 1972,
DÖLLE, Hans: *Internationales Privatrecht. 2. Auflage* Karlsruhe 1972.

Drobnig in v Caemmerer 1983, 298
DROBNIG, Ulrich: *Produktenhaftung* Aus: Caemmerer, Ernst v. (Hrsg.): *Vorschläge und Gutachten zur Reform des deutschen internationalen Privatrechts der außervertraglichen Schuldverhältnisse* Tübingen 1983. S. 298-337.

Drobnig RabelsZ 40 (1976) 195
DROBNIG, Ulrich: *Originärer Erwerb und Übertragung von Immaterialgüterrechten im Kollisionsrecht* in: *RabelsZ*, 1976, S. 195-208.

Durie GRUR Int 1990, 832
DURIE, Robert: *Der englische Copyright, Designs and Patents Act von 1988* in: *GRUR Int*, 1990, S. 832-842.

Dutson [1997] JBL, 495
DUTSON, Stuart: *The Internet, the Conflict of Laws, international litigation and intellectual property: the implications of the international scope of the Internet on intellectual property infringements* in: *JBL*, 1997, S. 495-513.

Dutson 46 (1997) ICLQ 918
DUTSON, Stuart: *Actions for Infringement of a Foreign Intellectual Property Right in an English Court* in: *ICLQ*, 1997, 46, S. 918-925.

Dutson 47 (1998) ICLQ 659
DUTSON, Stuart: *The Infringement of Foreign Intellectual Property Rights - A Restatement of the Terms of Engagement* in: *ICLQ*, 1998, 47, S. 659-679.

Dworkin [1994] AIPJ 5,
DWORKIN, Gerald: *Moral Rights and the Common Law Countries* in: *AIPJ*, 1994, S. 5ff..

Dybdahl 2000,
DYBDAHL, Lise: *Europäisches Patentrecht. Einführung in das europäisches Patentsystem* Köln, Berlin, Bonn u.a. 2000.

Ebbink [1996] PW 15
EBBINK, Richard: *Cross-Border Injunctions: Are the Dutch Getting Support?* in: *PW*, 1996, S. 15-21.

Ehrenzweig 1962,
EHRENZWEIG, Albert A.: *A Treatise on the Conflict of Laws* St. Paul, Minnesota 1962.

Ehrenzweig 65 (1956) Yale LJ 289
EHRENZWEIG, Albert A.: *The transient rule of personal jurisdiction: The "power" myth and forum conveniens* in: *Yale LJ*, 1956, 65, S. 289-314.

Eilers 1991,
EILERS, Anke: *Maßnahmen des einstweiligen Rechtsschutzes im europäischen Zivilrechtsverkehr. Dissertation Universität Bonn 1990* München 1991.

Eisenreich GRUR Int 1988, 36
EISENREICH, Klaus: *Der Schutz des Urheberpersönlichkeitsrechts in Großbritannien, Kanada und Australien* in: *GRUR Int*, 1988, S. 36-42.

Ellins 1997,
ELLINS, Julia: *Copyright Law, Urheberrecht und ihre Harmonisierung in der Europäischen Gemeinschaft: von den Anfängen bis ins Informationszeitalter. Dissertation Universität München 1996* Berlin 1997.

Erman/Bearbeiter 2000,
ERMAN, Walther; WESTERMANN, Harm Peter (Hrsg.): *Handkommentar zum Bürgerlichen Gesetzbuch. Band II , 10. Auflage* Münster 2000.

Fawcett/Torremans 1998,
FAWCETT, James J.; TORREMANS, Paul: *Intellectual Property and Private International Law* Oxford 1998.

Fentiman 1998,
FENTIMAN, Richard: *Foreign Law in English Courts. Pleading, Proof and Choice of Law* Oxford 1998.

Fezer, MarkenR 2001,
FEZER, Karl-Heinz: *Markenrecht. Kommentar zum Markengesetz, zur Pariser Verbandsübereinkunft und zum Madrider Markenübereinkommen. 3. Auflage* München 2001.

Floyd/Purvis [1995] EIPR 110
FLOYD, Christopher; PURVIS, Iain: *Can an English Court Restrain Infringement of a Foreign Patent?* in: *EIPR*, 1995, S. 110-115.

Foglia GRUR Int 1991, 465
FOGLIA, Raffele: *Zum Verfahrensrecht des Gemeinschaftspatents - Streitregelung auf dem Gebiet der Gemeinschaftspatente. Verfahrensrechtliche Aspekte der Streitigkeiten auf dem Gebiet der Gemeinschaftspatente* in: *GRUR Int*, 1991, S. 465-469.

Forsthoff BB 2002, 318
FORSTHOFF, Ulrich: *Abschied von der Sitztheorie. Anmerkung zu den Schlußanträgen des GA Damaso Ruiz - Jarabo Colomer in der Rs. Überseeing* in: *BB*, 2002, S. 318-321.

Franzosi [1997] EIPR 382
FRANZOSI, Mario: *Worldwide Patent Litigation and the Italian Torpedo* in: *EIPR*, 1997, S. 382-385.

Franzosi MittDPatAnw 1998, 300
FRANZOSI, Mario: *Weltweite Patentstreitigkeit und ein italienischer "Torpedo"* in: *MittDPatAnw*, 1998, S. 300-301.

Funkel 2001,
FUNKEL, Thorsten: *Schutz der Persönlichkeit durch Ersatz immaterieller Schäden in Geld eine rechtsvergleichende Untersuchung des zivilrechtlichen Persönlichkeitsschutzes unter besonderer Berücksichtigung des Geldersatzes für Nichtvermögensschäden in Deutschland und England. Dissertation Universität München 2000* München 2001.

Gatley 1998, Rz
MILMO, Patrick; ROGERS, W.V.H. (Hrsg.): *Gatley on Libel and Slander. 9th edition* London 1998.

Geimer IPRAX 2001, 191
GEIMER, Reinhold: *Entscheidungsharmonie in Europa oder Entscheidungsstop, zu OLG Frankfurt a.M., 19.6.2000 - 22 W 5/00* in: *IPRAX*, 2001, S. 191-193.

Geimer JZ 1995, 1108
GEIMER, Reinhold: *Anmerkung zu EuGH Urteil v. 19.9.1995 - Antonio Marinari / Lloyds Bank* in: *JZ*, 1995, S. 1108-1108.

Geimer NJW 1986, 2991
GEIMER, Reinhold: *Das Nebeneinander und Miteinander von europäischem und nationalem Zivilprozeßrecht* in: *NJW*, 1986, S. 2991-2994.

Geimer, IZPR 2001, Rz
GEIMER, Reinhold: *Internationales Zivilprozessrecht. 4. Auflage* Köln 2001.

Geimer/Schütze, EuZVR 1997,
GEIMER, Reinhold; SCHÜTZE, Rolf A.: *Europäisches Zivilverfahrensrecht. Kommentar zum EuGVÜ und zum Lugano-Übereinkommen* München 1997.

Geimer/Schütze, Urteilsanerkennung I 1 1983,
GEIMER, Reinhold; SCHÜTZE, Rolf A.: *Internationale Urteilsanerkennung. Das EWG-Übereinkommen über die gerichtliche Zuständigkeit und die Vollstreckung gerichtlicher Entscheidungen in Zivil- und Handelssachen. Band 1, 1. Halbband* München 1983.

Geller GRUR Int 2000, 659
GELLER, Paul Edward: *Internationales Immaterialgüterrecht, Kollisionsrecht und gerichtliche Sanktionen im Internet* in: *GRUR Int*, 2000, S. 659-665.

Gibson 1990 Report, 3.37
GIBSON, Peter: *The Law Commission and the Scottish Law Commission. Private International Law. Choice of Law in Tort and Delict* London 1990.

Gill [1999] Tolley's CL 16
GILL, Claire: *Forum conveniens: the dilemma after Berezovsky v Forbes* in: *Tolley's Communications Law*, 1999, S. 16-18.

Ginsburg 15 (1997) Cardozo Arts & Ent LJ 153,
GINSBURG, Jane C.: *Copyright without borders? Choice of forum and the choice of law for copyright infringement in cyberspace* in: *Cardozo Art & Entertainment Law Journal*, 1997, 15, S. 153-175.

Ginsburg GRUR Int 1991, 593
GINSBURG, Jane C.: *Urheberpersönlichkeitsrechte im Rechtssystem des Common Law* in: *GRUR Int*, 1991, S. 593-605.

Ginsburg GRUR Int 2000, 97
GINSBURG, Jane C: *Die Rolle des nationalen Urheberrechts im Zeitalter der internationalen Urheberrechtsnormen* in: *GRUR Int*, 2000, S. 97-110.

Glöckner GRUR Int 2001, 446
GLÖCKNER, Jochen: *Form und Farbe im Marken-, Design- und Lauterkeitsrecht. Tagungsbericht zum Vierten St. Galler Internationalen Immaterialgüterrechtsforum, 23./ 24. November 2000 an der Universität St. Gallen* in: *GRUR Int*, 2001, S. 446-451.

Goldstein 2001,
GOLDSTEIN, Paul: *International Copyright Principles, Law, and Practise* Oxford 2001.

Gounalakis 2000
GOUNALAKIS, Georgios: *Privacy and the Media A Comparative Perspective* München 2000.

Gounalakis/Glowalla AfP 1997, 870
GOUNALAKIS, Gergios; GLOWALLA, Rainer: *Reformbestrebungen zum Persönlichkeitsschutz in England, Teil 2* in: *AfP*, 1997, S. 870ff..

Grabinski GRUR Int 2001, 199
GRABINSKI, Klaus: *Zur Bedeutung des Europäischen Gerichtsstands- und Vollstreckungsübereinkommens (Brüsseler Übereinkommens) und des Lugano-Übereinkommens in Rechtsstreitigkeiten über Patentverletzungen* in: *GRUR Int*, 2001, S. 199-213.

Grosheide GRUR Int 2000, 310
GROSHEIDE, Willem: *Durchsetzung von Urheberrechten im Wege einstweiliger Maßnahmen* in: *GRUR Int*, 2000, S. 310-324.

Groß 1999,
GROß, Rolf: *Presserecht. 3. Auflage* Heidelberg 1999.

Grunert 1998,
GRUNERT, Jens: *Die "world-wide" Mareva Injunction- Eine Zwischenbilanz. Dissertation Universität Hannover 1997* Baden-Baden 1998.

Hager JURA 1995, 566
HAGER, Johannes: *Persönlichkeitsschutz gegenüber Medien* in: *JURA*, 1995, S. 566-573.

Halfmeier ZEuP 2001, 837
HALFMEIER, Axel: *Vom Cassislikör zur E-Commerce-Richtlinie: Auf dem Weg zu einem europäischen Mediendeliktsrecht* in: *ZEuP*, 2001, S. 837-868.

Halsbury's Laws of England, Supplement I 2003, Vol 8 (1),
BAYLEY, Karen (managing editor): *Halsbury's Laws of England. Cumulative Supplement 2003. Part 1, Volumes 1-20* London 2003.

Halsbury's Laws of England, Vol 8 (1) 1996,
LORD HAILSHAM OF ST. MARYLEBONE (Hrsg.): *Halsbury's Laws of England. Fourth edition, Volume 8 (1)* London 1996.

Hartwieg 1988,
HARTWIEG, Oskar: *Die Kunst des Sachvortrags im Zivilprozeß. Eine rechtsvergleichende Studie zur Arbeitsweise des englischen Pleading-Systems* Heidelberg 1988.

Hartwieg/Grunert ZIP 2000, 721
HARTWIEG, Oskar; GRUNERT, Jens: *Bedarf und Möglichkeiten provisorischer Eilverfügungen im E-Commerce* in: *ZIP*, 2000, S. 721-732.

Hau IPRAX 1997, 245
HAU, Wolfgang: *Zustellung ausländischer Prozeßführungsverbote: Zwischen Verpflichtung zur Rechtshilfe und Schutz inländischer Hoheitsrechte, zu OLG Düsseldorf, 10.1.1996- 3 VA 11/95* in: *IPRAX*, 1997, S. 245-248.

Hefermehl GRUR 1958, 197
HEFERMEHL, Wolfgang: *Anmerkung zu BGH Urteil v 24.7.1957 - Zeiß* in: *GRUR*, 1958, S. 197-200.

Heiss 1987,
HEISS, Bernd-Rudolf: *Einstweiliger Rechtsschutz im europäischen Zivilrechtsverkehr (Art. 24 EuGVÜ). Dissertation* Berlin 1987.

Heldrich in FS Zajtay 1982, 215
HELDRICH, Andreas: *Persönlichkeitsverletzungen im Internationalen Privatrecht* Aus: Graveson, Ronald H.; Kreuzer, Karl; Tunc, Andre; Zweigert, Konrad (Hrsg.): *Festschrift für Imre Zajtay* Tübingen 1982. S. 215- 232.

Heldrich in v Caemmerer 1983,
HELDRICH, Andreas: *Persönlichkeitsverletzungen im Internationalen Privatrecht* Aus: Caemmerer, Ernst v. (Hrsg.): *Vorschläge und Gutachten zur Reform des deutschen internationalen Privatrechts der außervertraglichen Schuldverhältnisse* Tübingen 1983. S. 361-379.

Heldrich, Internationale Zuständigkeit 1969,
HELDRICH, Andreas: *Internationale Zuständigkeit und anwendbares Recht. Habilitation Universität München 1964/65* Berlin 1969.

Helle 1991,
HELLE, Jürgen: *Besondere Persönlichkeitsrechte im Privatrecht Das Recht am eigenen Bild, das Recht am gesprochenen Wort und der Schutz des geschriebenen Wortes* Tübingen 1991.

Helle RabelsZ 60 (1996) 448
HELLE, Jürgen: *Wirtschaftliche Aspekte zivilrechtlichen Persönlichkeitsschutzes* in: *RabelsZ*, 60. (1996), S. 448-474.

Herth 1989,
HERTH, Christiane: *Persönlichkeitsschutz im englischen Recht - ein rechtsvergleichender Beitrag zur Haftung der Massenmedien bei Eingriffen in den geschützten Privatbereich. Dissertation Universität Hamburg 1988* Frankfurt a.M. 1989.

Hess 1987,
HESS, Cordula: *Rechtsfolgen von Patentrechtsverletzungen im Europäischen Patentrecht. Dissertation* Berlin 1987.

Heß IPRAX 2000, 342
HEß, Burkhard: *Steht das geplante weltweite Zuständigkeits- und Vollstreckungsübereinkommen vor dem Aus?* in: *IPRAX*, 2000, S. 342-343.

Heß IPRAX 2000, 370
HEß, Burkhard: *Die begrenzte Freizügigkeit einstweiliger Maßnahmen im Binnenmarkt II – weitere Klarstellungen des Europäischen Gerichtshofs (zu EuGH, 27.4.1999-Rs C-99/96- Hans Hermann Mietz/Intership Yachting Sneek BV)* in: *IPRAX*, 2000, S. 370-374.

Heß IPRAX 2001, 389
HEß, Burkhard: *Die Integrationsfunktion des Europäischen Zivilverfahrensrechts* in: *IPRAX*, 2001, S. 389-396.

Heß JZ 1998, 1021
HEß, Burkhard: *Der Binnenmarktprozeß Neuer Verfahrenstyp zwischen nationalem und internationalem Zivilprozeßrecht* in: *JZ*, 1998, S. 1021-1032.

Heß JZ 2001, 573
HEß, Burkhard: *Aktuelle Perspektiven der europäischen Prozessrechtsangleichung* in: *JZ*, 2001, S. 573-583.

Heß NJW 2000, 23
HEß, Burkhard: *Die "Europäisierung" des internationalen Zivilprozessrechts durch den Amsterdamer Vertrag-Chancen und Gefahren* in: *NJW*, 2000, S. 23-32.

Heß/Vollkommer IPRAX 1999, 220
HEß, Burkhard; VOLLKOMMER, Gregor: *Die begrenzte Freizügigkeit einstweiliger Maßnahmen nach Art. 24 EuGVÜ, zu EuGH, 17.11.1998 - Rs. C - 391/95 - van Uden Maritime BV / Deco-Line KG* in: *IPRAX*, 1999, S. 220-225.

Hohloch IPRAX 1997, 312
HOHLOCH, Gerhard: *Erfolgsort und Schadensort-Abgrenzung bei Ansprüchen auf Ersatz von (primären und sonstigen) Vermögensschäden, zu EuGH, 19.9.1995. Rs C 364/93 - Marinari / Lloyds Bank* in: *IPRAX*, 1997, S. 312-314.

Hohloch JuS 1995, 928
HOHLOCH, Gerhard: *Anmerkung zu EuGH Urteil v 7.3.1995 Shevill / Presse Alliance SA* in: *JuS*, 1995, S. 928-929.

Hohloch ZUM 1986, 165
HOHLOCH, Gerhard: *Neue Medien und Individualrechtsschutz. Kollisionsrechtliche Aspekte grenzüberschreitender Rundfunksendungen* in: *ZUM*, 1986, S. 165-179.

Hohloch, Deliktsstatut 1984,
HOHLOCH, Gerhard: *Das Deliktsstatut. Grundlagen und Grundlinien des internationalen Deliktsrechts. Habilitation Universität Freiburg i. Br. 1979/80* Frankfurt a.M. 1984.

Holeweg GRUR Int 2001, 141
HOLEWEG, Annette: *Europäischer und internationaler gewerblicher Rechtsschutz und Urheberrecht. Tabellarischer Überblick und aktuelle Entwicklungen* in: *GRUR Int*, 2001, S. 141-157.

Horn GRUR 1969, 169
HORN, Wieland: *Patentverletzungsprozeß und Nichtigkeitsverfahren* in: *GRUR*, 1969, S. 169-177.

Huber ZEuP 1996, 300
HUBER, Peter: *Persönlichkeitsschutz gegenüber Massenmedien im Rahmen des Europäischen Zivilprozessrechts. Anmerkung zur Entscheidung des Europäischen Gerichtshofs vom 7. März 1995* in: *ZEuP*, 1996, S. 300-313.

Hubmann 1967,
HUBMANN, Heinrich: *Das Persönlichkeitsrecht. 2. Auflage* Köln, Graz 1967.

Hunt [1998] PL 423
HUNT, Murray: *The "Horizontal Effect" of the Human Rights Act* in: *PL*, 1998, S. 423-443.

Intveen 1999,
INTVEEN, Carsten: *Internationales Urheberrecht und Internet: Zur Frage des anzuwendenden Urheberrechts bei grenzüberschreitenden Datenübertragungen. Dissertation Universität Freiburg 1999* Baden-Baden 1999.

Jaffey YBCML 2001/2, 20
JAFFEY, Peter: *Privacy, Publicity Rights and Merchandising: Hello!* in: *The Yearbook of Copyright and Media Law* , 2001/2, S. 20-27.

Jaffey, Conflict 1997,
CLARKSON, C.M.V.; HILL, Jonathan: *Jaffey on the Conflict of Laws* London, Edinburgh; Dublin 1997.

Jahn 1994,
JAHN, Beatrix: *Das Urheberpersönlichkeitsrecht im deutschen und britischen Recht. Dissertation Universität Münster 1993* Münster, Hamburg 1994.

Jayme/Kohler IPRAX 1994, 405
JAYME, Erik; KOHLER, Christian: *Europäisches Kollisionsrecht 1994: Quellenpluralismus und offene Kontraste* in: *IPRAX*, 1994, S. 405-415.

Jayme/Kohler IPRAX 1999, 401
JAYME, Erik; KOHLER, Christian: *Europäisches Kollisionsrecht 1999- Die Abendstunde der Staatsverträge* in: *IPRAX*, 1999, S. 401-413.

Jayme/Kohler IPRAX 2000, 454
JAYME, Erik; KOHLER, Christian: *Europäisches Kollisionsrecht 2000: Interlokales Privatrecht oder universelles Gemeinschaftsrecht?* in: *IPRAX*, 2000, S. 454-465.

Jayme/Kohler IPRAX 2001, 501
JAYME, Erik; KOHLER, Christian: *Europäisches Kollisionsrecht 2001: Anerkennungsprinzip statt IPR?* in: *IPRAX*, 2001, S. 501-514.

Jayme/Kohler IPRAX 2002, 461
JAYME, Erik; KOHLER, Christian: *Europäisches Kollisionsrecht 2002: Zur Wiederkehr des Internationalen Privatrechts* in: *IPRAX*, 2002, S. 461-471.

Jenard-Bericht in Bülow/Böckstiegel, I 2001,
BÜLOW, Arthur; BÖCKSTIEGEL, Karl-Heinz; GEIMER, Reinhold; SCHÜTZE, Rolf (Hrsg.): *Der Internationale Rechtsverkehr in Zivil- und Handelssachen Quellsammlung und Erläuterungen. Band I* München Loseblatt Stand Oktober 2001.

Jooris [1996] EIPR 127
JOORIS, Eric: *Infringement of Foreign Copyright and the Jurisdiction of English Courts* in: *EIPR*, 1996, S. 127-148.

Kadner-Graziano 2002,
KADNER-GRAZIANO, Thomas: *Gemeineuropäisches internationales Privatrecht: Harmonisierung des IPR durch Wissenschaft und Lehre (am Beispiel der außervertraglichen Haftung für Schäden). Habilitation Humboldt-Universität zu Berlin 2000* Tübingen 2002.

Karet [1998] EIPR 76
KARET, Ian: *Cross-border Skirmishing in Fort Dodge v. Akzo* in: *EIPR*, 1998, S. 76-81.

Karet [1998] IPQ 317
KARET, Ian: *Intellectual Property Litigation- Jurisdiction in Europe* in: *IPQ*, 1998, S. 317-330.

Kaye, Civil Jurisdiction 1987,
KAYE, Peter: *Civil Jurisdiction and Enforcement of Foreign Judgments. The application in England and Wales of the Brussels Convention of 1968 on Jurisdiction and the Enforcement of Judgments in Civil and Commercial Matters under the Civil Jurisdiction and Judgments Act 1982* Abingdon 1987.

Kaye, PIL 1991,
KAYE, Peter: *Private International Law of Tort and Product Liability* Dartmouth 1991.

Kegel/Schurig 2000,
KEGEL, Gerhard; SCHURIG, Klaus: *Internationales Privatrecht. 8. Auflage* München 2000.

Kellerhals GRUR Int 2001, 438
KELLERHALS, Miriam: *Die europäischen Wurzeln des Droit Moral* in: *GRUR Int*, 2001, S. 438-446.

Kieninger GRUR Int 1998, 280
KIENINGER, Eva-Maria: *Internationale Zuständigkeit bei der Verletzung ausländischer Immaterialgüterrechte: Common Law auf dem Prüfstand des EuGVÜ. Zugleich Anmerkung zu Pearce v. Ove Arup Partnership Ltd and others und Coin Controls Ltd v. Suzo International (UK) Ltd and others* in: *GRUR Int*, 1998, S. 280-290.

Kloth 2000,
KLOTH, Matthias: *Der Schutz der ausübenden Künstler nach TRIPs und WPPT. Dissertation Universität Kiel 2000* Baden-Baden 2000.

Kober GRUR Int 2001, 493
KOBER, Ingo: *Die Rolle des Europäischen Patentamts im Spannungsfeld globaler Wirtschaftsentwicklungen Bestandsaufnahme, Herausforderung und Ausblick* in: *GRUR Int*, 2001, S. 493-497.

Koch NVersZ 2001, 60
KOCH, Harald: *Kanadische Versicherungen gegen europäische Rückversicherer: Zuständigkeit nach dem EuGVÜ?* in: *NVersZ*, 2001, S. 60-61.

Kohler in FS Matscher 1993,
KOHLER, Christian: *Staatsvertragliche Bindungen bei der Ausübung internationaler Zuständigkeit und richterliches Ermessen- Bemerkungen zur Harrods-Entscheidung des englischen Court of Appeal* Aus: (Hrsg.): *Festschrift für Franz Matscher* Wien 1993. S. 251-263.

Kreuzer Gutachten 1991,

KREUZER, Karl: *Gutachtliche Stellungnahme zum Referentenentwurf eines Gesetzes zur Ergänzung des internationalen Privatrechts (Außervertragliche Schuldverhältnisse und Sachen)* Aus: Henrich, Dieter (Hrsg.): *Vorschläge und Gutachten zur Reform des deutschen internationalen Sachen- und Immaterialgüterrechts* Tübingen 1991. S. 38-180.

Kreuzer/Klötgen IPRAX 1997, 90

KREUZER, Karl; KLÖTGEN, Paul: *Die Shevill- Entscheidung des EuGH: Abschaffung des Deliktsortsgerichtsstands des Art. 5 Nr. 3 EuGVÜ für ehverletzende Streudelikte zu EuGH, 7.3.1995- Rs. C-68/93- Shevill u.a. / Presse Alliance SA.* in: *IPRAX*, 1997, S. 90-96.

Krieger GRUR 1998, 256

KRIEGER, Albrecht: *Wann endlich kommt das Gemeinschaftspatent? Zwei Brüder als Kämpfer für den Schutz des geistigen Eigentums in Deutschland, in Europa und in der Welt* in: *GRUR*, 1998, S. 256-267.

Krieger in FS Everling Bd 1, 1995, 701

KRIEGER, Albrecht: *Das Gemeinschaftspatent - ein essential des europäischen Binnenmarktes* Aus: Due, Ole (Hrsg.): *Festschrift für Ulrich Everling Band 1* Baden-Baden 1995. S. 701-717.

Kristin 2001,

KRISTIN, Tanja: *Das Deliktsstatut bei Persönlichkeitsrechtsverletzungen über das Internet. Dissertation München 2000* München 2001.

Kropholler, EuZPR 2002,

KROPHOLLER, Jan: *Europäisches Zivilprozeßrecht Kommentar zu EuGVÜ und Lugano-Übereinkommen. 7. Auflage* Heidelberg 2002.

Kropholler, IPR 2001,

KROPHOLLER, Jan: *Internationales Privatrecht. 4. Auflage* Tübingen 2001.

Kubis 1999,

KUBIS, Sebastian: *Internationale Zuständigkeit bei Persönlichkeits- und Immaterialgüterrechtsverletzungen. Dissertation Universität Bielefeld 1997/98* Bielefeld 1999.

Kubis ZEuP 2001, 737

KUBIS, Sebastian: *Gerichtsstand am Erfüllungsort:Erneute Enttäuschung aus Luxemburg, Entscheidung des Europäischen Gerichtshofes vom 28.9.1999* in: *ZEuP*, 2001, S. 737-752.

Kur [2002] EIPR 175

KUR, Annette: *International Hague Convention on Jurisdiction and Foreign Judgments: A Way Forward for IP?* in: *EIPR*, 2002, S. 175-183.

Lachat GRUR Int 1975, 51

LACHAT, Salome: *Gedanken zur Vereinheitlichung des Verletzungsrechts von Gemeinschaftspatenten* in: *GRUR Int*, 1975, S. 51-57.

Laddie/Prescott/Vitoria 2000, Rz

LADDIE, Hugh Sir; PRESCOTT, Peter; VITORIA, Mary; SPECK, Adrian; LANE, Lindsay: *The Modern Law of Copyright and Designs. 3. Auflage, Volume 1, Chapters 1-30* London 2000.

Larenz/Canaris, SchuldR BT II 2 1994,

LARENZ, Karl; CANARIS, Claus-Wilhelm: *Lehrbuch des Schuldrechts, Band II / 2: Besonderer Teil / 2. Halbband, 13. Auflage* München 1994.

Lazarakos ZfRV 2002, 1

LAZARAKOS, Grigorios: *Gemeinsame europäische Prinzipien zum Schutz des allgemeinen Persönlichkeitsrechts am Beispiel Deutschlands, Österreichs, Griechenlands und Großbritanniens* in: *ZfRV*, 2002, S. 1-11.

Leslie [1997] SLT 133

LESLIE, Robert: *Jurisdiction in Tort or Delict. Shevill v Presse Alliance SA [1996] 3 All ER 929, HL* in: *SLT*, 1997, S. 133-134.

Linke 2001,

LINKE, Hartmut: *Internationales Zivilprozessrecht. 3. Auflage* Köln 2001.

Löffler/Bearbeiter, Presserecht 1997,

LÖFFLER, Martin; WENZEL, Egbert; SEDELMEIER, Klaus: *Presserecht - Kommentar zu den Landespressegesetzen der Bundesrepublik Deutschland. 4. Auflage* München 1997.

Löffler/Ricker 2000,

LÖFFLER, Martin; RICKER, Reinhart: *Handbuch des Presserechts. 4. Auflage* München 2000.

Looschelders ZVglRWiss 95 (1996) 48

LOOSCHELDERS, Dirk: *Persönlichkeitsschutz in Fällen mit Auslandsberührung* in: *ZVglRWiss*, 1996, S. 48-91.

Lorenz in v Caemmerer 1983, 95

LORENZ, Werner: *Die allgemeine Grundregel betreffend das auf die außervertragliche Schadenshaftung anzuwendende Recht* Aus: Caemmerer, Ernst v. (Hrsg.): *Vorschläge und Gutachten zur Reform des deutschen internationalen Privatrechts der außervertraglichen Schuldverhältnisse* Tübingen 1983. S. 95-159.

Lundstedt GRUR Int 2001, 103
LUNDSTEDT, Lydia: *Gerichtliche Zuständigkeit und Territorialitätsprinzip im Immaterialgüterrecht- Geht der Pendelschlag zu weit?* in: *GRUR Int*, 2001, S. 103-111.

Maack 1999,
MAACK, Martina: *Englische antisuit injunctions im europäischen Zivilrechtsverkehr. Dissertation Universität Heidelberg 1998/99* Berlin 1999.

Mansel EuZW 1996, 335
MANSEL, Heinz-Peter: *Grenzüberschreitende Prozeßführungsverbote (anti suit injunctions) und Zustellungsverweigerung* in: *EuZW*, 1996, S. 335-340.

Mansel IPRAX 1989, 84
MANSEL, Heinz-Peter: *Gerichtliche Prüfungsbefugnis im forum delicti* in: *IPRAX*, 1989, S. 84-87.

Markesinis (1990) 53 MLR 802
MARKESINIS, Basil S.: *Our Patchy Law of Privacy- Time to do something about it* in: *MLR*, 1990, 53, S. 802-809.

Markesinis (1999) 115 LQR 47
MARKESINIS, Basil S.: *Privacy, Freedom of Expressions and the Horizontal Effect of the Human Rights Bill: Lessons from Germany* in: *LQR*, 1999, 115, S. 47-88.

Markesinis/Deakin 1999,
MARKESINIS, BASIL / DEAKIN, SIMON: *Tort Law. 4. Auflage* Oxford 1999.

Martiny RabelsZ 40 (1976) 218
MARTINY, Dieter: *Verletzung von Immaterialgüterrechten im Internationalen Privatrecht* in: *RabelsZ*, 1976, Band 40, S. 218-232.

Meier-Beck GRUR 1999, 379
MEIER-BECK, Peter: *Aktuelle Fragen des Patentverletzungsverfahrens* in: *GRUR*, 1999, S. 379-384.

Merkin/Black, I 2002, Rz
MERKIN, Robert M.; BLACK, Jack; HAFTKE, Mark: *Copyright and Designs Law. Volume 1, Release 17* London 2002.

Mertens JuS 1962, 261
MERTENS, Hans-Joachim: *Persönlichkeitsrecht und Schadensersatz- BGHZ 35, 363* in: *JuS*, 1962, S. 261- 269.

Micklitz/Rott EuZW 2001, 325
MICKLITZ, Hans-W; ROTT, Peter: *Vergemeinschaftung des EuGVÜ in der Verordnung (EG) Nr. 44 / 2001* in: *EuZW*, 2001, S. 325-334.

Mistelis 1999,
MISTELIS, Loukas A.: *Charakterisierungen und Qualifikation im internationalen Privatrecht. Zur Lehre einer parteispezifischen Qualifikation im Kollisionsrecht der privaten Wirtschaft. Dissertation Universität Hannover 1998* Tübingen 1999.

Morris (McClean) 2000,
MCCLEAN, David: *The Conflict of Laws. 5. Auflage* London 2000.

Morse (1996) 45 ICLQ 888
MORSE, C. G. J.: *Torts in Private International Law: A New Statutory Framework* in: *ICLQ*, 1996, 45, S. 888-902.

MünchKomm/Bearbeiter, X 1998,
LÜKE, Gerhard; WAX, Peter (Hrsg.): *Münchener Kommentar zum Bürgerlichen Gesetzbuch. Einführungsgesetz zum Bürgerlichen Gesetzbuche (Art. 1-38), Internationales Privatrecht, Band 10. 3. Auflage* München 1998.

MünchKomm/Bearbeiter, ZPO I 2000,
LÜKE, Gerhard; WAX, Peter (Hrsg.): *Münchener Kommentar zur Zivilprozeßordnung. Mit Gerichtsverfassungsgesetz und Nebengesetzen, Band 1, §§ 1-354. 2. Auflage* München 2000.

MünchKomm/Bearbeiter, ZPO III 2001,
LÜKE, Gerhard; WAX, Peter (Hrsg.): *Münchener Kommentar zur Zivilprozessordnung. Mit Gerichtsverfassungsgesetz und Nebengesetzen, Band 3, §§ 803-1066 EGZPO, GVG, EGGVG, Internationales Zivilprozessrecht. 2. Auflage* München 2001.

Muth 2000,
MUTH, Susanne: *Die Bestimmung des anwendbaren Rechts bei Urheberrechtsverletzungen im Internet. Dissertation Universität Düsseldorf 1999* Frankfurt a.M. 2000.

Nagel/Gottwald 2002,
NAGEL, Heinrich; GOTTWALD, Peter: *Internationales Zivilprozessrecht. 5. Auflage* Münster 2002.

Neuhaus MittDPatAnw 1996, 257
NEUHAUS, Wilfried: *Das Übereinkommen über die gerichtliche Zuständigkeit und die Vollstreckung gerichtlicher Entscheidungen in Zivil- und Handelssachen vom 27.9.1968 (EuGVÜ) und das Luganer Übereinkommen vom 16.6.1988 (LGVÜ), soweit hiervon Streitigkeiten des gewerblichen Rechtsschutzes betroffen werden* in: *MittDPatAnw*, 1996, S. 257-269.

Neuhaus RabelsZ 40 (1976) 191
NEUHAUS, Paul Heinrich: *Freiheit und Gleichheit im internationalen Immaterialgüterrecht* in: *RabelsZ*, 1975, S. 191-195.

Neumann-Duesenberg NJW 1955, 696
NEUMANN-DUESENBERG, Horst: *Der Gerichtsstand der unerlaubten Handlung (§ 32 ZPO)* in: *NJW*, 1955, S. 696-698.

Neumann-Klang 1999,
NEUMANN-KLANG, Sybille: *Das Recht am eigenen Bild aus rechtsvergleichender Sicht. Dissertation Universität Saarbrücken 1998* Frankfurt a.M., Berlin, Bern u.a. 1999.

Niegisch 1993
NIEGISCH, Martin: *Mehrspurigkeit des Internationalen Zivilverfahrensrechts in den Mitgliedstaaten der Europäischen Gemeinschaft am Beispiel des Vereinigten Königreichs. Die Doktrin des forum non conveniens und das EuGVÜ* Dissertation Universität Heidelberg 1993

Nixdorf GRUR 1996, 842
NIXDORF, Wolfgang: *Presse ohne Grenzen: Probleme grenzüberschreitender Presseveröffentlichungen im europäischen Raum* in: *GRUR*, 1996, S. 842-846.

Nussbaum 1932,
NUSSBAUM, Arthur: *Deutsches Internationales Privatrecht* Tübingen 1932.

Nygh in McLachlan/Nygh 1996,
NYGH, Peter: *The Common Law Approach* Aus: MacLachlan, Campbell; Nygh, Peter (Hrsg.): *Transnational Tort Litigation and Jurisdiction* Oxford 1996. S. 21-36.

O'Sullivan [1996] EIPR 654
O'SULLIVAN, Gearoid: *Cross-border Jurisdiction in Patent Infringement Proceedings in Europe* in: *EIPR*, 1996, S. 654-664.

Ohly RabelsZ 65 (2001) 39
OHLY, Ansgar: *Der Schutz der Persönlichkeit im englischen Zivilrecht. Heutiger Stand und Entwicklungstendenzen nach dem Human Rights Act 1998* in: *RabelsZ*, 65. (2001), S. 39-77.

Otte IPRAX 1999, 440
OTTE, Karsten: *Verfahrenskoordination und einstweiliger Rechtsschutz bei der Verletzung eines europäischen Patents zu LG Düsseldorf, 27.1.1998 -4 O 418/97* in: *IPRAX*, 1999, S. 440-443.

Otte IPRAX 2001, 315
OTTE, Karsten: *Internationale Zuständigkeit und Territorialitätsprinzip- Wo liegen die Grenzen der Deliktszuständigkeit bei Verletzung eines europäischen Patents? zu OLG Düsseldorf, 22.7.1999. 2 U 127/98* in: *IPRAX*, 2001, S. 315-320.

Palandt/Bearbeiter 2003,
Palandt Bürgerliches Gesetzbuch. 62. Auflage München 2003.

Pansch EuLF 2000, 353
PANSCH, Rüdiger: *Der Gerichtsstand der unerlaubten Handlung bei der grenzüberschreitenden Verletzung gewerblicher Schutzrechte* in: *ELF*, 2000, S. 353-362.

Pavelka GRUR Int 2002, 880
PAVELKA, J.: *Europa- Arbeitsdokument der Kommission zum Gerichtssystem des Gemeinschaftspatents* in: *GRUR Int*, 2002, S. 880-880.

Peifer GRUR 2000, 495
PEIFER, Karl-Nikolaus: *Eigenheit oder Eigentum- Was schützt das Persönlichkeitsrecht?* in: *GRUR*, 2002, S. 495-500.

Peifer ZVglRWiss 96 (1997) 74
PEIFER, Karl-Nikolaus: *Persönlichkeitsschaden und Geldersatz* in: *ZVglRWiss*, 96 (1997), S. 74-95.

Peinze 2002,
PEINZE, Alexander: *Internationales Urheberrecht in Deutschland und England. Dissertation Universität Hannover 2001* Tübingen 2002.

Pfeiffer 1995,
PFEIFFER, Thomas: *Internationale Zuständigkeit und Prozessuale Gerechtigkeit. Die internationale Zuständigkeit im Zivilprozess zwischen effektivem Rechtsschutz und nationaler Zuständigkeitspolitik. Habilitation Universität Frankfurt a.M.1993* Frankfurt a.M. 1995.

Pfeiffer NJW 1999, 3674
PFEIFFER, Thomas: *Die Entwicklung des Internationalen Vertrags-, Schuld- und Sachenrechts 1997-1999* in: *NJW*, 1999, S. 3674-3687.

Phillipson/Fenwick 63 (2000) MLR 661,
PHILLIPSON, Gavin; FENWICK, Helen: *Breach of Confidence as a Privacy Remedy in the Human Rights Act Era* in: *MLR*, 2000, 63, S. 660-693.

Piltz NJW 2002, 789
PILTZ, Burghard: *Vom EuGVÜ zur Brüssel-I-Verordnung* in: *NJW*, 2002, S. 789-794.

Pinto [2002] EIPR 209
PINTO, Timothy: *The Influence of the European Convention on Human Rights on Intellectual Property Rights* in: *EIPR*, 2002, S. 209-219.

Pitz GRUR Int 2001, 32
PITZ, Johann: *Torpedos unter Beschuss* in: *GRUR Int*, 2001, S. 32-37.

Prinz NJW 1995, 817

PRINZ, Matthias: *Der Schutz der Persönlichkeitsrechte vor Verletzungen durch die Medien* in: *NJW*, 1995, S. 817-821.

Probst 1999,

PROBST, Meike: *Filmurheberrecht in Großbritannien. Dissertation Universität Münster 1998* Münster 1999.

Prosser (1953) 51 Mich L Rev 959

PROSSER, William L: *Interstate Publication* in: *Mich L Rev*, 1953, 51, S. 959-1000.

Rauscher ZZP Int 1 (1996) 151

RAUSCHER, Thomas: *Anmerkung zu EuGH v 7.3.1995 - Shevill / Presse Alliance SA* in: *ZZP Int*, 1 (1996), S. 151-166.

Redmond-Cooper (1994) 134 NLJ 870

REDMOND-COOPER, Ruth: *A right to reply in the British Press?* in: *NLJ*, 134 (1994), S. 870-871.

Regelin 2000,

REGELIN, Frank Peter: *Das Kollisionsrecht der Immaterialgüterrechte an der Schwelle zum 21. Jahrhundert. Dissertation Universität Mannheim 1999* Frankfurt a.M. 2000.

Rehbinder, UrhR 2002,

REHBINDER, Manfred: *Urheberrecht. 12. Auflage* München 2002.

Reichert-Facilides 1995,

REICHERT-FACILIDES, Daniel: *Fakultatives und zwingendes Kollisionsrecht. Dissertation Universität Frankfurt a.M. 1995* Tübingen 1995.

Reinmüller IPRAX 1985, 233

REINMÜLLER, Bernd: *Gesamtschaden und internationale Zuständigkeit nach dem EuGVÜ. Anmerkung zur Cour d`appel Paris vom 19.3.1984 - Caroline von Monaco* in: *IPRAX*, 1985, S. 233-235.

Riegl 1986,

RIEGL, Werner: *Streudelikte im internationalen Privatrecht* Dissertation Universität Augsburg 1986.

Riezler 1949,

RIEZLER, Erwin: *Internationales Zivilprozessrecht und prozessuales Fremdenrecht* Berlin, Tübingen 1949.

Robertson/Nicol 2002

ROBERTSON, Geoffrey; NICOL, Andrew: *Media Law. 4. Auflage* London 2002.

Rogerson [2001] All ER Annual Review 85
ROGERSON, Pippa: *Choice of Law – tort. Edmunds v Simmonds* in: *All ER Annual Review*, 2001, S. 85, 97-98.

Rübenach 2000,
RÜBENACH, Heinz-Uwe: *Europäisches Presserecht* Stuttgart 2000.

Ruijsenaars GRUR Int 1988, 260
RUIJSENAARS, Heijo Enrico: *Anmerkung zu Gerechtshof's Gravenhage Entscheidung vom 29.10.1986 - Fusilade* in: *GRUR Int*, 1988, S. 260-262.

Rüll 1998,
RÜLL, Axel: *Allgemeiner und urheberrechtlicher Persönlichkeitsrechtsschutz des ausübenden Künstlers. Dissertation Universität München 1997* Baden-Baden 1998.

Ryan [2001] EIPR 521
RYAN, Chris: *Human Rights and Intellectual Property* in: *EIPR*, 2001, S. 521-527.

Sack WRP 2000, 269
SACK, Rolf: *Das internationale Wettbewerbs- und Immaterialgüterrecht nach der EGBGB-Novelle* in: *WRP*, 2000, S. 269-289.

Sandrock GRUR Int 1985, 507
SANDROCK, Otto: *Das Kollisionsrecht des unlauteren Wettbewerbs zwischen dem internationalen Immaterialgüterrecht und dem internationalen Kartellrecht* in: *GRUR Int*, 1985, S. 507-516.

Sandrock in v Caemmerer 1983, 380
SANDROCK, Otto: *Die kollisionsrechtliche Behandlung der Deliktshaftung bei der Verletzung von gewerblichen Schutzrechten und Urheberrechten* Aus: Caemmerer, Ernst v. (Hrsg.): *Vorschläge und Gutachten zur Reform des deutschen internationalen Privatrechts der außervertraglichen Schuldverhältnisse* Tübingen 1983. S. 380-439.

Schack GRUR 1985, 352
SCHACK, Haimo: *Das Persönlichkeitsrecht der Urheber und ausübenden Künstler nach dem Tode* in: *GRUR*, 1985, S. 352-361.

Schack GRUR Int 1985, 523
SCHACK, Haimo: *Urheberrechtsverletzung im internationalen Privatrecht aus der Sicht des Kollisionsrechts* in: *GRUR Int*, 1985, S. 523-525.

Schack JZ 1998, 1018
SCHACK, Haimo: *Anmerkung zu BGH Urteil v 2.10.1997 - I ZR 88/95* in: *JZ*, 1998, S. 1018-1020.

Schack MMR 2000, 135
SCHACK, Haimo: *Internationale Urheber-, Marken- und Wettbewerbsrechtsverletzungen im Internet- Internationales Zivilprozessrecht* in: *MMR*, 2000, S. 135-140.

Schack MMR 2000, 59
SCHACK, Haimo: *Internationale Urheber-, Marken,- und Wettbewerbsrechtsverletzungen im Internet- Internationales Privatrecht* in: *MMR*, 2000, S. 59-65.

Schack RabelsZ 58 (1994) 40
SCHACK, Haimo: *Die Versagung der deutschen internationalen Zuständigkeit wegen forum non conveniens und lis alibi pendens* in: *RabelsZ*, 58 (1994), S. 40-57.

Schack UFITA 108 (1988) 51
SCHACK, Haimo: *Die grenzüberschreitende Verletzung allgemeiner und Urheberpersönlichkeitsrechte* in: *UFITA*, 108 (1988), S. 51-72.

Schack ZEuP 1998, 531
SCHACK, Haimo: *Entscheidungszuständigkeiten in einem weltweiten Gerichtsstands- und Vollstreckungsübereinkommen* in: *ZEuP*, 1998, S. 531-956.

Schack, Anknüpfung 1979,
SCHACK, Haimo: *Zur Anknüpfung des Urheberrechts im intenationalen Privatrecht. Dissertation Universität Köln 1978* Berlin 1979.

Schack, IZVR 2002,
SCHACK, Haimo: *Internationales Zivilverfahrensrecht. 3. Auflage* München 2002.

Schack, UrhR 2001,
SCHACK, Haimo: *Urheber- und Urhebervertragsrecht. 2. Auflage* Tübingen 2001.

Schade GRUR 2000, 101
SCHADE, Jürgen: *Gerichtliche Regelungen der Patentstreitsachen in Europa* in: *GRUR*, 2000, S. 101-111.

Schippan 1999,
SCHIPPAN, Martin: *Die Harmonisierung des Urheberrechts in Europa im Zeitalter von Internet und digitaler Technologie. Dissertation Universität Freiburg 1999* Baden-Baden 1999.

Schlechtriem JZ 1995, 362
SCHLECHTRIEM, Peter: *Anmerkung zu BGH Urteil v 15.11.1994- Caroline v Monaco* in: *JZ*, 1995, S. 362-364.

Schlosser NJW 1975, 2132
SCHLOSSER, Peter F.: *Umwelt und Recht. Neues Primärrecht der Europäischen Gemeinschaften* in: *NJW*, 1975, S. 2132-2133.

Schlosser, EU ZPR 2003,
SCHLOSSER, Peter F.: *EU- Zivilprozessrecht EuGVVO, EuEheVO, AVAG, HZÜ, EuZVO, HBÜ, EuBVO Kommentar 2. Auflage* München 2003.

Schlosser, EuGVÜ 1996,
SCHLOSSER, Peter F.: *Europäisches Gerichtsstands- und Vollstreckungsabkommen mit Lugano Übereinkommen und den Haager Übereinkommen über Zustellung und Beweisaufnahmen.* München 1996.

Schlosser, Justizkonflikt 1985,
SCHLOSSER, Peter: *Der Justizkonflikt zwischen den USA und Europa. Erweiterte Fassung eines Vortrages gehalten vor der deutschen juristischen Gesellschaft zu Berlin am 10. Juli 1985.* Berlin 1985

Schlosser-Bericht in Bülow/Böckstiegel, I 2001,
BÜLOW, Arthur; BÖCKSTIEGEL, Karl-Heinz; GEIMER, Reinhold; SCHÜTZE, Rolf (Hrsg.): *Der internationale Rechtsverkehr in Zivil- und Handelssachen. Quellsammlung und Erläuterungen. Band 1* München Loseblatt Stand Oktober 2001.

Schoibl ÖJZ 2000, 481
SCHOIBL, Norbert A.: *Zum zeitlichen Anwendungsbereich und zum Ratifikationsstand des Brüsseler Übereinkommens und zum Konkurrenzverhältnis der beiden Europäischen Gerichtsstands- und Vollstreckungsübereinkommen EuGVÜ-LGVÜ* in: *ÖJZ*, 2000, S. 481-489.

Schönberger 1990,
SCHÖNBERGER, Thomas: *Das Tatortprinzip und seine Auflockerung im deutschen internationalen Deliktsrecht. Dissertation Universität Mainz 1989* München 1990.

Schricker/Bearbeiter, UrhR 1999,
SCHRICKER, Gerhard: *Urheberrecht, Kommentar. 2. Auflage* München 1999.

Schulte, PatG 2001,
SCHULTE, Rainer: *Patentgesetz mit Europäischem Patentübereinkommen. 6. Auflage* Köln, Berlin, Bonn u.a. 2001.

Schultz-Süchting GRUR 1988, 571,
SCHULTZ-SÜCHTING, Rolf: *Einstweilige Verfügungen in Patent- und Gebrauchsmustersachen* in: *GRUR*, 1988, S. 571-577.

Schumann in FS Nagel 1987, 402
SCHUMANN, Ekkehard: *Internationale Zuständigkeit: Besonderheiten, Wahlfeststellung, doppelrelevante Tatsachen. Festschrift für Heinrich Nagel zum 75. Geburtstag* Münster 1987.

Schütze IPRAX 2001, 441
SCHÜTZE, Rolf: *Internationale Rechtshängigkeit und Verbürgung der Gegenseitigkeit im Verhältnis zu British Columbia, zu BGH v. 24.10.2000 - XI ZR 300/99* in: *IPRAX*, 2001, S. 441-443.

Schütze, Rechtsverfolgung 1998,
SCHÜTZE, Rolf A.: *Rechtsverfolgung im Ausland- Prozeßführung vor ausländischen Gerichten und Schiedsgerichten. 2. Auflage* Heidelberg 1998.

Schwiegel-Klein 1983,
SCHWIEGEL-KLEIN, Evelyn: *Persönlichkeitsrechtsverletzungen durch Massenmedien im Internationalen Privatrecht* Dissertation Universität Münster 1983.

Scordamaglia GRUR Int 1990, 777
SCORDAMAGLIA, Vincenzo: *Die Gerichtsstandsregelung im Gemeinschaftspatentübereinkommen und das Vollstreckungsübereinkommen von Lugano* in: *GRUR Int*, 1990, S. 777-787.

Siebrecht 1996,
SIEBRECHT, Ingrid: *Ehrenschutz und Massenmedien: eine rechtsvergleichende Untersuchung unter Berücksichtigung der englischen, amerikanischen und deutschen Rechtslage. Dissertation Universität Hannover 1998* Hamburg 1998.

Siehr UFITA 108 (1988) 9
SIEHR, Kurt: *Das Urheberrecht in neueren IPR-Kodifikationen* in: *UFITA*, 108, (1988), S. 9-25.

Sievers 1998,
SIEVERS, Hans-Joachim: *Das britische Patentrecht Entwicklung und Grundzüge. Dissertation der Universität Münster 1998* Münster 1998.

Singh, Privacy 1999, 169
SINGH, Rabinder: *Privacy and the Media: The impact of the Human Rights Bill* Aus: Markesinis, Basil (Hrsg.): *Protecting Privacy* Oxford 1999. S. 169-190.

Slater (1988) 104 LQR 554
SLATER, A.G.: *Forum non conveniens. A view from the shop floor* in: *LQR*, 1988, 104, S. 554ff.

Snijders 1996,
SNIJDERS, Henk J. (Hrsg.): *Acess to Civil Procedure Abroad* München 1996.

Soergel/Bearbeiter 1996,
SIEBERT, Wolfgang (Hrsg): *Kommentar zum Bürgerlichen Gesetzbuch mit Einführungsgesetz und Nebengesetzen. Band 10. 12. Auflage* Stuttgart, Berlin, Köln 1996.

Sonnenberger in FS Heinrich 2000, 575
SONNENBERGER, Hans-Jürgen: *Der Persönlichkeitsrechtsschutz nach den Art. 40-42 EGBGB* Aus: Gottwald, Peter; Jayme, Erik; Schwab, Dieter (Hrsg.): *Festschrift für Dieter Henrich* Bielefeld 2000. S. 575-591.

Spindler GRUR Int 2002, 105
SPINDLER, Gerald: *Europäisches Urheberrecht in der Informationsgesellschaft* in: *GRUR Int*, 2002, S. 105-120.

Stadler JZ 1994, 642
STADLER, Astrid: *Die internationale Durchsetzung von Gegendarstellungsansprüchen* in: *JZ*, 1994, S. 642-654.

Stadler JZ 1999, 1089
STADLER, Astrid: *Erlaß und Freizügigkeit einstweiliger Maßnahmen im Anwendungsbereich des EuGVÜ Auswirkungen der EuGH-Rechtsprechung auf das Gefüge des europäischen einstweiligen Rechtsschutzes* in: *JZ*, 1999, S. 1089-1099.

Stauder GRUR Int 1976, 465
STAUDER, Dieter: *Die Anwendung des EWG-Gerichtsstands-und Vollstreckungsübereinkommens auf Klagen im gewerblichen Rechtsschutz* in: *GRUR Int*, 1976, S. 465-477.

Stauder GRUR Int 1976, 510
STAUDER, Dieter: *Die Anwendung des EWG-Gerichtsstands- und Vollstreckungsübereinkommens auf Klagen im gewerblichen Rechtsschutz und Urheberrecht - Zweiter Teil Besondere Gerichtsstandsregeln für Klagen im gewerblichen Rechtsschutz* in: *GRUR Int*, 1976, S. 510-520.

Stauder GRUR Int 1983, 234
STAUDER, Dieter: *Die tatsächliche Bedeutung von Verletzungs- und Nichtigkeitsverfahren in der Bundesrepublik Deutschland, Großbritannien und Italien. Ergebnisse einer statistisch-empirischen Untersuchung* in: *GRUR Int*, 1983, S. 234-242.

Stauder GRUR Int 1986, 556
STAUDER, Dieter: *Anmerkung zum Urteil des Tribunal de grande Instance de Paris vom 27.4.1983 und Urteil der Cour d'appel de Paris vom 19.3.1984 . Caroline von Monaco* in: *GRUR Int*, 1986, S. 556-557.

Stauder GRUR Int 1997, 859

STAUDER, Dieter: *Grenzüberschreitender Rechtsschutz für europäisches Patente - 1.Teil: Eine Zwischenbilanz* in: *GRUR Int*, 1997, S. 859-861.

Stauder GRUR Int 2000, 1022

STAUDER, Dieter: *Anmerkung zu Tribunale di Bologna v 16.9.1998 - Verpackungsmaschine* in: *GRUR Int*, 2000, S. 1022-1023.

Stauder IPRAX 1998, 317

STAUDER, Dieter: *Grenzüberschreitende Verletzungsverbote im gewerblichen Rechtsschutz und das EuGVÜ* in: *IPRAX*, 1998, S. 317-322.

Staudinger IPRAX 2000, 483

STAUDINGER, Ansgar: *Vertragsstaatenbezug und Rückversicherungsverträge im EuGVÜ, zu EuGH, 13.7.2000- Rs. C- 412/98- Group Josi Reinsurance Company SA / Universal General Insurance Company* in: *IPRAX*, 2000, S. 483-488.

Staudinger/Bearbeiter 2001,

HOFFMANN, Bernd v.: *J. von Staudingers Kommentar zum Bürgerlichen Gesetzbuch mit Einführungsgesetz und Nebengesetzen, Art. 38 - 42 EGBGB. Neubearbeitung 2001* Berlin 2001.

Staudinger/Bearbeiter, I 1995,

COING, Helmut; HABERMANN, Norbert; WEICK, Günter: *J. von Staudingers Kommentar zum Bürgerlichen Gesetzbuch mit Einführungsgesetz und Nebengesetzen. Erstes Buch. Allgemeiner Teil §§ 1-12; Verschollenheitsgesetz. 13. Bearbeitung* Berlin 1995.

Stein/Jonas/Bearbeiter, ZPO I 1993,

STEIN, Friedrich; JONAS, Martin (Hrsg.): *Kommentar zur Zivilprozessordnung. Band 1 §§ 1-90. 21. Auflage* Tübingen 1993.

Stein/Jonas/Bearbeiter, ZPO VII 1996,

STEIN, Friedrich; JONAS, Martin: *Kommentar zur Zivilprozessordnung. Band 7/1 §§ 864-945. 21. Auflage* Tübingen 1996.

Steindorf JZ 1958, 243

STEINDORF, Ernst: *Anmerkung zu BGH Urteil v 24.7.1957- Zeiß* in: *JZ*, 1958, S. 243-245.

Stellungnahme des MPI GRUR Int 1985, 104

BEIER, Friedrich-Karl; SCHRICKER, Gerhard; ULMER, Eugen: *Stellungnahme des Max-Plack-Instituts für ausländisches und internationales Patent-, Urheber- und Wettbewerbsrecht zum Entwurf eines Gesetzes zur Ergänzung des internationalen Privatrechts (außervertragliche Schutzrechte und Sachen)* in: *GRUR Int*, 1985, S. 104-108.

Sterling, creator's right and author's right 1998,

STERLING, J.A.L.: *Creator's right and the bridge between author's right and copyright* Aus: Internationale Gesellschaft für Urheberrechte (Hrsg.): *Schutz von Kultur und geistigem Eigentum in der Informationsgesellschaft: Wien 1997. 1. Auflage* Baden Baden 1998. S. 77-82.

Stoll IPRAX 1989, 89

STOLL, Hans: *Sturz vom Balkon auf Gran Canaria- Akzessorische Anknüpfung, deutsches Deliktsrecht und örtlicher Sicherheitsstandard, zu BGH, 25. 2. 1988 - VII ZR 348/86* in: *IPRAX*, 1989, S. 89-93.

Terrell 2000,

THORLEY, Simon; MILLER, Richard; BURKILL, Guy; BIRSS, Colin: *Terrell on the Law of Patents. 15. Auflage* London 2000.

Tetzner GRUR 1976, 669

TETZNER, Volkmar: *Die Verfolgung der Verletzung ausländischer Patente vor deutschen Gerichten unter Berücksichtigung des EWG-Gerichtsstands- und Vollstreckungsabkommens* in: *GRUR*, 1976, S. 669-672.

Theusinger ZRP 2001, 529

THEUSINGER, Ingo: *Meilensteine der englischen Rechtsgeschichte. Der Human Rights Act und die Entstehung eines Persönlichkeitsrechts* in: *ZRP*, 2001, S. 529-531.

Thomas/Putzo/Bearbeiter 2003,

THOMAS, Heinz; PUTZO, Hans; REICHOLD, Klaus; HÜßTEGE, Rainer: *Zivilprozessordnung. 25. Auflage* München 2003.

Tilmann/v Falck GRUR 2000, 579

TILMANN, Winfried; FALCK, Andreas v.: *EU-Patentrechtsharmonisierung II: Forum-Shopping und Torpedo* in: *GRUR*, 2000, S. 579-586.

Treichel GRUR Int 2001, 175

TREICHEL, Pierre: *Anmerkung zum Urteil des Tribunal de grande instance de Paris vom 28.4.2000* in: *GRUR Int*, 2001, S. 175-178.

Trunk 1991,

TRUNK, Alexander: *Die Erweiterung des EuGVÜ-Systems am Vorabend des Europäischen Binnenmarktes. Das Lugano-Übereinkommen und das EuGVÜ-Übereinkommen von San Sebastian. Dissertation Universität München 1990* München 1991.

Trunk IPRAX 1998, 448

TRUNK, Alexander: *Derogationswirkung von Gerichtsstandsvereinbarungen im deutsch-polnischen Rechtsverkehr: Doppelrelevante Tatsachen und sittenwidrige Schädigung, zu OLG Köln, 9.9.1996-19 U 253/95* in: *IPRAX*, 1998, S. 448-451.

Tugendhat (1997) 113 LQR 360
TUGENDHAT, Michael: *Media Law and the Brussels Convention* in: *LQR*, 1997, 113, S. 360-364.

Ulmer RabelsZ 41 (1977), 479
ULMER, Eugen: *Gewerbliche Schutzrechte und Urheberrechte im Internationalen Privatrecht* in: *RabelsZ*, 1977, S. 479-514.

Ulmer, Fremdenrecht 1985, 257
ULMER, Eugen: *Fremdenrecht und internationales Privatrecht im gewerblichen Rechtsschutz und Urheberrecht* Aus: Holl; Klinke (Hrsg.): *Internationales Privatrecht- Internationales Wirtschaftsrecht. Referate eines Symposiums der Alexander-von-Humboldt-Stiftung vom 26. bis 30. September 1985 in Ludwigsburg* Köln 1985. S. 257-268.

Ulmer, Immaterialgüterrechte 1975,
ULMER, Eugen: *Die Immaterialgüterrechte im Internationalen Privatrecht. Rechtsvergleichende Untersuchung mit Vorschlägen für die Vereinheitlichung in der Europäischen Wirtschaftsgemeinschaft* Köln 1975.

Urhebervertragsrecht 1995
BEIER, Friedrich-Karl; GÖTTING, Horst-Peter; LEHMANN, Michael; MOUFANG, Rainer (Hrsg.): *Urhebervertragsrecht Festschrift für Gerhard Schricker zum 60. Geburtstag* München 1995.

v Bar in FS Waseda 1988, 575
BAR, Christian v.: *Persönlichkeitsschutz im gegenwärtigen und zukünftigen deutschen internationalen Privatrecht* Aus: Institute of Comparative Law, Waseda University (Hrsg.): *Recht in Ost und West, Festschrift zum 30 jährigen Jubiläum des Instituts für Rechtsvergleichung der Waseda- Universität* Tokio 1988. S. 575-595.

v Bar JZ 1995, 961
BAR, Christian von: *Grundfragen des Internationalen Deliktsrechts* in: *JZ*, 1995, S. 961-969.

v Bar UFITA 108 (1988) 27
BAR, Christian v.: *Kollisionsrecht, Fremdenrecht und Sachrecht für internationale Sachverhalte im Internationalen Urheberrecht* in: *UFITA*, 108 (1988), S. 27-49.

v Bar ZEuP 2001, 515
BAR, Christian v.: *Konturen des Deliktsrechtskonzeptes der Study Group on a European Civil Code- ein Werkstattbericht-* in: *ZEuP*, 2001, S. 515-532.

v Bar, Deliktsrecht II 1999,
BAR, Christian von: *Gemeineuropäisches Deliktsrecht. Zweiter Band, Schaden und Schadensersatz, Haftung für und ohne eigenes Fehlverhalten, Kausalität und Verteidigungsgründe* München 1999.

v Bar, Deliktsrecht, 1994
BAR, Christian von: *Deliktsrecht in Europa. Systematische Einführungen, Gesetzestexte, Übersetzungen* Köln, Berlin, Bonn u.a. 1994.

v Bar, IPR II, 1991,
BAR, Christian v.: *Internationales Privatrecht. Zweiter Band, Besonderer Teil* München 1991.

v Bar/Mankowski, IPR I 2003,
BAR, Christian v.; MANKOWSKI, Peter: *Internationales Privatrecht. Allgemeine Lehren, Band 1. 2. Auflage* München 2003.

v Bernstorff 2000,
BERNSTORFF, Christoph Graf von: *Einführung in das englische Recht. 2. Auflage* München 2000.

v Hein 1999,
HEIN, Jan von: *Das Günstigkeitsprinzip im Internationalen Deliktsrecht. Dissertation Universität Hamburg 1997/98* Tübingen 1999.

v Hinden 1999,
HINDEN, Michael von: *Persönlichkeitsrechtsverletzungen im Internet (anwendbares Recht). Dissertation Universität Hamburg 1999* Tübingen 1999.

v Hoffmann, IPR 2002,
HOFFMANN, Bernd von: *Internationales Privatrecht. 7. Auflage* München 2002.

v Maltzahn GRUR 1985, 163
MALTZAHN, Falk Freiherr von: *Die Aussetzung im Patentverletzungsprozeß nach § 148 ZPO bei erhobener Patentnichtigkeitsklage* in: *GRUR*, 1985, S. 163-173.

v Mehren IPRAX 2000, 465
MEHREN, Arthur T. v.: *The Hague Jurisdiction and Enforcement Convention Project Faces an Impasse- A Diagnosis and Guidelines for a Cure* in: *IPRAX*, 2000, S. 465-468.

v Meibom/Pitz MittDPatAnw 1996, 181
MEIBOM, Wolfgang v.; PITZ, Johann: *Grenzüberschreitende Verfügungen im internationalen Patentverletzungsverfahren* in: *MittDPatAnw*, 1996, S. 181-190.

v Meinbom/Pitz GRUR Int 1998, 765
MEIBOM, Wolfgang v; PITZ, Johann: *Die europäische "Transborderrechtsprechung" stößt an ihre Grenzen* in: *GRUR Int*, 1998, S. 765-771.

v Rospatt GRUR Int 1997, 861
ROSPATT, Peter v.: *Grenzüberschreitender Rechtsschutz für europäische Patente- II. Teil: Entscheidungen deutscher Gerichte in Patentverletzungsprozessen mit grenzüberschreitender Wirkung* in: *GRUR Int*, 1997, S. 861-863.

Veron [2002] IIC 227
VERON, Pierre: *Italian Torpedoes: An endangered weapon in french courts? comment to tribunale de grande instance Paris v. 9.3.2001* in: *IIC*, 2002, S. 227-230.

Wacks 1995,
WACKS, Raymond: *Privacy and Press Freedom* London 1995.

Wadlow 1998,
WADLOW, Christopher: *Enforcement of Intellectual Property in European and International Law* London 1998.

Wagner 1986,
WAGNER, Rolf: *Das deutsche internationale Privatrecht bei Persönlichkeitsrechtsverletzungen Unter besonderer Berücksichtigung der Eingriffe durch die Medien. Dissertation Universität Konstanz 1986* Frankfurt a.M. 1986.

Wagner IPRAX 1998, 241
WAGNER, Rolf: *Die geplante Reform des Brüsseler und des Lugano- Übereinkommens* in: *IPRAX*, 1998, S. 241-244.

Wagner IPRAX 2001, 533
WAGNER, Rolf: *Die Bemühung der Haager Konferenz für Internationales Privatrecht um ein Übereinkommen über die gerichtliche Zuständigkeit und ausländische Entscheidungen in Zivil- und Handelssachen Ein Sachstandsbericht nach dem 1. Teil der Diplomatischen Konferenz* in: *IPRAX*, 2001, S. 533-547.

Wagner RabelsZ 62 (1998) 243
WAGNER, Gerhard: *Ehrenschutz und Pressefreiheit im europäischen Zivilverfahrensrecht- und Internationalen Privatrecht* in: *RabelsZ*, 62 (1998), S. 243-285.

Wandtke/Bullinger/Bearbeiter, UrhR 2002,
WANDTKE, Arthur-Axel; BULLINGER, Winfried (Hrsg.): *Praxiskommentar zum Urheberrecht* München 2002.

Whale on Copyright 1997,
PHILLIPS, Jeremy; DURIE, Robyn; KARET, Ian: *Whale on Copyright. 5. Auflage* London 1997.

Willems [2002] IIC 561
WILLEMS, Jan: *Awaiting the Community Patent - A suggestion for a Flexible Interim Solution* in: *IIC*, 2002, S. 561-570.

Witzleb 2002,
WITZLEB, Normann: *Geldansprüche bei Persönlichkeitsrechtsverletzungen durch die Medien. Dissertation Universität Frankfurt (Oder) 2001* Tübingen 2002.

Wolff 1954,
WOLFF, Martin: *Das Internationale Privatrecht Deutschlands. 3. Auflage* Berlin, Göttingen, Heidelberg 1954.

Zigann 2002,
ZIGANN, Matthias: *Entscheidungen inländischer Gerichte über ausländische gewerbliche Schutzrechte und Urheberrechte. Dissertation Universität München 2001* München 2002.

Zigann GRUR Int 1999, 791
ZIGANN, Matthias: *Anmerkung zu Pearce v Ove Arup Partnership Ltd and others, Urteil des Court of Appeal vom 21.1.1999* in: *GRUR Int*, 1999, S. 791-793.

Zöller/Bearbeiter 2002,
ZÖLLER, Richard: *Zivilprozessordnung mit Gerichtsverfassungsgesetz und den Einführungsgesetzen, mit Internationalem Zivilprozessrecht, EG-Verordnungen, Kostenanmerkungen. 23. Auflage* Köln 2002.

Zweigert/Kötz 1996,
ZWEIGERT, Konrad; KÖTZ, Hein: *Einführung in die Rechtsvergleichung. 3. Auflage* Tübingen 1996.

Zweigert/Puttfarken GRUR Int 1973, 573
ZWEIGERT, Konrad; PUTTFARKEN, Hans-Jürgen: *Zum Kollisionsrecht der Leistungsschutzrechte* in: *GRUR Int*, 1973, S. 573-578.

Stichwortverzeichnis

FSC
www.fsc.org
MIX
Papier | Fördert gute Waldnutzung
FSC® C083411

Kolibri 360 GmbH
Ferdinand-Jühlke-Straße 7
99095 Erfurt, Deutschland
produktsicherheit@kolibri360.de

Druck:
CPI Druckdienstleistungen GmbH
im Auftrag der
Kolibri 360 GmbH
Ferdinand-Jühlke-Str. 7
99095 Erfurt